경의기문록 역주
經義記聞錄

AKS 역주총서 043

경의기문록 역주

상권

한원진 지음

이창일·성광동·송상형 역주

한국학중앙연구원출판부

책머리에

　성리학의 언어를 하나씩 익혀가던 학동(學童) 시절, 어떤 식자가 우스갯소리로 하는 말을 곁에서 들은 적이 있다. "나도 한문 좀 읽은 사람인데, 성리학에서 '이발개발' 하는 소리는 당최 무슨 말인지 모르겠더라고. 본시 유학은 일상의 간이하고 평실한 도를 말했는데, 왜 이렇게 난삽한지, 참."
　'이발개발'은 성리학의 이기론에 나오는 '이발'과 '기발'을 한데 합친 말이다. 기발이 개발이 된 것은 쓸데없고 하찮거나 최악을 나타내는 접두어 '개'를 붙여서 이기론의 무용함을 흉보려는 뜻이다. 되는대로 아무렇게나 써놓은 글씨를 개발새발(개의 발과 새의 발)이라 부르듯이, 이발개발에는 알아듣지도 못할 말을 아무렇게나 발설해놓은 것이라 야유하는 심정이 담겨 있다.
　이발과 기발은 리(理)와 기(氣)의 관계를 정식화한 것으로 특히 퇴계 이황이 "이발이기수지, 기발이리승지"라고 한 입언을 줄인 말이기도 하다. 위 식자는 이런 입언이 과거 공맹의 간이하고 평실한 말, 그래서 알아듣기 쉬운 말과 너무도 다른 것이라 푸념하고 있다. 이런 푸념이 더 확고해지면 이발기발의 입론은 공리공담(空理空談)으로 치부된다. 평이하고 실질적인 공맹의 유학이 어찌하여 이리도 쓸모없이 헛된 언어가 되었는가!
　그런데 이런 푸념과 야유는 비단 현재만이 아니라 한원진이 살았던 시대에도 있었던 것 같다. 이에 한원진은 이런 말을 남겼다.
　"이기론은 학식이 높은 자들만 할 수 있는 것이고 일상생활의 수기치인의 공부와 무관하니 그런 언설은 없어도 좋을 것처럼 생각하고들 있다. 이런 자들은 학문을 한다고 말은 하지만 실상은 비루한 생각에 빠진 것이다."

"공맹이 수기치인의 가르침을 베푼 이유는 '너희도 성인이 될 수 있는 길이 있음'을 보인 것이다. 이 길을 따라가기 위해 급히 갖춰야 할 차비란 하늘이 내려준 본성의 선함에 대한 확고한 인식과 행동이다. 이는 무엇보다도 너의 몸과 마음을 이루는 기질을 변화시켜야 함을 뜻한다. 그러니 성(性)을 알고 선(善)을 알고 기(氣)를 알아야 뭐라도 할 수 있을 것이 아닌가? 이것이 이기론이다. 수기치인의 도는 이기론을 분명히 알지 못하면 이를 수 없는 길이다."

공자는 수기치인을 말했지만 왜 그렇게 해야 하는지는 뚜렷하게 가르쳐주지 않았고, 맹자가 여기에 답해 성선(性善)을 가르쳐주었다. 그러나 막상 성선은 또 무엇인가? 이윽고 성리학의 이기론이 이에 대해 분명한 답을 갖추었다. 그래서 한원진에게 이기론은 공맹의 도를 밝히는 바른길이 된다. 이기론을 통해 성인의 길을 가고 인간됨의 성취를 이룬다. 공맹의 도를 이기론으로 명료하게 설명하는 것이 한원진의 필생 사업이었고, 『경의기문록』은 이에 대한 치열한 결과 가운데 하나였다.

한원진의 학문적 특징을 짚어낼 수 있는 한마디가 '명료성'이다. 명료함이란 불확실하거나 모호하지 않고 분명한 것이며, 복잡하거나 난삽하지 않고 간단히 요약된 것이라 할 수 있다. 한원진은 수기치인의 도와 성선을 리로 파악하는 이학(理學)의 정체가 조선땅에서 명료하게 이해되는 것에 일생을 바쳐 분투했다.

이학은 존재하는 모든 것을 리와 기의 만남으로 해석한다. 요즘 언어로 리와 기는 인간의 총체적인 모든 경험을 설명할 수 있는 일반화된 도식을 제시하는 사변철학이나 형이상학 혹은 우주론을 이루는 기본 범주라고 할 수 있다. 구체적으로 말하면, 기는 자연 세계는 물론이고 인간 세계 모두를 포함하는 존재 전체를 가리킨다. 그런데 이런 존재 전체는 무질서하거나 무의미한 혼돈 속에 있지 않고 질서와 의미를 유지한다. 이처럼 존재 전체가 혼돈에 빠지지 않도록 모종의 질서를 만들어내는 것이 곧 리이다. 그래서 존재 전체는 실제로 리와 기의 만남으로 이루어진다. 이러한 이기론은 주로 인간 세계에 대한 지대한 관심을 가진 유학의 본령에 따라 자연학보다는 인간학의 핵심을 이루게 되고, 성리학이라는 이름을 얻게 된다.

  조선의 사상을 지배한 성리학은 리와 기의 관계에 대한 관점에 따라 나뉘는데, 한원진은 이발보다 기발에 무게 중심을 둔 이이의 사상 노선에 속하고, 이에 더해 같은 사상 노선에서 분기된 호론(湖論)의 이론가로 자리매김된다. 그러나 한원진은 성리학의 본류에 대한 명료화에 투철했을 뿐이어서 그를 지역적 구분에 속박된 호론의 사상가로 분류하는 것은 사상사 기술의 편의를 위한 협소한 명명 방식에 불과하다. 한원진은 호론의 이론가만이 아니라 성리학의 이론가이다. 그의 시대 사명은 성리학의 명료화, 곧 이기론의 명료한 이해에 있다.

  당시 조선의 성리학에서는 이황과 이이의 설이 준거였다. 그러나 명료함의 예리한 눈으로 보면, 이황은 '이발' 곧 리의 주재성에 대한 관심이 깊었기 때문에 이론적 정합성이 자주 무너지는 것으로 보였다. 리의 주재성이란 기의 무질서한 혼돈의 세계를 질서 있는 조화의 세계로 만든 리에 대한 철학적 통찰이며, 여기에는 종교적 경외감이 깊게 배어 있다. 그래서 이이는 이발이 아닌 기발에 대한 분명한 입론을 통해 성리학의 이론적 정합성을 유지하고 한쪽으로의 일탈을 바로잡았다. 하지만 이이는 리의 주재성에 대해 많은 이야기를 들려주지 않아서, 무도한 세상을 구제할 수 있는 리의 주재성 측면이 매우 아쉬웠다.

  두 입론이 서로 다른 노선으로 갈라져 존속하고 있던 중에 송시열이 등장해, 분기되어 있던 입론들을 평가할 수 있는 단서를 제시하였다. 이것은 입론들의 맥락에 대한 명료한 이해 방식을 가리킨다. 선유(先儒)들의 여러 설은 모순된 것이 아니라 특정 맥락에서 도달할 수 있는 정당한 결론들이다. 그러므로 후인들은 그 맥락, 관점, 의도 등을 명료하게 파악한 뒤에 그 결론을 음미해야 전체를 이해하는 데 도달할 수 있다. 이는 흡사 철학의 난제는 실제로 철학을 전개하는 언어의 오류에서 연유한다는 금세기 언어적 전회(linguistic turn)의 통찰을 연상케 하는 이해 방식이다.

한원진은 조선 성리학의 이황과 이이의 설이 서로 모순된 것이 아니라 특정 맥락을 전제하는 정당한 입론이라는 것을 밝히면서, 이와 동시에 자신에게 내려온 이이의 학맥을 통해야 주자의 성리학을 정당하게 이해할 수 있다고 주장한다. 이런 의미에서 한원진은 이이의 적자가 된다.

『경의기문록』은 이이, 송시열, 권상하로 이어진 기호학파의 성리학 이해의 공식 표준을 세우고자 집필된 것이다. 이는 약관의 나이에 이미 철학적 입장을 확립한 개인 한원진의 영민함과 학파의 학문적 성숙이 합쳐져 생겨난 기호학파의 대표적인 성리학 저술이다.

『경의기문록』은 이기론의 근거가 되는 역학을 반석으로 삼고, 경전(『사서』, 『주역』, 『역학계몽』, 『태극도설』)의 해석을 통해 성리학의 철학적 논의를 펼치고 있다. 역자들이 경전의 의미와 한원진의 해석을 번역하고 주석을 달아 이해를 돕고자 애썼지만 부족한 점이 여전히 발견된다. 다만 우리 고전 번역은 한글 번역과 원전을 함께 표기하는 좋은 전통이 있어, 혹 오류가 발견되어도 원전에서 바로잡을 수 있으므로, 비록 미흡한 점이 있더라도 독자분들의 양해를 구한다.

책이 출간될 수 있도록 물심양면으로 도움을 주신 장서각 관계자분들, 특히 선본(善本)을 오랫동안 보존해오신 순흥안씨가(順興安氏家) 문중 관계자분들, 좋은 책을 만들어주신 한국학중앙연구원 출판부 관계자분들께 감사드린다.

장서각에서
이 창 일 識

차례

책머리에 ·· 4
해제 ·· 13
일러두기 ··· 24

경의기문록

經義記聞錄序 경의기문록 서 ······································· 27
經義記聞錄目錄 경의기문록 목록 ································ 30

경의기문록 권제1
大學 대학

1. 圖 도 ··· 35
  1) 序文 서문 ································ 39
  2) 篇題 편제 ································ 49
  3) 經一章 경1장 ························· 51
  4) 傳首章 전1장 ························· 68
  5) 傳二章 전2장 ························· 68
  6) 傳三章 전3장 ························· 70
  7) 傳四章 전4장 ························· 72
  8) 傳五章 전5장 ························· 76
  9) 傳六章 전6장 ························· 77
  10) 傳七章 전7장 ······················· 81
  11) 傳八章 전8장 ······················· 90
  12) 傳九章 전9장 ······················· 95
  13) 傳十章 전10장 ····················· 98

2. 二王說辨 이왕설변 ······································ 106

3. 小註 소주 ……………………………………………… 114
1) 序 서 …………………………… 114
2) 經一章 경1장 ………………… 119
3) 傳二章 전2장 ………………… 135
4) 傳三章 전3장 ………………… 136
5) 傳四章 전4장 ………………… 138
6) 傳五章 전5장 ………………… 141
7) 傳六章 전6장 ………………… 146
8) 傳七章 전7장 ………………… 150
9) 傳八章 전8장 ………………… 158
10) 傳十章 전10장 ……………… 162

4. 或問小註 혹문소주 …………………………………… 168

경의기문록 권제2
中庸 중용

1. 圖 도 ……………………………………………………… 183
1) 總說 총설 ……………………… 188
2) 序文 서문 ……………………… 197
3) 篇題 편제 ……………………… 202
4) 第一章 제1장 ………………… 204
5) 第二章 제2장 ………………… 227
6) 第三章 제3장 ………………… 227
7) 第四章 제4장 ………………… 228
8) 第五章 제5장 ………………… 228
9) 第六章 제6장 ………………… 229
10) 第七章 제7장 ………………… 230
11) 第八章 제8장 ………………… 230
12) 第九章 제9장 ………………… 230
13) 第十章 제10장 ……………… 231
14) 第十一章 제11장 …………… 232
15) 第十二章 제12장 …………… 232
16) 第十三章 제13장 …………… 239

17) 第十四章 제14장 ……… 239	26) 第二十三章 제23장 ……… 253
18) 第十五章 제15장 ……… 240	27) 第二十四章 제24장 ……… 253
19) 第十六章 제16장 ……… 240	28) 第二十五章 제25장 ……… 254
20) 第十七章 제17장 ……… 246	29) 第二十六章 제26장 ……… 255
21) 第十八章 제18장 ……… 246	30) 第二十七章 제27장 ……… 256
22) 第十九章 제19장 ……… 247	31) 第二十八章九章 제28·29장 … 259
23) 第二十章 제20장 ……… 247	32) 第三十章 제30장 ……… 260
24) 第二十一章 제21장 ……… 251	33) 第三十一章二章 제31·32장 … 263
25) 第二十二章 제22장 ……… 252	34) 第三十三章 제33장 ……… 269

2. 饒王說辨 요왕설변 ……… 272

3. 小註 소주 ……… 277

1) 序 서 ……… 277	9) 第十六章 제16장 ……… 321
2) 第一章 제1장 ……… 284	10) 第十八章 제18장 ……… 323
3) 第二章 제2장 ……… 304	11) 第十九章 제19장 ……… 326
4) 第十章 제10장 ……… 306	12) 第二十章 제20장 ……… 327
5) 第十一章 제11장 ……… 307	13) 第二十一章 제21장 ……… 329
6) 第十二章 제12장 ……… 309	14) 第二十五章 제25장 ……… 330
7) 第十三章 제13장 ……… 317	15) 第二十七章 제27장 ……… 332
8) 第十五章 제15장 ……… 321	16) 第三十章 제30장 ……… 334

경의기문록 권제3
太極圖 태극도

1. 圖 도 ································· 339

1) 圖 도 ································· 340
2) 圖解 도해 ························· 341
3) 圖說第一節 도설 제1절 ······ 350
4) 第二節 제2절 ···················· 355
5) 第三節 제3절 ···················· 364
6) 第四節 제4절 ···················· 371
7) 第五節 제5절 ···················· 376
8) 第六節 제6절 ···················· 382
9) 第七節 제7절 ···················· 387
10) 第八節 제8절 ·················· 390
11) 第九節 제9절 ·················· 391
12) 第十節 제10절 ················ 392
13) 後論 후론 ······················· 402

2. 小註 소주 ···························· 407

1) 圖解 도해 ························· 407
2) 第一節 제1절 ···················· 413
3) 第二節 제2절 ···················· 417
4) 第三節 제3절 ···················· 425
5) 第五節 제5절 ···················· 426
6) 第六節 제6절 ···················· 431
7) 第七節 제7절 ···················· 433
8) 第八節 제8절 ···················· 434
9) 第九節 제9절 ···················· 434
10) 後論 후론 ······················· 436

하권 차례

경의기문록 권제4
易學啓蒙 역학계몽

경의기문록 권제5 부록
易學答問 역학답문
文王易釋義 문왕역석의

경의기문록 권제6 부록
理氣性情圖說 이기성정도설
孟子養氣章說 맹자양기장설
孟子生之謂性章說 맹자생지위성장설
通書說 통서설
朱子太極說解 주자태극설해

經義記聞錄跋 경의기문록 발

인물 주석
한원진 연보
후기: 한원진의 거처와 강학의 길

해제

호론의 집대성, 『경의기문록』

1. 역주 대본과 소장처

한글 역주본 『경의기문록(經義記聞錄)』은 한국학중앙연구원 장서각에서 수집한 자료를 대본으로 삼았다. 대본이 되는 『경의기문록』은 안동(安東) 풍산(豊山) 갈전(葛田)의 순흥안씨가(順興安氏家)에서 기탁한 자료들 속에 포함된 것이다.[1] 그런데 이 자료는 본래 전체 6권(卷)으로 구성되어 있는 『경의기문록』 가운데 3권과 4권이 결락된 채로 나머지 권들(1권, 2권, 5권, 6권)을 천지인(天地人)의 3책(冊)으로 묶은 것이다. 천책(天冊)은 권1, 지책(地冊)은 권2, 인책(人冊)은 권5와 권6 등으로 구분되어 있다. 이에 판본이 같은 장서각 소장 왕실본 『경의기문록』에서 3권과 4권을 보충하여, 전체 6권을 대상으로 역주를 실시하였다.

『경의기문록』은 남당(南塘) 한원진(韓元震, 1682~1751)의 대표적인 저술 가운데 하나이다. 한원진이 70세의 나이로 기세(棄世)한 뒤에 문인들이 그가 남긴 글

---

[1] 순흥안씨가 소장 고문서에 대해서는 다음의 연구를 참고. 안승준·김문택(1999), 「安東 豊山 葛田의 順興安氏家와 所藏 古文書」, 한국고문서자료관. https://archive.aks.ac.kr

을 정리하여 문집(文集)을 준비하면서 가장 먼저 『경의기문록』과 『주자언론동이고(朱子言論同異攷)』를 1761년에 목판으로 간행하였다. 당시까지 문집은 간행되지 못했지만, 한원진이 생전에 이미 체재를 갖추어 놓은 독립적인 저술인 관계로 간행이 용이했기 때문이다.[2]

그런데 현재 여러 기록에서 『경의기문록』의 간행 연도에 대해 큰 혼란이 있는 것처럼 보인다. 필사본을 제외한 목판본의 경우에 그 간행 연도는 거의 대부분 1715년, 1722년, 1741년 등으로 표시되어 있다. 이는 간행이 여러 차례 시행되어서 마치 간행이 활발히 이루어진 것처럼 보이지만 실은 매우 큰 오류라 할 수 있다. 위의 기록은 간행 연도가 아니라, 『경의기문록』의 서문이 작성된 을미년(乙未年, 1715), 발문이 작성된 임인년(壬寅年, 1722)을 각각 가리키고 있을 뿐이다. 더구나 1741년은 『주자언론동이고』의 서문이 쓰여진 신유년(辛酉年, 1741)으로, 『주자언론동이고』와 『경의기문록』이 같은 해에 간행되었다는 사실과 잘못 연결되어 1741년을 『경의기문록』의 간행 연도로 착각한 것이라고 볼 수 있다.

한원진의 문집 간행은 문인과 후손 간의 갈등으로 인해서 지연되다가 당시 경상도 관찰사였던 문인 황인검(黃仁儉, 1711~1765)이 『경의기문록』과 『주자언론동이고』를 먼저 간행하고, 문집은 간행하지 못했다. 뒤이어 문인 김근행(金謹行, 1712~1782)이 다시 체재를 다듬고 차례를 정해서 원집(原集) 38권 19책과 습유(拾遺) 6권 3책을 1765년 금산(金山)에서 목판으로 간행하였다. 이후 원집의 판목은 김천(金泉) 직지사(直指寺)에 누각을 세워 보관하고, 습유의 판목은 스승 권상하의 증손자이자 한원진의 문인이었던 황강(黃江)의 권진응(權震應, 1711~1775)에게 보내 『한수재집(寒水齋集)』, 『주자언론동이고』, 『경의기문록』 등과 함께 보관하도록 하였다. 이로부터 확실하게 알 수 있는 것은 『경의기문록』은 『주자언론

---

[2] 한원진의 문집 및 『경의기문록』 간행에 대해서는 다음의 해제를 참고. 신용남(2001), 『남당집(南塘集) 해제』, 한국고전종합DB. https://db.itkc.or.kr

그림 1 **한원진 초상** 작자 미상, 18세기, 국가유산청 제공

그림 2 **순흥안씨가 소장 『경의기문록』**에 찍힌 인장

동이고』와 더불어 1761년에 목판으로 간행되었다는 사실이다. 그리고 그 목판은 권진응이 가지고 있지만, 이 목판으로 또다시 언제 간행했는지에 대한 기록은 현재 발견된 바 없다.

순흥안씨가의 『경의기문록』에는 〈그림 2〉와 같은 인장(印章)이 찍혀 있는데, 전서체의 글자를 오른쪽부터 읽어 나가면 '순흥안씨 윤희진숙(順興安氏 潤羲晉叔)'이다. '윤희진숙'은 안윤희(安潤羲, 1783~1861)의 이름과 자이다. 그는 1840년 사마시에 합격하여 안동향교 좌수(座首)를 지냈다. 이 인장은 안윤희의 장서(藏書) 표시이지만, 『경의기문록』이 그가 태어난 1783년 이전부터 집안에 보관되어 내려온 것인지 아니면 그가 『경의기문록』을 입수하여 장서 표시를 했는지를 알 수 있는 단서는 없다. 다만 현재까지의 기록으로 보아서 『경의기문록』은 1761년에 초판이 간행된 이후에 재간행되었다는 뚜렷한 기록이 발견되지 않았기 때문에 이를 초판으로 보아야 할 것 같다. 이런 연유로 본 역주의 대본이 되는 순흥안씨가의 안윤희 소장본 『경의기문록』은 1761년 간행된 초판이라고 비정해 볼 수 있다.

2. 저자와 저술 동기

『경의기문록』의 저자는 한원진이며, 저술에 도움을 준 이는 제자이자 조카인 강규환(姜奎煥, 1697~1731)이다. 한원진은 율곡(栗谷) 이이(李珥, 1536~1584), 우암(尤庵) 송시열(宋時烈, 1607~1689), 수암(遂菴) 권상하(權尙夏, 1641~1721) 등으로 이어지는 기호학파(畿湖學派)의 학통을 이으며, 수암 문하에서 가장 뛰어난 학문적 성취를 이룬 인물로 평가되고 있다.

한원진은 본관이 청주(淸州)이며, 자는 덕소(德昭)이다. 충남 홍성의 천수만에 있는 지역을 본떠서 호를 남당(南塘)이라고 했다. 세종 때 영의정을 지낸 한상경(韓尙敬)의 후손으로, 아버지는 통덕랑 한유기(韓有箕)이며, 어머니는 함양박씨(咸陽朴氏)로 박숭부(朴崇阜)의 딸이다.

강규환은 본관이 진주(晉州), 자는 장문(長文), 호는 비수재(賁需齋)가 널리 알려졌다. 세종 대 강희맹(姜希孟)의 후손으로, 증조부는 군자감정(軍資監正)을 지낸 강석규(姜錫圭), 조부는 강제부(姜濟溥)이다. 아버지는 강주천(姜柱天)이고, 어머니는 한원진의 여동생이다. 그래서 한원진은 강규환의 외삼촌이 된다.

『경의기문록』의 성립과 저술 동기는 서문과 발문을 보면 알 수 있다. 서명(書名)의 의미는 "스승 수암 권상하의 문하에서 배운 경전의 의미에 대한 기억과 이해의 기록"이라는 뜻이다. 한원진이 권상하의 문하에 든 것은 1702년(21세)이었고, 이때부터 일 년에 한두 차례 방문하여 반년 가까이 머물며 강학(講學)했다. 한원진은 권상하의 행장(行狀)에서, "주자가 돌아간 뒤에 유가의 도가 우리나라로 왔는데, 그 도를 전수하는 데 책임진 분으로는 오직 율곡과 우암 두 선생만이 가장 두드러졌다.(朱子歿, 吾道東矣, 其任傳道之責者, 惟栗谷尤菴兩先生爲最著.)"고 평하고 있다. 율곡과 우암의 도통(道統)이 수암에게 이어졌다는 자부심과 은연중 도통 전수의 막중한 책임을 가지고, 약관의 나이부터 『경의기문록』을 지은 1715년(34세)까지 15년의 세월을 거쳐 연마한 경의(經義)를 정리한 것이다.

한원진은 1714년(33세)에 부친의 상을 당해 시묘하고 있었는데, 이때 찾아온 조카 강규환에게 경학을 가르치게 된다. 이 과정에서 기존 강학 내용을 다시 정리하고 자신의 견해를 드러내어 『경의기문록』을 저술했다. 저술이 완성된 후 2년이 지난 1717년(36세) 가을에 권상하에게 질정을 청하였다. 권상하는 『경의기문록』을 받아 본 후 2년이 지나 "(사문에) 공헌함이 있다"고 인가를 하며 서문을 짓기로 한다. 그러나 일이 성사되지 못하고 권상하는 1721년에 세상을 뜨게 된다.

『경의기문록』에는 한원진이 권상하의 문하가 된 1705년(24세)부터 1715년(34세) 겨울까지 스승의 강학을 듣고 연구한 내용이 담겨 있다. 그리고 그 내용은 권상하에게 인가를 받은 공인된 성격을 가지고 있다. 이는 『경의기문록』이 단지 강학의 내용을 정리하고 요약한 것에 그치지 않고, 가까이는 권상하의 학문을 잇고 멀리는 이이와 송시열의 학문, 더 나아가서는 주자의 학문을 순정하게 보존하고 있다는 도통 의식을 고려해서 저술의 의도를 파악할 것을 요청하고 있다.

또한 이와 같은 일반적인 이해뿐 아니라, 권상하가 기호학파의 종장으로 있던 시기부터 호론(湖論)과 낙론(洛論)으로 기호학파의 분기가 뚜렷해진 가운데, 한원진이 호론을 대변하고 있으며 더욱이 호론의 이론적 입장을 수립한 장본인이라는 점도 함께 고려해야 할 것이다. 말하자면 『경의기문록』은 크게 보아 기호학파의 경전 이해 방식을 보여주고, 구체적으로는 호론의 경전 이해 방식을 분명히 보여주는 저술이다. 그러나 한원진은 자신의 경전 이해가 호론의 영역에 국한된 것이 아니라, 주자에서 해동(海東)의 율곡, 우암, 수암으로 이어지는 도통의 정수라고 생각했다. 그래서 『경의기문록』에서는 권상하를 "주자께서 기다리신 후세(朱子所竢後世)"라고 칭하였다.

『경의기문록』 탄생의 조력자였던 강규환은 한원진이 구술한 내용을 전편(全篇)은 아니지만, 일정 부분을 문자로 적는 역할을 하였다. 강규환은 외삼촌 한원진은 물론이고 권상하, 낙론의 도암(陶菴) 이재(李縡, 1680~1746)에게도 배웠다.

1715년(19세)에 『경의기문록』을 저술하는 데 일조한 뒤, 1723년(27세) 생원시에 입격하였으며, 1728년(32세) 이인좌의 난이 일어나자 종사관(從事官)으로 차출되어 반란군 진압에 참여하였다. 그러나 이 시절 얻은 병을 이기지 못하고 1731년(35세) 젊은 나이에 별세하였다. 문인 김근행이 유고를 정리하여 『비수재집(贔需齋集)』을 간행하였다.

3. 저술 시기

『경의기문록』은 강규환에게 경전을 가르치며 성립되었으나, 실제로 그 안에는 시기가 다른 글들이 합본되어 있다. 전체 6권 가운데 『대학』과 『중용』을 다룬 권1과 권2, 『태극도설』과 『역학계몽』을 다룬 권3과 권4는 발문에서 밝힌 것처럼 을미년(乙未年, 1715, 34세)에 저술하고, 2년 후 정유년(丁酉年, 1717, 36세)에 권상하의 질정을 구했다. 그 결과, 내용은 거의 개정한 것 없이 수용되었다. 이 부분이 원록(原錄)에 해당한다.

1717년 이후 기존에 저술한 역학 관련 부분인 「역학답문」이 권5를 이루고, 14개의 도설을 다룬 「이기성정도설(理氣性情圖說)」 및 『맹자(孟子)』, 『통서(通書)』, 주자의 「태극설(太極說)」 등에 대한 주석 등이 권6을 이룬다. 이 권5와 권6은 '부록'이라고 이름을 붙였으니, 『경의기문록』은 원록(권1~4)과 부록(권5~6)이 합본된 것이다. 이렇게 저술된 『경의기문록』을 학파의 공인된 가르침으로 만들기 위해 권상하의 인가를 바랐으나, 권상하가 서거하여 뜻을 이루지 못하고, 임인년(壬寅年, 1722, 41세) 음력 5월에 발문을 지어 성서를 마친다. 을미년 이후 7년이 경과하였다.

부록에 실린 글인 권5의 「역학답문」은 정미년(丁未年, 1708, 27세) 겨울에 지은 것으로, 역학의 기본 원리를 이루는 개념들을 도해한 12개의 그림을 분석한

표 1 『경의기록문』 권6에 수록된 도설의 제작 시기

도설 명칭	제작 시기	비고
이기원류도(理氣源流圖)	乙未 季冬 作	1715년(34세) 12월 지음
이기동정도(理氣動靜圖)	乙未 季冬 作	1715년(34세) 12월 지음
일원분수도(一原分殊圖)	乙未 季冬 作	1715년(34세) 12월 지음
심통성정도(心統性情圖)	乙酉 臘月作	1705년(24세) 섣달 지음
성정횡간도(性情橫看圖)	戊子 作	1708년(27세) 10월 지음
성정수간도(性情竪看圖)	戊子 作	1708년(27세) 10월 지음
성정총회도(性情總會圖)	戊子 作	1708년(27세) 10월 지음
오성호주도(五性互主圖)	乙未 季冬 作	1715년(34세) 12월 지음
오성추본도(五性推本圖)	戊子 十月 作	1708년(27세) 10월 지음
심성묘합도(心性妙合圖)		미상
심성이기도(心性二岐圖)		미상
중용천명도(中庸天命圖)	癸巳 四月 作	1713년(32세) 4월 지음
인심도심도(人心道心圖)		1709년(28세) 2월 지음
위학지방도(爲學之方圖)		미상

것이다. 권6의 「이기성정도설」에 속한 17개의 도설은 을유년(乙酉年, 1705, 24세)부터 강규환에게 경전을 가르쳤던 을미년(乙未年, 1715)까지 여러 해에 걸쳐서 지은 것이다. 그리고 권6에 실린 「맹자양기장설(孟子養氣章說)」은 권상하의 뜻에 따라 저술해서 인가받은 것이고, 권1과 권2의 『대학』과 『중용』의 소주(小註)를 검토한 부분은 미처 인가받지 못했다고 했다. 이런 내용은 『경의기문록』이 학파가 표방하는 공식적인 교의라는 것을 보여주고 있다. 권6에 수록된 14개의 도설이 제작된 시기는 〈표 1〉과 같다.[3]

1705년은 한원진이 21세(1702)에 권상하의 문하에 입문한 뒤에, 홍성 남당 부근의 오서산 정암사(淨巖寺)에 기거하면서 「시동지설(示同志說)」을 지은 시기이

---

[3] 목록에는 14개의 도설 명칭이 있으나, 실제로 도설의 개수는 17개이다. 이는 세 번째 도설인 「일원분수도(一原分殊圖)」가 4개로 구성되어 있기 때문이다.

다. 이후 1709년(28세)은 이른바 호락논쟁의 맞수였던 외암(巍巖) 이간(李柬, 1677~1727)을 한산사(寒山寺)에서 만난 시기이며, 한원진이 이미 미발심체(未發心體)와 인물성동이(人物性同異)에 대한 철학적 견해를 수립한 시점이기도 하다. 1713년(32세)은 그가 동몽교관 부의에 천거되었던 시기이다. 이를 보면 위의 도설들은 한원진의 철학적 견해가 잘 드러나 있는 개별적인 저술이라고 할 수 있다.[4]

4. 각 권의 주요 내용

권1『대학』에서는『대학장구(大學章句)』를 중심으로 하여 학설의 구도를 그림으로 그려 도해하고, 이해가 미진한 여러 설들을 정리하고 비판한다. 이 과정에서 이왕(二王) 즉 양명(陽明) 왕수인(王守仁, 1472~1528)과 노재(魯齋) 왕백(王柏, 1197~1274)의『대학』해석이 주자의 학설에 위배되는 지점을 강도 높게 비판하고 있다. 양명학과 같은 이른바 이단의 학설을 논리적으로 변별하는 치밀한 과정을 보여준다.

권2『중용』도 권1과 같은 형식을 가지고 있다. 먼저 학설을 도해하여 보여주고 주자의 학설을 일관성 있게 해설하면서, 이 학설을 오해하거나 왜곡시키는 여러 설들을 정리하고 비판한다.「요왕설변(饒王說辨)」에서는 쌍봉 요씨(雙峯 饒氏) 요로(饒魯)와 왕백의 설이 주자학설을 논리정연하게 이해하지 못하는 점을 들어서 비판하고 있다. 권1과 권2는 특히 주자 이후의 이른바 주자학자들의 주자 이해가 잘못되었다는 점을 치밀하게 논하고 있는 점이 인상적이다. 이 과정에서 당시 주기론적 이해와 다른 학설을 펴는 주리론적 해석과, 주기론적 학파 내에서

---

[4] 도설의 성립에 대해서는 다음 연구를 참고. 이창일(2012),「南塘 韓元震의 經義記聞錄 성립 과정과 심성론 圖說의 특징」,『한국철학논집』35.

도 이설을 펴는 학설 즉 낙론의 해석도 강도 높게 비판하고 있다.

권3 『태극도(太極圖)』에서는 주자 성리학의 본체론에 대한 깊이 있는 논의를 진행하고 있다. 이기론의 근거가 되는 역학의 태극론과 음양오행론의 관계를 천착하면서, 불가와 도가의 본체론을 비판하고 성리학의 입장을 설명하고 있다. 아울러 주기론적 해석의 타당성을 힘주어 천명한다.

권4 『역학계몽(易學啓蒙)』은 주자 역학에 대한 전문적인 내용을 제시하고 있는데, 『역학계몽』의 이해에 있어서 주자 이후 큰 권위를 획득하고 있는 옥재 호씨(玉齋 胡氏) 호방평(胡方平)의 『역학계몽통석(易學啓蒙通釋)』에 대한 날카로운 분석을 진행하고 있다. 주자 성리학에 대한 이단론보다는 『역학계몽』의 정밀한 이해를 위한 정치한 논의가 돋보인다.

권5에서는 「역학답문(易學答問)」, 「문왕역석의(文王易釋義)」 등을 다루고 있다. 「역학답문」은 주역의 기본 개념과 선후천의 팔괘 도식에 대한 12개의 도해를 제시하고 있으며, 역학의 본질적 이해를 위한 개념들을 문답 형식으로 설명하고 있다. 「문왕역석의」는 선천역학에 대한 이론적 입장에서 이른바 문왕이 제작한 문왕팔괘(文王八卦)의 후천역학을 통합적으로 해석하는 내용을 보여주고 있다. 선천과 후천의 팔괘뿐 아니라 육십사괘 전체의 구조가 선후천에 일관되어 있다는 역철학을 보여주며 독창적인 역학관을 제시하고 있다.

권6에는 「이기성정도설」, 「맹자양기장설」, 「통서설(通書說)」, 「주자태극설해(朱子太極說解)」 등이 있다. 14개의 도설이 등장하는데, 이기(理氣)의 근원, 성명(性命)의 핵심 등을 도설화하고, 특히 심성(心性)과 수양(修養)에 주안을 두고 있다. 이 가운데 특히 「심통성정도(心統性情圖)」는 주목할 만하다. 이 그림은 1705년(24세)에 제작되고, 『경의기문록』을 저술한 11년간 그림에 큰 수정이 없었다. 이는 한원진의 심성론적 구도가 이른 시기부터 확고하게 갖춰져 있었다는 것을 보여준다. 이어서 맹자의 호연지기(浩然之氣)와 본연(本然)의 성(性)에 관한 논의들이 있는데, 이는 호론의 성(性) 해석이 어떤 것인지를 잘 보여주고 있다.

5.『경의기문록』의 철학사상사적 의의

한원진의 철학사상은 철저히 이이의 성리학적 이해에 토대를 두고 있다. 주기론(主氣論)으로 대표되는 이이의 성리학은 "리는 무위(無爲)하고 기는 유위(有爲)하므로 기가 발(發)하고 리가 타는 것(乘)이다"의 입장을 견지하고 있다. 이로부터 이통기국(理通氣局)의 철학적 정식화를 통해, 존재하는 모든 것은 기의 제약 즉 '기국'으로 인해 개별 사물의 리가 존재하며 이를 개별 사물의 성, 즉 '기질(氣質)의 성'이라고 보았다. '이통'이란 기국의 제한이 없는 상태의 리를 설명하는 이론적이고 이념적인 차원에 불과한 것이다. 존재는 리와 기의 결합 즉 기국으로 성립되어 있다. 그래서 한원진은 기질의 성을 중심으로 자신의 철학을 수립하고 전개해 나갔다.

한원진은 미발(未發)일 때조차도 마음은 순선(純善)하지 않다고 보았다. 이미 기국이 전제되기 때문이다. 이런 과격한 주장은 같은 주리론은 물론이고 주기론의 일부 학자들에게도 동의를 얻지 못했고, 이로 인해 낙론과 호론의 분기가 시작되었다. 한원진은 호론의 이론가로 자임했다. 한원진은 호론의 정당화가 주기론의 정당화이고, 이는 이이는 물론이고 주자 이래의 정론(定論)이라는 입장을 강하게 견지했다.

『경의기문록』은 이처럼 호론 성리학의 정당화에 근거가 되는 경전 해석의 일관성을 유지하기 위한 노력에서 생겨난 연구의 산물이다. 예를 들면, 기질의 성에 대한 깊은 이해는 성을 세 가지로 분류하는 성삼층설(性三層說)이라는 독자적인 성론(性論)으로 수립되었다. 성은 본래 하늘이 명한 것이라서 인간(人)과 사물(物)의 구분이 없이 동일하다. 이것이 성의 1층이다.(『중용』) 그러나 기국 혹은 기질의 차이로 인해서 인간과 사물의 성은 구별되지만, 인간에게는 동일한 성이 있다. 이것이 성의 2층이다.(『맹자』, 『대학』) 동일한 인간의 성도, 기질의 청탁(淸濁)에 따라 달라진다. 이것이 성의 3층이다.(『논어』) 성이 세 층위가 있다는 주장은 한원진 개인이 창발한 이론이지만, 그것은 엄밀히 말해서 경전의 해석을 통해서 제출한 것이다. 그러므로 한원진의 성삼층설은 성리학의 한 갈래라서 이단의 혐의를 받기 어렵다. 경전은 그러한 내용을 함축하고 있기 때문이다.

미발의 마음은 순선하다고 하는 주리론이나 주기론의 낙론의 이론에 대해, 이미 기국이 전제된다고 한다면 사단(四端)이나 칠정(七情)은 모두 정도의 차이가 있을 뿐 순선한 감정이 아니다. 그래서 이미 기로 물든 순선하지 않은 마음과 몸을 수련하는 수양은 미발(未發)과 이발(已發)에 따른 전략으로 나뉘지 않는다. 기로 이루어진 몸과 마음을 올바른 지각과 집중의 힘으로 유지하면서 궁리(窮理)를 통해 순선한 리의 준칙을 발견해야 한다. 이윽고 준칙이 발견되면 힘써 실행해야 한다. 준칙은 올바른 지각을 가진 이들이 먼저 수립해 놓았다. 범인은 이를 준칙으로 받아들이는 공부가 필요할 뿐이다. 이런 수양의 전략도 이이가 세운 궁리, 거경(居敬), 역행(力行)의 방법을 명료하게 만든 것이다.

『경의기문록』은 한원진이 21세부터 41세까지, 이이를 종장으로 하여 송시열을 거쳐 권상하에게 전승된 기호학파에서 목표로 하는 주자학의 이론적 정합성을 완성하는 즈음에 성립되었다. 이론적 정합성에 대해서 찬반의 세력이 있지만, 한원진의 관점에서 보자면 이는 주자학의 명료화를 위해 불분명하고 모호한 것들을 비판적으로 제거하는 것이었다. 기호성리학 혹은 호론의 명료화와 정당성을 위한 경전적 근거가 제시되고 있다는 것이 『경의기문록』의 사상사적 의의라고 할 수 있을 것이다. 이런 의미에서 『경의기문록』은 호론의 집대성이다.

한원진은 이른 시기부터 성리학에 두각을 나타내며 개인적 탁월함을 갖추었을 뿐 아니라, 오랜 시간 숙성되어 온 학파의 학문적 역량을 배경으로 하여, 조선의 18세기 사상계에서 높은 수준의 성리학을 보여준 인물이었다고 평가할 수 있다. 그 구체적인 첫 번째 업적이 『경의기문록』이며, 이어서 주자의 정론(定論)을 밝히는 과감한 일보도 이 『경의기문록』을 딛고 시작한 것이라 볼 수 있다.

일러두기

- 번역의 대본은 안동(安東) 풍산(豊山) 갈전(葛田) 순흥안씨가(順興安氏家)의 안윤희(安潤羲, 1783~1861) 소장본『경의기문록(經義記聞錄)』(1761년 간행)이다.
- 본 역주서는『경의기문록』전체 6권(卷)을 상권(제1~3권)과 하권(제4~6권)으로 구분하였다.
- 본 역주서에서 조목과 항목을 구분하는 일련번호 1), 2), 3)…, (1), (2), (3)… 등은 역자가 새로 붙인 것이다.
- 상권의「해제」, 하권의「한원진 연보」및「후기: 한원진의 거처와 강학의 길」등은 한원진의 사상사적 의미를 제시하기 위해 핵심 내용을 간추려 서술한 것이다.
- 원문에 없는 그림(圖)을 첨가하여 이해를 돕고자 하였으며, 하권 말미의「인물 주석」은 본문에 등장하는 인물을 한데 모아 정리한 것이다.

경의기문록

經義記聞錄序
경의기문록 서

　余二十一歲, 始執贄於黃江先生之門, 歲一再往. 往輒留數月半歲, 自庸學以下至宋儒諸書, 無不逐段受讀, 如小兒授書樣. 故於先生釋經之說, 所聞者多, 而多有他人所未聞者. 誦念之久, 益覺其言之有味, 而推之又無往而不通. 信乎, 其言近而指遠也, 信乎, 其朱子所竢後世者歟.

　내 나이 스물한 살 때 비로소 황강(黃江)[1] 선생의 문하에 들어가 제자의 예를 올렸고,[2] 이후 일 년에 한두 차례 정도 찾아뵈었다. 찾아뵐 때면 여러 달이나 반 년 가까이 머물면서, 『중용』과 『대학』에서부터 송나라 학자들의 저서에 이르기까지 마치 어린아이가 글을 배우는 모습처럼 모든 단락을 쫓아가며 배워 읽었다. 그런 까닭에 선생께서 경서를 해석한 말씀을 많이 들었고, 그중에는 다른 사람들이 아직 듣지 못한 것도 많았다. 오랜 시간 외우고 생각할수록 그 말씀에 깊은 뜻이 있음을 더욱 깨달았고, 다른 곳에 미루어 보아도 어느 곳에든 통하지 않음이 없었다. 참으로 말씀은 알기 쉬우나 뜻은 심오하니, 주자(朱子)께서 기다리신 후세의 사람이 틀림없도다!

　今年冬, 余居憂於海山之窮村, 哀疚之中, 疾病相守, 有不能以自全期者, 則又自盡然而傷歎. 以爲愚魯平生所聞於函丈之間者, 雖不過於文義訓詁之淺, 然昏忘無狀, 不能一日用力於服行, 又不能推明其說而載筆, 以同之於人, 而將

1　권상하(權尙夏, 1641~1721).
2　1702년(숙종 28) 1월 청풍(淸風)의 황강(黃江)으로 가서 권상하에게 수학하였다.

止於此也. 是將辜負先生敎誨之恩也.[3] 是將重得罪於聖門也. 以是日疚於心而增其病也.

올해 겨울, 내가 바닷가 언덕의 구석진 시골에서 아버지의 상(喪)을 치르면서 슬퍼하고 괴로워하던 가운데 질병까지 더해져 내 몸을 보전하는 것도 기약할 수 없었기에 스스로 마음 아파하고 슬퍼하였다. '어리석고 둔한 내가 평생을 스승께 들은 것은 글자와 글귀를 해석하고 글의 기본적인 뜻을 이해하는 수준의 얕은 것에 불과하며, 형용할 수 없을 정도로 어리석고 게을러 하루도 그것을 실천하는 데 힘쓰지 못했고, 또한 그 말씀을 미루어 밝히고 기록하여 다른 사람들과 함께 나누지 못한 채 지금에 이르게 되었다. 이는 바로 선생께서 가르쳐 주신 은혜를 저버리고 성인(聖人)의 문하에 큰 죄를 짓는 게 될 것이다.'라고 생각하게 되었다. 이 때문에 나날이 마음에 근심이 되어 그 병이 심해졌다.

甥姪姜奎煥忽自遠至, 從之數月, 請授以庸學太極啓蒙之書. 旣爲誦其所聞而推言之, 又告之曰, 先生於道見其全體, 今余所聞者, 特其一二耳. 余所未聞者, 他人善學者, 必有能識之者, 又在君博求而盡之耳. 奎煥請錄其說, 余蹴然起曰, 此吾志也, 其敢以疾病哀疚辭. 遂令執筆記之, 口號以授. 辭不暇文, 覽者錄其意而不錄其言, 可乎. 錄旣成, 名之曰, 經義記聞錄, 蓋以識其實云.

그러던 어느 날 누이의 아들 강규환(姜奎煥)이 갑자기 멀리서 찾아와 여러 달 시중을 들다가 『중용』·『대학』·『태극도설(太極圖說)』·『역학계몽(易學啓蒙)』 등의 서적을 가르쳐 주기를 청했다. 이에 선생께 들은 바를 외워서 미루어 말해 주고, 또한 다음과 같이 일러 주었다. "선생께서는 도(道)의 전체를 보았으나 지

---

[3] "同之於人, 一作與人傳守."라는 두주(頭註)가 있다.('同之於人'이 다른 판본에서는 '與人傳守'로 되어 있다.) 두주에 따르면 "또한 그 말씀을 미루어 밝히고 기록하여 다른 사람들에게 전하여 지키지 못한 채 여기에 이르게 되었다."가 된다.

금 내가 들은 것은 그 가운데 한두 가지일 뿐이다. 내가 들어보지 못한 것은 다른 이들 가운데 잘 배운 사람이 반드시 잘 아는 경우가 있을 것이니, 또한 네가 널리 찾고 마음을 다하는 데 달려 있을 뿐이다." 규환이 그 말씀을 기록하기를 청하자 내가 벌떡 일어나 말하였다. "이것이 바로 나의 뜻이니라. 어찌 감히 질병이나 상중(喪中)의 슬픔과 괴로움을 이유로 사양하겠는가." 마침내 규환에게 붓을 들어 기록하게 하고는 입으로 불러 주었다. 말을 글로 잘 꾸밀 만한 형편이 못 되었으니, 이 글을 보는 사람들은 그 뜻만 새기고 말은 기록하지 않는 게 좋을 것이다. 기록이 완성된 뒤에 '경의기문록(經義記聞錄)'이라고 이름을 붙였으니, 대개 그 사실을 기록했다는 말이다.

乙未季冬, 黃江門人韓元震謹書.
을미년(1715, 숙종 41, 34세) 계동(季冬: 음력 12월)에 황강 선생의 제자 한원진 삼가 쓰다.

經義記聞錄目錄
경의기문록 목록

卷第一 권제일
　大學 대학

卷第二 권제이
　中庸 중용

卷第三 권제삼
　太極圖 태극도

卷第四 권제사
　易學啓蒙 역학계몽

卷第五 附錄 권제오 부록
　易學答問 역학답문
　　河圖 하도
　　河圖與先天太極相合之圖 하도여선천태극상합지도
　　伏羲則河圖作易畫卦之圖 복희칙하도작역획괘지도
　　伏羲則河圖布卦之圖 복희칙하도포괘지도
　　橫圖次序合河圖之圖 횡도차서합하도지도
　　圓圖方位合河圖之圖 원도방위합하도지도
　　文王則河圖布卦之圖 문왕칙하도포괘지도

六十四卦方圓之圖 육십사괘방원지도

　　先天八卦爲體之圖 선천팔괘위체지도

　　後天八卦爲用之圖 후천팔괘위용지도

　　先天八卦取象之圖 선천팔괘취상지도

　　後天八卦取象之圖 후천팔괘취상지도

　文王易釋義 문왕역석의

　　文王八卦生出之圖 문왕팔괘생출지도

　　文王八卦運行之圖 문왕팔괘운행지도

　　八卦統六十四卦運行之圖 팔괘통육십사괘운행지도

　　三十六卦配八卦圖 삼십육괘배팔괘도

卷第六 附錄 권제육 부록

　理氣性情圖說 이기성정도설

　　理氣源流圖 이기원류도

　　理氣動靜圖 이기동정도

　　一源分殊圖 일원분수도

　　心統性情圖 심통성정도

　　性情橫看圖 성정횡간도

　　性情竪看圖 성정수간도

　　性情總會圖 성정총회도

　　五性互主圖 오성호주도

　　五性推本圖 오성추본도

　　心性妙合圖 심성묘합도

　　心性二歧圖 심성이기도

　　中庸天命圖 중용천명도

人心道心圖 인심도심도

　　爲學之方圖 위학지방도

孟子養氣章說 맹자양기장설

孟子生之謂性章說 맹자생지위성장설

通書說 통서설

朱子太極說解 주자태극설해

경의기문록 권제1

大學 대학

1. 圖
도

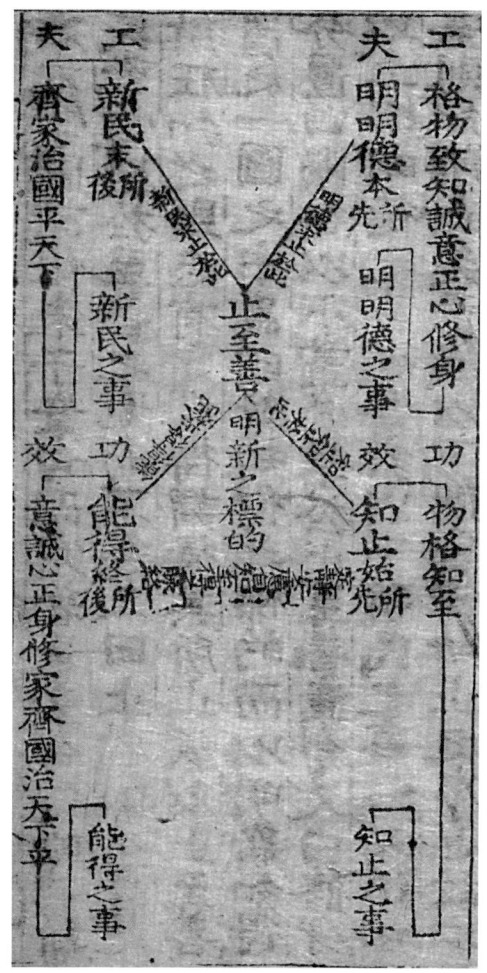

「대학도(大學圖)」

右大學圖, 謹依朱子章句而定著焉.

오른쪽(앞쪽)의 「대학도」는 삼가 주자의 『대학장구(大學章句)』(이하 『장구』로 표기)에 의거하여 정한 것이다.

章句曰, 明德新民, 皆當至於至善之地而不遷. 又曰, 止者, 卽至善之所在, 知之則志有定向, 得謂得其所止. 故以止至善, 置之一圖之中, 爲明新知得之標的, 而以明新知得, 分置四隅, 各以小畫牽屬於止至善.

『장구』에서 "명명덕(明明德: 명덕을 밝히는 것)과 신민(新民: 백성을 새롭게 하는 것)이 모두 마땅히 지극한 선(善)의 경지에 이르러 옮기지 않아야 한다."라고 하였다.[1] 또 "지(止)란 곧 지극한 선이 있는 곳이니, 그것을 알면 뜻에 정해진 방향이 있게 될 것이다. 득(得)은 그쳐야 할 바를 얻음을 이른다."[2]라고 하였다. 그에 따라 '지지선(止至善: 지극한 선에 그침)'을 그림의 중앙에 배치하여 명명덕·신민·지지(知止: 그쳐야 할 바를 앎)·능득(能得: 능히 얻음)의 목표로 삼았고, 명명덕·신민·지지·능득을 네 모퉁이에 나누어 배치한 뒤 각각 가는 선으로 지지선에 끌어다 연결하였다.

章句又曰, 修身以上, 明明德之事也, 齊家以下, 新民之事也, 物格知至, 則知所止矣, 意誠以下, 則皆得所止之序也. 故以修身以上, 置之明德之傍, 而屬之明德, 以齊家以下, 置之新民之傍, 而屬之新民, 以物格知至, 置之知止之傍, 而屬

---

1   『大學章句』 경1장 제1절의 주(註). "명명덕과 신민이 모두 마땅히 지극한 선의 경지에 그쳐서 옮기지 않아야 함을 말한 것이다.(言明明德新民, 皆當止於至善之地而不遷.)" 『장구』에는 '皆當至於'가 아니라 '皆當止於'로 되어 있다.

2   『대학장구』 경1장 제2절의 주. "지(止)란 마땅히 그쳐야 할 곳이니, 곧 지극한 선이 있는 곳이다. 그것을 알면 뜻에 정해진 방향이 있게 될 것이다. … 득(得)은 그 그쳐야 할 바를 얻음을 말한 것이다.(止者, 所當止之地, 卽至善之所在也. 知之則志有定向 … 得謂得其所止.)"

之知止, 以意誠以下, 置之能得之傍, 而屬之能得.

『장구』에서 또 "수신(修身: 몸을 닦음) 이상은 명명덕의 일이고, 제가(齊家: 집안을 가지런하게 함) 이하는 신민의 일이다. 물격(物格: 사물의 이치가 궁구됨)과 지지(知至: 앎이 지극해짐)는 그칠 바를 아는 것이다. 의성(意誠: 뜻이 성실해짐) 이하는 모두 그칠 바를 얻는 순서이다."[3]라고 하였다. 그에 따라 수신 이상을 명명덕의 옆에 배치하여 명명덕에 연결하였고, 제가 이하를 신민의 옆에 배치하여 신민에 연결하였으며, 물격과 지지(知至)를 지지(知止)의 옆에 배치하여 지지에 연결하였고, 의성 이하를 능득의 옆에 배치하여 능득에 연결하였다.

其以明德爲本, 新民爲末, 知止爲始, 能得爲終, 而以本始爲所先, 末終爲所後, 固皆因乎章句之語. 而以明新與知得, 分工夫功效, 而以八目之倒語者, 屬之明新, 八目之順語者, 屬之知得, 亦皆考乎章句之意, 則一圖之中位置名目, 無一以淺見愚慮, 敢容於其間, 而杜撰無稽者也.

명명덕을 근본으로 신민을 말단으로, 지지를 처음으로 능득을 끝으로 삼고, 근본과 처음을 먼저 해야 할 바로, 말단과 끝을 뒤에 해야 할 바로 삼은 것은 당연히 모두 『장구』의 말에 따른 것이다.[4] 또한 명명덕과 신민, 지지와 능득을 각각 공부와 결과로 구분한 뒤에 앞뒤를 바꾸어 말한 8조목을 명명덕·신민에 연결하고[5] 순서대로 말한 8조목을 지지·능득에 연결한[6] 것도 모두 『장구』의

---

3 『대학장구』 경1장 제5절의 주.
4 『대학장구』 경1장 제3절의 주. "명명덕은 근본이 되고, 신민은 말단이 되며, 지지는 처음이 되고, 능득은 끝이 되니, 근본과 처음은 먼저 해야 하고, 말단과 끝은 뒤에 해야 한다.(明德爲本, 新民爲末, 知止爲始, 能得爲終, 本始所先, 末終所後.)"
5 격물·치지·성의·정심·수신을 명명덕에 연결하였고, 제가·치국·평천하를 신민에 연결하였다.
6 물격·지지(知至)를 지지(知止)에 연결하였고, 의성·심정·신수·가제·국치·천하평을 능득에 연결하였다.

뜻을 고려한 것이다. 그러므로 그림 속의 배치와 명칭들은 나의 얕은 견해와 어리석은 생각을 함부로 집어넣어 터무니없이 꿰맞춘 것이 단 하나도 없다.

　圖旣成, 按而見之, 則綱領旣擧, 而條目各有所隷, 排布甚整, 而脈絡實相貫通. 自四外而收入, 則如屋之有脊樑, 由中央而推出, 則如木之有幹枝, 體統都具, 條理分明, 一篇之指, 如指諸掌, 不待開卷, 而可識其大意也. 如使初學之士未知領要者, 有取焉, 則亦未必無開發之小助云爾.
　그림이 완성된 뒤에 살펴보니, 3강령이 모두 거론되고 8조목이 각각 종속되는 바가 있으며, 배치가 매우 질서정연하고 맥락이 실제로 서로 관통되어 있었다. 사방으로부터 수렴해 들어오는 것은 마치 집에 대들보가 있는 것과 같고, 중앙에서부터 미루어 가는 것은 마치 나무에 줄기가 있는 것과 같아서, 체계가 모두 갖추어지고 조리가 매우 분명하여 한 편의 뜻이 마치 손바닥을 가리키는 것처럼 명료하니, 책을 펴 보지 않고서도 대강의 뜻을 알 수 있을 것이다. 만약 처음 배우는 선비 가운데 아직 요점을 알지 못하는 자가 보게 된다면, 자신을 개발하는 데 반드시 조금이나마 도움이 될 것이다.

　【按, 語類有大學圖, 大體布得甚好, 而間有差謬, 似是傳寫之訛. 我東權陽村亦有此圖, 而尤無可取. 今就語類舊圖, 仍其大體, 而正訛補闕, 定爲此圖.】
　【살펴보건대, 『주자어류(朱子語類)』(이하 『어류』로 표기)에 「대학도」가 있는데[7] 대체로 매우 잘 배치되어 있으나 간혹 잘못된 부분이 있으니, 아마도 돌려가며 베껴 쓸 때 잘못한 것 같다. 우리나라의 권양촌(權陽村)[8] 또한 『대학』에 관한 그

7　『朱子語類』권15, 「대학」 2.
8　권근(權近, 1352~1409).

림이 있으나⁹ 특별히 취할 만한 게 없다. 그래서 『어류』의 「대학도」를 취하여 그 골자를 따르고, 잘못을 바로잡고 빠진 부분을 보완하여 이 그림으로 정하였다.】

1) 序文 서문

(1) 天降生民, 莫不與之以仁義禮智之性, 其下又言氣稟不齊, 則可見此性之爲本然之性也. 然專以生民而言, 則仁義禮智本然之性, 萬物不能與人同得者, 又可見矣. 下文明德註曰, 人之所得乎天, 只言人而不言物者, 其意與此同. 或問又釋明德曰, 虛靈洞澈, 萬理咸備, 人之所以異於禽獸者, 在此, 明德所具之理, 則所謂仁義禮智, 而皆其本然者也. 明德之稟, 人與物不同, 則性之不同, 自是一事矣. 序文章句或問語意一貫, 而互相發明, 當參看.

"하늘이 사람을 내릴 때 인(仁)·의(義)·예(禮)·지(智)의 성(性)을 부여하지 않음이 없다"고 하고, 그 아래에 또 "품부받은 기질(氣質)이 같지 않다"고 하였으니,¹⁰ 여기의 성은 본연의 성(本然之性)임을 알 수 있다. 그런데 오로지 사람을 가지고만 말하였으니, 인·의·예·지의 본연의 성은 만물이 사람과 동일하게 얻지 못하였다는 것도 알 수 있다. 아래 글의 명덕에 대한 주(註)에서 "사람이 하늘에서 얻은 바"¹¹라고 하여 사람만 말하고 물(物)을 말하지 않은 것은 이와 같은 뜻이다. 『대학혹문(大學或問)』(이하 『혹문』으로 표기)에서 또 명덕을 해석하면서 "비어 있고 신령하며 밝고 맑아서 모든 이치가 다 갖춰져 있으니, 사람이 금수

---

9 『入學圖說』「大學指掌之圖(大學之圖)」.

10 『대학장구』 「大學章句序」. "대개 하늘이 사람을 내릴 때부터 이미 인·의·예·지의 성을 부여하지 않음이 없으나, 그 기질을 품부받음이 때로는 같지 않다.(蓋自天降生民, 則旣莫不與之以仁義禮智之性矣, 然其氣質之稟或不能齊.)"

11 『대학장구』 경1장 제1절의 주. "명덕이란 사람이 하늘에서 얻은 바로서 비어 있고 신령하며 어둡지 않아서 온갖 이치를 갖추어 모든 일에 응하는 것이다.(明德者, 人之所得乎天, 而虛靈不昧, 以具衆理, 而應萬事者也.)"

(禽獸)와 다른 까닭이 여기에 있다."¹²라고 하였는데, 명덕이 갖추고 있는 이치란 '인·의·예·지'라고 이르는 것으로 바로 모두 본연의 것이다. 명덕을 품부받은 것이 사람과 물이 같지 않다면, 성도 마찬가지로 같지 않다. 서문의 『장구』와 『혹문』의 말뜻이 일관되고 서로 [그 의미를] 밝혀주고 있으니, 마땅히 함께 살펴보아야 할 것이다.

(2) 朱子釋仁義禮智四字, 散見諸書, 必須合而觀之. 然後交互參證, 其義方全矣.

주자께서 인·의·예·지 네 글자에 대해 해석하신 것은 여러 책에 흩어져 나오니, 반드시 종합해서 보아야 한다. 그런 뒤에 서로 참고하고 증거로 삼아야 그 뜻이 비로소 완전해질 것이다.

仁之訓曰, 愛之理, 心之德, 此訓最爲精確完備, 不待他說之更參而後足, 而他性之訓, 亦當以此義例求之也. 義之訓曰, 心之制, 事之宜, 又曰, 宜之理也, 事之宜一句, 就事上言性之無內外者, 非直指性之本體也. 須合宜之理心之制爲訓, 其義方盡矣.

인(仁)에 대한 해석에서 "사랑(愛)의 이치(理)이고, 마음(心)의 덕(德)이다."라고¹³ 하였는데, 이 해석이 가장 정확하고 완벽하니 다른 설명을 더 참고하지 않아도 충분하며, 다른 성에 대한 해석도 마땅히 이런 방식으로 구해야 할 것이다. 의

---

12 『大學或問』. "오직 사람만이 태어남에 곧 바르고 통한 기를 얻어 성이 가장 귀하게 되었으므로 마음이 비어 있고 신령하며 밝고 맑아서 모든 이치가 다 갖춰져 있다. 대개 사람이 금수와 다른 까닭이 바로 여기에 있고, 사람이 요·순이 될 수 있고 천지에 참여하여 화육함을 도울 수 있는 까닭도 여기에서 벗어나지 않으니, 이것이 바로 '명덕'이란 것이다.(唯人之生乃得其氣之正且通者, 而其性爲最貴, 故其方寸之間, 虛靈洞徹, 萬理咸備, 蓋其所以異於禽獸者, 正在於此, 而其所以可爲堯舜, 而能參天地以贊化育者, 亦不外焉, 是則所謂明德者也.)"

13 『論語集註』「學而」제2장 제2절의 주.

(義)에 대한 해석에서 "마음의 제재(制裁)이고, 일의 마땅함(宜)이다."[14]라고 하고, 또 "마땅함의 이치이다."[15]라고 하였는데, '일의 마땅함'이라는 구절은 일에 나아가 성에 안팎이 없음을 말한 것이지 곧바로 성의 본체를 가리킨 것이 아니다. 반드시 '마땅함의 이치'와 '마음의 제재'를 종합해서 해석해야 그 뜻이 비로소 완전해질 것이다.

禮之訓曰, 天理之節文, 人事之儀則, 此則以禮之著於日用人事者而言, 非正訓禮之性也. 有曰, 禮則敬之理也, 又曰, 禮爲心之規矩, 合此二說而訓之曰, 敬之理, 心之矩. 智之訓曰, 別之理也, 又曰, 知覺智之事也, 合此二說而訓之曰, 別之理, 心之覺. 信之訓曰, 實有之理也, 又曰, 眞實無妄底道理, 合此二說而訓之曰, 實之理, 心之無妄.

예(禮)에 대한 해석에서 "하늘의 이치(天理)가 절도에 맞게 드러난 것이고, 사람들 사이에 따라야 할 규범이다."[16]라고 하였는데, 이는 일상의 일에서 드러난 예를 가지고 말한 것이지, 바로 예라는 성을 해석한 것이 아니다. "예는 공경(敬)의 이치이다."[17]라는 말이 있고, 또 "예는 마음의 법도(矩)이다."[18]라고 하였으니, 이 두 가지 설명을 종합하여 해석하면 '공경의 이치이고, 마음의 법도이다.'라

---

14 『孟子集註』「梁惠王上」 제1장 제3절의 주.
15 『論語或問』. "금신을 의라고 하니 이는 마땅함의 이치로서 그것이 발하면 수오가 된다.(金神曰義, 則宜之理也, 而其發爲羞惡.)"
16 『논어집주』「학이」 제12장 제1절의 주.
17 『논어혹문』. "화신을 예라고 하니 이는 공경의 이치로서 그것이 발하면 공경이 된다.(火神曰禮, 則敬之理也, 而其發爲恭敬.)"
18 『논어혹문』. "대개 예란 마음의 법도로서 그 쓰임이 있지 않은 바가 없다. 몸으로써 말하면 보고 듣고 말하고 움직이는 네 가지가 충분히 그것을 포괄한다.(蓋禮爲心之規矩, 而其用無所不在. 以身而言, 則視聽言動四者, 足以該之矣.)"

하겠다. 지(智)에 대한 해석에서 "분별(別)의 이치이다."[19]라고 하고, 또 "지각(知覺)은 지의 일이다."[20]라고 하였으니, 이 두 가지 설명을 종합하여 해석하면 '분별의 이치이고, 마음의 지각이다.'라고 하겠다. 신(信)에 대한 해석에서 "진실로 있는 이치이다."[21]라고 하고, 또 "진실하고 거짓이 없는 도리(道理)이다."[22]라고 하였으니, 이 두 가지 설명을 종합하여 해석하면 '진실함(實)의 이치이고, 마음에 거짓이 없음이다.'라고 하겠다.

通書曰, 通曰智, 守曰信, 朱子又曰, 禮是恭敬撙節底道理, 又取此二說, 而於禮曰, 心之節, 於智曰, 心之通, 於信曰, 心之守, 亦可也. 如此爲說而後, 義禮智信之義得矣, 而於仁訓之義例合矣.

『통서(通書)』에서 "통하는 것을 지(智)라 하고, 지키는 것을 신(信)이라 한다."[23]라고 하였고, 주자께서 또 "예는 공경하고 절제하는 도리이다."[24]라고 하셨으니, 다시 이 두 가지 설명을 취하여 예에 대해 '마음의 절제(節)'라고 하고, 지에 대해 '마음의 통함(通)'이라고 하고, 신에 대해 '마음의 지킴(守)'이라고 하는 것도 괜찮을 것이다. 이렇게 말한 뒤에야 의·예·지·신의 뜻을 얻게 되고, 인을 해

---

19 『논어혹문』. "수신을 지라고 하니 이는 분별의 이치로서 그것이 발하면 시비가 된다.(水神曰智, 則別之理也, 而其發爲是非.)"
20 『주자어류』 권20 「논어」 2. "지각은 본래 지의 일이니, 사덕에 있어서는 정(貞)자이다.(知覺自是智之事, 在四德是貞字.)"
21 『논어혹문』. "토신을 신이라고 하니 이는 진실로 있는 이치로서 그것이 발하면 충신이 된다.(土神曰信, 則實有之理也, 而其發爲忠信.)"
22 『朱子大全』 권74 「玉山講義」. "다섯 가지 가운데 '신'은 진실하고 거짓이 없는 도리이다. 인·의·예·지와 같은 것은 모두 진실하고 거짓이 없는 것이다.(五者之中, 所謂信者, 是箇眞實無妄底道理, 如仁義禮智皆眞實而無妄者也.)"
23 『通書』「誠幾德」. "덕에 있어서는 아끼는 것이 인이고, 마땅하게 하는 것이 의이고, 질서 있게 하는 것이 예이고, 통하는 것이 지이고, 지키는 것이 신이다.(德愛曰仁, 宜曰義, 理曰禮, 通曰智, 守曰信.)"
24 『주자대전』 권74 「옥산강의」.

석한 방식에 부합할 것이다.

旣而合而看之, 則仁曰, 愛之理, 心之德, 義曰, 宜之理, 心之制, 禮曰, 敬之理, 心之矩, 智曰, 別之理, 心之覺, 信曰, 實之理, 心之無妄者, 訓釋之義例適均, 而性情之名義之當. 下一句又皆見其互爲一心之主, 而心之德心之覺心之無妄者, 尤可見其以一事而包四事之實也.

앞의 내용을 종합해서 보면, 인을 '사랑의 이치이고 마음의 덕이다.'라고 하고, 의를 '마땅함의 이치이고 마음의 제재이다.'라고 하고, 예를 '공경의 이치이고 마음의 법도이다.'라고 하고, 지를 '분별의 이치이고 마음의 지각이다.'라고 하고, 신을 '진실함의 이치이고 마음에 거짓이 없음이다.'라고 하는 것이 해석의 방식으로 적절하고 성·정의 명칭과 의미가 적당하다. 아래의 한 구절은 또한 서로 마음의 주체가 되어 마음의 덕, 마음의 지각, 마음에 거짓이 없는 것이 모두 나타나 있으니, 하나의 일로 네 가지 일의 실제를 포괄한다는 것을 더욱 알 수 있다.

朱子之訓性, 何嘗有一理一義之不備也哉. 雲峯胡氏乃以爲智者獨未有明釋, 取朱子釋知之語, 加所以字以補智之訓曰, 智則心之神明, 所以妙衆理而宰萬物者也. 此於智字義未有所明, 而反有認氣爲理以理妙理之失矣. 洲老蓋嘗深辨其非, 而或者擧所以字爲難, 則洲老不能破其說, 豈偶未察耶. 胡氏雖加所以字, 實承神明而言, 則所謂所以者卽神明也. 神明卽氣也, 何救於認氣爲理之失也. 旣以神明爲智, 而又以爲妙衆理, 則以理妙理, 又如何諱得.

주자께서 성을 해석하실 때 하나의 이치와 하나의 뜻이라도 갖추지 못한 적이 있었던가. 그런데 운봉 호씨(雲峯 胡氏)[25]는 지(智)만 유독 분명하게 해석되지 못

---

25 호병문(胡炳文, 1250~1333).

했다고 여겨, 주자께서 지(知)에 대해 해석하신 말씀에 소이(所以)자를 더해서 지(智)에 대한 해석을 보완하여, "지는 마음의 신명(神明)으로서 온갖 이치를 묘하게 운용하고 만물을 주재하는 소이(所以: 까닭)이다."[26]라고 하였다. 이는 지(智)자의 뜻에 대해 밝힌 바가 전혀 없고, 도리어 기(氣)를 리(理)로 인식하고 리로써 리를 묘합하는 잘못이 있다. 주로(洲老)[27]께서 일찍이 그 잘못을 깊이 논변하자,[28] 누군가 소이(所以)자를 들어 따졌는데, 주로께서 그 설을 논파하지 못했으니, 어찌 우연히 살피지 못한 것이겠는가? 호씨가 비록 '소이'자를 더했으나 실제로 신명을 이어받아 말하였으니, '소이'라고 이른 것은 곧 신명이다. 신명은 곧 기이니, 기를 리로 인식하는 잘못을 어떻게 구제하겠는가? 이미 신명을 지로 여기고, 또한 온갖 이치를 묘하게 운용한다고 여겼으니, 리로써 리를 묘합하는 것을 또 어찌 피할 수 있겠는가?

孟子盡心註曰, 心者, 人之神明, 所以具衆理而應萬事者也, 此所以字, 亦可作理字看耶. 胡氏所加所以字, 亦不過爲此例耳. 雖以所以字作理字看, 其爲以理妙理反有甚矣. 蓋所謂衆理, 卽吾心所具之理, 而妙之而運用者, 在神明. 今以智爲所以妙者, 則智亦吾心所具之理也, 安得反自妙之耶. 所以字貼神明看, 則爲認氣爲理, 作智字看, 則爲以理妙理, 而乃以此謂取朱子之說而補之, 則

---

26 『대학장구』「대학장구서」의 소주(小註). "운봉 호씨가 말하였다. "주자의 사서에서 인을 '마음의 덕, 사랑의 이치', 의를 '마음의 제재, 일의 마땅함', 예를 '하늘의 이치가 절도에 맞게 드러난 것, 사람들 사이에 따라야 할 규범'이라고 해석하여 모두 체와 용을 겸하였으나, 유독 지(智)자만 분명하게 해석되지 않았다. 이에 일찍이 주자의 뜻을 살짝 취하여 '지는 마음의 신명으로서 온갖 이치를 묘하게 운용하고 만물을 주재하는 소이이다.'라고 보완하였다."(雲峯胡氏曰, 朱子四書釋仁曰, 心之德, 愛之理, 義曰, 心之制, 事之宜, 禮曰, 天理之節文, 人事之儀則, 皆兼體用, 獨智字未有明釋. 嘗欲竊取朱子之意, 以補之曰, 智則心之神明, 所以妙衆理而宰萬物者也.)"

27 김창협(金昌協, 1651~1708).

28 『農巖集』 권14 「答閔彦暉【丁丑】」.

其於朱子訓性之意, 不亦左乎. 洲老於此似未看破, 所辨恨未快, 故略辨之.

『맹자』진심장(盡心章)의 주에서 "마음(心)이란 사람의 신명으로서 온갖 이치를 갖추어 모든 일에 응하는 소이이다."[29]라고 하였는데, 여기에 나오는 '소이'자 또한 리(理)자로 볼 수 있겠는가? 호씨가 '소이'자를 더한 것 또한 이와 같은 사례에 불과할 뿐이다. 비록 '소이'자를 리(理)자로 보더라도 리를 [알 수 없는] 오묘한 리로 만드는 것보다 도리어 더 심해진다. 대개 '온갖 이치(衆理)'라고 이른 것은 곧 내 마음에 갖추어져 있는 이치이고, 그것을 묘하게 운용하는 것은 신명에 달려 있다. 그런데 지금 지를 묘하게 운용하는 소이라고 한다면, 지 또한 내 마음에 갖추어져 있는 이치인데, 어찌 도리어 스스로 묘하게 운용할 수 있겠는가? '소이'자를 신명에 붙여서 보면 기를 리로 인식하는 것이 되고, 지(智)자로 보면 리로써 리를 묘합하는 것이 되는데, 이로써 '주자의 설을 취하여 보완한다'고 하였으니, 주자께서 성을 해석하신 뜻에 또한 어긋나지 않겠는가? 주로께서 이에 대해 간파하지 못하여 유감스럽게도 논변한 바가 시원치 않으므로 대략 논변하였다.

(3) 心之覺三字若不善看, 則必以爲認覺爲性. 蓋覺處是心, 覺底是智, 非心則不能覺, 非智則無以覺. 覺是心而智則覺之理也, 故以心之覺爲智之事. 若猶以爲未能遠嫌, 則以通易覺可乎.

심지각(心之覺: 마음의 지각) 세 글자를 잘 살피지 않으면 반드시 지각을 성으로 인식하게 될 것이다. 대개 지각하는 곳은 마음(心)이고, 지각하는 것은 지(智)이니, 마음이 아니면 지각하지 못하고, 지가 아니면 지각할 수 없다. 지각하는 것은 마음이고 지는 지각의 이치이므로 마음의 지각을 지의 일로 삼은 것이다. 만약 그래도 의심을 떨쳐버릴 수 없다면 통(通: 통함)으로 각(覺: 지각)을

29　『맹자집주』「盡心上」제1장 제1절의 주.

바꾸는 것이 괜찮지 않겠는가?

(4) 仁義禮智之訓, 上一字是氣, 下一字是理. 不如是看, 則全句無理字之釋, 而不得爲性之訓也. 仁之訓曰, 愛之理, 心之德, 愛是氣, 而理是理也, 心是氣, 而德是理也. 義之訓曰, 心之制, 事之宜, 心是氣, 而制是理也, 事是氣, 而宜是理也. 禮之訓曰, 天理之節文, 人事之儀則, 節文旣屬天理, 則固以理言, 儀則又係人事之下, 亦以理言也. 一字之用, 又有以理言者以氣言者. 以宜字言之, 則曰事之宜, 此宜字以理言也, 曰宜之理, 此宜字以氣言也, 唯觀其所用之如何耳. 他皆倣此.

인·의·예·지에 대한 해석에서 위(앞)의 한 글자는 기이고 아래(뒤)의 한 글자는 리이다. 이렇게 보지 않으면 전체 구절에 리(理)자에 대한 해석이 없어서 성에 대한 해석이 될 수 없다. 인에 대한 해석에서 "애지리(愛之理: 사랑의 이치), 심지덕(心之德: 마음의 덕)."이라고 하였는데, 여기서 애는 기이고 리는 리이며, 심은 기이고 덕은 리이다. 의에 대한 해석에서 "심지제(心之制: 마음의 제재), 사지의(事之宜: 일의 마땅함)."라고 하였는데, 여기서 심은 기이고 제는 리이며, 사는 기이고 의는 리이다. 예에 대한 해석에서 "천리지절문(天理之節文: 하늘의 이치가 절도에 맞게 드러난 것), 인사지의칙(人事之儀則: 사람들 사이에 따라야 할 규범)."이라고 하였는데, 절문은 이미 천리에 속하니 당연히 리로서 말한 것이고, 의칙 또한 인사의 아래에 이어져 있으니 역시 리로서 말한 것이다. 같은 글자를 쓰더라도 리로 말한 것도 있고 기로 말한 것도 있다. 의(宜)자를 예로 들어 말해보면, "사지의(事之宜)"라고 한 것에서 의(宜)자는 리로서 말한 것이고, "의지리(宜之理: 마땅함의 이치)"라고 한 것에서 의(宜)자는 기로서 말한 것이니, 어떻게 쓰이고 있는지 잘 살펴보아야 할 뿐이다. 다른 것들도 모두 이와 같다.

(5) 衆技之流, 經書辨疑以爲流流輩也, 或曰下流也, 此流字恐是派流之流也. 百家衆技所該甚廣, 天文地理兵農醫卜之類, 皆在其中, 而人事之所不可闕者, 亦謂之惑世誣民充塞仁義, 何也. 此蓋承上文學不傳而言, 故如是云也. 蓋以儒者之學爲主, 則天文地理兵農醫卜, 皆道中之一事, 而不可闕者也, 不以儒者之學爲主, 則各私所學, 離眞去道, 而不免爲惑誣充塞之歸矣.

'중기지류(衆技之流: 온갖 기예를 추구하는 분파)'에 대해 『경서변의(經書辨疑)』[30]에서는 류(流)를 유배(流輩: 무리)라고 하였고, 혹은 하류(下流)라고 하였는데,[31] 여기의 류(流)자는 아마도 파류(派流: 유파)의 '류'인 것 같다. 백가중기(百家衆技: 여러 학파의 온갖 기예)가 포괄하는 바는 매우 넓어서 천문·지리·병법·농업기술·의술·점술 따위가 모두 그 가운데 있고, 사람의 일상생활에 없어서는 안 되는 것들인데도, '세상을 어지럽히고 백성을 속여 인·의를 가로막는다'고 이른 것은 어째서인가?[32] 이는 대개 학문이 전해지지 않았다는 위의 글[33]을 이어받아 말하였기 때문에 이와 같이 말한 것이다. 대개 유학을 중심으로 삼으면 천문·지리·병법·농업기술·의술·점술이 모두 도 가운데 한 가지 일로서 빠뜨려서는

30　김장생(金長生, 1548~1631)이 경서 해석에서 의심되는 부분을 자신의 견해로 해석한 책으로 7권 3책이며, 1666년(현종 7)에 간행되었다.

31　『經書辨疑』「大學」序. "류(流)는 『운회』에 무리(流輩)라 하였다. ○혹자가 말하기를 "구류가 육경에 대해 물의 하류와 같기 때문에 류(流)라 말한다." 하였다.(流, 韻會, 流輩也. ○或曰, 九流之於六經, 如水之下流, 故謂之流也.)"

32　『대학장구』「대학장구서」. "그 밖에 권모술수로 일체 공명을 성취한다는 학설과 백가중기의 부류로 세상을 어지럽히고 백성을 속여 인의를 가로막는 자들이 또 분분하게 그 사이에 섞여 나왔다.(其他權謀術數一切以就功名之說, 與夫百家衆技之流, 所以惑世誣民, 充塞仁義者, 又紛然雜出乎其間.)"

33　『대학장구』「대학장구서」. "3천 명의 문도가 그 말씀을 듣지 않은 이가 없건마는 증씨의 전함이 홀로 그 종지를 얻었다. 이에 전의를 지어 그 뜻을 드러내었는데 맹자가 세상을 떠나자 그 전함이 끊겼으니, 그 책이 비록 남아 있지만 아는 사람이 적었다.(三千之徒, 蓋莫不聞其說, 而曾氏之傳, 獨得其宗. 於是作爲傳義, 以發其意, 及孟子沒而其傳泯焉, 則其書雖存, 而知者鮮矣.)"

안 되는 것들이지만, 유학을 중심으로 삼지 않으면 각자 자기가 배운 바에 치우쳐서 진리에서 멀어지고 도에서 벗어나, 세상을 어지럽히고 백성을 속여 인의를 가로막는 결과가 되는 것을 피하지 못한다.

(6) 竊附己意, 補其闕略, 小註以爲補亡章, 此甚不然. 采輯放失補其闕略, 自當分爲兩項事. 放失云者, 謂本有是說而中經放失也, 闕略云者, 謂本無是說而未免闕略也. 本有是而放失, 故采其舊而輯之, 如補亡章正錯簡之類, 是也. 本無是而闕略, 故附己意而補之, 如誠意正心章下註言誠意之在致知, 正心之在誠意, 正心章句言敬字之類, 是也. 若補亡章, 本有是傳而中經亡失, 則非闕略之謂也. 朱子之所以補之者, 又不過采取傳文舊指程子之意而輯之, 則非竊附己意之謂也. 補亡傳明言竊取程子之意, 則安得以附己意之說當之哉.

"조심스레 나의 의견을 덧붙여 빠진 부분을 보충한다."[34]의 소주(小註)에 보망장(補亡章)이라고 하였는데,[35] 이는 매우 옳지 않다. 잃어버린 것을 찾아서 합치는 것과 빠진 것을 보충하는 것은 마땅히 두 가지 일로 구분해야 한다. '잃어버렸다'는 것은 '본래 이러한 말이 있었으나 중간에 잃어버렸다'는 것이고, '빠졌다'는 것은 '본래 이러한 말이 없어 빠졌음을 면하지 못한다'는 것이다. 본래 이것이 있었으나 잃어버렸기 때문에 옛것을 찾아서 합치는 것이니, 이를테면 보망장에서 순서가 잘못된 죽간을 바로잡은 부류가 이것이다. 본래 이것이 없어 빠졌기 때문에 자기 의견을 덧붙여 보충하는 것이니, 이를테면 성의장(誠意章, 전6장)과 정심장(正心章, 전7장)의 장 아래 주(章下註)에서 성의(誠意: 뜻을 성실하게 함)는 치지

---

[34] 『대학장구』「대학장구서」. "다만 이 책이 아직도 잃어버린 곳이 많기 때문에 나의 고루함을 잊고 다른 책에서 뽑아 모았으며, [구절] 사이에 또한 조심스레 나의 의견을 덧붙여 빠진 부분을 보충하였으니 후세의 군자를 기다린다.(顧其爲書, 猶頗放失, 是以忘其固陋, 采而輯之, 間亦竊附己意, 補其闕略, 以俟後之君子.)"

[35] 『대학장구』「대학장구서」의 소주. "전의 제5장을 보충했음을 이른다.(謂補傳之第五章.)"

(致知: 앎을 지극하게 함)에 있고[36] 정심(正心: 마음을 바르게 함)은 성의에 있다[37]고 말한 것과 정심장 장구에서 경(敬)자를 말한[38] 부류가 이것이다. 보망장의 경우 본래 이러한 전(傳)이 있었으나 중간에 잃어버린 것이지, '빠졌다'는 것은 아니다. 주자께서 보충한 것 또한 전문(傳文)의 옛 뜻인 정자(程子)의 뜻을 채택하여 합친 것에 불과하니, '자기 의견을 덧붙였다'는 것은 아니다. 보망전에서 조심스레 정자의 뜻을 취했다[39]고 분명히 말하였으니, 어찌 자기 의견을 덧붙였다는 말에 해당할 수 있겠는가?

2) 篇題 편제

由是而學, 是字專指大學而言, 據上獨賴字可見. 蓋言爲學次第, 莫備於此篇, 而今之可見者獨賴其存, 雖以論孟亦居其次, 故學者由是而學焉, 則可以不

---

36 『대학장구』 전6장 章下註. "경문에 이르기를 "그 뜻을 성실히 하고자 하면 먼저 그 앎을 지극히 하라." 하였고, 또 "앎이 지극한 뒤에 뜻이 성실해진다"고 하였다. … 그러므로 이 장의 뜻을 반드시 위 장에 이어서 통하여 상고한 뒤에야 힘을 쓰는 처음과 끝을 볼 수 있다. 그 순서를 어지럽힐 수 없고 공부를 빠뜨릴 수 없음이 이와 같다.(經曰, 欲誠其意, 先致其知. 又曰, 知至而后意誠, … 故此章之指, 必承上章而通考之然後, 有以見其用力之始終. 其序不可亂而功不可闕, 如此云.)"

37 『대학장구』 전7장 장하주. "이 또한 위 장을 이어받아 아래 장을 일으킨 것이다.【상설: … 주(註)의 머리에 마땅히 "경문에 '그 마음을 바로잡고자 한다면 먼저 그 뜻을 성실하게 해야 한다.' 하였고, 또 말하기를 '뜻이 성실한 뒤에 마음이 바르게 된다.' 하였다."라고 말한 것이 있어야 하는데, 없는 것은 아마도 위 장의 주를 이어서 생략한 듯하다.…】(此亦承上章, 以起下章. 蓋意誠, 則眞無惡而實有善矣, 所以能存是心以檢其身【詳說: … 註首當有云經曰, 欲正其心, 先誠其意, 又曰, 意誠而后心正, 而無者, 蓋蒙上章註而省之.…】)"

38 『대학장구』 전7장 제2절의 주. "마음이 보존되지 못하면 그 몸을 검속할 수가 없다. 이 때문에 군자가 반드시 이를 살펴서 경으로써 [마음을] 곧게 하니, 그런 뒤에야 이 마음이 항상 보존되어 몸이 닦이지 않음이 없다.(心有不存, 則無以檢其身, 是以君子必察乎此, 而敬以直之, 然後此心常存, 而身無不修也.)"

39 『대학장구』 전5장 補亡章. "그사이에 내가 정자의 뜻을 조심스레 취하여 빠진 부분을 [다음과 같이] 보충하였다.(間嘗竊取程子之意, 以補之.)"

差云爾. 若曰幷由論孟大學而後不差, 則只由大學而學者, 將不免於差歟.【按, 程子之言, 本兼論孟而言, 而朱子翦栝其言, 引之於大學之書, 則專指大學矣, 所謂斷章取義者也.】

'유시이학(由是而學: 이로 말미암아 배우다)'[40]의 시(是)자가 오로지 『대학』만을 가리켜 말하였다는 것은 위의 '독뢰(獨賴: 오직 힘입다)'자에 의거하여 알 수 있다. 대개 학문을 하는 차례가 이 책(『대학』)보다 잘 갖춰진 것이 없어서, 오늘날 알 수 있는 것은 오직 그것이 있음에 힘입으며, 비록 『논어』와 『맹자』라도 그다음에 위치하므로 배우는 사람들이 이로 말미암아 배운다면 어긋나지 않을 수 있다고 말한 것일 뿐이다. 만약 '『논어』·『맹자』·『대학』을 모두 말미암은 뒤에야 어긋나지 않을 것이다.'라고 하였다면, 단지 『대학』만을 말미암아 배운 사람은 장차 어긋남을 피하지 못했을 것이다.【살펴보건대, 정자의 말씀은 본래 『논어』와 『맹자』를 아울러 말한 것인데,[41] 주자께서는 그 말을 고쳐서 『대학』에 인용하여 오로지 『대학』만을 가리키셨으니, '문장을 잘라서 필요한 뜻만 취한' 것이다.】

40 『二程遺書』권22 「伊川語錄」. "당체가 선생을 처음 뵙고 물었다. "처음 배우는 사람은 어떻게 해야 합니까?" 대답하셨다. "덕에 들어가는 입문서로는 『대학』만 한 것이 없다. 지금의 학자들은 이 한 편의 책이 있음에 힘입을 뿐이다. 그 밖에는 『논어』와 『맹자』만 한 것이 없다." (棣初見先生問, 初學如何, 曰, 入德之門, 無如大學, 今之學者, 賴有此一篇書存. 其他莫如論孟.)"

41 『대학장구』篇題註. "정자께서 말씀하셨다. "『대학』은 공자가 남긴 글이니, 처음 배우는 자가 덕에 들어가는 문이다. 지금도 옛사람들의 학문하는 순서를 볼 수 있는 것은 유독 이 편이 남아 있음에 힘입고 『논어』와 『맹자』가 그다음이 된다. 배우는 자가 반드시 이로 말미암아 배우면 거의 틀리지 않을 것이다."(子程子曰, 大學, 孔氏之遺書, 而初學入德之門也. 於今可見古人爲學次第者, 獨賴此篇之存, 而論孟次之. 學者必由是而學焉, 則庶乎其不差矣.)"

3) 經一章 경1장

(1) 易晉之象曰, 自昭明德, 蠱之象曰, 振民育德. 明德新民之說, 已著於十翼之中, 則此篇經一章之爲孔子所作, 無疑矣.

『주역』「진괘(晉卦)」대상전(大象傳)에서 "스스로 명덕을 밝힌다."[42]라고 하였고, 「고괘(蠱卦)」대상전에서 "백성을 진작시켜 덕을 기른다."[43]라고 하였다. 명명덕과 신민에 대한 말이 이미 십익(十翼) 가운데 드러나 있으니, 이 책(『대학』)의 경1장이 공자께서 지으신 것임은 의심할 게 없다.

(2) 道之大原出於天, 故經傳中言性道, 必言其本於天, 如中庸天命之性孟子知性知天之類, 是也. 此篇第一義言明德, 而不言其本於天, 故章句特言得於天以補之.

도의 큰 근원은 하늘에서 나왔으므로 경전 안에서 성과 도를 말할 때면 반드시 그것이 하늘에 근본을 두었다고 말한 것이니, 이를테면 『중용』의 천명지성(天命之性: 하늘이 명한 성)[44]과 『맹자』의 지성(知性: 성을 알다)·지천(知天: 하늘을 알다)[45]의 부류가 이것이다. 이 책의 근본적인 뜻으로 명덕을 말하였으나 그것이 하늘에 근본을 두었다는 것은 말하지 않았으므로 『장구』에서 특별히 하늘에서 얻

---

42 『周易』「晉卦」. "상전(象傳)에서 말하였다. "밝음이 땅 위로 나오는 것이 진괘이니, 군자가 보고서 스스로 명덕을 밝힌다."(象曰, 明出地上, 晉, 君子以, 自昭明德.)

43 『주역』「蠱卦」. "상전에서 말하였다. "산 아래에 바람이 있는 것이 고괘이니, 군자가 보고서 백성을 진작시켜 덕을 길러준다."(象曰, 山下有風, 蠱, 君子以, 振民育德.)

44 『中庸章句』제1장 제1절. "하늘이 명한 것을 '성'이라고 이르고, 성을 따르는 것을 '도'라고 이르며, 도를 품절(品節: 등급을 정하고 제한을 둠)한 것을 '교'라고 이른다.(天命之謂性, 率性之謂道, 修道之謂敎.)"

45 『맹자집주』「진심상」제1장 제1절. "맹자께서 말씀하셨다. "그 마음을 다하는 자는 그 성을 아니, 그 성을 알면 하늘을 알게 된다."(孟子曰, 盡其心者, 知其性也, 知其性, 則知天矣.)"

었다[46]고 말하여 보충하였다.

(3) 所得乎天一句, 合理氣言, 人之心性, 皆得於天故也. 虛靈不昧, 指心, 所具衆理, 指性, 此二句分理氣言也. 應萬事一句, 復合理氣言, 氣發理乘而爲情故也.

'하늘에서 얻은 바' 한 구절은 리와 기를 합하여 말한 것이니, 사람의 마음(心)과 성은 모두 하늘에서 얻었기 때문이다. '비어 있고 신령하며 어둡지 않다'는 마음을 가리킨 것이고, '갖추고 있는 온갖 이치'는 성을 가리킨 것이니, 이 두 구절은 리와 기를 나누어 말한 것이다. '모든 일에 응한다' 한 구절은 다시 리와 기를 합하여 말한 것이니, 기가 발한 후 리가 올라타서 정(情)이 되기 때문이다.

(4) 所得乎天一句, 就人身上移上一步說, 言心性之所從來也. 虛靈不昧以具衆理, 就人身上直指心性所具之實體也. 應萬事一句, 就人身上移下一步說, 言心性之發見於外也. 上一句, 就天言, 中二句, 就人身言, 下一句, 就事言, 當作三節看.

'하늘에서 얻은 바' 한 구절은 사람 몸의 측면에서 한 단계 위로 올라가 말한 것으로, 심과 성이 말미암아 나온 곳을 말한 것이다. '비어 있고 신령하며 어둡지 않아서 온갖 이치를 갖추고 있다'는 것은 사람 몸의 측면에서 곧바로 심·성이 갖추고 있는 실체(實體)를 가리킨 것이다. '모든 일에 응한다' 한 구절은 사람 몸의 측면에서 한 단계 아래로 내려가 말한 것으로, 심·성이 밖으로 발하여 드러난 것을 말한 것이다. 위의 한 구절은 하늘의 측면에서 말한 것이고, 가운데 두 구절은 사람 몸의 측면에서 말한 것이며, 아래의 한 구절은 일의 측면에서 말한 것이니, 마땅히 세 마디로 나누어 보아야 한다.

---

46 『대학장구』 경1장 제1절의 주. 이 책 권제1 각주 11번 참고.(이하 해당 권의 각주 번호만 표기)

(5) 明德訓, 當以心統性情之意看. 虛靈不昧, 心也, 具衆理, 性也, 應萬事, 情也, 而具之應之, 皆屬虛靈, 則語意自有賓主矣.

명덕에 대한 해석은 마땅히 심통성정(心統性情: 마음이 성과 정을 통괄함)의 뜻으로 보아야 한다. '허령불매(虛靈不昧: 비어 있고 신령하며 어둡지 않다)'는 마음(心)이고, '구중리(具衆理: 온갖 이치를 갖추고 있다)'는 성이며, '응만사(應萬事: 모든 일에 응한다)'는 정이나, 갖추고 응하는 것이 모두 비어 있고 신령함(虛靈)에 속하니, 말뜻에 저절로 객체와 주체가 있다.

(6) 心虛故靈, 虛亦氣也. 或以虛字帶理字看, 虛者果是理, 則理不能具理, 其下安得復言具衆理乎.

마음(心)은 비어 있으므로 신령한데, 비어 있음은 또한 기이다. 누군가 허(虛)자가 리(理)자의 뜻을 가지고 있는 것으로 보았는데, 비어 있는 것이 정말로 리라면, 리는 리를 갖출 수 없으니, 그 아래에 어찌 다시 '온갖 이치(理)를 갖추고 있다'고 말할 수 있겠는가?

(7) 明德據大學明命中庸德性之說,[47] 似當以性命之德釋之, 而章句以心言之者, 蓋據明明德條目致知誠意正心皆以心言故也.

명덕은 『대학』의 명명(明命: 밝은 명)[48]과 『중용』의 덕성(德性)[49]의 설에 의거하

47　"大學疑太甲之誤.(大學은 아마도 太甲의 잘못인 것 같다.)"라는 두주가 있다. 두주에 따르면 「태갑(太甲)」의 '명명(明命)'이 된다.

48　『대학장구』전1장 제2절. "「태갑」에서 '이 하늘의 밝은 명을 돌아본다.'라고 하였다.(太甲曰, 顧諟天之明命.)"

49　『中庸章句』제27장 제6절. "그러므로 군자는 덕성을 높이고 학문을 말미암으니, 광대함을 지극히 하고 정미함을 다하며, 높고 밝음을 다하고 중용을 따르며, 옛것을 익히고 새것을 알며, 두터움을 돈독히 하여 예를 숭상하는 것이다.(故君子尊德性而道問學, 致廣大而盡精微, 極高明而道中庸, 溫故而知新, 敦厚以崇禮.)"

면 마땅히 성·명의 덕이라고 해석해야 할 것 같으나, 『장구』에서 마음으로 말한 것은 대개 명명덕의 조목인 치지·성의·정심이 모두 마음으로 말한 것에 의거하였기 때문이다.

(8) 心如鏡, 性卽鏡之理也, 虛靈不昧卽鏡之光明也, 氣稟美惡卽鏡鐵之有精粗也. 鏡之光明, 鐵之精粗, 雖非二物, 而光明精粗所指則不同矣. 故自虛靈不昧而言, 則心體本明, 自淸濁美惡而言, 則氣稟不齊. 虛靈與氣稟, 雖非二氣, 而所指則不同. 所以旣言虛靈不昧而又言氣稟所拘也.

마음이 거울이라면 성은 거울의 리이고, '허령불매(虛靈不昧)'는 거울의 밝음이며, 품부받은 기질(氣稟)의 아름다움과 추함은 거울 표면에 정교함과 거칢이 있는 것과 같다. 거울의 밝음과 거울 표면의 정교함과 거칢은 비록 두 가지 물이 아니지만, 밝음과 정교함과 거칢이 가리키는 바는 같지 않다. 그러므로 '허령불매'의 측면에서 말하자면 심체(心體)는 본래 밝으나, 맑음과 흐림, 아름다움과 추함의 측면에서 말하자면 기품(氣稟)이 고르지 않다. 허령과 기품은 비록 두 가지 기가 아니지만, 가리키는 바는 같지 않다. 그래서 이미 비어 있고 신령하며 어둡지 않다고 말하고, 또 기품에 구애된다고[50] 말한 것이다.

卽其虛靈不昧而單指其理, 則爲大本之性, 以其氣稟不齊而兼指理氣, 則爲氣稟之性, 實則氣一而已矣, 理一而已矣, 性之有二名, 只在單指兼指之不同已矣. 或曰, 虛靈之氣, 不屬氣稟, 大本之性, 具於虛靈, 氣質之性, 具於氣稟, 然則心外又有性, 而性有兩體也, 其說謬矣.

---

50 『대학장구』 경1장 제1절의 주. "다만 기품에 구애되고 인욕에 가려지면 어두울 때가 있으나 그 본체의 밝음은 일찍이 쉬지 않는다.(但爲氣稟所拘, 人欲所蔽, 則有時而昏, 然其本體之明, 則有未嘗息者.)"

'허령불매'의 측면에서 그 리 하나만 가리키면 대본(大本: 큰 근본)의 성이 되고, '기품부제(氣稟不齊: 기품이 고르지 않음)'의 측면에서 리와 기를 함께 가리키면 기품의 성이 되지만, 실제로는 하나의 기일 뿐이고 하나의 리일 뿐이니, 성에 두 가지 이름이 있는 것은 단지 단지(單指: 하나만 가리킴)와 겸지(兼指: 함께 가리킴)가 같지 않은 데 달려 있을 뿐이다. 누군가 "허령의 기는 기품에 속하지 않고, 대본의 성은 허령에 갖추어져 있으며, 기질의 성(氣質之性)은 기품에 갖추어져 있다."라고 하였는데, 그러면 마음(心) 바깥에 또 성이 있어서 성에 두 가지 체(體)가 있게 되니, 그 설은 잘못된 것이다.

(9) 因其所發而遂明之一句, 包盡明明德之功, 誠意正心修身皆在其中, 蓋通情意而言也. 雲峯胡氏以此所發爲性發爲情, 以誠意註所發爲心發爲意, 分作兩項事. 是則誠意一事乃在明明德之外也, 其可乎. 且以情意分屬心性者, 分明以心性爲有二用, 其說尤錯矣.

"그 발하는 바로 말미암아 마침내 밝힌다."[51] 한 구절은 명명덕의 공부를 모두 포괄하고, 성의·정심·수신이 모두 그 가운데 있으니, 대개 정(情)과 의(意)를 통틀어 말한 것이다. 운봉 호씨는 여기 발하는 바를 성이 발하여 정이 되는 것이라고 하고, 성의에 대한 주(註)의 발하는 바[52]를 심이 발하여 의가 되는 것이라고 하여[53] 두 가지 일로 구분하였다. 이는 성의라는 하나의 일이 명명덕의 영역 밖에

---

51 『대학장구』 경1장 제1절의 주. "그러므로 배우는 자가 마땅히 그 발하는 바로 말미암아 마침내 밝혀서 그 처음을 회복해야 한다.(故學者當因其所發而遂明之, 以復其初也.)"

52 『대학장구』 경1장 제4절의 주. "성은 성실함이요 의는 마음의 발하는 바이다. 그 마음의 발하는 바를 성실히 하여 반드시 스스로 만족하고 스스로 속임이 없고자 하는 것이다.(誠, 實也. 意者, 心之所發也. 實其心之所發, 欲其必自慊, 而無自欺也.)"

53 『대학장구』 경1장 제4절의 소주. "운봉 호씨가 말하였다. "… 『장구』에서 '소발(所發)' 두 글자를 모두 두 번 말하였으니, '그 발하는 바로 말미암아 마침내 밝힌다'는 것은 성이 발하여 정이 되는 것이고, '그 마음의 발하는 바를 성실하게 한다'는 것은 마음이 발하여 의가 되는

있게 되는 것이니, 과연 옳은 것이겠는가? 또 정과 의를 심과 성에 나누어 배속한 것은 분명히 심과 성에 두 가지 작용이 있다고 여긴 것이니, 그 설은 더욱 잘못된 것이다.

(10) 情意俱有善惡. 章句所謂所發者, 皆言明德之發見, 故專以善一邊言之. 胡氏以情之初發爲無不善, 則是不察乎情之初發者, 亦不能無惡矣, 以意爲有善不善, 而當加誠之之功, 則是不察乎大學意字專以善言, 而不善者不可以實之也.

정과 의에는 모두 선·악이 있다. 『장구』에서 '발하는 바'라고 이른 것은 모두 명덕의 발현을 말한 것이므로 오로지 선 일변으로만 말한 것이다. 호씨는 정이 처음 발할 때 선하지 않음이 없다고 하였는데,[54] 이는 정이 처음 발하는 것 또한 악이 없을 수 없음을 살피지 못한 것이며, 의에는 선함과 선하지 않음이 있어 마땅히 그것을 성실하게 하는 공부를 더해야 한다고 하였는데,[55] 이는 『대학』의 의(意)자가 오로지 선함으로만 말한 것이고, 선하지 않은 것은 성실하게 할 수 없음을 살피지 못한 것이다.

此蓋以情爲專發於性, 而性無不善, 故亦以情爲無不善, 以意爲專發於心, 而心之氣禀有善有不善, 故亦以意爲有善不善, 而不知心性之動者爲情, 緣情

것이다."(雲峯胡氏曰, … 章句所發二字, 凡兩言之, 因其所發而遂明之者, 性發而爲情也, 實其心之所發者, 心發而爲意也.)"

[54] 『대학장구』 경1장 제4절의 소주. "운봉 호씨가 말하였다. "… 그렇다면 성이 발하여 정이 되는 것은 처음에는 선하지 않음이 없으니, 마땅히 즉시 밝히는 공부를 더해야 한다."(雲峯胡氏曰, … 然則性發爲情, 其初無有不善, 卽當加夫明之之功.)"

[55] 『대학장구』 경1장 제4절의 소주. "운봉 호씨가 말하였다. "… 마음이 발하여 의가 됨은 선한 것도 있고 선하지 않은 것도 있으니, 성실하게 하는 공부를 더하지 않을 수 없다."(雲峯胡氏曰, … 心發而爲意, 便有善有不善, 不可不加夫誠之之功.)"

而計較者爲意, 而聖人之外, 俱不免有善惡也. 且意因有情而後有用, 而反以意爲念頭, 則倒置亦甚矣. 後來心性二歧之論, 皆祖於此說, 故不得不屢辨之.

　이는 대개 정을 오로지 성에서 발하는 것으로 여기고, 성은 선하지 않음이 없으므로 정 또한 선하지 않음이 없다고 여긴 것이며, 의를 오로지 마음(心)에서 발하는 것으로 여기고, 마음의 기품에는 선함도 있고 선하지 않음도 있으므로 의 또한 선함과 선하지 않음이 있다고 여긴 것이며, 심·성이 움직인 것은 정이 되고, 정으로 말미암아 계산하고 따지는 것은 의가 되고, 성인 외에는 모두 선·악이 있음을 면하지 못한다는 사실을 알지 못한 것이다. 그리고 의는 정이 있음으로 말미암은 뒤에 작용하는 것인데, 도리어 의를 생각의 처음으로 여긴 것이니, 심하게 뒤바뀐 것이다. 후대에 심과 성이 두 갈래라는 이론이 모두 이 설로부터 비롯되었으므로 거듭하여 논변할 수밖에 없었다.

　(11) 因其所發而遂明之, 世人執此一句, 遂謂大學無靜時工夫, 察之甚不精. 人心昏蔽之甚, 如無省覺之時, 則終亦無爲善自修之路矣. 必其有箇覺, 後方可爲自修之事, 而因其有覺, 講學明理, 靜存動察, 以進於自修, 卽所謂因其所發而遂明之也. 章句或問之指, 蓋皆如此, 而或問之說, 尤爲明白.

　세상 사람들은 '그 발하는 바로 말미암아 마침내 밝힌다.' 한 구절에 집착하여 마침내 『대학』에는 고요할 때의 공부가 없다'고 하였는데, 매우 정밀하게 살피지 못한 것이다. 사람의 마음이 매우 어둡고 가려져서 마치 깨달음(省覺)이 없는 때와 같다면, 마침내 선을 행하고 스스로 수양할 방법이 없을 것이다. 반드시 지각이 있고 난 뒤에야 비로소 스스로 수양하는 일을 할 수 있으니, 지각이 있음으로 말미암아 학문을 닦고 이치를 밝혀 고요할 때 보존하고 움직일 때 살펴서 스스로 수양하는 데 나아가는 것이 곧 '그 발하는 바로 말미암아 마침내 밝힌다'고 이르는 것이다. 『장구』와 『혹문』의 뜻은 대개 다 이와 같으나, 『혹문』의 설이 더욱 분명하다.

或問曰, 雖其昏蔽之極, 介然之頃, 一有覺焉, 則卽此空隙之中, 而其本體已洞然矣. 又有以此問於先生曰, 介然之頃, 一有覺焉, 則本體已洞然, 須是就這些覺處, 便致知充廣將去. 先生曰, 然, 介然之覺, 一日之間, 無時無數, 只要人識認得操持充養將去.

『혹문』에서 "비록 극도로 어둡고 가려져 있더라도 잠깐이나마 한 번 지각이 있으면 이 틈 사이로 본체가 이미 밝을 것이다."라고 하였다. 다시 이것을 가지고 선생(주자)께 "잠깐이나마 한 번 지각이 있으면 본체가 이미 밝으니, 반드시 이 지각한 곳에서 앎을 지극하게 해서 확충해가야 하겠지요?"라고 묻자, 선생께서 "그렇다. 잠깐의 지각은 하루에도 시도 때도 없이 무수히 많으니, 사람들은 단지 이를 인식하여 굳게 지키고 확충해서 길러야 한다."라고 하셨다.[56]

據此, 則章句所謂所發, 蓋亦指其覺處, 而先生又以操持充養爲覺後事, 則章句因其所發而明之, 幷包動靜工夫而言, 亦可見矣. 蓋明德五事之中, 正心爲靜存之事, 而正心章註曰, 必察乎此, 而敬以直之, 察卽此心之覺明德之發, 而敬以直之, 卽所謂因其發而明之者也.

이에 따르면, 『장구』에서 '발하는 바'라고 이른 것은 대개 그 지각한 곳을 가리키며, 선생께서도 굳게 지키고 확충해서 기르는 것을 지각한 뒤의 일로 여기셨으

---

56 『주자어류』 권17 「대학」 4. "임안경이 물었다. "잠깐이나마 한 번 지각이 있으면 본체가 이미 밝으니, 반드시 이 지각한 곳에서 앎을 지극하게 해서 확충해가야 하겠지요?" 대답하셨다. "그렇다. 지난번에 이미 말하였다. 이는 마치 부싯돌을 쳐서 일으킨 불씨는 조그맣지만 옮겨 붙이면 벌판을 태울 수 있는 것과 같다. 만약 반드시 커다란 깨달음을 기다리면서 바야흐로 격물치지를 하지 않는다면 어떻게 이런 시절을 얻을 수 있겠는가? … 이와 같이 잠깐의 지각은 하루에도 시도 때도 없이 무수히 많으니, 사람들은 단지 이를 인식하여 굳게 지키고 확충해서 길러야 한다."(林安卿問, 介然之頃, 一有覺焉, 則其本體已洞然矣. 須是就這些覺處, 便致知充擴將去. 曰, 然. 昨日固已言之. 如擊石之火, 只是些子, 纔引著, 便可以燎原. 若必欲等大覺了, 方去格物致知, 如何等得這般時節 … 若是介然之覺, 一日之間, 其發也無時無數, 只要人識認得操持充養將去.)"

니, 『장구』의 '그 발하는 바로 말미암아 밝힌다'는 것은 움직일 때의 공부와 고요할 때의 공부를 포괄하여 말한 것임을 또한 알 수 있다. 대개 명덕을 밝히는 다섯 가지 일 가운데 정심(正心)은 고요할 때 보존하는 일로서, 정심장(正心章)의 주에 "반드시 이를 살펴서 경(敬)으로써 곧게 한다."[57]라고 한 것에서 '살핀다'는 것은 곧 이 마음이 명덕의 발현을 지각하는 것이고, '경으로써 곧게 한다'는 것은 곧 '그 발하는 바로 말미암아 밝힌다'고 이른 것이다.

(12) 皆當止於至善, 止字, 大全講義作至字. 此作止字, 恐是板本之誤. 上旣以至而不遷解止字, 則止自兼至與不遷之意. 此若作至字, 則下不當復言不遷矣. 蓋止則不遷矣, 遷則非止矣.

'개당지어지선(皆當止於至善: 모두 마땅히 지극한 선에 그쳐야 한다)'의[58] 지(止)자가 『주자대전(朱子大全)』의 「대학강의(大學講義)」에는 지(至)자로 되어 있다. 여기에 지(止)자로 쓴 것은 아마도 판본의 잘못인 것 같다. 위에서 이미 '이르러 옮기지 않는다'[59]로 지(止)자를 해석하였으니, 지(止)는 자연히 '이르다(至)'와 '옮기지 않는다(不遷)'의 뜻을 겸하고 있다. 여기에 만약 지(止)자를 쓴다면, 아래에 다시 '옮기지 않는다'고 말해선 안 된다. 대개 그치면 옮기지 않고, 옮기면 그치는 것이 아니기 때문이다.

(13) 盡天理之極, 無人欲之私, 或疑以爲己德之明在我, 固可如此, 民德之新在人, 安能必其盡如是耶. 此蓋未察乎文義也. 蓋謂自我新民之道如此云爾,

---

57 『대학장구』 전7장 제2절의 주. 각주 38번 참고.
58 『대학장구』 경1장 제1절의 주. 각주 1번 참고.
59 『대학장구』 경1장 제1절의 주. "지(止)란 반드시 여기에 이르러 옮기지 않는다는 뜻이다.(止者, 必至於是而不遷之意.)"

非謂民德之新必其皆如此也.

'천리의 지극함을 다하고, 인욕의 사사로움이 없다'[60]에 대해 누군가 '자기 덕을 밝히는 것은 자신에게 있으니 당연히 이와 같을 수 있으나, 백성의 덕을 새롭게 하는 것은 남에게 있으니 어찌 반드시 그 모두가 이와 같을 수 있겠는가?'라고 의심하였다. 이는 아마도 대개 글의 뜻을 잘 살피지 못한 것이다. 나로부터 백성을 새롭게 하는 도가 이와 같다는 말일 뿐이지, 백성의 덕을 새롭게 하는 것이 반드시 모두 이와 같아야 한다는 말이 아니다.

(14) 第一節言明德新民止至善. 蓋人生天地間, 所當做底, 不過修己治人兩事而已, 故首言明德新民, 修己治人, 又不可粗成而止, 故又言止至善. 宇宙間聖賢事業, 無一事居此三言之外者. 修己治人, 又不可徒然而爲之, 必有所由致之道, 故第二節言知止能得.

제1절은 명명덕·신민·지어지선(止於至善: 지극한 선에 그침)을 말하고 있다. 대개 사람이 이 세상에 태어나 마땅히 해야 할 것은 수기와 치인 두 가지 일에 불과하므로 처음에 명명덕과 신민을 말한 것이고, 수기와 치인은 또한 대충 이루고 그쳐서는 안 되므로 다시 지어지선을 말한 것이다. 이 우주 가운데 성현의 사업은 단 하나의 일도 이 세 가지 말을 벗어나는 것이 없다. 수기와 치인은 또한 헛되이 행해서는 안 되고 반드시 말미암아 이룰 방법(道)이 있어야 하므로 제2절은 지지와 능득을 말한 것이다.

知止, 所以知修己治人之道者, 能得, 所以行修己治人之事者, 故修己治人之事, 雖千條萬目, 要不出此兩言之外者. 明德也有知止能得, 新民也有知止能得,

---

60   『대학장구』 경1장 제1절의 주. "반드시 천리의 지극함을 다하고, 조금이라도 인욕의 사사로움이 없는 것이다.(蓋必其有以盡夫天理之極, 而無一毫人欲之私也.)"

故前一節爲經, 後一節爲緯.

지지는 수기와 치인의 도를 아는 방법이고, 능득은 수기와 치인의 일을 행하는 방법이므로, 수기와 치인의 일이 비록 수천수만 가지일지라도 요점은 이 두 가지 말을 벗어나지 않는 것이다. 명명덕에도 지지와 능득이 있고 신민에도 지지와 능득이 있으므로, 앞 절(경1장 제1절)은 날줄(經)이 되고 뒤 절(경1장 제2절)은 씨줄(緯)이 된다.

(15) 定謂擇善旣明知所當止, 則事事皆有定理, 而志之所向亦定也. 靜謂所向旣定, 則不爲他歧所動, 而心常寧靜也. 安謂理定心靜, 則卽其所處, 而心安理熟, 無輗輓捍格之患也. 章句所處之處, 謂處於其所定靜之地也.

정(定: 정해짐)은 선을 택하여 이미 마땅히 그쳐야 할 바를 분명히 알게 되면, 모든 일에 정해진 이치가 있어서 뜻(志)이 향하는 바도 정해짐을 이른다. 정(靜: 고요함)은 뜻이 향하는 바가 이미 정해지면, 다른 길에 흔들리지 않아서 마음이 항상 평안하고 고요함을 이른다. 안(安: 편안함)은 이치가 정해지고 마음이 고요하면, 처하는 곳마다 마음이 편안하고 이치에 익숙해서 불안하고 어긋나는 근심이 없음을 이른다.[61] 『장구』의 '소처(所處)'[62]에서 처(處)는 '안정되고 고요한 곳에 거처함'을 이른다.

(16) 知止, 以平居窮理而言, 能得, 以當事實踐而言. 定靜安慮, 知止之效, 而所以至於能得者也. 定靜安, 在事未來之前, 慮與能得, 在事方來之時. 定靜安, 雖在事未來之前, 而以知止之效言, 則亦就動上說. 胡雲峯, 以定靜爲寂然不

---

[61] 『대학장구』 경1장 제2절. "그칠 바를 안 뒤에 정함이 있으니, 정한 뒤에 능히 고요하고, 고요한 뒤에 능히 편안하고, 편안한 뒤에 능히 생각하고, 생각한 뒤에 능히 얻는다.(知止而后有定, 定而后能靜, 靜而后能安, 安而后能慮, 慮而后能得.)"

[62] 『대학장구』 경1장 제2절의 주. "안(安)은 처한 바에 편안함을 이른다.(安謂所處而安.)"

動之時, 恐失之矣.

지지는 평상시에 이치를 궁구하는 것으로서 말한 것이고, 능득은 구체적인 일에 당면하여 실천하는 것으로서 말한 것이다. 정(定)·정(靜)·안(安)·려(慮: 생각함)는 지지의 효과이며 능득에 이르는 방법이다. 정·정·안은 일이 아직 오기 전에 해당하고, 려와 능득은 일이 막 왔을 때에 해당한다. 정·정·안은 비록 일이 아직 오기 전에 해당하지만, 그래도 지지의 효과라고 말하였으니, 역시 동(動)의 측면에서 말한 것이다. 그런데 호운봉은 정(定)과 정(靜)을 고요하여 움직이지 않는 때라고 여겼으니, 아무래도 잘못인 것 같다.

(17) 首言明德新民, 次言知止能得, 則其言人之所當做底事, 與其所以做之術, 無不擧矣. 然此又有本末始終, 而一失其序, 則又無以至於道, 故第三節言本始之當先, 末終之當後. 至此而語無遺, 而理無闕矣.

먼저 명명덕과 신민을 말하고, 다음으로 지지와 능득을 말하였으니, 사람이 마땅히 해야 할 일과 그것을 하는 방법에 대해 빠짐없이 거론한 것이다. 그러나 여기에는 또 근본과 말단, 처음과 끝이 있어서 하나라도 그 순서가 어긋난다면 도에 이르지 못하므로 제3절에서 근본과 처음을 먼저 해야 하고 말단과 끝을 뒤에 해야 함을 말한 것이다.[63] 여기에 이르러야 놓친 말이 없고 빠뜨린 이치가 없을 것이다.

(18) 本始所先, 末終所後, 則本末先言本, 固無可疑, 始終先言終, 何也. 此以輕重爲言之序也. 蓋物以本爲重, 事以終爲重. 有終然後方成其事, 無其終則無是事矣. 凡事固皆然, 以知止能得言之, 則知止而不能得者或有之, 能得而不能知止者未之有也. 此知止爲輕, 而能得爲重也. 經文所以言終先於始, 欲

---

[63] 『대학장구』 경1장 제3절의 주. 각주 4번 참고.

使學者, 臨事見其終之爲重, 而必先志乎其終也. 聖人喫緊爲人之意, 此其至矣, 而經傳一字上下, 亦不苟然者, 又可見矣.

　근본과 처음은 먼저 해야 하고 말단과 끝은 뒤에 해야 한다면, 근본과 말단에서 먼저 근본을 말한 것은 참으로 의심할 게 없지만, 처음과 끝에서 먼저 끝을 말한 것은[64] 어째서인가? 이는 중요도에 따라 말의 순서로 삼은 것이다. 대개 물은 근본을 중요하게 여기고 일은 끝을 중요하게 여긴다. 끝이 있은 뒤에야 비로소 그 일을 이룬 것이지, 그 끝이 없다면 이 일이 없는 것이나 마찬가지다. 모든 일이 참으로 다 그러하니, 지지와 능득으로 말해보면, 그칠 바를 알고도 능히 얻지 못하는 경우는 혹 있지만, 능히 얻고도 그칠 바를 알지 못하는 경우는 있지 않다. 이는 지지가 덜 중요하고, 능득이 더 중요하기 때문이다. 경문에서 끝을 처음보다 먼저 말한 이유는, 배우는 사람들로 하여금 일에 임할 때 끝이 중요함을 알아서 반드시 끝에 먼저 뜻을 두게 하기 위해서이다. 성인께서 매우 절실하게 사람들을 위하신 뜻이 이와 같이 지극하니, 경전의 글자 배치가 하나라도 쓸데없이 그렇게 한 것이 아님을 또한 알 수 있다.

(19) 第三節以上, 爲經中之經, 第四節以下, 爲經中之傳. 第四節言明德新民之條目, 以釋第一節之意, 第五節言知止之事能得之序, 以釋第二節之意, 第六節七節言本之當先末之當後, 以申第三節之意. 如此推之然後, 方見聖人義理文章之妙矣.

　제3절 이상은 경(經) 중의 경(經)이 되고, 제4절 이하는 경 중의 전(傳)이 된다. 제4절은 명명덕과 신민의 조목을 말하여 제1절의 뜻을 해석하였고, 제5절은 지지의 일과 능득의 순서를 말하여 제2절의 뜻을 해석하였으며, 제6절과 제7절

64　『대학장구』경1장 제3절. "물에는 근본과 말단이 있고 일에는 끝과 처음이 있으니, 먼저 하고 뒤에 할 바를 알면 도에 가까울 것이다.(物有本末, 事有終始, 知所先後, 則近道矣.)"

은 근본을 당연히 먼저 해야 하고 말단을 당연히 뒤에 해야 함을 말하여 제3절의 뜻을 되풀이하였다. 이와 같이 미루어 본 뒤에야 비로소 성인의 의리와 문장의 오묘함을 알 수 있을 것이다.

(20) 明明德於天下, 章句以爲使人明其明德, 而或問所謂極其體用之全者, 是謂明己之明德, 語雖似異, 實則一事也. 蓋明德之中, 萬理咸備, 則所謂新民底道理, 亦其所具中一理也. 君子之所以新民而使人明其明德者, 豈非所以盡吾心所具之理而明己之明德也. 萬理備於明德, 而新民之理亦具其中, 萬事出於明德, 而新民之事亦在其中, 則所謂極其體用之全者也. 若以明德爲體新民爲用, 而謂之全者, 恐非或問之正意也.

'명덕을 천하에 밝힌다'[65]는 것을 『장구』에서는 사람들로 하여금 그들의 명덕을 밝히게 하는 것이라고 보았고,[66] 『혹문』에서 "그 체(體)와 용(用)의 온전함을 다한다"[67]고 한 것은 '자기의 명덕을 밝힌다'는 것을 이르는데, 말이 비록 다른 것 같

---

[65] 『대학장구』 경1장 제4절. "옛날에 명덕을 천하에 밝히고자 하는 자는 먼저 그 나라를 다스리고, 그 나라를 다스리고자 하는 자는 먼저 그 집안을 가지런히 하고, 그 집안을 가지런히 하고자 하는 자는 먼저 그 몸을 닦고, 그 몸을 닦고자 하는 자는 먼저 그 마음을 바르게 하고, 그 마음을 바르게 하고자 하는 자는 먼저 그 뜻을 성실하게 하고, 그 뜻을 성실하게 하고자 하는 자는 먼저 그 앎을 지극하게 하였으니, 앎을 지극하게 함은 사물의 이치를 궁구하는 것에 있다.(古之欲明明德於天下者, 先治其國, 欲治其國者, 先齊其家, 欲齊其家者, 先修其身, 欲修其身者, 先正其心, 欲正其心者, 先誠其意, 欲誠其意者, 先致其知, 致知在格物.)"

[66] 『대학장구』 경1장 제4절의 주. "'명덕을 천하에 밝힌다'는 것은 천하 사람들로 하여금 모두 그 명덕을 밝히게 하는 것이다.(明明德於天下者, 使天下之人, 皆有以明其明德也.)"

[67] 『대학혹문』. "편 머리의 세 마디 말은 『대학』의 강령이지만, 이것을 손님과 주인이 서로 대하는 관계로나 선후의 순서로 말한다면, 명명덕이 다시 세 마디 말의 강령이 된다. 이 뒤 단락(古之欲明明德於天下者)에 이르고 난 연후에야 그 체와 용의 온전함을 다하여 한 마디로 제시한 것이니, 이것으로 천하가 비록 크더라도 내 마음의 체가 갖추고 있지 않은 것이 없고, 사물이 비록 많더라도 내 마음의 용이 관통하지 못하는 것이 없음을 보인 것이다.(篇首三言者, 大學之綱領也. 而以其賓主對待先後次第言之, 則明明德者, 又三言之綱領也. 至此後段, 然後極其體用之全, 而一言以擧之, 以見夫天下雖大, 而吾心之體無不該, 事物雖多, 而吾心之用無不貫.)"

지만 실제로는 한가지 일이다. 대개 명덕 가운데 모든 이치가 다 갖추어져 있으니, '신민의 도리'라고 이르는 것 또한 그 안에 갖추어져 있는 하나의 이치이다. 군자가 백성을 새롭게 하여 사람들로 하여금 그들의 명덕을 밝히게 하는 것이 어찌 내 마음에 갖추어져 있는 이치를 다하여 자기의 명덕을 밝히는 것이 아니겠는가? 모든 이치가 명덕에 갖추어져 있고 신민의 이치 또한 그 가운데 갖추어져 있으며, 모든 일이 명덕에서부터 나오고 신민의 일 또한 그 가운데 있으니, 이것이 '그 체와 용의 온전함을 다한다'는 것이다. 명덕을 체로 삼고 신민을 용으로 삼아 '온전함'이라고 이르는 것은 아마도 『혹문』의 올바른 뜻이 아닌 것 같다.

(21) 經文明明德於天下, 以明己之明德爲言, 而章句以明人之明德釋之者, 蓋經文首節明明德, 明明德之在己者, 而章句釋之已盡矣, 此節明明德, 明明德之及人者, 而其意重在於天下一句. 故章句卽此一句上, 發明其及人之意, 而實所以明己之明德者, 其意亦已躍如矣.

경문에서는 '명덕을 천하에 밝힌다'는 것을 자기의 명덕을 밝히는 것으로 말하였는데 『장구』에서 다른 사람의 명덕을 밝히는 것으로 해석한 것은, 대개 경문 첫 절의 명명덕은 명덕을 밝히는 것이 자기에게 있는 것이라고 『장구』에서 이미 충분히 해석하였고, 이 절의 명명덕은 그 뜻이 천하 한 구절에 중점을 두고 있기 때문에 명덕을 밝히는 것이 다른 사람에게 미치는 것이라고 해석한 것이다. 그러므로 『장구』에서는 이 한 구절에 의거하여 다른 사람에게 미친다는 뜻을 드러내어 밝혔으나, 실제로는 자기의 명덕을 밝힌다는 뜻 또한 이미 그 안에 생생하게 드러나 있다.

(22) 今不盡釋, 指上文文理接續, 血脈貫通, 深淺始終, 至爲精密者而言. 如以首章言, 則康誥泛言明明德之事, 太甲實指明明德之方, 帝典極言明明德之效, 所謂文理接續血脈貫通者, 然也. 康誥爲淺, 而太甲爲深, 太甲爲淺, 而帝典爲深, 康誥爲始, 而帝典爲終, 所謂深淺始終至爲精密者, 然也. 他章倣此, 小註詳之.

'지금 다 해석하지는 않는다'는 것은 위 글의 '문리가 이어지고 문맥이 관통되어 깊음과 얕음, 처음과 끝이 지극히 정밀하다'는 것을 가리켜 말한 것이다.[68] 전의 첫 장을 예로 들어 말해보면, 「강고(康誥)」(제1절)는 명명덕의 일을 넓게 말하였고, 「태갑(太甲)」(제2절)은 명명덕의 방법을 실제로 가리켰으며, 「제전(帝典)」(제3절)은 명명덕의 효과를 지극하게 말하였으니, '문리가 이어지고 문맥이 관통된다'는 것이 그것이다. 「강고」는 얕은 것이고 「태갑」은 깊은 것이며, 「태갑」은 얕은 것이고 「제전」은 깊은 것이며, 「강고」는 처음이고 「제전」은 끝이니, '깊음과 얕음, 처음과 끝이 지극히 정밀하다'는 것이 그것이다. 다른 장들도 이와 같으니, 소주에서 상세히 설명하였다.

通十章言, 則自明起下自新之意, 無所不用其極起下止至善之意, 親賢樂利起下使無訟之意, 知本起下致知之意, 心之全體大用起下誠意正心之意, 心廣體胖起下正心修身之意. 推之已下, 莫不然矣.

10개의 장을 통틀어 말해보면, 전1장의 자명(自明: 스스로 밝히다)[69]이 아래(전2장)의 자신(自新: 스스로 새로워지다)[70]의 뜻을 일으키고, 전2장의 무소불용기극

---

[68] 『대학장구』경1장 장하주. "모든 전문은 경과 전을 섞어 인용하여 조리가 없는 듯하다. 그러나 문리가 이어지고 문맥이 관통되어 깊음과 얕음, 처음과 끝이 지극히 정밀하다. 익숙히 읽고 자세히 음미하면 오래되어 마땅히 알게 될 것이므로 지금 다 해석하지는 않는다.(凡傳文雜引經傳, 若無統紀. 然文理接續, 血脈貫通, 深淺始終, 至爲精密, 熟讀詳味, 久當見之, 今不盡釋也.)"

[69] 『대학장구』전1장 제4절. "모두 스스로 밝히는 것이다.(皆自明也.)"

[70] 『대학장구』전2장 제1절의 주. "진실로 능히 하루에 옛날에 물든 더러운 것을 씻어 스스로 새로워진다면, 마땅히 이미 새로워진 것을 인하여 나날이 새롭게 하고 또 날마다 새롭게 하여 조금이라도 중단해서는 안 된다고 말씀하신 것이다.(言誠能一日, 有以滌其舊染之汚而自新, 則當因其已新者, 而日日新之, 又日新之, 不可略有間斷也.)"『대학장구』전2장 제4절의 주.

(無所不用其極: 그 극을 쓰지 않는 바가 없다)⁷¹이 아래(전3장)의 지어지선(止於至善)⁷²의 뜻을 일으키며, 전3장의 친(親: 어질게 여기다)·현(賢: 친하게 여기다)·락(樂: 즐거워하다)·리(利: 이롭게 여기다)⁷³가 아래(전4장)의 사무송(使無訟: 송사가 없게 하다)⁷⁴의 뜻을 일으키고, 전4장의 지본(知本: 근본을 안다)이 아래(전5장)의 치지(致知: 격물·치지)⁷⁵의 뜻을 일으키며, 전5장의 심지전체대용(心之全體大用: 마음의 전체와 대용)⁷⁶이 아래(전6장)의 성의·정심⁷⁷의 뜻을 일으키고, 전6장의 심

"자신과 신민을 다 지선에 그치게 하고자 하는 것이다.(自新新民, 皆欲止於至善也.)"

71 『대학장구』전2장 제4절. "이러므로 군자는 그 지극함을 쓰지 않는 바가 없다.(是故君子無所不用其極.)"

72 『대학장구』전3장 제4절의 주. "시를 인용하고 이것을 해석하여 명명덕 하는 자의 지어지선을 밝힌 것이다.(引詩而釋之, 以明明德者之止於至善.)"『대학장구』전3장 제5절의 주. "이는 전왕이 백성을 새롭게 한 것이 지선에 그쳐서 능히 천하와 후세로 하여금 하나의 물도 제자리를 얻지 못함이 없게 하였으니, 이 때문에 이미 돌아가셔서 세상에 없는데도 사람들이 그를 사모하여 더욱 오래도록 잊지 못함을 말한 것이다.(此言前王所以新民者, 止於至善, 能使天下後世, 無一物不得其所, 所以旣沒世而人思慕之, 愈久而不忘也.)"『대학장구』전3장 장하주. "이상은 전문의 3장이니, 지어지선을 해석하였다.(右, 傳之三章, 釋止於至善.)"

73 『대학장구』전3장 제5절. "『시경』에 이르기를 '아, 전왕을 잊지 못한다.' 하였다. 군자는 그의 어짊을 어질게 여기고 그의 친함을 친하게 여기며, 소인은 즐겁게 해주심을 즐거워하고 이롭게 해주심을 이롭게 여기니, 이 때문에 세상에 없는데도 잊지 못하는 것이다.(詩云, 於戲前王不忘. 君子賢其賢而親其親, 小人樂其樂而利其利, 此以沒世不忘也.)"

74 『대학장구』전4장. "공자께서 말씀하시기를 '송사를 다스림은 내 남과 같으나 반드시 백성으로 하여금 송사함이 없게 하겠다.' 하셨으니, 진실하지 못한 자가 그 거짓말을 다하지 못하게 하는 것은 백성의 마음을 두렵게 하여 복종시키기 때문이니 이것을 '근본을 안다'고 이르는 것이다.(子曰, 聽訟吾猶人也, 必也使無訟乎, 無情者不得盡其辭, 大畏民志, 此謂知本.)"

75 『대학장구』전5장 장하주. "이상은 전문의 5장이니, 격물·치지의 뜻을 해석하였는데 지금은 없어졌다.(右, 傳之五章, 蓋釋格物致知之義, 而今亡矣.)"

76 『대학장구』전5장 보망장. "그리하여 힘쓰기를 오래 해서 하루아침에 활연히 관통하면 모든 사물의 겉과 속, 정밀한 곳과 거친 곳에 이르지 않음이 없고, 내 마음의 전체와 대용이 밝지 않음이 없을 것이니, 이것을 '물격(物格)'이라 이르며 이것을 '지지지(知之至: 앎이 지극해진다)'라고 이른다.(至於用力之久, 而一旦豁然貫通焉, 則衆物之表裏精粗, 無不到, 而吾心之全體大用, 無不明矣, 此謂物格, 此謂知之至也.)"

77 『대학장구』전6장 장하주. "이상은 전문의 6장이니, 성의를 해석하였다.(右, 傳之六章, 釋誠意.)"

광체반(心廣體胖: 마음이 넓어지고 몸이 편안해지다)[78]이 아래(전7장)의 정심·수신[79] 의 뜻을 일으킨다. 그 이하를 미루어 보아도 모두 다 그러하다.

4) 傳首章 전1장

經言明德, 而不言本於天, 故傳者於此, 言天之明命. 中庸天命之說, 本於此.[80]

경에서는 명덕을 말하였으나 하늘에서 근원한다고는 말하지 않았으므로 전을 지은 사람이 여기에서 하늘의 밝은 명[81]을 말한 것이다. 『중용』의 천명이라는 말이 여기에 근본을 두고 있다.

5) 傳二章 전2장

(1) 銘名其器名字, 大全作銘字, 據下銘其盤之語, 銘字恐是. 更按禮記說銘之義, 皆以名釋之, 章句以名釋銘, 蓋有所本. 又考儀禮通解, 載大學章句, 而亦作名, 不應諸本皆誤也. 蓋銘之爲言, 名言之謂也, 名言是器, 以自警云爾. 此意亦通, 而若作銘字, 則以銘訓銘, 似亦非訓詁之體, 未知如何也. 姑書此, 以竢

---

78 『대학장구』 전6장 제4절. "부는 집을 윤택하게 하고 덕은 몸을 윤택하게 하니, [덕이 있으면] 마음이 넓어지고 몸이 펴진다. 그러므로 군자는 반드시 그 뜻을 성실히 하는 것이다.(富潤屋, 德潤身, 心廣體胖, 故君子必誠其意.)"

79 『대학장구』 전7장 장하주. "이상은 전문의 7장이니, 정심·수신을 해석하였다.(右, 傳之七章, 釋正心修身.)"

80 "說上一有性其二字."라는 두주가 있다(다른 판본에는 '說'자 앞에 '性其' 두 글자가 있다). 다른 판본에는 "中庸天命之說, 本於此"가 "中庸天命之性, 其說本於此"로 되어 있다는 것이다. 두주에 따르면 "『중용』의 천명지성이라는 말이 여기에 근본을 두고 있다."가 된다.

81 『대학장구』 전1장 제2절. 각주 48번 참고.

知者之擇焉.

'명명기기(銘名其器)'[82]의 명(名)자가 『주자대전』에는 명(銘)자로 되어 있는데, 아래의 '명기반(銘其盤: 그 그릇에 새긴 것)'[83]이란 말에 의거하면 아마도 명(銘)자가 옳을 것 같다. 다시 살펴보건대, 『예기(禮記)』에서 명(銘)의 뜻을 말할 때 모두 명(名)으로 해석하였으니, 『장구』에서 명(名)으로 명(銘)을 해석한 것은 대개 근거한 바가 있다. 또 『의례통해(儀禮通解)』를 살펴보면 『장구』를 옮기면서 역시 명(名)을 썼으니, 당연히 여러 판본들이 모두 잘못된 것은 아니다. 대개 명(銘)의 말뜻은 '말을 새긴다'는 것이니, 이 그릇에 말을 새겨 스스로 경계하는 것을 이를 뿐이다. 이 뜻도 통하지만, 만약 명(銘)자를 쓴다면 명(銘)으로 명(銘)을 해석하는 것이 되니, 역시 훈고의 격식에 맞지 않는 듯한데, 어떻게 해야 할지 모르겠다. 일단 이를 기록해두어 지혜로운 사람의 선택을 기다리겠다.

(2) 尤菴先生言, 作新民新字, 朱子以自新解之者, 蓋此一句, 包下文齊家治國平天下之事, 而治平章興仁興讓興孝興悌, 皆上行下效而民之自新者, 故傳者於此, 承上盤銘而言民之自新, 以爲下文之張本也.

우암[84] 선생께서 '작신민(作新民)'[85]의 신(新)자를 주자께서 스스로 새로워지는 것으로 해석하셨다고 말씀하셨는데,[86] 대개 이 한 구절은 아래 글의 제가·치

---

82 『대학장구』 전2장 제1절의 주. "명(銘)은 그릇에 글을 새겨 스스로 경계하는 말이다.(銘, 名其器, 以自警之辭也.)"
83 『대학장구』 전2장 제1절의 주. "탕 임금은 사람이 그 마음을 깨끗이 씻어서 악을 제거하는 것이 마치 그 몸을 목욕하여 때를 제거하는 것과 같다고 여겼다. 그러므로 그 그릇에 새긴 것이다.(湯以人之洗濯其心以去惡, 如沐浴其身以去垢, 故銘其盤.)"
84 송시열(宋時烈, 1607~1689).
85 『대학장구』 전2장 제2절. "「강고」에 이르기를 "새로워지는 백성을 떨쳐 일으키라." 하였다.(康誥曰, 作新民.)"
86 『宋子大全』 권131 「看書雜錄」. "『대학』의 '백성을 새롭게 하는 데 있다(在新民)'의 신(新)자를 임금에게 소속시키고, '새로운 백성이 되게 한다(作新民)'의 신(新)자를 『장구』에서는

국·평천하의 일을 포괄하고, 치국장(治國章, 전9장)과 평천하장(平天下章, 전10장)의 흥인(興仁: 인을 일으키다)·흥양(興讓: 겸양함을 일으키다)[87]과 흥효(興孝: 효를 일으키다)·흥제(興悌: 공손함을 일으키다)[88]는 모두 윗사람이 행하면 아랫사람이 본받아 백성이 스스로 새로워지는 것이므로, 전을 지은 사람이 여기에 위의 반명(盤銘)[89]을 이어받아 백성이 스스로 새로워진다고 말하여 아래 글의 복선으로 삼은 것이다.

6) 傳三章 전3장

(1) 朱子言, 敬之一字, 爲大學一篇之大指, 而經傳中無明言敬字. 如中庸之言誠, 間雖有言者, 皆一事之敬, 唯至善傳敬止敬字, 包下文仁敬孝慈信衆善而言. 且止之一字, 實兼八條目之事, 格物致知, 所以知止, 誠意以下, 所以得止.

백성에게 소속시켰다. … 생각건대, 이 구절은 위 글에서 임금이 스스로를 새롭게 하는 도리를 극언하였으므로 백성이 거기에서 이미 보고 느끼어 흥기되는 것이 있었기 때문에 다시 또 백성을 예악·정교로 진작하려는 것이다. 이것은 덕으로 인도하고 예절로 다스리는 데에 대략 선후의 순서가 있으므로, 주자가 여기에서 신(新)자를 백성에게 소속시키고 작(作)자를 임금에게 소속시킨 것이다.(大學在新民新字, 屬君, 作新民新字, 章句屬民. … 竊謂此句上文, 極言人君自新之道, 則民於此已有所觀感而興起矣, 於是又以禮樂政敎振作之. 此其道德齊禮, 略有先後之序, 故朱子於此, 以新屬之民, 而以作屬之君.)

[87] 『대학장구』전9장 제3절. "한 집안이 인(仁)하면 한 나라가 인을 흥기하고, 한 집안이 사양하면 한 나라가 겸양을 흥기하고, 군주 한 사람이 탐하고 어그러지면 한 나라가 난을 일으키니, 그 기틀이 이와 같다. 이것을 '한 마디 말이 일을 그르치며 한 사람이 나라를 안정시킨다'고 이르는 것이다.(一家仁, 一國興仁, 一家讓, 一國興讓, 一人貪戾, 一國作亂, 其幾如此. 此謂一言僨事, 一人定國.)"

[88] 『대학장구』전10장 제1절. "윗사람이 노인을 노인으로 섬김에 백성이 효를 흥기하며, 윗사람이 어른을 어른으로 대우함에 백성이 제를 흥기하며, 윗사람이 고아를 구휼함에 백성이 배반하지 않는 것이다.(上老老而民興孝, 上長長而民興弟, 上恤孤而民不倍.)"

[89] 『대학장구』전2장 제1절. "탕왕의 반명에 이르기를 "진실로 어느 날에 새로워졌거든 나날이 새롭게 하고 또 날로 새롭게 하라." 하였다.(湯之盤銘曰, 苟日新, 日日新, 又日新.)"

止包八目, 而敬是所以止之之道, 則敬之爲一篇大指者可見, 而傳未嘗不言矣.

주자께서 경(敬) 한 글자가 『대학』 한 편의 핵심이라고 말씀하셨으나, 경전 안에서는 경(敬)자를 분명하게 말한 적이 없다. 예컨대 『중용』에서 성(誠)을 말한 것처럼 간혹 말한 적이 있기는 하지만 모두 한 가지 일에서의 경이고, 오직 지선전(至善傳: 전3장)에 나온 '경지(敬止: 공경하여 그치다)'의 경(敬)자만이 아래 글의 인(仁)·경(敬)·효(孝)·자(慈)·신(信)의 여러 선을 포괄하여 말하고 있다.[90] 또한 지(止) 한 글자는 실제로 8조목의 일을 겸하고 있으니, 격물·치지는 그칠 바를 아는 방법이고 성의 이하는 그칠 바를 얻는 방법이다. 지는 8조목을 포괄하고 경은 거기에 그치는 도리이므로 경이 『대학』의 핵심이 된다는 것을 알 수 있으니, 전(傳)에서 말하지 않은 적이 없다.

(2) 至善傳一章, 兼釋知止能得, 文王詩以上釋知止, 淇澳詩以下釋能得. 文王詩自文王言之, 則固爲能得, 而自傳文言之, 則是引聖人之所止, 以指學者之所當止, 此其爲知止之事也. 故章句曰, 於天下之事, 皆有以知其所止, 意可見矣.

지선전 한 장은 지지와 능득을 겸하여 해석하고 있으니, 문왕시(文王詩, 제3절) 이상(제1~3절)은 지지를 해석하였고 기욱시(淇澳詩: 제4절) 이하(제4~5절)는 능득을 해석하였다. 문왕시를 문왕의 관점에서 말하면 참으로 능득이 되고, 전문의 관점에서 말하면 성인께서 그치신 바를 인용하여 배우는 사람들이 마땅히 그쳐야 할 바를 가리킨 것이니, 이는 바로 지지의 일이 된다. 그러므로 『장구』

---

[90] 『대학장구』 전3장 제3절. "『시경』에 이르기를 "목목하신 문왕이여, 아! 계속하여 밝혀서 공경하여 그치셨다." 하였으니, 군주가 되어서는 인에 그치시고, 신하가 되어서는 경에 그치시고, 자식이 되어서는 효에 그치시고, 아비가 되어서는 자에 그치시고, 나라 사람들과 더불어 사귐엔 신에 그치셨다.(詩云, 穆穆文王, 於緝熙敬止, 爲人君, 止於仁, 爲人臣, 止於敬, 爲人子, 止於孝, 爲人父, 止於慈, 與國人交, 止於信.)"

에서 "천하의 일에 대하여 모두 그 그칠 바를 안다."[91]라고 한 뜻을 알 수 있다.

(3) 傳言新民之止於至善, 以沒世不忘爲言者, 蓋使當世尊親, 固是新民, 而必至於沒世不忘, 然後其效及遠, 而方爲新民之極也. 上章以天命維新爲新民之極者, 其意亦猶是也.

전에서 백성을 새롭게 함이 지극한 선에 그치는 것에 대해 말하면서 '세상에 없는데도 잊지 못한다'고 말한 것은,[92] 대개 당시 사람들로 하여금 어진 이를 높이고 어버이를 친애하는 것이 참으로 백성을 새롭게 하는 것이고, 반드시 세상에 없는데도 잊지 못하는 데 이른 뒤에야 그 효과가 멀리까지 미쳐서 비로소 신민의 극치가 되기 때문이다. 위 장에서 천명의 새로움을 신민의 극치로 삼은 것[93] 또한 그 뜻이 이와 같다.

7) 傳四章 전4장

(1) 聽訟一章, 自昔多疑其不當別爲釋本末之傳, 或以爲致知傳之錯簡, 或以爲當置經文之末, 或以爲當爲至善傳之末節, 此皆不深考乎經傳脈絡之過也. 傳文義例, 不但尋箇綱領條目之語而釋之也, 實因經文次第而釋之也, 傳之第一第二第三章, 共釋經文第一節, 至善傳又兼釋經文第二節, 此一章又釋經文

---

91 『대학장구』 전3장 제3절의 주. "배우는 자가 이에 대하여 그 정미함의 온축을 연구하고 또 유추하여 그 나머지를 다 한다면 천하의 일에 대하여 모두 그 그칠 바를 알아 의심함이 없을 것이다.(學者於此, 究其精微之蘊, 而又推類以盡其餘, 則於天下之事, 皆有以知其所止而無疑矣.)"

92 『대학장구』 전3장 제5절. 각주 73번 참고. 『대학장구』 전3장 제5절의 주. 각주 72번 참고.

93 『대학장구』 전2장 제3~4절. "『시경』에 이르기를 "주나라가 비록 오래된 나라이지만 그 명이 새롭다." 하였으니 이러므로 군자는 그 지극함을 쓰지 않는 바가 없다.(詩曰, 周雖舊邦, 其命維新, 是故君子無所不用其極.)"

第三節, 第五傳以下, 共釋經文第四第五二節. 若不別立釋本末之傳, 則於此義例, 豈不成間斷欠闕乎. 故此章或問曰, 以經之本文乘之, 則其當屬乎此, 可見者, 政謂此爾.

예로부터 청송장(聽訟章: 전4장)을 본말(本末)을 해석하는 별도의 전으로 여겨서는[94] 안 된다고 의심하는 사람들이 많았으니, 누군가는 치지전(致知傳: 전5장)의 착간으로 여겼고, 누군가는 경문의 끝에 두어야 한다고 여겼으며, 누군가는 지선전의 마지막 절이 되어야 한다고 여겼는데, 이는 모두 경전의 맥락을 깊이 살피지 못한 잘못이다. 전문의 체재는 각 강령과 조목의 말을 찾아서 해석하였을 뿐만 아니라, 실제로 경문의 차례에 따라 해석하였으니, 전의 제1·2·3장은 함께 경문의 제1절을 해석하였고,[95] 지선전은 또 경문의 제2절을 아울러 해석하였으며,[96] 이 장은 또 경문 제3절을 해석하였고,[97] 전5장 이하는 함께 경문 제4·5절을 해석하였다.[98] 만약 본말을 해석하는 전을 별도로 세우지 않는다면, 이러한 체

---

94 『대학장구』 전4장 장하주. "이상은 전문의 4장이니, 본말을 해석하였다.(右, 傳之四章, 釋本末.)"

95 『대학장구』 전1장 장하주. "이상은 전문의 첫 장이니, 명명덕을 해석하였다.(右, 傳之首章, 釋明明德.)" 『대학장구』 전2장 장하주. "이상은 전문의 2장이니, 신민을 해석하였다.(右, 傳之二章, 釋新民.)" 『대학장구』 전3장 장하주." 각주 72번 참고.

96 『대학장구』 전3장 제2절의 주. "사람이 마땅히 그쳐야 할 곳을 알아야 함을 말씀하신 것이다.(言人當知所當止之處也.)" 『대학장구』 전3장 제3절의 주. 각주 91번 참고. 『대학장구』 전3장 제5절의 주. "능히 천하와 후세로 하여금 하나의 물도 제자리를 얻지 못함이 없게 하였다.(能使天下後世, 無一物不得其所.)"

97 『대학장구』 전4장의 주. "이 말씀을 본다면 근본과 말단의 선후를 알 수 있을 것이다.(觀於此言, 可以知本末之先後矣.)"

98 『대학장구』 전5장 장하주. 각주 75번 참고. 『대학장구』 전6장 장하주. 각주 77번 참고. 『대학장구』 전7장 장하주. 각주 79번 참고. 『대학장구』 전8장 장하주. "이상은 전문의 8장이니, 수신·제가를 해석하였다.(右, 傳之八章, 釋修身齊家.)" 『대학장구』 전9장 장하주. "이상은 전문의 9장이니, 제가·치국을 해석하였다.(右, 傳之九章, 釋齊家治國.)" 『대학장구』 전10장 장하주. "이상은 전문의 10장이니, 치국·평천하를 해석하였다.(右, 傳之十章, 釋治國平天下.)"

재가 단절되고 결함이 있게 되지 않겠는가? 그러므로 이 장의 『혹문』에서 "경의 본문으로 헤아려보면, 그것이 당연히 여기에 이어져야 함을 알 수 있다."[99]라고 한 것은 바로 이것을 이를 뿐이다.

或疑旣釋明德新民, 則本末擧矣, 不必別釋本末云, 則又是不察乎經文之義也. 經文旣言明德新民, 而又別以一節言本末, 一之不足而又申之於末二節, 則其本末之義爲重, 而必欲著明者, 可見矣. 經文旣如此, 則傳釋之中, 豈可全沒此一款乎. 只釋本末, 而不論終始, 或問已言之矣. 然經文末二節, 所以申言第三節, 而只言本末, 不言終始, 傳者之意, 蓋亦本於此矣.

누군가는 이미 명명덕과 신민을 해석하였다면 본말이 거론된 것이니 별도로 본말을 해석할 필요가 없다고 의심하였는데, 이 또한 경문의 뜻을 잘 살피지 못한 것이다. 경문에서 이미 명명덕과 신민을 말하고,[100] 또 별도의 한 절로 본말을 말하였으며,[101] 하나로는 부족하여 또 끝의 두 절에서 되풀이하였으니,[102] 본말

---

99 『대학혹문』. "누군가 물었다. "청송 한 장은 정본에서는 원래 '지어신(止於信)'의 뒤, '정심수신(正心修身)'의 앞에 있었고, 정자께서는 더 앞당겨 경문 다음, '차위지지지야(此謂知之至也)'의 앞에 두셨다. 그대가 따르지 않고 여기에 둔 것은 어째서인가?" 대답하셨다. "전(傳: 전4장)의 마지막 말(此謂知本)로 상고하면 그것이 본말의 뜻을 해석한 것임을 알 수 있고, 경의 본문으로 헤아려보면, 그것이 당연히 여기에 이어져야 함을 알 수 있다. 두 학자의 설에 적절치 못한 점이 있었기 때문에 따를 수 없었다."(或問, 聽訟一章, 鄭本元在止於信之後, 正心修身之前, 程子又進而實之經文之下, 此謂知之至也之上, 子不之從而實之於此, 何也? 曰, 以傳之結語考之, 則其爲釋本末之義, 可知矣. 以經之本文參[乘]之, 則其當屬於此, 可見矣. 二家之說, 有未安者, 故不得而從也.)

100 『대학장구』 경1장 제1절. "대학의 도는 명덕을 밝힘에 있으며 백성을 새롭게 함에 있으며 지선에 그침에 있다.(大學之道, 在明明德, 在親[新]民, 在止於至善.)"

101 『대학장구』 경1장 제3절. 각주 64번 참고.

102 『대학장구』 경1장 제6절. "천자로부터 서인에 이르기까지 하나같이 모두 수신을 근본으로 삼는다.(自天子以至於庶人, 壹是皆以修身爲本.)" 『대학장구』 경1장 제7절. "그 근본이 어지럽고서 말단이 다스려지는 자는 없으며, 후하게 해야 할 것에 박하게 하고서 박하게 해야 할 것에 후하게 하는 자는 있지 않다.(其本亂而末治者否矣, 其所厚者薄, 而其所薄者厚, 未之有也.)"

의 뜻이 중요하여 반드시 드러내어 밝히려고 한 것임을 알 수 있다. 경문이 이미 이와 같으니, 전의 해석 가운데 어찌 이 한 조목을 완전히 뺄 수 있겠는가? 본말만 해석하고 종시(終始)를 논하지 않은 것에 대해서는 『혹문』에서 이미 말하였다.[103] 경문 끝의 두 절이 제3절을 되풀이하여 말한 것인데도 본말만 말하고 종시는 말하지 않았으니, 전을 지은 사람의 뜻 또한 대개 여기에 근본을 두었을 것이다.

(2) 使無訟, 新民之事也. 雖以末言, 實該其本, 蓋我之明德不明, 則無以使民無訟. 故擧此一句, 以見明德之當先新民之當後.

송사가 없게 하는 것은 신민의 일이다. 이는 비록 말단을 가지고 말한 것이나 실제로는 근본을 포함하고 있으니, 대개 나의 명덕이 밝아지지 않으면 백성으로 하여금 송사가 없게 할 수 없다. 그러므로 이 한 구절을 들어 마땅히 명명덕을 먼저 하고 신민을 뒤에 해야 함을 보여주었다.

(3) 此章釋本末, 似當先言明德, 以及新民, 乃先言新民, 以推明德者, 承上文新民而言故也.

이 장은 본말을 해석하였으니, 마땅히 명명덕을 먼저 말하고 나서 신민을 언급해야 할 것 같은데, 오히려 신민을 먼저 말하고 명명덕으로 미루어 간 것은, 위 글의 신민을 이어받아 말하였기 때문이다.

---

103 『대학혹문』. "물었다. "그렇다면 여기서 종시를 논하지 않은 것은 어째서인가?" 대답하셨다. "옛 분들이 경전을 해석할 때, 대략만 취할 뿐 반드시 이처럼 하나하나 하신 것은 아니었다. 또 이 장 아래에 빠진 글이 있으니, 본래는 있었으나 함께 망실된 것은 아닌지 어떻게 알겠는가?"(曰, 然則其不論夫終始者, 何也. 曰, 古人釋經, 取其大略, 未必如是之屑屑也. 且此章之下有闕文焉, 又安知其非本有而幷失之也邪.)"

8) 傳五章 전5장

(1) 莫不因其已知之理而益窮之, 未致知之前, 何以先言其有已知. 經文致知知字, 卽已知之知, 故朱子因其意而釋之耳. 蓋先有所知, 然後方可因以推致之, 元無此知, 則何所據而推致之乎. 如言誠意正心, 有意方誠, 有心方正, 若元無意與心, 則亦何所據而誠之正之乎. 朱子答吳晦叔書曰, 致知云者, 因其所已知者, 推而致之, 以及其所未知者, 而極其至也. 其釋致知之義, 蓋本如此矣.

"그 이미 알고 있는 이치로 말미암아 더욱 궁구한다"[104]고 하였는데, 앎을 지극하게 하기도 전에 어찌하여 이미 알고 있는 것이 있다고 먼저 말한 것인가? 경문의 치지(致知)의 지(知)자는 곧 이미 알고 있는 앎이므로 주자께서 그 뜻에 따라 해석하셨을 뿐이다. 대개 아는 바가 먼저 있고 난 뒤에야 비로소 그것으로 말미암아 미루어 헤아려 앎을 지극하게 할 수 있는 것이니, 원래 이러한 앎이 없다면 무엇에 의거해서 미루어 헤아려 앎을 지극하게 하겠는가? 성의와 정심을 예로 들어 말해보면, 뜻(意)이 있어야 비로소 성실하게 하고, 마음(心)이 있어야 비로소 바르게 하는 것이니, 만약 뜻과 마음이 원래 없다면 무엇에 의거해서 성실하게 하고 바르게 하겠는가? 주자께서 오회숙(吳晦叔)[105]에게 보낸 답장에서 "'치지'라는 것은 이미 알고 있는 것으로 말미암아 미루어 헤아려 앎을 지극하게 하고, 그것으로써 아직 알지 못하는 것에까지 미쳐 지극한 데 이르는 것이다."[106]라고

---

104 『대학장구』 전5장 보망장. "이 때문에 대학에서 처음 가르칠 적에 반드시 배우는 자들로 하여금 모든 천하의 사물에 나아가서 그 이미 알고 있는 이치로 말미암아 더욱 궁구해서 그 극에 이름을 구하지 않음이 없게 한 것이다.(是以大學始敎, 必使學者, 卽凡天下之物, 莫不因其已知之理而益窮之, 以求至乎其極.)"

105 오익(吳翌, 1129~1177).

106 『주자대전』 권42 「答吳晦叔」. "이에 여기를 떠나지 않고 격물로써 가르쳐서 그 앎을 지극하게 하니, '치지'라는 것은 이미 알고 있는 것으로 말미암아 미루어 헤아려 앎을 지극하게 하고, 그것으로써 아직 알지 못하는 것에까지 미쳐 지극한 데 이르는 것이다.(於是不離乎此, 而敎

하셨다. 치지의 뜻을 해석한 것이 대개 본래 이와 같다.

(2) 表裏精粗無不到, 以物格而言, 全體大用無不明, 以知至而言. 表裏精粗, 各有其極, 不可以裏爲表之極, 精爲粗之極也. 裏爲表之極, 精爲粗之極, 則於無不到三字不著矣. 全體之明, 謂萬理具於中者, 瑩然無不融, 大用之明, 謂萬變交於前者, 判然無不別也. 此明字, 以知一邊言之, 與明明德之明字, 兼知行者, 不同.

'모든 사물의 겉과 속(表裏), 정밀한 곳과 거친 곳(精粗)에 이르지 않음이 없다'는 것은 사물(物)의 이치가 궁구되는 것을 말한 것이고, '내 마음의 전체(全體)와 대용(大用)이 밝지 않음이 없다'는 것은 앎이 지극해지는 것을 말한 것이다.[107] 겉과 속, 정밀한 곳과 거친 곳은 각각 그 극치가 있으니, 속을 겉의 극치로 삼고 정밀한 곳을 거친 곳의 극치로 삼아서는 안 된다. 속이 겉의 극치가 되고, 정밀한 곳이 거친 곳의 극치가 된다면, 무부도(無不到: 이르지 않음이 없다) 세 글자에 붙이지 못한다. 전체의 밝음은 마음속에 갖춰진 모든 이치가 분명하게 융화되지 않음이 없음을 이르고, 대용의 밝음은 눈앞에서 교차하는 온갖 변화가 분명하게 구별되지 않음이 없음을 이른다. 여기의 명(明)자는 앎(知) 일변도로 말한 것이니, 명명덕의 명자가 앎(知)과 실천(行)을 겸한 것과는 같지 않다.

9) 傳六章 전6장

(1) 誠意意字, 乃爲善去惡之意也. 是好底字, 若兼善惡, 則善固可實, 惡亦可實乎. 好善惡惡, 情也, 好而欲得, 惡而欲去者, 意也. 惡如惡惡臭而決去之, 好

---

[107] 『대학장구』 전5장 보망장. 각주 76번 참고. 之以格物, 以致其知焉, 致知云者, 因其所已知者, 推而致之, 以及其所未知者, 極其至也.)"

如好好色而必得之, 是誠意也.

성의(誠意)의 의(意)자는 곧 선을 행하고 악을 없애려는 뜻(意)이다. 여기의 호(好)자[108]가 만약 선·악을 겸한다면, 선에 대해서는 참으로 성실할 수 있으나 악에 대해서도 성실할 수 있겠는가? 선을 좋아하고 악을 미워하는 것은 정이고, 좋아해서 얻고자 하고 미워해서 없애고자 하는 것은 의이다. (악을) 미워하기를 나쁜 냄새를 싫어하듯이 하여 결단코 없애고, (선을) 좋아하기를 아름다운 색을 좋아하듯이 하여 반드시 얻는 것이 성의이다.

(2) 曾子曰一節, 兼善惡而言, 所以承上節而起下節也. 上節言惡之實於中而形於外, 下節言善之實於中而形於外, 此一節言善惡之實於中者皆形於外也. 若曰此一節專指惡言, 而章句善字, 承上文而著其善而言, 竊恐未然. 而著其善, 詐爲善者也, 善不可掩, 實爲善者也, 何可比而同之哉.

증자왈(曾子曰) 한 절(제3절)은 선·악을 겸하여 말하였으니, 위 절(제2절)을 이어받아 아래 절(제4절)을 일으키는 것이다. 위 절은 악이 안에 가득 차서 밖으로 드러나는 것을 말하였고, 아래 절은 선이 안에 가득 차서 밖으로 드러나는 것을 말하였으며, 이 한 절은 선·악 안에 가득 찬 것이 모두 밖으로 드러나는 것을 말하였다. 만약 "이 한 절은 오로지 악만 가리켜 말한 것이고, 『장구』의 선(善)자[109]는

---

108 『대학장구』 전6장 제1절. "'그 뜻을 성실히 한다'는 것은 스스로 속이지 않는 것이니, 악을 미워하기를 악취를 미워하는 것과 같이 하며, 선을 좋아하기를 호색(아름다운 여색)을 좋아하는 것과 같이 하여야 하니, 이것을 '자겸'이라 이른다. 그러므로 군자는 반드시 그 홀로 있을 때를 삼가는 것이다.(所謂誠其意者, 毋自欺也, 如惡惡臭, 如好好色, 此之謂自謙, 故君子必愼其獨也.)"

109 『대학장구』 전6장 제3절의 주. "이것을 인용하여 위 글의 뜻을 밝힌 것이다. 비록 깊이 홀로 있는 가운데도 그 선악을 가릴 수 없음이 이와 같으니, 두려워함이 심함을 말씀하신 것이다.(引此以明上文之意, 雖幽獨之中, 而其善惡之不可掩, 如此, 可畏之甚也.)"

위 글의 '선함을 드러낸다'[110]는 것을 이어받아 말한 것이다."라고 한다면, 아마도 옳지 않은 것 같다. '선함을 드러낸다'는 것은 거짓으로 선을 행하는 것이고, '선을 가릴 수 없다'는 것은 진실로 선을 행하는 것이니, 어찌 견주어서 같다고 할 수 있겠는가?

【後與姜奎煥論此, 奎煥曰, 此章第一第二節, 皆言愼獨, 而第一節言善, 第二節言惡, 此一節兼言善惡之不可掩, 而總結上文兩節, 故章句言引此以明上文之意, 上文蓋通指上文兩節而言, 末節言誠意功效, 通結一章之意云. 其言甚是, 錄而存之.】

【뒤에 강규환과 이에 대해 논하였는데, 규환이 다음과 같이 말하였다. "이 장의 제1·2절은 모두 신독(愼獨: 홀로 있을 때 삼감)을 말하였는데, 제1절은 선을 말하였고, 제2절은 악을 말하였으며, 이 한 절(제3절)은 선·악의 가릴 수 없음을 함께 말하여 위 글 두 절을 총괄하였습니다. 그러므로 『장구』에서 이를 인용하여 위 글의 뜻을 밝혔다고 말한 것이니, 위 글이란 대개 위 글 두 절을 함께 가리켜 말한 것입니다. 마지막 절(제4절)은 성의의 결과를 말하여 한 장의 뜻을 통괄하여 맺었습니다." 그 말이 매우 옳아서 기록하여 남겨둔다.】

(3) 致知以下八事, 無非人事上不可闕底眞切工夫, 而就八事中, 又求其總會頭顱至要工夫, 則又莫先於致知誠意. 蓋聖學工夫, 不過爲善去惡而已, 而知得善惡分明, 然後方可有下手處, 此致知之所以爲大也. 至於爲善去惡, 則又

---

[110] 『대학장구』 전6장 제2절. "소인이 한가로이 거처할 때 선하지 않은 일을 하되 이르지 못하는 바가 없다가 군자를 본 뒤에 겸연쩍게 그 불선함을 가리우고 선함을 드러내니, 남들이 자기를 보기를 자신의 폐간을 보듯이 할 것이니, 그렇다면 무슨 유익함이 있겠는가. 이것을 '중심에 성실하면 외면에 나타난다'고 이르는 것이다. 그러므로 군자는 반드시 그 홀로 있을 때를 삼가는 것이다.(小人閒居, 爲不善, 無所不至, 見君子而后, 厭然掩其不善, 而著其善, 人之視己, 如見其肺肝然, 則何益矣. 此謂誠於中形於外, 故君子必愼其獨也.)"

只在於誠意, 此誠意之所以爲重也.

치지 이하의 여덟 가지 일은 모두 다 사람의 일에 있어서 빠뜨려선 안 되는 참되고 절실한 공부이지만, 여덟 가지 일 중에서도 핵심이 되는 지극히 중요한 공부를 구해보면 치지와 성의보다 우선되는 것이 없다. 대개 성학(聖學) 공부는 선을 행하고 악을 없애는 것에 불과할 뿐이고, 선·악을 분명하게 알고 난 뒤에야 비로소 착수할 수 있으니, 이것이 치지가 중대한 이유이다. 또한 선을 행하고 악을 없애는 것은 단지 성의에 달려 있으니, 이것이 성의가 중요한 이유이다.

以正心修身言, 則察得四有五僻之病者, 致知之功也, 克去其病而不使少留者, 誠意之事也. 至於孝悌慈之識其端者, 知也, 推廣之者, 誠意也. 絜矩之推而度物, 以知人心之所同者, 知也, 公其好惡, 而盡其絜矩之道者, 誠意也. 此聖學工夫, 無非致知誠意爲其始終也. 大抵致知與誠正修齊治平, 分爲知行, 而凡行之事, 皆原於知, 不待言而明矣. 誠意與正修齊治平, 同爲行之事, 而分而言之, 則誠正修齊治平, 各爲一事矣, 統而言之, 則正修齊治平, 皆在誠意之中. 故程子以爲天德王道, 其要只在謹獨.

정심(전7장 正心章)과 수신(전8장 修身章)을 가지고 말하자면, 사유(四有: 네 가지가 있음)[111]와 오벽(五僻: 다섯 가지에 편벽됨)[112]의 병통을 살피는 것은 치지의 공

---

[111] 『대학장구』 전7장 제1절. "몸을 닦음이 그 마음을 바르게 하는 데 있으니, 마음에 분하고 성내는 바가 있으면 그 바름을 얻지 못하며, 두려워하고 무서워하는 바가 있으면 그 바름을 얻지 못하며, 좋아하고 즐거워하는 바가 있으면 그 바름을 얻지 못하며, 근심하고 걱정하는 바가 있으면 그 바름을 얻지 못한다.(所謂修身在正其心者, 身[心]有所忿懥, 則不得其正, 有所恐懼, 則不得其正, 有所好樂, 則不得其正, 有所憂患, 則不得其正.)"

[112] 『대학장구』 전8장 제1절. "그 집안을 가지런히 함이 몸을 닦음에 있으니, 사람은 친하게 여기고 사랑하는 바에 편벽되며, 천하게 여기고 미워하는 바에 편벽되며, 두려워하고 공경하는 바에 편벽되며, 가여워하고 불쌍히 여기는 바에 편벽되며, 오만하게 대하고 업신여기는 바에 편벽되는 것이다. 그러므로 좋아하면서도 그 나쁨을 알며 미워하면서도 그 아름다움을 알 자가 천하에 적은 것이다.(所謂齊其家, 在修其身者, 人之其所親愛而辟[僻]焉, 之其所賤惡而辟

부이며, 그 병통을 완전히 제거하여 문제점을 조금도 남겨두지 않는 것은 성의의 일이다. 효(孝: 효도)·제(悌: 공경)·자(慈: 자애)에 대해서 그 실마리를 아는 것은 지(知: 致知)이고, 그것을 미루어 넓히는 것은 성의(誠意)이다. 혈구(絜矩: 내 마음을 미루어 남의 마음을 헤아림)의 도를 미루어 사물(物)을 헤아려서 사람 마음(人心)의 같은 바를 아는 것은 지(知)이고, 그 좋아함과 미워함을 공평하게 하여 혈구의 도를 다하는 것은 성의이다. 이 성학 공부는 치지와 성의가 반드시 그 처음과 끝이 된다. 대개 치지와 성(誠: 誠意)·정(正: 正心)·수(修: 修身)·제(齊: 齊家)·치(治: 治國)·평(平: 平天下)은 지(知)와 행(行)으로 구분되고, 모든 행의 일이 모두 지에서 근원한다는 것은 말할 필요도 없이 분명하다. 성의와 정·수·제·치·평은 함께 행의 일이 되지만, 나누어 말하면 성·정·수·제·치·평이 각각 하나의 일이 되고, 통괄하여 말하면 정·수·제·치·평이 모두 성의 안에 들어 있다. 그러므로 정자께서 천덕과 왕도의 요점은 단지 근독(謹獨: 홀로 있을 때 삼감)에 있다고 여기신 것이다.¹¹³

10) 傳七章 전7장

(1) 大學主靜工夫, 唯在此章, 據有所二字, 可見也. 有, 言有之也, 如書所謂有其善之有. 蓋是四者, 皆人之所不能無, 而此言有則爲病者, 蓋言當無之時而有之者也. 去其不當有者, 而返之於無, 則豈不恰爲未發時事乎. 四者, 乃前事

焉, 之其所畏敬而辟焉, 之其所哀矜而辟焉, 之其所敖惰而辟焉, 故好而知其惡, 惡而知其美者, 天下鮮矣.)"

113 『논어집주』 「子罕」 제16장 제1절의 주. "정자께서 … 또 말씀하였다. "… 여기에서 성인의 마음이 순수함이 또한 그침이 없음을 볼 수 있다. 순수함이 또한 그침이 없음은 바로 천덕이다. 천덕이 있어야 왕도를 말할 수 있으니, 그 요점은 오직 근독에 있을 뿐이다."(程子曰 … 又曰, … 此見聖人之心, 純亦不已也. 純亦不已, 乃天德也. 有天德, 便可語王道, 其要只在謹獨.)"

已過而猶有留滯, 後事未來而先有期待之病也. 蓋心之客用, 而情之妄動者也. 去其客用, 則存其體矣, 復其妄動, 則反於靜矣. 此雖用功於動用之上, 而收效 於靜體之地矣.

『대학』의 주정(主靜) 공부가 오직 이 장에 들어 있다는 것은 유소(有所: ~하는 바가 있음)[114] 두 글자에 의거하여 알 수 있다. 유(有)는 그것을 가지고 있음을 말하니, 이를테면 『서경(書經)』에서 '유기선(有其善: 그 선을 가지고 있다)'[115]이라고 이른 것의 유(有)와 같다. 대개 이 네 가지[116]는 모두 사람에게 없을 수 없는 것인데, 있으면 병통이 된다고 여기에서 말한 것은, 대개 마땅히 없어야 할 때 그것을 가지고 있다는 것을 말한다. 마땅히 있으면 안 되는 것을 없애서 없는 상태로 되돌아간다면, 어찌 미발(未發) 때의 일과 흡사하지 않겠는가? 네 가지는 곧 앞의 일이 이미 지나갔는데도 여전히 얽매여 있고 뒤의 일이 아직 오지 않았는데도 미리 기대하는 병통이니, 대개 마음이 객쩍게 작용한 것(客用)이며 정이 망령되게 움직인 것(妄動)이다. 그 객용(客用)을 없애면 그 체를 보존할 것이며, 그 망동(妄動)을 돌려보내면 정(靜)으로 돌아갈 것이다. 이는 비록 동과 용의 측면에서 힘쓰는 것일지라도, 정과 체의 차원에서 효과를 얻게 될 것이다.

其所以用功者, 何也. 亦曰敬以直之而已. 故章句以敬以直之, 爲正心之方. 章下又以直內, 替換正心而言, 則此章之爲靜時工夫, 豈不明乎. 或者以爲大學一篇無靜時工夫者, 其亦不察乎此矣. 大學一書, 規模極大, 節目詳備. 若闕靜時存養一段工夫, 則惡在其爲規模大而節目詳乎. 且明明德欠此本領工夫, 而

---

114 『대학장구』 전7장 제1절. 각주 111번 참고.
115 『書經』「商書」, 說命中. "그 선을 가지고 있는 체하면 그 선을 상실하게 되고, 자신이 유능하다고 뽐내면 그 공을 상실하게 될 것이다.(有其善, 喪厥善, 矜其能, 喪厥功.)"
116 분하고 성내는 바, 두려워하고 무서워하는 바, 좋아하고 즐거워하는 바, 근심하고 걱정하는 바.

只就動上做工, 則其所明者, 不過得其半矣, 安得以是而爲止至善乎.

거기에 힘쓰는 방법은 무엇인가? 또한 "경으로써 곧게 한다."라고 할 따름이다. 그러므로 『장구』에서 '경으로써 곧게 하는 것(敬以直之)'을 마음을 바르게 하는(正心) 방법으로 삼은 것이고,[117] 장의 아래에서 또 '마음을 곧게 한다(直內)'는 것으로 '마음을 바르게 한다'는 것을 대신하여 말하였으니,[118] 이 장이 고요할 때(靜時)의 공부가 된다는 것이 어찌 분명하지 않겠는가? 누군가는 『대학』한 편에는 고요할 때의 공부가 없다고 여겼는데, 그것은 역시 이를 잘 살피지 못했기 때문이다. 『대학』한 책은 규모가 지극히 크고 세부 항목들이 상세하게 갖춰져 있다. 만약 고요할 때 보존하고 기르는 공부의 단계가 빠져 있다면, 어찌 규모가 크고 세부 항목들이 상세하다고 하겠는가? 또한 명덕을 밝힐 때 이 근본적인 공부를 빠뜨리고 동(動)의 측면에만 힘쓴다면, 밝힌 것은 그 절반을 얻는 데 불과할 것이니, 어찌 이것으로써 지극한 선에 그칠 수 있겠는가?

(2) 心本是一箇物事, 而其用則不一, 故有曰意曰情, 其體則無二, 故但曰心而已. 前章言誠意, 則意無不實矣, 後章言修身, 則情無不中矣. 意無不實, 情無不中, 則其所以正其用者, 悉矣, 不可以復有說矣. 然則此章言正心者, 卽所以去妄動存本體, 而非復就用上求正以支其說者, 可見矣.

마음(心)은 본래 하나의 물사(物事)이지만 그 용은 하나가 아니므로 의(意)라고도 하고 정(情)이라고도 하는 것이며, 그 체가 둘이 아니므로 다만 마음이라고

---

[117] 『대학장구』 전7장 제2절의 주. 각주 38번 참고.
[118] 『대학장구』 전7장 장하주. "대개 뜻이 성실해지면 참으로 악이 없고 진실로 선이 있을 것이니, 이 때문에 능히 마음을 보존하여 그 몸을 검속하는 것이다. 그러나 혹 다만 성의만을 알고, 이 마음이 보존되고 보존되지 않음을 세밀하게 살피지 못한다면 또 안(마음)을 곧게 하여 몸을 닦을 수가 없다.(蓋意誠, 則眞無惡而實有善矣, 所以能存是心以檢其身. 然或但知誠意, 而不能密察此心之存否, 則又無以直內而修身也.)"

할 뿐이다. 앞 장(전6장)에서 성의를 말하였으니 뜻이 성실하지 않음이 없고, 뒤 장(전8장)에서 수신을 말하였으니 정이 적절하지 않음이 없다. 뜻이 성실하지 않음이 없고 정이 적절하지 않음이 없으면, 그 작용을 바르게 하는 조건이 모두 갖추어진 것이니, 다시 말할 필요가 없다. 그렇다면 이 장에서 정심(正心)을 말한 것은 곧 망동을 없애고 본체를 보존하려는 것이지, 다시 용의 측면에 나아가 바르게 하기를 구하여 그 말을 구분하려는 것이 아님을 알 수 있다.

(3) 章句蓋字以下, 當作三節看. 四者云云, 就有所移上一級說, 原其有所之所因, 一有之三字, 正指有所之病, 欲動云云, 就有所移下一級說, 著其所有之害事也.

『장구』의 개(蓋)자 이하는 마땅히 세 개의 단락으로 보아야 한다. '네 가지' 운운한 것은 유소(有所)에서 한 단계 위로 올라가 말한 것으로서 유소의 유래를 밝힌 것이고, '일유지(一有之)' 세 글자는 바로 유소의 병통을 가리킨 것이며, '욕심이 동하고' 운운한 것은 유소에서 한 단계 아래로 내려가 말한 것으로서 그것을 가지게 되는 것이 일에 해가 됨을 드러낸 것이다.[119]

(4) 或字承上一有之一字而言, 蓋曰心之用本不能無此四者, 而一有之而不能察, 至於欲動情勝, 故此心之用, 始或有不得其正云爾. 蓋上下兩用字相應, 而其意全擧一心之用而言, 一與或字相應, 而其意偏指有所之病而言也. 如此看, 則或字無可疑. 或問曰云云, 此心之用, 始有不得其正, 其意尤明矣, 經書辨疑

---

[119] 『대학장구』 전7장 제1절의 주. "① 이 네 가지는 모두 마음의 작용이며 사람에게 없을 수 없는 것이다. ② 그러나 하나라도 그것을 가지고 있으면서 살피지 못하면 ③ 욕심이 동하고 정이 치우쳐서 그 작용의 행하는 바가 혹 그 바름을 잃지 않을 수 없을 것이다.(① 蓋是四者, 皆心之用而人所不能無者, ② 然一有之而不能察, ③ 則欲動情勝, 而其用之所行, 或不能不失其正矣.)"

小註, 似已有此意.

혹(或)자는 위의 '일유지(一有之)'의 일(一)자를 이어받아 말한 것이니, 대개 "마음의 작용에는 본래 이 네 가지가 없을 수 없으나, 하나라도 그것을 가지게 되었을 때 잘 살피지 못하면, 욕심이 움직이고 정이 지나치는 지경에 이르기 때문에, 이 마음의 작용이 비로소 때로는 그 바름을 얻지 못함이 있다"고 한 것일 뿐이다. 대개 위아래의 두 용(用)자는 서로 호응하여 그 뜻이 한 마음의 작용을 모두 거론하고 있으며, 일(一)자와 혹(或)자는 서로 호응하여 그 뜻이 유소의 병통만을 가리키고 있다. 이렇게 보면 혹(或)자는 의심할 만한 게 없다.『혹문』에서 "이 마음의 작용이 비로소 그 바름을 얻지 못함이 있다"[120]고 하였으니, 그 뜻이 더욱 분명하다.『경서변의』의 소주에도 이미 이러한 뜻이 있는 것 같다.[121]

(5) 四有所, 心之妄動, 而本體不存者也. 四不得其正, 妄動之害事, 而用之所行, 不能不失其正者也. 正心云者, 卽去其妄動存其本體, 而本體旣存, 則用之所行亦能得其正矣. 蓋纔著有所, 便失其正, 而章句以不得其正爲用之所行者,

---

[120] 『대학혹문』. "오직 그 사물이 올 때에 살피지 못한 바가 있어서 응하는 것에 잘못이 없을 수 없고, 또 휩쓸려 가버리지 않을 수 없는 것이니, 그 희로우구가 반드시 미발 상태에서 동요된 바가 있어서 이 마음의 작용이 비로소 그 바름을 얻지 못하는 경우가 있을 뿐이다.(唯其事物之來, 有所不察, 應之旣或不能無失, 且又不能不與俱往, 則其喜怒憂懼, 必有動乎中者, 而此心之用, 始有不得其正者耳.)"

[121] 『경서변의』「대학」전7장. "내가 살펴보건대, 사람의 욕이 동하고 정이 치우치면 그 행하는 바가 바름을 잃게 되는 것은 필연적이니, 주에서 혹(或)자를 쓴 것은 세심하지 못하다. 율곡선생도 말하기를 "혹(或)자는 정말 의심스럽다." 하였다. … ○어떤 사람이 말하기를 "만일 '욕이 동하고 정이 치우친다' 이후의 글만을 잘라서 본다면 정말 의심스러운 듯하지만, 만일 위 문장의 '네 가지는 모두 마음의 작용이다' 이하의 구절까지 연관 지어 폭넓게 본다면, 이른바 '일유지이불능찰(一有之而不能察)'이란 한 구절은 바로 혹(或)자의 장본(복선)이 되고 혹(或)자 또한 이 한 구절의 뜻과 조응하여 의심스러운 점을 찾아볼 수 없다.(愚按, 夫人欲動情勝, 則其所行之失其正也, 必矣, 註中或字未詳, 栗谷先生亦曰, 或字果可疑. … ○或曰, 若截自欲動情勝以後看, 則果似可疑, 若通上文四者皆心之用以下闊看, 則所謂一有之而不能察一句, 正是或字張本, 而或字亦照應此 一句之意, 未見其可疑矣.)"

蓋以下文參之, 而知其必然也. 下文所謂不在卽有所之致也, 三不卽用之不得
其正之甚者也. 據此, 則有所與不得其正, 分爲兩截事者, 不亦明乎.

　네 가지 '유소(有所)'는 마음이 망령되게 움직여서 본체가 보존되지 못하는 것
이다. 네 가지 '부득기정(不得其正: 그 바름을 얻지 못함)'은 망령되게 움직인 것이
일에 해가 되어 마음의 작용이 행하는 바가 그 바름을 잃지 않을 수 없는 것이
다.[122] '정심'이란 것은 곧 그 망동을 없애고 그 본체를 보존하는 것이니, 본체가 이
미 보존되면 마음의 작용이 행하는 바도 그 바름을 얻을 수 있다. 대개 유소가 드
러나자마자 곧 그 바름을 잃게 되는 것이니, 『장구』에서 '그 바름을 얻지 못함'을
마음의 작용이 행하는 바로 삼은 것은[123] 대개 아래 글을 참고해서 그것이 반드시
그러함을 알 수 있다. 아래 글에서 '있지 않다(不在)'라고 이른 것은 곧 유소의 결
과이며, 세 가지 '불(不: ~하지 못하다)'은 곧 마음의 작용이 그 바름을 얻지 못함이
심한 것이다.[124] 이에 의거하면, '유소'와 '부득기정'이 두 가지 일로 구분되는 것이
또한 분명하지 않겠는가?

雲峯胡氏以正心爲正其心之用, 不得其正正字, 爲心之體, 蓋於章句之指, 全
不察矣. 胡氏又以此章爲有存養省察工夫, 則得矣, 而以事之方來念之方萌,
爲省察時節, 以前念已過後事未來, 爲存養時節, 其說存養則得矣, 而其說省
察則失矣.

　운봉 호씨는 정심을 그 마음의 작용을 바르게 하는 것으로 여겼고, 부득기정
(不得其正)의 정(正)자를 마음의 체로 여겼으니,[125] 대개 『장구』의 뜻을 전혀 살피

---

122 『대학장구』 전7장 제1절. 각주 111번 참고.
123 『대학장구』 전7장 제1절의 주. 각주 119번 참고.
124 『대학장구』 전7장 제2절. "마음이 있지 않으면 보아도 보이지 않으며, 들어도 들리지 않으며, 먹어도 그 맛을 알지 못한다.(心不在焉, 視而不見, 聽而不聞, 食而不知其味.)"
125 『대학장구』 전7장 제1절의 소주. "운봉 호씨가 말하였다. "마음의 체는 바르지 않음이 없으

지 못한 것이다. 호씨는 또 이 장을 존양성찰(存養省察: 마음을 보존하고 본성을 기르며 반성하고 살핌)의 공부로 여겼는데[126] 그것은 맞지만, 일이 이제 막 다가오거나 생각이 갓 싹트는 것을 성찰의 때로 삼고, 앞의 생각이 이미 지나가고 뒤의 일이 아직 오지 않은 것을 존양의 때로 삼은 것[127]에서 존양을 말한 것은 맞지만 성찰을 말한 것은 잘못되었다.

若所謂省察於事之方來念之方萌者, 卽前章愼獨後章察僻之事, 非此章之省察也. 此章省察正在於有所上, 前事已過後事未來之際, 察此心之有所與否, 而纔察其有有所, 則敬以直之, 去其有所而存此心之本體也. 故章句所謂不能察, 察乎此, 密察心之存否, 三察字, 皆指有所境界而言也. 胡氏乃以章句察字, 證己所云省察之說, 則可謂不察矣.

이를테면 '일이 이제 막 다가오거나 생각이 갓 싹트는 것에서 성찰한다'는 것은

니, '마음을 바르게 한다(正心)'고 이르는 것은 그 마음의 작용을 바르게 하는 것일 뿐이다. '그 마음을 바르게 하는 데에 있다(在正其心)'의 이 정(正)자는 바르게 해나가는 공부를 말한 것이니, 대개 '마음의 작용이 혹 바르지 못함이 있으면 바르게 고치지 않을 수 없음'을 말한 것이며, '그 바름을 얻지 못한다(不得其正)'의 이 정(正)자는 마음의 체는 본래 바르지 않음이 없으나 사람이 스스로 그것을 잃어버림을 말한 것이니, '그것을 바르게 함(正其)'과 '그 바름(其正)'은 자연히 체와 용으로 나누어진다."(雲峯胡氏曰, 心之體, 無不正, 所謂正心者, 正其心之用爾, 在正其心此正字, 是說正之之工夫, 蓋謂心之用, 或有不正, 不可不正之也, 不得其正此正字, 是說心之體, 本無不正而人自失之者也, 曰正其曰其正, 自分體用.)"

126 『대학장구』 전7장 제1절의 소주. "운봉 호씨가 말하였다. "… 누군가 『중용』 첫 장에서는 먼저 '보존하고 기름(存養)'을 말하고 뒤에 '반성하고 살핌(省察)'을 말하였는데, 『대학』 성의장(전6장)에서는 '반성하고 살핌'은 말하였으나 '보존하고 기름'은 빠뜨렸다고 의심하였는데, 이 장 자체에 바로 보존하고 기르며 반성하고 살피는 공부가 있음을 전혀 알지 못하는 것이다."(雲峯胡氏曰, … 或疑中庸首章, 先言存養而後言省察, 大學誠意, 言省察而欠存養, 殊不知此章, 正自有存養省察工夫.)

127 『대학장구』 전7장 제1절의 소주. "운봉 호씨가 말하였다. "… 일이 이제 막 오고 생각이 이제 막 싹틀 때는 곧 반성하고 살펴야 하는 때이고, 앞의 생각이 이미 지나가고 뒤의 일이 아직 오지 않았을 때는 곧 보존하고 길러야 하는 때인 것이다."(雲峯胡氏曰, … 事之方來念之方萌, 是省察時節, 前念已過, 後事未來, 是存養時節.)

곧 앞 장(전6장)의 홀로 있을 때를 삼가고(愼獨)[128] 다음 장(전8장)의 편벽됨을 살피는 일이지, 이 장에서 말하는 성찰이 아니다. 이 장의 성찰은 바로 유소의 차원에 있으니, 앞의 일이 이미 지나가고 뒤의 일이 아직 오지 않았을 때에 이 마음의 유소 여부를 살펴서, 그 유소가 있음을 살피자마자 경(敬)으로써 곧게 하여 그 유소를 없애고 이 마음의 본체를 보존하는 것이다. 그러므로 『장구』의 '불능찰(不能察: 살피지 못하다)',[129] '찰호차(察乎此: 이것을 살피다)',[130] '밀찰심지존부(密察心之存否: 마음의 보존 여부를 세밀하게 살피다)'[131]의 세 찰(察)자는 모두 유소의 영역을 가리켜 말한 것이다. 호씨는 바로 『장구』의 찰(察)자로 자기가 말한 성찰의 설을 증명하였는데,[132] '잘 살피지 못한 것이다'라고 이를 만하다.

(6) 他章無章下註, 而誠意正心兩章有之者, 蓋以兩章首俱不言, 誠意之在致知, 正心之在誠意, 故章下特言其意以補之. 傳者之初不言, 誠意在致知, 正心在誠意, 如他章之例者, 何也. 蓋緣格物致知兩目合爲一事故也.

다른 장에는 장하주가 없으나 성의장(전6장)·정심장(전7장) 두 장에는 장하주가 있는 것은, 대개 두 장의 첫머리 모두 성의는 치지에 있고 정심은 성의에 있다고 말하지 않았으므로 장 아래에 특별히 그 뜻을 말하여 보완한 것이다. 전을 지

---

[128] 『대학장구』 전6장 제2절. 각주 110번 참고.
[129] 『대학장구』 전7장 제1절의 주. 각주 119번 참고.
[130] 『대학장구』 전7장 제2절의 주. 각주 38번 참고.
[131] 『대학장구』 전7장 장하주. 각주 118번 참고.
[132] 『대학장구』 전7장 제1절의 소주. "운봉 호씨가 말하였다. '… 〈마음을 보존하고 기름(存養)〉이란 이 마음의 본체의 바름을 보존하는 것이고, 〈반성하고 살핌(省察)〉이란 이 마음의 작용이 혹 바르지 않은 데에 빠질까 염려되어 바르게 함을 구하는 것이니, 마땅히 『장구』의 두 개의 찰(察)자와 서너 개의 존(存)자를 자세히 봐야 할 것이다."(雲峯胡氏曰, … 存養者, 存此心本體之正, 省察者, 惟恐此心之用或失之不正, 而求以正之也, 宜仔細看章句之二察字及三四存字.)"

은 사람이 다른 장의 예와 같이 처음에 성의는 치지에 있고 정심은 성의에 있다고 말하지 않은 것은 어째서인가? 대개 격물과 치지 두 조목을 합하여 하나의 일로 삼은 것에 따랐기 때문이다.

凡曰欲如此者在如此者, 其意重在下句, 故其下必先釋下句之意, 以發上句之意. 格物致知, 只是一事, 纔格其物, 卽致其知, 故傳之釋格物, 已釋致知之意盡矣. 故其下釋誠意, 不得言誠意之在致知, 而復釋致知之事, 誠意旣別爲一傳, 而釋其意已盡. 故其釋正心, 又不得言正心在誠意,[133] 而復釋誠意之事, 其勢不得不釋誠意, 則單釋誠意. 而釋正心, 則又以修身起頭也, 然其釋誠意不以正心起頭, 如下章釋正心之以修身起頭, 何也. 蓋誠意是自修之首, 故必須表出言之, 非如他目之可以帶說過去矣. 如此推之, 傳者立文之意, 朱子補遺之指, 可見其不苟然矣.

무릇 "이와 같이 하고자 하는 것은 이와 같은 것에 있다"고 한 것에서 그 뜻의 중점은 아래 구절에 있으므로 그 아래에서 반드시 먼저 아래 구절의 뜻을 해석하고 나서 위 구절의 뜻을 밝혀야 한다. 격물과 치지는 단지 하나의 일이어서, 그 사물(物)의 이치를 궁구하자마자 곧 앎을 지극하게 한 것이 되므로 전(傳)에서 격물을 해석한 것은 이미 치지의 뜻을 다 해석한 것이 된다. 그러므로 그 아래에서 성의를 해석할 때 성의는 치지에 있다고 말하지 않고 다시 치지의 일을 해석하였으니, 성의가 이미 별도로 하나의 전이 되었으나 그 뜻을 이미 다 해석한 것이 된다. 그러므로 정심을 해석할 때 또 정심은 성의에 있다고 말하지 않고 다시 성의의 일을 해석하였으니, 그 형세가 성의를 해석하지 않을 수 없기에 성의만 해석한 것이다. 그런데 정심을 해석할 때에는 또한 수신으로 시작하였으나 성

---

[133] "下正心下疑脫之字."라는 두주가 있다. (아래 正心의 아래에 아마도 之자가 빠진 것 같다.) 두주에 따르면 '又不得言正心在誠意'가 아니라 '又不得言正心之在誠意'가 된다는 것이다.

의를 해석할 때에는 아래 장에서 정심을 해석할 때 수신으로 시작한 것처럼 정심으로 시작하지 않은 것은 어째서인가? 대개 성의는 스스로를 닦는 첫머리이므로 반드시 겉으로 드러내서 말해야 하며, 다른 조목들처럼 연관시켜 말해갈 수 있는 것이 아니기 때문이다. 이와 같이 미루어 헤아려보면, 전을 지은 사람이 글을 쓴 뜻과 주자께서 빠진 것을 보충하신 뜻이 구차한 것이 아님을 알 수 있다.

11) 傳八章 전8장

(1) 上章之爲病在有所, 此章之爲病不在之其所而在僻, 可見四者之不可有, 五者之不可偏, 直內方外, 自分爲動靜工夫矣.

위 장의 병통은 '유소(有所)'에 있으나 이 장의 병통은 '지기소(之其所: 그 ~하는 바)'에 있지 않고 '벽(僻: 편벽됨)'에 있으니,[134] 네 가지를 가져서는 안 됨과 다섯 가지에 치우쳐서는 안 됨이 각각 직내(直內: 안을 곧게 함)와 방외(方外: 밖을 바르게 함)로서 자연히 동·정의 공부로 나누어짐을 알 수 있다.

(2) 此章之指, 與孟子四端章禮經樂記之說同, 而其意尤密. 親愛哀矜, 惻隱之心, 仁之端也, 賤惡敖惰, 羞惡之心, 義之端也, 畏敬, 恭敬之心, 禮之端也, 好而知其惡, 惡而知其美, 是非之心, 智之端也. 親愛哀矜畏敬知其美屬好, 賤惡敖惰知其惡屬惡. 好惡統四端, 而好者仁之發, 惡者義之發, 則仁義所以分統人性也. 好惡又統於知, 則智之所以又專一心之德也. 聖賢傳授灼可見矣.

이 장의 뜻은 『맹자』 사단(四端)장(「공손추상」 제6장)과 『예기』 악기(樂記) 편의 설과 같으나 그 뜻이 더욱 정밀하다. 이 장에 나오는 '친하게 여기고 사랑함(親愛)', '가여워하고 불쌍히 여김(哀矜)'은 측은지심(惻隱之心)으로 인의 단서이

---

[134] 『대학장구』 전8장 제1절. 각주 112번 참고.

고, '천하게 여기고 미워함(賤惡)', '오만하게 대하고 업신여김(敖惰)'은 수오지심(羞惡之心)으로 의의 단서이며, '두려워하고 공경함(畏敬)'은 공경지심(恭敬之心)으로 예의 단서이고, '좋아하면서도 그 나쁨을 알고 미워하면서도 그 아름다움을 앎'은 시비지심(是非之心)으로 지의 단서이다. '친하게 여기고 사랑함', '가여워하고 불쌍히 여김', '두려워하고 공경함', '그 아름다움을 앎'은 좋아함(好)에 속하고, '천하게 여기고 미워함', '오만하게 대하고 업신여김', '그 나쁨을 앎'은 미워함(惡)에 속한다. 좋아함과 미워함은 사단을 통괄하며, 좋아하는 것은 인의 발현이고 미워하는 것은 의의 발현이니, 인과 의는 사람의 성을 나누어 통괄하게 된다. 좋아함과 미워함은 또 지(知)에 통괄되니, 지(智)는 또한 한 마음의 덕을 전담하는 것이 된다. 이로써 성현께서 전해주신 바를 분명하게 알 수 있다.

(3) 前章章句, 旣言察字, 而又言敬字, 此章章句, 只言察字而已者, 有所之病, 雖加察矣, 而不知敬, 則察與有所相搏, 察之愈勤, 而心益不可正矣, 辟焉之病, 一加察焉, 則便可約之以趨於中矣. 蓋誠意之功, 貫通正心修身之事, 故此二傳只言其病, 不言其治之之術, 然前章不知敬, 則無以施其誠之之功, 故章句特言敬以補之, 而此章不復及矣.

앞 장의 『장구』에서는 찰(察: 살핌)자를 말하고 나서 또 경(敬)자를 말하였으나,[135] 이 장의 장구에서는 찰(察)자만 말하고 그친[136] 것은, 유소의 병통은 비록 살핌이 더해져도 경(敬)할 줄 모르면 살핌과 유소가 서로 부딪쳐서 살핌에 더 힘쓸수록 마음이 더욱 바르게 될 수 없으나, '벽언(辟焉: ~에 편벽됨)'의 병통은

---

[135] 『대학장구』 전7장 제2절의 주. 각주 38번 참고.
[136] 『대학장구』 전8장 제1절의 주. "다섯 가지는 사람에게 있어 본래 당연한 법칙이 있다. 그러나 보통 사람의 정은 오직 향하는 대로 가고 살핌을 더하지 않으니, 그렇다면 반드시 한쪽으로 빠져서 몸이 닦이지 않을 것이다.(五者在人, 本有當然之則. 然常人之情, 惟其所向而不加察焉, 則必陷於一偏, 而身不修矣.)"

한 번이라도 살핌이 더해지면 바로 단속되어 중(中)에 나아갈 수 있기 때문이다. 대개 성의의 공부는 정심과 수신의 일을 관통하므로 이 두 전(전7·8장)은 그 병통만 말하고 그것을 다스리는 방법에 대해서는 말하지 않은 것이나, 앞 장에서는 경(敬)할 줄 모르면 성실하게 하는(誠之) 공부를 시행할 수 없기에 『장구』에서 특별히 경을 말하여 보완하고, 이 장에서 다시 언급하지 않은 것이다.

(4) 凡人心術之病, 大槩有三, 曰惡念, 曰浮念, 曰偏念. 誠意, 則惡念絶矣. 惡念雖絶, 而未必無浮念, 故誠意而又須正心. 正心, 則浮念息矣. 浮念雖息, 而未必無偏念, 故正心而又須修身. 修身, 則偏念祛矣. 惡念浮念偏念盡祛, 則靜虛而體無不存, 動直而用無不正, 以至於聖矣.

보통 사람들의 마음가짐의 병통에는 대개 세 가지가 있으니, 나쁜 생각(惡念), 들뜬 생각(浮念), 치우친 생각(偏念)이다. 뜻을 성실하게 하면 나쁜 생각이 끊어진다. 나쁜 생각이 비록 끊어진다 해도 반드시 들뜬 생각이 없어지는 것은 아니므로, 뜻을 성실하게 하고 나서 또 마땅히 마음을 바르게 해야 한다. 마음을 바르게 하면 들뜬 생각이 사라진다. 들뜬 생각이 비록 사라진다 해도 반드시 치우친 생각이 없어지는 것은 아니므로, 마음을 바르게 하고 나서 또 마땅히 몸을 닦아야 한다. 몸을 닦으면 치우친 생각이 없어진다. 나쁜 생각, 들뜬 생각, 치우친 생각이 모두 없어지면, 고요할 때는 마음이 비어서 본체(體)가 보존되지 않음이 없고, 움직일 때는 마음이 곧아서 작용(用)이 바르지 않음이 없어서, 성인의 경지에 이르게 된다.

昔司馬溫公平生無不可對人言之事, 則意可謂誠矣, 而困於浮念, 中夜不寐. 朱子中歲, 心豈有不正, 而其論贓吏怒形於色, 是猶未免有少偏也. 至於晚年, 矜持者純熟, 嚴厲者和平, 則又沒此痕迹矣. 此豈非惡念旣絶而猶有浮念, 浮念旣息而猶有偏念, 偏念盡祛而後方至於聖者乎. 大學誠意而後正心, 正心而後修身者, 其工夫次第, 可謂至精而密矣.

옛적에 사마온공(司馬溫公)[137]은 평생을 다른 사람에게 말하지 못할 일이 없었으니,[138] 뜻을 성실하게 했다고 이를 만한데도 들뜬 생각에 시달려 한밤중에 잠을 이루지 못했다. 주자께서 중년에 마음이 어찌 바르지 않음이 있었겠는가마는, 부패한 관리에 대해 논할 때면 분노가 얼굴빛에 드러났으니, 조금의 치우침이 남아 있음을 면하지 못했던 것이다. 만년에 이르러서야 자긍심을 앞세우던 것이 성숙하여 겸손해지고, 엄하고 매섭던 것이 온화하고 평온해져서, 이러한 흔적들이 없어지게 되었다. 이것이 어찌 나쁜 생각이 이미 끊어졌으나 여전히 들뜬 생각이 남아 있고, 들뜬 생각이 이미 사라졌으나 여전히 치우친 생각이 남아 있으며, 치우친 생각이 모두 없어진 뒤에야 비로소 성인의 경지에 이르게 된다는 것이 아니겠는가? 『대학』에서 뜻을 성실하게 한 뒤에 마음을 바르게 하고, 마음을 바르게 한 뒤에 몸을 닦는다고 한 것은, 그 공부의 차례가 '지극히 정밀하다'고 이를 만하다.

(5) 誠意而後有浮念, 非是大段走作. 只是微有閒思, 滯念未盡消磨, 亦足害事. 正心而後有偏念, 亦非是大段偏僻. 只是微有所偏, 如罰一人過與一杖, 賞一人過與一錢, 亦是偏而害中也. 蓋正心章極言有所之害, 至於視不見聽不聞食不知味, 修身章極言僻焉之害, 至於溺愛不明貪得無厭者, 非是謂誠意正心後猶必有如此病,[139] 蓋謂纔有一浮念一偏念, 而不知察焉, 則其害必至於此云爾. 與商書唯聖罔念作狂之意同.

137　사마광(司馬光, 1019~1086).

138　『小學』「善行」. "사마온공은 일찍이 "나는 다른 사람보다 나은 게 없는 사람이지만, 다만 평생 동안 한 것은 다른 사람에게 말하지 못할 일이 있은 적이 없었다."라고 하였다.(司馬溫公嘗言, 吾無過人者, 但平生所爲, 未嘗有不可對人言.)"

139　"如此下疑脫之字."라는 두주가 있다.(如此 아래에 아마도 之자가 빠진 것 같다.) 두주에 따르면 '如此病'이 아니라 '如此之病'이 된다는 것이다.

뜻을 성실하게 한 뒤에 들뜬 생각이 남아 있는 것은 크게 잘못된 것은 아니다. 단지 쓸데없는 생각이 조금 남아 있고 막혀 있는 생각이 다 사라지지 않아, 다만 일에 해가 될 뿐이다. 마음을 바르게 한 뒤에 치우친 생각이 남아 있는 것도 크게 편벽된 것은 아니다. 단지 치우친 바가 조금 남아 있는 것이 이를테면 어떤 사람을 벌할 때 한 대 더 때리고 어떤 사람에게 상을 줄 때 한 푼 더 주는 정도이지만, 그래도 치우쳐서 중을 해치게 된다. 대개 정심장(전7장)에서 '유소'의 해로움을 극단적으로 말하여 '보아도 보이지 않고, 들어도 들리지 않으며, 먹어도 맛을 모르는'[140] 데 이르고, 수신장(修身章: 전8장)에서 '벽언(僻焉: ~에 편벽됨)'의 해로움을 극단적으로 말하여 '사랑에 빠져 밝지 못하고, 얻음을 탐해 만족함이 없는'[141] 데 이른 것은, '뜻을 성실하게 하고 마음을 바르게 한 뒤에도 반드시 이와 같은 병통이 있다'는 말이 아니라, 대개 '하나라도 들뜬 생각이나 치우친 생각이 남아 있는데 살필 줄 모르면, 그 해로움이 반드시 여기에 이르게 된다'는 말일 뿐이니, 『서경』「주서(周書)」의 '성인이라도 생각하지 않으면 미치광이가 된다.'[142]는 뜻과 같다.

(6) 誠意而正心者, 謹於動而主乎靜也, 正心而修身者, 存乎中而檢於外也, 動靜相須, 表裏交養, 工夫無滲漏矣. 正心, 中庸致中之事也, 誠意修身, 中庸致和之事也. 庸學表裏之指, 此又可見矣.

뜻을 성실하게 하고서 마음을 바르게 하는 것은 동을 삼가고 정을 위주로 하는 것이며, 마음을 바르게 하고서 몸을 닦는 것은 안을 보존하고 밖을 단속하는 것

---

140 『대학장구』 전7장 제2절. 각주 124번 참고.
141 『대학장구』 전8장 제2절의 주. "사랑에 빠진 자는 밝지 못하고 얻음을 탐하는 자는 만족함이 없으니, 이것은 편벽됨이 해가 되어 집안이 가지런해지지 못하는 이유이다.(溺愛者不明, 貪得者無厭, 是則偏之爲害而家之所以不齊也.)"
142 『서경』「주서」 多方. "성인이라도 생각하지 않으면 광인(미치광이)이 되고 광인이라도 능히 생각하면 성인이 된다.(惟聖罔念作狂, 惟狂克念作聖.)"

이니, 동과 정이 서로 의지하고 안과 밖이 함께 길러져 공부에 조금의 빈틈도 없게 된다. 마음을 바르게 하는 것은 『중용』에서 중(中)을 지극하게 하는 일이며, 뜻을 성실하게 하는 것과 몸을 닦는 것은 『중용』에서 화(和)를 지극하게 하는 일이다.[143] 『중용』과 『대학』이 안과 밖이 된다는 뜻을 여기에서 또한 알 수 있다.

12) 傳九章 전9장

(1) 此章含推化兩意. 一節二節言推, 三節言化, 四節內堯舜一段言化, 君子一段言推, 三引詩兼言推化. 雖然, 與下章對言, 則下章絜矩爲推, 而此章上行下效爲化.

이 장은 추(推: 미루어 헤아림)와 화(化: 교화함)라는 두 가지 뜻을 포함하고 있다. 제1절과 제2절은 추를 말하고, 제3절은 화를 말하였으며, 제4절 안의 요순 단락(제4절의 앞부분)은 화를 말하고, 군자 단락(제4절의 뒷부분)은 추를 말하였으며, 인용된 세 편의 시(제6·7·8절)는 추와 화를 겸하여 말하였다. 그렇지만 아래 장(전10장)과 상대하여 말하였으니, 아래 장의 '혈구'[144]는 추가 되고, 이 장에서 윗사람이 행하면 아랫사람이 본받는 것은 화가 된다.

(2) 敎屬推. 孝悌慈, 敎之本也, 吾之所以行於家者也. 事君事長使衆, 敎之推廣者也, 吾之所以行於國者也. 以吾之行於家國者, 爲敎於國人, 而吾之所以

---

143 『중용장구』 제1장 제5절. "중과 화를 지극하게 하면 천지가 제자리를 찾고 만물이 잘 길러진다.(致中和, 天地位焉, 萬物育焉.)"

144 『대학장구』 전10장 제1절. "'천하를 평안하게 함이 그 나라를 다스림에 있다'는 것은 윗사람이 노인을 노인으로 섬김에 백성이 효를 흥기하며, 윗사람이 어른을 어른으로 대우함에 백성이 제를 흥기하며, 윗사람이 고아를 구휼함에 백성이 배반하지 않는 것이다. 이러므로 군자는 혈구의 도가 있는 것이다.(所謂平天下在治其國者, 上老老而民興孝, 上長長而民興弟, 上恤孤而民不倍, 是以君子有絜矩之道也.)"

行於國者, 實自行於家者推之. 故曰不出家而成敎於國. 章句國之所以國字, 以吾之行於國者言, 讀者多作國人看, 非是. 傳文成敎於國, 章句敎成於下, 皆以推言, 作化字意看, 亦非是. 下文方說化, 而章句曰敎成於國之效效字意可見.

　　교(敎: 가르침)는 추(推)에 속한다. 효·제·자는 가르침의 근본으로, 내가 집에서 행하는 것이다. 사군(事君: 임금을 섬김)·사장(事長: 어른을 섬김)·사중(使衆: 백성을 부림)은 가르침을 미루어 헤아려 넓히는 것으로, 내가 나라에서 행하는 것이다. 내가 집과 나라에서 행하는 것으로써 나라 사람들에게 가르침으로 삼으니, 내가 나라에서 행하는 것은 진실로 집에서 행하는 것으로부터 미루어 헤아린 것이다. 그러므로 "집을 나가지 않고도 나라에서 가르침을 이룬다"고 한 것이다.[145] 『장구』의 '국지소이(國之所以)'[146]의 국(國)자는 내가 나라에서 행하는 것을 말한 것인데, 독자들은 대부분 국인(國人: 나라 사람들)으로 보니 옳지 않다. 전문의 '나라에서 가르침을 이룬다(成敎於國)'와 『장구』의 '가르침이 아래에서 이루어진다(敎成於下)'는 모두 추로서 말한 것이니, 화(化)자의 뜻으로 보는 것은 또한 옳지 않다. 아래 글에서 비로소 화를 말하였으니, 『장구』에서 말한 '교성어국지효(敎成於國之效: 가르침이 나라에서 이루어진 효험)'[147]의 효(效)자의 뜻을 알 수 있다.

---

[145] 『대학장구』 전9장 제1절. "나라를 다스리는 것은 반드시 먼저 그 집안을 가지런히 함에 있다'는 것은 그 집안을 가르치지 못하고 능히 남을 가르치는 자는 없다는 것이다. 그러므로 군자는 집을 나가지 않고도 나라에 가르침을 이루니, 효는 군주를 섬기는 것이요, 제는 어른을 섬기는 것이요, 자는 백성을 부리는 것이다.(所謂治國必先齊其家者, 其家不可敎, 而能敎人者, 無之. 故君子不出家, 而成敎於國, 孝者, 所以事君也, 弟者, 所以事長也, 慈者, 所以使衆也.)"

[146] 『대학장구』 전9장 제1절의 주. "몸이 닦이면 집안을 가르칠 수 있다. 효·제·자는 몸을 닦아 집안을 가르치는 것이다. 그러나 나라의 군주를 섬기고 어른을 섬기고 백성을 부리는 바의 도가 여기에서 벗어나지 않으니, 이는 집안이 위에서 가지런해져서 가르침이 아래에서 이루어지는 것이다.(身修則家可敎矣, 孝弟慈, 所以修身而敎於家者也, 然而國之所以事君事長使衆之道, 不外乎此, 此所以家齊於上而敎成於下也.)"

[147] 『대학장구』 전9장 제3절의 주. "이는 가르침이 나라에서 이루어진 효험을 말씀하신 것이다.(此言敎成於國之效.)"

(3) 如保赤子, 保赤子, 慈也. 如之者推之, 以使衆也, 擧慈一事, 以該孝悌. 章句立敎之本, 卽孝悌慈, 在識其端, 指保赤子, 推廣之, 指推之以如之也.

'갓난아이를 보호하듯이 한다(如保赤子)'[148]는 것에서 '갓난아이를 보호한다'는 것은 자애(慈)이다. 그렇게 하는 것을 미루어 헤아려 백성을 부리는 것이니, 자애라는 하나의 일을 들어 효도(孝)와 공경(悌)을 포괄한 것이다. 장구의 '가르침을 세우는 근본(立敎之本)'은 곧 효도·공경·자애이고, '그 단서를 안다(在識其端)'는 것은 '갓난아이를 보호한다'는 것을 가리키며, '미루어 헤아려 넓힌다(推廣之)'는 것은 미루어 헤아려 그렇게 하는 것을 가리킨다.[149]

(4) 宜其家人, 傳者引用與詩意不同. 詩言婦人之賢宜於夫家之人, 傳意謂家長之宜其家人, 卽刑于寡妻之意也.

'그 집안사람들에게 마땅하다(宜其家人)'[150]는 것은 전을 지은 사람이 인용한 것과 『시경』의 뜻이 같지 않다. 『시경』에서는 부인의 현명함이 시댁 사람들에게 마땅함을 말하였으나, 전의 뜻은 '가장이 그 집안사람들에게 마땅함'을 이르니, 곧 자신의 아내에게 모범이 된다[151]는 뜻이다.

---

148 『대학장구』 전9장 제2절. "「강고」에 이르기를 "갓난아이를 보호하듯이 한다."고 하였으니, 마음에 진실로 구하면 비록 꼭 맞지는 않으나 멀지 않은 것이니, 자식 기르는 것을 배운 뒤에 시집가는 자는 있지 않다.(康誥曰, 如保赤子, 心誠求之, 雖不中, 不遠矣, 未有學養子而后嫁者也.)"

149 『대학장구』 전9장 제2절의 주. "이는 『서경』을 인용하여 이것을 해석한 것으로, 또 가르침을 세우는 근본은 억지로 하지 않고 그 단서를 알아서 미루어 헤아려 넓힘에 있을 뿐임을 밝힌 것이다.(此引書而釋之, 又明立敎之本, 不假强爲, 在識其端而推廣之耳.)"

150 『대학장구』 전9장 제6절. "『시경』에 이르기를 "복숭아꽃이 곱고 고움이여, 그 잎이 무성하구나. 이 아가씨의 시집감이여, 그 집안사람들에게 마땅하다." 하였으니, 그 집안사람들에게 마땅한 뒤에 나라 사람들을 가르칠 수 있는 것이다.(詩云, 桃之夭夭, 其葉蓁蓁, 之子于歸, 宜其家人, 宜其家人而后, 可以敎國人.)"

151 『詩經』 「大雅」 文王之什, 思齊. "종묘의 선공들에게 순히 하사, 신이 이에 원망함이 없으며, 신이 이에 애통함이 없음은, [자기] 아내에게 모범이 되사, 형제에 이르러, 집과 나라를 다스

13) 傳十章 전10장

(1) 此章之義, 章句分段之外, 更別推之, 則首二節共爲一節, 首一節言上行下效, 以明君子不可無絜矩之道, 第二節言好惡之公, 以釋絜矩之義. 南山有臺以下三節爲一節, 南山有臺言君子能公好惡, 而得其絜矩之道, 則爲民父母, 節南山言在上者不能公好惡, 而失其絜矩之道, 則爲天下僇, 所以申上文之意也. 君子先愼乎德以下六節共爲一節, 就財貨上言好惡之公不公. 楚書舅犯二節共爲一節, 所以結上財貨之說, 而起下用人之意也. 秦誓以下五節共爲一節, 就用人上言好惡之公不公. 自生財有大道至終篇共爲一節, 復合財貨用人而言, 以應楚書舅犯之意.

이 장의 뜻을 『장구』의 단락 구분에서 벗어나 다시 별도로 미루어 헤아려 보면, 처음 두 절(제1·2절)이 함께 하나의 절이 되니, 제1절은 윗사람이 행하면 아랫사람이 본받음을 말하여 군자에게 혈구의 도가 없을 수 없음을 밝혔고, 제2절은 좋아함과 미워함의 공평함을 말하여 혈구의 뜻을 해석하였다. 남산유대(南山有臺, 제3절)[152] 이하의 세 절(제3~5절)이 하나의 절이 되니, 남산유대는 군자가 호(好)·오(惡)를 공평하게 하여 그 혈구의 도를 얻으면 백성의 부모 됨을 말하였고, 절남산(節南山: 제4절)[153]은 '윗자리에 있는 사람이 호·오를 공평하게 하지 못하여 그 혈구의 도를 잃으면 온 세상 사람들에게 죽임을 당함을 말하였으니, 위 글의 뜻을 넓힌 것이다. '군자는 먼저 덕을 삼간다(君子先愼乎德)'(제6절) 이하의 여섯 절(제6~11절)이 함께 하나의 절이 되니, 재화(財貨)의 측면에서 호·오의 공평함과 불공평함을 말하였다. 초서(楚書: 제12절)와 구범(舅犯, 제13절) 두 절이

리셨기 때문이니라.(惠于宗公, 神罔時怨, 神罔時恫, 刑于寡妻, 至于兄弟, 以御于家邦.)"
152 『대학장구』 전10장 제3절의 주. "시는 「소아」 남산유대 편이다.(詩, 小雅南山有臺之篇.)"
153 『대학장구』 전10장 제4절의 주. "시는 「소아」 절남산 편이다.(詩, 小雅節南山之篇.)"

함께 하나의 절이 되니, 위의 재화의 설을 맺고 아래의 용인(用人: 사람을 씀)의 뜻을 일으키고 있다. 진서(秦誓: 제14절) 이하의 다섯 절(제14~18절)이 함께 하나의 절이 되니, 용인의 측면에서 호·오의 공평함과 불공평함을 말하였다. '재물을 생산함에도 큰 도가 있다(生財有大道)'(제19절)부터 마지막 편(제23절)까지가 함께 하나의 절이 되니, 다시 재화와 용인을 합쳐서 말하여 초서와 구범의 뜻에 호응하였다.

蓋公好惡, 所以爲絜矩者, 而好惡之所當公者, 莫大於財貨用人, 故分兩柱對說, 相間言之, 而末復合言之, 其義精矣. 如此推之, 則於第二節, 以好惡釋絜矩之意, 爲當矣. 然章句所分, 直據傳文好惡財貨之分明對說者而釋之, 則此當爲正義, 而以好惡釋絜矩, 以財貨用人爲公好惡之目者, 亦可以備一說也.

대개 호·오를 공평하게 하는 것이 혈구의 방법이고, 호·오를 공평하게 해야 하는 것은 재화와 용인보다 큰 것이 없으므로, 두 기둥으로 나누고 대비하여 설명하며 서로 갈라서 말하다가 끝에 다시 합쳐서 말하였으니, 그 뜻이 정밀하다. 이렇게 미루어 헤아려보면, 제2절에서 호·오로써 혈구의 뜻을 해석한 것이 마땅한 것이 된다. 그러나 『장구』의 구분은 곧바로 전문에서 호·오와 재화를 분명하게 대비하여 설명한 것에 의거하여 해석하였으니, 이것이 마땅히 바른 뜻이 되지만, 호·오로써 혈구를 해석하고 재화와 용인을 호·오를 공평하게 하는 조목으로 삼은 것 역시 하나의 설을 갖출 수 있다.

(2) 民不倍, 尤翁以爲民不倍上之意而亦恤孤也.

'백성이 배반하지 않는다(民不倍)'[154]를 우옹(尤翁)[155]께서는 백성이 윗사람의

---

154 『대학장구』 전10장 제1절. 각주 144번 참고.
155 송시열(宋時烈, 1607~1689).

뜻을 배반하지 않고 역시 고아를 구휼하는 것이라고 여기셨다.[156]

(3) 不曰幼幼, 而曰恤孤者, 慈己之幼, 人之所易, 而恤人之孤, 人之所難也. 故孟子言推則自其易者, 此章言慈則先其難者. 孤指一家之孤.

"내 어린아이를 어린아이로 사랑한다(幼幼)."[157]라고 하지 않고 "고아를 구휼한다.(恤孤)"[158]라고 한 것은, 자기의 어린아이에게 자애로운 것은 사람들에게 쉬운 일이나 다른 사람의 고아를 구휼하는 것은 사람들에게 어려운 일이기 때문이다. 그러므로 『맹자』에서는 미루어 헤아림(推)은 그 쉬운 것으로부터 함을 말하였고,[159] 이 장에서는 자애(慈)는 그 어려운 것을 먼저 함을 말하였다. 고아(孤)는 한 집안의 고아를 가리킨다.

(4) 傳文三言得失, 而一節將終每言得失, 以結上文之意, 其意相承, 而一節

---

[156] 『송자대전』 권94 「答李同甫」. "일찍이 이담(李橝, 1629~1717) 공이 기록한 어록을 보니 "윗사람이 고아를 구휼하면 아랫사람 또한 그 윗사람을 배반하지 않는다."라고 하였습니다. 【대략적인 뜻은 이와 같습니다.】 제가 가만히 생각해보건대, 여기의 불배(不倍) 두 글자는 비록 "자애를 일으킨다(興慈)."라고 하지는 않았으나 그 뜻은 위 항목의 '효를 일으키다(興孝)', '공경을 일으키다(興弟)'와 같은 뜻에 지나지 않으니, 대개 '윗사람이 고아를 구휼하면 아랫사람 또한 그 윗사람이 고아를 구휼하는 것과 같이 하여 자애로움이 돈독해진다'고 이르는 것일 뿐입니다. 이공의 기록은 과연 선생님의 본래 뜻을 잃어버린 것은 아닌가 잘 모르겠습니다.(嘗見李公橝所記語錄曰, 上恤孤則下亦不倍其上,【大意如此】區區竊謂此不倍二字, 雖不曰興慈, 而其意則不過與上項興孝興弟同意, 蓋謂上恤孤, 則下亦如其上之恤孤, 以篤於慈云耳, 李公所記, 不知果不失先生本意否.)"
[157] 『맹자집주』 「양혜왕상」 제7장 제12절. "내 노인(父兄)을 노인으로 섬겨서 남의 노인에게까지 미치며, 내 어린아이(子弟)를 어린아이로 사랑해서 남의 어린아이에게까지 미친다면, 천하는 손바닥에 놓고 움직일 수 있다.(老吾老, 以及人之老, 幼吾幼, 以及人之幼, 天下可運於掌.)"
[158] 『대학장구』 전10장 제1절. 각주 144번 참고.
[159] 『맹자집주』 「양혜왕상」 제7장 제12절의 주. "그러므로 옛사람은 반드시 친친으로 말미암아 미루어 헤아린 뒤에 인민에 미치고 또 그 나머지를 미루어 헤아린 뒤에 애물에 미쳤으니, 모두 가까운 데로부터 먼 것에 미치고, 쉬운 것으로부터 어려운 것에 미친 것이다.(故古人必由親親推之然後, 及於仁民, 又推其餘然後, 及於愛物, 皆由近以及遠, 自易以及難.)"

深於一節. 文王詩以得衆失衆爲得失之由, 康誥以善不善爲得失之由, 君子有大道以忠信驕泰爲得失之由. 文王詩得失以國言, 而其由在人, 康誥得失以天命言, 而其由在己, 君子有大道得失以在己之道言, 而其由在心. 章句所謂語益加切者, 信矣夫.

전문에서 세 번 득실(得失: 얻음과 잃음)을 말하였으니,**160** 한 절이 끝날 즈음 매번 '득실'을 말하여 위 글의 뜻을 맺었고, 그 뜻이 서로 이어지며 갈수록 점점 더 깊어진다. 문왕시(文王詩, 제5절)**161**는 백성을 얻는 것과 잃는 것을 득실의 까닭으로 삼았고, 「강고(康誥)」(제11절)는 선과 불선을 득실의 까닭으로 삼았으며, '군자유대도(君子有大道: 제18절)'는 충신(忠信: 진실되고 미더움)과 교태(驕泰: 교만하고 방자함)를 득실의 까닭으로 삼았다. 문왕시의 득실은 나라를 가지고 말하였으니 그 까닭이 다른 사람에게 있고, 「강고」의 득실은 천명을 가지고 말하였으니 그 까닭이 자기에게 있으며, '군자유대도'의 득실은 자기에게 있는 도를 가지고 말하였으니 그 까닭이 마음에 있다. 『장구』에서 "말이 갈수록 더 간절하다"**162**고 이른 것이 정말이도다!

(5) 仁人爲能愛人能惡人, 與論語所記同. 愛者仁之發, 惡者義之發. 愛惡惟

---

160 『대학장구』 전10장 제5절. "『시경』에 이르기를 "은나라가 무리를 잃지 않았을 적에는 능히 상제를 짝했었다. 그러하니 마땅히 은나라를 거울로 삼을지어다. 큰 명을 보존하기가 쉽지 않다." 하였으니, 무리를 얻으면 나라를 얻고 무리를 잃으면 나라를 잃음을 말씀한 것이다.(詩云, 殷之未喪師, 克配上帝, 儀監于殷, 峻命不易, 道得衆則得國, 失衆則失國.)" 『대학장구』 전10장 제11절. "「강고」에 이르기를 "천명은 일정한 곳에 하지 않는다." 하였으니, 선하면 얻고 선하지 않으면 잃음을 말한 것이다.(康誥曰, 惟命不于常, 道善則得之, 不善則失之矣.)" 『대학장구』 전10장 제18절. "이러므로 군자는 큰 도가 있으니, 반드시 충과 신으로써 얻고 교만함과 방자함으로써 잃는다.(是故君子有大道, 必忠信以得之, 驕泰以失之.)"

161 『대학장구』 전10장 제5절의 주. "시는 「대아」 문왕 편이다.(詩, 文王篇.)"

162 『대학장구』 전10장 제18절의 주. "이 장 안에서 득실을 세 번 말씀하셨는데 말이 갈수록 더 간절하니, 이에 이르러 천리가 보존되고 멸망하는 기미가 판가름 난다.(章內三言得失, 而語益加切, 蓋至此而天理存亡之幾決矣.)"

仁人爲能, 則仁之所以包一心之德也.

"어진 사람이 사람을 사랑하고 미워할 수 있다"[163]는 것은 『논어』에 기록된 바[164]와 같다. 사랑하는 것은 인의 발현이고, 미워하는 것은 의의 발현이다. 사랑하고 미워함은 오직 어진 사람만이 할 수 있으니, 인이 한 마음의 덕을 포괄하기 때문이다.

(6) 拂人之性性字, 卽好善惡惡之性也, 與烝民詩人之秉彜好是懿德意同, 孟子性善之說本於此.

'불인지성(拂人之性: 사람의 성을 거스른다)'[165]의 성(性)자는 선을 좋아하고 악을 미워하는 성으로, 증민시(烝民詩)의 "사람들이 떳떳한 성품을 가졌는지라, 이 아름다운 덕을 좋아하도다."[166]의 뜻과 같으니, 맹자의 성선설(性善說)은 여기에 근본을 두고 있다.

(7) 不以利爲利, 以義爲利, 分別義利, 甚嚴. 義者所以天理行而明德明, 利者所以人欲蔽而明德昏. 一篇結裏了却出義利兩字, 以示明德得失之分者, 其

---

163 『대학장구』 전10장 제15절. "오직 어진 사람이어야 이 [시기하는 사람]들을 추방하여 유배 보내되 사방 오랑캐 땅으로 내쫓아 [이들과] 더불어 중국에 함께 살지 않으니, 이를 '오직 어진 사람이어야 사람을 사랑하고 사람을 미워할 수 있다'고 이르는 것이다.(唯仁人, 放流之, 迸諸四夷, 不與同中國, 此謂唯仁人, 爲能愛人, 能惡人.)"

164 『논어집주』 「里仁」 제3장. "공자께서 말씀하셨다. "오직 어진 사람이어야 사람을 좋아하고 사람을 미워할 수 있다."(子曰, 惟仁者, 能好人, 能惡人.)"

165 『대학장구』 전10장 제17절. "사람의 미워하는 바를 좋아하며 사람의 좋아하는 바를 미워함 이것을 '사람의 성을 거스른다'고 이르는 것이다. [이러한 자는] 재앙이 반드시 그 몸에 미친다.(好人之所惡, 惡人之所好, 是謂拂人之性, 菑必逮夫身.)"

166 『시경』 「大雅」 蕩之什, 烝民. "하늘이 사람을 세상에 내시니, 물이 있음에 법칙이 있도다. 사람들이 떳떳한 성품을 가졌는지라, 이 아름다운 덕을 좋아하도다.(天生烝民, 有物有則, 民之秉彜, 好是懿德.)"

意至矣. 且與孔子論於利論於義之說, 孟子何必曰利亦有仁義之說, 一串貫來, 而所謂以義爲利者, 又與利者義之和, 未有仁義遺其君親之說, 節節符合, 聖賢傳授之指, 於此尤可見矣.

"이(利)를 이롭게 여기지 않고 의(義)를 이롭게 여긴다"[167]고 하였으니, 의와 이의 구별이 매우 엄격하다. 의란 천리가 행해져 명덕이 밝혀지는 근거이고, 이란 인욕(人欲: 인간의 욕심)에 가려져 명덕이 어두워지는 이유이다. 한 편을 맺으면서 의리 두 글자를 꺼내어 명덕을 얻고 잃음의 구분을 보여주었으니, 그 뜻이 지극하다. 또한 공자의 "소인은 이에 밝고 군자는 의에 밝다."[168]라는 말과 맹자의 "하필이면 이를 말씀하십니까? 또한 인·의가 있을 뿐입니다."[169]라는 말과 하나로 관통되며, '의를 이롭게 여긴다'고 이른 것은 또 '이란 의의 총화이다.'[170]라는 것과 '어질고 의로우면서 자기 군주와 어버이를 버리는 사람은 있지 않다.'[171]라는 것과 구구절절 부합하니, 성현께서 전해주신 뜻을 여기서 더욱 잘 알 수 있다.

---

167 『대학장구』 전10장 제23절. "국가에 우두머리가 되어 재용을 힘쓰는 자는 반드시 소인의 인도로부터 비롯되니, 소인으로 하여금 국가를 다스리게 하면 천재(天災)와 인해(人害)가 함께 이른다. 비록 잘하는 자가 있더라도 또한 어쩔 수가 없을 것이니, 이것을 '나라는 이(利)를 이롭게 여기지 않고 의(義)를 이롭게 여긴다'고 이른 것이다.(長國家而務財用者, 必自小人矣, 彼爲善之, 小人之使爲國家, 菑害竝至. 雖有善者, 亦無如之何矣, 此謂國不以利爲利, 以義爲利也.)"

168 『논어집주』「이인」 제16장. "공자께서 말씀하셨다. "군자는 의(義)에 밝고, 소인은 이(利)에 밝다."(子曰, 君子喩於義, 小人喩於利.)"

169 『맹자집주』「양혜왕상」 제1장. "맹자께서 양 혜왕을 만나보셨는데, 왕이 말하였다. "노인께서 천리를 멀다 여기지 않고 오셨으니, 또한 장차 내 나라를 이롭게 함이 있겠습니까?" 맹자께서 대답하셨다. "왕께서는 하필이면 이(利)를 말씀하십니까? 또한 인·의가 있을 뿐입니다." (孟子見梁惠王, 王曰, 叟不遠千里而來, 亦將有以利吾國乎? 孟子對曰, 王何必曰利? 亦有仁義而已矣.)"

170 『주역』「乾卦」. "문언전에서 말하였다. "원(元)이란 선의 으뜸이요, 형(亨)이란 아름다움의 모임이요, 이(利)란 의의 총화요, 정(貞)이란 일의 근간이다."(文言曰, 元者, 善之長也, 亨者, 嘉之會也, 利者, 義之和也, 貞者, 事之幹也.)"

171 『맹자집주』「양혜왕상」 제1장. "어질고서 그 어버이를 버리는 자는 있지 않으며, 의로우면서 그 군주를 뒤로 하는 자는 있지 않다.(未有仁而遺其親者也, 未有義而後其君者也.)"

(8) 絜矩二字, 聖賢相傳之心法, 所以求仁之方也. 不但可用於平天下, 及於天下, 則其功用極大, 而仁無不被矣. 論語能近取譬, 中庸施諸己而不願勿施於人, 孟子強恕而行, 皆絜矩之意也. 蓋矩者, 吾心固有之則, 而人所同得者, 絜者, 所以推而度物也, 所謂恕也. 恕則公, 公則仁, 仁則從心所欲不踰矩, 而絜不復用矣.

'혈구' 두 글자는 성현이 서로 전한 심법(心法)이며 인을 구하는 방법이다. 단지 천하를 평안하게 하는 데 쓸 수 있을 뿐만이 아니라 천하에 미쳐서는 그 효과가 지극히 커서 인의 혜택을 받지 못함이 없게 된다.『논어』의 "가까운 데서 비유를 취하다",[172]『중용』의 "자기에게 베풀어보아 원하지 않는 것을 다른 사람에게 베풀지 말라",[173]『맹자』의 "서(恕)를 힘써 행하다"[174]라는 것은 모두 혈구의 뜻이다. 대개 구(矩)란 내 마음에 본래부터 있는 법칙으로 사람들이 함께 얻은 것이며, 혈(絜)이란 미루어 사물(物)을 헤아리는 것으로 서(恕)이다. 서하면 공평하게 되고, 공평하면 인(仁)하게 되며, 인하면 마음이 하고자 하는 바를 좇아도 법도를 넘지 않아서[175] 혈이 다시 쓰이지 않을 것이다.

(9) 絜矩二字, 包盡大學一篇之意. 格物致知, 所以明此矩也, 誠意正心修身,

---

[172] 『논어집주』「雍也」제28장 제2절. "인자는 자신이 서고자 함에 남도 서게 하며, 자신이 통달하고자 함에 남도 통달하게 하는 것이다. 가까운 데서 비유를 취하는 것이 인의 방법이라고 할 수 있다.(夫仁者, 己欲立而立人, 己欲達而達人, 能近取譬, 可謂仁之方也已.)"

[173] 『중용장구』제13장 제3절. "충·서는 도와 거리가 멀지 않으니, 자기에게 베풀어보아 원하지 않는 것을 또한 남에게 베풀지 말라.(忠恕違道不遠, 施諸己而不願, 亦勿施於人.)"

[174] 『맹자집주』「진심상」제4장. "맹자께서 말씀하셨다. "만물이 모두 나에게 갖추어져 있으니, 몸에 돌이켜보아 성실하면 즐거움이 이보다 더 큰 것이 없고, 서를 힘써 행하면 인을 구함이 이보다 더 가까운 것이 없다."(孟子曰, 萬物皆備於我矣, 反身而誠, 樂莫大焉, 強恕而行, 求仁莫近焉.)"

[175] 『논어집주』「爲政」제4장 제6절. "일흔 살에는 마음이 하고자 하는 바를 좇아도 법도를 넘지 않았다.(七十而從心所欲不踰矩.)"

所以正此矩也, 卽明明德之事也. 齊家治國平天下, 所以推此矩也, 卽新民之事也. 不能格物致知, 則此矩不明矣, 不能誠意正心修身, 則此矩不正矣. 故過此而後, 方可言推, 而齊家治國, 又非推之極功, 故於平天下言之.

　혈구 두 글자는 『대학』 한 편의 뜻을 포괄한다. 격물·치지는 이 구(矩: 법도)를 밝히는 것이고, 성의·정심·수신은 이 구를 바르게 하는 것이니 곧 명명덕의 일이다. 제가·치국·평천하는 이 구를 미루어 헤아리는 것이니 곧 신민의 일이다. 격물·치지를 하지 못하면 이 구가 밝혀지지 않고, 성의·정심·수신을 하지 못하면 이 구가 바르게 되지 않는다. 그러므로 이 과정을 지나간 뒤에야 비로소 추(推)를 말할 수 있으며, 또한 제가·치국은 추의 지극한 결과가 아니므로 평천하에서 그것을 말한 것이다.

2. 二王說辨
이왕설변

(1) 三綱領中新民新字, 王陽明從舊本, 親字爲是, 此蓋不顧文字之體義理之實, 惟以立異朱子爲務, 其心誠可惡也. 以義理之實言, 則綱領三言承上文大學字而言, 三者皆學之道也. 親民云者, 果當於學字之意乎. 新者敎之謂也, 親者養之意也. 君子臨民之道, 固不出敎養二事, 而就二事而論輕重, 則敎者必能養, 而養者未必敎也. 故三代以上治民者, 以敎爲重, 而民得其養, 漢唐以下治民者, 雖或能養, 而敎則無聞. 然則以敎該養可, 以養包敎則不能矣.

3강령 가운데 신민(新民)의 신(新)자를 왕양명(王陽明)[176]은 『대학』구본(舊本)에 따라 친(親)자가 옳다고 하였는데,[177] 이는 대개 문자의 체재와 의리의 실질

---

176 왕수인(王守仁, 1472~1529).

177 『傳習錄』1조목. "서애(徐愛)가 물었다. "재친민(在親民)에 대해 주자는 '마땅히 신민이 되어야 한다'고 했는데, 이것은 뒤 장의 '새로워지는 백성을 진작하라(作新民)'는 문구에 비추어 본다면 역시 근거가 있는 듯합니다. 그러나 선생께서는 옛날 판본에 따라 친민이 되어야 한다고 보시는데, 역시 근거하는 것이 있습니까?" 선생께서 대답하셨다. "작신민(作新民)의 신(新)은 '스스로 새로워지는 백성'이라는 의미로 재신민(在新民)의 신(新)과는 같지 않다. 이것이 어찌 충분히 근거가 되겠는가? 작(作)자는 도리어 친(親)자와 서로 대응하지만, 신(新)자의 뜻은 아니다. 아래의 치국평천하를 설명한 부분에는 모두 신(新)자에 대해 밝힌 것이 없다. 예컨대 '군자는 어진 사람을 어질게 대하고 친한 사람을 친하게 대하며, 소인은 즐거운 것을 즐거워하고 이로운 것을 이롭게 여긴다', '어린아이를 보호하듯이 한다', '백성이 좋아하는 것을 좋아하고, 백성이 싫어하는 것을 싫어한다. 이것을 백성의 부모라고 한다'와 같은 부류는 모두 친(親)자의 뜻이다. … 친민이라고 말하면 가르침의 의미와 양육의 의미를 겸하게 되지만, 신민이라고 말하면 가르침 쪽에 치우친 감이 있다."(愛問, 在親民, 朱子謂當作新民, 後章作新民之文似亦有據, 先生以爲宜從舊本作親民, 亦有所據否. 先生曰, 作新民之新, 是自新之民, 與在新民之新不同, 此豈足爲據, 作字卻與親字相對, 然非親字義, 下面治國平天下處, 皆於新字無發明, 如云君子賢其賢而親其親, 小人樂其樂而利其利, 如保赤子, 民之所好好之, 民之所惡惡之, 此之謂民之父母之類, 皆是親字意, … 說親民便是兼敎養意, 說新民便覺偏了.)"

을 돌아보지 않고 오직 주자와 다른 견해를 세우는 데에만 힘쓴 것이니, 그 마음이 참으로 추하다 할 만하다. 의리의 실질로써 말해 보면, 강령 세 마디는 위 글의 대학이라는 글자를 이어서 말하였으니, 세 가지는 모두 학문의 도인데, 친민(親民)이라는 것이 과연 학(學)자의 뜻에 마땅하겠는가? 신(新: 새롭게 함)이란 가르침(敎)을 이르며, 친(親: 친애함)이란 기름(養)의 뜻이다. 군자가 백성을 다스리는 도는 참으로 가르침과 기름의 두 가지 일을 벗어나지 않으나, 두 가지 일을 두고 경중을 논해보면, 가르치는 것은 반드시 기르는 것이 될 수 있으나, 기르는 것은 반드시 가르치는 것이 되지 않는다. 그러므로 삼대(三代) 이전에 백성을 다스렸던 사람은 가르침을 중시하여 백성이 그 기름을 얻었고, 한당(漢唐) 이후에 백성을 다스렸던 사람은 혹 기를 수는 있었으나 가르침과 관련해서는 알려진 바가 없다. 그러므로 가르침으로써 기름을 겸하는 것은 가능하나, 기름으로써 가르침을 포괄하는 것은 불가능하다.

以文字之體言, 則釋綱領三傳, 每節必出綱領本字. 若親民爲是, 則釋新民之傳, 一不槩見親字, 何也. 新民傳首言自新, 自新爲新民之本則可, 謂親民之本者, 其說果襯乎. 作新民一句, 正說新民之事, 則以作釋新可, 以之釋親果當乎. 下文傳之釋齊家治國, 是說新民條目, 而亦以教爲言, 教字意於新字當乎, 於親字當乎. 平天下章言絜矩, 似於親字意爲當, 而承上旣教者而言, 則又推之於養, 以盡新民之事者, 此於新字意又豈無所當乎. 以此推之, 則親之爲新, 決然無疑, 而彼欲立異以爲高者, 獨何心哉.

문자의 체재로 말해보면, 강령을 해석하는 3개의 전(전1~3장)은 매 절마다 반드시 강령에서 근본이 되는 글자를 내보였다.[178] 만약 친민이 옳다면 신민을 해석

---

178 『대학장구』 전1장 제1~4절에 명(明)자가 계속 나오고, 전2장 제1~3절에 신(新)자가 계속 나오며, 전3장 제1~3절에 지(止)자가 계속 나온다.

하는 전(전2장)에서 얼추 한 번이라도 친(親)자가 나오지 않은 것은 어째서인가? 신민전(新民傳, 전2장)은 첫머리에서[179] 스스로 새로워짐(自新)을 말하였는데, 스스로 새로워짐이 신민의 근본이 되는 건 옳으나, 친민의 근본이라고 이른다면 그 설이 과연 가까운 것이겠는가? '새로워지는 백성을 떨쳐 일으키다(作新民)'[180] 한 구절은 바로 신민의 일을 말한 것이니, 작(作: 떨쳐 일으킴)으로써 신을 해석하는 건 옳으나, 그것으로써 친을 해석하는 것이 과연 마땅하겠는가? 아래 글의 제가·치국을 해석하는 전(전9장)은 신민의 조목을 설명한 것인데 역시 가르침으로써 말하고 있으니,[181] 교(敎)자의 뜻이 신(新)자에 마땅하겠는가 친(親)자에 마땅하겠는가? 평천하장(平天下章, 전10장)은 혈구를 말하여[182] 친(親)자의 뜻에 마땅한 것 같으나, 위(전9장)의 이미 가르친 것을 이어서 말해보면, 또한 기름으로 미루어 헤아려 신민의 일을 다하는 것이니, 이것이 신(新)자의 뜻에 또한 어찌 마땅한 바가 없겠는가? 이로써 미루어 헤아려보면 친이 신이 됨은 결코 의심할 것이 없는데, 그가 다른 견해를 세워 뛰어나다고 여긴 것은 도대체 무슨 마음인가?

(2) 陽明訓格物曰, 物者, 意之用也, 格者, 正也, 正其不正, 以歸於正也. 又

---

179 『대학장구』 전2장 제1절의 주. 각주 70번 참고.
180 『대학장구』 전2장 제2절. 각주 85번 참고.
181 『대학장구』 전9장 제1절. 각주 145번 참고. 『대학장구』 전9장 제6절. 각주 150번 참고. 『대학장구』 전9장 제7절. "『시경』에 이르기를 "형에게도 마땅하고 아우에게도 마땅하다." 하였으니, 형에게도 마땅하고 아우에게도 마땅한 뒤에야 나라 사람을 가르칠 수 있는 것이다.(詩云, 宜兄宜弟, 宜兄宜弟而后, 可以敎國人.)"
182 『대학장구』 전10장 제1절. 각주 144번 참고. 『대학장구』 전10장 제2절. "윗사람에게서 싫었던 것으로 아랫사람을 부리지 말며, 아랫사람에게서 싫었던 것으로 윗사람을 섬기지 말며, 앞사람에게서 싫었던 것으로 뒷사람에게 더하지 말며, 뒷사람에게서 싫었던 것으로 앞사람을 따르지 말며, 오른쪽에서 싫었던 것으로 왼쪽을 사귀지 말며, 왼쪽에서 싫었던 것으로 오른쪽을 사귀지 말 것이니, 이것을 '혈구의 도'라고 이른다.(所惡於上, 毋以使下, 所惡於下, 毋以事上, 所惡於前, 毋以先後, 所惡於後, 毋以從前, 所惡於右, 毋以交於左, 所惡於左, 毋以交於右, 此之謂絜矩之道.)"

曰, 格物者, 格其心之物也, 格其意之物也, 格其知之物也. 是皆以格物致知誠意正心爲一事, 而一格其物, 三者皆在其中矣. 果如是, 則聖人當初只說格物一句, 可盡矣, 何故復說致知誠意正心, 而又曰欲如此者先如此, 如此而後如此云耶.

양명은 격물을 해석하면서 "물(物)이란 뜻(意)의 작용이다. 격(格)이란 바르게 하는 것이니, 그 바르지 않은 것을 바르게 하여 바른 것으로 돌아가게 하는 것이다."[183]라고 하였다. 또 "격물이란 그 마음의 물(物: 대상)을 바르게 하는 것이고, 그 의의 물을 바르게 하는 것이며, 그 앎(知)의 물을 바르게 하는 것이다."[184]라고 하였다. 이는 모두 격물·치지·성의·정심을 하나의 일로 여긴 것이니, 한 번 그 물을 바르게 하면 세 가지가 모두 그 가운데 있게 된다. 과연 이와 같다면, 성인께서는 애초에 단지 격물 한 구절만 말하면 다할 수 있는데 무엇 때문에 다시 치지·성의·정심을 말하고, 또 반드시 "이와 같이 하고자 하면 먼저 이와 같이 하고, 이와 같이 한 뒤에 이와 같아진다."라고 말씀하셨겠는가?

---

183 『전습록』 137조목. "보내온 편지에서 다음과 같이 말하였다. " … '앎이란 의의 본체이고, 물(物)이란 의의 작용이다', '격물은 임금의 잘못된 마음을 바로잡는다는 격(格)과 같다'고 하셨는데, 말씀은 비록 초연히 깨닫고 홀로 터득하여 진부한 견해를 따르지 않았지만 도에 꼭 들어맞지 않은 듯합니다."(來書云, … 其曰, 知者意之體, 物者意之用, 格物如格君心之非之格, 語雖超悟, 獨得不踵陳見, 抑恐於道未相吻合.)" 『王陽明全集』 권26, 「大學問」. "격(格)이란 바르게 하는 것이니, 그 바르지 않은 것을 바르게 하여 바른 것으로 돌아가게 하는 것을 이른다. 바르지 않은 것을 바르게 한다는 것은 악을 제거하는 것을 이르고, 바른 것으로 돌아가게 한다는 것은 선을 행하는 것을 이르니, 무릇 이것을 '격'이라 이른다.(格者, 正也, 正其不正, 以歸於正之謂也, 正其不正者, 去惡之謂也, 歸於正者, 爲善之謂也, 夫是之謂格.)"

184 『전습록』 174조목. "무릇 정심·성의·치지·격물은 모두 수신의 방법입니다. 그러나 격물이란 그 힘쓰는 것을 실제로 살필 수 있는 곳입니다. 그러므로 격물이란 그 마음의 물을 바르게 하는 것이고, 그 의의 물을 바르게 하는 것이며, 그 앎의 물을 바르게 하는 것입니다.(夫正心誠意致知格物, 皆所以修身, 而格物者, 其所用力, 實可見之地, 故格物者, 格其心之物也, 格其意之物也, 格其知之物也.)"

又曰, 致吾心良知之天理於事事物物, 則事事物物各得其理者, 格物也. 是又以致知爲格物之事, 而格物爲致知之成功矣. 果如是, 則聖人之言當曰, 格物在致知, 而知至而後物格, 不當說, 致知在格物, 而物格而後知至也. 以其言質之聖言, 其合與不合, 童子之所可辨也, 而其爲言乃如此, 則是其心不獨無朱子, 實不有孔子也. 人而不有聖人, 則又何說也, 而其必猶託聖人之言而爲說者, 抑何爲哉.

또 "내 마음의 양지의 천리를 모든 일과 물에서 이루면 모든 일과 물이 각각 그 리를 얻는 것이 격물이다."[185]라고 하였다. 이는 또 치지를 격물의 일로 여기고 격물을 치지의 성취로 여긴 것이다. 과연 이와 같다면 성인께서는 마땅히 "격물은 치지에 있으니, 앎이 지극해진 뒤에 사물(物)의 이치가 궁구된다."라고 말씀하시지, "치지는 격물에 있으니, 사물(物)의 이치가 궁구된 뒤에 앎이 지극해진다."라고 말씀하시지 않으셨을 것이다. 그 말을 성인의 말씀에 질정해보면 그것이 합치하는지 합치하지 않는지 어린아이라도 분별할 수 있을 것이니, 그 말이 바로 이와 같다면 이는 그 마음에 유독 주자만 없는 것이 아니라 실제로 공자도 있지 않은 것이다. 사람으로서 성인을 염두에 두지 않는다면, 무엇을 더 말할 게 있겠는가마는, 그런데도 반드시 오히려 성인의 말씀에 의탁하여 말하는 것은 도대체 무슨 짓인가!

又其以良知爲天理者, 此實佛氏認覺爲性之見也. 經傳所謂知止知先後知本知美知惡, 皆良知也, 而止也先後也本也美惡也, 皆理之所在, 則以知知理可,

---

185 『전습록』 135조목. "내가 말하는 치지·격물은 내 마음의 양지(良知)를 각각의 사물에 실현하는 것이다. 내 마음의 양지가 바로 '천리'이다. 내 마음의 양지의 천리를 모든 일과 물에서 이루면 모든 일과 물이 각각 그 리를 얻게 된다. 내 마음의 양지를 실현하는 것이 치지이고, 모든 일과 물이 각각 그 리를 얻는 것이 격물이다.(若鄙人所謂致知格物者, 致吾心之良知於事事物物也. 吾心之良知, 即所謂天理也. 致吾心良知之天理於事事物物, 則事事物物皆得其理矣. 致吾心之良知者, 致知也. 事事物物皆得其理者, 格物也.)"

以理知理, 果有是理乎. 蓋良知者, 人心靈覺之妙用也, 天理者, 人性渾然之本體也. 二者雖不相離, 亦不相混, 而人心有覺, 道體無爲, 故天理不能自發, 而必因知覺而發見, 卽乎良知上見得天理之用則可, 而直以良知爲天理則不可. 二者之辨雖在毫釐之間, 而儒釋之分實在於此. 彼陽明者所見極處, 乃在知覺, 而不知上面更有天理, 則雖自謂非釋也, 人孰信之哉.

또 양지를 천리로 삼은 것은 실제로 불씨(佛氏)가 각(覺: 知覺)을 성(性)으로 인식한 견해와 같다. 경전에서 '그칠 바를 알다(知止)',[186] '먼저 할 바와 뒤에 할 바를 알다(知先後)',[187] '근본을 알다(知本)',[188] '아름다움을 알다(知美)', '나쁨을 알다(知惡)'[189]라고 이른 것은 모두 양지이며, '그칠 바(止)', '먼저 할 바와 뒤에 할 바(先後)', '근본(本)', '아름다움과 나쁨(美惡)'은 모두 리가 있는 바이니, 지(知)로써 리를 아는 것은 옳지만, 리로써 리를 아는 이러한 이치가 과연 있겠는가? 대개 양지란 사람 마음의 신령한 지각의 오묘한 작용(妙用)이며, 천리란 인간 본성의 혼연한 본체이다. 두 가지는 비록 서로 떨어져 있지는 않으나 또한 서로 섞여 있지도 않으며, 사람의 마음에는 지각(覺)이 있으나 도체(道體)는 작위가 없으므로, 천리는 스스로 발현될 수 없고 반드시 지각으로 말미암아 발현되는 것이니, 양지의 측면에 나아가 천리의 작용을 깨닫는 것은 옳지만, 곧바로 양지를 천리로 여기는 것은 옳지 않다. 두 가지를 분별하는 것은 비록 아주 조그마한 차이에 있으나, 유가(儒家: 유교)와 석가(釋家: 불교)의 구분이 실제로 여기에 있다. 저 양명이란 자가 깨달은 바의 궁극적인 지점은 바로 지각에 있고, 그 위에 다시 천리가 있다는 것을 알지 못하니, 비록 스스로는 '석가가 아니다.'라고 하지만, 어떤 사람이 그것을 믿겠는가!

---

186 『대학장구』 경1장 제2절. 각주 61번 참고.
187 『대학장구』 경1장 제3절. 각주 64번 참고.
188 『대학장구』 전4장. 각주 74번 참고.
189 『대학장구』 전8장 제1절. 각주 112번 참고.

(3) 陽明又爲知行合一之論, 知行果爲一事, 則知之便行, 不復有著力去做之功矣. 然則大學八條目除格物致知外, 只當曰意誠心正身修, 而不當復云誠其意正其心修其身也. 然而格物致知後, 猶復曰誠其意正其心修其身云, 則誠其正其修其云者, 無非著力去做之意也. 知行果爲一事乎.

양명은 또 지행합일(知行合一)론을 주장하였는데, 지(知)와 행(行)이 과연 하나의 일이 된다면, 아는 것이 곧 행하는 것이니, 다시 힘을 들여 노력하는 공부가 있지 않을 것이다. 그렇다면 『대학』8조목에서 격물·치지를 제외한 나머지는 그저 "뜻이 성실해지다(意誠), 마음이 바르게 되다(心正), 몸이 닦이다(身修)."라고만 하면 되고, 다시 "그 뜻을 성실하게 하다. 그 마음을 바르게 하다. 그 몸을 닦다."라고 하지 않아야 한다. 그러나 격물·치지 뒤에 오히려 다시 "그 뜻을 성실하게 하다, 그 마음을 바르게 하다, 그 몸을 닦다."라고 하였으니, '그것을 성실하게 하다, 그것을 바르게 하다, 그것을 닦다.'라는 것은 힘을 들여 노력하는 뜻이 아님이 없다. 지와 행이 과연 하나의 일이 되겠는가?

(4) 王魯齋以爲大學格致傳本不亡失, 而在經文中, 以知止本末二節, 歸於聽訟之上, 以充格致之傳. 此蓋於經文中, 自有經傳之意, 及傳文所釋, 亦因經文次第者, 未有所見也. 文義粗處尙無所見, 而遽欲論其義理之精蘊, 不亦謬乎. 格物致知, 雖是一時事, 語其分, 則格物物格在物, 致知知至在吾, 二者亦不可混. 未知此三節中, 何者爲格物, 而何者爲致知, 何者爲物格, 而何者爲知至乎. 格物致知, 乃大學最初下手切要工夫, 其說豈容如是之糢糊乎. 朱夫子釋經, 折衷群言, 無復餘憾, 平生精力, 又盡在此書, 則豈有一字可議. 彼陽明者, 懷邪醜正, 固無足責, 魯齋鴻儒, 猶如此, 良可怪歎也已.

왕노재(王魯齋)[190]는 『대학』에서 격물·치지에 대한 전은 본래 잃어버려 없어

---

190 왕백(王柏, 1197~1274).

진 것이 아니라 경문 중에 있으니, 지지(知止, 경1장 제2절) · 본말(本末, 경1장 제3절) 두 절을 청송(聽訟, 전4장)의 위로 보내어 격물 · 치지에 대한 전을 갖춰야 한다고 여겼다. 이는 대개 경문 중에 자연히 경과 전의 뜻이 있고, 전문의 해석에 이르러서는 또 경문의 차례에서 말미암았다는 것을 보지 못한 것이다. 글의 뜻이 거친 곳도 오히려 본 바가 없는데, 갑자기 그 의리의 정밀한 곳을 논하고자 하니, 어찌 잘못이 없겠는가? 격물 · 치지는 비록 동시에 일어나는 일이나 그것을 구분해서 말해보면, 격물과 물격은 물에 있고, 치지와 지지는 나에게 있으니, 두 가지는 역시 섞일 수가 없는 것이다. 잘은 모르겠으나, 이 세 절 가운데 어떤 것이 격물이 되고 어떤 것이 치지가 되며, 어떤 것이 물격이 되고 어떤 것이 지지가 되는가? 격물 · 치지는 『대학』에서 제일 처음 시작해야 하는 매우 중요한 공부이니, 그 설에 어찌 이와 같은 모호함이 용납되겠는가? 주자께서 경을 해석하시면서 여러 말을 절충하여 다시는 유감이 없게 하셨고, 또 평생의 정력을 이 책에 다하셨으니, 어찌 한 글자라도 의논할 만한 것이 있겠는가? 저 양명이란 자가 삿된 생각을 품고서 바른 것을 미워한 것은 그야말로 꾸짖을 만한 가치도 없으나, 노재(왕백)와 같은 대학자도 오히려 이와 같으니 참으로 괴이하고 안타까울 뿐이도다!

3. 小註
소주

1) 序 서

(1) 雲峯胡氏曰, 朱子四書【止】是非之鑑.
운봉 호씨가 말하였다. "주자의 사서(四書) … 시비(是非)의 거울."[191]

朱子訓仁義禮者, 固皆兼體用, 然其所就而言者, 則不同. 心之德, 愛之理, 就心上以未發已發爲體用,【心之德, 未發是體, 已發是用, 愛是已發, 愛之理是未發.】心之制, 事之宜, 就已發以心與事爲體用, 天理之節文, 人事之儀則, 就事上以理與事爲體用. 胡氏所補智訓及沈氏之說, 皆認氣爲理, 以理妙理, 以理涵理, 其說皆非矣. 胡說已詳於上.

주자께서 인·의·예를 해석하신 것은 참으로 모두 체와 용을 겸하였으나, 그 나아가 말한 바는 같지 않다. 마음의 덕, 사랑의 이치는 마음의 측면에서 미발과 이발을 체와 용으로 삼은 것이고,【마음의 덕은 미발일 때에는 체이고 이발일 때에는 용이며, 사랑은 이발이고 사랑의 이치는 미발이다.】마음의 제재, 일의 마땅

---

191 운봉 호씨가 말하였다. "주자의 사서에서 인을 '마음의 덕, 사랑의 이치', 의를 '마음의 제재, 일의 마땅함', 예를 '하늘의 이치가 절도에 맞게 드러난 것, 사람들 사이에 따라야 할 규범'이라고 해석하여 모두 체와 용을 겸하였으나, 유독 지(智)자만 분명하게 해석되지 않았다. 이에 일찍이 주자의 뜻을 살짝 취하여 '지는 마음의 신명으로서 온갖 이치를 묘하게 운용하고 만물을 주재하는 소이이다.'라고 보완하였다. 파양 심씨는 '지(智)란 천리의 움직임과 고요함의 기틀을 내포하고 있고, 인사의 옳고 그름을 판단하는 거울을 갖추고 있다'고 하였다."(雲峯胡氏曰, 朱子四書釋仁曰, 心之德, 愛之理, 義曰, 心之制, 事之宜, 禮曰, 天理之節文, 人事之儀則, 皆兼體用, 獨智字未有明釋. 嘗欲竊取朱子之意, 以補之曰, 智則心之神明, 所以妙衆理而宰萬物者也. 番易沈氏云, 智者, 涵天理動靜之機, 具人事是非之鑑.)"

함은 이발의 측면에서 마음과 일을 체와 용으로 삼은 것이며, 하늘의 이치가 절도에 맞게 드러난 것, 사람들 사이에 따라야 할 규범은 일의 측면에서 리와 일을 체와 용으로 삼은 것이다. 호씨가 지(智)에 대한 해석을 보완한 것과 파양 심씨(番易 沈氏)[192]의 설은 모두 기를 리로 인식하고, 리를 [알 수 없는] 오묘한 리로 만들고, 리를 리에 [구분 없이] 포함시켰으니, 그 설은 모두 잘못된 것이다. 호씨의 설은 이미 위에 상세하게 나와 있다.[193]

(2) 新安陳氏曰, 惟氣有淸濁【止】駁者不能全.
신안 진씨[194]가 말하였다. "다만 기에 맑음과 흐림이 있어서 … 잡박한 사람은 온전하게 할 수 없다."[195]

氣質分屬淸濁粹駁, 似涉破碎, 而中庸或問曰, 人之稟氣淸明, 賦質純粹, 陳說蓋本於此矣. 然大學或問曰, 所賦之質, 淸者智而濁者愚, 美者賢而惡者不肖, 此以質該氣矣. 大全曰, 氣之異者, 粹駁之不齊, 此以氣該質矣. 蓋氣質固一物, 而其分則有虛實, 故單言一字, 則未嘗不相包, 對言, 則又可以分屬於淸濁粹駁矣.

기질을 청탁(淸濁: 맑음과 흐림)·수박(粹駁: 순수함과 잡박함)으로 나누어 배속한 것은 지나치게 잘게 쪼갠 것처럼 보이지만, 『중용혹문』에서 "사람이 품부받은

---

192 심귀보(沈貴珤, 생몰년 미상).
193 이 책의 40쪽 1) 서문 (2)에 나온다.
194 진역(陳櫟, 1252~1334).
195 신안 진씨가 말하였다. "다만 기에 맑음과 흐림이 있어서, 맑은 사람은 알 수 있지만 흐린 사람은 알 수가 없으니, 그러므로 모두가 알 수는 없다. 바탕(質)에는 순수함과 잡박함이 있어서, 순수한 사람은 온전하게 할 수 있지만, 잡박한 사람은 온전하게 할 수 없다."(新安陳氏曰, 惟氣有淸濁, 淸者能知, 而濁者不能知, 故不能皆知, 質有粹駁, 粹者能全, 而駁者不能全.)

기는 맑고 밝으며, 부여받은 바탕(質)은 순수하다."[196]라고 하였으니, 진씨의 설은 대개 여기에 근본을 두고 있다. 그러나 『대학혹문』에서 "부여받은 바의 바탕이 맑은 사람은 지혜롭고, 흐린 사람은 어리석으며, 아름다운 사람은 현명하고, 추한 사람은 못났다."[197]라고 하였는데, 이는 질(質)로써 기를 포괄한 것이다. 『주자대전』에서 "기가 다른 것은 순수함과 잡박함이 고르지 않기 때문이다."[198]라고 하였는데, 이는 기로써 질을 포괄한 것이다. 대개 기질은 본래 하나의 물이지만 그것을 구분하면 허(虛)와 실(實)이 있으므로, 한 글자만 말해도 서로 포함하지 않음이 없고, 대비하여 말하면 청탁과 수박에 나누어 배속할 수 있다.

(3) 番陽齊氏曰, 六藝非八歲以上者【止】名物而已.

파양 제씨(番陽 齊氏)[199]가 말하였다. "육예(六藝)는 여덟 살 이상 아이로서는 아니라 … 명물(名物)뿐이다."[200]

---

196 『中庸或問』. "이는 사람이 품부받은 기는 맑고 밝으며 부여받은 바탕은 순수하여 천리가 혼연하여 조금도 훼손되거나 상실됨이 없는 것이다.(此人之稟氣淸明, 賦質純粹, 天理渾然, 無所虧喪者也.)"

197 『대학혹문』. "그러나 사람의 통함에도 간혹 맑고 탁한 차이가 없을 수 없고, 바름에도 간혹 아름답거나 추악한 차이가 없을 수 없기 때문에, 그 부여받은 바의 바탕이 맑은 사람은 지혜롭고 흐린 사람은 어리석으며 아름다운 사람은 현명하고 추한 사람은 못났으니, 또 같을 수 없는 점이 있다.(然其通也或不能無淸濁之異, 其正也或不能無美惡之殊, 故其所賦之質, 淸者智而濁者愚, 美者賢而惡者不肖, 又有不能同者.)"

198 『주자대전』 권46 「答黃商伯」. "만물의 동일한 근원을 논하면, 리는 같지만 기는 다르다. 만물의 서로 다른 체를 살펴보면, 기는 오히려 서로 가깝지만 리는 결코 같지 않다. 기가 다른 것은 순수하고 잡박함이 고르지 않기 때문이고, 리가 다른 것은 치우치고 온전함에 혹시라도 다름이 있기 때문이다.(論萬物之一原, 則理同而氣異. 觀萬物之異體, 則氣猶相近而理絶不同也. 氣之異者, 粹駁之不齊, 理之異者, 偏全之或異.)"

199 제몽룡(齊夢龍, 생몰년 미상).

200 파양 제씨가 말하였다. "육예는 여덟 살 이상의 아이로서는 그 일을 다 궁구할 수 있는 것이 아니라 그 명물을 깨우치게 하는 것에 불과할 뿐이다."(番陽齊氏曰, 六藝, 非八歲以上者, 所能盡究其事, 不過使曉其名物而已.)

六藝之敎, 若責其至者, 則固非八歲以上兒所能盡, 然粗習其事, 則亦未有不可能者矣. 自八歲至十四, 皆在小學, 而乃於六藝之敎, 只識其名物, 不能粗習其事者, 其可乎.

육예의 가르침이 만약 그 지극한 것을 요구한다면 당연히 여덟 살 이상의 아이가 다할 수 있는 것이 아니지만, 그 일을 대강 익히는 것은 또한 불가능한 사람이 없을 것이다. 여덟 살부터 열네 살까지는 모두 소학에서 육예의 가르침을 받는데, 단지 그 명물(사물의 이름과 형체)만 알고 그 일을 대강이라도 익히지 못한다는 것이 과연 옳겠는가?

(4) 番陽齊氏曰, 曲禮少儀【止】作於春秋時.

파양 제씨가 말하였다. "「곡례(曲禮)」·「소의(少儀)」… 춘추 시대에 지어졌다."²⁰¹

曲禮少儀內則弟子職諸篇, 或作於孔子之前, 或作於孔子之後, 而其中所載者, 皆孔子誦傳中說耳. 然皆誦傳中支流餘裔, 而其根本要領, 則無所見矣. 蓋孔子誦傳先王之法, 而曲禮諸篇所記, 亦皆先王之法, 故引之以證孔子之所誦傳者, 蓋曰先王之法支流餘裔可見者, 有此諸篇云爾, 非謂孔子見此諸篇而誦傳云也.

「곡례」·「소의」·「내칙(內則)」·「제자직(弟子職)」 등의 여러 편 가운데 어떤 것은 공자 이전에 지어졌고 어떤 것은 공자 이후에 지어졌으나, 그 안에 실린 내용은 모두 공자께서 외워 전하시는 가운데 말씀하신 것일 뿐이다. 그러나 모두가

---

201 파양 제씨가 말하였다. "「곡례」·「소의」·「내칙」은 『예기』에 나오고, 「제자직」은 『관자』에 나온다. 이 네 편은 춘추 시대에 지어졌다."(番陽齊氏曰, 曲禮少儀內則, 見禮記, 弟子職, 見管子, 此四篇, 作於春秋時.)

외워 전하신 것 가운데 지엽(支流)과 말단(餘裔)이며, 그 근본적인 핵심에 있어서는 보여준 바가 없다. 대개 공자께서는 선왕(先王)의 법도를 외워 전하셨고 「곡례」등의 여러 편에 기록된 것 역시 모두 선왕의 법도이므로, 그것을 인용하여 공자께서 외워 전하신 바를 증명하는 것은, 대개 "선왕의 법도 가운데 지엽과 말단을 볼 수 있는 것은 이 여러 편이 있어서이다."라는 말일 뿐이지, '공자께서 이 여러 편을 보고 외워 전하셨다.'라는 말은 아니다.

(5) 東陽許氏曰, 規模節目【止】平天下爲規模.

동양 허씨(東陽 許氏)[202]가 말하였다. "큰 틀(規模)과 세부 항목 … 평천하가 큰 틀이 된다."[203]

朱子以三綱領爲規模, 又以明明德於天下爲規模, 許氏之說, 蓋本於此. 然規模云者, 實該本末, 不可只擧末一端而當之也. 平天下雖是明明德於天下之事, 然曰明明德於天下, 則本末俱擧, 曰平天下, 則只擧末一端矣, 安得去明明德一語, 而直以平天下爲規模哉.

주자께서는 3강령을 큰 틀로 삼고, 또 천하에 명덕을 밝히는 것을 큰 틀로 삼으셨으니, 허씨의 설은 대개 여기에 근본을 두고 있다. 그러나 '큰 틀'이라고 이르는 것은 실제로는 근본과 말단을 포괄하고 있으니, 단지 말단 한 부분만을 들어 거기에 해당시켜서는 안 된다. 천하를 평안하게 하는 것이 비록 천하에 명덕을

---

202 허겸(許謙, 1270~1337).
203 동양 허씨가 말하였다. "큰 틀과 세부 항목을 3강령과 8조목으로 대비하여 말해보면, 3강령이 큰 틀이 되고 8조목이 세부 항목이 되니, '8조목이 곧 3강령 가운데 있는 일이다.'라고 이르는 것이다. 8조목으로만 말해보면 평천하가 큰 틀이 된다."(東陽許氏曰, 規模節目, 以三綱八條對言, 則三綱爲規模, 八條爲節目, 謂八條卽三綱中事也, 獨以八條言之, 則平天下爲規模.)

밝히는 일이기는 하지만, "천하에 명덕을 밝힌다.(明明德於天下)"라고 하면 근본과 말단이 모두 거론되지만, "천하를 평안하게 한다.(平天下)"라고 하면 단지 말단 한 부분만 거론되니, 어찌 명명덕 한 마디를 버려두고 곧바로 평천하를 큰 틀로 삼을 수 있겠는가?

2) 經一章 경1장

(1) 北溪陳氏曰, 人生得天地之理【止】所以虛靈.

북계 진씨(北溪 陳氏)[204]가 말하였다. "사람은 태어날 때 천지의 리를 얻고 … 때문에 비어 있고 신령한 것이다."[205]

朱子曰, 人物之生, 必得是理, 然後有以爲健順仁義禮智之性, 必得是氣, 然後有以爲魂魄五臟百骸之身, 周子所謂無極之眞, 二五之精, 妙合而凝者也. 此蓋謂性稟於理, 形稟於氣, 而二者混合, 不可分開云爾, 非有先後離合之意也. 北溪之說, 雖本於此, 而實不識朱子之意, 其曰旣得理, 又得氣, 而合而成虛靈云者, 豈不似乎虛靈未成之前理氣不得合, 而到此虛靈之成理氣方始合耶. 雖使實見不至如此, 終是爲語病. 且以虛靈爲理氣之合成者, 尤不可曉. 虛靈卽氣也, 虛靈所具者乃理也. 若理氣之合爲虛靈, 則虛靈之物, 已自兼理氣矣, 章句何以云虛靈具衆理耶.

주자께서 "사람과 물이 태어날 때 반드시 이 리를 얻은 뒤에야 건순·인의예지의 성을 가질 수 있고, 반드시 이 기를 얻은 뒤에야 혼백과 다섯 가지 장기(五臟)

---

204 진순(陳淳, 1159~1223).

205 북계 진씨가 말하였다. "사람은 태어날 때 천지의 리를 얻고 또 천지의 기를 얻는다. 리와 기가 합쳐지기 때문에 비어 있고 신령한 것이다."(北溪陳氏曰, 人生得天地之理, 又得天地之氣, 理與氣合, 所以虛靈.)

와 수많은 뼈(百骸)로 구성된 몸을 가질 수 있으니, [이것이] 주자(周子)²⁰⁶께서 무극의 진리와 음양·오행의 정기가 묘하게 합하여 응결된다고 이르신 것이다."²⁰⁷라고 하셨다. 이는 대개 성은 리에서 품부받고, 형체는 기에서 품부받으며, 둘은 혼합되어 나눌 수 없다는 말일 뿐이지, 선후와 이합(離合: 떨어짐과 합침)의 뜻이 있는 것은 아니다. 진씨의 설은 비록 여기에 근본을 두고 있으나 실제로는 주자의 뜻을 잘 알지 못하였으니, 그가 "이미 리를 얻고 또 기를 얻어 합쳐져서 허령을 이룬다."라고 이른 것은 허령이 이루어지기 전에는 리와 기가 합쳐질 수 없고, 이 허령이 이루어지는 데 이르러 리와 기가 비로소 묘하게 합쳐진다는 것과 어찌 같지 않겠는가? 비록 실제 견해가 이와 같은 데 이르지는 않았더라도, 결국 그 말에는 병통이 있게 된다. 또 허령을 리와 기가 합쳐져서 이루어진다고 여긴 것은 더욱 이해할 수가 없다. 허령은 곧 기이며, 허령이 갖추고 있는 바가 바로 리이다. 만약 리와 기가 합쳐져서 허령이 되는 것이라면, 허령이라는 것은 이미 저절로 리와 기를 겸할 것인데, 『장구』에서 어찌하여 "허령이 온갖 이치를 갖춘다"²⁰⁸고 말하였겠는가?

(2) 黃氏曰, 虛靈不昧, 明也, 具衆理應萬事, 德也.

황씨(黃氏)²⁰⁹가 말하였다. "비어 있고 신령하며 어둡지 않음은 명(明)이고, 온갖 이치를 갖추어 모든 일에 응함은 덕이다."

此說分析太甚, 反成病. 朱子曰, 只虛靈不昧四字, 說明德意已足, 更說具衆

---

206 주돈이(周敦頤, 1017~1073).
207 『대학혹문』.
208 『대학장구』 경1장 제1절의 주. 각주 11번 참고.
209 황간(黃榦, 1152~1221).

理應萬事, 包體用在其中. 若如黃說, 則虛靈不昧四字, 只說得明字意, 安得言說明德意已足乎. 蓋虛靈不昧, 便說明德體段, 具衆理應萬事, 是就虛靈上分說體用, 語雖加詳, 意實無所加矣. 虛靈不昧是心, 具衆理應萬事是性情, 纔說心, 便包性情在其中矣, 豈可曰心非德而性情非明乎. 且朱子以虛靈不昧爲說明德意足者, 本以包性情爲言也. 若捨性情之德, 偏指虛靈底氣圈子, 而謂明德, 則亦非朱子之指矣. 近世說明德者, 多如此, 故略辨及之.

이 설은 분석한 것이 너무 심해서 도리어 병통이 되었다. 주자께서는 "단지 허령불매 네 글자만으로도 명덕의 뜻을 설명한 것이 이미 충분하지만, 다시 온갖 이치를 갖추어 모든 일에 응한다고 말하여 체와 용을 그 속에 포괄하였다."[210]라고 하셨다. 만약 황씨의 설과 같다면, 허령불매 네 글자는 단지 명(明)자의 뜻만을 설명한 것이니, 어찌 명덕의 뜻을 설명한 것이 이미 충분하다고 말할 수 있겠는가? 대개 허령불매는 명덕의 체단(體段)을 설명한 것이고, '구중리응만사(具衆理應萬事)'는 허령의 측면에서 체와 용을 나누어 설명한 것이니, 말은 비록 더욱 상세해졌으나 뜻은 실제로 더해진 바가 없다. 허령불매는 마음(心)이고, '구중리응만사'는 성과 정인데, 마음을 말하자마자 곧 성과 정을 그 속에 포괄하니, 어찌 "마음은 덕이 아니며, 성과 정이 밝지 않다."라고 할 수 있겠는가? 또 주자께서 허령불매로 명덕의 뜻을 설명하기에 충분하다고 여기신 것은 본래 성과 정을 포괄하여 말씀하신 것이다. 그런데 만약 성과 정의 덕을 내버려 두고 허령한 기의 영역만을 가리켜 명덕이라 이른다면, 또한 주자의 뜻이 아닐 것이다. 근래에 명덕을 설명하는 사람들이 대부분 이와 같으므로 대략 논변해보았다.

---

210 『대학장구』 경1장 제1절의 소주. "주자께서 말씀하셨다. "… 단지 허령불매 네 글자만으로도 명덕의 뜻을 설명한 것이 이미 충분하지만, 다시 온갖 이치를 갖추어 모든 일에 응한다고 말하여 체와 용을 그 속에 포괄하였으니, 또한 실질적인 것이고 빈 것만이 아니다. 명덕을 설명한 그 말이 뚜렷하고 확실하며 포괄적이고 둥글어서 파탄되는 곳이 없다."(朱子曰, … 只虛靈不昧四字, 說明德意已足矣, 更說具衆理應萬事, 包體用在其中, 又却實而不爲虛. 其言的確渾圓, 無可破綻處.)"

【朱子不曰包性情, 而曰包體用者, 若謂之包性情, 則似以明德爲一物, 性情爲一物, 以此包彼也. 故曰包體用, 則體是明德之體, 用是明德之用, 明德性情方見其爲一物, 而無二物相包之嫌矣. 蓋心則氣也, 故可與性情對言, 而明德則心統性情之名也, 故不可復與性情對言矣. 或者只以虛靈不昧爲明德, 而以其衆理應萬事爲明德所包, 則其認明德不過是靈覺之氣而已, 其說殆無辨於釋氏之見矣. ○更按, 以訓詁之體逐字釋義者例之, 則黃氏之說亦不可廢矣.】

【주자께서 "성과 정을 포괄한다."라고 하지 않고 "체와 용을 포괄한다."라고 하신 것은, 만약 '성과 정을 포괄한다'고 말하면 명덕을 하나의 물로 여기고 성과 정을 하나의 물로 여겨 이것으로 저것을 포괄하는 것 같기 때문이다. 그러므로 "체와 용을 포괄한다."라고 하면, 체는 명덕의 체이고 용은 명덕의 용이니, 명덕과 성·정이 비로소 하나의 물이 되어 두 가지 물이 서로 포괄하는 혐의가 없게 된다. 대개 마음(心)은 기이다. 그러므로 성·정과 대비하여 말할 수 있으나, 명덕은 마음이 성과 정을 통괄한 명칭이므로 다시 성·정과 대비하여 말할 수 없다. 누군가는 단지 '허령불매'를 명덕으로 여기고 '구중리응만사'를 명덕이 포괄하는 바로 여겼는데, 그것은 명덕을 영각(靈覺: 신령한 지각)의 기로 인식한 것에 불과할 뿐이니, 그 설은 석씨(釋氏: 불교)의 견해와 거의 구분되지 않는다. ○다시 살펴보건대, 훈고의 체재로 글자를 좇아 뜻을 해석한 것을 예로 들어보면, 황씨의 설 또한 버릴 수가 없다.】

(3) 玉溪盧氏曰, 虛者心之寂【止】明應於外.

옥계 노씨(玉溪 盧氏)[211]가 말하였다. "허(虛)란 마음의 고요함이고 … 밝음(明)이 바깥에 응하게 된다."[212]

---

211 노효손(盧孝孫, 생몰년 미상).
212 옥계 노씨가 말하였다. "허(虛)란 마음의 고요함이고, 령(靈)이란 마음의 감응함이다. 마음

虛靈二字, 皆兼體用, 不可以虛爲未發靈爲已發也. 寂者, 虛靈之存乎中也, 感者, 虛靈之應於外也. 寂固是虛, 而感未嘗不虛, 感固是靈, 而寂未嘗不靈也. 虛者, 無形之謂也, 靈者, 能覺之謂也. 心之無形與能覺, 豈有間於動靜哉. 且寂者, 寂然不動之謂也, 固與無形之意不同, 感者, 感而遂通之謂也, 亦與能覺之不滯於一方者不同, 烏可强配而相屬哉.

허령 두 글자는 모두 체와 용을 겸하고 있으니, 허(虛)를 미발로 여기고 령(靈: 신령함)을 이발로 여겨서는 안 된다. 적(寂: 고요함)이란 허령이 안에 보존된 것이고, 감(感: 감응함)이란 허령이 밖에 응한 것이다. 적은 본래 허(虛)하나, 감 또한 허(虛)하지 않은 적이 없으며, 감은 본래 령(靈)하나, 적 또한 령(靈)하지 않은 적이 없다. 허란 '형체가 없음(無形)'을 말하고, 령이란 '능히 지각함(能覺)'을 말한다. 마음의 '형체가 없음'과 '능히 지각함'이 어찌 동·정에 차이가 있겠는가? 또 적이란 '고요하여 움직이지 않음(寂然不動)'을 말하니 본래 '형체가 없음'의 뜻과 같지 않으며, 감이란 '감응하여 마침내 통함(感而遂通)'을 말하니 또한 '능히 지각함'이 한쪽으로 막히지 않은 것과 같지 않으니, 어찌 억지로 배치하여 서로 소속시킬 수 있겠는가?

(4) 雲峯胡氏曰, 有時而昏【止】又說情.
운봉 호씨가 말하였다. "때로는 어두움이 있음 … 또한 정을 말한다."[213]

은 거울과 같으니, 허(虛)는 거울의 비어 있음과 같고, 명(明)은 거울의 비춤과 같으며, 불매는 그 밝음을 거듭 말한 것이다. 비어 있으면 밝음이 안에 있게 되고, 신령하면 밝음이 바깥에 응하게 된다."(玉溪盧氏曰, 虛者, 心之寂, 靈者, 心之感, 心猶鑑也, 虛猶鑑之空, 明猶鑑之照, 不昧, 申言其明也. 虛則明存於中, 靈則明應於外.)

213 운봉 호씨가 말하였다. "때로는 어두움이 있음은 또한 마음을 말하고, 본체의 밝음은 또한 성을 말하며, 발하는 바는 또한 정을 말한다."(雲峯胡氏曰, 有時而昏, 又是說心, 本體之明, 又是說性, 所發, 又說情.)

有時而昏, 本體之明, 因其所發, 三句皆以明德言, 而明德則心包性情之名也. 以心性情分屬三句, 恐涉破碎之甚也. 有時而昏, 固指虛靈, 而性之隨昏亦在其中, 本明之體, 亦指虛靈, 而性之本明亦在其中, 何可二而論之哉.

'때로는 어두움이 있음(有時而昏)', '본체의 밝음(本體之明)', '그 발하는 바로 말미암음(因其所發)'[214] 세 구절은 모두 명덕으로 말한 것이니, 명덕은 마음(心)이 성과 정을 포괄한 명칭이다. 심·성·정을 세 구절에 나누어 배속한 것은 아마도 지나치게 잘게 쪼갠 것 같다. '때로는 어두움이 있음'은 본래 허령을 가리킨 것이지만, 성이 따라서 어두운 것 또한 그 안에 있으며, '본래 밝은 체(本明之體)' 또한 허령을 가리킨 것이지만, 성의 본래 밝음 또한 그 안에 있으니, 어찌 둘로 나누어 논할 수 있겠는가?

(5) 新安吳氏曰, 旣言事理又言天理云云.

신안 오씨(新安 吳氏)[215]가 말하였다. "이미 사리를 말하고 또 천리를 말하다. …"[216]

---

214 『대학장구』 경1장 제1절의 주. "다만 기품에 구애되고 인욕에 가려지면 때로는 어두움이 있으나 그 본체의 밝음은 일찍이 쉬지 않는다. 그러므로 배우는 자가 마땅히 그 발하는 바로 말미암아 마침내 밝혀서 그 처음을 회복해야 한다.(但爲氣稟所拘, 人欲所蔽, 則有時而昏, 然其本體之明, 則有未嘗息者. 故學者當因其所發而遂明之, 以復其初也.)"

215 오역(吳棫, 1100~1154).

216 신안 오씨가 말하였다. "이미 '사리의 당연함의 극치'라고 말하였는데 또 '천리의 극치'라고 말한 것은, 대개 사물에 흩어져 있는 것으로부터 말하면 '사리'라고 하니 이는 리가 만 가지로 다른 곳으로서 하나의 물이 각각 하나의 태극을 갖춘 것이고, 사람의 마음을 하늘에서 얻은 것으로부터 말하면 '천리'라고 하니 이는 리가 하나의 근본인 곳으로서 만물이 하나의 태극을 모체로 하여 거느림을 받는 것이나, 하나가 실제로 만 가지로 나누어지므로 '사리'라고 하였고, 온갖 이치는 만 가지가 하나로 귀결되므로 '천리'라고 하였는데, 결국은 하나의 리일 뿐이다."(新安吳氏曰, 旣言事理當然之極, 又言天理之極者, 蓋自散在事物者而言, 則曰事理, 是理之萬殊處, 一物各具一太極, 自人心得於天者而言, 則曰天理, 是理之一本處, 萬物體統一太極也, 然一實萬分, 故曰事理衆理, 會萬爲一, 則曰天理一理而已.)

萬殊一本之說, 非章句之指. 栗谷先生已辨之矣.

수만 가지로 다르나 하나의 근본이라는(萬殊一本) 설은 『장구』의 뜻이 아니다. 율곡 선생께서 이미 논변하셨다.[217]

(6) 知止而后有定, 辨疑曰, 所處而安者【止】無不泰然也.

'그칠 바를 안 뒤에 정해짐이 있다'에 대해 『경서변의』에서 말하였다. "처한 바에 편안한 것 … 태연하지 않음이 없는 것이다."[218]

正我權度, 有以應事, 而隨事隨處, 無不泰然者, 政是能慮能得之事, 恐非安底意. 蓋知止, 則無二歧之惑, 而志有定, 志定, 則無妄動之患, 而心能靜, 心靜, 則無遷移之擾, 而身能安. 三者, 皆在事未來之前, 及到慮方是應事時, 更加精審, 而至於能得也. 安字, 雖以身言, 亦謂因其所知之明而安於所處之地也. 所處之地, 卽所知之事也, 恐非政應事時, 權衡裁物, 而泰然行去之謂也.

"나의 권도(權度: 잣대)를 바르게 하여 일에 응하니 어떤 일에든 어느 곳에서든 태연하지 않음이 없다"는 것은 바로 '능히 생각함(能慮)'과 '능히 얻음(能得)'[219]의 일이니 아마도 '편안함(安)'의 뜻은 아닌 것 같다. 대개 그칠 바를 알면 두 갈래 길에서 미혹됨이 없어 뜻(志)에 정해짐이 있게 되고, 뜻이 정해지면 망령되게 움직

---

217 『경서변의』 「대학」 경1장. "율곡이 말하기를 "『장구』의 지선을 해석한 부분에서 사리로 말한 것은 천리가 사에 있는 것이며, 사람과 물을 상대적으로 거론할 때는 천리라 한다. 문자는 다르지만 그 뜻은 한 가지이다. 오씨의 설은 바로 일본과 만수를 나눈 것이니, 그 설이 천착되었다." 하였다.(栗谷曰, 章句釋至善處, 以事理言, 是天理之在事者也, 以人物對擧, 則言天理, 文字雖異而義則一也, 吳氏說, 乃分一本萬殊, 其說鑿矣.)"

218 『경서변의』 「대학」 경1장. "율곡이 말하기를 "… 이른바 처한 바에 편안함이라는 것은 나의 권도(잣대)를 바르게 하여 일에 응하니 어떤 일에든 어느 곳에서든 태연하지 않음이 없는 것이다. …" 하였다.(栗谷曰, … 安所謂處而安者, 正我權度有以應事, 隨時隨處無不泰然也, ….)"

219 『대학장구』 경1장 제2절. 각주 61번 참고.

이는 근심이 없어 마음이 고요할 수 있으며, 마음이 고요해지면 옮겨 가는 혼란이 없어 몸이 편안할 수 있다. 세 가지는 모두 일이 아직 오지 않은 때에 해당하며, 생각이 바야흐로 일에 응하는 때에 이르러서는 더욱더 정밀하게 살펴서 '능히 얻음'에 이르는 것이다. 안(安)자는 비록 몸으로써 말한 것이나, 또한 '그 아는 바의 밝음으로 말미암아 처한 바의 자리에서 편안함'을 이른다. 처한 바의 자리가 곧 아는 바의 일이니, 아마도 '일에 응하는 바로 그때 저울질하듯 물을 분별하여 태연하게 행해감'을 이른 것은 아닌 것 같다.

(7) 雲峯胡氏曰, 定靜, 此心之寂然不動.
운봉 호씨가 말하였다. "정해져서 고요하면, 이 마음이 고요하여 움직이지 않는다."[220]

已見上.
이미 위에서 나왔다.[221]

(8) 新安陳氏曰, 本當云平天下【止】天下無不平矣.
신안 진씨가 말하였다. "본래 천하를 평안하게 한다고 해야 마땅한데 … 천하가 평안하지 않음이 없을 것이다."[222]

---

[220] 운봉 호씨가 말하였다. "뜻이 정해져서 고요할 수 있다면, 일이 아직 오지 않았을 때에 이 마음의 '고요하여 움직이지 않음(寂然不動)'을 잃지 않을 것이다."(雲峯胡氏曰, 定而能靜, 則事未來, 而此心之寂然不動者, 不失.)

[221] 권제1-1-3)-(15)

[222] 신안 진씨가 말하였다. "본래 천하를 평안하게 하려는 사람은 먼저 그 나라를 다스려야 한다고 해야 마땅한데 지금 여기에선 명덕을 천하에 밝힌다고 말하였으니, 대개 명덕은 사람들과 내가 동일하게 얻은 것으로서 '명덕을 밝힌다'는 것은 나의 명덕을 밝히는 것이니 체이며, '명덕을 천하에 밝힌다'는 것은 천하의 백성을 새롭게 하여 모두 자기의 명덕을 밝히게 하는 것

不曰平天下, 而曰明明德於天下者, 一以明平天下者, 即吾明明德中一事, 而明明德體用之大全也. 一以明修己治人, 同一明明德, 而在己在人, 其術無二也. 蓋以存心制事言, 則修己治人之道存諸心者, 明明德之體也, 修己治人之道行諸事者, 明明德之用也. 又只以制事者言, 則修己者, 是明明德之在己而爲體, 治人者, 是明明德之及人而爲用, 此其爲體用之大全也. 陳氏以明明德爲體新民爲用者, 即首一節分明德新民相對爲體用之意也, 非此段合明德新民爲明明德體用大全之意也. 或問曰, 極其體用之全, 蓋曰極其體之全, 極其用之全云爾, 非謂合體用而爲全也. 章句雖以明民之明德爲言, 其實明民之明德, 所以明己之明德也. 詳見上.

"천하를 평안하게 한다.(平天下)"라고 하지 않고 "명덕을 천하에 밝힌다.(明明德於天下)"라고 한 것은,[223] 한편으로는 천하를 평안하게 하는 것이 곧 나의 명덕을 밝히는 것 중의 한 가지 일로서 명덕을 밝히는 것의 체와 용이 온전히 다 갖추어져 있음을 밝힌 것이고, 다른 한편으로는 자기를 닦는 것(修己)과 다른 사람을 다스리는 것(治人)이 똑같이 명덕을 밝히는 것으로서 자기에게 있든 다른 사람에게 있든 그 방법이 두 가지가 아님을 밝힌 것이다. 대개 마음을 보존하는 것과 일을 처리하는 것으로써 말하면, 수기·치인의 도가 마음에 보존되어 있는 것은 명덕을 밝히는 것의 체이고, 수기·치인의 도가 일에 행해지는 것은 명덕을 밝히는 것의 용이다. 또 단지 일을 처리하는 것으로써만 말하면, 수기는 명덕을 밝히는 것이 자기에게 있는 것으로서 체가 되고, 치인은 명덕을 밝히는 것이 다른 사람에게 미치는 것으로서 용이 되니, 이것이 그 체와 용이 온전히 다 갖추어져 있음이 되는 것이다. 진씨가 명명덕을 체로 삼고 신민을 용으로 삼은 것은, 곧 맨 처

이고, 이와 같으면 천하가 평안하지 않음이 없을 것이니 용이다."(新安陳氏曰, 本當云欲平天下者先治其國, 今乃以明明德於天下言之, 蓋以明德, 乃人己所同得, 明明德者, 明己之明德, 體也, 明明德於天下者, 新天下之民, 使之皆明其明德, 如此, 則天下無不平矣, 用也.)

[223] 『대학장구』 경1장 제4절. 각주 65번 참고.

음 절에서 명명덕과 신민을 나누어 서로 대비하여 체와 용으로 삼았다는 뜻이지, 이 단락에서 명명덕과 신민을 합쳐서 '명덕을 밝히는 것의 체와 용이 온전히 다 갖추어져 있음'으로 삼았다는 뜻이 아니다. 『혹문』에서 "그 체와 용의 온전함을 다한다."[224]라고 한 것은, 대개 "그 체의 온전함을 다하고, 그 용의 온전함을 다한다."라고 하는 것이지, 체와 용을 합해야 온전함이 된다는 말이 아니다. 『장구』에서는 비록 백성의 명덕을 밝히는 것으로써 말하였지만, 사실상 백성의 명덕을 밝히는 것은 결과적으로 나의 명덕을 밝히는 것이다. 상세한 것은 위에 나왔다.[225]

(9) 雲峯胡氏曰, 章句所發二字云云. 辨疑, 栗谷先生曰, 人未與物接而無所感時, 亦有念慮之發, 此亦紬繹舊日所發之情.

운봉 호씨가 말하였다. "『장구』에서 소발(所發: 발하는 바) 두 글자 …"[226] 『경서변의』에서 율곡 선생께서 말씀하셨다. "사람이 아직 물과 접촉하지 않아 마음이 감응한 바가 없을 때 또한 염려(念慮: 생각)의 발함이 있으니, 이 또한 지난날 발했던 정을 실마리로 하여 나온 것이다."[227]

---

[224] 『대학혹문』. 각주 67번 참고.

[225] 권제1-1-3)-(20), (21)

[226] 운봉 호씨가 말하였다. "『장구』에서 '소발(所發)' 두 글자를 모두 두 번 말하였으니, '그 발하는 바로 말미암아 마침내 밝힌다'는 것은 성이 발하여 정이 되는 것이고, '그 마음의 발하는 바를 성실하게 한다'는 것은 마음(心)이 발하여 의가 되는 것이다."(雲峯胡氏曰, 章句所發二字, 凡兩言之, 因其所發而遂明之者, 性發而爲情也, 實其心之所發者, 心發而爲意也.)

[227] 『경서변의』「대학」경1장. "율곡이 … 또 말하기를 "… 혹자가 묻기를, "의는 본디 정으로 인연하여 계교하는 것이지만 사람이 아직 물과 접촉하지 않아 마음이 감응한 바가 없을 때 또한 염려(생각)의 발함이 있으니 어떻게 반드시 정으로 인연한다고 말할 수 있는가?" 하니, 주자가 답하기를, "이 또한 지난날 발했던 정을 실마리로 하여 나온 것이다. 그 당시에는 비록 물을 접촉하지 않았다지만 실로 옛날에 느꼈던 물을 생각한 것이니, 어떻게 정으로 인연한 것이 아니라 말할 수 있겠는가." 하였다. …" 하였다.(栗谷 … 又曰, … 或問, 意固是緣情計較矣, 但人未與物接而無所感時, 亦有念慮之發, 豈必緣情乎, 曰此亦紬繹舊日所發之情也, 當其時, 雖未接物, 實是思慮舊日所感之物, 則豈非所謂緣情者乎, …).)

胡氏說已辨之於上矣. 栗谷先生所謂無所感時有念慮之發, 亦紬繹舊日所發之情云者, 亦涉可疑. 蓋人於中夜, 未與物接時, 念慮有發者, 雖未有事物之交於面前者, 其念慮之發, 則必有所思之物而發也. 卽此所思之物, 便與我相接而爲其所感也, 心豈有無感而動者, 亦豈待事物之至前而後感哉. 若思千古之事, 則卽此千古之事者, 與心相接而爲其所感也, 若思六合之外, 則卽此六合之外者, 與心相接而爲其所感也. 千古之事六合之外者, 不思則已, 若思則果可待其有面前之來接耶.

호씨의 설에 대해서는 위에서 이미 논변하였다.[228] 율곡 선생께서 "감응한 바가 없을 때 생각(念慮)의 발함이 있는 것은, 또한 지난날 발했던 정을 실마리로 하여 나온 것이다."라고 이르신 것 또한 의심할 만하다. 대개 사람이 깊은 밤 아직 사물(物)과 접촉하지 않았을 때 생각이 발함이 있는 것은, 비록 사물(事物)이 아직 눈앞에 나타나지 않았는데도 생각이 발했다면 반드시 생각하는 대상으로서의 물이 있어서 발한 것이다. 즉, 이 생각하는 대상으로서의 물이 문득 나와 서로 접촉하여 감응하게 되는 것이니, 마음이 어찌 감응하지 않고 움직이는 것이 있겠으며, 또 어찌 사물이 앞에 다가오기를 기다린 뒤에야 감응하는 것이겠는가? 예컨대 아주 먼 옛날의 일을 생각하면 곧 이 아주 먼 옛날의 일이 마음과 서로 접촉하여 감응하게 되는 것이고, 우주 밖을 생각하면 곧 이 우주 밖이 마음과 서로 접촉하여 감응하게 되는 것이다. 아주 먼 옛날의 일과 우주 밖은 생각하지 않으면 그만이지만, 만약 생각한다면 과연 그것이 눈앞에 다가와 접촉이 있기를 기다려야 하겠는가?

且必感動而後有思慮之發, 而物之感人, 又初無新舊之異, 其感動處是情, 思慮處是意也. 此其意必緣情而發, 而情意之辨, 又只在毫釐之間耳. 若曰因舊日之感動, 而爲今日之意發, 則舊日之於今日相去, 亦遠矣, 其間此心之感寂者, 固已多矣, 安可以舊日之感動, 而爲今日之發乎. 且必如是, 則今日之意, 卽自寂然不動處直發出來, 而意之發者或有不因於情者矣. 若是而可謂意必緣情而後有乎.

그리고 반드시 감응하여 움직인 뒤에 생각(思慮)의 발함이 있는데, 물이 사람을 감응하게 하는 것은 또한 애초에 새로운 것과 오래된 것의 차이가 없으니, 그 감응하여 움직인 것은 정이고 생각한 것은 의이다. 그 의는 반드시 정에서 말미암아 발하는데, 정과 의의 구별은 또한 단지 아주 미세한 차이에 있을 뿐이다. 만약 "지난날 감응하여 움직인 것에서 말미암아 오늘의 의가 발한다."라고 한다면, 지난날과 오늘의 시간적 거리가 또한 머니, 그 사이에 이 마음의 감응함과 고요함이 참으로 꽤 많았을 것인데, 어찌 지난날 감응하여 움직인 것으로써 오늘의 발함이 된다고 할 수 있겠는가? 또한 반드시 이와 같다면, 오늘의 의는 곧 고요하여 움직이지 않는 곳으로부터 곧바로 발하여 나오게 되며, 의가 발하는 것은 때로는 정에서 말미암지 않는 것도 있다. 이와 같은데도 '의는 반드시 정에서 말미암은 뒤에 있다'고 이를 수 있겠는가?

(10) 新安陳氏曰, 格物爲知之始【止】行之極.
신안 진씨가 말하였다. "격물은 앎(知)의 처음이 되고 … 실천(行)의 극치이다."[229]

誠意正心修身, 各項事, 故可分爲始終, 格物致知, 只是一事, 安得分爲始終乎. 若以格物致知, 爲知之始, 物格知至, 爲知之極, 則可矣, 然亦與誠意爲行

---

229 신안 진씨가 말하였다. "격물은 앎의 처음이 되고, 치지는 앎의 극치가 되며, 성의는 실천(行)의 처음이 되고, 정심·수신은 실천의 극치가 된다."(新安陳氏曰, 格物爲知之始, 致知爲知之極, 誠意爲行之始, 正心修身爲行之極.)

之始, 正心修身爲行之極者, 義例不合矣.

성의·정심·수신은 각각 다른 항목의 일이기에 처음과 끝으로 나누어질 수 있지만, 격물·치지는 다만 하나의 일이니 어찌 처음과 끝으로 나누어질 수 있겠는가? 이를테면 격물·치지가 앎의 처음이 되고 물격·지지가 앎의 극치가 된다고 하면 괜찮기는 하지만, 그렇다고 해도 성의가 실천의 처음이 되고 정심·수신이 실천의 극치가 되는 것과는 형식상 부합하지 않는다.

(11) 勿軒熊氏曰, 知字就心【止】方萌處說.

물헌 웅씨(勿軒 熊氏)[230]가 말하였다. "지(知)자는 마음에 나아가 … 지금 막 싹트는 곳을 말한 것이다."[231]

知覺帶不昧字, 則爲靜時知覺不著於事物者矣. 安得以知至之知已著於事物者當之哉. 念慮固是意, 而其初方萌處是情, 此所謂意因有情而後用者也. 安得以意爲心之方萌而初動者乎.

지각(知覺)에 불매(不昧: 어둡지 않음)자를 붙이면 고요할 때(靜時) 지각이 사물에 드러나지 않은 것이 된다. 어찌 지지(知至)의 지(知)가 이미 사물에 드러난 것이 그것에 해당하겠는가? 염려는 본래 의이지만 처음에 막 싹트는 곳은 정이니, 이는 '의는 정이 있음에서 말미암은 뒤에 작용한다'는 것이다. 어찌 의를 마음이 지금 막 싹터서 처음 움직인 것이라고 할 수 있겠는가?

---

230 웅화(熊禾, 1247~1312).
231 물헌 웅씨가 말하였다. "지(知)자는 마음의 지각이 어둡지 않은 측면에서 말한 것이고, 의(意)자는 마음의 염려가 지금 막 싹트는 곳을 두고 말한 것이다."(勿軒熊氏曰, 知字, 就心之知覺不昧上說, 意字, 是就心之念慮方萌處說.)

(12) 雲峯胡氏曰, 意旣誠, 則心之用可得而正.

운봉 호씨가 말하였다. "뜻(意)이 성실해졌다면, 마음의 작용이 바르게 될 수 있다."

誠意之意, 卽此心商量經營之用也, 修身章五者之情, 卽此心驀直發出之用也. 然則誠意約情, 莫非正此心之用也. 今曰意誠而後心之用可正, 則未知此心之用, 捨此誠意約情, 而更何處正之乎. 蓋正心之心, 以心之全體而言, 正心云者, 謂存其本體以達於用, 而用之所行, 又初不外於情與意耳. 自來讀者皆爲忿懥等語所賺過, 而不知加察於有所二字本非以四者爲當行之用者, 遂以正心只作正其用看, 而因謂大學明明德工夫, 初無靜存之事, 豈不惜哉.

성의(誠意)의 의(意)는 바로 이 마음이 헤아려 생각하고 계획하여 운영하는 작용이며, 수신장(修身章: 전8장)의 다섯 가지 정232은 바로 이 마음이 곧바로 발하여 나오는 작용이다. 그렇다면 뜻(意)을 성실하게 하고 정을 단속하는 것이 모두 이 마음의 작용을 바르게 하는 것이다. 지금 "뜻이 성실해진 뒤에 마음의 작용이 바르게 될 수 있다."라고 하였는데, 이 마음의 작용을 잘 알지 못한 것이니, 이 뜻을 성실하게 하고 정을 단속하는 것을 내버려 두고 도대체 어느 것으로 마음을 바르게 하겠는가? 대개 정심(正心)의 심(心)은 마음(心)의 전체로서 말한 것이고, '정심'이라고 이르는 것은 '그 본체를 보존하여 작용에까지 이름'을 말하며, 작용이 행하는 바는 또한 애초에 정과 의에서 벗어나지 않았을 뿐이다. 그런데 예로부터 지금까지 독자들이 모두 분치 등의 말233에 속아 넘어가, 유소 두 글자가 본래 네 가지를 마땅히 해야 하는 작용으로 여기지 않았다는 것을

---

232 『대학장구』 전8장 제1절의 친애(親愛: 친하게 여기고 사랑함) · 천오(賤惡: 천하게 여기고 미워함) · 외경(畏敬: 두려워하고 공경함) · 애긍(哀矜: 가여워하고 불쌍히 여김) · 오타(敖惰: 오만하게 대하고 업신여김).

233 『대학장구』 전7장 제1절. 각주 111번 참고.

잘 살피지 못해서, 마침내 정심을 단지 그 작용을 바르게 하는 것으로 간주하여, 그로 말미암아 '『대학』의 명덕을 밝히는 공부에는 애초부터 고요할 때 보존하는 일이 없다'고 하였으니, 어찌 애석하지 않겠는가!

胡氏又言心之體無不正, 所謂正心者, 正其心之用也, 此又不察乎正之一字本自兼存省二意, 察其不存, 而方存之者, 正也, 因其已存, 而又存之者, 亦正也. 體信無雜於不正, 亦信無與於存亡乎. 邪思存, 則本體亡, 故閑邪存誠, 乃所以爲正心也. 若於心體上不容復有正之之功, 則夫子所謂敬以直之, 子思所謂戒愼恐懼, 程子所謂敬以無失, 果皆在正心之外耶.

호씨가 또 "마음의 체는 바르지 않음이 없으니, '정심'이라고 이르는 것은 그 마음의 작용을 바르게 하는 것이다."라고 하였는데, 이는 또한 정(正) 한 글자가 본래부터 보존함(存)과 살핌(省)의 두 가지 뜻을 겸하고 있음을 살피지 못한 것이니, 그 보존되지 못한 것을 살펴서 바야흐로 보존하는 것이 정이고, 이미 보존된 것으로 말미암아 또 보존하는 것도 정이다. 체는 참으로 바르지 않음과 섞임이 없으나, 또한 참으로 보존됨과 잃어버림에 관여됨이 없겠는가? 삿된 생각이 있으면 본체를 잃게 되므로, 삿된 생각을 막고 성실한 마음을 보존하는 것이 바로 마음을 바르게 하는 방법이다. 만약 심체의 측면에 바르게 하는 공부를 다시 두는 것을 용납하지 않는다면, 공자께서 '경으로써 곧게 한다'[234]고 이르신 것과 자사께서 '항상 삼가고 늘 두려워한다'[235]고 이르신 것과 정자께서 '경으로써 잃어버리지 않는다'[236]고 이르신 것이 과연 모두 정심을 벗어난 것이란 말인가?

---

234 『대학장구』 전7장 제2절의 주. 각주 38번 참고.
235 『중용장구』 제1장 제2절. "도라는 것은 잠시도 떠날 수 없는 것이니, 떠날 수 있으면 도가 아니다. 이러므로 군자는 그 보지 않는 바에도 조심하고 그 듣지 않는 바에도 두려워하는 것이다.(道也者, 不可須臾離也, 可離, 非道也. 是故君子戒愼乎其所不睹, 恐懼乎其所不聞.)"
236 『二程遺書』 권2. "경(敬)으로써 잃어버리지 않는다는 것은 바로 '희·노·애·락이 아직 미발

(13) 新安陳氏曰, 天子諸侯【止】效驗皆在其中矣.

신안 진씨가 말하였다. "천자·제후 … 효험이 모두 그 가운데에 있다."[237]

章句曰, 齊家以下, 擧此而措之耳, 蓋齊家以下, 章句以爲修身之道推行擧施者, 而陳氏以爲修身之功自然之應驗, 陳說蓋未察乎章句之意矣. 蓋就修身爲本一句上, 細推見之, 則修字上見得包正心以上之事, 本字上見得包齊家以下之事, 皆自此推出來也, 皆以工夫言, 而未有及於功效之意矣.

『장구』에서 "제가 이하는 이것을 들어서 시행할 뿐이다."[238]라고 하였으니, 대개 제가 이하를 『장구』에서 수신의 도를 미루어 행하고 들어서 시행하는 것으로 여겼는데, 진씨는 수신의 성과가 저절로 드러난 효험으로 여겼으니, 진씨의 설은 대개 『장구』의 뜻을 잘 살피지 못한 것이다. 대개 '수신을 근본으로 삼는다(修身爲本)'[239]는 한 구절의 측면에서 자세히 미루어 헤아려보면, 수(修)자의 측면에서는 정심 이상의 일을 포괄하고 있음을 알 수 있고, 본(本)자의 측면에서는 제가 이하의 일을 포괄하고 있음을 알 수 있으니, 모두 이것으로부터 미루어 나온 것이며, 모두 공부로써 말하여 아직 결과의 뜻에는 미치지 못한 것이다.

인 상태를 중(中)이라 이른다'는 것이니, 경을 중이라고 이를 수는 없지만 경으로써 잃어버리지 않는 것이 바로 중이 되는 것이다.(敬而無失, 便是喜怒哀樂未發之謂中也. 敬不可謂之中, 但敬而無失, 卽所以中也.)"

237 신안 진씨가 말하였다. "천자·제후·경대부·사·서인 모두가 다 수신을 근본으로 삼으면 제가 이하의 효험은 기약하지 않아도 반드시 이루게 됨을 말한 것이다. 수신만을 제기했으나, 위로는 정심·성의·치지·격물의 공부를 포괄하고, 아래로는 제가·치국·평천하의 효험을 포괄하여, 모두 그 가운데에 있다."(新安陳氏曰, 言天子諸侯卿大夫士庶人, 一切皆以修身爲本, 而齊家以下之效, 不期而必至矣. 單提修身, 而上包正心誠意致知格物之工夫, 下包齊家治國平天下之效驗, 皆在其中矣.)

238 『대학장구』경1장 제6절의 주. "정심 이상은 모두 수신하는 것이고, 제가 이하는 이것(수신)을 들어 시행할 뿐이다.(正心以上, 皆所以修身也, 齊家以下, 則擧此而措之耳.)"

239 『대학장구』경1장 제6절. 각주 102번 참고.

3) 傳二章 전2장

玉溪盧氏曰, 前言止至善云云. 辨疑, 止用分言, 誤矣.

옥계 노씨가 말하였다. "앞에서는 지극한 선에 그침을 말하고 …."[240] 『경서변의』에서는 지(止)와 용(用)을 나누어 말한 것이 잘못된 것이라고 하였다.[241]

盧氏枯木死灰之云, 固不免爲語病. 然止用二字意差有別, 止以已得言, 用以用力言, 用其極, 所以求止於至善也. 章句不曰皆止於至善, 而加一欲字, 則其意可見矣.

노씨가 '마른나무와 불 꺼진 재'라고 말한 것은 참으로 말의 병통이 되는 것을 면하지 못한다. 그러나 지와 용 두 글자는 뜻이 조금 구별되니, 지는 이미 얻은 것으로써 말한 것이고, 용은 힘을 쓰는 것으로써 말한 것이니, 그 지극함을 쓰는[242] 것이 지극한 선에 그치는 것을 구하는 방법이다. 『장구』에서 "모두 지극한 선에 그쳤다."라고 하지 않고 욕(欲) 한 글자를 덧붙였으니,[243] 그 뜻을 알 수 있다.

---

240 옥계 노씨가 말하였다. "앞에서는 지극한 선에 그침을 말하고 여기에서는 그 지극함을 씀을 말하여 두 뜻이 서로 밝혀준다. 지극한 선에 그치게 되면 어지럽게 흔들리지 않을 것이고, 지극함을 쓰게 되면 마른나무나 불 꺼진 재가 아닐 것이다."(玉溪盧氏曰, 前言止至善, 此言用其極, 二義互相發. 止則不紛紛擾擾矣, 用則非槁木死灰矣.)

241 『경서변의』「대학」 전2장. "내가 살펴보건대, 지(止)와 용(用)을 구분 지어 말하여 어지럽게 흔들리는 것과 마른나무와 불 꺼진 재를 지와 용에 분속시킨 것은 잘못이다.(愚按止與用, 分而言之, 以紛紛擾擾槁木死灰, 分屬於止用, 其言誤矣.)"

242 『대학장구』 전2장 제4절. 각주 71번 참고.

243 『대학장구』 전2장 제4절의 주. 각주 72번 참고.

4) 傳三章 전3장

(1) 治之有緒益致其精小註, 切與琢【止】致其精細.

"다스림에 실마리가 있어 더욱 그 정밀함을 지극하게 한다"의 소주에서 절(切: 자름)과 탁(琢: 쪼음)은 … 그 정밀하고 세밀함을 지극하게 하는 것이라고 하였다.**244**

有緒致精兩句, 皆兼切磋琢磨之意, 不可以切琢屬一句磋磨又屬一句. 蓋先切而後磋之, 先琢而後磨之, 所以治之有緒也, 旣切旣琢, 似若可已, 而復磋復磨, 治之不已, 所以益致其精也. 有緒, 有次第之謂也, 益致, 因前功之謂也. 切之琢之, 不復繼以磋磨之功, 則安得謂有緒也, 磋之磨之, 有不因乎切琢之功, 則安得言益致乎.

'실마리가 있음'과 '정밀함을 지극하게 함' 두 구절은 모두 자르고 다듬고 쪼고 갊(切磋琢磨)의 뜻을 겸하고 있으니, 자름(切)과 쪼음(琢)을 한 구절에 배속하고 다듬음(磋)과 갊(磨)을 또 한 구절에 배속해서는 안 된다. 대개 먼저 자른 뒤에 다듬고 먼저 쪼은 뒤에 가는 것은 다스림에 실마리가 있는 것이며, 이미 자르고 이미 쪼았으면 그만해도 될 것 같은데 다시 다듬고 다시 갈아서 다스림을 그만두지 않는 것은 그 정밀함을 더욱 지극하게 하는 것이다. '실마리가 있음'은 '차례가 있음'을 말하고, '더욱 지극하게 함'은 '이전의 결과로 말미암음'을 말한다. 자르고 쪼은 뒤에 다시 다듬고 가는 노력을 계속하지 않는다면 어찌 '실마리가 있다'고 말할 수 있겠으며, 다듬고 가는 데 있어 자르고 쪼은 결과에 말미암지 않는다면 어찌 '더욱 지극하게 한다'고 말할 수 있겠는가?

---

244 "절(切)과 탁(琢)은 다스림에 실마리가 있음이고, 차(磋)와 마(磨)는 더욱 그 정밀하고 세밀함을 지극하게 하는 것이다.(切與琢, 是治之有端緖, 磋與磨, 是益致其精細.)"

(2) 仁山金氏曰, 親其親【止】象其賢.

인산 김씨(仁山 金氏)[245]가 말하였다. "'그 친애하는 바를 친하게 여김(親其親)' … 그 어진 바를 본받는 것이다."[246]

以象其賢釋親其親, 全不著親賢樂利之意. 或問釋之詳矣. 仁山之說, 蓋無所發明, 而語意不切, 反起後人之疑矣.

그 어진 바를 본받는 것으로 '그 친애하는 바를 친하게 여김'을 해석하면 친하게 여김(親), 어질게 여김(賢), 즐거워함(樂), 이롭게 여김(利)[247]의 뜻을 전혀 드러내지 못한다. 『혹문』에서 상세하게 해석하였다.[248] 인산의 설은 대개 새롭게 드러내어 밝힌 바가 없고 말뜻이 절실하지 않아 도리어 뒷사람들의 의심을 불러일으켰다.

(3) 玉溪盧氏曰, 此章凡五節【止】得其所止之事而言也.

옥계 노씨가 말하였다. "이 장은 모두 다섯 절이다. … 그 그칠 바를 얻는 일

---

245 김이상(金履祥, 1232~1303).
246 인산 김씨가 말하였다. "'그 친애하는 바를 친하게 여긴다'는 것은 그 높이는 바를 공경하고 그 친애하는 바를 사랑하며 그 어진 바를 본받는 것이다."(仁山金氏曰, 親其親者, 敬其所尊, 愛其所親, 象其賢也.)
247 『대학장구』 전3장 제5절. 각주 73번 참고.
248 『대학혹문』. "… 대답하셨다. "현기현(賢其賢)이라는 것은 '전해 들어서 알게 되었다(聞而知之)'는 것이니, 예전 임금의 성대한 덕업을 추앙하는 것이다. 친기친(親其親)이라는 것은 '자손이 지켜나갔다(子孫保之)'는 것이니, 예전 임금이 덮어주고 길러주던 은혜를 그리워하는 것이다. 락기락(樂其樂)이라는 것은 '배불리 먹고 배를 두들기며' 그 즐거움을 누리는 것이고, 이기이(利其利)라는 것은 '밭 갈아 먹고 우물 파 마시며' 그 이익을 누리는 것이니, 이는 모두 선왕의 성덕·지선 덕택이다. 그러므로 비록 선왕이 이미 세상을 떠났더라도 사람들이 오히려 그리워하고, 오래될수록 잊지 못하는 것이다."(… 曰, 賢其賢, 聞而知之, 仰其德業之盛也. 親其親者, 子孫保之, 思其覆育之恩也. 樂其樂者, 含哺鼓腹, 而安其樂也, 利其利者, 耕田鑿井, 而享其利也. 此皆先王盛德至善之餘澤. 故雖己沒世, 而人猶思之, 愈久而不能忘也.)"

로써 말한 것이다."²⁴⁹

此章當分爲二節, 文王詩以上屬知止, 淇澳詩以下屬能得, 考之章句可見. 盧氏分爲五節, 已失章句之指, 而其以文王詩屬得止之事者, 尤似未察傳者之意也. 文王詩自文王言之, 則固爲得止之事, 而傳者引之, 蓋借文王之所止, 以示學者之所當止, 故以傳文言之, 則爲知止之事矣.

이 장은 마땅히 두 절로 나누어져 문왕시(文王詩, 제3절) 이상은 '그칠 바를 앎(知止)'에 속하고 기욱시(淇澳詩, 제4절) 이하는 '능히 얻음(能得)'에 속한다는 것은 『장구』를 고찰해보면 알 수 있다. 노씨는 다섯 절로 나누어 이미 『장구』의 뜻을 잃었으며, 문왕시를 '그칠 바를 얻음(得止)'의 일에 배속한 것은 더욱더 전을 지은 사람의 뜻을 잘 살피지 못한 것 같다. 문왕시는 문왕의 입장에서 말하면 참으로 '그칠 바를 얻음'의 일이 되지만, 전을 지은 사람이 그것을 인용할 때에는 대개 문왕께서 그치신 바를 빌려서 배우는 사람들이 마땅히 그쳐야 할 바를 보여준 것이므로, 전문으로써 말하면 '그칠 바를 앎'의 일이 된다.

5) 傳四章 전4장

(1) 我之明德旣明小註云云. 畏服民之心志小註云云.

---

249 옥계 노씨가 말하였다. "이 장은 모두 다섯 절이다. 제1절은 물이 각각 마땅히 그쳐야 할 곳이 있음을 말한 것이다. 제2절은 사람이 마땅히 그쳐야 할 곳을 당연히 알아야 함을 말한 것이니, 그칠 바를 아는 일로써 말한 것이다. 제3절은 성인께서 그치시는 바가 지극한 선이 아님이 없음을 말한 것이니, 그 그칠 바를 얻는 일로써 말한 것이다."(玉溪盧氏曰, 此章凡五節. 第一節, 言物各有所當止之處. 第二節, 言人當知所當止之處, 以知止之事而言也. 第三節, 言聖人之止無非至善, 以得其所止之事而言也.)

'나의 명덕이 이미 밝아지다'[250]의 소주에서 말하였다.[251] '백성의 마음을 두렵게 하여 굴복시키다'의 소주에서 말하였다.[252]

小註說, 恐得章句之指, 而辨疑非之, 有所不敢知. 下小註朱子說以使無訟爲本聽訟爲末者, 與章句說不同, 恐是記錄之誤. 所謂本末者, 指明德新民, 則使無訟是新民, 而當爲末, 其所以使無訟者, 是明德之明, 而當爲本, 不亦明乎. 若以使無訟爲本聽訟爲末, 則是就新民中分本末, 而聽訟之區區於聽斷之末者, 非聖人所務, 又何足以當大學本末之道也.

소주의 설이 아마도 『장구』의 뜻에 맞는 것 같은데 『경서변의』에서는 옳지 않다고 하였으니,[253] 외람되게도 잘 모르겠다. 아래에 있는 소주의 주자의 설이 '송사가 없게 함(使無訟)'을 근본으로 삼고 '송사를 들음(聽訟)'을 말단으로 삼은 것은[254] 『장구』의 설과 같지 않으니, 아마도 기록의 잘못인 것 같다. '근본과 말단'이라고 이르는 것이 명명덕과 신민을 가리킨다면, '송사가 없게 함'은 신민이니 마

---

250 『대학장구』 전4장의 주. "공자의 말씀을 인용하여, 성인이 능히 실정이 없는 사람으로 하여금 감히 허탄한 말을 다하지 못하게 하는 것은 나의 명덕이 이미 밝아져서 자연히 백성의 마음을 두렵게 하여 굴복시킴이 있으므로 송사를 다스릴 필요 없이 송사가 저절로 없어짐을 말씀하신 것이다.(引夫子之言, 而言聖人能使無實之人, 不敢盡其虛誕之辭, 蓋我之明德旣明, 自然有以畏服民之心志, 故訟不待聽而自無也.)"
251 "이것은 근본을 미루어 말한 것이다. 명덕을 밝힘(명명덕)이 근본이 되니, 곧 전을 지은 사람이 말한 것 밖에 있는 뜻이다.(此推本言之, 明明德爲本, 乃傳者言外之意.)"
252 "이것은 곧 백성을 새롭게 함(신민)이다.(此卽新民.)"
253 『경서변의』 「대학」 전4장. "살펴보건대, 이는 아래 소주에서 주자가 '백성으로 하여금 송사가 없도록 하는 것이 근본이고 송사를 다스리는 것은 지엽적인 것이다.'라고 한 것과 같지 않은 듯하니, 다시 자세히 살펴보아야 한다.(按此與下小註, 朱子所謂使民無訟, 本也, 聽訟爲末, 似不同, 更詳之.)"
254 『대학장구』 전4장의 소주. "주자께서 말씀하셨다. "백성이 송사가 없게 함은 나에게 있는 일로 근본이다. 그러므로 송사를 들음은 말단이 되는 것이다."(朱子曰, 使民無訟, 在我之事, 本也, 此所以聽訟爲末.)"

땅히 말단이 되고, 송사가 없게 하는 근거는 명덕의 밝음이니 마땅히 근본이 되는 것이 또한 분명하지 않겠는가? 만약 '송사가 없게 함'을 근본으로 삼고 '송사를 들음'을 말단으로 삼는다면, 이는 신민을 근본과 말단으로 나눈 것이며, '송사를 들음'을 송사를 자세히 듣고 판단하는 말단까지 구차하게 하는 것은 성인께서 힘쓰시는 바가 아니라고 한다면, 또 어찌 『대학』의 본말의 도에 해당할 수 있겠는가?

(2) 雙峯饒氏曰, 聽訟末也【止】爲本末矣.

쌍봉 요씨(雙峯 饒氏)²⁵⁵가 말하였다. "'송사를 들음'은 말단이고 … 근본과 말단이 된다."²⁵⁶

聽訟無訟爲本末之非, 已辨於上. 饒氏擧輕明重之說, 尤不可曉. 傳者之意, 若果姑借聽訟之本末, 以明明德新民之本末, 則章句何無一言及於聽訟之事, 只釋使無訟一句, 而又必推原明德爲說耶. 盧氏之說, 其失亦同於饒氏, 而許氏所謂本卽明明德也者, 爲獨得章句之指矣.

'송사를 들음'과 '송사가 없게 함'이 근본과 말단이 되는 것이 옳지 않다는 데 대해서는 이미 위에서 논변하였다.²⁵⁷ 요씨의 '가벼운 것을 들어서 중요한 것을 밝혔다'는 말은 더욱더 이해할 수가 없다. 전을 지은 사람의 뜻이 만약 송사를 듣는 것의 근본과 말단을 잠시 빌려와 명명덕과 신민의 근본과 말단을 밝힌 것

---

255 요로(饒魯, 1193~1264).
256 쌍봉 요씨가 말하였다. "'송사를 들음'은 말단이고, '송사가 없게 함'은 그 근본을 다스리는 것이다. 전을 지은 사람이 가벼운 것을 들어 중요한 것을 밝혔으나, 인용만 하고 자세히 설명하지는 않았으니, 이것을 알면 명명덕과 신민이 서로 근본과 말단이 됨을 알게 될 것이다."(雙峯饒氏曰, 聽訟, 末也, 使無訟, 理其本也. 傳者擧輕以明重, 然引而不發, 知此則見明德新民之相爲本末矣.)
257 권제1-3-5)-(1)

이라면, 『장구』에서 어찌하여 송사를 듣는 일에 대하여 한 마디 언급도 없이 단지 '송사를 없게 함' 한 구절만 해석하였겠으며, 또 반드시 명명덕에 근원을 미루어 헤아려 말하였겠는가? 노씨의 말[258]은 그 잘못이 또한 요씨와 같으며, 허씨가 '근본은 곧 명명덕이다.'[259]라고 이른 것이 오직 『장구』의 뜻에 알맞다고 하겠다.

6) 傳五章 전5장

(1) 卽物窮理小註, 卽物如卽事卽景.

'물에 나아가 이치를 궁구하다'[260]의 소주에서 '물에 나아감(卽物)'은 '일에 나아감(卽事)'과 '경치에 나아감(卽景)'과 같다고 하였다.[261]

卽物, 如卽乎事也. 卽之爲言, 就也. 小註以卽今之卽解之, 恐失之. 卽事之語, 本多以就事言, 而小註以卽景幷言, 則亦以卽今之卽言之矣.

---

[258] 『대학장구』 전4장의 소주. "옥계 노씨가 말하였다. "송사가 있어 들을 수 있음은 백성을 새롭게 함에 있어서 지극히 선함이 아니며, 들을 송사가 없어야 곧 백성을 새롭게 함의 지극히 선함이 되니, 송사가 없어짐은 곧 백성이 새로워진 것이다. 백성의 송사가 없게 함은 오직 덕을 밝힌 사람만이 할 수 있으니, 송사를 들음과 송사가 없게 함의 본말과 선후는 곧 덕을 밝힘과 백성을 새롭게 함의 본말과 선후이다."(玉溪盧氏曰, 有訟可聽, 非新民之至善, 無訟可聽, 方爲新民之至善, 無訟則新民矣. 使民無訟, 惟明明德者能之, 聽訟使無訟之本末先後, 卽明德新民之本末先後也.)

[259] 『대학장구』 전4장의 소주. "동양 허씨가 말하였다. "근본은 곧 밝은 덕을 밝히는 것이니, 나의 덕이 이미 밝으면 자연히 백성의 뜻을 굴복시킬 수 있어서 감히 진실이 없는 말을 다하지 못하는 것이다."(東陽許氏曰, 本卽明明德也, 我之德旣明, 則自能服民志, 不敢盡其無實之言.)

[260] 『대학장구』 전5장 보망장. "앎을 지극하게 함이 사물의 이치를 궁구함에 있다는 것은 나의 앎을 지극하게 하고자 한다면 사물에 나아가 그 이치를 궁구함에 있음을 말한 것이다.(所謂致知在格物者, 言欲致吾之知, 在卽物而窮其理也.)

[261] "'물에 나아감'은 일에 나아가고 경치(景)에 나아가는 것과 같으니, 내가 접하는 바의 사물을 따르는 것이다.(卽物, 如卽事卽景, 隨吾所接之事物也.)

'즉물(卽物)'은 일(事)에 나아감과 같다. 즉(卽)의 말뜻은 취(就: 나아감)이다. 소주에서 즉금(卽今: 바로 지금)의 즉(卽)으로 해석한 것은 아마도 잘못된 것 같다. 즉사(卽事)라는 말은 본래 대부분 취사(就事)로써 말하는 것인데, 소주에서는 즉경(卽景)을 아울러 말하였으니, 또한 즉금(卽今)의 즉(卽)으로써 말한 것이다.

(2) 因其已知之理小註, 已知卽上文莫不有知之知. 辨疑, 小註說可疑.

'그 이미 알고 있는 이치로 말미암는다'[262]의 소주에서 '이미 알고 있음(已知)'은 곧 위 글의 '앎이 있지 않음이 없다(莫不有知)'의 앎(知)이라고 하였다.[263] 『경서변의』에서는 소주의 설이 의심스럽다고 하였다.[264]

辨疑說, 恐未然. 此章大意, 以知理二字爲對立關鍵, 故章首以致吾之知在窮其理起頭, 而其下節節相承, 曰莫不有知, 莫不有理, 曰理有未窮, 知有不

---

262 『대학장구』 전5장 보망장. "대개 사람의 마음은 신령하여 앎이 있지 않음이 없고 천하의 사물은 이치가 있지 않음이 없건마는 다만 이치에 대하여 궁구되지 못함이 있기 때문에 그 앎이 다하지 못함이 있다. 이 때문에 대학에서 처음 가르칠 적에 반드시 배우는 자들로 하여금 모든 천하의 사물에 나아가서 그 이미 알고 있는 이치로 말미암아 더욱 궁구해서 그 극(極)에 이름을 구하지 않음이 없게 한 것이다.(蓋人心之靈, 莫不有知, 而天下之物, 莫不有理, 惟於理有未窮, 故其知有不盡也. 是以大學始敎, 必使學者, 卽凡天下之物, 莫不因其已知之理而益窮之, 以求至乎其極.)"

263 "'이미 알고 있음'은 곧 위 글의 '사람의 마음은 신령하여 앎이 있지 않음이 없다'의 앎이다.(已知, 卽上文人心之靈莫不有知之知.)"

264 『경서변의』「대학」 전5장. "살펴보건대, '사람의 마음은 신령하여 앎(知)이 있지 않음이 없다'에서의 지(知)자는 곧 본연의 앎이니 앎의 본체이며, '그 이미 알고 있는 것으로 인하여(因其已知)'에서의 지(知)자는 치지(致知)의 지(知)자이니 앎의 작용이다. 주자의 뜻은 '치지하는 방법이란 이미 알고 있는 것으로 말미암아 미루어 끝까지 가서 그 알지 못한 것에 미치어 이름을 극진히 한다'는 것으로, 위아래의 지(知)자가 같지 않으니 소주의 설은 의심스럽다.(按人心之靈莫不有知之知, 卽本然之知, 知之體也, 因其已知之知, 卽致知之知, 知之用也, 朱子之意, 以爲致知之方, 因其所已知者, 推以致之, 以及其所未知者而極其至也, 上下知字自不同, 小註之說可疑.)"

盡, 而以因其已知之理一句合言之, 則已知之知, 卽知有不盡之知也, 知有不盡之知, 卽莫不有知之知也, 莫不有知之知, 卽致吾之知之知也. 一章內凡言知字, 未見其有不同也. 但莫不有知之知其意闊, 因其已知之知其意狹, 此其微有不同者, 而謂之兩知字分爲體用, 而字義有不同, 則恐未可也. 蓋莫不有知之知, 亦言其此心之靈能有所知識云爾, 蓋以知之著於事物者而言也, 非以心之本體昭昭靈靈知覺不昧者而言也, 安得以是爲體哉.

『경서변의』의 말이 아마도 옳지 않은 것 같다. 이 장의 큰 뜻은 지(知)와 리(理) 두 글자를 대비하여 세우는 것이 관건이므로 장의 첫머리에 '나의 앎(知)을 지극하게 하는 것은 그 이치(理)를 궁구하는 데 있다'는 것으로 시작하여 그 아래 구절들이 서로 이어서 "앎이 있지 않음이 없다. 이치가 있지 않음이 없다." "이치가 궁구되지 못함이 있다. 앎이 다하지 못함이 있다."라고 하고 '그 이미 알고 있는 이치로 말미암는다'는 한 구절을 합쳐서 말하고 있으니, '이지(已知: 이미 알고 있다)'의 지는 곧 '지유부진(知有不盡: 앎이 다하지 못함이 있다)'의 지이고, '지유부진'의 지는 곧 '막불유지(莫不有知: 앎이 있지 않음이 없다)'의 지이며, '막불유지'의 지는 곧 '치오지지(致吾之知: 나의 앎을 지극하게 한다)'의 지이다. 한 장 안에서 말한 모든 지(知)자가 서로 다른 점이 있는 것으로 보이지 않는다. 다만 '막불유지'의 지는 그 의미가 넓고, '인기이지(因其已知: 그 이미 알고 있는 바로 말미암는다)'의 지는 그 의미가 좁으니, 이것이 조금은 서로 다른 점이 있는 것이지만, '두 개의 지(知)자가 체와 용으로 나누어져 글자의 뜻에 같지 않은 바가 있다'고 하는 것은 아마도 옳지 않은 것 같다. 대개 '막불유지'의 지는 또한 이 마음의 신령함은 능히 알고 이해하는 바가 있다는 말일 뿐이니, 대개 앎이 사물에 드러난 것으로써 말하는 것이지, 마음의 본체가 아주 밝고 매우 신령하여 지각이 어둡지 않은 것으로써 말하는 것이 아니니, 어찌 이를 체라고 할 수 있겠는가?

(3) 朱子曰, 格物只是就一物【止】無不盡處.

주자께서 말씀하셨다. "격물은 다만 하나의 물에 나아가 … 다하지 못하는 곳이 없는 것이다."²⁶⁵

章句釋致知曰, 欲其所知無不盡也, 釋知至曰, 吾心之所知無不盡也, 今以知無不盡爲致知, 恐是記錄之誤也.

『장구』에서 치지를 해석하면서 "그 아는 바가 다하지 않음이 없고자 한다."²⁶⁶라고 하였고, 지지를 해석하면서 "내 마음의 아는 바가 다하지 않음이 없다."²⁶⁷라고 하였는데, 지금 '앎이 다하지 못함이 없다'를 치지라고 하였으니, 아마도 기록의 잘못인 것 같다.

(4) 孟子所謂知皆擴而充之【止】致字意思.

『맹자』에서 '모두 넓혀서 채울 줄 안다'고 이른 것은 … 치(致)자의 뜻(意思)이다.²⁶⁸

據孟子本文, 則知字當釋擴充下, 言知所以擴充也. 且所謂擴充者, 指四端言

---

265 주자께서 말씀하셨다. "격물은 다만 하나의 물에 나아가 하나의 물의 이치를 궁구하는 것이고, 치지는 곧 다만 물의 이치를 모두 궁구하여 얻은 뒤에 나의 지식이 또한 다하지 못하는 곳이 없는 것이다."(朱子曰, 格物, 只是就一物上窮盡一物之理, 致知, 便只是窮得物理盡後, 我之知識, 亦無不盡處.)

266 『대학장구』경1장 제4절의 주. "치(致)는 미루어 지극히 함이요 지(知)는 식(識)과 같으니, 나의 지식을 미루어 지극하게 하여 아는 바가 다하지 않음이 없고자 하는 것이다.(致, 推極也, 知, 猶識也, 推極吾之知識, 欲其所知無不盡也.)

267 『대학장구』경1장 제5절의 주. "지지는 내 마음의 아는 바가 다하지 않음이 없는 것이다.(知至者, 吾心之所知無不盡也.)

268 주자께서 말씀하셨다. "『맹자』에서 '[나에게 있는 사단을] 모두 넓혀서 채울 줄 알면, 마치 불이 처음 타오르고 샘이 처음 솟아나오는 것과 같을 것이다.'라고 이른 것이니, 넓혀서 채우는 것이 곧 치(致)자의 뜻이다."(朱子曰, 孟子所謂知皆擴而充之, 若火之始然, 泉之始達, 擴而充之, 便是致字意思.)

也, 以擴充其所知爲言, 則可疑矣.【朱子答吳晦叔書, 引孟子此語, 以爲知先行後之證, 似與輯註說不同, 然亦自爲一說矣.】

『맹자』의 본문에 의거하면,[269] 지(知)자는 마땅히 확충(擴充) 아래에서 해석해야 하니, 넓혀서 채울 방법을 안다는 것을 말한다. 또 '넓혀서 채우다(擴充)'라고 이르는 것은 사단을 가리켜 말한 것이니, '그 아는 바를 넓혀서 채우다'라고 말하는 것은 의심스럽다.【주자께서 오회숙에게 보낸 답장에서 『맹자』의 이 말을 인용하여 앎이 먼저이고 실천이 나중이라는 증거로 삼으셨는데,[270] 『맹자집주』의 말과 같지 않은 것 같으나, 또한 그 자체로 하나의 설이 된다.】

(5) 玉溪盧氏曰, 表也粗也, 理之用也, 裏也精也, 理之體也.

옥계 노씨가 말하였다. "표(表: 겉)와 조(粗: 거친 것)는 리의 용이고, 리(裏: 속)와 정(精: 정밀한 것)은 리의 체이다."

栗谷先生已辨其非矣.

율곡 선생께서 이미 그것이 잘못된 것임을 논변하셨다.[271]

---

269 『맹자집주』「公孫丑上」제6장 제7절. "무릇 나에게 있는 사단을 모두 넓혀서 채울 줄 알면, 마치 불이 처음 타오르는 것과 같으며 샘이 처음 솟아나오는 것과 같을 것이니, 만일 능히 이것을 채운다면 충분히 사해를 보전할 수 있고, 만일 채우지 못한다면 부모도 섬길 수 없을 것이다.(凡有四端於我者, 知皆擴而充之矣, 若火之始然, 泉之始達, 苟能充之, 足以保四海, 苟不充之, 不足以事父母.)"

270 『주자대전』권42 「답오회숙」. "보통 논의하는 앎과 실천의 이치를 하나의 사례 안에서 본다면, 앎이 먼저이고 실천이 나중이라는 것은 의심할 수 없다.【맹자께서 '모두 넓혀서 채울 줄 안다'고 이르신 것과 정자께서 '비유하자면 길을 갈 때 반드시 빛을 얻어야 하는 것과 같다'고 이르신 것과 『주역』「문언전」에서 '이르는 것을 알아 그것을 이르게 하고 끝을 알아 끝낸다'고 이른 것 등이 이것이다.】(夫泛論知行之理, 而就一事之中以觀之, 則知之爲先, 行之爲後, 無可疑者【如孟子所謂知皆擴而充之, 程子所謂譬如行路, 須得光照, 及易文言所謂知至至之, 知終終之之類, 是也.】)"

271 『경서변의』「대학」전5장. "율곡이 반박하기를 "금수나 퇴비에 있는 리는 겉(表)도 거칠고

7) 傳六章 전6장

(1) 新安陳氏曰, 周子云, 幾善惡【止】爲善去惡.

신안 진씨가 말하였다. "주자(周子)께서 '기미(幾)에서 선·악이 나누어진다'고 하셨으니 … 선을 행하고 악을 제거하는 것이다."[272]

周子所謂幾善惡者, 以情之初動, 善惡所由分之幾也, 章句所謂審其幾者, 以意之經營, 實與不實所由分之幾也. 意自不同, 陳氏合而論之, 誤矣. 蓋情意分爲兩境界, 故審察其幾, 亦自有兩境界. 一念初動者, 情也, 而善惡於是焉分, 則情之幾也. 於此察之, 不使其善惡相混者, 爲第一加察. 察其爲善惡, 而善思其擴充, 惡思其絶去者, 意也, 而好善惡惡, 又有實與不實, 則意之幾也. 於此又加察之, 以辨其誠僞之分者, 爲第二加察. 省察之功至此, 然後心術之間不容有一毫私僞之雜, 而天理流行矣. 情是驀直發出底, 意是商量計較底, 故一動之後, 纔涉商量, 便喚做意, 而反復審察, 無非商量, 故一察再察, 皆是意之所爲, 而意上又自分爲兩境界矣.

주자(周子)께서 '기미에서 선·악이 나누어진다'[273]고 이르신 것은 정이 처음 움직일 때 선·악이 나누어지게 되는 기미이고, 『장구』에서 '그 기미를 살핀다'[274]라

(粗) 속(裏)도 거칠다. 모든 물은 표리, 정조를 나누어 체와 용으로 이분할 수 없다." 하였다.(栗谷駁之曰, 在禽獸糞壤之理, 則表亦粗, 裏亦粗, 凡物不可以表裏精粗分體用二之也.)

272 신안 진씨가 말하였다. "주자(周子)께서 '기미[幾]에서 선·악이 나누어짐은 자기 홀로 아는 곳이다'라고 하셨으니, 바로 생각이 처음 싹터 움직여서 선과 악, 성실함과 거짓됨이 나누어지기 시작하는 조짐의 미세한 곳이다. 반드시 이에 대해 잘 살펴야 선을 행하고 악을 없애는 일을 실천하게 되는 것이다."(新安陳氏曰, 周子云, 幾善惡己所獨知, 乃念頭初萌動, 善惡誠僞所由分之幾微處, 必審察於此, 以實爲善去惡.)

273 『통서』「誠幾德」. "성은 작위하는 것이 없다. 기미에서 선·악이 나누어진다.(誠無爲, 幾善惡.)"

274 『대학장구』 전6장 제1절의 주. "그러나 그 성실하고 성실하지 못함은 남은 미처 알지 못하고 자

고 이른 것은 의가 일을 운영함에 진실함과 진실하지 못함이 나누어지게 되는 기미이다. 뜻이 자연히 같지 않은데도 진씨는 합쳐서 논의하였으니 잘못된 것이다. 대개 정과 의는 나누어져 두 개의 영역이 되므로 그 기미를 자세히 살피는 것 또한 자연히 두 개의 영역이 있게 된다. 하나의 생각이 처음 움직이는 것은 정이고, 선·악이 여기에서 나누어지는 것이 정의 기미이다. 이를 잘 살펴서 그 선·악이 서로 섞이지 않게 하는 것이 첫 번째로 살펴야 할 것이 된다. 그 선·악이 됨을 잘 살펴서 선은 넓혀서 채울 것을 생각하고 악은 끊어 없애버릴 것을 생각하는 것이 의이고, 선을 좋아하고 악을 미워함에 또 진실함과 진실하지 못함이 있는 것은 의의 기미이다. 이에 대해 더욱더 잘 살펴서 그 진실함과 거짓됨의 구분을 분별하는 것이 두 번째로 살펴야 할 것이 된다. 성찰의 공부가 여기에 이른 뒤에야 마음가짐 사이에 한 터럭의 사사로움과 거짓됨도 섞이는 것을 용납하지 않아 천리가 유행하게 된다. 정은 곧바로 발하여 나오는 것이고, 의는 헤아려 생각하고 비교하며 따지는 것이므로, 한 번 움직인 뒤에 헤아려 생각하게 되자마자 바로 의라고 부르며, 되풀이하여 자세히 살피는 것은 헤아려 생각함이 아님이 없으므로, 한 번 살피는 것과 거듭 살피는 것 모두 의가 하는 바이니, 의의 측면이 또 자연히 나누어져 두 개의 영역이 된다.

(2) 朱子曰, 幾者動之微, 欲動未動之間.

주자께서 말씀하셨다. "기미란 움직임이 은미한 것이니, 움직이려 함과 움직이지 않음의 사이이다."[275]

신만이 홀로 아는 데 있다. 그러므로 반드시 홀로 있을 때 삼가 그 기미를 살펴야 함을 말씀하신 것이다.(然其實與不實, 蓋有他人所不及知而己獨知之者, 故必謹之於此, 以審其幾焉.)"

275 주자께서 말씀하셨다. "기미(幾)란 움직임이 은미한 것이니, 이는 움직이려 함과 움직이지 않음의 사이이다."(朱子曰, 幾者動之微, 是欲動未動之間.)

此論周子幾善惡之幾, 非論此章審其幾之幾也.

이것은 주자(周子)의 '기미에서 선·악이 나누어진다'는 것의 기미를 논한 것이지, 이 장의 '그 기미를 살핀다'의 기미를 논한 것이 아니다.

(3) 雙峯饒氏曰, 閒居爲不善, 自欺也.

쌍봉 요씨가 말하였다. "한가로이 거처할 때에 선하지 않은 일을 함은 스스로 속임이다."

自欺是工夫極細處, 閒居爲不善是大段無狀底人, 豈可作一事看耶.

'스스로 속임(自欺)'[276]은 공부의 지극히 세밀한 곳이며, '한가로이 거처할 때에 선하지 않은 일을 함'은[277] 대단히 형편없는 사람이니, 어찌 하나의 일로 간주할 수 있겠는가?

(4) 朱子曰, 小人閒居以下, 形容自欺.

주자께서 말씀하셨다. "'소인이 한가로이 거처할 때(小人閒居)' 이하는 '스스로 속임'을 형용한 것이다."[278]

與上小註前後學者說自欺差了, 緣賺連下文小人閒居一節看了, 所以差之說不同, 恐此是記錄之誤, 或是初年之見也.

위(전6장 제1절)의 소주의 "예전과 지금의 학자들이 '스스로 속임'에 대해 잘못

---

276 『대학장구』 전6장 제1절. 각주 108번 참고.
277 『대학장구』 전6장 제2절. 각주 110번 참고.
278 주자께서 말씀하셨다. "'소인이 한가로이 거처할 때' 이하는 스스로를 속이는 형상을 형용한 것이다."(朱子曰, 小人閒居以下, 是形容自欺之情狀.)

설명하게 된 것은 아래 글의 '소인이 한가로이 거처할 때'라는 절과 잘못 연결해서 보았기 때문에 어긋나게 된 것이다."라는 말과 같지 않으니, 아마도 이것은 기록의 잘못이거나 젊은 시절의 견해인 것 같다.

(5) 雙峯饒氏曰, 傳之諸章【止】廣大如此也.
쌍봉 요씨가 말하였다. "전의 여러 장에서 … 이와 같이 넓고 크다."[279]

誠意所以獨爲一傳者, 已釋於上. 若如饒說, 而知行不可連說, 誠正不可連說, 則經文何以曰, 欲誠其意, 先致其知, 欲正其心, 先誠其意, 又曰, 知至而後意誠, 意誠而後心正乎. 章句又何以於誠意章下特言致知誠意之相須, 正心章下特言誠意正心之相須乎. 饒說蓋所謂求其說而不得, 從而爲之辭者也.

성의가 홀로 하나의 전이 되는 까닭은 이미 위에서 해석하였다. 만약 요씨의 말과 같이 지와 행을 연결해서 말할 수 없고 성(誠: 誠意)과 정(正: 正心)을 연결

---

[279] 쌍봉 요씨가 말하였다. "전의 여러 장에서 여덟 가지 일(8조목)을 해석하면서 장마다 모두 두 가지 일을 연결해서 말하였으나, 유독 이 장은 성의만을 거론하였다. 대개 지지와 의성은 진실로 서로 이어지는 것이지만, 치지는 지에 속하고 성의는 행에 속하며, 지와 행은 결국 두 가지 일이기 때문에 마땅히 각자 힘을 써야 하니, '알고 나면 곧바로 자연히 실천할 수 있다'고 말할 수 없는 것이다. 성의장(전6장)을 치지와 연결시켜 말하지 않은 까닭은 이 때문이다. 정심과 성의는 비록 모두 행에 속하지만, 성의는 정심의 요체가 될 뿐만 아니라 수신부터 평천하까지 모두 이것을 요체로 삼는다. 그러므로 정자께서 천덕과 왕도를 논하실 때에 모두 '그 요체는 단지 혼자인 데를 삼가는 데에 있다'고 하신 것이다. 천덕은 곧 '마음이 바르게 되고 몸이 닦아짐'을 말하고, 왕도는 곧 '제가·치국·평천하'를 말하며, 혼자인 데를 삼감은 곧 성의의 요지인데, 만약 단지 정심과 연결시켜 말한다면 그 뜻이 매우 협소해서 그 공용이 이와 같이 넓고 큼을 나타내지 못할 것이다."(雙峯饒氏曰, 傳之諸章釋八事, 每章皆連兩事而言, 獨此章單擧誠意. 蓋知至意誠, 固是相因, 然致知屬知, 誠意屬行, 知行畢竟是二事, 當各自用力, 不可謂知了, 便自然能行. 所以誠意章不連致知說者, 爲此. 正心誠意, 雖皆屬行, 然誠意不特爲正心之要, 自修身至平天下, 皆以此爲要. 故程子論天德與王道皆曰, 其要只在謹獨. 天德卽心正身修之謂, 王道卽齊家治國平天下之謂, 謹獨卽誠意之要旨, 若只連正心說, 則其意促狹, 無以見其功用之廣大如此也.)

해서 말할 수 없다면, 경문에서 어찌하여 "그 뜻을 성실하게 하려면 먼저 그 앎을 지극하게 해야 하고, 그 마음을 바르게 하려면 먼저 그 뜻을 성실하게 해야 한다."[280]라고 하고, 또 "앎이 지극해진 뒤에 뜻이 성실해지고, 뜻이 성실해진 뒤에 마음이 바르게 된다."[281]라고 했겠는가? 또 『장구』에서 어찌하여 성의장(전6장) 뒤에 특별히 치지와 성의가 서로 필요로 함을 말하고,[282] 정심장(전7장) 뒤에 특별히 성의와 정심이 서로 필요로 함을 말하였겠는가?[283] 요씨의 말은 대개 '그 말을 구했으나 이해하지 못하여 따라서 말을 만든 것'[284]이다.

8) 傳七章 전7장

(1) 雙峯饒氏曰, 懥者怒之留.

쌍봉 요씨가 말하였다. "치(懥)란 노여움이 머물러 있는 것이다."[285]

忿懥, 怒也, 有所, 卽怒之留者也. 懥字已兼留字意, 則傳文有所與懥字, 不

---

280 『대학장구』 경1장 제4절. 각주 65번 참고.
281 『대학장구』 경1장 제5절. "사물의 이치가 이른 뒤에 앎이 지극해지고, 앎이 지극해진 뒤에 뜻이 성실해지고, 뜻이 성실해진 뒤에 마음이 바르게 되고, 마음이 바르게 된 뒤에 몸이 닦아지고, 몸이 닦아진 뒤에 집안이 가지런해지고, 집안이 가지런해진 뒤에 나라가 다스려지고, 나라가 다스려진 뒤에 천하가 평안해진다.(物格而后知至, 知至而后意誠, 意誠而后心正, 心正而后身修, 身修而后家齊, 家齊而后國治, 國治而后天下平.)"
282 『대학장구』 전6장 장하주. 각주 36번 참고.
283 『대학장구』 전7장 장하주. 각주 118번 참고.
284 『韓昌黎文集』 권11 「對禹問」. "내가 말하였다. '맹자의 마음은 성인이 자기 아들을 구차히 편애함으로써 천하 사람을 해롭게 하지 않았다는 것이다. 그 말을 구했으나 이해하지 못하여 따라서 말을 만들었다.'(曰, 孟子之心, 以爲聖人不苟私於其子以害天下, 求其說而不得, 從而爲之辭.)"
285 쌍봉 요씨가 말하였다. "분(忿)이란 성냄이 심한 것이고, 치(懥)란 노여움이 머물러 있는 것이다."(雙峯饒氏曰, 忿者怒之甚, 懥者怒之留.)

得兩下俱說矣. 且留滯之情, 不可存矣. 章句何以言, 四者皆心之用, 而人所不能無云耶.

분치는 노여워하는(怒) 것이고, 유소는 노여움이 머물러 있는 것이다. 치(懥)자가 이미 유(留)자의 뜻을 겸하고 있으니, 전문의 유소와 치(懥)자는 둘을 함께 말할 수 없다. 또 머물러 남아 있는 정을 보존해서는 안 된다. 『장구』에서 어찌하여 '네 가지는 모두 마음의 작용이며 사람에게 없을 수 없다.'[286]라고 말하였겠는가?

(2) 三山陳氏曰, 察者察乎理也.

삼산 진씨(三山 陳氏)[287]가 말하였다. "찰(察)이란 이치를 살피는 것이다."[288]

章句察字, 察乎心也. 未說到理, 而言心則理亦在其中矣. 此節之察, 察此心之有所無所也, 下節之察, 察此心之存與不存也. 其實病一也, 察一也. 蓋一有有所之病, 則心之本體, 不存矣, 察其有所, 卽所以察其不存也.

『장구』의 찰(察)자는 마음(心)을 살피는 것이다. 이치까지 말하지는 않았지만, 마음을 말하면 이치 또한 그 가운데 있다. 이 절의 찰[289]은 이 마음의 유소(有所: ~하는 바가 있음)와 무소(無所: ~하는 바가 없음)를 살피는 것이고, 아래 절의 찰[290]은 이 마음이 보존되는지 보존되지 못하는지를 살피는 것이다. 그러나 실제로는 한 가지 병통이며, 살펴야 할 것도 한 가지이다. 대개 한 번이라도 유소의 병통이 있

---

286 『대학장구』 전7장 제1절의 주. 각주 119번 참고.
287 진공석(陳孔碩, 생몰년 미상).
288 삼산 진씨가 말하였다. "『장구』에서 찰(察)자를 긴요하게 말하였는데, 또한 바깥에서 구해서 가지고 온 것이 아니라 대개 아래 글의 '마음이 있지 않으면(心不在焉)'이라는 구절로 말미암아 드러내 보인 것이니, 찰이란 이치를 살피는 것이다."(三山陳氏曰, 章句緊要說一察字, 亦非從外撰來, 蓋因下文心不在焉一句發出, 察者, 察乎理也.)
289 『대학장구』 전7장 제1절의 주. 각주 119번 참고.
290 『대학장구』 전7장 제2절의 주. 각주 38번 참고.

으면 마음의 본체가 보존되지 못하니, 그 유소를 살피는 것이 곧 그 보존되지 못함을 살피는 방법이다.

(3) 朱子曰, 意有善惡之殊, 心有偏正之異.
주자께서 말씀하셨다. "의에는 선·악의 다름이 있고, 마음에는 치우침과 바름의 차이가 있다."[291]

意固有善惡, 而誠意之意, 卽爲善去惡之意, 非善惡之謂也. 心固有偏正, 而此章之心, 只爭其妄動之有無, 本體之存亡, 非言其應事處偏正之異也. 下章五者之發, 政要爭其偏正, 而此章四者之動, 則只爭其有無, 不可爭其偏正, 而偏者去之, 正者存之也. 偏正之爭, 旣在於下章, 則此章之不當復以偏正言者, 又可見也.

의에는 본래 선·악이 있으나, 성의(誠意)의 의는 곧 선을 행하고 악을 없애려는 의이지 '선·악'을 이르는 것이 아니다. 마음에는 본래 치우침과 바름이 있으나, 이 장의 마음(心)은 단지 그 망령되게 움직인 것이 있는지 없는지, 본체가 보존되는지 잃어버리는지를 따지는 것이지, 그 일에 응하는 곳에서의 치우침과 바름의 차이를 말하는 것이 아니다. 아래 장(전8장)에 나오는 다섯 가지[292]의 발함은 틀림없이 그 치우침과 바름을 따져야 하겠지만, 이 장에 나오는 네 가지[293]의 움직임은 단지 그것이 있는지 없는지 따지는 것이지, 그 치우침과 바름을 따져서 치우친 것을 없애고 바른 것을 보존하는 것이라고 할 수 없다. 치우침과

---

291 『대학장구』 전7장 제1절의 주. 각주 119번 참고.
292 『대학장구』 전8장 제1절. 각주 232번 참고.
293 『대학장구』 전7장 제1절. 분치(忿懥: 분하고 성냄), 공구(恐懼: 두려워하고 무서워함), 호락(好樂: 좋아하고 즐거함), 우환(憂患: 근심하고 걱정함).

바름을 따지는 것은 이미 아래 장(전8장)에 있으니, 이 장은 마땅히 다시 치우침과 바름으로써 말하면 안 된다는 것을 또한 알 수 있다.

(4) 心纔繫於物【止】意有偏重.
마음이 물에 매이자마자 … 뜻(意)이 한쪽으로 지나치게 치우침이 있는 것이다.[294]

泛論心之繫於物, 則大槩有此三者, 而以此三者求之於傳文之中, 則此章四有所, 卽期待留滯之病也, 下章五僻焉, 卽應事偏重之病也, 不可幷偏重爲此章之心病也. 若曰因其應事偏重, 而有此繫累留滯之病, 則可矣, 而若直指此有所之病, 而謂應事偏重, 則恐不可也.

마음이 물에 매이는 것에 대해 넓게 논해보면 대략 이 세 가지가 있는데, 이 세 가지를 전문 안에서 찾아보면, 이 장의 네 가지 유소는 기대하고 머물러 있는 병통이고, 다음 장(전8장)의 다섯 가지 벽언은 일에 응할 때 한쪽으로 치우치는 병통이니, 한쪽으로 치우침(偏重)을 아울러서 이 장의 마음의 병통으로 삼아서는 안 된다. 만약 "일에 응할 때 한쪽으로 치우침으로 말미암아 이 얽매이고 머물러 있는 병통이 있게 된다."라고 하면 옳지만, 만약 이 유소의 병통을 곧바로 가리켜서 '일에 응할 때 한쪽으로 지나치게 치우침'이라고 이른다면 아마도 옳지 않은 것 같다.

---

[294] 주자께서 말씀하셨다. "마음이 물에 매이자마자 바로 그것에 의해 움직이게 된다. 물에 매이는 것에 세 가지가 있으니, 일이 아직 오지 않았을 때 먼저 기대하는 마음을 두거나, 혹 일이 이미 응하여 지나갔는데도 마음속에 남아 있어 잊지 못하거나, 혹 일에 응하는 바로 그때 뜻이 한쪽으로 지나치게 치우침이 있는 것이다."(朱子曰, 心纔繫於物, 便爲所動. 所以繫於物者有三, 事未來, 先有箇期待之心, 或事已應過, 又留在心下不能忘, 或正應事時, 意有偏重.)

(5) 雲峯胡氏曰, 心之體無不正【止】三四存字.

운봉 호씨가 말하였다. "마음의 체는 바르지 않음이 없으니 … 서너 개의 존(存)자."[295]

295 운봉 호씨가 말하였다. "마음의 체는 바르지 않음이 없으니, '마음을 바르게 한다(正心)'고 이르는 것은 그 마음의 작용(用)을 바르게 하는 것일 뿐이다. '그 마음을 바르게 하는 데에 있다(在正其心)'의 이 정(正)자는 바르게 해나가는 공부를 말한 것이니, 대개 '마음의 작용이 혹 바르지 못함이 있으면 바르게 고치지 않을 수 없음'을 말한 것이며, '그 바름을 얻지 못한다(不得其正)'의 이 정(正)자는 마음의 체는 본래 바르지 않음이 없으나 사람이 스스로 그것을 잃어버림을 말한 것이니, '그것을 바르게 함(正其)'과 '그 바름(其正)'은 자연히 체와 용으로 나누어진다. 마음의 체는 본래 큰 허공과 같아서, 혹 상서로운 별과 상서로운 구름이 뜨거나, 혹 매서운 바람이 불고 천둥 치며 비가 내리더라도 큰 허공은 변함이 없다. 사람의 마음에 어찌 기쁘고 성내고 근심하고 두려워함이 없을 수 있겠는가마는, 성낼 만하면 성내되 성낼 것이 지나가면 마음에 두지 않고, 기뻐할 만하면 기뻐하되 기쁜 것이 없어지면 그쳐서, 기쁘고 성내고 근심하고 두려워함이 모두 물에 있고 나에게 있지 않도록 하면, 내가 비록 날마다 물을 접하더라도 물에 의하여 움직이지 않을 것이다. 이것이 그 본체의 비어 있음을 온전히 해서 바르지 않음이 없게 할 수 있는 방법이다. 누군가『중용』첫 장에서는 먼저 '마음을 보존하고 기름(存養)'을 말하고 뒤에 '반성하고 살핌(省察)'을 말하였는데,『대학』성의장(전6장)에서는 '반성하고 살핌'은 말하였으나 '마음을 보존하고 기름'은 빠트렸다고 의심하였는데, 이 장 자체에 바로 보존하고 기르며 반성하고 살피는 공부가 있음을 전혀 알지 못하는 것이다. 분함·성냄·두려워함·무서워함 등이 아직 발현되지 않았을 때에는 먼저 기대하는 마음을 두어서는 안 되고, 그것이 장차 발현되려 할 때에는 하나라도 치우치고 얽매이는 마음을 두어서는 안 되며, 그것이 이미 발현되었을 때에는 여전히 머물러 남아 있는 마음이 있어서는 안 된다. 일이 이제 막 오고 생각이 이제 막 싹틀 때는 곧 반성하고 살펴야 하는 때이고, 앞의 생각이 이미 지나가고 뒤의 일이 아직 오지 않았을 때는 곧 보존하고 길러야 하는 때인 것이다. '마음을 보존하고 기름'이란 이 마음의 본체의 바름을 보존하는 것이고, '반성하고 살핌'이란 이 마음의 작용이 혹 바르지 않은 데에 빠질까 염려되어 바르게 함을 구하는 것이니, 마땅히『장구』의 두 개의 찰(察)자와 서너 개의 존(存)자를 자세히 봐야 할 것이다."(雲峯胡氏曰, 心之體, 無不正, 所謂正心者, 正其心之用爾, 在正其心此正字, 是說正之之工夫, 蓋謂心之用, 或有不正, 不可不正之也, 不得其正此正字, 是說心之體, 本無不正而人自失之者也, 曰正其曰其正, 自分體用, 心之體, 本如大虛, 或景星慶雲或烈風雷雨, 而大虛自若, 人之一心, 豈能無喜怒憂懼, 然可怒則怒, 怒過不留, 可喜則喜, 喜已而休, 喜怒憂懼, 皆在物而不在我, 我雖日接乎物, 而不物於物, 此所以能全其本體之虛而無不正也, 或疑中庸首章, 先言存養而後言省察, 大學誠意, 言省察而欠存養, 殊不知此章, 正自有存養省察工夫, 忿懥恐懼等之未發也, 不可先有期待之心, 其將發也, 不可一有偏繫之心, 其已發也, 不可猶有留滯之心, 事之方來念之方萌, 是省察時節, 前念已過, 後事未來, 是存養時節, 存養者, 存此心本體之正, 省察者, 惟恐此心之用或失之不正, 而求以正之也, 宜仔細看章句之二察

胡說多謬已屢辨於上矣. 以正其其正分體用者尤謬, 全然與傳文之指相反矣. 蓋正心云者, 直內之謂也. 故章句曰, 敬以直之, 然後此心常存, 又以直內字代下正心字, 而曰無以直內而修身也, 正心之爲直內, 豈不十分分明乎.

호씨의 말에 잘못이 많다는 것은 이미 위에서 여러 번 논변하였다. '그것을 바르게 함(正其)'과 '그 바름(其正)'을 체와 용으로 나눈 것은 더욱 잘못된 것이며, 전문의 뜻과도 완전히 상반된다. 대개 '정심'이라고 이른 것은 '안(마음)을 곧게 함'을 이른다. 그러므로 『장구』에서 "경으로써 곧게 한 뒤에야 이 마음이 항상 보존된다."[296]라고 한 것이며, 또 직내(直內)자로 아래의 정심(正心)자를 대신하여 "안(마음)을 곧게 하여 몸을 닦을 수가 없다."[297]라고 한 것이니, 정심이 직내가 되는 것이 어찌 매우 분명하지 않겠는가?

直內, 則四者之妄動者滅息, 而本體之虛靜者復存矣. 然則正其云者, 正所以存養心體之功, 而反謂之正其心之用, 不亦謬乎. 不得其正者, 謂四者之妄動爲主於心, 而本體之虛明者不存, 故其用之所發, 不得其正, 至有如下文所云不見不聞不知其味之甚也. 故章句曰, 其用之所行, 不能不失其正, 又曰, 心有不存, 則無以檢其身. 然則其正云者, 正指用之不得其正, 而反謂不得其體之正, 又豈不謬哉.

안을 곧게 하면 네 가지 망령되게 움직인 것이 사라지고 본체의 비어 있고 고요함(虛靜)이 다시 보존될 것이다. 그렇다면 '그것을 바르게 함'이라고 이른 것은 바로 심체를 보존하고 기르는 공부인데, 도리어 '그 마음의 작용을 바르게 한다'고 하였으니, 또한 잘못된 것이 아니겠는가? '그 바름을 얻지 못한다(不得其正)'

字及三四存字.)
296 『대학장구』 전7장 제2절의 주. 각주 38번 참고.
297 『대학장구』 전7장 장하주. 각주 118번 참고.

는 것은 네 가지 망동이 마음에서 주가 되어 본체의 비어 있고 밝은(虛明) 것이 보존되지 못하므로 그 작용이 발하는 바가 그 바름을 얻지 못하여 심지어 아래 글에서 "보이지 않고, 들리지 않으며, 그 맛을 알지 못한다"[298]라고 이른 바와 같은 심한 상태에 이르게 된다는 말이다. 그러므로 『장구』에서 "그 작용이 행하는 바가 그 바름을 잃지 않을 수가 없다."[299]라고 하고, 또 "마음이 보존되지 못함이 있으면 그 몸을 단속할 수가 없다."[300]라고 한 것이다. 그렇다면 '그 바름'이라고 이른 것은 바로 작용이 그 바름을 얻지 못한 것을 가리키는데, 도리어 '그 체의 바름을 얻지 못한다'고 하였으니, 또한 어찌 잘못된 것이 아니겠는가?

蓋心一有所繫累, 而本體不存, 則用之所行, 亦失其正矣. 此傳者之意也. 反此而言之, 則去其繫累, 而存其本體, 則用之所行, 亦得其正者, 乃正心之事也. 故章句對症命藥, 乃以敬直爲言, 而不復言其求正於用處, 其意不啻明矣. 奈何前後讀者求其所以正心者, 每求之於正其用, 而不知反之於存其體. 胡氏雖知兼體爲言, 而其所以爲說, 又如此反戾, 誠可怪歎也已.

대개 마음이 한 번이라도 얽매이는 바가 있어서 본체가 보존되지 못하면 작용이 행하는 바 또한 그 바름을 잃게 된다. 이것이 전을 지은 사람의 뜻이다. 이것을 돌려서 말하면, 그 얽매임을 없애고 그 본체를 보존하면 작용이 행하는 바 또한 그 바름을 얻는 것이 바로 정심의 일이다. 그러므로 『장구』에서 병의 증세에 따라 약을 처방하여, 바로 경(敬)으로써 곧게 하는 것을 말하고, 다시 그 작용하는 곳에서 바름을 구하는 것을 말하지는 않았으니, 그 뜻이 매우 분명하다. 그런데 어찌하여 예전과 지금의 독자들이 마음을 바르게 하는 방법을 구할 때면 언제나 그

---

[298] 『대학장구』 전7장 제2절. 각주 124번 참고.
[299] 『대학장구』 전7장 제1절의 주. 각주 119번 참고.
[300] 『대학장구』 전7장 제2절의 주. 각주 38번 참고.

작용을 바르게 하는 데서만 찾고 그 체를 보존하는 데로 되돌아갈 줄을 몰랐는가? 호씨는 비록 체를 겸하여 말할 줄은 알았지만, 그 말한 바가 또 이처럼 어긋나니 참으로 괴이하고 안타까울 뿐이다.

(6) 蛟峯方氏曰, 中虛而有主宰者, 其正心之藥方歟.

교봉 방씨(蛟峯 方氏)가 말하였다.[301] "마음속이 비어 있으면서도 주재(主宰)함이 있는 것이 그 마음을 바르게 하는 처방이다!"

中虛而有主宰, 正是心得其正之狀, 其所以致是之術, 則在乎敬以直之而已矣. 方氏之說, 有見乎正心之在存體, 則可謂得矣, 而其認成就處爲工夫者, 語意有些未瑩. 若改之曰, 虛其中而有主宰, 則庶乎其密矣.

'마음속이 비어 있으면서도 주재함이 있음'이 바로 마음이 그 바름을 얻은 상태이며, 이를 이루는 방법으로는 경으로써 곧게 하는 것이 있을 뿐이다. 방씨의 말은 마음을 바르게 하는 것(正心)이 체를 보존하는 데 있다는 것에 대해 알았으니 '터득했다'고 이를 만하나, 그 성취한 곳을 공부로 인식한 것은 말뜻에 약간 분명하지 못한 바가 있다. 만약 그것을 고쳐서 "그 마음속을 비워서 주재함이 있게 한다."라고 한다면 거의 정밀할 것이다.

(7) 雲峯胡氏曰, 意欲實而心本虛【止】已發之後.

운봉 호씨가 말하였다. "뜻(意)은 채우고자 하고 마음은 본래 비어 있으니 … 이미 발한 뒤."[302]

---

301 방봉진(方逢辰, 1221~1291).
302 운봉 호씨가 말하였다. "뜻(意)은 채우고자 하고 마음은 본래 비어 있으니, 그 뜻을 성실하게 하면 좋아하고 미워함이 발하기 시작하는 처음에 치우치지 않을 것이고, 그 마음을 비우면 기뻐하고 성냄이 이미 발한 뒤에 마음속에 머물러 남아 있지 않을 것이다." 신안 진씨가 말하

好惡不偏於方發之初者, 只說得情之中節處, 未說著誠意之事, 下句無病. 陳氏所添本體不偏之語, 亦有病, 旣曰本體, 則不容言其偏不偏矣. 下句却好, 若合胡陳二說, 而改補之曰, 實其意, 則虛僞不容於心術之間, 天理常行於日用之處, 虛其心, 則本體常存於未應之前, 妙用不滯於已應之後也云, 則庶或免於見處之失耶.

좋아하고 미워함이 발하기 시작하는 처음에는 치우치지 않는다는 것은 단지 정이 절도에 맞는 곳을 말한 것이지, 성의의 일을 말한 것이 아니니, 아래 구절은 아무런 병통이 없다. 진씨가 "본체는 치우치지 않는다"는 말을 덧붙인 것은 또한 병통이 있으니, 이미 본체라고 하였으면 그 치우침과 치우치지 않음을 말하는 것이 용납되지 않는다. 아래 구절은 오히려 좋으나, 만약 호씨와 진씨의 두 설을 합쳐서 고치고 보완하여 "그 의를 성실하게 하면 거짓으로 꾸미는 것이 마음가짐 사이에 용납되지 않아 천리가 일상생활 곳곳에 항상 유행할 것이며, 그 마음을 비우면 본체는 아직 응하기 전에 항상 보존되고 오묘한 작용은 이미 응한 뒤에 막히지 않을 것이다."라고 한다면, 알게 된 바의 잘못을 거의 면할 것이다.

9) 傳八章 전8장

(1) 朱子曰, 正心修身【止】官街上差了路.

였다. "아래의 한 구절은 단지 끝의 일부분만을 말할 수 있고, 네 가지(好惡喜怒)는 마음의 작용으로 먼저 본래 비어 있는 가운데로부터 발현되어 나왔다는 것을 알지 못한 것이니, 마땅히 한 구절을 덧붙여 '그 마음을 비우면 본체가 아직 발하기 전에 치우치지 않을 것이고, 오묘한 작용은 이미 발한 뒤에 머물러 남아 있지 않을 것이다.'라고 해야 한다."(雲峯胡氏曰, 意欲實而心本虛, 實其意, 則好惡不偏於方發之初, 虛其心, 則喜怒不留於已發之後. 新安陳氏曰, 下一句, 只說得末一邊, 未見得四者心之用, 先本自虛中發出, 當添一句云, 虛其心, 則本體不偏於未發之先, 妙用不留於已發之後.)

주자께서 말씀하셨다. "정심과 수신 … 관아 거리에서 길을 잘못 드는 것이다."[303]

五者, 固是合有底事, 四者泛言心之用, 則固是合有底, 而在正心之時, 則正是合無底, 不可以爲合有, 觀於有所之所之言可見矣. 蓋意未誠者, 不免有私欲惡念矣. 心不正者, 只此四者之念乍往乍來, 未能虛靜者, 非大段私欲惡念之比, 則謂之病痛較輕則可, 而謂是合有底則不可. 且與前章小註四者要自無中發出之語不同, 則恐是記錄之誤.

다섯 가지[304]는 참으로 당연히 있는 일이고, 네 가지[305]는 마음의 작용을 넓게 말한 것이니 참으로 당연히 있는 것이나, 정심의 때에 있어서는 바로 당연히 없는 것이니, 당연히 있는 것으로 여겨서는 안 된다는 것을 '유소(有所)'의 소(所)라는 말을 보면 알 수 있다. 대개 뜻이 성실하지 못한 사람은 사사로운 욕심과 나쁜 생각이 있음을 면하지 못한다. 마음이 바르지 않은 사람은 다만 이 네 가지 생각이 잠깐 사이에도 왔다 갔다 하여 마음속을 비우고 고요하게 할 수 없는 것으로, 사사로운 욕심과 나쁜 생각이 대단한 것에 비할 바는 아니니, '병통이 비교적 가볍다'고 이르는 것은 옳지만, '당연히 있는 것이다.'라고 할 수는 없다. 또한 앞 장 소주의 "네 가지는 없는 가운데로부터 발하여 나오게 해야 한다"[306]는 말과도 같지 않으니, 아마도 기록의 잘못인 것 같다.

---

303 주자께서 말씀하셨다. "정심과 수신 두 단락의 일반적으로 어긋나고 갈라지는 곳이 모두 인욕에 있는 것은 아니며, 모두 사람에게 마땅히 있는 일들이니, 관아 거리에서 길을 잘못 드는 것과 같은 것이다."(朱子曰, 正心修身兩段, 大槪差錯處, 皆非在人欲上, 皆是人合有底事, 如在官街上差了路.)

304 『대학장구』 전8장 제1절. 각주 292번 참고.

305 『대학장구』 전7장 제1절. 각주 293번 참고.

306 『대학장구』 전7장 제1절의 소주. "네 가지는 없는 곳으로부터 발하여 나오게 해야 하지 먼저 마음속에 깔려 있게 해서는 안 된다.(四者, 只要從無處發出, 不可先有在心下.)"

(2) 雲峯胡氏曰, 或疑敖惰【止】示戒深矣.

운봉 호씨가 말하였다. "누군가 오만하게 대하고 업신여김(敖惰)을 의심하였는데 … 훈계를 보임이 깊다."[307]

胡說全與傳文章句不合, 退溪爲胡氏分解者, 終覺其未安. 敖惰之於人, 猶其有親愛等情耳. 若以敖惰爲非君子之所當有, 則親愛等情, 亦宜非君子之所有也. 親愛等情, 若君子所不能無, 則敖惰之必有, 又可知矣. 傳文歷擧五者之情, 何嘗分別其某情是君子底某情是常人底耶. 且章句衆人之人, 本兼君子而言, 非專指不學之人也. 常人之人, 始別於君子, 蓋以君子則必能加察, 而常人則不能故也.[308]

호씨의 설은 전혀 전문의 『장구』와 부합되지 않으니, 퇴계가 호씨를 위해 해명한 것이 마침내 적절하지 않음을 깨닫게 되었다.[309] 오만하게 대하고 업신여김은

---

[307] 운봉 호씨가 말하였다. "누군가 오만하게 대하고 업신여김은 마땅히 있어서는 안 되는 것이 아니냐고 의심하였는데, 본문에 있는 인(人)자가 군자를 말한 것이 아니라 바로 중인을 말한 것임을 전혀 알지 못한 것이다. 『장구』에서 '중인(衆人)'이라 말하고 또 '상인(常人)'이라고 말한 것이 이것이다. 중인 가운데에는 본래 저절로 오만하게 대하고 업신여김에 치우친 사람이 있게 마련이다. 이를테면 아래 글의 '사람이 자기 자식의 악과 자기 곡식의 싹이 큼을 알지 못한다'와 같은 것은 또한 사랑에 빠지고 얻음을 탐하는 사람이 많음을 넓게 말한 것이니, 두 개의 인(人)자가 훈계를 보임이 깊다."(雲峯胡氏曰, 或疑敖惰不當有, 殊不知本文人字, 非爲君子言, 乃爲衆人言, 章句曰衆人, 又曰常人, 是也. 衆人中固自有偏於敖惰之人. 如下文人莫知其子之惡苗之碩, 亦泛言多溺愛貪得之人也, 兩人字, 示戒深矣.)

[308] "衆人常人之區別, 先生晩年嘗欲改正, 而未果.(중인과 상인의 구별을 선생께서 만년에 고쳐서 바로잡으려고 하셨으나 결국 그러지 못하셨다.)"라는 두주가 있다.

[309] 『경서변의』「대학」 전8장. '퇴계가 율곡에게 답하기를 "오타(傲惰)에 대한 설은 운봉 호씨가 '중인을 위해 말한 것'이라 한 것이 옳다. 그러므로 장의 첫머리에 인(人)이라는 한 글자로 말한 것이다. 주자도 이를 해석하면서 "인이란 중인을 말한다." 하였고, 또 "상인의 정이란 오직 그 향하는 대로 하고 살피지 않는다." 하였으니, 그것은 본래 군자를 위해 말한 것이 아님을 볼 수 있다. 그러나 중인의 병통이 되는 부분을 말한 것은, 바로 군자를 깨우쳐 그로 하여금 병통을 알고 치우침을 바로잡아 수신하는 도리를 다하도록 하려는 것이다. …" 하였다. … ○ 살펴보건대, 운봉 호씨의 말은 전적으로 전문의 본뜻에 맞지 않는다. 오만함과 게으름은 인간

사람에게 있어 친하게 여기고 사랑함(親愛) 등의 정이 있는 것과 같을 따름이다. 만약 오만하게 대하고 업신여김이 군자에게 마땅히 있는 바가 아니라고 한다면, 친하게 여기고 사랑함 등의 정 또한 마땅히 군자에게 있는 바가 아니어야 한다. 친하게 여기고 사랑함 등의 정이 만약 군자에게 없을 수 없는 것이라면, 오만하게 대하고 업신여김이 반드시 있음을 또한 알 수 있다. 전문에서 다섯 가지의 정을 일일이 거론하면서 어찌 일찍이 어떤 정은 군자의 것이고 어떤 정은 보통 사람(常人)의 것이라고 나누어 구별한 적이 있던가? 또 『장구』에 나오는 중인(衆人: 뭇사람)의 인(人)은 본래 군자를 겸하여 말한 것이지, 배우지 않은 사람만을 가리킨 것이 아니다. 상인(常人)의 인(人)이 비로소 군자와 구별되니, 대개 군자는 반드시 더 살필 수 있으나 보통 사람은 그럴 수 없기 때문이다.

辨疑駁正, 恐得之, 但所謂君子則有之而不僻云者, 亦恐未盡. 蓋此章在誠意正心之後, 而爲明明德之極功, 了此工夫, 則至於聖, 而無以加矣. 故傳文修己之事, 止於此章, 意可見矣. 誠意正心之後, 猶有此偏, 則豈非君子之過者, 而未至於聖, 則亦宜其有所不免矣. 傳十章章句曰, 君子而未仁, 君子而有未仁, 則君子而有所偏, 又可知矣. 但不若常人之甚且多, 而又能加察此, 其不失爲君子, 而進於聖也歟.

의 상정(常情)에 있는 것인데, 군자는 이를 가지고 있지만 치우치지 않고, 치우친 자는 바로 중인이요 상인인 것이다. 그런데 운봉 호씨는 도리어 오만함과 게으름은 중인들이 하는 것이지 군자에게 있는 것은 아니라고 하니, 전문의 뜻과는 차이가 있다. 퇴계의 설 역시 적절하지 못하다. 오만함과 게으름은 다섯 가지 가운데 하나로 상정에 있는 것이니, 군자라 할지라도 없을 수 없다. … (退溪答栗谷曰, 傲惰之說, 胡氏謂爲衆人言者是也, 故章首以人之一字爲言, 而朱子解之, 亦曰人謂衆人, 又曰常人之情, 惟其所向而不加察, 可見其本非謂君子言也, 然其說衆人病處, 正所以曉君子, 使之知病矯偏, 以致修身之道 … ○按胡氏之言, 專不合傳文本意也, 傲惰, 人之常情所有也, 君子則有之而不僻焉, 僻焉者, 乃衆人也常人也, 胡氏反謂傲惰, 衆人之所爲, 非君子之所有也, 與傳意有異, 退溪說亦未安, 蓋傲惰在五者之一, 是常情所有也, 雖君子亦不可無者, …)"

『경서변의』에서 논박하여 바로잡은 것이 아마도 옳은 것 같으나, 다만 '군자는 그것을 가지고 있더라도 편벽되지는 않는다'고 이른 것은 또한 아마도 충분하지 못한 것 같다. 대개 이 장은 성의와 정심의 뒤에 있어서 명덕을 밝히는 지극한 공부가 되며, 이 공부를 마치면 성인의 경지에 이르러 더할 바가 없게 된다. 그러므로 전문에서 수기의 일을 이 장에서 그친 뜻을 알 수 있다. 성의와 정심의 뒤에 여전히 이러한 치우침이 있다면 어찌 군자의 허물이 아니겠는가마는, 아직 성인의 경지에 이르지 않았다면 또한 마땅히 그 면하지 못하는 바가 있게 된다. 전10장의 『장구』에서 "군자이되 아직 인(仁)하지 못하다."[310]라고 하였으니, 군자이되 아직 인하지 못함이 있다면 군자이되 치우친 바가 있음을 또한 알 수 있다. 다만 보통 사람이 치우침이 심하고 많은 것과는 같지 않고 또 이를 더 살필 수 있으니, 군자가 됨을 잃지 않아 성인의 경지에 나아가게 될 것이다!

10) 傳十章 전10장

(1) 雲峯胡氏曰, 規矩皆法度之器【止】新民之止至善. 辨疑, 胡氏之言傷巧.

운봉 호씨가 말하였다. "규(規: 그림쇠)와 구(矩: 곱자)는 모두 본받아 물건을 만드는 도구인데 … 백성을 새롭게 함이 지극한 선에 그치는 것이다."[311] 『경서변의』

---

310 『대학장구』 전10장 제16절의 주. "이와 같은 자는 사랑하고 미워할 바를 알되 사랑하고 미워하는 도리를 다하지 못한 것이니, 군자이되 아직 인하지 못한 자이다.(若此者, 知所愛惡矣, 而未能盡愛惡之道, 蓋君子而未仁者也.)"

311 운봉 호씨가 말하였다. "규와 구는 모두 본받아 물건을 만드는 도구인데 여기서 구만을 말한 것은, 규는 둥글고 구는 모나서 둥근 것은 움직이고 모난 것은 그치기 때문이다. 법도를 넘어서지 않음은 곧 명덕을 밝힘이 지극한 선에 그치는 것이며, 혈구는 곧 백성을 새롭게 함이 지극한 선에 그치는 것이다."(雲峯胡氏曰, 規矩皆法度之器, 此獨曰矩者, 規圓矩方, 圓者動而方者止. 不踰矩, 卽是明德之止至善, 絜矩, 卽是新民之止至善.)

에서 호씨의 말이 지나치게 정교하다고 하였다.³¹²

胡說恐是.
호씨의 설이 아마도 옳은 것 같다.

(2) 雲峯胡氏曰, 愼獨是敬以直內, 絜矩是義以方外. 辨疑, 胡氏之說牽合.
운봉 호씨가 말하였다. "신독은 경으로써 안을 곧게 하는 것이고, 혈구는 의로써 밖을 바르게 하는 것이다." 『경서변의』에서 호씨의 설은 억지로 끌어다 맞춘 것이라고 하였다.³¹³

胡氏說不特失於牽合而已. 愼獨絜矩, 皆是義方之事, 敬直是前一截事. 愼獨是義方之在己者, 絜矩是義方之及人者也.
호씨의 설은 억지로 끌어다 맞추는 잘못만 범한 것이 아니다. 신독과 혈구는 모두 의로써 바르게 하는 일이며, 경으로써 곧게 하는 것은 먼저 해야 할 일이다. 신독은 의로써 바르게 함이 자기에게 있는 것이고, 혈구는 의로써 바르게 함이 다른 사람에게 미친 것이다.

(3) 雙峯饒氏曰, 此得失字, 串前得失字【止】失衆失國矣.
쌍봉 요씨가 말하였다. "여기의 득실(得失)자는 앞의 득실자와 연관된 것이다. … 무리를 잃고 나라를 잃는다."³¹⁴

---

312 『경서변의』「대학」전10장.
313 『경서변의』「대학」전10장.
314 쌍봉 요씨가 말하였다. "여기의 득실(得失)자는 앞의 득실자와 연관된 것이다. 덕을 근본으로 삼으면 선하니, 선하면 무리를 얻고 나라를 얻으며, 재물을 근본으로 삼으면 불선하니, 불선하면 무리를 잃고 나라를 잃는다."(雙峯饒氏曰, 此得失字, 串前得失字. 以德爲本則善,

上文得失, 以衆而言, 此言得失, 以命而言. 天命之得失, 雖由於衆心之得失, 然所指, 則各有所主, 不可混看也.

위 글(제5절)의 득실은 무리로써 말한 것이고 여기에서 말한 득실은 명(命: 天命)으로써 말한 것이다. 천명을 얻고 잃음은 비록 무리의 마음을 얻고 잃음에서 말미암지만, 가리키는 바는 각각 주되게 삼는 바가 있으니, 뒤섞어서 보아서는 안 된다.

(4) 蛟峯方氏曰, 其如有容【止】有容之大.

교봉 방씨가 말하였다. "'용납함이 있는 듯하다(其如有容)' … 용납함이 있음(有容)의 큼"³¹⁵

其心休休, 以容善之量而言也, 若己有技心好彦聖, 以容善之實而言也. 前但言其有量, 故曰其如有容, 疑而不敢質言之辭也. 後旣歷指實事, 故曰寔能容之, 質而不復有疑之辭也. 始若疑之, 終而許之者, 所以見其有容之必可信也. 其如云者, 謂此人之休休, 如有容量云爾, 非謂他人無如此人之有容云也. 方氏說恐未察於文義也.

'그 마음이 곱고 곱다'는 것은 선을 용납하는 도량을 말한 것이고, '자기가 재주를 가진 것처럼 여기고, 그 마음에 훌륭하고 성스러움을 좋아한다'는 것은 선을 용납하는 실제를 말한 것이다. 앞에서는 다만 그 도량이 있다는 것만 말하였으므로 "그 용납함이 있는 듯하다."라고 하였으니, 의심하여 감히 딱 잘라 말

善則得衆得國矣, 以財爲本則不善, 不善則失衆失國矣.)

315 교봉 방씨가 말하였다. "'용납함이 있는 듯하다(其如有容)'의 기(其)자는 의심하는 말이다. 어떠한 물이 있더라도 그가 용납함이 있는 듯하다는 것이며, 그의 큰 포용력이 비교할 만한 게 없음을 말하는 것이다."(蛟峯方氏曰, 其如有容, 其疑辭也, 有甚物, 似他有容者, 言無可比他有容之大.)

하지 않았다는 말이다. 뒤에서는 이미 실제의 일을 두루 가리켰으므로 "참으로 능히 용납한다."라고 하였으니, 정하여 다시는 의심을 두지 않았다는 말이다.[316] 처음에는 의심하는 듯하다가 마침내 허용한 것은 그 '그 용납함이 있음'이 반드시 믿을 만함을 알았기 때문이다. '듯하다(其如)'라고 한 것은 '이 사람의 곱고 고움이 용납하는 도량이 있는 듯하다'고 이른 것일 뿐이지, '다른 사람은 이 사람과 같은 용납함이 없다'고 이른 것은 아니다. 방씨의 설은 아마도 글의 뜻을 잘 살피지 못한 것 같다.

(5) 雙峯饒氏曰, 見賢而不能擧【止】石顯之姦而不能去是也.
쌍봉 요씨가 말하였다. "어진 사람을 보고도 능히 천거하지 못하고 … 석현의 간사함을 능히 버리지 못한 것이 이것이다."[317]

漢元之於蕭望之恭顯, 不惟不能用而殺之, 不惟不能退而任之, 此實昏君之甚者, 何可比擬於此章所言乎. 此章所言, 政指如臧武仲知柳下惠之賢而不能擧, 宋仁宗知王安石之姦而不能退之類也. 辨疑張持國說深以此章爲君子爲疑, 恐未詳之.

---

[316] 『대학장구』 전10장 제14절. "「진서」에 이르기를 "만일 어떤 한 신하가 단단(斷斷)하고 다른 기예가 없으나 그 마음이 곱고 고와 용납함이 있는 듯하여, 남이 가지고 있는 재주를 자기가 가진 것처럼 여기며 남의 훌륭하고 성스러움을 그 마음에 좋아함이 자기 입에서 나오는 것보다도 더한다면 참으로 능히 용납하는 것이어서 나의 자손과 여민을 보전할 것이니, 거의 또한 이로움이 있을 것이다." 하였다.(秦誓曰, 若有一个臣, 斷斷兮無他技, 其心休休焉, 其如有容焉, 人之有技, 若己有之, 人之彦聖, 其心好之, 不啻若自其口出, 寔能容之, 以能保我子孫黎民, 尙亦有利哉.)"

[317] 쌍봉 요씨가 말하였다. "어진 사람을 보고도 능히 천거하지 못하고, 선하지 못한 사람을 보고도 능히 물리치지 못함은 이를테면 한나라 원제가 소망지의 어짊을 알고도 능히 쓰지 못하고, 홍공과 석현의 간사함을 알고도 능히 버리지 못한 것이 이런 것이다."(雙峯饒氏曰, 見賢而不能擧, 見不善而不能退, 如漢元帝知蕭望之之賢, 而不能用, 知弘恭石顯之姦而不能去, 是也.)

한(漢)나라 원제(元帝)가 소망지(蕭望之)와 홍공(弘恭)·석현(石顯)을 능히 등용하지 못했을 뿐만 아니라 죽이기까지 하였고, 능히 물리치지 못했을 뿐만 아니라 정사를 맡기기까지 하였으니,[318] 이는 참으로 어리석은 군주 가운데서도 심한 경우로 어찌 이 장에서 말한 바에 견주어 비교할 수 있겠는가? 이 장에서 말한 바는 장무중(臧武仲)이 유하혜(柳下惠)의 어짊을 알고도 능히 천거하지 못하고[319] 송나라 인종(仁宗)이 왕안석(王安石)의 간사함을 알고도 능히 물리치지 못한[320] 것과 같은 부류를 가리킨다.『경서변의』에 나오는 장지국(張持國)[321]의 설은 이 장에서 군자라고 한 것[322]을 매우 의심하였으니,[323] 아마도 상세하지 않은 것 같다.

[318] 한나라 제11대 황제인 원제(元帝, 재위 B.C.49~B.C.33)는 즉위 후 태자 시절의 스승이었던 소망지를 중용하였다. 그러다가 아버지 선제(宣帝) 시절의 측근이었던 환관 홍공과 석현에게 정사를 맡겼고, 결국 그들에 의해 국정이 마음대로 결정되었다. 소망지는 이들의 전횡을 막으려다가 오히려 모함에 빠져 벌을 받게 되었고, 이를 수치스럽게 생각하여 독약을 먹고 자살하였다.

[319] 장무중은 장문중(臧文仲)의 오기인 듯하다. 장무중은 장문중(노나라 대부 장손진, 미상~B.C.617)의 손자이다. 장문중과 유하혜(노나라의 현자, B.C.720~B.C.621)의 관계에 대해서는『춘추좌전(春秋左傳)』에 나온다.(文公 2년) 여기에서 공자는 장문중에게 어질지 못한 것이 세 가지 있고(三不仁) 지혜롭지 못한 것이 세 가지 있다고(三不知) 하였고, 어질지 못한 것 세 가지 중 첫 번째로 '하전금(下展禽: 전금을 아랫자리에 두다)'을 언급하며(전금은 유하혜의 이름이다. 노나라 유하읍에 살았기에 유하가 호가 되었고, 문인들이 혜惠라는 시호를 올렸기에 유하혜柳下惠로 불렸다.) 장문중이 유하혜의 어짊을 알고도 중용하지 않은 것을 지적하였다.

[320] 인종(仁宗)은 신종(神宗)의 오기인 듯하다. 왕안석(1021~1086)은 인종(북송의 4대 황제, 재위 1022~1063) 때 관직에 오르기는 했으나 신종(북송의 6대 황제, 재위 1067~1085) 때 크게 발탁되어 신법(新法)을 추진하였다. 왕안석은 오늘날 최고의 개혁가로 평가되기도 하지만, 당시 반대파였던 구법당(舊法黨: 구양수, 사마광, 정이·정호 형제, 소식·소철 형제 등)은 그를 간상배(奸商輩: 나라를 망하게 하는 무리)라고 폄하하였고,(주자 역시 왕안석의 급진적인 정책이 패도 정치를 추구한 것인 데 반해 구법당의 정책이 오히려 유가의 이념에 맞다며 구법당을 옹호하였다.) 정신적으로 구법당을 계승한 조선의 사대부들도 왕안석을 배척하였다.

[321] 장유(張維, 1589~1638).

[322] 『대학장구』전10장 제16절의 주. 각주 310번 참고.

[323] 『경서변의』「대학」전10장. "지국이 말하기를 '어진 사람을 등용하되 먼저 하지 않고 착하지

(6) 朱子曰, 發己自盡【止】便更穩當.

주자께서 말씀하셨다. "자기 마음을 발하여 스스로 다하면 … 더욱더 타당하다."³²⁴

朱子以伊川語爲更穩當, 而章句却用明道語者, 蓋以發己循物之語, 於此章絜矩之指, 更加襯切耳.

주자께서 이천(伊川)³²⁵ 선생의 말씀이 더 온당하다고 여기셨는데도 『장구』에서 도리어 명도(明道)³²⁶ 선생의 말씀을 쓰신 것은, 대개 '발기(發己: 자기 마음을 발하다)'와 '순물(循物: 물을 따르다)'이라는 말³²⁷이 이 장 혈구의 뜻에 더 가깝고 절실하기 때문이다.

못한 사람을 물리치되 멀리하지 못한 자에게는 그래도 군자라는 말을 붙여줄 수 있지만 어진 사람을 등용하지도 않고 착하지 못한 사람을 물리치지도 않은 자는 군자라 할 수 없다. 이 말은 뜻이 참으로 분명하지 않다.' 하였다.(持國曰, 擧而不先, 退而不遠者, 猶可說也, 不能擧不能退者, 不足爲君子也, 誠爲未詳.)"

324 주자께서 말씀하셨다. "자기 마음을 발하여 스스로 다하면 충이 되고, 물의 이치를 따라서 어긋나지 않게 하면 신이 되니, 충은 신의 근본이고, 신은 충의 발현이다. 이천 선생께서는 명도 선생의 이 말씀이 아직도 분명하지 않음을 알았으므로 다시 '자기(자기 마음)를 다하는 것을 충이라 이르고, 충실하게 하는 것을 신이라 이른다'고 하셨으니, 더욱더 타당한 말씀이시다." (朱子曰, 發於己心而自盡則爲忠, 循於物理而不違背則爲信, 忠是信之本, 信是忠之發. 伊川見明道此語尙晦, 故更云, 盡己之謂忠, 以實之謂信, 便更穩當.)

325 정이(程頤, 1033~1107).
326 정호(程顥, 1032~1085).
327 『대학장구』전10장 제18절의 주. "자기 마음을 발하여 스스로 다함을 충이라 하고, 물의 이치를 따라 어김이 없음을 신이라 이른다.(發己自盡爲忠, 循物無違謂信.)"

4. 或問小註
혹문소주

(1) 固其肌膚之會筋骸之束小註. 會合也【止】宜恭之類.

'그 살과 살갗의 결합, 힘줄과 뼈의 결속을 견고하게 하다'³²⁸의 소주에서 회(會)는 부합됨(合)이며 … 마땅히 공손해야 한다는 부류라고 하였다.³²⁹

肌膚之會筋骸之束, 人身形體之本具底, 良知良能, 人心性情之本然底. 敬卽所以固之養之的工夫. 若以會爲合則束爲收斂, 則合則與收斂, 卽敬之功也, 又何得言敬以固之耶.

살과 살갗의 결합, 힘줄과 뼈의 결속은 사람 몸의 형체가 본래 갖추고 있는 것이고, 양지와 양능은 사람 마음의 성과 정이 본래 그러한 것이다. 경(敬)은 곧 살과 살갗의 결합, 힘줄과 뼈의 결속을 견고하게 하고 양지와 양능을 기르는 공부이다. 만약 '회(會)'를 '법칙에 부합됨(合則)'이라고 하고, '속(束)'을 '거두어들임(收斂)'이라고 한다면, '법칙에 부합됨'과 '거두어들임'은 곧 경의 결과인데, 또 어

---

328 『대학혹문』. "불행히 때를 놓쳐 뒤늦게 배우는 자가 진실로 이에 힘쓸 수 있다면, 큰 것(대학)에 나아가면서도 작은 것(소학)을 아울러 보완하는 데 해를 끼치지 않을 것이니, 그렇다면 그가 진전된 바가 장차 근본이 없어 스스로 도달하지 못함을 근심하지 않을 것이다. 혹 쇠퇴함이 너무 심해 아우를 수 없다면, 그 살과 살갗의 결합, 힘줄과 뼈의 결속을 견고하게 하여 양지·양능의 근본을 기르는 것 또한 여기에서 얻을 수 있으니, 과거에 잘못했던 것을 걱정하지 않을 것이다.(不幸過時而後學者, 誠能用力於此, 以進乎大, 而不害兼補乎其小, 則其所以進者, 將不患於無本而不能以自達矣. 其或摧頹已甚, 而不足以有所兼, 則其所以固其肌膚之會筋骸之束, 而養其良知良能之本者, 亦可以得之於此, 而不患其失之於前也.)"
329 "회(會)는 부합됨(合)이며, 물이 그 법칙에 부합됨이니, 이를테면 머리 모양은 마땅히 곧은데 부합되어야 한다는 부류이다. 속(束)은 거두어들임(收斂)이니, 이를테면 손가짐은 마땅히 공손해야 한다는 부류이다.(會, 合也, 物合其則也, 如頭容宜合於直之類. 束, 收斂也, 如手容宜恭之類.)"

찌 경으로써 그것을 견고하게 한다고 말할 수 있겠는가?

(2) 三先生言敬註. 程氏曰, 整齊嚴肅【止】敬之成.

세 선생께서 경에 대해 말한 것[330]의 주에서 정씨(程氏)[331]가 말하였다. "정제엄숙(整齊嚴肅: 용모를 단정히 하고 태도를 엄숙하게 함)은 … 경의 완성이다."

三先生言敬雖殊, 其歸則一也. 擧一說包其餘矣, 不可分先後始終. 程氏說, 恐非眞切體驗之語也.[332]

세 선생께서 경에 대해 말씀하신 것이 비록 다르나, 그 귀결은 동일하다. 하나의 설을 들면 그 나머지가 포괄되니 먼저와 나중, 처음과 끝으로 나눌 수 없다. 정씨의 설은 아마도 진실하고 절실하게 몸소 경험한 말이 아닌 것 같다.

(3) 有是理而後有是氣註. 節齋蔡氏曰, 先有理後有氣【止】有此情也.

---

330 『대학혹문』. "물었다. "그렇다면 '경'이라는 것에 또 어떻게 힘쓰는가?" 대답하셨다. "정자께서는 이에 대해 주일무적(主一無適: 한 가지 일에 마음을 집중하여 다른 곳에 마음을 두지 않음)으로 말씀하시기도 했고, 정제엄숙(整齊嚴肅: 몸가짐을 단정하게 하고 태도를 엄숙하게 함)으로 말씀하시기도 했다. 그의 문인 사씨(謝氏: 謝良佐)의 설에는 '상성성법(常惺惺法: 항상 깨어 있음)'이라는 것이 있기도 하고, 윤씨(尹氏: 尹焞)의 설에는 또 '기심수렴 불용일물(其心收斂, 不容一物: 그 마음을 수렴하여 하나의 물도 용납하지 않음)'이라는 것이 있기도 하다. 이 여러 설을 보면 힘쓸 방법을 알 수 있을 것이다."(曰, 然則所謂敬者, 又若何而用力耶. 曰, 程子於此, 嘗以主一無適言之矣, 嘗以整齊嚴肅言之矣, 至其門人謝氏之說, 則又有所謂常惺惺法者焉, 尹氏之說, 則又有所謂其心收斂不容一物者焉, 觀是數說, 足以見其用力之方矣.)"

331 정약용(程若庸, 생몰년 미상).

332 물재 정씨가 말하였다. "정제엄숙과 기심수렴 불용일물은 모두 경의 시작이며, 주일무적과 상성성은 모두 경의 완성이다."(勿齋程氏曰, 整齊嚴肅及收斂不容一物, 皆敬之始也, 主一無適及常惺惺者, 皆敬之成也.)

'이 리가 있은 뒤에 이 기가 있다'³³³의 주에서 절재 채씨(節齋 蔡氏)³³⁴가 말하였다. "먼저 리가 있은 뒤에 기가 있다는 것은 … 이 정이 있는 것이다."³³⁵

理氣二物, 混合而無先後者也, 性情一物, 首尾而有先後者也. 若謂理氣之有先後, 眞如性情之有未發已發者, 則未免誤矣.

리와 기는 두 개의 물이나 한데 뒤섞여서 선후가 없는 것이며, 성과 정은 하나의 물이나 머리와 꼬리로서 선후가 있는 것이다. 만약 리와 기에 선후가 있음이 참으로 성과 정에 미발과 이발이 있는 것과 같다고 이른다면, 잘못을 면하지 못할 것이다.

(4) 虛靈洞澈註. 北溪陳氏曰, 虛靈洞澈【止】虛靈洞澈耶.

'비어 있고 신령하며 환하게 밝다(虛靈洞澈)'³³⁶의 주에서 북계 진씨가 말하였다. "비어 있고 신령하며 환하게 밝은 것은 … 비어 있고 신령하며 환하게 밝음

---

333 『대학혹문』. "천도가 유행하여 만물을 발육함에 조화를 이루는 것은 음양오행일 뿐인데, '음양오행'이라는 것은 다시 반드시 이 리가 있은 뒤에 이 기가 있고, 만물을 낳음에 이르러서는 다시 반드시 기의 응취에 기인해 형(形)이 있게 되는 것이다.(天道流行, 發育萬物, 其所以爲造化者, 陰陽五行而已. 而所謂陰陽五行者, 又必有是理而後有是氣, 及其生物, 則又必因是氣之聚而後有是形.)"

334 채연(蔡淵, 1156~1236).

335 절재 채씨가 말하였다. "먼저 리가 있은 뒤에 기가 있다는 것은 형이상은 도가 되고 형이하는 기(器)가 된다는 말이다. 있으면 함께 있다는 것은 도가 곧 기(器)라는 말이다. 대개 선후를 나누지 않으면 리와 기가 분명하지 않고, 리와 기를 합치지 않으면 두 개의 물로 구별된다. 이를테면 성과 정은 미발과 이발로서 자연히 선후가 있으니 참으로 성과 정은 동시에 있다고 말할 수 없으나, 정의 근본이 실제로 성에 갖추어져 있으니, 먼저 이 성이 있은 뒤에 별도로 하나의 정이 생기는 것이 아니라, 이 성이 있으면 곧 이 정이 있는 것이다."(節齋蔡氏曰, 先有理後有氣者, 形而上爲道, 形而下爲器之謂也. 有則俱有者, 道卽器之謂也. 蓋不分先後, 則理氣不明, 不合理氣, 則判爲二物. 如性之與情未發已發自有先後, 固不可道性情同時也, 然情之本實具於性, 非先有此性而後別生一情, 是有此性卽有此情也.)

336 『대학혹문』 각주 12번 참고.

인가?"**337**

虛靈洞澈, 氣之精爽而理之所具也. 虛靈字, 若已兼理字, 則萬理咸備之語, 豈不贅耶. 其謂心恙之人亦有氣存, 何故昏迷顚錯無此虛靈云者, 尤誤. 心恙之人, 非特有氣, 亦未嘗無理. 但失其氣之虛靈洞澈者, 故理亦蔽隔而無所發見耳.

비어 있고 신령하며 환하게 밝은 것은 기의 깨끗하고 맑음으로 리가 갖추어지는 바이다. 허령(虛靈)자가 만약 이미 리(理)자를 겸하고 있다면, 모든 이치가 다 갖추어져 있다는 말이 어찌 군더더기가 아니겠는가. 그 '마음이 병든 사람 또한 기가 보존됨이 있는데, 무엇 때문에 어둡고 미혹되며 뒤집히고 어그러져서 이 비어 있고 신령함이 없는 것인가?'라고 이른 것은 더욱 잘못이다. 마음이 병든 사람도 기가 있을 뿐만 아니라, 또한 리가 없었던 적도 없다. 다만 기의 비어 있고 신령하며 환하게 밝은 것을 잃어버렸으므로 리 또한 가려지고 막혀서 드러나 보이는 바가 없을 뿐이다.

(5) 各誠其意各正其心註. 新安陳氏云云.

'각기 그 뜻을 성실하게 하고, 각기 그 마음을 바르게 한다'**338**의 주에서 신안

---

337 북계 진씨가 말하였다. "비어 있고 신령하며 환하게 밝은 것은 대개 리와 기가 합쳐져서 이러한 오묘한 작용이 있을 뿐이니, 오로지 기만을 가리켜서는 안 된다. 이를테면 마음이 병든 사람 또한 기가 보존됨이 있는데, 무엇 때문에 어둡고 미혹되며 뒤집히고 어그러져서 이러한 비어 있고 신령하며 환하게 밝음이 없는 것인가?"(北溪陳氏曰, 虛靈洞澈, 蓋理與氣合, 而有此妙用耳. 非可專指氣. 如心恙底人亦有氣存, 何故昏迷顚錯無此虛靈洞澈耶.)

338 『대학혹문』. "천하에 명덕을 밝힌다는 것은 스스로 자신의 명덕을 밝혀서 이를 신민으로 미루어 나아가, 천하 사람들이 모두 자신의 명덕을 밝힐 수 있게 하는 것이다. 사람들이 모두 자신들의 명덕을 밝힐 수 있다면 각기 자신의 뜻을 성실하게 하고 각기 자신의 마음을 바르게 하며 각기 자신을 닦아서, 각기 자신의 부모를 친히 하고 각기 자신의 어른을 어른 대접할 것이니, 천하가 평안하지 않음이 없을 것이다.(所謂明明德於天下者, 自明其明德而推以新民, 使天下之人皆有以明其明德也. 人皆有以明其明德, 則各誠其意, 各正其心, 各修其身, 各親其親, 各長其長, 而天下無不平矣.)"

진씨가 말하였다.³³⁹

已見辨疑.
이미 『경서변의』에 나왔다.³⁴⁰

(6) 心之神明妙衆理註. 黃氏曰, 理是不動底物.
"마음의 신령하고 밝음으로써 온갖 이치를 묘하게 운용한다"³⁴¹의 주에서 황씨가 말하였다. "리는 움직이지 않는 물이다."³⁴²

不動字有病, 當云無爲底物.
부동(不動: 움직이지 않음)자는 병통이 있으니, 마땅히 '작위가 없는 물'이라고 해야 한다.

---

339 신안 진씨가 말하였다. "'각기 물을 궁구하여 앎을 지극하게 한다'고 말하지 않은 것은, [『논어』에 나오는] '백성은 따르게 할 수는 있어도 알게 할 수는 없다'는 뜻과 같다. 어버이를 친애하는 것과 어른을 공경하는 것은 곧 집안을 가지런하게 하는 일 가운데 큰 것이다."(新安陳氏曰, 不言各格物致知者, 民可使由不可使知之意也. 親親長長, 卽齊家之大者.)

340 『경서변의』「대학」 혹문. "살펴보건대, 신안 진씨의 말은 옳지 않은 듯하다. 이미 각기 그 뜻을 성실하게 한다고 말하였다면 각기 그 앎을 지극히 한다는 것은 그 가운데 있다. 어떻게 그 앎을 지극히 하지 못하고서 성의와 정심을 할 수 있겠는가.(按陳氏之言, 恐不然, 旣言各誠其意, 則各致其知, 在其中, 豈有不致其知而能誠意正心者乎.)"

341 『대학혹문』. "무릇 지(知)는 마음의 신령하고 밝음으로써 온갖 이치를 묘하게 운용하고 만물을 주재하는 것이다. (若夫知則心之神明, 妙衆理而宰萬物者也.)"

342 황씨가 말하였다. "리는 움직이지 않는 물이니 묘(妙)자를 붙이지 않는다면 어떻게 수많은 리를 발출해낼 수 있겠는가?"(黃氏曰, 理是不動底物, 不著妙字, 如何發得許多理出來.)

(7) 玉溪盧氏曰, 神明字【止】不離體.

옥계 노씨가 말하였다. "신명(神明)자 … 체와 떨어지지 않는다."³⁴³

虛靈神明, 皆氣也, 其所以然者, 理也. 虛明屬理, 神靈屬氣, 甚誤. 又以理爲體氣爲用, 亦誤. 理自有體用, 大本達道, 是也, 氣自有體用, 寂然感通, 是也.

허령(虛靈: 비어 있고 신령함)과 신명(神明: 신령하고 밝음)은 모두 기이고, 그 소이연(所以然: 그렇게 되는 까닭)이 리이다. 허(虛)와 명(明)을 리에 배속하고 신(神)과 령(靈)을 기에 배속한 것은 매우 잘못된 것이다. 또 리를 체로 삼고 기를 용으로 삼은 것 또한 잘못된 것이다. 리 자체에 체와 용이 있으니 큰 근본(大本)과 공통된 도(達道)³⁴⁴가 이것이며, 기 자체에 체와 용이 있으니 고요하여 움직이지 않음(寂然不動)과 감응하여 마침내 통함(感而遂通)³⁴⁵이 이것이다.

(8) 新安陳氏曰, 心本神明【止】所以妙也.

신안 진씨가 말하였다. "마음(心)은 본래 신령하고 밝으며 … 묘하게 운용하는 것이다."³⁴⁶

---

343 옥계 노씨가 말하였다. "신명(神明)자와 허령(虛靈)자는 서로 표리 관계이다. 허(虛)는 리를 주(主)로 삼아 말한 것이고, 령(靈)은 기를 겸하여 말한 것이다. 먼저 허를 말하고 뒤에 령을 말하여 마음의 체가 용과 떨어지지 않음을 나타내었다. 신(神)은 기를 겸하여 말한 것이고, 명(明)은 리를 주로 삼아 말한 것이다. 먼저 신을 말하고 뒤에 명을 말하여 마음의 용이 체와 떨어지지 않음을 나타내었다."(玉溪盧氏曰, 神明字與虛靈字, 相爲表裏. 虛主理言, 靈兼氣言. 先言虛後言靈, 見心之體不離用. 神兼氣言, 明主理言. 先言神後言明, 見心之用不離體.)

344 『중용장구』제1장 제4절. "중(中)은 천하의 큰 근본이요 화(和)는 천하의 공통된 도이다.(中也者, 天下之大本也, 和也者, 天下之達道也.)"

345 『주역』「繫辭上」제10장. "역은 생각이 없고 함이 없어 고요하여 움직이지 않다가 감응하여 마침내 천하의 일에 통하니, 천하의 지극히 신묘한 자가 아니면 그 누가 이에 참여할 수 있겠는가.(易无思也, 无爲也, 寂然不動, 感而遂通天下之故. 非天下之至神, 其孰能與於此.)"

346 신안 진씨가 말하였다. "마음(心)은 본래 신령하고 밝은 물이다. 지(知)는 또한 마음이 신령

心是神明之物也, 知是神明之發也, 性是所以神明之理也. 今以知爲所以神明者, 則是認氣爲理, 而知字轉作智字解矣.

마음(心)은 신령하고 밝은 물이고, 지(知)는 신령하고 밝음(神明)이 발한 것이며, 성(性)은 신령하고 밝음의 근거가 되는 리이다. 지금 지를 신령하고 밝음의 근거로 여겼으니, 이는 기를 리로 인식한 것이고, 지(知)자를 지(智)자로 바꾸어서 해석한 것이다.

(9) 極其體用之全註. 玉溪盧氏曰, 析之極其精【止】無不該矣.[347]

'그 체와 용의 온전함을 다한다'[348]의 주에서 옥계 노씨가 말하였다. "나누어 그 정밀함을 다하되 … 포괄하지 않는 바가 없다."

極其體用之全者, 以明德包新民而, 謂明德體用之全也, 非謂明德新民相對爲體用而合言之爲全也. 故下文天下雖大而吾心之體無不該者, 言新民之理亦具於吾心之體, 而明德之體全也, 事物雖衆而吾心之用無不貫者, 言新民之事亦出於吾心之用, 而明德之用全也. 析之極其精者, 卽指篇首在明明德在新民兩言而言也, 合之極其大者, 卽指此段明明德於天下一句而言也. 盧氏以析合兩言爲釋上文體用兩言之意, 可謂考之不詳矣.

그 체와 용의 온전함을 다한다는 것은 명명덕으로 신민을 포괄하여 '명명덕이

하고 밝은 근거이다. 오직 신령하고 밝기 때문에 묘하게 운용하는 것이다."(新安陳氏曰, 心本神明之物, 知又心之所以神明者, 惟神明所以妙也.)

347 옥계 노씨가 말하였다. "이를 잘 분석하여 그 정밀함을 다하되 어지럽지 않으면 내 마음의 용이 관통되지 않은 바가 없음을 알게 될 것이며, 이를 잘 종합하여 그 큼을 다하되 남음이 없으면 내 마음의 체가 포괄하지 않는 바가 없음을 알게 될 것이다."(玉溪盧氏曰, 能析之極其精而不亂, 則知吾心之用無不貫矣, 能合之盡其大而無餘, 則知吾心之體無不該矣.)

348 『대학혹문』. 각주 67번 참고.

체와 용의 온전함이다.'라고 이르는 것이지, 명명덕과 신민이 서로 대비하여 체와 용이 되고, 합쳐서 말하면 온전함이 된다고 이르는 것이 아니다. 그러므로 아래 글의 '천하가 비록 크다 해도 내 마음의 체에 갖추어지지 않음이 없다'는 것은 신민의 이치 또한 내 마음의 체에 갖추어져 있어 명명덕의 체가 온전함을 말하고, '사물이 비록 많다 해도 내 마음의 작용(用)이 관통하지 않음이 없다'는 것은 신민의 일 또한 내 마음의 작용에서 나와 명명덕의 용이 온전함을 말한다. '나누어 그 정밀함을 다한다'는 것은 곧 편 첫머리의 '명덕을 밝히는 데 있다.(在明明德)'와 '백성을 새롭게 하는 데 있다.(在新民)'의 두 말349을 가리켜 말한 것이고, '합쳐서 그 큼을 다한다'는 것은 곧 이 단락의 '명덕을 천하에 밝힌다'350는 한 구절을 가리켜 말한 것이다. 노씨는 '나누다(析)'와 '합치다(合)'의 두 말을 위 글의 체와 용의 두 말의 뜻을 해석하는 것이라고 여겼으니, 고찰함이 상세하지 못하다고 이를 만하다.

(10) 己德旣明而民德自新註. 陳氏曰, 聽訟末也, 明德本也.

'자기의 덕이 이미 밝아지고 백성의 덕이 스스로 새로워진다'351의 주에서 진씨가 말하였다. "'송사를 들음'은 말단이고, 명명덕은 근본이다."

己德旣明而民德自新者, 本末俱得者也, 分爭辨訟之間以求新民者, 本末俱失者也. 是蓋就使無訟一句上, 推原其本於明德, 以明德新民爲本末, 而非以

---

349 『대학장구』 경1장 제1절. 각주 100번 참고.
350 『대학장구』 경1장 제4절. 각주 65번 참고.
351 『대학혹문』. "대개 자기의 덕이 이미 밝아지고 백성의 덕이 스스로 새로워지는 것은 근본을 얻었다는 명백한 공효이다. 혹시라도 그렇게 하지 못하고 서로 싸우고 송사로 다투는 데 얽매이면서 신민의 공효를 구하고자 한다면, 이 또한 말단이다.(蓋己德旣明, 而民德自新, 則得其本之明效也. 或不能然, 而欲區於分爭辨訟之間, 以求新民之效, 其亦末矣.)"

聽訟明德爲本末者, 語意甚明. 陳說失之矣.

자기의 덕이 이미 밝아지고 백성의 덕이 스스로 새로워진다는 것은 근본과 말단을 모두 얻은 것이고, 서로 싸우고 송사로 다투는 사이에 백성이 새로워지기를 구한다는 것은 근본과 말단을 모두 잃은 것이다. 이는 대개 '송사가 없게 한다.(使無訟)'는 한 구절에 나아가 명명덕에서 그 근본을 미루어 헤아려 추구하여 명명덕과 신민을 근본과 말단으로 삼은 것이지, '송사를 들음'과 명명덕을 근본과 말단으로 삼은 것이 아니니, 말뜻이 매우 분명하다. 진씨의 설은 잘못된 것이다.

(11) 立誠意以格之註. 玉溪盧氏曰, 立誠意卽主敬之謂.

'성의를 세워서 궁구해 나아간다'[352]의 주에서 옥계 노씨가 말하였다. "성의를 세움은 곧 주경(主敬: 경을 주로 함)을 이른다."

立誠謂以實心格物也, 與主敬意自別.

성(誠: 誠意)을 세움은 성실한 마음으로 사물(物)의 이치를 궁구함을 이르니, 주경의 뜻과 저절로 구별된다.

(12) 其體則有仁義禮智之性註. 玉溪盧氏曰, 渾然在中【止】四者之別.

'그 체에는 인·의·예·지의 성이 있다'[353]의 주에서 옥계 노씨가 말하였다. "마

---

352 『대학혹문』. "격물궁리는 다만 성의를 세워서 궁구해 나아가는 것이다. 그 더디고 빠름은 사람의 밝고 어두움에 달려 있을 뿐이다.(格物窮理, 但立誠意以格之. 其遲速, 則在乎人之明暗耳.)"

353 『대학혹문』. "마음(心)이라는 것은 실로 몸(身)을 주재하니, 그 체에는 인·의·예·지의 성이 있고 그 용에는 측은·수오·공경·시비의 정이 있어서, 혼연히 마음속에 있다가 감각하는 바에 따라 응함에 각각 주로 하는 바가 있어 어지럽힐 수 없다.(心之爲物, 實主於身, 其體則有仁義禮智之性, 其用則有惻隱羞惡恭敬是非之情, 渾然在中, 隨感而應, 各有攸主, 而不可亂也.)"

음속에 혼연하게 있다 … 네 가지 구별."³⁵⁴

仁義禮智理也. 理無形象, 其體之具於性中者, 固未嘗有四塊之物, 東西截斷而對峙幷立, 然其意思情狀, 亦不可謂全無分別也. 若全無分別, 則仁義禮智之名, 何從而立乎. 故朱子曰, 渾然一理中, 識得箇意思情狀, 似有箇界限, 而實非有墻壁遮攔分別處也. 又曰, 五者在性中, 各有體段, 要得分辨不雜, 不可說未感時都無分別, 而感物後方有分別也. 盧氏說全與朱子說相反, 而殆於以仁義禮智爲空虛無實之物, 傅會强立之名者, 學者不可以不察也.

인·의·예·지는 리이다. 리는 형상이 없고 그 체가 성 가운데 갖춰진 것으로서, 참으로 네 덩어리의 물이 동·서로 확연히 갈라지고 서로 대치하여 나란히 선 적이 있지 않으나, 그 의사(意思: 의미)와 정상(情狀: 상태) 또한 '전혀 구별이 없다'고 이를 수는 없다. 만약 전혀 구별이 없다면, 인·의·예·지라는 명칭은 무엇으로부터 이루어졌겠는가? 그러므로 주자께서는 "혼연한 하나의 이치 가운데 각각의 의사와 정상이 마치 각자 경계가 있는 것처럼 인식되지만, 실제로는 담장으로 가로막힌 것처럼 구별되는 곳이 있는 것이 아니다."³⁵⁵라고 하셨고, 또 "다섯 가지(인·의·예·지·신)가 성 가운데 있으면서 각각 체단이 있으니 구별하여 섞이지 않게 해야 하며, 아직 감응하지 않았을 때는 전혀 구별이 없으나 물에 감응한 뒤에 비로소 구별이 있다고 말해서는 안 된다."³⁵⁶라고 하셨다. 노씨의 설은 완전히 주자의 설과 상반되며, 인·의·예·지를 공허하고 실질이 없는 물이나 견강부회하여 억지로 만든 명칭이라고 여긴 것에 가까우니, 배우는 사람들이 잘 살펴

---

354 옥계 노씨가 말하였다. "마음속에 혼연하게 있다는 것은 그 체가 처음에는 인·의·예·지의 구분이 없다는 것이고, 감응함에 따라 응한다는 것은 그 용에 비로소 측은 등의 네 가지 구별이 있다는 것이다."(玉溪盧氏曰, 渾然在中, 其體初無仁義禮智之分, 隨感而應, 其用始有惻隱等四者之別.)
355 『주자대전』 권61 「與林德久書」(3번째).
356 『주자대전』 권61 「여임덕구서」(5번째).

지 않으면 안 된다.

(13) 正心章註. 徽菴程氏說.
정심장(正心章)의 주에 대한 휘암 정씨(徽菴 程氏)[357]의 설.[358]

---

357 정약용(程若庸, 생몰년 미상).
358 휘암 정씨가 말하였다. "아직 발하기 전에는 기가 용사(用事)하지 않으니 마음의 본체는 바르게 하는 것을 기다린 뒤에 바르게 되는 것이 아니며, 발하여 절도에 맞으면 마음의 작용은 바르지 않은 것이 없으니 또한 바르게 하는 것을 기다린 뒤에 바르게 되는 것이 아니다. 무릇 바르지 않음이 있은 뒤에 바르게 하는 것이니, 마음의 체가 정(靜)하여 발하지 않은 것이니 어찌 바르게 할 필요가 있겠는가. 오직 마음의 작용이 발하여 절도에 맞지 않으면 비로소 바르지 않아서 바르게 할 필요가 있는 것이다.『장구』에서는 '작용의 행하는 바가 혹 그 바름을 잃는다'고 하였고,『혹문』에서는 '이 마음의 작용이 그 바름을 얻지 못한다'고 하여 일찍이 체가 바르지 못하다고 말한 적이 없다. 오직 경문의『혹문』에 '그 본연의 바름을 얻지 못한다'는 말이 있고, '마음의 본체는 물이 움직일 수 없어서 바르지 않음이 없다'는 말이 있는데, 누군가 마침내 이 말을 가지고서 마음을 바르게 하는 것은 바로 정(靜)할 때의 공부로서『중용』의 미발의 중(中)과「태극도」의 주정과 같으며, 경문에서 말한 정(定)·정(靜)·안(安)에 해당하며, 전문의 '마음이 있지 않다'는 것은 바로 마음이 몸속에 있지 않은 때라고 여겼다. 아마도 성인이 사람을 가르칠 때에 대부분 동(動)하는 곳에 힘쓰도록 하여 격물·치지·성의·정심·수신이 모두 사람들에게 동(動)하는 곳에서 힘쓰도록 한 것이고, 정·정·안 또한 마음의 정(靜)함만 말한 것이 아님을 알지 못한 것이다. 정(靜)할 때의 공부라는 것은 계신과 공구일 뿐이고, 보존하고 기르고 지키는 것일 뿐이니, 바르지 못한 것을 바르게 할 필요가 없는 것이다. … 만약 성의한 뒤에 동을 싫어하고 정을 구하며 일을 버리고 마음을 고요하게 하며 보는 것을 거두고 듣는 것을 되돌리면서 '나는 이 마음을 바르게 하려고 한다'고 말한다면, 이는 바로 이단의 일이며, 우리 유가의 일이 아니다."(徽菴程氏曰, 未發之前, 氣未用事, 心之本體不待正而後正, 發而中節, 則心之用無不正, 亦不待正之而後正, 夫有不正而後正, 心體靜而未發, 何待於正乎, 惟此心之用發不中節, 始有不正而待於正耳, 章句曰, 用之所行或失其正, 或問曰, 此心之用不得其正, 未嘗言體之不正也, 惟經之或問有曰, 不得其本然之正, 曰心之本體物不能動而無不正, 或者遂執之以爲正心乃靜時工夫, 如中庸未發之中, 太極圖之主靜, 而經之所謂定靜安也, 傳之心不在焉, 乃心不在腔子裏時也, 殊不知聖人教人多於動處用功, 格至誠正修, 皆教人用功於動者, 定靜安, 亦非但言心之靜也, 若靜時工夫, 則戒謹恐懼而已, 存之養之守之而已, 不待乎正其所不正也, … 若當誠意之後, 厭動而求靜, 棄事而冥心, 收視反聽而曰, 吾將以正心焉, 此乃異端之事, 非吾儒事也.)

正心章之指要, 惟在於息妄動而反至靜, 去客用而存本體者, 前此已屢言之. 程說多誤, 今不復辨矣. 若其以誠意之後復求靜存者, 爲厭動求靜異端之事者, 尤爲害理. 動靜之功互相承資, 而不可偏廢者, 吾儒法門也. 若於誠意之後不復有靜存之功, 則心地昏搖精神日弊, 幾何不爲顚狂自殘之人哉. 以是自謂遠於異端之學, 豈不惑哉.

정심장(전7장)의 요지는 오직 망령되게 움직인 것을 그쳐서 지극한 고요함으로 돌아가고 객쩍게 작용한 것을 제거하여 본체를 보존함에 있다는 것은 이전에 이미 거듭 말하였다.[359] 정씨의 설은 잘못된 것이 많으니, 지금 다시 논변하지는 않는다. 만약 뜻을 성실하게 한(誠意) 뒤에 다시 고요할 때 보존함을 구하는 것을, 동을 싫어하고 정을 구하는 이단의 일이라고 여기는 것은 더욱 이치를 해치게 된다. 동·정의 공부가 서로서로 이어받고 의지하여 한쪽도 버릴 수 없는 것이 우리 유가의 가르침이다. 만약 뜻을 성실하게 한 뒤에 다시 고요할 때 보존하는 공부를 두지 않는다면, 마음의 본바탕이 어둡고 어지러워지며 정신이 날로 피폐해지니, 어찌 미쳐 날뛰고 스스로 해치는 사람이 되지 않겠는가? 그런데도 이로써 스스로 '이단의 학문과 멀다'고 이르니, 어찌 미혹된 것이 아니겠는가?

---

[359] 권제1-1-10)-(1), (2), (5)와 권제1-2-8)-(3), (5) 등.

경의기문록 권제2

中庸 중용

1. 圖
도

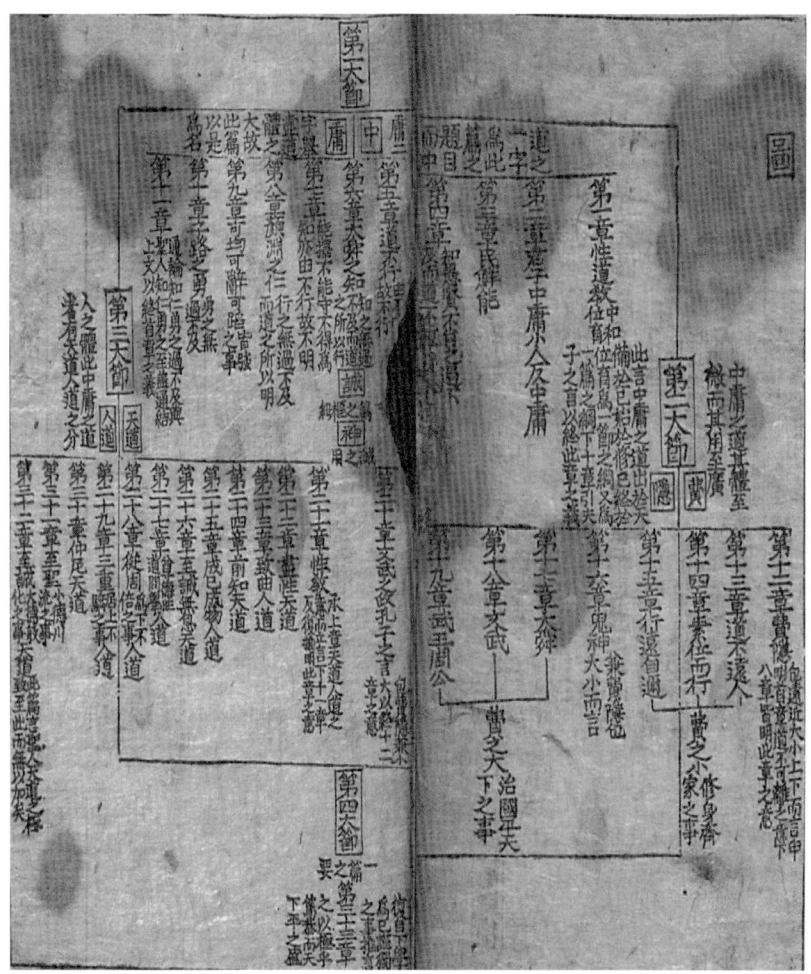

「중용도(中庸圖)」

右中庸圖, 謹依朱子章句, 而撰定焉.

오른쪽(앞쪽)의 「중용도」는 삼가 주자의 『중용장구(中庸章句)』(이하 『장구』로 표기)에 의거하여 정해서 지은 것이다.

首章言中和, 而章句曰, 其下十章, 以終此章之義, 第二章變和言庸, 而章句曰, 中庸之中, 實兼中和之義, 此下十章, 皆論中庸, 以釋首章之義, 十一章章句曰, 子思所引夫子之言以明首章之義者, 止此. 故自首章至十一章, 共爲第一大節, 而目之以中庸. 十二章言費隱, 而章句曰, 其下八章, 雜引孔子之言以明之, 二十章章句曰, 包費隱兼小大, 以終十二章之意, 故自十二章至二十章, 共爲第二大節, 而目之以費隱.

첫 장은 중(中)·화(和)를 말하고 『장구』에서 "그 아래의 열 장은 이 장의 뜻을 맺은 것이다."[1]라고 하였고, 제2장은 화(和)를 바꾸어 용(庸)을 말하고 『장구』에서 "중용(中庸)의 중(中)은 참으로 중·화의 뜻을 겸하고 있다. 이 아래의 열 장은 모두 중용을 논하여 첫 장의 뜻을 해석하였다."[2]라고 하였으며, 11장의 『장구』에서는 "자사께서 공자의 말씀을 인용하여 첫 장의 뜻을 밝힌 것이 여기에서 끝났다."[3]라고 하였다. 그러므로 첫 장부터 11장까지는 함께 제1대절(大節)이 되며 '중(中)·용(庸)'을 제목으로 하였다. 12장은 비(費)·은(隱)을 말하고 『장구』에서 "그 아래의 여덟 장은 공자의 말씀을 섞어서 인용하여 그것을 밝혔다."[4]라고 하였고, 20장의 장구에서는 "비·은을 포괄하고 소(小)·대(大)를 겸하여 12장의 뜻을 마쳤다."[5]라고 하였다. 그러므로 12장부터 20장까지는 함께 제2대절이 되며

---

1 『中庸章句』 제1장 장하주.
2 『중용장구』 제2장 장하주.
3 『중용장구』 제11장 장하주.
4 『중용장구』 제12장 장하주.
5 『중용장구』 제20장 장하주.

'비·은'을 제목으로 하였다.

二十一章言性敎, 而章句曰, 子思承上章夫子天道人道之意而立言. 此下十二章, 以反復推明此章之意, 三十二章章句曰, 此篇言聖人天道之極致, 至此而無以加矣. 故自二十一章至三十二章, 共爲第三大節, 而目之以天道人道. 末章章句曰, 擧一篇之要而約言之. 故以末一章獨爲第四大節, 而目之以一篇之要. 序文所謂支分節解者, 然也.

21장은 성(性)·교(敎)를 말하고『장구』에서 "자사께서 앞 장에 있는 공자의 천도(天道)·인도(人道)의 뜻을 이어받아 말씀하셨다. 이 아래의 열두 장은 되풀이하여 이 장의 뜻을 미루어 밝혔다."[6]라고 하였고, 32장의『장구』에서는 "이 편(『중용』)에서 성인께서 천도의 극치를 다함에 대해 말한 것이 여기에 이르러 더할 바가 없게 되었다."[7]라고 하였다. 그러므로 21장부터 32장까지는 함께 제3대절이 되며 '천도·인도'를 제목으로 하였다. 마지막 장(제33장)의 장구에서는 "한 편의 요점(一篇之要)을 들어 요약하여 말하였다."[8]라고 하였다. 그러므로 마지막 한 장은 홀로 제4대절이 되며 '일편지요'를 제목으로 하였다. 서문(序文)에서 "가지마다 나누어지고 마디마다 풀린다"[9]고 이른 것이 그러한 것이다.

十二章章句曰, 申明首章道不可離之意, 則費隱一節, 卽所以明中庸之道至

---

[6] 『중용장구』제21장 장하주.
[7] 『중용장구』제32장 장하주.
[8] 『중용장구』제33장 장하주.
[9] 『중용장구』「中庸章句序」. "그러한 뒤에야 이 책의 뜻이 가지마다 나누어지고 마디마다 풀리고 맥락이 관통하며 상세함과 간략함이 서로 이어지고 큰 것과 작은 것이 모두 거론되어 모든 학설의 동이와 득실이 또한 곡진히 통하고 사방으로 통하여 각각 그 지취를 다하게 되었다.(然後此書之旨, 支分節解, 脈絡貫通, 詳略相因, 巨細畢擧, 而凡諸說之同異得失, 亦得以曲暢旁通, 而各極其趣.)"

廣而至微也. 二十一章章句曰, 承上章天道人道之意而立言云云, 則天道人道一節, 卽所以驗費隱之道在人體之者, 有天道人道之分也. 末一節總論一篇之要, 則卽所以再申中庸費隱天道人道之意也. 序文所謂血脈貫通者, 然也.

12장의 『장구』에서는 "첫 장의 '도는 떠날 수 없다'[10]는 뜻을 거듭 밝혔다."[11]라고 하였으니, '비·은' 한 대절(제2대절)은 곧 중용의 도가 지극히 넓고 지극히 은미함을 밝힌 것이다. 21장의 『장구』에서는 "앞 장 천도·인도의 뜻을 이어받아 말하였다. …"[12]라고 하였으니, '천도·인도' 한 대절(제3대절)은 곧 비·은의 도가 사람의 몸에 있는 것에는 천도와 인도의 구분이 있음을 증험한 것이다. 마지막 한 대절(제33장 제4대절)은 한 편의 요점을 총괄적으로 논하였으니, 곧 중·용, 비·은, 천도·인도의 뜻을 거듭 밝힌 것이다. 서문에서 "혈맥이 관통한다."[13]라고 이른 것이 그러한 것이다.

故以四大節分置上下左右, 以爲之綱, 而以各節所包諸章逐節分隷, 以爲之目, 以見其支分節解之義, 而又以細畫句連四節, 以見其血脈貫通之義. 章句以誠爲一篇之樞紐, 故置誠字於中, 以統四節, 十六章以神爲誠之不可掩者, 故又以神字係誠字下, 以爲誠之用. 位置名目, 蓋無不考乎章句之指也.

그러므로 네 개의 대절을 위와 아래, 왼쪽과 오른쪽에 나누어 배치하여 강령으로 삼고, 각 대절이 포괄하는 여러 장들을 절에 따라 나누어 종속시켜 세부 조목으

---

10 『중용장구』 제1장 제2절. 권제1 대학 편 각주 235번 참고.
11 『중용장구』 제12장 장하주.
12 『중용장구』 제21장 장하주. 각주 6번 참고.
13 「중용장구서」에는 '맥락관통(脈絡貫通)'으로 되어 있다.("然後此書之旨, 支分節解, 脈絡貫通, 詳略相因, 巨細畢擧, 而凡諸說之同異得失, 亦得以曲暢旁通, 而各極其趣.") '혈맥관통(血脈貫通)'이란 표현은 『대학장구』 경1장 장하주에 나온다.("凡傳文, 雜引經傳, 若無統紀, 然文理接續, 血脈貫通, 深淺始終, 至爲精密, 熟讀詳味, 久當見之, 今不盡釋也.")

로 삼아 그 '가지마다 나누어지고 마디마다 풀린다'는 말의 뜻을 나타냈으며, 또 가는 선으로 네 개의 대절을 네모나게 연결시켜 그 '혈맥이 관통한다'는 말의 뜻을 나타내었다. 『장구』에서 성(誠)을 한 편의 추뉴(樞紐: 중추)로 삼았으므로[14] 가운데에 성(誠)자를 배치하여 네 개의 대절을 통괄하였으며, 16장에서 신(神)을 '성의 가릴 수 없음'으로 여겼으므로[15] 또 신(神)자를 성(誠)자의 아래에 연결하여 성의 용(用)으로 삼았다. 배치와 명칭은 대개 『장구』의 뜻을 고찰하지 않은 것이 없다.

大抵中庸一書, 篇章浩博, 指義精微, 博則難領其要, 微則難究其蘊. 是以讀者每有望洋之歎隔壁之憂也. 玆敢忘僭, 著爲此圖, 置之案上, 而常目焉, 則三十三章之說, 爛然指掌. 因綱擧目沿流溯源, 庶幾有助於領要究蘊之術, 非敢示人, 聊以自考云爾.

대체로 『중용』한 책은 편(篇)과 장(章)이 크고 넓으며, 가리키는 뜻이 정밀하고 미세하니, 넓으면 그 요점을 깨닫기 어렵고, 미세하면 그 깊은 내용을 궁구하기 어렵다. 이 때문에 독자들은 넓은 바다를 바라볼 때와 같은 탄식과 벽에 가로막힐 때와 같은 근심이 늘 있게 된다. 이에 감히 주제넘음을 잊고 이 그림을 그려서 책상 위에 두고 항상 이것을 주시하였더니, 서른세 장의 설이 마치 손가락으로 손바닥을 가리키는 것처럼 분명해졌다. 강령으로 말미암아 세부 조목을 들어 근원으로 거슬러 올라가면, 요점을 이해하고 깊은 내용을 궁구하는 학술에 아마도 도움이 될 것이다. 감히 다른 사람들에게 보여주려는 게 아니라 애오라지 스스로 참고하려는 것일 뿐이다.

---

[14] 『중용장구』 제20장 장하주. "장 안에 성을 말한 것이 처음으로 상세하니, '성'이라 이르는 것은 진실로 이 편의 추뉴이다.(章內語誠始詳, 而所謂誠者, 實此篇之樞紐也.)"

[15] 『중용장구』 제16장 제4~5절. "『시경』에 이르기를 "신이 오시는 것을 예측할 수 없는데 하물며 신을 싫어할 수 있겠는가." 하였으니, 은미한 것이 드러나니 성의 가릴 수 없음이 이와 같구나.(詩曰, 神之格思, 不可度思, 矧可射思. 夫微之顯, 誠之不可掩, 如此夫.)"

1) 總說 총설

(1) 中庸一書只是一箇天理. 始言天命之性, 是言君子之道出於天【或問天專言則道, 朱子曰, 如云天命之性, 便是說道, 如云天之蒼蒼, 便是說形體, 據此, 則天命之性天字專以理言, 可知也, 或曰, 此天字專以理言, 則理命之謂性, 其可乎, 理命之謂性, 固未嘗不可, 而捨理而言, 則氣也, 氣命之謂性, 其果成說乎. ○又按楚辭天問註曰, 所謂天者, 理而已矣, 成湯所謂上帝降衷, 子思所謂天命之性, 是也, 其說尤明白矣】中言修身齊家爲政之事, 是皆君子所以事天而代天工者, 終言浩浩其天與上天之載無聲無臭, 是言君子之德與天爲一也.

『중용』한 책은 단지 하나의 천리일 뿐이다. 처음에는 천명지성을 말하였으니,[16] 이는 군자의 도가 하늘에서 나온다는 것을 말한 것이다.【누군가 하늘(天)을 전체로 말하면 도인지 묻자, 주자께서 "이를테면 '천명지성'이라고 이른 것은 바로 도를 말한 것이고, 이를테면 '천지창창(天之蒼蒼: 하늘의 푸르고 푸름)'이라고 이른 것은 곧 형체를 말한 것이다."라고 하셨으니,[17] 이에 의거하면 천명지성(天命之性)의 천(天)자는 오로지 리로서 말한 것임을 알 수 있다. 누군가 "이 천(天)자가 오로지 리로서 말한 것이라면 '리가 명한 것을 성이라 이른다'고 할 수 있는 것인가?"라고 하였는데, '리가 명한 것을 성이라 이른다'고 하는 게 진실로 안 되는 것은 아니나, 리를 버리고 말하면 기만 남으니, '기가 명한 것을 성이라 이른다'는 게 과연 말이 되는 것이겠는가? ○또 살펴보건대, 『초사』천문(天問)

---

16 『중용장구』제1장 제1절. 권제1 대학 편 각주 44번 참고.
17 『朱子語類』권68 「易」4. "대답하셨다. "'하늘이 명한 것을 성이라 이른다'고 할 때의 이것(하늘)은 도를 말한 것이고, '하늘이 푸르고 푸르다'고 할 때의 이것(하늘)은 형체를 말한 것이며, '위대한 상제께서 아래 백성에게 충(衷)을 내리셨다'고 할 때의 이것(하늘)은 상제를 말한 것이다."(曰, 所謂天命之謂性, 此是說道, 所謂天之蒼蒼, 此是形體, 所謂惟皇上帝降衷於下民, 此是謂帝.)"

편의 주에서 "하늘(天)이라고 이르는 것은 리일 뿐이다. 탕왕께서 '상제께서 충(衷: 中)을 내려주셨다'[18]고 이르신 것과 자사께서 '천명지성'이라고 이르신 것이 이것이다."[19]라고 하였으니, 그 설이 더욱 명백하다.] 중간에는 수신·제가·위정(爲政)의 일을 말하였으니, 이는 모두 군자가 하늘을 섬기고 하늘의 일(天工)을 대신하는 것이다. 끝에는 '넓고 넓은 그 하늘'[20]과 '하늘의 일은 소리도 없고 냄새도 없음'[21]을 말하였으니, 이는 군자의 덕이 하늘과 하나가 됨을 말한 것이다.

(2) 讀此篇, 可見古人作文之妙. 首章言性道敎三字, 是命題也. 其下十九章, 皆敍此三言之義, 卽首章之傳義也. 如詞家所謂鋪敍也. 二十一章復提出性敎二字, 以明體道者, 有所性而有者, 有由敎而入者, 是回題也. 其下十二章, 皆反復推明此章之意, 卽一篇之演義也. 末章復自下學之始推言, 以至於成德之極功, 是再講其題也, 如詞家所謂重鋪敍也. 讀此篇, 而不知此義, 則亦不知其味也.

이 편(『중용』)을 읽으면 옛사람들의 글짓기의 묘함을 알 수 있다. 첫 장에서 성(性)·도(道)·교(敎) 세 글자를 말한 것은 명제(命題: 주제를 제시한 것)이다. 그 아래의 열아홉 장은 모두 이 세 말의 뜻을 서술하였으니 곧 첫 장의 전의(傳義: 뜻

---

18 『書經』 「商書」 湯誥. "왕이 말하였다. "… 훌륭하신 상제께서 모든 사람에게 충(衷)을 내려주셔서, 유항(有恒)한 성을 따라 능히 그 도를 편안히 세우는, 그것이 바로 임금이 되는 길이다." (王曰, … 惟皇上帝降衷于下民, 若有恒性, 克綏厥猷, 惟后.)"

19 『楚辭集注』 「天問」. "음양의 명암, 이것이 어떻게 만들어졌을까? 음과 양, 그리고 천 셋이 화합해서, 그 바탕은 어떠하고 그 변화는 어떠했는가. (明明闇闇, 惟時何爲, 陰陽三合, 何本何化.)"의 주.

20 『중용장구』 제32장 제2절. "순순한 그 인이며, 연연한 그 못이며, 넓고 넓은 그 하늘이다. (肫肫其仁, 淵淵其淵, 浩浩其天.)"

21 『중용장구』 제33장 제6절. "『시경』에 이르기를 "덕은 가볍기가 터럭과 같다." 하였는데, 터럭도 오히려 비교할 만한 것이 있으니, '상천의 일은 소리도 없고 냄새도 없다'는 표현이어야 지극하다 할 것이다. (詩云, 德輶如毛, 毛猶有倫, 上天之載, 無聲無臭, 至矣.)"

을 펼친 것)이며, 사가(詞家: 문장가)가 '펼쳐서 서술하다'라고 이른 것과 같다. 21장은 다시 성·교 두 글자를 꺼내 들어 도를 체득하는 것이 성(性)대로 하여 간직한 사람이 있고 가르침으로 말미암아 들어가는 사람이 있음을 밝히고 있으니[22] 회제(回題: 주제를 돌이킨 것)이다. 그 아래의 열두 장은 모두 이 장의 뜻을 되풀이하여 미루어 밝히고 있으니 곧 한 편의 연의(演義: 뜻을 자세히 설명한 것)이다. 마지막 장은 다시 학문을 시작하는 처음으로부터 미루어 말하여 덕을 이루는 지극한 결과에 이르렀으니[23] 그 주제를 거듭 설명한 것이며, 문장가가 '거듭 펼쳐서 서술하다'라고 이른 것과 같다. 이 편을 읽고서 이 뜻을 알지 못한다면 또한 그 맛을 알지 못할 것이다.

(3) 自誠明者, 全其性而立是敎者也, 自明誠者, 由是敎而復其性者也, 其爲體道則一也. 此章所全之性所由之敎所體之道, 卽首章所謂性道敎者也, 則所謂回題者, 然也.

성(誠: 성실함)으로 말미암아 밝아지는 것은 그 성을 온전히 하여 이 가르침(敎)을 세우는 것이고, 명(明: 밝음)으로 말미암아 성실해지는 것은 이 가르침으

---

[22] 『중용장구』 제21장의 주. "덕이 성실하지 않음이 없고 밝음이 비추지 않음이 없는 것은 성인의 덕이 성(性)대로 하여 간직한 자이니 하늘의 도이고, 먼저 선을 밝게 안 뒤에 그 선을 성실히 하는 것은 현인의 배움이 가르침으로 말미암아 들어가는 자이니 사람의 도이다. 성실해지면 밝지 않음이 없고 밝아지면 성실함에 이를 수 있다.(德無不實而明無不照者, 聖人之德, 所性而有者也, 天道也, 先明乎善而後能實其善者, 賢人之學, 由敎而入者也, 人道也, 誠則無不明矣, 明則可以至於誠矣.)"

[23] 『중용장구』 제33장 제1절의 주. "앞 장에서는 성인의 덕이 그 성대함을 다했다는 것을 말씀하였고, 여기서는 다시 하학이 마음을 세우는 시초로부터 말씀하였으며, 다음 글에 또 이것을 미루어 그 지극함을 다하였다.(前章言聖人之德極其盛矣, 此復自下學立心之始言之, 而下文又推之, 以至其極也.)" 『중용장구』 제33장 제5절의 주. "독공은 드러나지 않는 공경을 이른다. '공손함을 돈독히 함에 천하가 평안해짐'은 바로 성인의 지극한 덕이 깊고 은미하여 자연히 나타나는 호응이니, 중용의 지극한 결과이다.(篤恭而天下平, 乃聖人至德淵微自然之應, 中庸之極功也.)"

로 말미암아 그 성을 회복하는 것이나,²⁴ 그 체(體)를 체득하게 됨에서는 동일한 것이다. 이 장(제21장)의 온전하게 한 바의 성, 말미암은 바의 가르침, 체득한 바의 도는 곧 첫 장에서 '성·도·교'라고 이른 것이니, '주제를 돌이키다(回題)'라고 이른 것이 그러한 것이다.

(4) 誠者, 道之本體, 眞實而無妄者也, 神者, 道之大用, 妙運而不測者也. 不言夫誠, 無以見道之亘萬古而不可易也, 不言夫神, 無以見道之體萬物而不可遺也. 誠爲神之體, 神爲誠之用, 而誠神非二物也. 故二十六章曰, 天地之道, 可一言而盡, 其爲物不貳, 則其生物不測. 天地之道, 卽中庸之道, 而不貳, 誠也, 不測, 神也, 中庸一書之指, 其果外於誠神二字乎.

성(誠)이란 도의 본체로서 참되고 거짓이 없는 것이며, 신(神)이란 도의 큰 작용으로서 묘하게 운행하여 헤아릴 수 없는 것이다. 저 성을 말하지 않으면 도가 오랜 세월이 지나도 바뀔수 없음을 나타낼 수 없고, 저 신을 말하지 않으면 도가 온갖 사물(萬物)의 체가 되어 빠뜨리지 않음을 나타낼 수 없다. 성은 신의 체가 되고, 신은 성의 용이 되니, 성과 신은 두 개의 물이 아니다. 그러므로 26장에서 "천지의 도는 한마디 말로써 다할 수 있으니, 그 물 됨됨이가 둘이 아니다. 그리하여 그 물을 낳음을 헤아릴 수 없다."²⁵라고 하였다. '천지의 도'는 곧 중용의 도이고, '둘이 아님(不貳)'은 성이며, '헤아릴 수 없음(不測)'은 신이니, 『중용』한 책의 뜻이 과연 성·신 두 글자에서 벗어나는 것이겠는가.

(5) 此篇神字, 本以陰陽之氣之靈者言之, 然誠之妙用實不外此, 故十六章直

24 『중용장구』 제21장. "성(誠)으로 말미암아 밝아짐을 성(性)이라 이르고 명(明)으로 말미암아 성실해짐을 교(敎)라 이르니, 성실하면 밝아지고 밝아지면 성실해진다.(自誠明, 謂之性, 自明誠, 謂之敎, 誠則明矣, 明則誠矣.)"
25 『중용장구』 제26장 제7절.

以誠之不可掩結之, 以神爲誠之用, 其然乎.

이 편의 신(神)자는 본래 음양의 기가 신령한 것으로서 말하였으나, 성의 오묘한 작용은 진실로 여기서 벗어나지 않으므로 16장에서 곧바로 '성의 가릴 수 없음'[26]이라는 말로 맺어서 신을 성의 용으로 여겼으니, 과연 그러한가?

(6) 此書言誠, 乃在中間散爲萬事處, 乃所以明一以貫萬事之妙. 自此推而上之, 以至於天命之性, 是誠之源,【源以天言】推而下之, 以至於上天之載無聲無臭, 是誠之妙也, 蓋居中而統上下者也. 朱子以爲一篇之樞紐, 戶之樞, 衣之紐, 皆居中而挈四外者也.

이 책에서 성(誠)을 말한 것은 중간에는 흩어져 온갖 일이 되는 곳에 있으면서 하나로 온갖 일을 꿰뚫는 묘함(妙)을 밝힌 것이다. 이로부터 미루어 올라가 천명지성[27]에 이르면 이것은 성의 근원이고,【근원은 하늘로서 말한 것이다.】미루어 내려가 '하늘의 일은 소리도 없고 냄새도 없음'[28]에 이르면 이것은 성의 묘함이니, 대개 가운데에 있으면서[29] 위와 아래를 통괄하는 것이다. 주자께서 한 편의 추뉴로 여기셨으니,[30] 문의 지도리(樞)와 옷의 고름(紐)은 모두 가운데에 있으면서 사방을 이끄는 것이기 때문이다.

(7) 中庸一篇有可以一言而蔽之曰, 道也者不可須臾離也. 始言中和, 是言道之在己而不可離. 中言費隱, 是言道之在事物者至廣而不可離. 終言天道人道, 是言人之不離道者有此二等也. 一篇之內, 凡言下學工夫者, 皆所以求不離道者也.

26　『중용장구』 제16장 제4~5절. 각주 15번 참고.
27　『중용장구』 제1장 제1절. 권제1 대학 편 각주 44번 참고. 『중용』의 첫 번째 절이다.
28　『중용장구』 제33장 제6절. 각주 21번 참고. 『중용』의 마지막 절이다.
29　성(誠)은 제16장에서 처음으로 나온다.
30　『중용장구』 제20장 장하주. 각주 14번 참고.

『중용』한 편을 한마디 말로 총괄하면 "도라는 것은 잠시도 떠날 수 없다."[31]라고 할 수 있다. 처음에는 중·화를 말하였으니, 이는 도가 자기에게 있어서 떠날 수 없음을 말한 것이다. 중간에는 비·은을 말하였으니, 이는 도가 사물에 있는 것이 지극히 넓어서 떠날 수 없음을 말한 것이다. 끝에는 천도·인도를 말하였으니,[32] 이는 사람이 도를 떠나지 않는 것에 이 두 부류가 있음을 말한 것이다. 한 편 안에서 학문을 시작하는 공부를 널리 말한 것은 모두 도를 떠나지 않음을 구하는 것이다.

(8) 朱子曰, 中庸工夫密規模大. 工夫密, 謂戒懼愼獨, 動靜有養, 齊明盛服, 表裏俱正, 擇善固執, 知行兩進, 工夫無滲漏, 是也. 規模大, 謂學而至於聖人天道, 修身至於位天地育萬物, 是也.

주자께서 "『중용』은 공부가 정밀하고 규모가 크다."[33]라고 하셨다. 공부가 정밀하다는 것은 조심하고 두려워하며[34] 홀로 있을 때 삼가서[35] 움직이든 고요하든 수양함이 있고, 몸과 마음을 깨끗이 하고 옷을 잘 차려입어서[36] 겉과 속이

---

31 『중용장구』제1장 제2절. 권제1 대학 편 각주 235번 참고.
32 『중용장구』제21장 장하주. 각주 6번 참고.
33 『주자어류』권14 「대학」 1. "학문은 반드시 『대학』을 먼저 배워야 한다. 다음이 『논어』, 『맹자』, 『중용』의 순서이다. 『중용』은 공부가 정밀하고 규모가 크다.(學問須以大學爲先, 次論語, 次孟子, 次中庸. 中庸工夫密規模大.)"
34 『중용장구』제1장 제2절. 권제1 대학 편 각주 235번 참고.
35 『중용장구』제1장 제3절. "숨어 있는 것보다 더 잘 드러나는 것이 없고, 미세한 것보다 더 잘 나타나는 것이 없으니, 그러므로 군자는 그 홀로 있을 때 삼가는 것이다.(莫見乎隱, 幕顯乎微, 故君子愼其獨也.)"
36 『중용장구』제16장 제3절. "천하의 사람들로 하여금 몸과 마음을 깨끗이 하고 옷을 잘 차려입게 하여 제사를 받들게 하고는, 넘실넘실하게 그 위에 있는 듯하며 그 좌우에 있는 듯하다.(使天下之人, 齊明盛服, 以承祭祀, 洋洋乎如在其上, 如在其左右.)"

모두 바르며, 선을 택하여 굳게 잡아서[37] 앎과 실천이 함께 나아가서 공부에 빠뜨린 게 없다고 이른 것이 이것이다. '규모가 크다'는 것은 배워서 성인과 천도에 이르고, 몸을 닦아 하늘과 땅을 제자리에 있게 하고 만물을 잘 기르는 데 이른다[38]고 이른 것이 이것이다.

(9) 序文曰, 此書之指, 支分節解, 脈絡貫通, 詳略相因, 巨細畢擧, 欲讀此書, 當從此言求, 欲知此言, 又當分合看. 分看, 見其支分節解與詳略巨細, 合看, 見其脈絡貫通與相因畢擧. 此外又當知一篇有一篇之綱, 一節有一節之綱, 一章有一章之綱. 其所以爲綱者, 或以一言一句, 或以全章全段也. 如誠之一字爲一篇之綱, 而首章又爲一篇之綱之類.

서문에서 "이 책의 뜻이 가지마다 나누어지고 마디마다 풀리고 맥락이 관통하며, 상세함과 간략함이 서로 이어지고 큰 것과 작은 것이 모두 거론되었다."[39] 라고 하였으니, 이 책을 읽고자 한다면 마땅히 이 말을 따라서 구해야 하며, 이 말을 알고자 한다면 또한 마땅히 나누어서도 보고 합해서도 봐야 한다. 나누어서 보면 그 가지마다 나누어지고 마디마다 풀림, 상세함과 간략함, 큰 것과 작은 것을 알게 되고, 합해서 보면 그 맥락이 관통함, 서로 이어짐, 모두 거론됨을 알게 된다. 이외에도 마땅히 한 편에는 한 편의 강령이 있고, 한 절에는 한 절의 강령이 있으며, 한 장에는 한 장의 강령이 있음을 알아야 한다. 그 강령이 되는 것은 때로는 한마디 말과 하나의 구절이고, 때로는 전체 장과 전체 단락이다.

---

37 『중용장구』 제20장 제17절. "성실한 자는 하늘의 도이고, 성실하게 하려는 자는 사람의 도이니, 성실한 자는 힘쓰지 않고도 도에 맞으며 생각하지 않고도 알아서 조용히 도에 맞으니 성인이요, 성실하게 하려는 자는 선을 택하여 굳게 잡는 자이다.(誠者, 天之道也, 誠之者, 人之道也, 誠者, 不勉而中, 不思而得, 從容中道, 聖人也, 誠之者, 擇善而固執之者也.)"
38 『중용장구』 제1장 제5절. 권제1 대학 편 각주 143번 참고.
39 『중용장구』 「중용장구서」. 각주 9번 참고.

이를테면 성(誠)이라는 한 글자가 한 편의 강령이 되고 첫 장이 또한 한 편의 강령이 되는 것과 같은 부류이다.

(10) 支分節解, 謂一書分爲四大節, 又分爲三十三章, 一章又分爲幾段. 脈絡貫通, 謂篇端至篇終, 章首至章末, 文義皆相屬, 詳略巨細, 亦當如此推之.

'가지마다 나누어지고 마디마다 풀림'은 하나의 책이 나누어져 네 개의 대절이 되고, 또 나누어져 서른세 장이 되며, 한 장이 또 나누어져 몇 개의 단락이 됨을 이른다. '맥락이 관통함'은 편의 처음부터 편의 마지막까지, 장의 처음부터 끝까지 글의 뜻이 모두 서로 이어짐을 이른다. '상세함과 간략함, 큰 것과 작은 것' 또한 마땅히 이와 같이 미루어 보아야 한다.

(11) 先儒言中庸大易相爲表裏. 蓋在易六十四卦, 其理則天命之性也, 其用則率性之道也, 而聖人設卦繫辭, 使民卜筮以趨吉避凶, 而歸於中正者, 修道之敎也. 先天之卦, 天地定位, 日月對明, 風雷相薄, 山澤通氣, 卽中庸天地位之事也, 後天之卦, 五行循環, 而成造化之功, 男女相與, 而致生養之事, 卽中庸萬物育之事也. 自姤至坤, 陰之靜者, 卽中庸未發之中也, 自復至乾, 陽之動者, 卽中庸已發之和也. 邵子論易曰, 圖皆從中起, 又曰, 先天圖, 心法也, 程子論中庸曰, 放之則彌六合, 卷之則退藏於密, 又曰, 孔門傳授心法. 然則中庸大易同一心法也, 豈特相爲表裏而已. 其有讀庸而不知易, 讀易而不知庸者, 亦不讀而已矣.

선대의 학자들은 『중용』과 대역(大易: 『주역』)이 서로 겉과 속이 된다고 말하였다. 대개 역의 64괘에 있어 그 리는 천명지성이고, 그 용은 솔성지도(率性之道: 성을 따른 도)이며, 성인이 괘(卦)를 만들고 사(辭: 卦·爻辭)를 달아 백성이 점을 쳐서 길함을 좇고 흉함을 피하여 중정(中正)으로 돌아가게 한 것은 수도지교(修道之敎: 도를 품절한 교)이다. 선천(先天)의 괘에서 하늘과 땅이 자리를 정하고, 해와 달이 짝을 이루어 밝히고, 바람과 우레가 서로 부딪치고, 산과 못이 기를 통하는 것은 곧 『중용』에서 하늘과 땅이 제자리에 있게 되는 일이며, 후천(後天)의 괘에서 오행이 순환하여 조화(造化)의 공(功)을 이루고, 남녀가 서로 어울려서 낳고 기름을 이루는 일은 곧 『중용』에서 만물이 잘 길러지는 일이다. 구괘(姤卦)부터 곤괘(坤卦)까지 음(陰)의 고요한(靜) 것은 곧 『중용』의 미발의 중(中)이며, 복괘(復卦)부터 건괘(乾卦)까지 양(陽)의 움직인(動) 것은 곧 『중용』의 이발의 화(和)이다. 소자(邵子)[40]께서 역에 대해 논하여 "그림(圖)은 모두 가운데로부터 시작된다."라고 하셨고, 또 "선천도(先天圖)는 심법이다."라고 하셨으며,[41] 정자께서 『중용』에 대해 논하여 "그것을 풀어놓으면 육합(六合: 천지와 사방)에 가득하고, 그것을 거둬들이면 물러가 은밀한 데 감추어진다."라고 하셨고, 또 "공자의 문하에서 전수한 심법이다."라고 하셨다.[42] 그렇다면 『중용』과 대역은 동일한 심법이니, 어찌 다만 서로 겉과 속이 될 뿐이겠는가? 『중용』을 읽었으나 역을 알지 못하고 역을 읽었으나 『중용』을 알지 못하는 사람이 있다면, 또한 읽지 않은 것일 뿐이다.

---

[40] 소옹(邵雍, 1011~1077).

[41] 『皇極經世書』 권6 「觀物外篇下」. "선천학은 심법이다. 그러므로 도(圖)는 모두 가운데로부터 시작되니, 모든 변화와 모든 일이 마음에서 생겨난다.(先天之學, 心法也, 故圖皆從中起, 萬化萬事生乎心也.)"

[42] 『중용장구』 편제주. "정자께서 말씀하셨다. "… 이 책은 바로 공문에서 전수한 심법이니, 자사께서 오래되어 잘못됨이 있을까 두려워하셨다. 그러므로 이것을 책에 써서 맹자에게 주신 것이다. 이 책은 처음에는 한 이치를 말하고, 중간에는 흩어져 만사가 되고, 끝에는 다시 합하여 한 이치가 되어서 그것을 풀어놓으면 육합(우주)에 가득하고 거두어들이면 물러가 은밀한 데 감추어져서 그 맛이 무궁하니, 모두 진실한 학문이다."(子程子曰, … 此篇乃孔門傳授心法, 子思恐其久而差也. 故筆之於書以授孟子. 其書始言一理, 中散爲萬事, 末複合爲一理, 放之則彌六合, 卷之則退藏於密, 其味無窮, 皆實學也.)"

2) 序文 서문

(1) 中庸爲傳道而作者也. 道統之傳, 實自堯舜禹授受之說, 而其說又與此篇之指無一不合, 故序文引之. 蓋人心道心, 心之名目也, 惟精惟一, 治心之法也, 中則命之理而心之則也. 先識其名目, 次盡其治法, 而後循其天則矣. 心之道盡於此三言, 而堯舜以來相傳者, 只此心而已矣.

『중용』은 도를 전하기 위하여 지은 것이다. 도통(道統)을 전함은 참으로 요(堯)·순(舜)·우(禹)가 주고받은 말에서 비롯되었는데, 그 말이 또한 이 편의 취지와 하나도 부합되지 않음이 없으므로 서문에서 그것을 인용한 것이다.[43] 대개 인심·도심은 마음의 명칭이고, 유정(惟精: 정밀하게 함)·유일(惟一: 한결같이 함)은 마음을 다스리는 방법이며, 중(中)은 천명의 이치이자 마음의 법칙이다. 먼저 그 명칭을 알고 다음으로 그 다스리는 방법을 다한 뒤에 그 하늘의 법칙을 따라야 한다. 마음의 도는 이 세 가지 말에서 다하게 되니, 요·순 이래로 서로 전한 것은 단지 이 마음일 뿐이다.

(2) 虛靈知覺, 皆兼體用, 以虛靈知覺分內外體用者, 恐未可也. 未發而知覺不昧者, 虛靈之體存乎中也, 已發而知覺運用者, 虛靈之用著乎外也. 靜而未嘗無覺, 朱子所謂不可必待冥然都無知覺, 然後謂之靜者, 是也. 動而未嘗不

---

43 『중용장구』「중용장구서」. "『중용』은 어찌하여 지었는가? 자사자가 도학의 전함을 잃을까 걱정하여 지으신 것이다. 상고 시대에 성신이 하늘의 뜻을 이어 극을 세움으로부터 도통의 전함이 유래가 있게 되었다. 경서에 나타난 것으로 '진실로 그 중을 잡으라'는 것은 요 임금이 순 임금에게 전수해 주신 것이요, '인심은 위태롭고 도심은 은미하니, 정밀하게 하고 한결같이 해야 진실로 그 중을 잡을 수 있다'는 것은 순 임금이 우 임금에게 전수해 주신 것이다.(中庸何爲而作, 子思子憂道學之失其傳而作也. 蓋自上古聖神繼天立極, 而道統之傳, 有自來矣. 其見於經, 則允執厥中者, 堯之所以授舜也, 人心惟危, 道心惟微, 惟精惟一, 允執厥中者, 舜之所以授禹也.)"

虛, 程子所謂心兮本虛, 應物無迹者, 是也. 大學章句曰, 虛靈不昧, 以具衆理
而應萬事, 此以虛靈兼體用而言也. 朱子答潘謙之書曰, 心之知覺, 所以其此
理而行此情, 此以知覺兼體用而言也. 程朱所論如此, 而後人皆以虛靈知覺分
體用看, 甚可異也. 然二者雖是一事, 而名言之際, 亦略有先後之辨, 以是爲體
用, 亦可矣, 而不可畫而分之一屬未發一屬已發也. 蓋虛靈者, 所以狀心之德
也, 知覺者, 所以指心之實也. 謂之德謂之實, 則固皆兼體用, 而就二者略分箇
名言之先後, 則虛靈故知覺而非知覺故虛靈, 只此可言虛靈爲體而知覺爲用
也. 以是觀之於心之動靜, 則靜而虛靈能覺者, 體之所以涵用也, 動而知覺自虛
者, 用之所以具體也, 體用一源, 動靜相涵, 妙矣哉.

　허령·지각⁴⁴은 모두 체와 용을 겸하고 있으니, 허령·지각을 안·밖과 체·용
으로 나누는 것은 아마도 옳지 않은 것 같다. 아직 발하지 않았으나(未發) 지각이
어둡지 않은 것은 허령의 체가 속에 보존된 것이고, 이미 발하여(已發) 지각이 운
용하는 것은 허령의 용이 밖으로 드러난 것이다. 고요하나 지각이 없던 적이 없
으니, 주자께서 "반드시 어둑하여 아무런 지각이 없기를 기다린 뒤에야 정(靜)이
라고 이를 수 있는 것은 아니다."⁴⁵라고 이르신 것이 이것이다. 움직였으나 비어
있지 않은 적이 없으니, 정자께서 "마음이여! 본래 비어 있으니, 물에 응함에 자
취가 없다."⁴⁶라고 이르신 것이 이것이다. 『대학장구』에서 "비어 있고 신령하며

44　『중용장구』「중용장구서」. "일찍이 논하건대, 마음의 허령과 지각은 하나일 뿐이다.(蓋嘗論
之, 心之虛靈知覺, 一而已矣.)"

45　『朱子大全』 권63 「答孫敬甫」. "이러한 때에 어찌 고요하지 않겠는가? 반드시 어둑하여 아무
런 지각이 없기를 기다린 뒤에야 '정'이라고 이를 수 있는 것은 아니다.(當此之時, 何嘗不靜,
不可必待冥然都無知覺, 然後謂之靜也.)"

46　『論語集注』「顏淵」 제1장 제2절의 주. "시잠에서 말하였다. "마음이여! 본래 비어 있으니, 물
에 응함에 자취가 없다. 마음을 잡는 데는 요점이 있으니, 보는 것이 그 법이 된다."(其視箴曰,
心兮本虛, 應物無迹, 操之有要, 視爲之則.)"

어둡지 않아서 모든 이치를 갖추고 있고 온갖 일에 응한다."[47]라고 하였는데, 이는 허령이 체와 용을 겸하고 있는 것으로서 말한 것이다. 주자께서 반겸지(潘謙之)에게 답한 편지에서 "마음의 지각은 이 리를 갖추고서 이 정을 행하는 것이다."[48]라고 하셨는데, 이는 지각이 체와 용을 겸하고 있는 것으로서 말한 것이다. 정자와 주자께서 논하신 바가 이와 같은데도 후대의 사람들은 모두 허령과 지각을 체와 용으로 나누어 보았으니 매우 이상하다고 할 만하다. 두 가지가 비록 하나의 일이나, 이름을 붙여 말할 때에는 또한 대략 선후의 구분이 있으니, 이를 체와 용으로 여긴다면 그래도 괜찮지만, 구획을 지어 나누어서 하나는 미발에 배속하고 하나는 이발에 배속해서는 안 된다. 대개 허령이라는 것은 마음(心)의 덕을 형용한 것이며, 지각이라는 것은 마음의 실질(實)을 가리킨 것이다. '덕(德)'이라 이르고 '실(實)'이라 이르면 참으로 모두 체와 용을 겸한 것이나, 두 가지에 나아가 대략 구분하여 선후를 말하면, 허령하므로 지각하는 것이지 지각하므로 허령한 것이 아니니, 단지 여기서만 허령이 체가 되고 지각이 용이 된다고 말할 수 있다. 이로써 마음의 동·정에 미루어 보면, 고요할 때 허령이 능히 지각할 수 있는 것은 체가 용을 내포하고 있기 때문이며, 움직일 때 지각이 저절로 비어 있는 것은 용이 체를 갖추고 있기 때문이다. 체·용이 근원을 같이하고 동·정이 서로 내포하니 묘하도다!

(3) 人心生於形氣之私, 道心原於性命之正者, 謂有此耳目口體形氣之私, 故人心因之而生, 有此仁義禮智性命之正, 故道心原之而發云爾, 非謂心之發處, 有氣發理發, 而氣發者爲人心, 理發者爲道心也. 此形氣字, 只指耳目口體而言,

---

47 『大學章句』 경1장 제1절의 주. 권제1 대학 편 각주 11번 참고.
48 『주자대전』 권55 「答潘謙之」. "성은 단지 이치요, 정이란 성이 흘러나와 운용하는 곳이다. 마음의 지각은 이 이치를 갖추고서 이 정을 행하는 것이다.(性只是理, 情是流出運用處, 心之知覺, 卽所以具此理而行此情者也)"

不當滾合心上氣看也. 心之發處, 若有氣發理發, 則知覺二矣, 安得言知覺一而已乎. 且氣者形之始, 命者性之原, 故言形必兼氣, 猶言性必連命也, 非滾指心上氣也, 下文曰, 莫不有是形, 莫不有是性, 可見前之兼言氣命者, 推原其本始也, 後之專言形性者, 直指其當體也. 上言形氣字, 果包心上氣言, 則於此安得去氣字, 只存形字乎. 蓋此心之發, 無論人心道心, 只是氣發理乘一道, 其所爲而發, 則有不同. 有爲食色而發者, 而此之發以其有形氣之私也, 有爲道義而發者, 而此之發以其稟性命之正也. 故曰, 生於形氣原於性命, 又曰, 所以爲知覺者不同. 此皆見其已發後不同, 推其所由然者而立名耳, 非就心上發處, 分析理氣而爲言也. 自昔以來, 讀此序者, 皆誤認此形氣, 滾合心上氣看, 故理氣互發心性二歧之論, 因此而起, 一字不明之害, 如此深哉.

인심은 형기(形氣)의 사사로움에서 나오고 도심은 성명(性命)의 바름에서 근원한다는 것은 귀·눈·입·몸이라는 형기의 사사로움이 있으므로 인심이 그것으로 인하여 나오고, 인·의·예·지라는 성명의 바름이 있으므로 도심이 그것에 근원하여 발한다는 말이지, 마음이 발하는 곳에 기의 발함(氣發)과 리의 발함(理發)이 있어서 기가 발하는 것은 인심이 되고 리가 발하는 것은 도심이 된다는 말이 아니다. 이 형기(形氣)자는 단지 귀·눈·입·몸을 가리켜 말한 것이니, 마땅히 마음(心)의 기와 혼합해서 보면 안 된다. 마음이 발하는 곳에 만약 기의 발함과 리의 발함이 있다면 지각이 둘이 될 것이니, 어찌 지각이 하나일 뿐이라고 말할 수 있겠는가? 또 기라는 것은 형체의 시작이고 명(命)이라는 것은 성의 근원이므로 형체를 말하면 반드시 기를 겸하게 되는 것은 성(性)을 말하면 반드시 명과 연결되는 것과 같으며, 마음의 기를 합쳐서 가리킨 것이 아니다. 다음 글에서 "이 형체를 가지고 있지 않음이 없고, 이 성을 가지고 있지 않음이 없다."라고 하였으니, 앞에서 기와 명을 겸하여 말한 것은 그 근본과 처음을 미루어 근원한 것이고, 뒤에서 전적으로 형과 성으로만 말한(專言) 것은 바로 그 실체를 가리킨 것임을 알 수 있다. 위에서 형기(形氣)자를 말한 것이 과연 마음의 기를 포함하여 말한 것이라면, 여기에서 어찌 기(氣)자를 없애고 단지 형(形)자만 남겨둘 수 있겠는가? 대개 이 마음의 발함은 인심·도심은 말할 것도 없이 단지 기가 발하고 리가 올라타는 하나의 길(氣發理乘一道)일 뿐이나, 그 발하는 이유는 같지 않음이 있다. 식(食)·색(色)을 위하여 발하는 것이 있는데, 이 발함은 그 형기의 사사로움이 있기 때문이며, 도·의를 위하여 발하는 것이 있는데, 이 발함은 그 성명의 바름을 품부받았기 때문이다. 그러므로 "형기에서 나오고, 성명에서 근원한다."라고 하고, 또 "지각하는 것이 같지 않다."라고 하였다. 이는 모두 이미 발한 뒤에 같지 않음을 보고서 그것이 그렇게 되는 원인을 미루어 헤아려 명칭을 세웠을 뿐이지, 마음이 발하는 곳에 나아가 리와 기를 나누고 갈라서 말한 것이 아니다. 예로부터 지금까지 이 서문을 읽은 사람들이 모두 이 형기를 잘못 이해하여 마음의 기와 혼합해서 보았다. 그러므로 리와 기가 서로 발한다거나(理氣互發) 마음과 성이 두 갈래라는(心性二歧) 이론이 이로 말미암아 비롯되었으니, 한 글자가 밝지 않은 해로움이 이와 같이 심하도다!⁴⁹

(4) 大學序備言雜學之害, 而此序只擧老佛. 大學爲學之方, 而學問之害, 雜學皆然, 故備言之, 中庸明道之書, 而吾道之賊, 老佛爲甚, 故只擧二者. 然異

---

49 『중용장구』「중용장구서」. "일찍이 논하건대, 마음의 허령과 지각은 하나일 뿐인데 인심과 도심의 다름이 있다고 한 것은 혹(인심)은 형기의 사사로움에서 나오고 혹(도심)은 성·명의 바름에서 근원하여 지각하는 것이 같지 않기 때문이다. 이 때문에 혹(인심)은 위태로워 편안하지 못하고 혹(도심)은 미묘하여 보기가 어렵다. 그러나 사람은 이 형체를 가지고 있지 않음이 없으므로 비록 상지라도 인심이 없지 못하고, 또한 이 성을 가지고 있지 않음이 없으므로 비록 하우라도 도심이 없지 못하니, 이 두 가지가 마음에 섞여 있어서 다스릴 바를 알지 못하면 위태로운 것(인심)은 더욱 위태로워지고 은미한 것(도심)은 더욱 은미해져서 천리의 공변됨이 끝내 인욕의 사사로움을 이길 수가 없을 것이다.(蓋嘗論之, 心之虛靈知覺, 一而已矣, 而以爲有人心道心之異者, 則以其或生於形氣之私, 或原於性命之正, 而所以爲知覺者不同, 是以或危殆而不安, 或微妙而難見耳, 然人莫不有是形, 故雖上智不能無人心, 亦莫不有是性, 故雖下愚不能無道心, 二者雜於方寸之間, 而不知所以治之, 則危者愈危, 微者愈微, 而天理之公, 卒無以勝夫人欲之私矣.)"

端二字所包甚濶, 亦不特老佛而已也.

『대학』의 서문에서는 잡다한 학문의 해로움에 대해 자세히 말하였으나,[50] 이 서문에서는 단지 노자와 부처만 거론하였다.[51] 『대학』은 학문을 하는 방법이고 학문의 해로움은 잡다한 학문이 모두 같으므로 그에 대해 자세히 말한 것이며, 『중용』은 도를 밝히는 책이고 우리 도의 적으로는 노자와 부처가 심각하므로 단지 두 가지만 거론한 것이다. 그러나 '이단(異端)' 두 글자가 포괄하는 바가 매우 넓으니, 단지 노자와 부처뿐만은 아닐 것이다.

3) 篇題 편제

不偏不倚, 語意差有別, 不偏謂不偏於一邊也, 不倚謂不倚於一物也. 喜怒哀樂四者各爲一邊, 而怒則偏於怒一邊, 喜則偏於喜一邊, 不得爲中也. 未發則於斯四者中一邊未有所偏矣. 喜怒哀樂四者各爲一物, 而怒則倚於怒一物,

---

[50] 『대학장구』「大學章句序」. "이로부터 속유들의 기송(기억하고 외움)과 사장(문장)의 공부가 소학보다 배가 되었으나 쓸모가 없었고, 이단의 허무적멸의 가르침의 높음이 대학보다 더하였으나 실제가 없었으며, 그 밖에 권모술수로 일체 공명을 성취한다는 학설과 백가중기의 부류로서 세상을 어지럽히고 백성을 속여 인의를 가로막는 자들이 또 분분하게 그 사이에 섞여 나왔다. 그리하여 군자(위정자)로 하여금 불행히도 대도의 요체를 얻어 듣지 못하고 소인(백성)으로 하여금 불행히도 지치의 혜택을 얻어 입지 못하게 하여, 회맹하고 비색하며 반복하고 침고하여 오계(五代 말)의 쇠함에 이르러서는 무너지고 혼란함이 지극하게 되었다.(自是以來, 俗儒記誦詞章之習, 其功倍於小學而無用, 異端虛無寂滅之敎, 其高過於大學而無實, 其他權謀術數一切以成功名之說, 與夫百家衆技之流, 所以惑世誣民, 充塞仁義者, 又紛然雜出乎其間, 使其君子不幸而不得聞大道之要, 其小人不幸而不得蒙至治之澤, 晦盲否塞, 反覆沈痼, 以及五季之衰而壞亂極矣.)"

[51] 『중용장구』「중용장구서」. "이로부터 또다시 전하여 맹씨를 얻어서 능히 이 책을 미루어 밝혀서 선성의 도통을 이으셨는데 그 별세함에 미쳐 마침내 그 전함을 잃으니, 우리 도가 붙어 있는 것은 언어와 문자의 사이에 지나지 않고, 이단의 말은 날로 새로워지고 달로 성하여 노자와 부처의 무리가 나옴에 이르러서는 더욱 이치에 가까워 진(眞)을 크게 어지럽혔다.(自是而又再傳, 以得孟氏, 爲能推明是書, 以承先聖之統, 及其沒而遂失其傳焉, 則吾道之所寄, 不越乎言語文字之間, 而異端之說, 日新月盛, 以至於老佛之徒出, 則彌近理而大亂眞矣.)"

喜則倚於喜一物, 不得爲中也. 未發則於斯四者中一物未有所倚矣. 不偏不倚,
雖是一事, 語意則各有所指矣. 如此看, 方見得不偏不倚各爲一義, 而不爲疊牀
架屋之語矣. 不然, 則不偏不倚中只說一句可矣, 何待復說一句, 而後意足乎.
十章曰, 中立而不倚, 中立卽不偏也. 旣曰中立, 而又須說不倚, 則不偏與不倚
之意有不同, 此可證矣. 未發之不偏不倚, 與已發之無過不及, 相對說. 無過不
及, 旣各爲一義, 則不偏不倚之亦然, 又可知矣. 或謂兩語意無所別, 而只足其
文字, 察之恐不精矣. 不偏不倚, 非謂未發之時有偏倚之病, 而更須不偏不倚,
然後爲中也. 纔有所偏倚, 則便不是未發也. 不偏不倚, 無他意, 只是喜怒哀樂
未發之謂也.

'치우치지 않음(不偏)'과 '기울지 않음(不倚)'[52]은 말뜻이 조금 구별이 있으니, 치우치지 않음은 한쪽에 치우치지 않음을 이르고, 기울지 않음은 하나의 물에 기울지 않음을 이른다. 기쁨(喜)·성냄(怒)·슬픔(哀)·즐거움(樂) 네 가지가 각각 한쪽이 되어, 성내면 성냄 한쪽에 치우친 것이고, 기뻐하면 기쁨 한쪽으로 치우친 것이니, 중(中)이 될 수 없다. 아직 발하지 않았을 때는 이 네 가지 가운데 어느 한쪽에 치우치는 바가 있지 않다. 기쁨·성냄·슬픔·즐거움 네 가지가 각각 하나의 물이 되어, 성내면 성냄이라는 하나의 물에 기운 것이고, 기뻐하면 기쁨이라는 하나의 물에 기운 것이니, 중이 될 수 없다. 아직 발하지 않았을 때는 이 네 가지 가운데 어떤 하나의 물에도 기우는 바가 있지 않다. 치우치지 않음과 기울지 않음은 비록 하나의 일이지만, 말뜻에는 각각 가리키는 바가 있다. 이렇게 보아야 비로소 치우치지 않음과 기울지 않음이 각각 하나의 뜻이 되어 중복되는[53] 말이 되지 않음을 알 수 있다. 그렇지 않다면, 치우치지 않음과 기울지 않음 가운

---

52 『중용장구』 편제주. "중(中)은 치우치지 않고 기울지 않고 과·불급이 없음의 이름이요, 용(庸)은 평상함이다.(中者, 不偏不倚無過不及之名, 庸, 平常也.)"

53 첩상가옥(疊牀架屋): 침상 위에 또 침상을 겹쳐 놓고 지붕 위에 또 지붕을 얹어 놓는다는 말로, 쓸데없이 중복됨을 뜻한다.

데 단지 한 구절만 말해도 괜찮을 것이니, 어찌 한 구절 더 말하기를 기다린 뒤에야 뜻이 충분하겠는가? 10장에서 "가운데(中)에 서서 기울지 않는다."[54]라고 하였는데, 가운데에 섬이 곧 '치우치지 않음'이다. 이미 가운데에 선다고 하고 또 기울지 않음을 말하였으니, '치우치지 않음'과 '기울지 않음'의 뜻에 같지 않음이 있음을 여기에서 증명할 수 있다. 아직 발하지 않았을 때의 치우치지 않고 기울지 않음과 이미 발했을 때의 지나치거나 미치지 못함이 없음은 서로 대비하여 말한 것이니, '지나치거나 미치지 못함이 없음'이 이미 각각 하나의 뜻이 된다면, '치우치지 않고 기울지 않음' 또한 그러함을 알 수 있다. 누군가 "두 말뜻이 구별되는 바가 없으며 단지 그 글자를 채웠을 뿐이다."라고 하였는데, 아마도 정밀하게 살피지 못한 것 같다. '치우치지 않고 기울지 않음'은 아직 발하지 않았을 때 치우치고 기우는 병통이 있어서 반드시 치우치지 않고 기울지 않은 뒤에야 중이 됨을 말하는 것이 아니며, 조금이라도 치우치고 기우는 바가 있으면 바로 아직 발하지 않은 것이 아니다. '치우치지 않고 기울지 않음'은 다른 뜻이 없고, 단지 기쁨·성냄·슬픔·즐거움이 아직 발하지 않았을 때를 말한 것일 뿐이다.

4) 第一章 제1장

(1) 天命之性, 率性之道, 以天理本然者而言, 修道之敎, 以人事當然者而言, 天理不容修爲, 人事所當致力, 故下文二節, 皆以修道之敎言. 然人事不外乎天理, 故戒懼所以存此理於未發, 愼獨所以達此理於已發. 戒懼一節, 應首一句,

---

54 『중용장구』 제10장 제5절. "그러므로 군자는 화(和)하나 흐르지 않으니 강하다 꿋꿋함이여. 가운데에 서서 기울지 않으니 강하다 꿋꿋함이여. 나라에 도가 있을 때에는 궁할 때의 의지를 변치 않으니 강하다 꿋꿋함이여. 나라에 도가 없을 때에는 죽음에 이르러도 지조를 변치 않으니 강하다 꿋꿋함이여.(故君子和而不流, 强哉矯. 中立而不倚, 强哉矯. 國有道, 不變塞焉, 强哉矯. 國無道, 至死不變, 强哉矯.)"

愼獨一節, 應中一句, 而通兩節言末一句之事. 未發之中, 承上戒懼而言, 戒懼 則大本立矣, 已發之和, 承上愼獨而言, 愼獨則達道行矣. 是就一身上說功效, 末節就天地萬物上說功效. 首一節言題目, 中二節言工夫, 末二節言功效.

　천명지성과 솔성지도는 천리가 본래 그러한(本然) 것으로서 말한 것이고, 수도지교는 인사가 마땅히 그러한(當然) 것으로서 말한 것이다. 천리는 수양을 용납하지 않고 인사는 마땅히 힘을 다해야 할 바이므로 아래 글의 두 절(제2·3절) 모두 수도지교로서 말한 것이다. 그러나 인사는 천리에서 벗어나지 않으므로 계구(戒懼: 戒愼恐懼, 항상 조심하고 늘 두려워함)(제2절)는 아직 발하지 않았을 때 이 리를 보존하는 것이며, 신독(제3절)은 이미 발했을 때 이 리에 통달하는 것이다. 계구 한 절(제2절)은 처음의 한 구절(天命之謂性)과 호응하고, 신독 한 절(제3절)은 가운데 한 구절(率性之謂道)과 호응하며, 두 절(제2·3절)을 통틀어서 마지막 한 구절(修道之謂敎)의 일을 말하고 있다. 미발의 중(제4절)은 앞의 계구를 이어서 말한 것이니, 조심하고 두려워하면 큰 근본이 확립되며, 이발의 화(제4절)는 앞의 신독을 이어서 말한 것이니, 홀로 있을 때 삼가면 공통된 도가 행해진다. 이는 자기 한 몸의 측면에 나아가 효과를 말한 것이고, 마지막 절(제5절)은 천지만물(天地萬物)의 측면에 나아가 효과를 말한 것이다. 처음의 한 절(제1절)은 주제를 말한 것이고, 가운데 두 절(제2·3절)은 공부를 말한 것이며, 마지막 두 절(제4·5절)은 효과를 말한 것이다.

(2) 尤菴先生曰, 天命之性註說, 一用周子太極圖說, 此蓋指天以陰陽五行化生萬物一段而言, 天卽周子所謂太極也.

　우암 선생께서 "천명지성에 대한 주석은 한결같이 주자(周子)의 『태극도설』을 사용하였다."[55]라고 하셨는데, 이는 대개 "하늘이 음양·오행으로 만물을 변화시

---

[55] 『송자대전』 권131 「看書雜錄」. "『중용』 첫 장의 천명지성에 대한 주석은 한결같이 주자의

켜 생성한다(化生)'⁵⁶는 한 단락을 가리켜 말한 것으로, 여기서 말한 하늘은 곧 주자께서 '태극'이라고 이르신 것이다.

(3) 章句先言陰陽五行之氣, 而方言健順五常之德, 蓋原是氣之所以生, 則固必因是理而有, 求是性之所以名, 則又必因是氣而立, 故太極圖說推陰陽五行之生, 則先言太極, 此章章句釋健順五常之性, 則先言陰陽五行. 蓋太極五常, 雖非二理, 而太極超形氣而稱之, 故理之所以一也, 而萬物皆具是理, 五常因氣質而名之, 故分之所以殊也, 而五行各專其一. 太極圖解曰, 渾然一體, 莫非無極之妙, 又曰, 五性之殊, 散爲萬事, 卽理一分殊之說也.

『장구』에서는 먼저 음양·오행의 기를 말하고 비로소 건순·오상의 덕을 말하였으니,⁵⁷ 대개 이 기가 생겨난 원인을 찾아보면 진실로 반드시 이 리로 말미암아 있게 되며, 이 성이 이름 지어진 까닭을 구해보면 또한 반드시 이 기로 말미암아 성립되므로,『태극도설』은 음양·오행의 생성을 미루어 헤아려 먼저 태극을 말한 것이고, 이 장의『장구』는 건순·오상의 성을 해석하여 먼저 음양·오행을 말한 것이다. 대개 태극과 오상은 비록 두 가지 이치가 아니나, 태극은 형기를 넘어서 일컬은 것이므로 리가 하나인데도 만물이 모두 이 리를 갖추고 있고, 오상은 기질로 말미암아 이름 지어진 것이므로 나누어져 다르며 오행이 각각 그 하나씩 전담하는 것이다. 「태극도설해」에서 "혼연한 일체(一體)가 무극의 묘함이 아님이

『태극도설』을 사용하였다.(中庸首章天命之性註說, 一用周子太極圖說.)"

56 『중용장구』제1장 제1절의 주. "하늘이 음양·오행으로 만물을 변화시켜 생성함에 기로 형체를 이루고 리 또한 부여되니, 명령함과 같다. 이에 사람과 물이 태어남에 각기 부여받은 바의 리를 얻음으로 인하여 건순과 오상의 덕을 삼으니, '성'이라 이른다.(天以陰陽五行化生萬物, 氣以成形而理亦賦焉, 猶命令也, 於是人物之生, 因各得其所賦之理, 以爲健順五常之德, 所謂性也.)"

57 『중용장구』제1장 제1절의 주. 각주 56번 참고.

없다."⁵⁸라고 하고, 또 "오성의 다름은 흩어져서 만사(萬事)가 된다."⁵⁹라고 한 것은 곧 이일분수(理一分殊: 리는 하나이나 나누어져 달라짐)의 설이다.

(4) 天爲一原, 而性爲分殊, 性爲一原, 而道爲分殊, 道爲一原, 而敎爲分殊. 萬物之理同出於天, 則天之所以爲一原, 而性之所賦物各不同, 則性之所以爲分殊也. 性之具於未發者, 渾然全體, 則性之所以爲一原, 而道之散於萬事者, 條分派別, 則道之所以爲分殊也. 道之當然者, 無處不然, 則道之所以爲一原, 而敎之修爲者, 隨事各致, 則敎之所以爲分殊也. 然性也道也敎也, 莫非天理之自然, 則所謂分殊, 又莫非其一原之所在矣.

하늘이 일원(一原: 하나의 근원)이 되면 성은 분수(分殊: 나누어져 달라짐)가 되고, 성이 일원이 되면 도가 분수가 되며, 도가 일원이 되면 가르침(敎)이 분수가 된다. 만물의 리는 동일하게 하늘에서 나왔으니 하늘이 일원이 되며, 성이 물에 부여되는 바는 각기 동일하지 않으니 성이 분수가 된다. 성이 아직 발하지 않았을 때 갖춰진 것은 혼연한 전체이니 성이 일원이 되는 것이며, 도가 만사에 흩어진 것은 여러 가닥으로 나누어지고 여러 갈래로 갈라지니 도가 분수가 되는 것이다. 도가 마땅히 그러한 것은 어느 곳이든 그렇지 않음이 없으니 도가 일원이 되는 것이며, 교(敎)가 품절(品節: 등급을 매기고 절차를 정함)되는 것은 일에 따라 각기 이루어지니 교가 분수가 되는 것이다. 그러나 성이든 도이든 교이든 천리의

58 『太極解義』「太極圖說解」. "오행이 갖추어지면 조화와 발육의 도구가 구비되지 않음이 없다. 그러므로 또 여기에서 근본을 미루어보아 그 혼연한 일체가 무극의 묘함이 아님이 없다는 것을 밝혔다. 그러나 무극의 묘함은 또한 하나의 물 가운데 각각 갖추어지지 않은 적이 없다.(五行具, 則造化發育之具無不備矣. 故又卽此而推本之, 以明其渾然一體, 莫非無極之妙. 而無極之妙, 亦未嘗不各具於一物之中也.)"
59 『태극해의』「태극도설해」. "그러나 형체가 음에서 생기고 정신이 양에서 일어나면 오상의 성이 물에 감응하여 움직이고 양의 선과 음의 악이 또 부류대로 나누어지고, 오성의 다름은 흩어져서 만사가 된다.(然形生於陰, 神發於陽, 五常之性感物而動, 而陽善陰惡又以類分, 而五性之殊, 散爲萬事.)"

자연이 아님이 없으니 '분수'라고 이른 것은 또한 그 일원이 있는 곳이 아님이 없다.

(5) 天以陰陽五行化生萬物, 氣以成形, 理亦賦焉, 此當分兩截看. 朱子嘗曰, 若論本源, 則有理而後有氣, 故理不可以偏全論, 若論稟賦, 則有是氣而後理隨而具, 又豈不可以偏全論耶. 此謂天以陰陽五行化生萬物, 卽所謂論本源, 則有理而後有氣者也. 故先言理而後言氣, 天卽理, 而陰陽五行氣也, 其曰氣以成形, 理亦賦焉, 卽所謂論稟賦, 則有是氣而後理隨而具者也. 故先言氣而後言理, 氣則陰陽五行, 而理卽天之所賦也.

"하늘이 음양·오행으로 만물을 변화시켜 생성함에 기로 형체를 이루고 리 또한 부여된다"**60**고 하였는데, 이는 마땅히 두 부분으로 나누어 보아야 한다. 주자께서 일찍이 "만약 본원을 논한다면 리가 있고 난 뒤에 기가 있으므로 리를 치우침(偏)과 온전함(全)으로 논할 수 없으나, 만약 품부받음을 논한다면 이 기가 있고 난 뒤에 리가 따라 갖추어지니 또한 어찌 치우침과 온전함으로 논할 수 없겠는가?"**61**라고 하셨다. 이 "하늘이 음양·오행으로 만물을 변화시켜 생성한다"고 이른 것은 곧 본원을 논한다면 리가 있고 난 뒤에 기가 있다고 이른 것이다. 그러므로 먼저 리를 말하고 난 뒤에 기를 말하였으니, 하늘은 곧 리이고 음양·오행은 기이다. 그 "기로 형체를 이루고 리 또한 부여된다."라고 한 것은 곧 품부받음을 논한다면 이 기가 있고 난 뒤에 리가 따라 갖추어진다고 이른 것이다. 그러므로 먼저 기를 말하고 난 뒤에 리를 말하였으니, 기는 음양·오행이고, 리는 곧 하늘이 부여한 바이다.

---

60 『중용장구』 제1장 제1절의 주. 각주 56번 참고.
61 『중용장구』 제1장 제1절의 소주.

言天於陰陽五行之先, 而言命於成形理賦之下, 則可見天爲一原, 而自命以下, 皆其分殊也. 成形之氣不同, 所賦之理亦異, 則人物之性, 不同矣. 氣以成形而後理方賦於其中, 則性之與氣質, 又無時而可離矣. 然命又爲一原, 而性爲分殊, 自繼善而言, 則命之流行一般, 自成性而言, 則性之所受不同故也. 雖有一原分殊之辨, 所受底卽是流行底, 則不害爲一物也.

하늘을 음양·오행의 앞에 말하고 명(命)을 형체를 이루고 리가 부여된 뒤에 말하였으니, 하늘은 일원이 되고, 명으로부터 그 아래는 모두 그 분수가 됨을 알 수 있다. 형체를 이루는 기가 같지 않고, 부여된 바의 리 또한 다르니, 사람과 물의 성은 같지 않다. 기로 형체를 이루고 난 뒤에 리가 비로소 그 가운데 부여되니, 성(性)과 기질은 또한 어느 때든 떨어질 수 없다. 그러나 명이 또 일원이 되고 성이 분수가 되니, 계선(繼善: 一陰一陽之道를 이어가는 선)으로부터 말하면 명의 유행은 같으나, 성성(成性: 일음일양지도를 갖추어 놓은 성)으로부터 말하면 성의 받은 바가 같지 않기 때문이다.[62] 비록 일원과 분수의 구분은 있지만, 받은 바의 것이 곧 이 유행하는 것이니, 하나의 물이 됨에 해가 되지 않는다.

(6) 各得其所賦之理, 各循其性之自然, 各有當行之路, 三各字一串貫來. 人物所得之理不同, 故所循之性不同, 所循之性不同, 故所行之道不同, 人物性道之不同, 此可見矣. 若曰性同而道不同, 則率性之道一句說不去, 而章句各循其性之說, 初無物不能盡循其性之意, 當與孟子生之謂性章註參看.

'각기 그 부여받은 바의 리를 얻는다',[63] '각기 그 성의 자연을 따른다', '각기 마

---

62 『周易』「繫辭上」 제5장. "한 번 음이 되고 한 번 양이 됨을 '도'라고 이른다. 그것을 이어가는 것이 선이고, 그것을 갖추어 놓은 것이 성이다.(一陰一陽之謂道, 繼之者善也, 成之者性也.)"
63 『중용장구』 제1장 제1절의 주. 각주 56번 참고.

땅히 가야 할 길이 있다'⁶⁴의 세 각(各)자는 한 꾸러미로 꿰어진다. 사람과 물이 얻은 바의 리가 같지 않으므로 따르는 바의 성이 같지 않고, 따르는 바의 성이 같지 않으므로 행하는 바의 도도 같지 않으니, 사람과 물의 성과 도가 같지 않음을 여기서 알 수 있다. 만약 "성은 같으나 도는 같지 않다."라고 한다면, 솔성지도 한 구절은 말이 되지 않으며, 『장구』의 "각기 그 성을 따른다"는 말은 애초에 어느 물이든 그 성을 다 따르지 못함이 없다는 뜻이니, 마땅히 『맹자』 생지위성장(生之謂性章)의 주⁶⁵와 비교해서 보아야 한다.

(7) 性道雖同, 氣稟或異, 言人與人性道同, 物與物性道同, 而氣稟有異, 故所爲有過不及之差. 聖人於是因其所同而立敎, 使之變其異而反其同矣. 若曰人與物性道同, 而氣稟不同, 則所謂人與物之辨, 特在過不及之間耳. 雖曰過不及之間, 聖人之敎, 終無以變人物不同之氣, 而反人物所同之性, 則其敎乃在性道之外, 而所謂盡物之性者, 誣矣.

'성과 도가 비록 같으나 기품이 혹 다르다'⁶⁶는 것은, 사람과 사람이 성과 도가

---

64 『중용장구』 제1장 제1절의 주. "사람과 물이 각기 그 성의 자연을 따르면 일상생활 하는 사이에 각기 마땅히 가야 할 길이 있지 않음이 없으니, 이것이 '도'라 이르는 것이다.(人物各循其性之自然, 則其日用事物之間, 莫不各有當行之路, 是則所謂道也.)"

65 『孟子集註』「告子上」 제3장 장하주. "내가 살펴보건대 성은 사람이 하늘에서 얻은 바의 리이고 생(生)은 사람이 하늘에서 얻은 바의 기이니. 성은 형이상인 것이고, 기는 형이하인 것이다. 사람과 물이 태어날 적에 이 성을 가지고 있지 않은 것이 없고 또한 이 기를 가지고 있지 않은 것이 없다. 그러나 기로써 말한다면 지각·운동은 사람과 물이 다르지 않은 듯하나 리로써 말한다면 인·의·예·지의 성을 받음이 어찌 물이 얻어서 온전히 할 수 있는 것이겠는가. 이는 사람의 성이 불선이 없어서 만물의 영장이 되는 이유이다.(愚按, 性者, 人之所得於天之理也, 生者, 人之所得於天之氣也, 性, 形而上者也, 氣, 形而下者也, 人物之生, 莫不有是性, 亦莫不有是氣, 然以氣言之, 則知覺運動, 人與物若不異也, 以理言之, 則仁義禮智之稟, 豈物之所得而全哉, 此人之性所以無不善, 而爲萬物之靈也.)"

66 『중용장구』 제1장 제1절의 주. "성과 도가 비록 같으나 기품이 혹 다르기 때문에 과·불급의 차이가 없지 못하다.(性道雖同, 而氣稟或異, 故不能無過不及之差.)"

같고 물과 물이 성과 도가 같으나 기품에는 다름이 있으므로 행하는 바에 지나치거나 미치지 못함의 차이가 있음을 말한다. 성인께서 이에 그 같은 바로 말미암아 가르침을 세워 그 다른 것을 변화시켜 그 같은 것으로 돌아가게 한다. 만약 "사람과 물이 성과 도가 같으나 기품이 같지 않다."라고 한다면, 사람과 물의 구분이라고 이른 것은 다만 지나치거나 미치지 못함의 사이에 있을 뿐이다. 비록 "지나치거나 미치지 못함의 사이"라고 하였으나, 성인의 가르침이 마침내 사람과 물의 같지 않은 기를 변화시켜 사람과 물의 같은 바의 성으로 돌아가게 할 수 없다면, 그 가르침은 바로 성과 도의 밖에 있게 될 것이니, 물의 성을 다한다[67]고 이른 것은 거짓이 된다.

(8) 或疑修之訓以品節, 不若訓以修明修治之爲親切, 敎之訓以禮樂刑政, 不若訓以戒懼愼獨之爲切近. 此其疑不在於章句, 而實有昧於子思性道中和之指也. 道卽中庸之道也, 修此中庸之道, 唯在於抑其過引其不及以趨於中也. 所謂品者, 等品也, 節者, 限節也. 等品之限節之者, 正是於過不及之間, 取其中以爲則, 而抑其過引其不及, 以就其中也. 此其以品節訓修字, 然後方於中庸之道爲親切, 非若修明修治之語, 視本文無所加明而反欠親切也.

누군가 수(修)를 품절(品節)로 풀이하는 것[68]은 수명(修明: 닦아서 밝힘)·수치(修治: 닦아서 다스림)로 풀이하는 것만큼 가깝고 적절하지 못하며, 교(敎)를 예악

---

67 『중용장구』 제22장. "오직 천하에 지극히 성실한 분이어야 능히 그 성을 다할 수 있으니, 그 성을 다하면 능히 사람의 성을 다할 것이요, 사람의 성을 다하면 능히 물의 성을 다할 것이요, 물의 성을 다하면 천지의 화육을 도울 수 있을 것이요, 천지의 화육을 도울 수 있으면 천지와 더불어 참예하게 될 것이다.(惟天下至誠, 爲能盡其性, 能盡其性, 則能盡人之性, 能盡人之性, 則能盡物之性, 能盡物之性, 則可以贊天地之化育, 可以贊天地之化育, 則可以與天地參矣.)"

68 『중용장구』 제1장 제1절의 주. "수(修)는 품절함이다.(修, 品節之也.)"

(禮樂)·형정(刑政)으로 풀이하는 것[69]은 계구·신독으로 풀이하는 것만큼 적절하고 가깝지 못하다고 의심하였다. 이는 그 의심이 『장구』에 있는 것이 아니라, 실제로는 자사의 성·도·중·화의 뜻에 어두운 바가 있는 것이다. 수도지위교(修道之謂敎)의 도는 곧 중용의 도이며, 이 중용의 도를 닦는 것은 오직 그 지나친 것을 누르고 그 미치지 못하는 것을 끌어당겨 중에 나아가는 데 있다. '품(品)'이라고 이른 것은 등품(等品: 등급을 매김)이고, 절(節)이란 한절(限節: 한계를 정함)이다. 등급을 매기고 한계를 정하는 것은, 바로 지나치거나 미치지 못함의 사이에서 그 중을 취하여 법칙으로 삼아서 그 지나친 것을 누르고 그 미치지 못하는 것을 끌어당겨 그 중에 나아가는 것이다. 이는 그 품절로 수(修)자를 풀이한 뒤에야 비로소 중용의 도에 가깝고 적절하게 된다는 것이지, 수명·수치라는 말이 본문과 견주어 더 밝힌 바가 없어 도리어 가깝고 적절하기에 부족한 것과는 같지 않다.

天命之性率性之道, 皆通賢愚人物而言, 則修道之敎, 亦當通賢愚人物而施之也. 戒懼愼獨之敎, 可行於學者, 而亦可行於自暴自棄之人耶. 於人可施, 而於物亦可施耶. 此其以禮樂刑政爲言, 然後敎之所施方無闕遺處也. 若以戒懼愼獨爲言, 則於本文雖若切近, 而敎之所施, 反有偏而不周者矣. 況禮樂之云實該戒懼愼獨之功. 樂記曰, 樂以治心, 禮以治躬, 又曰, 姦聲亂色, 不留聰明, 淫樂慝禮, 不接心術, 此果非戒懼愼獨之事乎. 夫子所謂克己復禮, 孟子所謂禮之實樂之實, 無非以禮樂爲治心之要法, 則戒懼愼獨果在禮樂之外乎. 且戒

---

[69] 『중용장구』 제1장 제1절의 주. "성과 도가 비록 같으나 기품이 혹 다르기 때문에 과·불급의 차이가 없지 못하다. 그러므로 성인이 사람과 물이 마땅히 행하여야 할 것으로 말미암아 품절해서 천하의 법으로 삼으셨으니 이것을 '교'라 이르니, 예악과 형정 같은 등속이 이것이다.(性道雖同, 而氣稟或異, 故不能無過不及之差. 聖人因人物之所當行者, 而品節之, 以爲法於天下, 則謂之敎, 若禮樂刑政之屬, 是也.)"

懼愼獨敬也. 敬則和, 而敬是禮, 和是樂也. 豈必玉帛鍾鼓, 而後爲禮樂哉.

천명지성·솔성지도가 모두 현명한 사람과 어리석은 사람, 사람과 물을 통틀어 말한 것이라면, 수도지교 또한 마땅히 현명한 사람과 어리석은 사람, 사람과 물을 통틀어 시행해야 한다. 계구·신독의 가르침은 배우는 사람에게 행해질 수 있는데, 또한 스스로 해치고 스스로 버리는[70] 사람에게도 행해질 수 있는가? 사람에게 시행할 수 있으나, 물에게도 시행할 수 있는가? 이것이 그 예악·형정으로 말한 뒤에야 가르침이 시행되는 바가 비로소 빠뜨리는 곳이 없다는 것이다. 만약 계구·신독으로 말한다면 본문에는 비록 적절하고 가까운 것 같으나, 가르침이 시행되는 바는 도리어 치우쳐서 두루 미치지 못하는 것이 있다. 하물며 예악 운운한 것은 참으로 계구·신독의 공부를 포함하고 있다. 「악기(樂記)」에서 "음악으로 마음을 다스리고 예로 몸을 다스린다."[71]라고 하고, 또 "간사한 소리와 어지러운 색(色: 여색)을 귀와 눈의 밝음에 남겨두지 않고, 음란한 음악과 바르지 않은 예를 마음에 접하지 않는다."[72]라고 하였으니, 이것이 과연 계구·신독의 일

---

[70] 『맹자집주』「離婁上」제10장 제1절. "맹자께서 말씀하셨다. "스스로 해치는(自暴) 자는 더불어 말할 수 없고, 스스로 버리는(自棄) 자는 더불어 일할 수 없으니, 말할 적에 예의를 비방하는 사람을 자포라 이르고, 내 몸은 인에 거할 수 없고 의를 따를 수 없다고 말하는 사람을 자기라 이른다."(孟子曰, 自暴者, 不可與有言也, 自棄者, 不可與有爲也, 言非禮義, 謂之自暴也, 吾身不能居仁由義, 謂之自棄也.)"

[71] 『禮記』「樂記」. "군자가 말하기를 "예악은 잠시라도 몸에서 떠나서는 안 되니, 악을 지극히 하여 마음을 다스리면 평화롭고 정직함(易直)과 자애롭고 신실함(子諒)의 마음이 크게 생겨나고, 평화롭고 정직함과 자애롭고 신실함의 마음이 생겨나면 즐겁고, 즐거우면 편안하고, 편안하면 오래하고, 오래하면 천연적이고, 천연적이면 신묘해지니, 천연적이면 말하지 않아도 믿고, 신묘해지면 노여워하지 않아도 두려워하니, 이것이 악을 지극히 하여 마음을 다스리는 것이다. 예를 지극히 하여 몸을 다스리면 장경하고, 장경하면 위엄이 있다."(君子曰, 禮樂不可斯須去身. 致樂以治心, 則易直子諒之心油然生矣, 易直子諒之心生則樂, 樂則安, 安則久, 久則天, 天則神, 天則不言而信, 神則不怒而威, 致樂以治心者也, 致禮以治躬則莊敬, 莊敬則嚴威.)"

[72] 『예기』「악기」. "이 때문에 군자는 성·정의 바름을 회복하여 뜻을 화(和)하게 하고 유(類)를 나란히 비교하여 행실을 이루어서, 간사한 소리와 어지러운 색을 귀와 눈의 밝음에 남겨두지

이 아니겠는가? 공자께서 극기복례(克己復禮: 자기의 사욕을 이겨 예로 돌아감)[73]라고 이르신 것과 맹자께서 예의 실질, 음악의 실질[74]이라고 이르신 것은 예악을 마음을 다스리는 핵심 방법으로 삼지 않은 것이 없는데, 계구·신독이 과연 예악의 밖에 있겠는가? 또한 계구·신독은 경(敬)이다. 경하면 화(和)하니, 경은 예이고 화는 음악이다. 어찌 반드시 옥과 비단, 종과 북이 있고 난 뒤에야 예와 음악이 되는 것이겠는가?

(9) 戒懼一節, 當通動靜看, 又當專以靜看. 故章句君子之心常存敬畏, 通動靜言, 雖不見聞亦不敢忽, 專以靜言. 通動靜看, 則愼獨就統體戒懼中, 言其切要工夫, 專以靜看, 則戒懼愼獨相對爲動靜工夫. 故章句君子既常戒懼, 而於此尤加謹者, 以戒懼包愼獨而言, 自戒懼而約之, 自愼獨而精之, 存養省察云者, 以戒懼愼獨相對而言也.

계구 한 절(제2절)은 마땅히 동·정을 통틀어 보아야 하고, 또 마땅히 정(靜)만

않고, 음란한 음악과 바르지 않은 예를 마음에 접하지 않으며, 태만하고 간사한 기운을 신체에 베풀지 아니하여, 이목구비와 마음의 지각과 온몸으로 하여금 모두 순하고 바름을 따르게 하여 의를 행한다.(是故君子反情以和其志, 比類以成其行, 姦聲亂色, 不留聰明, 淫樂慝禮, 不接心術, 惰慢邪辟之氣不設於身體, 使耳目鼻口心知百體, 皆由順正以行其義.)

[73] 『논어집주』「顔淵」 제1장 제1절. "안연이 인을 묻자, 공자께서 말씀하셨다. "자기의 사욕을 이겨 예로 돌아감이 인을 하는 것이니, 하루라도 사욕을 이겨 예로 돌아가면 천하가 인을 허여한다. 인을 하는 것은 자신에게 달려 있으니, 남에게 달려 있겠는가."(顔淵問仁, 子曰, 克己復禮爲仁, 一日克己復禮, 天下歸仁焉, 爲仁由己, 而由人乎哉.)"

[74] 『맹자집주』「이루상」 제27장. "맹자께서 말씀하셨다. "인의 실질은 어버이를 섬김이고, 의의 실질은 형을 따름(순종함)이다. 지의 실질은 이 두 가지를 알아서 버리지 않는 것이고, 예의 실질은 이 두 가지를 절문하는 것이고, 악의 실질은 이 두 가지를 즐거워하는 것이다. 즐거워하면 [이러한 마음이] 생겨날 것이니, 생겨난다면 [이러한 행실을] 어찌 그만둘 수 있겠는가. 어찌 그만둘 수 있겠느냐고 한다면, 자신도 모르게 발로 뛰고 손으로 춤을 추게 될 것이다."(孟子曰, 仁之實, 事親, 是也, 義之實, 從兄, 是也, 智之實, 知斯二者弗去, 是也, 禮之實, 節文斯二者, 是也, 樂之實, 樂斯二者, 樂則生矣, 生則惡可已也, 惡可已, 則不知足之蹈之手之舞之.)"

으로도 보아야 한다. 그러므로 『장구』의 "군자의 마음은 항상 경건함과 두려움(敬畏)을 둔다"는 것은 동·정을 통틀어 말한 것이고, "비록 보고 듣지 않을 때라도 감히 소홀히 하지 못한다"는 것은 정(靜)만으로 말한 것이다.[75] 동·정을 통틀어 보면 신독은 통체(統體)인 계구 가운데 나아가 그 절실하고 중요한 공부를 말한 것이고, 정(靜)만으로 보면 계구와 신독은 서로 대비하여 동과 정의 공부가 된다. 그러므로 『장구』의 "군자가 이미 항상 조심하고 두려워했지만, 여기에서 더욱 삼가는 것이다."[76]라는 것은 계구로 신독을 포괄하여 말한 것이고, '계구로 단속한다',[77] '신독[78]으로 정밀하게 살핀다',[79] '[마음을] 보존하고 기르며 반성하고 살

---

[75] 『중용장구』 제1장 제2절의 주. "도는 일용사물에 마땅히 행하여야 할 리이니, 모두 성의 덕으로서 마음에 갖추어져 있어서 사물마다 있지 않음이 없고 때마다 그렇지 않음이 없으니, 이 때문에 잠시도 떠날 수 없는 것이다. … 이러므로 군자의 마음은 항상 경건함과 두려워함을 두어 자신이 비록 보고 듣지 않을 때라도 감히 소홀히 하지 못하니, 이 때문에 천리의 본연을 보존하여 잠시 동안이라도 떠나지 않게 하는 것이다.(道者, 日用事物當行之理, 皆性之德而其於心, 無物不有, 無時不然, 所以不可須臾離也, … 是以君子之心, 常存敬畏, 雖不見聞, 亦不敢忽, 所以存天理之本然, 而不使離於須臾之頃也.)"

[76] 『중용장구』 제1장 제3절의 주. "유암의 가운데와 세미한 일은, 자취는 비록 나타나지 않았으나 기미는 이미 동(動)하였고 남은 비록 알지 못하나 자신만은 홀로 알고 있으니, 이는 천하의 일이 드러나 보이고 밝게 나타남이 이보다 더함이 없는 것이다. 이러므로 군자가 이미 항상 조심하고 두려워했지만 여기에서 더욱 삼가는 것이니, 인욕이 장차 싹트려 할 때에 막아서 인욕이 은미한 가운데에 속으로 불어나고, 자라나서 도를 떠남이 멀어지지 않도록 하는 것이다.(幽暗之中, 細微之事, 跡雖未形, 而幾則已動, 人雖不知, 而己獨知之, 則是天下之事無有著見明顯而過於此者, 是以君子既常戒懼, 而於此尤加謹焉, 所以遏人欲於將萌, 而不使其潛滋暗長於隱微之中, 以至離道之遠也.)"

[77] 『중용장구』 제1장 제5절의 주. "계구로 단속하여 지극히 정(靜)한 가운데 편벽되고 치우친 바가 없어서 그 지킴을 잃지 않으면 그 중을 지극히 하여 천지가 제자리를 편안히 할 것이다.(自戒懼而約之, 以至於至靜之中無所偏倚而其守不失, 則極其中而天地位矣.)"

[78] 『장구』에는 '근독(謹獨)'으로 되어 있다.

[79] 『중용장구』 제1장 제5절의 주. "근독으로 정밀하게 살펴 물에 응하는 곳에 조금도 잘못됨이 없어서 가는 곳마다 그렇지 않음이 없는 데에 이르면 그 화를 지극히 하여 만물이 생육될 것이다.(自謹獨而精之, 以至於應物之處無少差謬而無適不然, 則極其和而萬物育矣.)"

핀다"⁸⁰고 이른 것은 계구와 신독을 서로 대비하여 말한 것이다.

(10) 喜怒哀樂情也, 其未發則性也, 此言七情發於性也, 孟子以四端爲心, 則四端亦發於心矣. 蓋心卽氣也, 性卽理也, 其發也氣發而理乘, 故無論四七, 從性而言, 則爲性之用, 從心而言, 則爲心之用. 七者約之爲四, 四者衍之爲七, 同實而異名者也. 夫以四端七情爲理氣互發者, 恐不得爲定論矣.

"기쁨・성냄・슬픔・즐거움은 정이고, 그것이 아직 발하지 않은 것은 성이다."⁸¹라는 것은 칠정(七情)이 성에서 발함을 말한다. 맹자께서는 사단을 마음(心)이라 하셨으니,⁸² 사단 또한 마음에서 발한다. 대개 마음은 곧 기이고, 성은 곧 리이며, 그 발하는 것은 기가 발하고 리가 올라타므로, 사단과 칠정을 따질 것도 없이 성으로부터 말하면 성의 작용이 되고 마음으로부터 말하면 마음의 작용이 된다. 일곱 가지(칠정)를 요약하면 넷(사단)이 되고, 네 가지(사단)를 넓히면 일곱(칠정)이 되니, 실질은 같으나 이름이 다른 것이다. 무릇 사단과 칠정을 리와 기가

80　『중용장구』 제1장 장하주. "자사께서 전수받은 바의 뜻을 기술하여 글을 지으셔서 맨 먼저 도의 본원이 하늘에서 나와 바뀔 수 없음과 그 실체가 자기 몸에 갖추어져 떠날 수 없음을 밝히셨고, 다음에 존양(보존하고 기름)・성찰(반성하고 살핌)의 요점을 말씀하셨고, 맨 끝에 성신의 공화의 지극함을 말씀하셨으니, 배우는 자들이 이에 대하여 자기 몸에 돌이켜 찾아서 스스로 터득하여 외유(외물의 유혹)의 사사로움을 버리고 본연의 선을 충만하게 하고자 하신 것이니, 양씨가 '한 편의 체요'라고 이른 것이 이것이다.(子思述所傳之意以立言, 首明道之本原出於天而不可易, 其實體備於己而不可離, 次言存養省察之要, 終言聖神功化之極, 蓋欲學者於此, 反求諸身而自得之, 以去夫外誘之私而充其本然之善, 楊氏所謂一篇之體要, 是也.)"

81　『중용장구』 제1장 제4절의 주. "희・노・애・락은 정이고 그것이 아직 발하지 않은 것은 성이니, 편벽되고 치우친 바가 없으므로 중이라 이르고, 발함에 모두 절도에 맞는 것은 정의 올바름이니 어그러지는 바가 없으므로 화라 이른다.(喜怒哀樂情也, 其未發則性也, 無所偏倚故謂之中, 發皆中節, 情之正也, 無所乖戾故謂之和.)"

82　『맹자집주』「公孫丑上」제6장 제5절. "측은하게 여기는 마음은 인의 단서이고, 부끄러워하고 미워하는 마음은 의의 단서이며, 사양하고 양보하는 마음은 예의 단서이고, 옳고 그름을 가리는 마음은 지의 단서이다.(惻隱之心, 仁之端也, 羞惡之心, 義之端也, 辭讓之心, 禮之端也, 是非之心, 知之端也.)"

서로 발하는 것이라고 하는 것은 아마도 정론(定論)이 될 수 없을 것이다.

(11) 此言性發爲情者, 據經文中和以性情言故也. 大學章句心發爲意者, 據經文不曰性情而以心意言故也. 此皆依本文訓釋也, 非故以情屬性意屬心, 而二者不可互言也. 其實心性之發者爲情, 因情而商量計較者爲意, 自性而爲情, 自情而爲意, 而心無所不在矣. 豈心性各有發用, 而情意各有苗脉哉. 其以情意分屬心性, 而謂其實有源派之別者, 蓋亦不察乎章句本文之意也.

여기에서 성이 발하여 정이 된다고 말한 것은 경문에서 중·화를 성·정으로 말한 것에 의거하였기 때문이다. 『대학장구』의 마음(心)이 발하여 의(意)가 된다는 것은 경문에서 성·정을 말하지 않고 마음과 의로 말한 것에 의거하였기 때문이다. 이는 모두 본문에 의거하여 해석한 것이지, 일부러 정을 성에 배속하고 의를 마음에 배속하여 두 가지를 서로 말할 수 없는 것이 아니다. 그 실제로는 마음·성이 발한 것은 정이 되고, 정으로 말미암아 헤아리고 비교하는 것은 의가 되니, 성으로부터 정이 되고 정으로부터 의가 되나 마음이 있지 않은 바가 없다. 어찌 마음과 성에 각각 발하여 작용함이 있고 정과 의에 각각 실마리가 있겠는가? 그 정과 의를 마음과 성에 나누어 배속하여 '그 실제로 근원과 지류의 구별이 있다'고 이르는 것은 대개 『장구』 본문의 뜻도 잘 살피지 못한 것이다.

(12) 或有爲情意二歧之辨者曰, 心與性有則俱有, 故情與意發則俱發. 此其見徒知心性互有發用之爲非, 而不知情意分屬心性之爲非也. 旣以情意分屬心性, 則其爲二歧者自在矣. 情屬性, 意屬心, 而情意俱發, 如心性相涵, 則是情爲意之理, 意爲情之氣, 而言情則無氣, 言意則無理, 必相依附而後行也. 其爲醜差, 反有甚於所辨之說矣.

누군가 정과 의가 두 갈래라는 논변에 대해 "마음(心)과 성이 있으면 함께 있으므로 정과 의가 발하면 함께 발한다."라고 하였는데, 이는 그 견해가 단지 마음과 성이 서로 발하여 작용함(發用)이 있다는 것이 잘못된 것만 알고, 정과 의를 마음과 성에 나누어 배속하는 것이 잘못되었다는 것은 알지 못하는 것이다. 이미 정과 의를 마음과 성에 나누어 배속하였으니, 그 두 갈래가 되는 것이 자연히 있게 된다. 정은 성에 속하고 의는 마음에 속하여, 마치 마음과 성이 서로 포함하는 것처럼 정과 의가 함께 발한다면, 정은 의의 리가 되고 의는 정의 기가 되어, 정을 말하면 기가 없고 의를 말하면 리가 없어서, 반드시 서로 종속된 뒤에야 행하게 된다. 그 추하고 그릇됨은 도리어 구분하는 설보다 더 심하다.

(13) 未發之謂中, 中者天命之性也, 專指理而言者也. 專指其理, 則疑其爲中無處不然, 而必於未發言之何也. 纔發則理已偏於喜怒哀樂之情矣, 不可謂中也. 雖無喜怒哀樂之發, 而此心一有昏昧, 則昏昧者亦氣之用事, 而不得爲未發也. 理之乘此氣者, 爲氣之昏昧者所掩蔽, 而亦不見其爲中也. 此必於未發而後可見其中也. 雖在未發之際氣一於虛明, 而虛明之中, 隨人氣稟亦不能無偏全美惡之不齊者, 故又必單指理, 而後見其爲中也.

"아직 발하지 않은 것을 중이라 이른다"[83]에서 중이라는 것은 천명지성이니, 오로지 리만 가리켜 말한 것이다. 오로지 그 리만 가리킨다면, 아마도 그것이 중이 됨은 어느 곳에서든 그렇지 않음이 없을 텐데, 반드시 미발에서 말한 것은 무엇 때문인가? 조금이라도 발하면 리가 이미 희·노·애·락의 정에 치우쳐서 중이라 이를 수 없기 때문이다. 비록 희·노·애·락의 발함이 없다 해도 이 마음에 하나라도 어둡고 어리석음이 있으면, 어둡고 어리석은 것 또한 기가 작용한 것이니 미발이 될 수 없다. 리가 이 기에 올라탄 것은 기의 어둡고 어리석은 것

---

83 『중용장구』 제1장 제4절. "기뻐하고 노하고 슬퍼하고 즐거워하는 정이 아직 발하지 않은 것을 중이라 이르고, 발하여 모두 절도에 맞는 것을 화라 이르니, 중은 천하의 큰 근본이요 화는 천하의 공통된 도이다.(喜怒哀樂之未發, 謂之中, 發而皆中節, 謂之和, 中也者, 天下之大本也, 和也者, 天下之達道也.)" 『장구』에는 '未發之謂中'이 '未發謂之中'으로 되어 있다.

에 가려져서 또한 그 중이 됨을 보지 못한다. 이는 반드시 미발에서야 그 중을 볼 수 있다는 것이다. 비록 미발의 때에는 기가 한결같이 비어 있고 밝지만, 비어 있고 밝은 가운데에도 사람의 기품에 따라 역시 치우치고 온전함, 아름답고 추함의 고르지 않은 것이 없을 수 없으므로, 또한 반드시 리만 단독으로 가리킨 뒤에야 그것이 중이 됨을 보게 된다.

蓋天命之性, 雖在未發之前, 亦寓於氣質之中, 故兼氣質而言, 則爲氣質之性, 程伯子所謂人生而靜, 纔說性時, 便不是性者也. 雖爲氣質之性, 亦無害於單指之爲中, 孟子註所謂氣質所稟, 雖有不善, 不害性之本善者也. 天地人心圖書卦畫, 其理一也. 太極之在天地之秋冬, 圖書卦畫之陰靜者, 未嘗不隨其氣質, 而爲氣質之性也. 天地之秋冬, 圖書卦畫之陰靜, 旣皆有兼氣之性, 則人心未發, 何異於是哉.

대개 천명지성은 비록 미발 이전이라 할지라도 또한 기질 가운데 들어 있으므로 기질을 겸하여 말하면 기질의 성(氣質之性)이 되니, 정백자(程伯子: 程顥)께서 "사람이 태어나 고요할 때 … 성이라고 말하는 순간 성이 아니다."라고 이르신 것이다.[84] 비록 기질의 성이 된다 해도 또한 단독으로 가리킨 것(單指)이 중이 됨에 해가 되지 않으니, 『맹자』의 주에서 "기질이 받은 바엔 비록 선하지 않음이 있으나, 성의 본래 선함을 해치지 않는다."[85]라고 이르신 것이다. 천지와 인심, 도서(圖書: 河圖·洛書)와 괘획(卦畫: 卦劃)은 그 이치가 하나이다. 태극이 천지의 가

---

84 『近思錄』「道體」. "대개 타고난 것을 '성'이라고 이른다. 사람이 태어나 고요할 때 이전은 말로 표현할 수 없다. 성이라고 말하는 순간 이미 성이 아니다.(蓋生之謂性, 人生而靜以上不容說, 纔說性時, 便已不是性也.)"

85 『맹자집주』「고자상」 제6장 장하주. "기질이 받은 바엔 비록 선하지 않음이 있으나 성의 본래 선함을 해치지 않고, 성이 비록 본래 선하나 성찰하고 교유(잘못된 것을 바로잡음)하는 공부가 없어서는 안 되니, 배우는 자들이 마땅히 깊이 살펴야 할 것이다.(蓋氣質所稟, 雖有不善, 而不害性之本善, 性雖本善, 而不可以無省察矯揉之功, 學者所當深玩也.)"

을·겨울에 있을 때 도서·괘획의 음정(陰靜: 음의 고요함)이 그 기질에 따라 기질의 성이 되지 않은 적이 없다. 천지의 가을·겨울과 도서·괘획의 음정이 이미 모두 기를 겸한 성을 가지고 있으니, 인심의 미발이 어찌 이와 다르겠는가?

(14) 或謂未發之前無氣質之性, 此蓋不察乎天命之不離乎氣質者, 而又以爲未發有二層, 虛明湛寂爲中底未發, 而本然之性具焉, 昏昧雜擾爲不中底未發, 而氣質之性具焉. 其說專以氣稟所拘爲氣質之性, 則是蓋專以氣質之性爲有惡無善者, 而本然氣質又分爲兩界, 則是本然之性發爲氣質之性, 氣質之性又發爲喜怒哀樂之情矣. 未發分爲二層, 性情界爲三破, 前未有此論也. 且聖人之心無不中底未發, 則是聖人終無氣質之性, 而聖人只有一性, 衆人却有兩性也.

누군가 "미발 이전에는 기질이 없다"고 하였는데, 이는 대개 천명이 기질과 떨어지지 않는다는 것을 잘 살피지 못한 것이며, 또한 미발에는 두 개의 층이 있어서 비어 있고 밝으며 맑고 고요한 것은 중(中)의 미발이 되어 본연의 성이 여기에 갖춰지고, 어둡고 어리석으며 혼잡하고 어지러운 것은 부중(不中)의 미발이 되어 기질의 성이 여기에 갖춰진다고 여긴 것이다. 그 말은 오로지 기품에 얽매인 바를 기질의 성으로 삼았으니, 이는 대개 오로지 기질의 성은 악만 있고 선은 없는 것으로 여긴 것이며, 본연과 기질을 또한 두 개의 영역으로 나누었는데, 이는 본연의 성이 발하여 기질의 성이 되고 기질의 성이 또 발하여 희·노·애·락의 정이 된다는 것이다. 미발이 두 개의 층위로 나누어지고 성과 정의 영역이 셋으로 쪼개진다는 이런 이론은 이전에는 있지 않았다. 또 성인의 마음에 부중의 미발이 없다면, 이는 성인은 결국 기질의 성이 없어서 성인은 단지 하나의 성만 가지고, 뭇사람들은 도리어 두 개의 성을 가진다는 것이 된다.

(15) 或又謂未發之前氣質純善, 故性亦純善, 未有氣未純善而理獨純善者,此蓋以性之純善爲由於氣質, 則分明是認氣質爲大本, 而其所認得性善者, 不過是氣質之性善一邊也. 以此論中, 不亦謬乎. 且旣曰氣質, 則聖人以外決無純善之理矣. 然則彼所謂性善裏, 而實不免包藏凶惡也. 蓋人生氣禀有萬不齊者, 自其受形之初已然, 則何可以霎時刻有未發, 便能頓變而純善也. 然其變化氣質之道, 只在乎靜存動察, 而靜存者又爲動察之本, 則其使氣質變而純善者, 實本於此未發涵養之功, 而其終之純善者, 亦不外此未發而存矣.

누군가 또 "미발 이전에는 기질이 온전히 선하므로 성 또한 온전히 선하니, 기가 온전히 선하지 않은데 리 홀로 온전히 선한 경우는 있지 않다"고 하였는데, 이는 대개 성의 온전히 선함이 기질에서 말미암는다고 여긴 것이니, 분명히 기질을 대본으로 인식한 것이며, 그 알고 있는 바의 성선이라는 것은 기질의 성선 한 측면에 불과할 뿐이다. 이로써 중을 논한다면, 또한 잘못되지 않겠는가? 또 이미 '기질'이라고 하였으니, 성인 이외에는 결코 온전히 선한 리가 없는 것이다. 그렇다면 그가 '성선'이라고 이른 것의 이면에 실제로는 흉악을 포함하고 있음을 면하지 못한다. 대개 사람이 태어날 때 기품이 수만 가지로 고르지 않음이 있는 것은 그 형체를 받는 처음부터 이미 그러하였으니, 어찌 매우 짧은 시간 동안에 미발이 있다고 갑자기 변하여 온전히 선해질 수 있겠는가? 그러나 그 기질을 변화시키는 방도는 단지 고요할 때 보존하고 움직일 때 살피는 데 있을 뿐이며, 고요할 때 보존하는 것은 또 움직일 때 살피는 것의 근본이 되니, 그 기질을 변화시켜 온전히 선하게 하는 것은 참으로 이 미발의 때에 함양하는 공부에 근본을 두고 있으며, 결국 온전히 선하게 되는 것 또한 이 미발의 때에 보존하는 것에서 벗어나지 않는다.

然則以變化氣質之道, 謂在未發涵養則可, 以纔有一刻未發, 便謂氣質純善則決不可. 氣質純善, 當言於靜無不中動無不和之時, 豈可遽言於一時中一事和者哉. 彼所謂未發氣質純善者, 蓋有見乎未發之際虛明湛寂之妙, 而不知其

虛明湛寂之中, 煞有偏全强弱之不齊者也. 卽其虛明湛寂之中, 而單指其理, 則
謂大本之性, 以其偏全强弱之不齊, 而兼指理氣, 則謂氣質之性. 此其性無兩
體, 而兼指者亦不害於單指者也. 虛明湛寂, 如鏡之光明, 偏全强弱, 如鏡鐵之
有精粗. 若見其鏡之光明, 而便謂鏡鐵無精粗之不同, 又謂鏡鐵與光明爲二物,
則其果成說乎.

그렇다면 기질을 변화시키는 방도가 미발의 때에 함양하는 데 있다고 이르는 것은 옳지만, 잠깐이라도 미발의 때가 있으면 곧 기질이 온전히 선하다고 이르는 것은 결코 옳지 않다. 기질이 온전히 선하다는 것은 마땅히 고요할 때 중(中)하지 않음이 없고 움직일 때 화(和)하지 않음이 없는 순간에 말해야 하는 것이지, 어찌 갑자기 한순간 중(中)하고 한 가지 일이 화(和)한 것에서 말할 수 있겠는가? 그가 미발의 때에 기질이 온전히 선하다고 이른 것은 대개 미발의 때에 비어 있고 밝으며 맑고 고요한 묘함은 본 바가 있으나, 비어 있고 밝으며 맑고 고요한 가운데에도 치우침과 온전함, 강함과 약함의 고르지 않음이 있다는 것은 알지 못한 것이다. 그 비어 있고 밝으며 맑고 고요한 가운데에 나아가 그 리만 단독으로 가리키면 '대본지성(大本之性)'이라 이르고, 그 치우침과 온전함, 강함과 약함의 고르지 않음의 측면에서 리와 기를 겸하여 가리키면 '기질의 성'이라 이른다. 이는 그 성에 두 개의 체가 없는 것이니, 겸하여 가리킨 것(兼指)은 또한 단독으로 가리킨 것에 해가 되지 않는다. 비어 있고 밝으며 맑고 고요함은 거울의 빛나고 밝음과 같고, 치우침과 온전함, 강함과 약함은 거울을 만드는 쇠에 거침과 정밀함이 있는 것과 같다. 만약 그 거울의 빛나고 밝음을 보고서 곧 '거울을 만드는 쇠에 거침과 정밀함의 같지 않음이 없다'고 이르고, 또 '거울을 만드는 쇠와 거울의 빛나고 밝음이 두 개의 물이 된다'고 이른다면, 그것이 과연 말이 되겠는가?

(16) 朱子初年以復卦當未發, 或問以坤卦當之, 以復卦爲比者爲非, 此當爲
正論. 蓋未發當作如何求. 以冥然無覺爲未發, 則冥然無覺是昏氣用事, 不可

謂未發也. 以有所知覺爲未發, 則有所知覺已涉思慮, 亦不可謂未發也. 然則至虛至靜之中, 但有能知能覺者在, 而無所知所覺之事, 此一番時節政爲未發也. 至虛至靜乃純坤之象, 而能知能覺者在, 卽純坤不爲無陽之象也. 若復之一陽已動, 而天地生物之心端倪可見者, 在人心卽爲一念初萌之象, 雖未著於外, 蓋已動於中矣. 安得以是爲未發之象也. 坤復二卦幷當未發, 固已嫌於未發之有兩境界, 而朱子亦何以復卦爲比者, 直以爲不可哉.

주자께서 젊은 시절에는 복괘(復卦)를 미발에 해당시키셨으나,[86] 『중용혹문(中庸或問)』(이하 『혹문』으로 표기)에서는 곤괘(坤卦)를 미발에 해당시키면서 복괘로 비유한 것이 잘못되었다고 하셨으니,[87] 이것이 마땅히 정론(正論)이 되어야 한다. 대개 미발은 마땅히 어떻게 구해야 하겠는가? 어둑하여 지각이 없는 것을 미발이라고 한다면, 어둑하여 지각이 없는 것은 어두운 기가 작용한 것이므로 '미발'이라고 이를 수 없다. 지각하는 바가 있음을 미발이라고 한다면, 지각하는 바가 있음은 이미 사려(思慮)에 이른 것이므로 또한 '미발'이라고 이를 수 없다. 그렇다면 지극히 비어 있고 지극히 고요한 가운데 다만 지각할 수 있는 능력만 있고 지각하는 일이 없는 이 한 번의 순간이 바로 미발이 된다. 지극히 비어 있고 지극히 고요한 것은 바로 순수한 곤괘의 상(象)이며, 지각할 수 있는 능력이 있으면 곧 순수한 곤괘이면서 양(陽)이 없는 상이 되지 않는다. 만약 복괘의 하나의 양이 이미 움직여 천지가 만물을 낳는 마음(天地生物之心)의 실마리를 볼 수 있

---

86 『주자어류』 권62 「中庸」 1. "정(靜)할 때 생각이 아직 싹트지 않고 지각이 어둡지 않은 것이 바로 복괘(復卦)에서 '천지의 마음을 본다'고 이른 바이니, 정(靜)한 가운데 동(動)한 것이다.(其靜時, 思慮未萌, 知覺不昧, 乃復所謂見天地之心, 靜中之動也.)"

87 『中庸或問』. "지극히 고요할 때에는 단지 지각할 수 있는 것만 있고 지각하는 바는 없다. 그러므로 고요한 가운데 물이 있다고 하는 것은 옳지만 이제 막 생각할 때가 바로 이미 발한 것이라는 것을 비유로 삼는 것은 옳지 않으며, 곤괘가 순음이지만 양이 없는 것이 아니라고 하는 것은 옳지만 복괘에서 하나의 양이 이미 움직인 것을 비유로 삼는 것은 옳지 않다.(當至靜之時, 但有能知覺者, 而未有所知覺也. 故以爲靜中有物則可, 而便以纔思卽是已發爲比則未可, 以爲坤卦純陰而不爲無陽則可, 而便以復之一陽已動爲比則未可也.)"

다면 사람의 마음에 있어 곧 하나의 생각이 처음 싹트는 상태가 되니, 비록 밖으로 드러나지 않았을지라도 대개 속에서는 이미 움직이고 있는 것이다. 어찌 이를 미발의 상태라고 할 수 있겠는가? 곤괘와 복괘를 함께 미발에 해당시킨 것은 참으로 이미 미발에 두 개의 영역이 있다는 혐의가 있지만, 주자께서 또한 어찌하여 복괘로 비유한 것을 곧바로 옳지 않다고 하셨겠는가?

(17) 未發之說, 雖發於子思, 然孔子曾孟, 亦皆有是意, 特子思明言之耳. 孔子曰, 敬以直內, 內直則未發矣. 大學曰, 正心, 心正則未發矣. 孟子曰, 平朝之氣, 平朝之氣, 卽未與物接虛明之時, 亦未發也. 孔子曾子以未發工夫而言, 孟子以未發地頭而言, 子思直指其未發而言, 聖賢相傳之指微矣. 此章句以正心釋致中, 而正心章句山木章註, 又皆以敬直爲存心之要, 朱子發明四聖未發之指, 而使互相推見者, 又至矣.

미발의 설은 비록 자사에게서 나왔으나, 공자·증자·맹자 또한 모두 이 뜻이 있었는데, 다만 자사께서 분명하게 말씀하였을 뿐이다. 공자께서 "경으로 안을 곧게 한다."[88]라고 하셨는데, 안이 곧은 것이 미발이다. 『대학』에서 "마음을 바르게 한다."라고 하였는데, 마음이 바른 것이 미발이다. 맹자께서 "새벽의 맑은 기(平朝之氣)"[89]라고 하셨는데, 새벽의 맑은 기는 곧 아직 물과 접하지 않아 비어

---

88 『주역』「坤卦」文言傳. "군자가 경으로 안을 곧게 하고 의로 밖을 바르게 하여, 경과 의가 서면 덕이 외롭지 않다.(君子敬以直內, 義以方外, 敬義立而德不孤.)"

89 『맹자집주』「고자상」제8장 제2절. "밤낮으로 자라나는 바와 새벽의 맑은 기에 그 좋아하고 미워함이 사람들과 서로 가까운 것이 얼마 되지 않는데 낮에 하는 소행이 또 이것을 곡망하니, 곡망하기를 반복하면 야기가 보존될 수 없고, 야기가 보존될 수 없으면 [행실이] 금수와 거리가 멀지 않게 된다.(其日夜之所息, 平旦之氣, 其好惡與人相近也者幾希, 則其旦晝之所爲, 有梏亡之矣. 梏之反覆, 則其夜氣不足以存, 夜氣不足以存, 則其違禽獸不遠矣.)" 『맹자』에는 '평단지기(平旦之氣)'로 되어 있다.

있고 밝은 때이니[90] 또한 미발이다. 공자와 증자는 미발의 공부로 말씀하셨고, 맹자는 미발의 상태로 말씀하셨으며, 자사는 곧바로 그 미발을 가리켜 말씀하셨으니, 성현들이 서로 전하신 뜻이 은미하다. 이 『장구』에서는 마음을 바르게 하는 것(正心)으로서 중을 지극히 하는 것(致中)에 대해 해석하였고,[91] 『대학』 정심장(正心章)의 장구와 『맹자』 산목장(山木章)의 주 또한 모두 경으로 곧게 하는 것을 마음을 보존하는 요점으로 삼았으니,[92] 주자께서 네 성인이 아직 드러내지 않은 뜻을 드러내어 밝혀서 서로 미루어 헤아려보게 하셨으니, 또한 지극하다.

(18) 章下道之本源出於天, 以天命言, 實體備於己, 以性道言, 小註說非是. 本源出於天, 卽繼善之理, 而萬物一原矣, 實體備於己, 卽成性之體, 而萬物分殊矣. 若以人心言, 則天命之性渾然全具者, 又是一原,[93] 喜怒哀樂之情隨感而應者, 又是分殊也. 然一性渾然之中, 五者之目燦然, 則一原中, 分殊者具矣, 喜怒哀樂之情, 天命之全體流行, 則分殊中, 一原者又存矣. 天命一原處, 看氣之

---

90 『맹자집주』 「고자상」 제8장 제2절의 주. "평단지기는 물과 접하지 않았을 때의 청명한 기운을 이른다.(平旦之氣, 謂未與物接之時淸明之氣也.)"

91 『중용장구』 제1장 제5절의 주. "계구로 단속하여 지극히 정(靜)한 가운데 편벽되고 치우친 바가 없어서 그 지킴을 잃지 않는 데에 이르면 그 중을 지극히 하여 천지가 제자리를 편안히 할 것이요, 근독으로 정밀하게 살펴 물에 응하는 곳에 조금도 잘못됨이 없어서 가는 곳마다 그렇지 않음이 없는 데에 이르면 그 화를 지극히 하여 만물이 생육될 것이다. 천지와 만물이 본래 나의 한 몸이다. 나의 마음이 바르면 천지의 마음이 또한 바르고, 나의 기운이 순하면 천지의 기운이 또한 순하다. 그러므로 그 효험이 이와 같음에 이르는 것이니….(自戒懼而約之, 以至於至靜之中無所偏倚而其守不失, 則極其中而天地位矣, 自謹獨而精之, 以至於應物之處無少差謬而無適不然, 則極其和而萬物育矣, 蓋天地萬物本吾一體, 吾之心正, 則天地之心亦正矣, 吾之氣順, 則天地之氣亦順矣, 故其效驗至於如此….)"

92 『대학장구』 전7장 제2절의 주. 권제1 대학 편 각주 38번 참고. 『맹자집주』 「고자상」 제8장 제4절의 주. "정자께서 말씀하셨다. "마음이 어찌 출입함이 있겠는가. 또한 잡아두는 것과 놓음으로 말씀하셨을 뿐이니, 마음을 잡는 방법은 경으로 마음을 곧게 하는 것일 뿐이다."(程子曰, 心豈有出入, 亦以操舍而言耳, 操之道, 敬以直內而已.)"

93 "一原下一本有而字."라는 두주가 있다. (一原의 아래에, 다른 판본에는 而자가 있다.)

運, 萬物分殊處, 觀理之體, 則其理亦如此. 如此推之, 方見道理縱橫穿穴無所窒礙矣.

장하주의 "도의 본원이 하늘에서 나왔다"는 것은 천명으로서 말한 것이고, "실체가 자기 몸에 갖추어졌다"는 것은 성과 도로서 말한 것이니,[94] 소주의 설[95]은 옳지 않다. '본원이 하늘에서 나왔다'는 것은 곧 계선(繼善)의 리로서 만물이 하나의 근원이라는 것이며, '실체가 자기 몸에 갖추어졌다'는 것은 곧 성성(成性)의 체로서 만물이 나누어져 달라진다는 것이다. 만약 사람의 마음으로 말한다면, 천명지성이 혼연하게 온전히 갖추어진 것은 또한 일원이고, 희·노·애·락의 정이 느낌에 따라 응하는 것은 또한 분수이다. 그러나 하나의 성이 혼연한 가운데 다섯 가지 항목(인·의·예·지·신)이 찬연한 것은 일원 가운데 분수가 갖추어져 있는 것이고, 희·노·애·락의 정에 천명의 전체가 유행하는 것은 분수 가운데 일원이 또한 존재하는 것이다. 천명이 일원인 곳에서 기의 운행을 보고, 만물이 분수인 곳에서 리의 체를 보면, 그 이치가 또한 이와 같다. 이렇게 미루어 헤아려보아야 비로소 도리가 종횡으로 뚫려 있어서 막히거나 거리끼는 바가 없음을 알게 될 것이다.

(19) 道之本源出於天, 是就經文天命之性一句解說. 若論極本窮源之道, 則天地亦出於道, 道豈有所自出者哉. 易曰, 一陰一陽之謂道, 卽道之生天地也.

'도의 본원이 하늘에서 나왔다'는 것은 경문의 '천명지성(天命之性: 天命之謂性)' 한 구절에 나아가 해설한 것이다. 만약 궁극적인 본원의 도를 논한다면, 천지

---

94 『중용장구』 제1장 장하주. 각주 80번 참고.
95 『중용장구』 제1장 장하주의 "首明道之本原出於天而不可易"에 '首三句(첫머리 세 구절)'(즉 天命之謂性, 率性之謂道, 修道之謂敎)라는 소주가 달려 있고, "其實體備於己而不可離"에 '道不可離, 可離非道, 二句(도는 떠날 수 없으니, 떠날 수 있으면 도가 아니라는 두 구절)'(즉 道也者不可須臾離也, 可離非道也)라는 소주가 있다.

또한 도에서 나왔으니, 도가 어찌 스스로 나오는 바가 있겠는가!『주역』에서 "한 번 음이 되고 한 번 양이 됨을 '도'라고 이른다."[96]라고 하였으니, 곧 도가 천지를 낳은 것이다.

(20) 楊氏所謂一篇之體要, 卽此章之爲一篇之綱領也, 其下十章以終此章之義, 卽此章之爲下十章之綱領也.

양씨(楊氏)[97]가 한 편의 체요(體要: 요점)라고 이른 것은 곧 이 장이 한 편의 강령이 된다는 것이고, "그 아래의 열 장은 이 장의 뜻을 맺은 것이다."[98]라는 것은 곧 이 장이 아래 열 장의 강령이 된다는 것이다.

5) 第二章 제2장

承上中和而變和言庸, 言君子能之而小人反之也.

위의 중화를 이어받아 화를 바꾸어 용을 말하여 군자는 그것(중용)을 할 수 있으나 소인은 그것과 반대로 함을 말하였다.

6) 第三章 제3장

承上章, 言中庸之道, 非但小人反之, 衆人亦不能也.

앞 장을 이어받아 중용의 도는 소인만 그것과 반대로 할 뿐 아니라 뭇사람들 또한 할 수 없음을 말하였다.

---

96 『주역』「계사상」 제5장. 각주 62번 참고.
97 양시(楊時, 1053~1135).
98 『중용장구』 제1장 장하주.

7) 第四章 제4장

承上章, 言道之不行不明, 由於知愚賢不肖之過不及, 蓋言民之所以鮮能者以此也.

앞 장을 이어받아 도가 행해지지 못하고 밝아지지 못하는 것은 지혜로움과 어리석음, 어짊과 못남이 지나치거나 미치지 못함에서 말미암음을 말하여 대개 백성 가운데 할 수 있는 사람이 적은 것이 이 때문임을 말하였다.

8) 第五章 제5장

(1) 承上鮮能知味, 言不明故不行.

위의 맛을 알 수 있는 사람이 적음을 이어받아 밝지 못하기 때문에 행해지지 못함을 말하였다.

(2) 或疑, 作文之體, 篇章字句, 各有律法, 合字爲句, 合句爲章, 合章爲篇, 此章之只說一句, 不當別爲一章. 此蓋以詞章之體, 議聖人之文也, 亦見之偏也. 一句爲一章, 經傳多有此例. 論語之君子有敎無類, 孟子之仲尼不爲已甚, 皆以一句爲一章, 則何獨於此而疑之乎. 況前後二章皆以子曰起頭, 而此又著子曰字, 則固難附屬於前後, 而若去此一章, 則後章獨無所承, 與顔淵子路二章各有所承而言者, 義例不均. 前章通言不行不明, 不統下七章者, 又不得直爲後章之所承, 則此章之別爲一章, 果可疑乎.

누군가 글을 짓는 형식은 편과 장과 글자와 구절에 각각 규범이 있으니, 글자가 합쳐져 구절이 되고, 구절이 합쳐져 장이 되며, 장이 합쳐져 편이 되는데, 이 장이 단지 한 구절만 말한 것은 마땅히 별도로 한 장이 되지 못한다고 의심하였다.[99] 이는 대개 글을 짓는 형식으로 성인의 글을 논의한 것이니, 또한 견해가 치우친 것이다. 한 구절이 한 장이 되는 것은 경전에 이러한 예가 많이 있다. 『논어』의 "군자는 가르침에 있어 차별이 없다."[100]와 『맹자』의 "공자께서는 너무 심한 것을 하지 않으셨다."[101]는 모두 한 구절을 한 장으로 삼은 것이니, 어찌 유독 이에 대해서만 의심하겠는가? 하물며 앞뒤의 두 장(제4장, 제6장)이 모두 자왈(子曰)로 글을 시작하고, 이 또한 자왈(子曰)자를 붙였으니, 참으로 앞이나 뒤에 갖다 붙이기 어려우며, 만약 이 한 장을 제거하면 다음 장(제6장)은 홀로 이어받는 바가 없어서 안연장(顔淵章, 제8장)과 자로장(子路章, 제10장)이 각각 이어받는 바가 있어서 말한 것과 예가 같지 않다. 앞 장(제4장)에서 행해지지 못함과 밝혀지지 못함을 통틀어 말하고 아래 일곱 장(제5~11장)을 총괄하지 않는 것은 또한 곧바로 다음 장(제6장)에서 이어받는 바가 될 수 없으니, 이 장이 별도로 한 장이 되는 것이 과연 의심할 만한 것이겠는가.

9) 第六章 제6장

承上不明故不行之意, 言大舜之知, 無過不及, 而道之所以行, 蓋承上章而

---

[99] 『谿谷漫筆』 권1. "대체로 글을 짓는 형식은 편과 장과 글자와 구절에 각각 규범이 있으니, 글자가 합쳐져 구절이 되고, 구절이 합쳐져 장이 되며, 장이 합쳐져 편이 되니, 하나의 구가 하나의 장이 되는 경우는 있지 않다고 할 것이다. 그런데 『장구』에서는 "도가 행해지지 못하겠구나.(道其不行矣夫.)"라는 하나의 구절을 가지고 제5장으로 삼고 있다. 필시 '자왈(子曰)'이라는 두 글자가 말머리를 여는 표현인 만큼 다른 장에 끼워 붙이기가 어렵기 때문에 그렇게 하셨을 것이다. 그러나 하나의 구로 장을 삼는 것은 아무래도 문장의 체재에 어긋나는 일이다. 이것이 나의 세 번째 의문이다.(凡作文之體, 篇章句字, 各有法則. 合字而爲句, 合句而爲章, 合章而爲篇, 未有以一句爲一章者也. 章句以道其不行矣夫一句, 爲第五章. 必以子曰二字是起端之辭, 難於附屬他章故也. 然一句爲章, 終乖文字之體. 此余之所疑三也.)"

[100] 『논어집주』 「衛靈公」 제38장.

[101] 『맹자집주』 「離婁下」 제10장.

反之也.

위의 밝지 못하기 때문에 행해지지 못함의 뜻을 이어받아 위대한 순 임금의 지혜는 지나치거나 미치지 못함이 없어서 도가 행해지게 된 이유임을 말하였으니, 대개 앞 장을 이어받아 반증한 것이다.

10) 第七章 제7장

承上大知, 言不行故不明.

위의 큰 지혜를 이어받아 행하지 못하기 때문에 밝아지지 못함을 말하고 있다.

11) 第八章 제8장

承上不行故不明之意, 言顔淵之行, 無過不及, 而道之所以明, 亦承上章而反之也.

위의 행하지 못하기 때문에 밝아지지 못함의 뜻을 이어받아 안연(顔淵)의 행실은 지나치거나 미치지 못함이 없어서 도가 밝아지게 되었음을 말하였으니, 대개 앞 장을 이어받아 반증한 것이다.

12) 第九章 제9장

幷言知仁勇之事, 以承上文知仁之說, 而起下章勇之意. 雖以知仁勇幷言, 大抵皆强之事也.

지혜(知)·어짊(仁)·용맹(勇)의 일을 아울러 말하여 앞의 글의 지혜·어짊의 설을 이어받아 다음 장(제10장)의 용맹의 뜻을 일으키고 있다. 비록 지혜·어짊·용맹을 아울러 말하였으나, 대체로 모두 강함(强)의 일이다.

13) 第十章 제10장

(1) 承上章强之事, 言中庸之勇, 卽上章所謂不可能者也.

앞 장의 강함의 일을 이어받아 중용의 용맹을 말하였으니, 곧 앞 장에서 "능히 할 수 없다"[102]고 이른 것이다.

(2) 南方之强, 寬柔以敎, 不報無道, 則皆柔弱不勝之事, 而謂之勝人爲强者, 蓋黃石公書所謂柔能勝剛弱能制强者也. 老氏之學, 蓋如此. 凡看道理, 必幷觀善惡, 方見得道理親切分明. 故此章先言二强, 後言君子之强, 如孟子論仁義, 必幷論不仁不義者也.

남쪽 지방의 강함은 너그럽고 부드럽게 가르치고 무도(無道)함에 보복하지 않는다고 하였는데,[103] 모두 여리고 약하여 이기지 못하는 일이지만 "다른 사람보다 나음을 강함으로 여긴다"[104]고 이른 것은, 대개 『황석공서(黃石公書)』[105]에서 '부드러움이 능히 강함을 이기고, 약함이 능히 강함을 제압한다'고 이른 것과 같으니, 노자의 학문이 대개 이와 같다. 무릇 도리를 볼 때 반드시 선·악을 아울러 보

102　『중용장구』제9장. "공자께서 말씀하셨다. '천하와 국가를 균평히 다스릴 수 있으며 작록을 사양할 수 있으며 흰 칼날을 밟을 수 있으나 중용은 능히 할 수 없다.'(子曰, 天下國家, 可均也, 爵祿, 可辭也, 白刃, 可蹈也, 中庸, 不可能也.)"

103　『중용장구』제10장 제3절. "너그럽고 부드럽게 가르치고 무도함에 보복하지 않는 것이 남방의 강함이니, 군자가 이에 처한다.(寬柔以敎, 不報無道, 南方之强也, 君子居之.)"

104　『중용장구』제10장 제3절의 주. "너그럽고 유순하여 가르쳐준다는 것은 관용하고 유순하여 남의 미치지 못함을 가르쳐주는 것을 이르고, '무도함을 보복하지 않는다'는 것은 횡역이 오는 것을 다만 받기만 하고 보복하지 않는 것을 이른다. 남방은 풍기가 유약하기 때문에 포용하고 참는 힘이 다른 사람보다 나음을 강함으로 여기니, 군자의 도이다.(寬柔以敎, 謂含容巽順, 以誨人之不及也, 不報無道, 謂橫逆之來, 直受之而不報也. 南方風氣柔弱, 故以含忍之力勝人爲强, 君子之道也.)"

105　한나라의 창업에 지대한 공을 세운 장량(張良, 미상~B.C.186)이 황석공이라는 노인에게 받았다는 병법서(兵法書).

아야 비로소 자세하고 분명하게 도리를 볼 수 있다. 그러므로 이 장에서 먼저 두 가지 강함(제3절 남쪽 지방의 강함과 제4절 북쪽 지방의 강함)을 말하고 뒤에 군자의 강함을 말한 것(제5절)은, 맹자께서 인·의를 논하실 때 반드시 불인(不仁)과 불의(不義)를 아울러 논하신 것과 같다.

14) 第十一章 제11장

通論知仁勇之過不及, 與聖人之知仁勇, 蓋以總結以上諸章.

지혜·어짊·용맹의 지나치거나 미치지 못함과 성인의 지혜·어짊·용맹을 통틀어 논하였으니, 대개 위의 여러 장을 총괄하여 맺고 있다.

15) 第十二章 제12장

(1) 費隱皆形而上之道, 費底卽是隱底, 非有二物也. 以其用之廣無所不在, 則謂之費, 以其體之微不可見聞, 則謂之隱. 不可見聞者, 卽其無所不在者耳. 或以隱爲道費爲器, 甚不然. 若以鳶魚言, 則鳶魚物也, 飛躍氣也. 理之在飛躍上者, 費也, 其理之所以然不可見聞者, 隱也.

비·은은 모두 형이상의 도이며, 비(費)인 것이 곧 은(隱)인 것이니, 두 개의 물이 있는 것이 아니다. 그 용이 넓어서 있지 않은 곳이 없음을 '비'라 이르고, 그 체가 은미하여 보고 들을 수 없음을 '은'이라 이른다. 보고 들을 수 없는 것이 있지 않은 곳이 없는 것일 뿐이다. 누군가 은이 도이고 비가 기(器)라고 여겼는데, 매우 옳지 않다. 만약 솔개와 물고기로 말하자면, 솔개와 물고기는 물이고, 날아오름과 뛰어놂은 기(氣)이다. 리가 날아오름과 뛰어놂 위에 있는 것이 비이고, 그 리의 소이연을 보고 들을 수 없는 것이 은이다.

(2) 章句以費之所以然者爲隱, 讀者不察所以然之意, 遂以費爲器隱爲道. 程子曰, 灑掃應對是其然, 必有所以然者, 這所以然然字, 指事物, 所以字是說理. 此章句所謂所以然三字, 皆說理, 然字指用之費, 所以字指體之隱, 猶言理之所以如此云爾. 與程子所謂所以然, 然字意不同, 不可作一般看.

『장구』에서는 비의 소이연을 은으로 여겼는데,[106] 독자들이 소이연의 뜻을 잘 살피지 못하여 마침내 비가 기(器)이고 은이 도라고 여긴 것이다. 정자께서 "쇄소응대(灑掃應對)가 그러한 것이니, 거기에는 반드시 소이연이 있다."[107]라고 하신 것에서 이 소이연(所以然)의 연(然)자는 사물을 가리키고 소이(所以)자는 리를 말한 것이다. 이『장구』에서 이른바 소이연 세 글자는 모두 리를 말한 것이고, 연(然)자는 용의 넓음을 가리키며, 소이(所以)자는 체의 은미함을 가리키니, 리의 소이가 이와 같다고 말하는 것과 같다. 정자께서 '소이연'이라고 이르신 것과 연(然)자의 뜻이 같지 않으니, 같은 것으로 보아서는 안 된다.

(3) 夫婦一節, 與下文修齊治平之事六章相應, 鳶魚一節, 與下文鬼神一章相應. 夫婦一節, 言道之全體極其廣大, 而下六章通釋道之全體, 自修身極於治平. 鳶魚一節, 言道之妙用至爲昭著, 而下鬼神章復釋道之妙用發見不可掩. 夫婦一節, 近自夫婦居室之間, 遠而至於聖人之所不能極, 言道之在人事者, 而下六章皆以人事而言. 鳶魚一節, 在上擧一物, 在下擧一物, 以見道之在萬物者, 而下鬼神章又包萬物而言. 然此大綱說也, 互言之, 則鬼神豈在全體之外,

---

106 『중용장구』제12장 제3절의 주. "자사께서 이 시를 인용해서 화육이 유행하여 위아래에 밝게 드러남이 이 리의 용이 아님이 없음을 밝히셨으니, '비'라 이르는 것이다. 그러나 그 소이연은 보고 들음이 미칠 수 있는 바가 아니니, '은'이라 이르는 것이다.(子思引此詩, 以明化育流行, 上下昭著, 莫非此理之用, 所謂費也, 然其所以然者, 則非見聞所及, 所謂隱也.)"
107 『논어집주』「子張」제12장 장하주. "모든 물에는 근본과 말단이 있으니, 근본과 말단을 나누어 두 가지 일로 여겨서는 안 된다. 쇄소응대가 그러한 것이니, [거기에는] 반드시 소이연이 있다.(凡物有本末, 不可分本末爲兩段事, 灑掃應對是其然, 必有所以然.)"

修齊治平之事豈在妙用之外哉. 縱橫推說, 其義乃盡.

부부(夫婦) 한 절(제2절)은 다음 글 수(修: 修身)·제(齊: 齊家)·치(治: 治國)·평(平: 平天下)의 일 여섯 장(제13~15장, 제17~19장)과 서로 호응하고, 연어(鳶魚) 한 절(제3절)은 다음 글 귀신(鬼神) 한 장(제16장)과 서로 호응한다. 부부 한 절은 도의 전체가 그 광대함을 다함을 말하였고, 다음 여섯 장은 도의 전체를 통틀어 해석하여 수신에서부터 치·평에까지 이르렀다. 연·어 한 절은 도의 오묘한 작용이 지극히 밝게 드러남을 말하였고, 다음 귀신장(鬼神章)은 도의 묘용이 발현되는 것을 가릴 수 없음을 다시 해석하였다. 부부 한 절은 가깝게는 부부가 집에 거처하는 때부터 멀게는 성인도 능히 다할 수 없는 것에 이르기까지 도가 사람의 일(人事)에 있는 것을 말하였고, 다음 여섯 장은 모두 인사로서 말하였다. 연·어 한 절은 앞에서 하나의 물을 들고 다음에 하나의 물을 들어 도가 온갖 사물에 있는 것을 보여주었고, 다음 귀신장 또한 만물을 포괄하여 말하였다. 그러나 이는 대강 말한 것이니, 서로 연관해서 말하자면 귀신이 어찌 전체의 밖에 있으며 수·제·치·평의 일이 어찌 묘용의 밖에 있겠는가? 종횡으로 미루어 헤아려서 말해야 그 뜻이 비로소 다할 것이다.

(4) 語大語小, 大以全體而言, 小以一事而言, 舉全體, 則極於至大而無外, 舉一事, 則入於至小而無間, 大小以道之隨所在而言, 非謂道體有大小也.

어대(語大: 큰 것을 말하다)·어소(語小: 작은 것을 말하다)에서[108] 대(大)는 전체

---

108 『중용장구』 제12장 제2절. "부부의 어리석음으로도 참예하여 알 수 있으나 그 지극함에 이르러서는 비록 성인이라도 또한 알지 못하는 바가 있으며, 부부의 불초함으로도 행할 수 있으나 그 지극함에 이르러서는 비록 성인이라도 또한 능하지 못한 바가 있으며, 천지의 큼으로도 사람이 오히려 한(恨)하는 바가 있다. 그러므로 군자가 큰 것을 말할진대 천하가 능히 싣지 못하며, 작은 것을 말할진대 천하가 능히 깨뜨리지 못한다.(夫婦之愚, 可以與知焉, 及其至也, 雖聖人亦有所不知焉, 夫婦之不肖, 可以能行焉, 及其至也, 雖聖人亦有所不能焉, 天地之大也, 人猶有所憾, 故君子語大, 天下莫能載焉, 語小, 天下莫能破焉.)"

로서 말한 것이고 소(小)는 하나의 일로서 말한 것이니, 전체를 들면 지극히 큼을 다하여 밖이 없고, 하나의 일을 들면 지극히 작음에 들어가 틈이 없다. 대·소는 도가 있는 바를 따라서 말한 것이지, 도체에 대·소가 있음을 말한 것이 아니다.

(5) 鳶飛魚躍之性, 卽天命之性. 鳶則必戾乎天, 而不可以躍淵, 魚則必躍乎淵, 而不可以戾天, 率性之道也. 此則萬物性道之不同, 而不害其爲天命率性之本然也. 若以鳶魚飛躍之性道爲氣質而非本然, 則子思何以擧此二物, 以明道體之妙乎. 蓋萬物皆有本然之性道, 而隨分發見, 鳶魚之飛躍, 是也. 若鳶之有善飛有不善飛, 魚之有善躍有不善躍者, 乃所謂氣質之性也. 若以鳶魚之飛躍爲氣質之性而非本然者, 則是性道之本然, 物不得與, 而雖曰得之, 亦無所發見矣, 豈理也哉.

솔개가 날아오르고 물고기가 뛰어노는 성이 곧 천명지성이다. 솔개는 반드시 하늘에 도달하나 연못에서 뛰어놀 수 없고, 물고기는 반드시 연못에서 뛰어노나 하늘에 도달할 수 없으니, 솔성지도이다. 이는 만물의 성과 도가 같지 않은 것이나, 그 천명·솔성의 본연이 됨을 해치지 않는다. 만약 솔개와 물고기가 날아오르고 뛰어노는 성과 도를 기질로 여겨서 본연이 아니라고 한다면, 자사가 어찌하여 이 두 가지 물을 들어 도체의 묘함을 밝혔겠는가? 대개 만물은 모두 본연의 성과 도를 가지고 있으면서 분수(分)에 따라 발현하니, 솔개와 물고기가 날아오르고 뛰어노는 것이 이것이다. 솔개 가운데 잘 날아오르는 것도 있고 잘 날아오르지 못하는 것도 있으며, 물고기 가운데 잘 뛰어노는 것도 있고 잘 뛰어놀지 못하는 것도 있는 것은 바로 '기질의 성'이라고 이르는 것이다. 만약 솔개와 물고기가 날아오르고 뛰어노는 것을 기질의 성으로 여겨서 본연의 것이 아니라고 한다면, 이는 성과 도의 본연을 물은 부여받지 못한 것이며, 비록 '얻었다'고 할지라도 또한 발현하는 바가 없는 것이니, 어찌 이치에 맞는 것이겠는가?

(6) 每一大節首一章, 包節內諸章之意, 末一章又總結之. 每一章首一節, 包章內諸節之意, 末一節又總結之. 以此一大節言之, 則首費隱一章包下文七章之意, 末問政一章總結上文, 以終首一章之意. 又以此一章言之, 則首一節包下文兩節之意, 末一節總結上文. 他皆倣此.

하나의 대절마다 처음의 한 장은 절 안의 여러 장의 뜻을 포괄하고, 끝의 한 장은 또한 그것을 총괄적으로 맺는다. 하나의 장마다 처음의 한 절은 장 안의 여러 절의 뜻을 포괄하고, 끝의 한 절은 또한 그것을 총괄적으로 맺는다. 이 하나의 대절(제12~20장)을 가지고 말해보면, 처음의 비·은 한 장(제12장)은 다음 글 일곱 장(제13~19장)의 뜻을 포괄하고, 끝의 문정(問政) 한 장(제20장)은 앞의 글을 총괄적으로 맺어 처음 한 장의 뜻을 마쳤다.[109] 또 이 한 장(제12장)을 가지고 말해보면, 처음 한 절(제1절)은 다음 두 절(제2·3절)의 뜻을 포괄하고, 마지막 한 절(제4절)은 앞의 글을 총괄적으로 맺었다. 다른 것들도 모두 이와 같다.

(7) 或疑費隱之別爲一大節, 似嫌於他章之無費隱, 此見甚偏, 未可以議經傳之至義也. 吾儒宗指不過理一分殊而已. 自其理一而言, 則六籍無異指, 自其分殊而言, 則隻字各有義. 故善讀書者逐字各尋其義, 而不害爲理一, 合籍通會其指, 而不害有分殊. 且就此篇言之, 合而究其爲一, 則三十三章無非中庸也, 亦無非費隱也. 分而索其爲殊, 則中庸是一般意, 費隱又是一般意. 中庸者, 不偏不倚, 無過不及, 而平常之意也. 費隱者, 其用至廣, 而其體至微之意也.

누군가 비·은이 별도로 하나의 대절이 되는 것은 다른 장에 비·은이 없다는 혐의를 받게 될 것 같다고 의심하였는데, 이 견해는 매우 치우쳐서 경전의 지극한 뜻을 논의할 수 없다. 우리 유가의 근본이 되는 뜻은 이일분수일 뿐이다. 그 이

---

109 『중용장구』 제20장 장하주. "비·은을 포함하고 소·대를 겸하여 12장의 뜻을 마친 것이다.(蓋包費隱兼小大, 以終十二章之意.)"

일(理一)로부터 말하자면 육적(六籍: 六經)에 다른 뜻이 없으며, 그 분수(分殊)로부터 말하자면 글자마다 각각 뜻이 있다. 그러므로 글을 잘 읽는 사람은 글자를 쫓아 각각 그 뜻을 찾으나 이일이 됨을 해치지 않으며, 모든 서적을 합하여 그 뜻을 통틀어 이해하나 분수가 있음을 해치지 않는다. 또한 이 편(『중용』)에 나아가 말해보면, 합하여 그 하나가 됨을 궁구하면 서른세 장이 중용이 아님이 없고, 또한 비·은이 아님이 없다. 나누어져 그 달라지게 됨을 찾아보면 중용이 한 가지 뜻이고, 비·은 또한 한 가지 뜻이다. 중용이란 치우치지 않고 기울지 않고 지나치거나 미치지 못함이 없으며 평범하고 일상적이라는 뜻이다. 비·은이란 그 용이 지극히 넓고 그 체가 지극히 은미하다는 뜻이다.

道體雖本無二, 其中所該括, 則至爲廣大, 有非一言一字所可盡者. 故或以中庸言之, 或以費隱言之, 以盡其妙, 而不害其實體之爲一也. 釋中庸, 則以知仁勇之無過不及爲言, 釋費隱, 則以修齊治平之事爲言, 各擧其義之所當而爲言也. 隨其所言之不同, 分爲各節而相承者, 釋經之法, 所不容已也. 若於說中庸處, 強作費隱說, 說費隱處, 強作中庸說, 則不但當下所說見不得, 且將幷與那邊所說而失之矣. 何以盡此道無窮之蘊, 而見其爲一體之作如何也. 且前十章只說中庸, 而不害一篇之爲中庸, 則後八章只說費隱, 又何害他章之爲費隱也.

도체는 비록 본래 둘이 아니나 그 가운데에 갖추어진 것은 지극히 넓고 커서 한마디 말이나 하나의 글자로 다 나타낼 수 있는 것이 아니다. 그러므로 혹은 중용으로 말하고 혹은 비·은을 말하여 그 묘함을 다 드러내되 그 실체가 하나임을 해치지 않는다. 중용을 해석하면 지혜·어짊·용맹에 지나치거나 모자람이 없음으로 말하고, 비·은을 해석하면 수(修)·제(齊)·치(治)·평(平)의 일로 말하니, 각각 그 뜻의 마땅한 바를 들어 말한 것이다. 그 말한 바가 같지 않음을 따라 나누어 각각의 절로 삼고 서로 이은 것은 경전을 해석하는 방법에서 그만둘 수 없는 바이다. 만약 중용을 말하는 곳에서 억지로 비·은을 말하고 비·은을 말하는 곳에서 억지로 중용을 말한다면, 바로 여기에서 말하는 바를 알지 못할 뿐만 아니라, 장차 다른 곳에서 말하는 바와 아울러 보아도 어긋나게 될 것이다. 어찌 이 도의 끝없는 심오함을 다하고 그 일체가 됨이 어떠한지를 알겠는가? 또 앞의 열 장(제2~11장)이 단지 중용만 말하였으나 한 편이 중용이 됨을 해치지 않는다면, 뒤의 여덟 장(제13~20장)이 단지 비·은만 말하였어도 또한 어찌 다른 장이 비·은이 됨을 해치겠는가?

(8) 此章申明首章道不可離之意, 而其下八章又明此章之意, 則可見道不可離一句, 蓋盡中庸一篇之意也. 章句數數拈出此一句, 而於此又言之, 以原上而包下, 其指深哉.

이 장은 첫 장의 '도는 떠날 수 없다'[110]는 뜻을 거듭 밝히고, 그 아래의 여덟 장(제13~20장)은 또한 이 장의 뜻을 밝혔으니, '도는 떠날 수 없다'는 한 구절이 대개 『중용』 한 편의 뜻을 다한다는 것을 알 수 있다. 『장구』에서 여러 차례 이 한 구절을 끄집어내고[111] 여기서 또 말하여[112] 위를 근원하고 아래를 포괄하니, 그 뜻이 심오하도다.

---

110 『중용장구』 제1장 제2절. 권제1 대학 편 각주 235번 참고.
111 『중용장구』 제1장 제2절의 주. 각주 75번 참고. 『중용장구』 제1장 제4절의 주. "이는 성·정의 덕을 말씀하여 도는 떠날 수 없다는 뜻을 밝힌 것이다.(此言性情之德, 以明道不可離之意.)" 『중용장구』 제1장 장하주. 각주 80번 참고. 『중용장구』 제4장 제2절의 주. "도는 떠날 수가 없는데 사람들이 스스로 살피지 않는다. 이 때문에 과·불급의 폐단이 있는 것이다.(道不可離, 人自不察, 是以有過不及之弊.)"
112 『중용장구』 제12장 장하주. "이상은 제12장이다. 이는 자사의 말씀이니, 첫 장의 '도는 떠날 수 없다'는 뜻을 거듭 밝힌 것이다. 이 다음 여덟 장은 공자의 말씀을 섞어 인용하여 이것을 밝힌 것이다.(右第十二章, 子思之言, 蓋以申明首章道不可離之意也, 其下八章雜引孔子之言以明之.)"

16) 第十三章 제13장

道不遠人一句, 爲一章之綱. 伐柯一節, 以治人而言. 治人者, 必自己推之, 故下節言忠恕, 己不盡道, 則無可推, 故下節又言自責自修之事. 治人推己自修, 無非不遠人以爲道者也.

"도가 사람에게서 멀리 있지 않다."[113] 한 구절은 한 장의 강령이 된다. 벌가(伐柯) 한 절(제2절)은 치인으로서 말하였다. 치인이란 반드시 자기로부터 미루어 헤아려야 하므로 다음 절(제3절)에서 충서를 말하였고, 자기가 도를 다하지 않으면 미루어 헤아릴 수 없으므로 다음 절(제4절)에서 또 스스로 꾸짖어서 스스로 닦는 일을 말하였다. 치인(治人: 다른 사람을 다스림)·추기(推己: 자기로부터 미루어 헤아림)·자수(自修: 스스로 닦음)는 모두 사람을 멀리하지 않고서 도를 하는[114] 일이다.

17) 第十四章 제14장

承上章修身以所居之位, 而言自身稍放開一步, 而大抵不離修身之事也.

앞 장의 처한 위치에 따라 몸을 닦음(修身)을 이어받아 자신으로부터 점점 한 걸음씩 넓혀나감을 말하였으니, 대체로 수신의 일에서 벗어나지 않는다.

---

113 『중용장구』 제13장 제1절. "공자께서 말씀하셨다. '도가 사람에게서 멀리 있지 않으니, 사람이 도를 행하면서 사람을 멀리한다면 도를 행할 수 없다.'(子曰, 道不遠人, 人之爲道而遠人, 不可以爲道.)"

114 『중용장구』 제13장 제3절의 주. "자기 마음으로 남의 마음을 헤아려 봄에 일찍이 똑같지 않음이 없다면 도가 사람에게서 멀리 있지 않음을 알 수 있다. 그러므로 자신이 원하지 않는 것을 남에게 베풀지 말라는 것이니, 이 또한 사람을 멀리하지 않고서 도를 하는 일이다.(以己之心, 度人之心, 未嘗不同, 則道之不遠於人者可見. 故己之所不欲, 則勿以施於人, 亦不遠人以爲道之事.)" 『중용장구』 제13장 제4절의 주. "무릇 이는 모두 사람을 멀리하지 않고 도를 하는 일이다.(凡此皆不遠人以爲道之事.)"

18) 第十五章 제15장

擧齊家一事, 以明行遠自邇登高自卑之意, 而所言齊家者, 承上修身, 而始推於家也.

제가(齊家) 한 가지 일을 들어, "먼 곳에 가는 것은 가까운 데로부터 하고, 높은 곳에 오르는 것은 낮은 데로부터 한다"[115]는 뜻을 밝혔으며, 제가라고 말한 것은 위의 수신을 이어받아 비로소 집안(家)에 미루어 헤아린 것이다.

19) 第十六章 제16장

(1) 此章之序於此, 似不與上下文義相屬, 而仔細推之, 則血脉貫通者, 尤見其至密也.

이 장이 여기에 위치하는 것은 위아래 글의 뜻과 서로 이어지지 않는 것 같으나, 자세하게 미루어 헤아려보면 혈맥이 관통한다는 것이 지극히 정밀함을 더욱 알게 될 것이다.

(2) 後三章治國平天下之人, 卽前三章修身齊家之人也. 使是人居是位者, 天命也, 而鬼神卽天命之所以行也. 是故大舜章首大孝一言, 實承上十五章父母順矣之語, 而反復言天命有德之意, 意可見矣. 以大學序文證之, 則前三章, 卽聰明睿智能盡其性之人也, 後三章, 卽爲億兆之君師治而敎之之事也, 此一章, 卽天必命之之意也.

---

115 『중용장구』제15장 제1절. "군자의 도는 비유하면 먼 곳에 가는 것은 반드시 가까운 데로부터 함과 같으며, 비유하면 높은 곳에 오르는 것은 반드시 낮은 데로부터 함과 같다.(君子之道, 辟如行遠必自邇, 辟如登高必自卑.)"

다음 세 장(제17~19장)의 나라를 다스리고 천하를 평안하게 한 사람[116]은 곧 앞의 세 장(제13~15장)의 몸을 닦고 집안을 가지런하게 한 사람이다. 이 사람을 이 위치에 처하게 하는 것은 천명이며, 귀신은 곧 천명이 유행하는 근거이다. 이 때문에 대순장(大舜章: 제17장) 처음의 대효(大孝) 한마디는 실제로 위의 제15장의 "부모가 편안하실 것이다."[117]라는 말을 이어받아 "하늘은 덕이 있는 사람에게 명한다."[118]는 뜻을 되풀이하여 말한 것이니, 그 뜻을 알 수 있다. 『대학』의 서문으로 증명해보면, 앞의 세 장은 곧 총명하며 밝고 지혜로워서 그 성을 다할 수 있는 사람이고, 다음의 세 장은 곧 수많은 백성의 군주와 스승으로 삼아서 백성을 다스리고 가르치게 하는 일이며, 이 한 장은 곧 하늘이 반드시 그에게 명한다는 뜻이다.[119]

(3) 中庸一書, 於天下事, 無不詳說, 事鬼神一事, 不可不言, 而事鬼神乃上下通行者, 故於此言之. 齊明盛服一節, 可見其意也.

『중용』 한 책은 천하의 일에 대하여 상세하게 말하지 않음이 없으니, 귀신을

---

116 순 임금(제17장), 문왕(제18장), 무왕(제18장, 제19장), 주공(제18장, 제19장).
117 『중용장구』 제15장 제3절. "공자께서 말씀하셨다. '[이렇게 되면] 부모가 편안하실 것이다.'"(子曰, 父母其順矣乎.)
118 『書經集傳』 「虞書」 皐陶謨. "하늘은 덕이 있는 사람에게 명하니 다섯 가지 복식으로 다섯 가지 등급을 표창하시고, 하늘은 죄가 있는 사람을 토벌하니 다섯 가지 형벌로 다섯 가지 등급을 써서 징계하소서.(天命有德, 五服五章哉, 天討有罪, 五刑五用哉.)"
119 『대학장구』 「대학장구서」. "대개 하늘이 사람을 내릴 때부터 이미 인·의·예·지의 성을 부여하지 않음이 없으나, 그 기질을 품부받음이 때로는 같지 않다. 이 때문에 모두 그 성의 소유함을 알아 온전히 함이 있지 못한 것이다. 혹시라도 총명하며 밝고 지혜로워서 그 성을 다할 수 있는 사람이 그 사이에 나오면 하늘이 반드시 그에게 명하여 수많은 백성의 군주와 스승으로 삼아서 백성을 다스리고 가르치게 해서 그 성을 회복하게 하시니 ….(蓋自天降生民, 則旣莫不與之以仁義禮智之性矣, 然其氣質之稟, 或不能齊, 是以不能皆有以知其性之所有而全之也. 一有聰明睿智能盡其性者, 出於其間, 則天必命之, 以爲億兆之君師, 使之治而敎之, 以復其性….)"

섬기는 하나의 일에 대해서도 말하지 않을 수 없으나, 귀신을 섬기는 것은 바로 위아래가 모두 행하는 것이므로 여기에서 말한 것이다. 재명성복(齊明盛服: 몸과 마음을 깨끗이 하고 옷을 잘 차려입다.) 한 절(제3절)에서 그 뜻을 알 수 있다.

(4) 誠爲一篇之樞紐, 則前後六章莫非誠之所爲, 而亦難以逐章言之也. 鬼神體物不遺, 而誠之所發見者, 故中間說鬼神, 以見前後六章, 鬼神之所體, 莫非誠之所在也, 章內特言誠字, 意可見矣.

성(誠)이 한 편의 추뉴가 되니,[120] 앞뒤의 여섯 장(제13~15장, 제17~19장)은 성이 행해지는 바가 아님이 없으나 또한 장마다 말하기는 어렵다. 귀신은 물의 체가 되어 빠뜨리지 못하고 성(誠)이 발현된 것이므로, 가운데에 귀신을 말하여 앞뒤 여섯 장의 귀신이 체가 된 바가 모두 성(誠)이 있는 곳임을 나타내었다. 장 안에서 특별히 성(誠)자를 말하였으니, 그 뜻을 알 수 있다.

(5) 前後六章只言費不言隱. 故中間說鬼神, 以明費隱之無二體, 而鬼神之妙徧體於六章之事, 則六章之未嘗無隱, 仍可見矣.

앞뒤 여섯 장(제13~15장, 제17~19장)은 단지 비(費: 용의 넓음)만 말하고 은(隱: 체의 은미함)은 말하지 않았다. 그러므로 가운데에 귀신을 말하여 비와 은은 두 개의 체가 없고 귀신의 묘함은 여섯 장의 일에 두루 체가 됨을 밝혔으니, 여섯 장에 은이 없었던 적이 없음을 이로 인하여 알 수 있다.

(6) 十二章鳶魚一節, 言道之妙用昭著, 又擧鳶魚以明道之在萬物. 故此章洋洋如在, 微之顯, 誠之不可掩等說, 與上下察之語相應, 而極言道體之妙發見昭著, 體物不遺之語, 與鳶魚字相應, 而極言道之體萬物而不遺. 此一章蓋申

---

120 『중용장구』 제20장 장하주. 각주 14번 참고.

十二章鳶魚一節之意.

제12장의 연·어 한 절(제3절)은 도의 오묘한 작용이 밝게 드러남을 말하였고, 또 솔개와 물고기를 들어 도가 온갖 사물에 있음을 밝혔다. 그러므로 이 장의 '넘실넘실하게 있는 듯하다',[121] '은미한 것이 드러나다', '성(誠)의 가릴 수 없음'[122] 등의 말은 '위아래로 밝게 드러난다'[123]는 말과 서로 호응하여 도체의 묘함이 발현되어 밝게 드러남을 지극히 말하였고, '물의 체가 되어 빠뜨리지 못한다'[124]는 말은 연(鳶)·어(魚)자와 서로 호응하여 도가 만물의 체가 되어 빠뜨리지 못함을 지극히 말하였다. 이 한 장은 대개 제12장 연·어 한 절의 뜻을 되풀이하였다.

(7) 鬼神氣也. 此章言道之費隱, 而乃以氣爲言者, 何也. 道妙無形, 因器而形, 故卽氣之幽顯, 以明道之費隱, 蓋曰鬼神之不見不聞, 卽道之隱也, 鬼神之體物如在, 卽道之費也云爾, 所謂卽氣而指理者也. 是就氣上, 見得道之費隱, 非認氣爲道之費隱也.

귀신은 기(氣)이다. 이 장에서 도의 비·은을 말하면서 바로 기로서 말한 것은 어째서인가? 도는 묘하여 형체가 없고 기(器)로 말미암아 드러난다. 그러므로 기(氣)의 은밀함과 드러남(幽顯)에 나아가 도의 비·은을 밝힌 것이며, 대개 "귀신의 보이지 않고 들리지 않음은 곧 도의 은이고, 귀신이 물의 체가 되어 있는 듯함은 곧 도의 비이다."라고 한 것일 뿐이니, '기(氣)에 나아가 리를 가리킨다'고 이르

---

[121] 『중용장구』 제16장 제3절. 각주 36번 참고.
[122] 『중용장구』 제16장 제5절. "은미한 것이 드러나니, 성의 가릴 수 없음이 이와 같구나.(夫微之顯, 誠之不可揜, 如此夫.)"
[123] 『중용장구』 제12장 제3절. "『시경』에 이르기를 "솔개는 날아서 하늘에 이르는데 물고기는 연못에서 뛰논다." 하였으니, 위아래에 이치가 밝게 드러남을 말한 것이다.(詩云, 鳶飛戾天, 魚躍于淵, 言其上下察也.)"
[124] 『중용장구』 제16장 제2절. "보아도 보지 못하며 들어도 듣지 못하나 물의 체가 되어 빠뜨릴 수 없다.(視之而弗見, 聽之而弗聞, 體物而不可遺.)"

는 것이다. 이는 기의 측면에 나아가 도의 비·은을 보는 것이지, 기를 도의 비·은으로 인식하는 것이 아니다.

(8) 二氣良能, 良能乃以氣之靈處言, 亦形而下者也. 朱子答廖子晦書曰, 鬼神只是精神魂魄, 程子所謂云云, 張子所謂二氣良能, 皆非性之謂也, 朱子之論良能, 已如是矣. 羅整菴又以王陽明良知卽天理之說, 謂陷於釋氏之見. 夫良知良能之語, 同出於孟子. 孟子之意, 雖指其性善發見之自然者, 然其知與能, 則固皆以氣之靈覺處言. 良知非天理, 則良能亦不可作理字看矣. 須於良知良能上見得天理發用之妙, 不可直以良知良能爲理也. 蓋以天理人欲之分言, 則良知良能, 固當屬天理. 若以理氣之分言, 則良知良能皆氣也, 而所知所能乃理也.

'두 기의 양능(良能: 고유한 능력)'[125]에서 양능은 바로 기의 신령한 곳으로서 말한 것이니, 또한 형이하(形而下)의 것이다. 주자께서 요자회(廖子晦)에게 보낸 답장에서 "귀신은 단지 정신과 혼백이니, 정자께서 이르신 것[126]과 장자(張子)께서 '두 기의 양능'이라고 이르신 것은 모두 성(性)을 이르는 것이 아니다."[127]라고 하셨으니, 주자께서 양능에 대해 논하신 것은 이미 이와 같다. 나정암(羅整菴)[128]은 또한 왕양명의 양지(良知)가 곧 천리라는 설에 대해 '석씨의 견해에 빠졌다'고 하였다. 무릇 양지·양능이라는 말은 『맹자』에 함께 나왔다.[129] 『맹자』의 뜻은 비록

---

125 『중용장구』 제16장 제1절의 주. "장자께서 말씀하셨다. "귀신은 두 기의 양능이다."(張子曰, 鬼神者, 二氣之良能也.)"

126 『중용장구』 제16장 제1절의 주. "정자께서 말씀하셨다. "귀신은 천지의 공용이요, 조화의 자취이다."(程子曰, 鬼神, 天地之功用, 而造化之迹也.)"

127 『주자대전』 권45 「答廖子晦書」.

128 나흠순(羅欽順, 1465~1547).

129 『맹자집주』 「진심상」 제15장 제1절. "맹자께서 말씀하셨다. "사람들이 배우지 않고도 능한 것은 양능이고, 생각하지 않고도 아는 것은 양지이다."(孟子曰, 人之所不學而能者, 其良能也,

그 성의 선함이 발하는 자연을 가리킨 것이나, 그 지(知)와 능(能)은 본래 모두 기가 신령하게 지각하는 곳으로서 말한 것이다. 양지가 천리가 아니라면 양능 또한 리(理)자로 보면 안 된다. 모름지기 양지·양능의 측면에서 천리가 발하여 작용하는 묘함을 보아야지, 곧바로 양지·양능을 리로 여겨서는 안 된다. 대개 천리와 인욕의 구분으로 말하자면, 양지·양능은 참으로 마땅히 천리에 속해야 한다. 리와 기의 구분으로 말하자면, 양지·양능은 모두 기이고, 아는 바와 능한 바가 바로 리이다.

(9) 第一節包下文四節而言 德字當兼費隱看.
제1절은 다음 글 네 절(제2~5절)을 포괄하여 말하였다. 덕(德)자는 마땅히 비·은을 아울러 보아야 한다.

(10) 第二節兼費隱, 而包下文二節而言, 先言體後言用, 言之序也.
제2절은 비·은을 겸하고 다음 글 두 절(제3·4절)을 포괄하여 말하였다. 먼저 체를 말하고 뒤에 용을 말하는 것이 말의 순서이다.

(11) 第三節釋上文體物不遺之意, 第四節釋上文不見不聞之意, 先釋費後釋隱, 費而隱之義也.
제3절은 앞의 글(제2절) '물의 체가 되어 빠뜨리지 못한다'는 뜻을 해석한 것이고, 제4절은 앞의 글(제2절) '보이지 않고 들리지 않는다'는 뜻을 해석한 것이다.[130] 먼저 비를 해석하고 뒤에 은을 해석한 것은 비이면서 은이라는 뜻이다.

所不慮而知者, 其良知也.)"
[130] 『중용장구』 제16장 제2절. 각주 124번 참고.

(12) 第五節結歸了誠之一字, 以見鬼神無非實理之所爲, 而誠之通萬事萬物, 無不在也. 蓋兼費隱而總結上文.

제5절은 성(誠)이라는 한 글자에 귀결시켜 귀신은 실리(實理)가 행해지는 바가 아님이 없고, 성은 온갖 일과 온갖 사물에 통하지 않는 곳이 없음을 나타냈다. 대개 비·은을 겸하여 앞의 글을 총괄적으로 맺었다.

20) 第十七章 제17장

大孝二字, 承上十五章父母順矣之語而言, 又承鬼神章而言. 故章內反復極言天命有德之意, 天命有德, 卽鬼神體物之驗也.

대효 두 글자는 위의 제15장의 '부모가 편안하실 것이다.'[131] 라는 말을 이어받아 말한 것이고, 또한 귀신장(제16장)을 이어받아 말한 것이다. 그러므로 장 안에서 되풀이하여 '하늘은 덕이 있는 사람에게 명한다'는 뜻을 지극히 말하였으니, '하늘은 덕이 있는 사람에게 명한다'[132]는 것은 곧 귀신이 물의 체가 되는 증험이다.

21) 第十八章 제18장

上章言大德受命之事, 此章言積累纘述之事. 蓋德如大舜, 則雖在匹夫之賤, 天必命之以位, 德雖不至如舜, 有積累纘述之功, 則亦能得位而治天下也.

앞 장은 큰 덕을 가진 사람이 하늘의 명을 받는 일을 말하였고, 이 장은 공적을 쌓고 인을 많이 하여 선왕의 업적을 이어나가는 일을 말하였다. 대개 덕이 위대한 순 임금과 같으면, 비록 필부의 천한 지위에 있을지라도 하늘이 반드시

---

131 『중용장구』제15장 제3절. 각주 117번 참고.
132 『서경집전』「우서」고요모. 각주 118번 참고.

왕의 지위를 명하며, 덕이 비록 순 임금과 같은 데 이르지 못했어도 공적을 쌓고 인을 많이 하여 선왕의 업적을 이어나가는 공로가 있으면, 또한 왕의 지위를 얻어 천하를 다스릴 수 있다.

22) 第十九章 제19장

承上制禮之意, 備言祭祀之禮. 蓋自上章漸言治天下之政, 而制禮作樂, 乃政事之大者, 喪祭之禮, 又是制禮之大者, 故兩章皆以此言, 至下章始極言爲政之事.

위의 예(禮: 예법)를 제정한 뜻을 이어서 제사(祭祀)의 예를 갖추어 말하였다. 대개 앞 장에서부터 점차 천하를 다스리는 정치를 말하였으니, 예를 제정하고 음악을 짓는 것은 바로 정사(政事) 가운데 큰 것이고, 상례(喪禮)와 제례(祭禮)는 또한 예를 제정하는 것 가운데 큰 것이므로, 두 장 모두 이로써 말한 것이다. 다음 장에 이르러 비로소 정치를 행하는 일에 대하여 지극히 말하였다.

23) 第二十章 제20장

(1) 前章祭祀之禮, 言事天事地事鬼治人之道, 而親親貴貴尊賢逮賤長長幼幼之道, 悉具焉, 治天下之大經大法, 蓋略備矣. 故此章復詳說達道達德九經之目, 極言爲政之事, 以承上章之說, 而道之費者, 至此而極矣. 爲政之道, 必以修身爲本, 故章內以修身爲九經之本, 而章末又備言誠之之目. 自修身而推之於爲政, 自爲政而復推本於修身, 反復詳說, 其意至矣.

앞 장의 제사의 예는 하늘을 섬기고 땅을 섬기며 귀신을 섬기고 사람을 다스리는 도를 말한 것이니, 어버이(친족)를 친애하고 귀한 사람을 귀하게 여기며 어진 사람을 높이고 천한 사람에게까지 미치며, 어른을 어른 대접하고 어린이를 어린이로 사랑하는 도가 여기에 모두 갖추어져 있으며, 천하를 다스리는 큰 도리(大

經)와 큰 법칙(大法)이 대체로 갖추어져 있다. 그러므로 이 장에서 다시 달도(達道: 공통된 도)와 달덕(達德: 공통된 덕)과 구경(九經: 아홉 가지 도리)의 조목을 상세하게 말하여 정치를 하는 일을 지극하게 말한 것이니, 앞 장의 말을 이어받은 것이며, 도의 비(費)가 여기에 이르러 지극해진다. 정치를 하는 도는 반드시 수신을 근본으로 삼으므로 장 안에서 수신을 구경의 근본으로 삼고, 장 끝에서 또한 성실하게 함(誠之)의 조목을 갖추어 말한 것이다. 수신으로부터 정치를 하는 것으로 미루어 헤아려 가고, 정치를 하는 것으로부터 다시 수신으로 근본을 미루어 헤아려 가며 되풀이하여 상세하게 말하였으니, 그 뜻이 지극하다.

(2) 親親尊賢等殺, 知人知天, 備言仁義禮智之德, 與孟子仁之實事親是也, 義之實從兄是也, 禮之實節文斯二者, 智之實知斯二者而不去, 意同. 蓋篇首天命之性, 卽仁義禮智之德也. 故前大節言知仁勇, 此章及三十一章備言仁義禮智之德, 蓋皆所以詳言天命之性之目也. 或謂知不可以言智, 恐未深考乎此也. 此篇所言之知, 果皆只言心之靈覺, 而不言智之德, 則天命之性獨闕此智一端而不言, 何也. 或說以爲知覺氣之靈, 智則性之貞, 豈可以氣之靈爲性之用. 蓋以知爲智之用, 猶以愛爲仁之用, 以愛爲仁之用者, 非以愛之氣爲仁之用也, 卽愛上指仁之理發見者, 而謂仁之用也. 然則以知爲智之用者, 亦非以知覺之氣爲智之用也, 卽乎知覺上指其智之理發見者, 而謂智之用也. 仁爲愛之理, 故愛爲仁之用, 智爲覺之理, 則覺爲智之用, 又何疑乎. 其以認氣爲理之用, 欲破以知屬智之說者, 竊恐未察於卽氣指理之妙也.

어버이를 친애함에 차등을 두는 것(親親之殺)과 어진 사람을 높임에 등급을 두는 것(尊賢之等),**133** 사람을 아는 것(知人)과 하늘(하늘의 이치)을 아는 것(知

---

133 『중용장구』제20장 제5절. "인이란 사람의 몸이니 어버이(친족)를 친애함이 큰 것이 되고, 의란 마땅함이니 어진 사람을 높임이 큰 것이 되니, 어버이를 친애함에 차등을 두는 것과 어진

天)¹³⁴은 인·의·예·지의 덕을 갖추어 말한 것이니, 『맹자』의 "인의 실질은 어버이를 섬김이 이것이고, 의의 실질은 형을 따름이 이것이며, 예의 실질은 이 두 가지를 절문(節文: 절도에 맞게 꾸밈)하는 것이고, 지의 실질은 이 두 가지를 알아서 버리지 않는 것이다."¹³⁵와 뜻이 같다. 대개 편 첫머리의 천명지성은 곧 인(仁)·의(義)·예(禮)·지(智)의 덕이다. 그러므로 앞의 대절은 지(知)·인(仁)·용(用)을 말하였고, 이 장과 제31장은 인·의·예·지의 덕을 갖추어 말하였으니, 대개 모두 천명지성의 조목을 상세하게 말한 것이다. 누군가 "지(知)를 지(智)로 말할 수 없다"고 하였는데, 아마도 이에 대해 깊이 고찰하지 못한 것 같다. 이 편에서 말한 지(知)가 만약 모두 마음(心)의 신령한 지각만 말하고 지(智)의 덕을 말하지 않았다면, 천명지성에서 유독 이 지(智) 한 부분만 빠뜨리고 말하지 않은 것은 무엇 때문인가? 혹자의 설은 지각을 기의 신령함으로, 지(智)를 성의 정(貞)으로 여긴 것인데, 어찌 기의 신령함을 성(性)의 용(用)으로 삼을 수 있겠는가? 대개 지(知)를 지(智)의 용으로 삼는 것은 애(愛)를 인(仁)의 용으로 삼는 것과 같으니, 애를 인의 용으로 삼는 것은 애의 기를 인의 용으로 삼는 것이 아니라 애의 측면에 나아가 인의 리가 발현되는 것을 가리켜서 '인의 용'이라고 이르는 것이다. 그렇다면 지(知)를 지(智)의 용으로 삼는 것 또한 지각의 기를 지(智)의 용으로 삼는 것이 아니라 지각의 측면에 나아가 그 지(智)의 리가 발현되는 것을 가리켜서 '지(智)의 용'이라 이르는 것이다. 인이 애의 리가 되므로 애가 인의 용이 되니, 지(智)가 각(覺)의 리가 된다면 각이 지(智)의 용이 됨을 또한 어찌 의심할 수

사람을 높임에 등급을 두는 것이 예가 생겨난 이유이다.(仁者人也, 親親爲大, 義者宜也, 尊賢爲大, 親親之殺, 尊賢之等, 禮所生也.)"

134 『중용장구』제20장 제6절. "그러므로 군자는 몸을 닦지 않을 수 없으니, 몸을 닦을 것을 생각할진대 어버이를 섬기지 않을 수 없고, 어버이를 섬길 것을 생각할진대 사람을 알지 않을 수 없고, 사람을 알 것을 생각할진대 하늘을 알지 않을 수 없다.(故君子不可以不修身, 思修身, 不可以不事親, 思事親, 不可以不知人, 思知人, 不可以不知天.)"

135 『맹자집주』「이루상」제27장. 각주 74번 참고.

있겠는가? 기를 리의 용으로 인식하여 지(知)를 지(智)에 배속하는 설을 깨뜨리고자 하는 것은, 생각건대 아마도 기에 나아가 리를 가리키는 묘함을 잘 살피지 못한 것 같다.

(3) 章內文義之相屬甚明, 而獨天下達道一節似與上一節文義不續. 然細推之, 則實承上知天之語, 而言達道達德皆天理之目也.

장 안에서 글의 뜻이 서로 이어짐이 매우 분명하나, 유독 천하달도(天下達道) 한 절(제7절)만 위의 한 절(제6절)과 글의 뜻이 이어지지 않는 것 같다. 그러나 자세히 미루어 헤아려보면 실제로 위의 지천(知天)이라는 말을 이어서 달도와 달덕이 모두 천리의 조목임을 말하였다.

(4) 以性之五德配五達道, 則父子有親仁也, 君臣有義義也, 夫婦有別智也, 長幼有序禮也, 朋友有信信也. 若又錯而言之, 則一事之中, 五者未嘗不皆具也. 蓋夫婦有別, 謂各夫其夫各婦其婦, 而不相混雜也. 故屬智, 世人多以別字爲夫婦相敬之意. 相敬之意雖亦包在其中, 未若不相混雜之爲別之大也.

성의 다섯 가지 덕을 다섯 가지 달도와 짝지어보면, 부자유친(父子有親)은 인이고, 군신유의(君臣有義)는 의이며, 부부유별(夫婦有別)은 지이고, 장유유서(長幼有序)는 예이며, 붕우유신(朋友有信)은 신이다. 만약 또한 섞어서 말해보면, 한 가지 일 가운데 다섯 가지가 모두 갖춰지지 않은 적이 없다. 대개 부부유별은 '각각 그 남편을 남편으로 대우하고 각각 그 아내를 아내로 대우하여 서로 뒤섞이지 않는다'는 것을 이른다. 그러므로 지(智)에 속하나, 세상 사람들은 대부분 별(別) 자를 남편과 아내가 서로 공경하는 뜻으로 여긴다. 서로 공경하는 뜻이 비록 그 가운데 포함되어 있지만, 서로 뒤섞이지 않음이 구별(別) 중에 큰 것이 되는 것만 못하다.

(5) 誠爲一篇之樞紐, 而自首章至十五章不言誠, 而鬼神章始言誠, 自十七章至前章又不言誠, 而此章又言誠, 蓋鬼神章言天地造化功用之大, 故言誠字, 以明天地之化莫非一箇實理之所爲. 此章言人事本末內外之全, 故又言誠字, 以明人事之全莫非一箇實理之所爲也. 蓋就萬殊處說出一理之妙也, 當與論語一貫說參看.

성(誠)이 한 편의 추뉴가 되나, 첫 장부터 제15장까지 성을 말하지 않고 귀신장(제16장)에서야 비로소 성을 말하였으며, 제17장부터 앞 장(제19장)까지 또 성을 말하지 않고 이 장에서 또한 성을 말하였다. 대개 귀신장은 천지의 조화(造化)와 공용(功用)의 큼을 말한 것이므로, 성(誠)자를 말하여 천지의 변화는 하나의 실제 이치(實理)가 행해지는 바가 아님이 없음을 밝힌 것이다. 이 장은 인사와 본말과 내외의 전체를 말한 것이므로, 또한 성(誠)자를 말하여 인사의 전체는 하나의 실제 이치가 행해지는 바가 아님이 없음을 밝힌 것이다. 대개 만 가지로 다른(萬殊) 측면에 나아가 하나의 이치(一理)의 묘함을 말한 것이니, 마땅히 『논어』의 일관설(一貫說)[136]과 비교해서 보아야 한다.

24) 第二十一章 제21장

承上章天道人道之意, 而言體道之人, 有誠明二者之分也. 蓋上文備言修己治人之道, 卽所以釋性道敎之精蘊, 此章以下又皆言修己治人之人, 卽所以著性道敎之實迹也.

앞 장 천도·인도의 뜻을 이어받아 도를 체득한 사람은 성(誠)·명(明)의 두

---

[136] 『논어집주』「이인」 제15장 제1절. "공자께서 말씀하셨다. "삼아! 나의 도는 한 가지로 꿰뚫고 있다.""(子曰, 參乎, 吾道一以貫之.)』『논어집주』「위령공」 제2장 제3절. "말씀하셨다. "아니다. 나는 하나의 이치로 꿰뚫는다.""(曰非也, 予一以貫之.)

가지 구분이 있음을 말하였다. 대개 앞의 글은 수기·치인의 도를 갖추어 말하였으니, 곧 성·도·교의 정밀하고 심오함(精蘊)을 해석한 것이고, 이 장 이하는 모두 수기·치인을 한 사람을 말하였으니, 곧 성·도·교의 실제 자취를 드러낸 것이다.

25) 第二十二章 제22장

(1) 承上章, 言天道盡性之仁.

앞 장을 이어받아 천도와 성을 다하는 인을 말하였다.

(2) 此章三 性字, 皆以本性言. 若是氣質之性, 則氣質之性, 亦可盡者乎. 人物之本性果同, 而聖人不能使物做人底事, 則豈可謂盡物之性乎. 然則物性雖不同於人, 亦各有本然可盡之則, 故聖人隨其不同之分, 而因其可盡之則, 處之無不當, 卽所以盡其性也.

이 장의 세 성(性)자[137]는 모두 본성으로서 말한 것이다. 만약 이것이 기질의 성이라면 기질의 성을 또한 다할 수 있는 것인가? 사람과 물의 본성이 과연 같다고 할지라도 성인께서는 물이 사람의 일을 하게 할 수 없으니, 어찌 '물의 성을 다한다'고 이를 수 있는가? 그러나 물의 성이 비록 사람과 같지 않을지라도 또한 각각 본연을 다할 수 있는 법칙을 가지고 있으므로, 성인께서는 그 같지 않은 분수(分)를 따르고 그 다할 수 있는 법칙으로 말미암아 처함에 마땅하지 않음이 없으니, 곧 자기의 성을 다했기 때문이다.

---

137 『중용장구』 제22장. 각주 67번 참고. 기성(其性: 자기의 성), 인지성(人之性: 사람의 성), 물지성(物之性: 사물의 성)의 성(性)자.

26) 第二十三章 제23장

承上章, 言人道之極功亦至於天道.
앞 장을 이어받아 인도의 지극한 결과가 또한 천도에 이름을 말하였다.

27) 第二十四章 제24장

(1) 承上章至誠能化, 言天道前知之智.
앞 장의 '지극히 성실한 사람이 변화시킬 수 있음'[138]을 이어받아 천도와 미리 아는 지혜(智)를 말하였다.

(2) 人心本自虛明, 則幾之所動宜無不覺, 而衆人私欲蔽之, 失其虛明之本體, 故不能知之, 惟聖人方寸之間, 天理純而私意不容, 故虛明之體無所蔽遮, 而幾之所動無不先覺. 聖人所以前知者, 如此而已, 豈如後世所謂讖緯術數之爲者哉.

사람의 마음은 본래 저절로 비어 있고 밝으니 기미가 움직이는 바를 마땅히 깨닫지 못함이 없어야 하나, 뭇사람들은 사사로운 욕심(私欲)에 가려져서 그 비어 있고 밝은 본체를 잃어버리므로 그것을 알지 못하고, 오직 성인만 마음 안에 천리가 온전하여 사사로운 뜻(私意)이 용납되지 않으므로 비어 있고 밝은 체가 가려지는 바가 없어서 기미가 움직이는 바를 먼저 깨닫지 못함이 없는 것이다. 성

---

138 『중용장구』 제23장. "그다음은 곡(曲: 한쪽)을 지극히 해야 하니, 곡(曲)을 하면 능히 성실함이 있다. 성실하면 나타나고, 나타나면 더욱 드러나고, 더욱 드러나면 밝아지고, 밝아지면 감동시키고, 감동시키면 변(變)하고, 변하면 화(化)하니, 오직 천하에 지극히 성실한 사람이어야 능히 변화시킬 수 있다.(其次致曲, 曲能有誠, 誠則形, 形則著, 著則明, 明則動, 動則變, 變則化, 唯天下至誠, 爲能化.)"

인께서 미리 알게 되는 까닭은 이와 같을 뿐이니, 어찌 후세 사람들이 '참위와 술수를 한다'고 이른 것과 같겠는가?

28) 第二十五章 제25장

(1) 承上章至誠, 言誠之爲貴而不可不勉.

앞 장의 '지극히 성실함(至誠)'[139]을 이어받아 성실함(誠)이 귀한 것이니 힘쓰지 않을 수 없음을 말하였다.

(2) 誠者自成, 言萬物自實其所以爲物之理, 而後自成其爲物也. 如鷄司晨犬司盜, 皆自實其爲鷄犬之理, 而自成其爲鷄犬也. 在人能實其心, 以自實其爲人之理, 則是爲自成其爲人也. 若不能實其心, 以實其爲人之理, 則便不是自成其爲人, 而不可謂之人也. 讀者或以爲萬物得實理以自生, 其於自字意不察矣.

"성(誠)이란 스스로 이루는 것이다."[140]라는 것은 만물이 스스로 그 물이 되게 하는 리를 실현한 뒤에 스스로 그 물의 됨됨이를 이룬다는 것을 말한 것이다. 이를테면 닭이 새벽을 알리고 개가 도둑을 막는 것은 모두 스스로 그 닭과 개가 되는 리를 실현하여 스스로 그 닭과 개의 됨됨이를 이룬 것이다. 사람에게 있어서는 그 마음을 실현하여 스스로 그 사람이 되는 리를 실현할 수 있어야 스스로 그 사람 됨됨이를 이루는 것이 된다. 만약 그 마음을 실현하여 그 사람이 되는 리를

---

139 『중용장구』 제24장. "지성의 도는 미리 알 수 있으니, 국가가 장차 일어나려 할 때에는 반드시 상서로운 조짐이 있고, 국가가 장차 망하려 할 때에는 반드시 요괴스러운 일이 있으며, 시초점과 거북점에 나타나며 사체에 동(動)한다. 이 때문에 화나 복이 장차 이를 때에 좋을 것(福)을 반드시 먼저 알며, 좋지 못할 것(禍)을 반드시 먼저 안다.(至誠之道, 可以前知, 國家將興, 必有禎祥, 國家將亡, 必有妖孽, 見乎蓍龜, 動乎四體, 禍福將至, 善必先知之, 不善必先知之)"
140 『중용장구』 제25장 제1절. "성이란 스스로 이루는 것이고, 도는 스스로 행해야 하는 것이다.(誠者自成也, 而道自道也.)"

실현하도록 할 수 없다면, 곧 스스로 그 사람 됨됨이를 이루는 것이 아니니 '사람'이라고 이를 수 없다. 독자들이 혹시 만물이 실제의 이치를 얻어서 저절로 생긴다고 여긴다면, 그것은 자(自)자의 뜻을 잘 살피지 못한 것이다.

(3) 成己仁也, 成物知也, 性之德也, 此言知字卽智也. 孔門言智皆作知字, 此蓋一字而通用也. 於此尤見智知之爲一事而不可離之也.

"자기를 이루는 것은 인(仁)이고, 물을 이루어 주는 것은 지(知)이니, [이는] 성(性)의 덕이다."[141]라고 하였는데, 여기에서 말한 지(知)자는 곧 지(智)이다. 공자의 문하에서 지(智)를 말할 때면 모두 지(知)자를 썼는데, 이는 대개 한 글자로 통용한 것이다. 여기에서 지(智)와 지(知)가 하나의 일이고 서로 떨어질 수 없음을 더욱 알 수 있다.

29) 第二十六章 제26장

(1) 承上章, 言誠之極功. 起頭一故字, 其意明矣.

앞 장을 이어받아 성실함의 지극한 결과를 말하였다. 하나의 고(故)자로 글을 시작하였으니,[142] 그 뜻이 분명하다.

(2) 章內第六節以上, 以聖人言, 以下三節, 以天地言, 末一節復合天地聖人而言. 末節內又以聖人天地對言, 而以純亦不已一句復合之, 言聖人之德, 與

---

[141] 『중용장구』 제25장 제3절. "성은 스스로 자기를 이룰 뿐만 아니라 물을 이루어 주니, 자기를 이루는 것은 인이고 물을 이루어 주는 것은 지이다. [이는] 성의 덕이니, 내와 외를 합한 도이다. 그러므로 때에 맞게 처리함에 마땅한 것이다.(誠者, 非自成己而已也, 所以成物也. 成己仁也, 成物知也, 性之德也, 合內外之道也, 故時措之宜也.)"

[142] 『중용장구』 제26장 제1절. "그러므로 지성은 쉼이 없다.(故至誠無息.)"

天爲一, 亦不已也.

장 안의 제6절까지(제1~6절)는 성인으로서 말하였고, 이하의 세 절(제7~9절)은 천지로서 말하였으며, 마지막 한 절(제10절)은 다시 천지와 성인을 합하여 말하였다. 끝 절(10절) 안에서 또 성인과 천지를 대비하여 말하고 '순수함이 또한 그치지 않는다'[143]는 한 구절로 다시 합하여 성인의 덕은 하늘과 하나가 되고 또한 그치지 않음을 말하였다.

30) 第二十七章 제27장

(1) 承上章, 極言斯道之大, 而仍指修德凝道之方. 上章以天地之道明聖人之道, 此章以聖人之道承天地之道而言, 聖人天地其道一故也.

앞 장을 이어받아 이 도의 위대함을 지극히 말하였고, 이어서 덕을 닦고 도를 이루는 방법을 가리켰다. 앞 장은 천지의 도로 성인의 도를 밝혔고, 이 장은 성인의 도로 천지의 도를 이어받아 말하였으니, 성인과 천지는 그 도가 하나이기 때문이다.

(2) 洋洋優優二節言道體, 尊德性一節言修德凝道之方, 居上不驕一節, 言修德凝道之效.

양양(洋洋, 제2절), 우우(優優, 제3절) 두 절은 도체를 말하였고, 존덕성(尊德性) 한 절(제6절)은 덕을 닦고 도를 이루는 방법을 말하였으며, 거상불교(居上不驕)

---

143 『중용장구』 제26장 제10절. "『시경』에 이르기를 "하늘의 명이 아, 심원(深遠)하여 그치지 않는다." 하였으니, 이는 하늘이 하늘이 된 소이를 말한 것이요, "아, 드러나지 않겠는가, 문왕의 덕의 순수함이여." 하였으니, 이는 문왕이 문(文)이 되신 소이를 말한 것이니, 순수함이 또한 그치지 않는 것이다.(詩云, 維天之命, 於穆不已, 蓋曰天之所以爲天也, 於乎不顯, 文王之德之純, 蓋曰文王之所以爲文也, 純亦不已.)"

한 절(제7절)은 덕을 닦고 도를 이룬 효과를 말하였다.

(3) 尊德性一節, 以知行之分言之, 則致廣大盡精微溫故知新, 似當屬道問學, 極高明道中庸敦厚崇禮, 似當屬尊德性. 然上文旣分言道體之大小, 而尊德性所以極其大, 道問學所以盡其細. 然則致廣大極高明溫故敦厚, 大底工夫, 屬尊德性, 盡精微道中庸知新崇禮, 細底工夫, 屬道問學, 更無可疑矣. 讀者每惑於知行之分, 而致疑於章句之分屬, 農巖亦有如此之疑, 蓋不察於全章通貫之文義也.

존덕성 한 절을 지·행의 구분으로 말해보면, '광대함을 지극히 하고 정미함을 다함'과 '옛것을 익히고 새것을 앎'은 마땅히 도문학(道問學: 학문으로 말미암음)에 속하는 것 같고, '높고 밝음을 다하고 중용을 따름'과 '두터움을 돈독히 하여 예를 숭상함'은 마땅히 존덕성(尊德性: 덕성을 높임)에 속하는 것 같다.[144] 그러나 앞의 글에서 이미 도체의 크고 작음을 나누어 말하였으니,[145] 존덕성은 그 광대함을 지극히 하는 것이고, 도문학은 그 미세함을 다하는 것이다. 그렇다면 광대함을 지극히 함, 높고 밝음을 다함, 옛것을 익힘, 두터움을 돈독히 함은 큰 공부로서 존덕성에 속하고, 정미함을 다함, 중용을 따름, 새것을 앎, 예를 숭상함은 미세한 공부로서 도문학에 속한다는 것은 더욱이 의심할 만한 게 없다. 독자들이 매번 지·행의 구분에 미혹되어 『장구』에서 나누어 배속한 것[146]까지 의심하였

---

144 『중용장구』 제27장 제6절. 권제1 대학 편 각주 49번 참고.

145 『중용장구』 제27장 제2절의 주. "이는 도가 지극히 큼을 다하여 밖이 없음을 말씀하신 것이다.(此言道之極於至大而無外也.)" 『중용장구』 제27장 제3절의 주. "이는 도가 지극히 작음에 들어가 틈이 없음을 말씀하신 것이다.(此言道之入於至小而無間也.)"

146 『중용장구』 제27장 제6절의 주. "존덕성은 존심(마음을 보존함)하여 도체의 큼을 다하는 것이요, 도문학은 치지(앎을 지극하게 함)하여 도체의 미세함을 다하는 것이니, 이 두 가지는 덕을 닦고 도를 모으는 큰 단서이다. 일호의 사의(사심)로 스스로 가리지 않고 일호의 사욕으로 스스로 얽매이지 않으며, 이미 아는 바를 함영하고 이미 능한 바를 돈독히 함은 모두 존심의 등속

는데, 농암(農巖)¹⁴⁷ 또한 이와 같은 의심을 가지고 있었으니, 대개 전체 장을 관통하는 글의 뜻을 잘 살피지 못한 것이다.

(4) 戒懼愼獨, 尤菴謂皆當屬尊德性, 恐亦未然. 戒懼是存養而極其道體之大者也, 愼獨是省察而盡其道體之細者也, 則戒懼當屬尊德性, 愼獨當屬道問學, 無疑矣. 以中庸崇禮之皆屬道問學, 推之可見矣.

계구와 신독을 우암 선생께서는 '모두 마땅히 존덕성에 속한다'고 하셨는데, 또한 그렇지 않은 것 같다. 계구는 보존하고 길러서 그 도체의 큼을 지극히 하는 것이고, 신독은 반성하고 살펴서 도체의 미세함을 다하는 것이니, 계구가 마땅히 존덕성에 속하고 신독이 마땅히 도문학에 속함은 의심할 게 없다. '중용을 따름'과 '예를 숭상함'이 모두 도문학에 속함은 미루어 헤아려보면 알 수 있다.

(5) 旣明且哲, 以保其身, 總結上文居上居下足興足容之意, 據此之謂一句可見也. 或曰結上無道默容之意, 恐失之. 此詩本爲仲山甫而作, 則仲山甫果是當無道之時而默容者耶.

이미 밝고 또 지혜로워 그 몸을 보전한다는 것이 앞의 글의, 윗자리에 있음, 아랫자리에 있음, 흥기할 수 있음, 용납될 수 있음의 뜻을 총괄적으로 맺었다는 것은 '이를 말한다' 한 구절에 의거하여 알 수 있다.¹⁴⁸ 누군가 "위의 '도가 없을

이고, 이치를 분석함에 일호의 차이도 없게 하고 일을 처리함에 과·불급의 잘못이 없게 하며, 의리는 날마다 알지 못하던 것을 알고 절문(예)은 날마다 삼가지 못하던 것을 삼감은 모두 치지의 등속이다.(尊德性, 所以存心而極乎道體之大也, 道問學, 所以致知而盡乎道體之細也, 二者, 修德凝道之大端也, 不以一毫私意自蔽, 不以一毫私欲自累, 涵泳乎其所已知, 敦篤乎其所能, 此皆存心之屬也, 析理則不使有毫釐之差, 處事則不使有過不及之謬, 理義則日知其所未知, 節文則日謹其所未謹, 此皆致知之屬也.)

147 김창협(金昌協, 1651~1708).
148 『중용장구』 제27장 제7절. "그러므로 윗자리에 있어서는 교만하지 않고, 아랫사람이 되어서는

때 침묵이 용납된다'는 뜻을 맺은 것이다."라고 하였는데, 아마도 잘못인 것 같다. 이 시는 본래 중산보(仲山甫)[149]를 위하여 지은 것인데, 중산보가 과연 도가 없을 때를 맞아 침묵이 용납되었던 사람인가?

31) 第二十八章九章 제28 · 29장

(1) 承上章, 而分言居上居下之事, 皆誠之之事也.

앞 장을 이어받아 윗자리에 처하는 일과 아랫자리에 처하는 일을 나누어 말하였으니,[150] 모두 성실하게 함의 일이다.

(2) 非天子一節及雖有其德一段, 應賤而好自專一句而反之, 雖有其位一段, 應愚而好自用一句而反之, 子曰一節, 應反古之道一段而反之. 篇內多言達而在上者之事, 而此章復言窮而在下者之事, 君子出處行藏之道於是而盡矣.

비천자(非天子) 한 절(제28장 제2절)과 수유기덕(雖有其德) 한 단락(제28장 제4절의 뒷부분)은 '천하면서 자기 마음대로 하기를 좋아한다(賤而好自專)' 한 구절(제28장 제1절)과 호응하여 그와 반대의 경우를 든 것이고, 수유기위(雖有其位)

배반하지 않는다. 나라에 도가 있을 때에는 그 말이 충분히 흥기할 수 있고, 나라에 도가 없을 때에는 그 침묵이 충분히 몸을 용납할 수 있다. 『시경』에 이르기를 "이미 밝고 또 지혜로워 그 몸을 보전한다." 하였으니, 이를 말한 것이다.(是故居上不驕, 爲下不倍, 國有道, 其言足以興, 國無道, 其黙足以容, 詩曰, 旣明且哲, 以保其身, 其此之謂與.)"

149 중산보(仲山父)로도 쓴다. 주(周)나라 선왕(宣王, 재위 B.C.827~B.C.782) 때의 대부로, 임금을 잘 보좌한 어진 재상으로 알려져 있으며, 『시경(詩經)』「대아(大雅)」에 찬미하는 내용이 실려 있다.

150 『중용장구』제28장 장하주. "이상은 제28장이다. 27장의 '아랫사람이 되어서는 배반하지 않는다'는 것을 이어받아 말씀하신 것이니, 이 또한 인도이다.(右第二十八章, 承上章爲下不倍而言, 亦人道也.)" 『중용장구』제29장 장하주. "이상은 제29장이다. 앞 장의 '윗자리에 있어서는 교만하지 않는다'는 것을 이어받아 말씀하신 것이니, 이 또한 인도이다.(右第二十九章, 承上章居上不驕而言, 亦人道也.)"

한 단락(제28장 제4절의 앞부분)은 '어리석으면서 자기 의견 쓰기를 좋아한다(愚而好自用)' 한 구절(제28장 제1절)과 호응하여 그와 반대의 경우를 든 것이며, 자왈(子曰) 한 절(제28장 제5절)은 '옛 도를 회복하려 한다(反古之道)' 한 단락(제28장 제1절)과 호응하여 그와 반대의 경우를 든 것이다. 편 안에서는 영달하여 윗자리에 있는 사람의 일을 많이 말하였고, 이 장에서는 궁핍하여 아랫자리에 있는 사람의 일을 다시 말하였으니, 군자의 출처(出處: 나아감과 물러남)와 행장(行藏: 실행함과 은둔함)의 도를 여기에서 다한다.

(3) 觀此章所言, 其戒人者切矣. 新學後生粗有一知半解, 而遽欲擅改先正已定之禮, 國朝通行之制, 迂儒滯見, 不達時務, 而欲一切追復前古之法者, 可謂不曉此章之指也.

이 장에서 말한 바를 살펴보니 사람을 경계시키는 것이 절실하다. 새로 배우는 후학들이 대략 하나를 알고 반쯤 깨달은 것이 있으면 갑자기 선현들이 이미 정해놓은 예와 우리 조정에서 통상적으로 행해지는 제도를 멋대로 고치려 하고, 우활한 선비들이 자기 견해에 얽매여 당대의 일에 능숙하지 못하면서 지나간 옛날의 법을 모두 쫓아 회복하려는 것은 '이 장의 뜻을 이해하지 못했다'고 이를 수 있다.

32) 第三十章 제30장

(1) 承上誠之之事, 極言聖人之德.

위의 성실하게 함의 일을 이어받아 성인의 덕을 지극히 말하였다.

(2) 問政章前三章, 引大舜文武周公, 極言聖人治道之大, 而復以夫子之言終之. 此前盡性前知至誠章, 極言聖人天道之至, 而又以夫子之德終之. 蓋聖人之德未有盛於夫子者, 故到底引夫子以明中庸之極功. 夫子之言政, 述文武之政, 此章之贊夫子, 又稱其祖述堯舜憲章文武, 此又可見其夫子述之之功有倍於作者, 而所以能集群聖之[151]大成也.

문정장(問政章, 제20장) 앞의 세 장(제17~19장)은 위대한 순 임금과 문왕·무왕·주공을 인용하여[152] 성인께서 세상을 다스리는 도가 큼을 극진히 말하고, 다시 공자의 말씀으로 마쳤다. 이 앞의 진성장(盡性章, 제22장)·전지장(前知章, 제24장)·지성장(至誠章, 제26장)은 성인과 천도의 지극함을 극진히 말하고, 또한 공자의 덕으로 마쳤다. 대개 성인의 덕은 공자보다 성대한 사람이 없으므로 공자를 인용하여 중용의 지극한 결과를 밝히는 데 이르렀다. 공자께서 정치에 대해 말씀하실 때면 문왕과 무왕의 정치를 조술(祖述)하셨는데, 이 장에서 공자를 기리면서 또한 '요·순을 조술하고 문왕·무왕의 법도를 본받았다'[153]고 칭송하였으니, 여기에서 또한 공자께서 조술한 공적이 창작(創作)한 경우보다 배가 되고, 여러 성인께서 크게 이룬 바를 모을 수 있었다는 것을 알 수 있다.

(3) 此章以前盡性時措尊德性道問學等語, 此章以下五德時出經綸立本之說, 無不與篇首三言相應, 而每章皆以成德之事言, 則此一大節之爲著性道敎之實迹者, 益可信矣.

---

151 '之疑而誤'라는 두주가 있다.(之는 아마도 而의 잘못인 것 같다.) 두주에 따르면 "여러 성인을 모아서 크게 이룰 수 있었다는 것을 알 수 있다."가 된다.
152 순 임금(제17장), 문왕(제18장), 무왕(제18장, 제19장), 주공(제18장, 제19장).
153 『중용장구』 제30장 제1절. "공자는 요·순을 조술하시고 문왕·무왕의 법도를 본받으셨으며, 위로는 천시를 따르시고 아래로는 수토를 인하셨다.(仲尼祖述堯舜, 憲章文武, 上律天時, 下襲水土.)"

이 장 이전의 진성(盡性)¹⁵⁴ · 시조(時措)¹⁵⁵ · 존덕성 · 도문학¹⁵⁶ 등의 말과 이 장 이하의 오덕(五德)¹⁵⁷ · 시출(時出)¹⁵⁸ · 경륜(經綸) · 입본(立本)¹⁵⁹ 등의 말이 편 첫머리의 세 마디 말¹⁶⁰과 서로 호응하지 않음이 없으며, 장마다 모두 덕을 이루는 일로 말하였으니, 이 하나의 대절이 성 · 도 · 교의 실제 자취를 드러내는 것이 됨을 더욱 믿을 만하다.

(4) 小德, 全體之分, 全體者, 幷擧天地萬物之理而言, 分者, 就全體中逐一分別而言者也.

'작은 덕(小德)은 전체가 나누어진 것이다'¹⁶¹에서 전체란 천지만물의 리를 모두 들어 말한 것이고, 나누어짐이란 전체 가운데에 나아가 하나씩 분별하여 말한 것이다.

---

154 『중용장구』제22장. 각주 67번 참고.
155 『중용장구』제25장 제3절. 각주 141번 참고.
156 『중용장구』제27장 제6절. 권제1 대학 편 각주 49번 참고.
157 『중용장구』제31장 제1절. "오직 천하의 지극한 성인이어야 총명예지가 임할 수 있으니, 관유온유가 용납함이 있으며, 발강강의가 지킴이 있으며, 재장중정이 공경함이 있으며, 문리밀찰이 분별함이 있는 것이다.(唯天下至聖, 爲能聰明睿知, 足以有臨也, 寬裕溫柔, 足以有容也, 發强剛毅, 足以有執也, 齊莊中正, 足以有敬也, 文理密察, 足以有別也.)" 다섯 가지 덕이란 총명예지의 성(聖), 관유온유의 인(仁), 발강강의의 의(義), 재장중정의 예(禮), 문리밀찰의 지(智)이다.
158 『중용장구』제31장 제2절. "부박하고 연천하여 때에 맞게 발현된다.(溥博淵泉, 而時出之.)"
159 『중용장구』제32장 제1절. "오직 천하에 지극히 성실한 분이어야 천하의 큰 도리를 경륜하며 천하의 큰 근본을 세우며 천지의 화육을 알 수 있으니, 어찌 의지할 것이 있겠는가.(唯天下至誠, 爲能經綸天下之大經, 立天下之大本, 知天地之化育, 夫焉有所倚.)"
160 『중용장구』제1장 제1절. 권제1 대학 편 각주 44번 참고.
161 『중용장구』제30장 제3절의 주. "하늘이 덮어주고 땅이 실어줌에 만물이 그 사이에서 함께 길러져 서로 해치지 않고, 사시와 일월이 번갈아 운행하고 교대로 밝아서 서로 어긋나지 않으니, 해치지 않고 어긋나지 않음은 소덕의 천류이고, 함께 길러지고 함께 행해짐은 대덕의 돈화이니, 소덕은 전체가 나누어진 것이고 대덕은 만수의 근본이다.(天覆地載, 萬物並育於其間而不相害, 四時日月錯行代明而不相悖, 所以不害不悖者, 小德之川流, 所以並育並行者, 大德之敦化, 小德者, 全體之分, 大德者, 萬殊之本.)"

33) 第三十一章二章 제31·32장

(1) 承上章, 而分言小德大德之義. 此篇贊美聖人之德者, 至此而無以加矣.

앞 장을 이어받아 작은 덕과 큰 덕의 뜻을 나누어 말하였다.[162] 이 편(『중용』)에서 성인의 덕을 칭송한 것이 여기에 이르러 더할 바가 없게 되었다.

(2) 聰明睿智包下文四德而言, 卽智之所以包一心之德者也. 或曰知覺專一心之用, 而智則居五性之一, 豈可以專一心之用者, 偏屬居五性之一者, 蓋智之爲性偏言之, 則爲是非之理, 專言之, 則爲知覺之理. 未發之前, 知覺不昧, 而其理則智也. 已發之際, 知覺運用, 而理之乘知覺發見者, 卽智之用也. 心之體用不外乎覺之一字, 而智是覺之理, 則智之專一心之德, 又何疑乎.

총명예지(聰明睿智: 도리에 밝고 지혜가 있음)는 아래 글의 네 가지 덕[163]을 포괄하여 말한 것이니, 곧 지(智)가 한 마음(一心)의 덕을 포괄하는 것이다. 누군가 "지각은 한 마음의 용(用: 작용)을 전담하고, 지(智)는 다섯 가지 성(性) 가운데 하나를 차지하니, 어찌 한 마음의 용을 전담하는 것으로써 다섯 가지 성 가운데 하나를 차지하는 것에 치우치게 배속시킬 수 있겠는가?"[164]라고 하였는데, 대개 지가 성이 됨을 한쪽으로 말하면(偏言) 시비의 리가 되고, 전체로 말하면(專言)

---

162 『중용장구』 제31장 장하주. "이상은 제31장이다. 앞 장을 이어받아 소덕의 천류를 말씀하셨으니, 이 또한 천도이다.(右第三十一章, 承上章而言小德之川流, 亦天道也.)" 『중용장구』 제32장 장하주. "이상은 제32장이다. 앞 장을 이어받아 대덕의 돈화를 말씀하셨으니, 또한 천도이다.(右第三十二章, 承上章而言大德之敦化, 亦天道也.)"

163 관유온유(寬裕溫柔), 발강강의(發强剛毅), 재장중정(齊莊中正), 문리밀찰(文理密察).

164 『寒水齋集』「寒水齋先生年譜」. "농암 김공의 지각설에 대해 변론하셨다.【김공이 지각을 논하여 말하기를 … "지각은 한 마음의 용을 전담하는 것이고, 지(智)는 다섯 가지 성 가운데 하나를 차지하는 것인데, 어찌 한 마음의 용을 전담하는 것으로써 다섯 가지 성 가운데 하나를 차지하는 것에 치우치게 배속시킬 수 있겠는가?"(辨農嚴金公知覺說【金公論知覺, … 又以爲知覺專一心之用, 智則居五性之一, 安可以專一心之用者, 偏屬之居五性之一者乎云云.】)"

지각의 리가 된다. 미발 이전에는 지각이 어둡지 않아서 그 리가 곧 지(智)이고, 이발 때에 지각이 움직이고 작용하여 리가 지각을 타고 발현하는 것은 곧 지의 용이다. 마음의 체·용이 각(覺)이라는 한 글자를 벗어나지 않고, 지가 각의 리이니, 지가 한 마음의 덕을 전담하는 것에 대해 또한 어찌 의심하겠는가?[165]

且智之包四德, 猶仁與信之包四德也. 五行之中水與木土, 皆能以一氣包五行, 故其理之爲性者, 亦皆以一事包四事也. 朱子嘗言木爲發生之性, 而包五行, 水爲貞靜之體, 而包五行, 土又包育之母, 而包五行, 故孔子贊乾之四德, 而以貞元擧其終始, 孟子論人之四端, 而不敢以信者列於其間, 蓋以爲無適而非

---

[165] 지각(知覺) 논변은 호락논쟁의 주요 쟁점 중 하나이다. 이는 허령(虛靈)지각을 마음(心)의 작용으로 볼 것인가 또는 인의예지의 본성(性)에 속하는 지(智)의 작용으로 볼 것인가 하는 문제로 당시 학자들의 주요 관심 대상이었다. 송시열은 주자의 학설에서 지각에 심지(心知)와 지지(智知)의 두 가지가 있다고 하였고, 이는 후학들에 의해 낙학(洛學)과 호학(湖學)의 견해로 나뉘어 쟁점화되었다. 주요 쟁점은 지각의 연원에 관한 문제, 혹은 지(智)와 지각(知覺)의 관계에 관한 문제였다. 낙학에서는 김창협이 논쟁을 주도했다. 김창협은 마음의 지각을 지(智)의 시비(是非)와 구별하였다. 즉 본성으로서의 지(智)와 마음으로서의 지각을 구별하였다. 지(智)는 본성(性)이며 리(理)이고 도(道)라고 한다면 지각은 마음(心)이며 기(氣)이고 기(器)이다. 그는 비록 지각과 지를 분별했지만, 마음의 주재자는 실제로 지각이라고 생각했다. 지각은 마음의 미발과 이발 전체를 관통함으로써 본성과 감정을 아우르는 마음의 주재가 가능한 근거가 된다는 것이다. 전체적으로 낙학에서는 본성을 실현하는 마음의 주관적 능동성으로 지각을 강조하고 있다. 호학의 권상하 문하에서도 지각 개념을 놓고 토론을 벌였다. 대체로 한원진이 호학의 지각설을 대표하고 있다. 지각에 관한 한원진의 주요 글은 「허령지각설(虛靈知覺說)」(29세), 「농암사칠지각설변(農巖四七知覺說辨)」(36세), 「지각설(知覺說)」(63세) 세 편이다. 한원진은 김창협의 견해를 비판하면서, 지각과 지의 연관 관계를 '지(智)는 지각의 리, 지각은 지(智)의 작용'으로 보았다. 그에 따르면, 지와 지각을 구별하는 김창협의 견해는 지각을 본성(理)과 무관한 마음의 능력(氣)으로 볼 여지가 있으며, 이는 리와 기를 분리하고 본성과 마음의 두 개의 본체를 용인하는 결과를 초래하게 된다. 한원진은 지각을 지(智)의 실현으로 이해함으로써, 마음의 모든 작용인 지각은 본성이라는 절대적 근거에서 기인해야 한다고 생각했다. 이를 통해 한원진은 본원으로서 지(智)의 위상을 강조하였다. 조남호, 「조선후기 유학에서 허령지각과 지의 논변」(『철학사상』 34, 2009); 이선열, 「남당 한원진의 김창협 지각론 비판」(『한국철학논집』 36, 2013); 문석윤, 『湖洛論爭 형성과 전개』(동과서, 2006) 참고.

此也. 據此, 則智之能包一心之德, 不啻明矣. 況知覺旣以一言包此心體用之 全, 則其所以爲此知覺之理者, 亦必有可以一言名之者矣. 不以智名之, 將以何 德名之耶. 若曰氣則然, 而理則不然, 則其果成說乎. 其大知覺而小智德者, 可 謂不察於理氣無間之妙矣.

또 지가 네 가지 덕을 포괄하는 것은 인(仁)과 신(信)이 네 가지 덕을 포괄하는 것과 같다. 오행 가운데 수·목·토는 모두 하나의 기로 오행을 포괄할 수 있으므로 그 리가 성이 되는 것은 또한 모두 하나의 일로 네 가지 일을 포괄한다. 주자께서 일찍이 목은 발생(發生)의 성으로서 오행을 포괄하고, 수는 정정(貞靜: 바르고 고요함)의 체로서 오행을 포괄하며, 토는 또 포육(包育: 품고 기름)의 모체로서 오행을 포괄하므로, 공자께서 건(乾: 乾卦)의 네 가지 덕을 기리면서 정(貞)·원(元)을 그 끝과 처음으로 들고,¹⁶⁶ 맹자께서 사람의 사단을 논하면서 감히 신(信)을 그 사이에 넣지 않은 것은, 대개 어디를 가든 이것이 아님이 없다고 여겼기 때문이라고 말씀하셨다.¹⁶⁷ 이에 의거하면 지가 한 마음의 덕을 포괄할 수 있음이 매우 분명하다. 하물며 지각은 이미 한마디 말로 이 마음의 체·용의 전체를 포괄하니, 이 지각의 리가 되는 것 또한 반드시 한마디 말로 명명할 수 있을 것이다. 지로 명명하지 않는다면 장차 무슨 덕으로 명명하겠는가? 만약 "기는 그러하지

---

166 『주역』「건괘」. "건(乾)은 원(元)하고 형(亨)하고 이(利)하고 정(貞)하다.(乾, 元亨利貞.)"
167 『주자대전』 권72 「聲律辨」. "덕으로 말하자면 목은 발생의 성이고, 수는 바르고 고요함(貞靜) 의 체이며, 토는 또 품고 기르는 모체이다. 그러므로 목이 오행을 포괄하는 것이니, 목은 흘러 통하고 꿰뚫어 있지 않은 곳이 없기 때문이다. 수가 오행을 포괄하는 것은 그 근원이 근본으로 돌이켜 이곳에 보관되기 때문이다. 만일 토라면 수·화가 의탁하는 곳이고, 금·목이 자뢰(資 賴)하는 곳이며 가운데 머물면서 사방에 응하고, 하나의 본체이면서 온갖 것을 싣는 것이다. 그러므로 공자께서 건의 네 가지 덕을 기리면서 정과 원을 그 끝과 처음으로 들었고, 맹자께서 사람의 사단을 논하면서 감히 신을 그 사이에 넣지 않았으니, 대개 어디를 가든 이것이 아님이 없다고 여겼기 때문이다. (以德言之, 則木爲發生之性, 水爲貞靜之體, 而土又包育之母也. 故 木之包五行也. 以其流通貫徹而無不在也. 水之包五行也, 以其歸根反本而藏於此也. 若夫 土, 則水火之所寄, 金木之所資, 居中而應四方, 一體而載萬類者也. 故孔子贊乾之四德, 而以 貞元擧其終始, 孟子論人之四端, 而不敢以信者列序於其間, 蓋以爲無適而非此也.)"

만 리는 그렇지 않다"고 한다면 그것이 과연 말이 되겠는가? 그 지각을 크게 여기고 지의 덕을 작게 여기는 것은 '리와 기 사이에 틈이 없는 묘함을 잘 살피지 못했다'고 이를 수 있다.

(3) 經綸天下之大經, 大經乃達道之有五, 則似難以大德敦化言. 然大德雖有五品之殊, 而其所以經綸之則, 在於一心, 卽邵子所謂人於心上起經綸者也. 一心而經綸天下之道, 則豈非大德之敦化乎.

'천하의 대경(大經: 큰 도리)을 경륜(經綸: 다스림)한다'[168]고 하였는데, 대경은 바로 달도에 다섯 가지가 있음이니, 대덕(大德: 큰 덕)이 조화를 도탑게 하는 것[169]으로 말하기는 어려울 것 같다. 그러나 대덕은 비록 다섯 가지 종류의 다름이 있을지라도 그 경륜하는 법칙은 일심(一心: 한 마음)에 있으니, 곧 소자(邵子)께서 '사람은 마음에서 경륜을 일으킨다'[170]고 이르신 것이다. 일심으로 천하의 도를 경륜하면, 어찌 대덕이 조화를 도탑게 하는 것이 아니겠는가?

(4) 下章註其淵其天, 則非特如之而已者, 非謂此章聖人之德有加於前章聖人之德也. 前章以其著於外者言之, 此章以其存於內者言之, 自其外而觀之, 則聖人與天其事殊矣, 故但曰如之而已, 自其內而觀之, 則聖人與天其道一也, 故直曰其淵其天. 事之殊者, 聖人之作止語默, 人而非天矣, 道之一者, 聖人之作

---

168 『중용장구』 제32장 제1절. 각주 159번 참고.

169 『중용장구』 제30장 제3절. "만물이 함께 길러져 서로 해치지 않으며, 도가 나란히 행해져 서로 어긋나지 않는다. 이 때문에 작은 덕은 냇물의 흐름이요 큰 덕은 조화를 도탑게 하니, 이는 천지가 위대함이 되는 이유이다.(萬物竝育而不相害, 道竝行而不相悖, 小德川流, 大德敦化, 此天地之所以爲大也.)"

170 『伊川擊壤集』「觀易吟」. "… 하늘은 일에서 조화를 나누고, 사람은 마음에서 경륜을 일으키네. 하늘과 사람이 어찌 뜻이 둘일까? 도(道)가 헛되이 행해지지 않음은 오직 사람에게 달렸네.(… 天向一中分造化, 人於心上起經綸, 天人焉有兩般義, 道不虛行只在人.)"

止語默, 渾是天理矣. 此蓋就一人之身, 分別內外而言, 非眞有高下優劣之辨矣.

다음 장의 주에서 "그 연못이라 하고, 그 하늘이라 하면, 단지 그와 같을 뿐만이 아니다."[171]라고 한 것은 이 장(제32장, 至誠章)의 성인의 덕이 앞 장(제31장, 至聖章)의 성인의 덕보다 더 낫다고 이르는 것이 아니다. 앞 장은 그 밖에 드러나는 것으로 말한 것이고, 이 장은 그 안에 보존된 것으로 말한 것이니, 밖으로부터 보면 성인과 하늘은 그 일이 다르므로 다만 "그와 같을 뿐이다."라고 한 것이고, 안으로부터 보면 성인과 하늘이 그 도가 하나이므로 "그 연못이라 하고, 그 하늘이라 한다."라고 한 것이다. 일이 다른 것은 성인이 움직이고 멈추고 말하고 침묵하는 것이 사람이지 하늘이 아닌 것이며, 도가 하나인 것은 성인이 움직이고 멈추고 말하고 침묵하는 것이 온전히 천리인 것이다. 이는 대개 한 사람의 몸에 나아가 안과 밖을 분별하여 말한 것이지, 참으로 높음과 낮음, 우수함과 열등함의 구분이 있다는 것이 아니다.

(5) 二十一章以下, 凡言天道六章, 言人道五章. 盡性章以行而言, 前知章以知而言, 天道自誠而明, 故先言行而後言知. 至聖章以德之著於外者言, 至誠章以道之存於內者言, 著於外者易見, 而存於內者難知, 故先言外而後言內. 中間二章皆引天地以諭聖人, 而極其贊歎, 所以結前二章而起下二章也. 致曲章言誠之之極功至於天道, 以誠之始終而言也, 自成章言成己成物, 以誠之體用而言也. 人道自明而誠, 故先言致曲而後言自成, 蓋致曲非明善則不能也. 尊德性章言誠之之目, 其下二章言君子之旣誠者能盡居上居下之道. 蓋天人二意間見層出, 若無倫序而詳究其緒, 則天人相仍一串貫通, 二者分類各自得序, 於此益見子思用意之深. 每讀此篇, 未嘗不有感於良工心獨苦之語, 若子美者, 亦可謂能識作者之心也.

---

171 『중용장구』 제32장 제2절의 주.

21장 이하로 무릇 천도를 말한 것이 여섯 장(제22·24·26·30·31·32장)이고,**172** 인도를 말한 것이 다섯 장(제23·25·27·28·29장)이다.**173** 진성장(盡性章, 제22장)은 행(行)으로 말하였고, 전지장(前知章, 제24장)은 지(知)로 말하였는데, 천도는 성(誠)으로 말미암아 밝아지므로 먼저 행을 말하고 뒤에 지를 말한 것이다. 지성장(至聖章, 제31장)은 덕이 밖에 드러난 것으로 말하였고, 지성장(至誠章, 제32장)은 도가 안에 보존된 것으로 말하였는데, 밖에 드러난 것은 보기 쉽고 안에 보존된 것은 알기 어려우므로 먼저 밖을 말하고 뒤에 안을 말한 것이다. 중간의 두 장(제26·30장)은 모두 천지(天地)를 인용하여 성인(聖人)에 비유하며 지극히 기리고 감탄하였으니, 앞의 두 장(제22·24장)을 맺고 뒤의 두 장(제31·32장)을 일으킨 것이다. 치곡장(致曲章, 제23장)은 성실하게 함의 지극한 결과가 천도에 이름을 말하였으니, 성(誠)의 처음과 끝으로서 말한 것이고, 자성장(自成章, 제25장)은 자기를 이룸과 물을 이루어 줌을 말하였으니, 성의 체·용으로 말한 것이다. 인도는 명(明)으로 말미암아 성실해지므로 먼저 치곡(致曲: 한쪽을 지극히 함)을 말하고 뒤에 자성(自成: 스스로 이룸)을 말한 것이니, 대개 치곡은 선(善)을 밝히지 않으면 할 수 없기 때문이다. 존덕성장(尊德性章, 제27장)은 성실하게 함의 조목을 말하였고, 그 아래 두 장(제28·29장)은 군자 중에 이미 성실한 사람은 윗

---

172 『중용장구』제22장 장하주. "이상은 제22장이다. 천도를 말씀하셨다.(右第二十二章, 言天道也.)"『중용장구』제24장 장하주. "이상은 제24장이다. 천도를 말씀하셨다.(右第二十四章, 言天道也.)"『중용장구』제26장 장하주. "이상은 제26장이다. 천도를 말씀하셨다.(右第二十六章, 言天道也.)"『중용장구』제30장 장하주. "이상은 제30장이다. 천도를 말씀하셨다.(右第三十章, 言天道也.)"『중용장구』제31장 장하주. 각주 162번 참고.『중용장구』제32장 장하주. 각주 162번 참고.

173 『중용장구』제23장 장하주. "이상은 제23장이다. 인도를 말씀하셨다.(右第二十三章, 言人道也.)"『중용장구』제25장 장하주. "이상은 제25장이다. 인도를 말씀하셨다.(右第二十五章, 言人道也.)"『중용장구』제27장 장하주. "이상은 제27장이다. 인도를 말씀하셨다.(右第二十七章, 言人道也.)"『중용장구』제28장 장하주. 각주 150번 참고.『중용장구』제29장 장하주. 각주 150번 참고.

자리에 처하는 도와 아랫자리에 처하는 도를 다할 수 있음을 말하였다. 대개 천(天)과 인(人)의 두 뜻이 살며시 드러나고 겹쳐 나와서 마치 순서가 없는 것 같으나, 그 실마리를 자세히 궁구해보면 천과 인이 서로 이어져 하나로 관통하고, 두 가지가 종류별로 나누어져 각각 순서를 가지니, 자사께서 뜻하신 바가 깊음을 여기에서 더욱 알 수 있다. 이 편을 읽을 때마다 "뛰어난 장인이 홀로 고심했다"[174]는 말에서 느끼는 바가 있으니, 자미(子美)[175] 같은 사람은 또한 작자의 마음을 잘 알았다고 이를 만하다.

34) 第三十三章 제33장

(1) 承上章, 極言聖人之德, 復自下學立心之始, 推之以極其至. 蓋誠者既不可易得, 而誠之者亦可至於誠, 故此篇之言終於學而至於聖人之道, 其誘進學者之意, 可謂至矣.

앞 장을 이어받아 성인의 덕이 다시 하학(下學)의 마음을 세우는 처음으로부터 시작하여, 그것을 미루어 그 지극함을 다한다는 것을 지극히 말하였다.[176] 대개 성(誠)이란 쉽게 얻을 수 없으나, 성실하게 하는 사람은 또한 성에 이를 수 있으므로 이 편의 말을 배워서 성인의 도에 이르는 데서 마친 것이니, 학문에 나아가는 사람들을 인도하는 뜻이 '지극하다'고 이를 만하다.

(2) 第一節言立心之要, 次二節言工夫, 次二節言功效, 末一節極贊至德淵

---

174 『杜少陵詩集』 권6 「題李尊師松樹障子歌」. "이미 선객과 뜻이 서로 친함을 알았고, 새삼 뛰어난 장인이 홀로 고심했음을 깨닫노라.(已知仙客意相親, 更覺良工心獨苦.)"
175 두보(杜甫, 712~770).
176 『중용장구』 제33장 제1절의 주. 각주 23번 참고.

微之妙.

제1절은 마음을 세우는 요점을 말하였고, 다음의 두 절(제2·3절)은 공부를 말하였으며, 다음의 두 절(제4·5절)은 효과를 말하였고, 끝의 한 절(제6절)은 지극한 덕의 깊고 은미한 묘함을 지극히 기렸다.

(3) 朱子曰, 首章是自裏說出外面, 蓋自天命之性說到天地位萬物育處. 末章却自外面一節收斂入一節, 直約到裏面無聲無臭處, 此與首章實相表裏也. 又參之章句, 則首章曰一篇之體要, 此章曰一篇之要, 其表裏之意尤可見矣. 蓋首章自一本而散爲萬殊, 此章自萬殊而合爲一本. 始以天字, 終以天字, 非惟義理之至, 亦見文章之妙矣.

주자께서 "첫 장은 내면에서부터 말하여 외면으로 나갔으니, 대개 천명지성에서부터 말하여 하늘과 땅이 제자리에 있고 만물이 잘 길러지는 곳에 이르렀다. 끝 장은 반대로 외면 한 절에서부터 시작하여 한 절씩 수렴하여 들어가 바로 요약하여 내면의 소리도 없고 냄새도 없는 곳에 이르렀으니, 이 장과 첫 장은 참으로 서로 표리(表裏)가 된다."[177]라고 하셨다. 또 장구를 비교해보면, 첫 장에서는 "한 편의 체요."[178]라고 하고 이 장에서는 "한 편의 요점(要)"[179]이라고 하였으니, 표리가 된다는 뜻을 더욱 알 수 있다. 대개 첫 장은 하나의 근본(一本)으로부터

---

[177] 『주자어류』 권64 「중용」 3.
[178] 『중용장구』 제1장 장하주. 각주 80번 참고.
[179] 『중용장구』 제33장 장하주. "자사께서 앞 장에 있는 극치의 말씀으로 인하여 그 근본을 돌이켜 찾으시어, 다시 하학이 자신을 위한 학문을 하고 홀로 있을 때를 삼가는 일로부터 미루어 말씀하시어 공손함을 돈독히 함에 천하가 평안해지는 성(盛)함을 순치하고, 또 그 묘함을 칭찬하시어 소리도 없고 냄새도 없음에 이른 뒤에야 그만두셨으니, 이는 한 편의 요점을 들어 요약하여 말씀하신 것이다.(子思引前章極致之言, 反求其本, 復自下學爲己謹獨之事, 推而言之, 以馴致乎篤恭而天下平之盛, 又贊其妙, 至於無聲無臭而後已言, 蓋擧一篇之要而約言之.)"

시작하여 흩어져서 만 가지로 다른 것(萬殊)이 되고, 이 장은 만 가지로 다른 것에서부터 시작하여 합쳐져서 하나의 근본이 된다. 천(天)자로 시작하여 천(天)자로 마쳤으니, 의리가 지극할 뿐만 아니라 또한 문장의 묘함도 볼 수 있다.

(4) 第一大節言中庸者, 道之中庸也, 第二大節言費隱者, 道之費隱也, 第三大節言天道人道者, 體道之人也, 第四大節言一篇之要者, 道之要也. 三十三章無一字一句不說道, 道乃此篇之題目也. 誠又是此道之眞實無妄者, 而道外更別無誠, 則誠之爲一篇之樞紐益信矣.

제1대절에서 중용을 말한 것은 도의 중용이고, 제2대절에서 비·은을 말한 것은 도의 비·은이며, 제3대절에서 천도·인도를 말한 것은 도를 체득한 사람이고, 제4대절에서 한 편의 요점을 말한 것은 도의 요점이다. 서른세 장에서 한 글자나 한 구절도 도를 말하지 않은 것이 없으니, 도가 바로 이 편의 주제인 것이다. 성(誠)은 또 이 도가 진실하고 망령됨이 없는 것이고, 도 밖에 다시 별도의 성이 없으니, 성이 한 편의 핵심이 된다는 것이 더욱 확실하다.

2. 饒王說辨
요왕설변

饒氏不從朱子中庸分節之意, 自以己意更定, 以首章爲第一大節, 自第二章至十一章爲第二大節, 自十二章至十九章爲第三大節, 自二十章至二十六章爲第四大節, 自二十七章至三十二章爲第五大節, 以末章爲第六大節. 其以首章獨爲一節者, 似有得於首章爲一篇綱領之意, 而第二章以下不以首章中和爲首, 則所謂中庸者突然無來歷, 不免爲無頭之節, 中和中庸各爲一節, 又不免於疊牀而架屋矣. 豈若朱子之說, 旣以首章爲一篇之體要, 而又以爲下十一章之綱領, 爲兩義俱全者哉. 以哀公問政章別爲一節之首, 旣不得與大舜文武諸章皆言治平之事者以類相從, 而二十一章以下又無爲政之意, 則上失其類下無所比, 又不成文理矣. 大哉聖人之道一節, 實承上章天地之道爲言, 而自此以下諸章所言入德成德之事, 亦未見其與前六章有異義, 則別爲一節, 亦未知其何所當也.

요씨[180]는 주자께서 『중용』을 분절한 뜻을 따르지 않고 자기 생각대로 고쳐 정하여, 첫 장을 제1대절, 제2장부터 11장까지를 제2대절, 제12장부터 19장까지를 제3대절, 제20장부터 26장까지를 제4대절, 제27장부터 32장까지를 제5대절, 끝 장을 제6대절로 삼았다.[181] 첫 장을 홀로 하나의 대절로 삼은 것은 첫 장

180　요로(饒魯, 1193~1264).
181　『중용장구』 제1장의 소주. "쌍봉 요씨가 말하였다. '첫 장은 성인께서 도를 전수하시고 가르침을 세우신 근원과 군자가 성과 정을 함양하는 요체를 논해서 한 편의 강령으로 삼은 것이니, 마땅히 제1대절이 되어야 할 것이다.'"(雙峯饒氏曰, 首章論聖人傳道立敎之原, 君子涵養性情之要, 以爲一篇之綱領, 當爲第一大節.) 『중용장구』 제11장의 소주. "쌍봉 요씨가 말하였다. '이상의 열 장(제2~11장)은 도는 중용으로 주(主)를 삼으나, 기질이 지나치고 미치지 못한 치우침이 있음을 논한 것이니, 마땅히 제2대절이 되어야 할 것이다.'"(雙峯饒氏曰, 以上十章論道以中庸爲主而氣質, 有過不及之偏, 當爲第二大節.) 『중용장구』 제19장의 소주. "쌍봉 요씨가 말하였다. '이상의 여덟 장(제12~19장)은 모두가 도의 넓고 은미함으로 말한 것이니,

이 한 편의 강령이 된다는 뜻을 안 것 같으나, 제2장 이하로 첫 장의 중화를 첫머리로 삼지 않았으니, '중용'이라고 이르는 것이 갑자기 내력이 없어져 머리가 없는 대절이 됨을 면하지 못하고, 중화와 중용이 각각 하나의 대절이 되어 중복됨을 또한 면하지 못한다. 어찌 주자의 설이 이미 첫 장을 한 편의 체요로 삼고 또 아래 열한 장의 강령이 된다고 하여 두 가지 뜻이 모두 온전한 것과 같겠는가? 애공문정장(哀公問政章, 제20장)을 별도로 한 대절의 첫머리로 삼아 이미 대순(大舜)·문왕·무왕에 관한 여러 장(제17~19장)이 모두 치국·평천하의 일을 말한 것과 서로 같은 부류로 어울리지 못하고, 21장 이하로는 또 정치를 행함(爲政)의 뜻이 없으니, 위로는 부류를 잃어버리고 아래로는 연관되는 바가 없어서 또한 문리가 이루어지지 않는다. 대재성인지도(大哉聖人之道) 한 절(제27장 제1절)은 실제로 앞 장(제26장)의 천지지도(天地之道)를 이어서 말한 것이고, 이하의 여러 장(제27~32장)에서 말한 덕에 들어가고(入德) 덕을 이루는(成德) 일 또한 앞의 여섯 장(제21~26장)과 다른 뜻이 있음을 볼 수 없으니, 별도로 하나의 대절로 삼은 것이 또 얼마나 합당한지 알지 못하겠다.

王氏以爲中庸古有二篇, 誠明當爲綱不當爲目, 更定中庸誠明爲兩篇各十一章. 今不見其書, 固未知爲說之如何, 而因其名篇之義以究之, 則亦可見其分裂之大意也. 子思以中庸二字揭爲一篇之名, 朱子雖以中庸爲第一大節, 而於首章

마땅히 제3대절이 되어야 할 것이다."(雙峯饒氏曰, 以上八章, 自第十二章至此, 皆以道之費隱言當爲, 第三大節.)"『중용장구』제26장의 소주. "신안 예씨가 말하였다. "살펴보건대 요씨는 애공문정장(제20장)부터 여기까지를 제4대절로 삼았다."(新安倪氏曰, 按饒氏, 以哀公問政章至此, 爲第四大節.)"『중용장구』제32장의 소주. "신안 예씨가 말하였다. "살펴보건대 요씨는 대재성인지도장(제27장)부터 여기까지를 제5대절로 삼았다."(新安倪氏曰, 按饒氏, 以大哉聖人之道章至此, 爲第五大節.)"『중용장구』제33장의 소주. "신안 예씨가 말하였다. "살펴보건대 요씨는 이 장(제33장)을 제6대절로 삼았다."(新安倪氏曰, 按饒氏, 以此章爲第六大節.)"

則曰一篇之體要, 末章則曰中庸之極功, 是蓋以中庸二字蔽盡一篇之義也. 豈可劃分爲一半篇章之指乎. 所謂誠者, 亦實理而已. 旣謂之實理, 則三十三章之說無非實理之所在, 一有非誠, 則皆爲虛文矣. 故朱子於二十章, 曰所謂誠者實此篇之樞紐也, 又豈可以劃分爲一半篇章之目也. 今以中庸誠明分爲兩篇, 中而不通於誠, 則中爲虛名, 而不可謂中也, 誠而不通於中, 則誠爲偏物, 而亦不可謂誠矣.

왕씨[182]는 『중용』이 옛날에는 두 편이 있었으니 성(誠)·명(明)이 마땅히 강령이 되어야 하고 조목이 되어서는 안 된다고 여겨서, 중용과 성·명 두 편으로 각각 11장이 되도록 고쳐 정하였다. 지금 그 책을 보지 못하여 어떤 설인지는 알지 못하겠으나 편을 명명한 뜻으로 말미암아 궁구해보면 나누어놓은 대강의 뜻을 알 수 있다. 자사께서는 중용 두 글자를 내걸어 한 편의 이름으로 삼으셨고, 주자께서는 비록 중용을 제1대절로 삼으셨으나 첫 장에서 '한 편의 체요'라고 하시고 끝 장에서 '중용의 지극한 결과'라고 하셨으니, 이는 대개 중용 두 글자로 한 편의 뜻을 다 총괄한 것이다. 어찌 나누어 반쪽 편장(篇章)의 뜻으로 삼을 수 있겠는가? 성(誠)이라 이르는 것은 실리(實理)일 뿐이다. 이미 '실리'라고 일렀으니 서른세 장의 설이 실리가 있는 바이며, 하나라도 성이 아닌 것이 있다면 모두 헛된 글이 된다. 그러므로 주자께서는 20장에서 "성이라 이르는 것은 진실로 이 편의 추뉴이다."[183]라고 하신 것이니, 또 어찌 나누어 반쪽 편장의 제목으로 삼을 수 있겠는가? 지금 중용과 성·명을 나누어 두 편으로 만들면, 중(中)해도 성과 통하지 않으니 중은 헛된 이름이 되어 '중'이라 이를 수 없고, 성(誠)해도 중과 통하지 않으니 성은 치우친 것이 되어 또한 '성'이라 이를 수 없다.

---

182 왕백(王柏, 1197~1274).

183 『중용장구』 제20장 장하주. 각주 14번 참고.

朱子聖人也. 聖人之言, 聖人不易則是, 豈饒王諸儒所敢議到者哉. 況其爲說
又如是淺陋可笑, 則其於聖賢傳心之法會極歸極之指, 曷足與知哉. 徒自陷於
吳楚僭王之誅耳, 良可惜哉. 一唱於前, 和之者繼起. 我東之人自權陽村以來,
變易章句務立新說者, 又非一二人而止, 則饒王二氏又安得免作俑之罪也. 然所
不可議而議之, 則其見必暗, 所不可改而改之, 則其說必謬, 此理勢之自然也.
故以饒之精王之博, 猶不免於淺陋可笑, 則況其下者又何足多辨. 玆不復浼筆
焉【更考中庸讀法, 朱子說分六節, 亦如饒說. 然旣與章句不同, 則似是已棄之
論. 今當以章句爲正.】

　주자는 성인이시다. 성인의 말씀은 성인도 바꾸지 않는 게 옳으니, 어찌 요씨
와 왕씨 같은 학자들이 감히 논의할 바이겠는가? 하물며 그 설이 또 이와 같이
천박하고 가소로우니, 성현이 마음으로 전한 법과 극(極)으로 모이고 극으로 돌
아오는[184] 뜻에 대해 어찌 알 수 있겠는가? 공연히 오(吳)나라와 초(楚)나라가
주제넘게 왕으로 칭한 죄와 같은 데 빠질 뿐이니, 참으로 애석하다. 앞에서 한
번 주창하자 호응하는 사람들이 계속 나타났다. 우리나라 사람 가운데 권양촌
이후로 『장구』를 고쳐서 새로운 설을 세우려고 애쓴 이가 또한 한두 사람에 그
치지 않았으니, 요씨와 왕씨 두 사람이 또한 어찌 장사 지낼 때 나무 허수아비를
만든[185] 것처럼 나쁜 선례를 만든 죄를 면할 수 있겠는가? 논의할 수 없는 것을
논의한 것은 그 견해가 반드시 어두운 것이고, 고칠 수 없는 것을 고치는 것은
그 설이 반드시 잘못된 것이니, 이는 자연스러운 이치와 형세이다. 그러므로 요

184　『서경』「周書」洪範 14장. "그 극이 있는 곳으로 모여들고 그 극이 있는 곳으로 돌아올 것이
　　　다.(會其有極, 歸其有極.)"
185　『맹자집주』「양혜왕상」제4장 제6절. "공자께서 말씀하셨다. "처음으로 장사 지낼 때 나무 허
　　　수아비를 만든 자는 아마도 후손이 없을 것이다." 이는 사람을 형상하여 장례에 사용했기 때문
　　　이다. 어찌하여 이 백성으로 하여금 굶주려 죽게 한단 말인가.(仲尼曰, 始作俑者, 其無後乎,
　　　爲其象人而用之也. 如之何其使斯民飢而死也.)"

씨의 정밀함과 왕씨의 박식함으로도 천박하고 가소로움을 면치 못한 것이니, 하물며 그보다 수준이 낮은 사람이야 또한 어찌 크게 논변할 게 있겠는가? 이에 다시는 붓을 더럽히지 않겠다.【중용독법(中庸讀法)을 다시 살펴보니, 주자의 설은 여섯 대절로 나누어[186] 또한 요씨의 설과 같았다. 그러나 『장구』와 같지 않으니, 이미 폐기한 견해인 것 같다. 이제 마땅히 『장구』를 정론으로 삼는다.】

---

186 『중용장구』「讀中庸法」. "『중용』은 마땅히 여섯 개의 대절로 나누어 보아야 한다. 첫 장이 한 절이니 중·화를 말하였고, '군자중용'으로부터 이하 열 장이 한 절이니 중용을 말하였고, '군자지도비이은' 이하 여덟 장이 한 절이니 비·은을 말하였고, '애공문정' 이하 일곱 장이 한 절이니 성(誠)을 말하였고, '대재성인지도' 이하 여섯 장이 한 절이니 대덕·소덕을 말하였고, 끝 장이 한 절이니 다시 첫 장의 뜻을 거듭 말하였다.(中庸當作六大節看, 首章, 是一節, 說中和, 自君子中庸以下十章, 是一節, 說中庸, 君子之道費而隱以下八章, 是一節, 說費隱, 哀公問政以下七章, 是一節, 說誠, 大哉聖人之道以下六章, 是一節, 說大德小德, 末章, 是一節, 復申首章之義.)"

3. 小註
소주

1) 序 서

(1) 勿齋程氏曰, 虛靈體, 知覺用.
물재 정씨(勿齋 程氏)[187]가 말하였다. "허령은 체이고, 지각은 용이다."[188]

虛靈知覺體用之說, 已見上.
허령·지각의 체·용에 관한 설은 이미 위에 나왔다.[189]

(2) 格庵趙氏曰, 知是識【止】所以然.
격암 조씨(格庵 趙氏)[190]가 말하였다. "지(知)는 아는 것이고 … 소이연."[191]

趙氏專以此知覺爲精深者, 固已偏矣. 栗谷又欲專以粗淺者言, 退溪又以趙氏說爲是, 恐當兼淺深精粗看. 此所謂知覺者, 卽人心道心之謂也. 知寒暖識飢飽, 固是人心之粗淺者, 而識其所當然悟其所以然, 又豈外於道心之精微者乎.

---

187 정약용(程若庸, 생몰년 미상).
188 물재 정씨가 말하였다. "허령은 마음(心)의 체이고, 지각은 마음의 용이다."(勿齋程氏曰, 虛靈心之體, 知覺心之用.)
189 권제2-1-2)-(2)
190 조순손(趙順孫, 1215~1277).
191 격암 조씨가 말하였다. "지(知)는 그 소당연을 아는 것이고, 각(覺)은 그 소이연을 깨닫는 것이다."(格庵趙氏曰, 知是識其所當然, 覺是悟其所以然.)

專以粗淺言, 則遺道心也, 專以精深言, 則遺人心也, 恐不可執一而廢二也.

조씨가 오로지 이 지각을 정밀하고 깊은 것으로만 여긴 것은 참으로 너무 치우친 것이다. 율곡은 또한 오로지 거칠고 얕은 것으로만 말씀하셨고, 퇴계는 또한 조씨의 설이 옳다고 하셨으니,[192] 아마도 얕음과 깊음, 정밀함과 거침을 마땅히 아울러 보아야 한다. 여기에서 '지각'이라고 이른 것은 곧 '인심·도심'을 이른 것이다. 추움과 따뜻함을 알고 배고픔과 배부름을 아는 것은 참으로 인심의 거칠고 얕은 것이나, 그 소당연(所當然: 마땅히 그렇게 되어야 하는 바)을 알고 그 소이연을 깨닫는 것이 어찌 도심의 정밀하고 자세한 것에서 벗어나겠는가? 오로지 거칠고 얕은 것만으로 말하면 도심을 빠뜨리게 되고, 오로지 정밀하고 깊은 것으로만 말하면 인심을 빠뜨리게 되니, 아마도 하나에만 매달려 둘을 버려서는 안 될 것 같다.

---

192 『經書辨疑』「中庸」序. "율곡이 말하기를 "지각에 대해서 이와 같이 해석해서는 안 될 것 같다. 오늘날 중인으로부터 금수에 이르기까지 모두 지각을 가지고 있는데, 이들이 어떻게 그 소당연을 알고, 그 소이연을 깨달았다고 할 수 있겠는가." 하니, 퇴계가 답하기를 "혈기를 가지고 있는 것은 참으로 모두 지각이 있다. 그러나 새와 짐승들의 편벽되고 막혀 있는 지각이 어떻게 가장 신령스러운 인간의 지각과 같을 수 있겠는가. 더욱이 여기에서 말한 지각은 실로 심학(心學)을 전하는 법인 '인심은 위태롭고 도심은 은미하고 정밀하고 한결같이 한다'는 뜻으로 인하여, 지각(知覺) 두 글자로 허령까지 아울러 말하여 인심의 본체와 작용의 오묘함을 말한 것이다. 이를 읽는 이는 자기 마음의 지각이라는 곳에 나아가 음미하고 체인하여 바른 뜻을 내어야 비로소 진실하여 어긋남이 없음을 볼 수 있을 것이다. 어떻게 인간과 동떨어진 새와 짐승들의 지각을 끌어와 바른 뜻을 어지럽혀 의심하지 않을 곳을 의심하려 드는가. 중인의 지각이 성현과 다른 것은 바로 기질에 얽매이고 인욕에 어두워져 스스로 잃었기 때문이다. 또 어떻게 이것을 가지고 사람의 마음이란 앎과 깨달음이 없다고까지 의심하는가." 하였다.(栗谷曰, 知覺, 恐不可如此釋, 令衆人至於禽獸, 皆有知覺, 此豈識其所當然悟其所以然耶, 退溪答曰, 凡有血氣者, 固皆有知覺, 然鳥獸偏塞之知覺, 豈同於吾人最靈之知覺乎, 況此說知覺, 實因傳心之法危微精一之義, 而以此二字, 并虛靈言之, 發明人心體用之妙, 讀者當就吾心知覺處, 玩味體認, 出正意思來, 方見得真實無差, 豈可遠引鳥獸之知覺, 以汩亂正意而置疑於不當疑之地耶, 若夫衆人知覺所以異於聖賢者, 乃氣拘欲昏而自失之, 又豈當緣此而疑人心之不能識與悟耶.)"

(3) 雲峯胡氏曰, 生是氣已用事【止】言之.

운봉 호씨가 말하였다. "나온다(生)는 것은 기가 이미 작동했을 … 말한 것이다."[193]

人心道心, 皆在氣用事時方分, 氣用事以前, 則人心道心之名俱無矣. 人心傍因形氣之私而發, 故曰生, 道心直自性命之正而發, 故曰原. 胡氏之說, 似以人心道心作先後看, 又以人心之發專屬氣之用事, 道心之發專屬理之不雜乎氣者, 判理氣而二之, 恐未安. 栗谷先生以人心爲氣用事, 道心爲氣不用事, 專以氣用事爲不好底, 恐亦未安. 朱子曰, 未發之前, 氣不用事, 故所以有善而無惡, 對此而言, 則已發之爲氣用事可知, 而氣用事之有善有惡, 又可見矣. 蓋理無造作, 而氣有造作, 故以其造作而謂之用事也. 若以氣用事專作不好看, 則道心獨非氣之造作者, 而人心之以善發出者, 亦可謂不好底乎.

인심·도심은 모두 기가 작용할 때 비로소 나누어지니, 기가 작용하기 전에는 인심·도심이라는 이름이 모두 없다. 인심은 옆길로 형기의 사사로움으로 말미암아 발하므로 '나온다(生)'고 한 것이고, 도심은 곧바로 성명의 바름으로부터 발하므로 '근원한다(原)'고 한 것이다.[194] 호씨의 설은 인심과 도심을 선후로 나누어보는 것 같고, 또한 인심의 발함을 오로지 기가 작용한 것에만 배속시키고 도심의 발함은 오로지 리가 기에 섞이지 않은 것에만 배속시켜서 리와 기를 갈라 둘로 만들었으니, 온당치 않은 것 같다. 율곡 선생께서는 인심을 기가 작용한 것으로 여기고, 도심을 기가 작용하지 않은 것으로 여기며, 오로지 기가 작용한

---

193 운봉 호씨가 말하였다. "나온다(生)는 것은 기가 이미 작동했을 때 비로소 나온다는 것이고, 근원한다(原)는 것은 대본의 측면을 따라 말한 것이니 기 가운데 나아가 기와 섞이지 않은 것을 가리켜서 말한 것이다."(雲峯胡氏曰, 生是氣已用事時方生, 原是從大本上說來, 就氣之中, 指出不雜乎氣者言之.)

194 『중용장구』「중용장구서」. 각주 49번 참고.

것을 좋지 않은 것이라고 여기셨으니, 또한 온당치 않은 것 같다. 주자께서 "미발 이전에는 기가 작용하지 않으므로 선은 있으나 악은 없다."라고 하셨는데,[195] 이와 대비하여 말해보면 이미 발한 것은 기가 작용한 것이 됨을 알 수 있고, 기가 작용한 것에는 선도 있고 악도 있음을 또한 알 수 있다. 대개 리는 조작(造作)이 없으나 기는 조작이 있으므로 그 조작을 가지고 '작용(用事)'이라고 이른 것이다. 만약 기가 작용한 것을 오로지 좋지 않은 것으로만 본다면, 도심만 유독 기의 조작이 아니라는 것이니, 인심 중에 선으로서 발하여 나온 것 또한 '좋지 않은 것'이라고 이를 수 있겠는가?

(4) 新安陳氏曰, 云云.
신안 진씨가 말하였다.[196]

賦命受性之初, 便有道心云者, 語似未瑩. 若改之曰, 有形氣之私, 方有人心之發, 故曰生, 自賦命受性之初, 便有道心之根, 故曰原, 則庶乎可矣.
"명을 부여받고 성을 받은 처음에 바로 도심이 있다"고 이른 것은 말이 분명하지 않은 것 같다. 만약 그것을 고쳐서 "형기의 사사로움이 있어야 비로소 인심의 발함이 있으므로 '나온다'고 한 것이며, 명을 부여받고 성을 받은 처음에 바로 도심의 뿌리가 있으므로 '근원한다'고 한 것이다."라고 한다면 괜찮을 것 같다.

(5) 東陽許氏曰, 人心發於氣【止】微而難見.
동양 허씨가 말하였다. "인심은 기에서 발하니 … 미세해서 보기 어려운 것

---

195 『近思錄集解』 권1 「道體」.
196 신안 진씨가 말하였다. "형기의 사사로움이 있어야 비로소 인심이 있으므로 '나온다(生)'고 한 것이며, 명을 부여받고 성을 받은 처음에 바로 도심이 있으므로 '근원한다(原)'고 한 것이다." (新安陳氏曰, 有形氣之私, 方有人心, 故曰生, 自賦命受性之初, 便有道心, 故曰原.)

이다."¹⁹⁷

許氏以人心爲氣發, 以道心爲理發, 而又以道心爲存乎人心之中. 此以人心道心分作理氣看, 而後來互發之說, 皆原於此, 讀者不可不辨也.

허씨는 인심을 기가 발한 것으로 여기고, 도심을 리가 발한 것으로 여기며, 또한 도심을 인심 가운데 있는 것으로 여겼다. 이는 인심과 도심을 리와 기로 나누어서 본 것으로, 뒤에 나온 이기호발설(理氣互發說)은 모두 여기에서 비롯되었으니, 독자들이 분별하지 않으면 안 될 것이다.

(6) 陳氏曰, 人心道心【止】別識之.
진씨가 말하였다. "인심·도심 … 구별하고 알다."¹⁹⁸

二者雜於方寸者, 謂二者皆出於心, 而迭相發見, 故謂之雜於方寸之間, 非如理氣相雜之云也. 陳氏以爲是非判然不相交涉云者, 似以人心道心看作理氣之相雜, 而退溪亦因陳說, 以爲二者之發必相須, 而不能相捨, 則恐非朱子之指也. 二者有判然不相交涉者, 如食色之心與見入井惻隱過宗廟恭敬之心, 是也.

---

197 동양 허씨가 말하였다. "인심은 기에서 발하니, 이를테면 귀·눈·입·코와 사지의 욕심이 이것이다. 그러나 이 또한 사람의 몸에 반드시 있어야 하는 바이며, 다만 발하는 것에 바름과 바르지 못함이 있을 뿐이니, 전부 선하지 않은 것은 아니다. 그러므로 다만 '위태하다'고 말한 것이니, 쉽게 선하지 못함으로 흘러 들어가 그 선함을 없앤다는 말이다. 도심은 리에서 발하니, 이를테면 측은·수오·사손·시비의 실마리가 이것이다. 또한 기 가운데 있어서 위태로운 인심에 의해 어두워지므로 미세해서 보기 어려운 것이다."(東陽許氏曰, 人心發於氣, 如耳目口鼻四肢之欲, 是也. 然此亦是人身之所必有, 但有發之正不正爾, 非全不善, 故但云危, 謂易流入於不善而沒其善也, 道心發於理, 如惻隱羞惡辭遜是非之端, 是也, 亦存乎氣之中, 爲人心之危者晦之, 故微而難見.)

198 진씨가 말하였다. "인심·도심 두 가지는 발현되거나 드러나지 않는 날과 때가 없으나, 확실하게 구분되어 서로 관계를 맺지 않는 것이 아니니, 단지 사람이 구별하고 아는 것에 달려 있을 뿐이다."(陳氏曰, 人心道心二者, 無日無時不發見呈露, 非是判然不相交涉, 只在人別識之.)

有相交涉者, 飮食男女之心得正, 而人心卽道心者, 是也. 雖曰相涉, 其意自別於 理氣相須之說也.

'두 가지(인심·도심)가 마음(方寸)에 섞여 있다'[199]는 것은 두 가지가 모두 마음 (心)에서 나와서 서로 번갈아가며 발현되므로 '마음(方寸) 사이에 섞여 있다'고 이른 것이니, 리와 기가 서로 섞여 있다고 말하는 것과는 같지 않다. 진씨가 이 는 명백하게 서로 관계가 없는 것이 아니라고 한 것은 인심과 도심을 리와 기가 서로 섞여 있는 것으로 본 것 같고, 퇴계 또한 진씨의 설로 말미암아 두 가지가 발함은 반드시 서로 필요로 하며 서로를 버릴 수 없다고 여겼으니, 아마도 주자 의 뜻이 아닌 것 같다. 두 가지가 명백하게 서로 관계가 없다는 것은, 이를테면 식욕과 색욕에 대한 마음과 어린아이가 우물에 빠지는 것을 보고 불쌍히 여기 고 종묘를 지나갈 때 공경하는 마음이 서로 관계가 없다는 것이다. 서로 관계가 있다는 것은, 음식과 남녀에 대한 마음이 바름을 얻으면 인심이 곧 도심이라는 것이다. 비록 서로 관계가 있다고 하더라도 그 뜻은 리와 기가 서로 필요로 한다 는 설과는 저절로 구별된다.

(7) 雲峯胡氏曰, 本心之正, 卽上文所謂原於性命之正者.

운봉 호씨가 말하였다. "'본심의 바름'[200]은 앞의 글에서 '성명의 바름에서 근원 한다'고 이른 것이다."

胡氏此說極精. 孟子所謂本心, 以仁義之心言也, 此序所謂本心, 以道義之心 言也. 然則本心云者, 皆主性命之理而言也. 若遺性命, 則便入於釋氏靈覺之心

---

199 『중용장구』「중용장구서」. 각주 49번 참고.
200 『중용장구』「중용장구서」. "정(精)은 두 가지의 사이를 살펴 뒤섞이지 않게 하는 것이고, 일 (一)은 본심의 바름을 지켜 떠나지 않게 하는 것이다.(精則察夫二者之間而不雜也, 一則守其 本心之正而不離也.)"

可善可惡者矣. 儒釋之辨正在於此, 故朱子行狀辨當時學者流於釋氏之見, 以爲守虛靈之識, 而昧天理之眞, 其說可謂剖判至明也. 今之學者有以靈覺之妙爲本然之心, 而其得本然之性, 血氣之稟爲氣質之心, 而其得氣質之性, 以心爲有二副, 而性爲有二體者, 旣全失儒家宗指, 而所謂本心者, 又專捨性命而爲言, 則却只是釋氏本來面目. 豈不謬哉.

호씨의 이 말은 지극히 정밀하다. 맹자께서 본심[201]이라고 이르신 것은 인의의 마음으로서 말한 것이고, 이 서문에서 본심이라고 이른 것은 도의의 마음으로서 말한 것이다. 그렇다면 본심이라고 이르는 것은 모두 성명의 리를 위주로 말하는 것이다. 만약 성명을 빠뜨린다면, 바로 석씨의 영각(靈覺: 신령스러운 깨달음)의 마음은 선할 수도 있고 악할 수도 있다는 것에 빠지게 될 것이다. 유가와 불교의 구분이 바로 여기에 있으므로『주자행장(朱子行狀)』에서 당시의 학자들이 석씨의 견해로 흐르는 것을 논변하여 '허령한 식(識)을 고수하여 천리의 참됨에 어두웠다'고 하였는데,[202] 그 말이 분석한 것이 지극히 분명하다고 이를 만하다. 지금의 학자 중에 영각의 묘함은 본연지심(本然之心)이 되어 본연의 성을 갖추게 되고, 혈기의 품부는 기질지심(氣質之心)이 되어 기질의 성을 갖추게 됨으로써 마음에 두 부분이 있고 성에 두 개의 체가 있다고 여기는 이가 있는데, 이미 유가의 근본 뜻을 완전히 잃어서 본심이라고 이르는 것 또한 오로지 성명을 버리고 말하였으니, 단지 석씨의 본래 모습일 뿐이다. 어찌 그릇된 것이 아니겠는가?

---

201 『맹자집주』「고자상」제10장 제8절. "지난번 자신을 위해서는 죽어도 받지 않다가 이제 궁실의 아름다움을 위하여 이것을 하며, 지난번 자신을 위해서는 죽어도 받지 않다가 이제 처첩의 받듦을 위하여 이것을 하며, 지난번 자신을 위해서는 죽어도 받지 않다가 이제 자신이 알고 있는 궁핍한 자가 나를 고맙게 여김을 위하여 이것을 하니, 이 또한 그만둘 수 없는 것이겠는가. 이것을 일러 '그 본심을 잃었다'고 이르는 것이다.(鄕爲身死而不受, 今爲宮室之美爲之, 鄕爲身死而不受, 今爲妻妾之奉爲之, 鄕爲身死而不受, 今爲所識窮乏者得我而爲之, 是亦不可以已乎, 此之謂失其本心.)"

202 『朱子行狀』. "허령한 식을 고수하여 천리의 참됨에 어둡고, 유자의 말을 빌려 노불의 말을 꾸민다.(守虛靈之識, 而昧天理之眞, 借儒者之言, 而文老佛之辭.)"

2) 第一章 제1장

(1) 朱子曰, 天命之謂性【止】一箇原頭.

주자께서 말씀하셨다. "하늘이 명한 것을 성이라 이른다. … 하나의 근원과 시초."[203]

此言萬物之性同得於天, 故謂之一原, 非謂萬物所得之性皆同也. 蓋在天謂命, 在物謂性, 界分自別. 故對言之, 則謂之命同而性不同, 可也.【朱子曰, 賦與萬物之初, 天命流行, 只是一般, 故理同, 萬物已得之後, 以其昏明開塞之甚遠, 故理絶不同.】謂之性同而命不同, 亦可也.【程子曰, 賦於命者, 所禀有厚薄淸濁. 然而性善, 可學而盡.】天所賦, 物所受, 只是一理, 故合言之, 則謂之命同而性亦同, 可也, 謂之命不同而性亦不同, 亦可也. 蓋自理之本體而觀之, 則性命皆全, 自理之乘氣而觀之, 則性命皆有偏全. 全者所以同也, 有偏全者所以不同也. 如是推之, 然後性命之說可究矣.

이는 만물이 성(性)을 하늘에서 함께 얻었으므로 일원이라 이른다는 말이지, 만물이 얻은 성이 모두 같다고 이르는 것이 아니다. 대개 하늘에 있으면 '명'이라 이르고 물에 있으면 '성'이라 이르니, 경계가 나누어져 저절로 구별된다. 그러므로 대비하여 말하면 '명은 같으나 성은 같지 않다'고 이를 수 있고,【주자께서는 "만물에 부여되는 처음에는 천명의 유행이 같으므로 리가 같지만, 만물이 이미 얻은 뒤에는 어둠과 밝음, 통함과 막힘의 차이가 매우 벌어지므로 리가 절대로 같지 않다."[204]라고 하셨다.】또 '성은 같으나 명은 같지 않다'고도 이를 수 있다.【정자

---

203 주자께서 말씀하셨다. "하늘이 명한 것을 성이라 이른다는 것은 단지 근원과 시초를 따라 말한 것일 뿐이니, 만물은 모두 단지 이 하나의 근원과 시초를 함께했을 뿐이다."(朱子曰, 天命之謂性, 此只是從原頭說, 萬物皆只同這一箇原頭.)
204 『大學或問』의 소주. "만물의 근원이 같음을 논한다면 리는 같고 기는 다르며, 만물의 형체가

께서는 "명에서 부여받은 것이니, 품부받은 바에는 두터움과 얇음, 맑음과 흐림이 있다. 그러나 성이 선하여 배워서 다할 수 있다."205라고 하셨다.】하늘이 부여한 바와 물이 받은 바는 단지 하나의 리일 뿐이므로 합쳐서 말하면 '명이 같고 성 또한 같다'고 이를 수 있고, 또 '명이 같지 않고 성 또한 같지 않다'고도 이를 수 있다. 대개 리의 본체로부터 보면 성·명이 모두 온전하지만, 리가 기에 타고 있는 것으로부터 보면 성·명이 모두 치우침과 온전함이 있다. 온전한 것은 같기 때문이고, 치우침과 온전함이 있는 것은 같지 않기 때문이다. 이와 같이 미루어 헤아려본 뒤에야 성·명에 대한 설을 궁구할 수 있다.

(2) 西山眞氏曰, 朱子於告子生之謂性章【止】一而已矣.
서산 진씨가 말하였다. "주자께서는 '고자(告子)는 생(生)을 성이라 이른다'는 장에서 … 하나일 뿐이다."206

> 다름을 본다면 기는 오히려 서로 가깝지만 리는 절대로 같지 않다. 만물에 부여되는 처음에는 천명의 유행이 단지 같으므로 리는 같지만, 음양오행의 기에는 청탁순박의 차이가 있기 때문에 기는 다르다. 만물이 이미 얻은 뒤에는 비록 청탁순박의 차이가 있지만 이 음양오행의 기는 같기 때문에 기는 서로 가깝고, 어둠과 밝음, 통함과 막힘의 차이가 매우 벌어지므로 리가 절대로 같지 않다.(論萬物之一原, 則理同而氣異. 觀萬物之異體, 則氣猶相近, 而理絶不同. 方賦與萬物之初, 天命流行, 只是一般, 故理同, 二五之氣, 有淸濁純駁, 故氣異. 萬物已得之後, 雖有淸濁純駁之不同, 而同此二五之氣, 故氣相近, 以其昏明開塞之甚遠, 故理絶不同.)

205 『맹자집주』 「盡心下」 제24장 제2절의 주. "정자께서 말씀하셨다. "인·의·예·지와 천도가 사람에게 있으면 명에서 부여받은 것이니, 품부받은 바에는 두터움과 얇음, 맑음과 흐림이 있다. 그러나 성이 선하여 배워서 다할 수 있으므로 명이라고 이르지 않는 것이다."(程子曰, 仁義禮智天道在人, 則賦於命者, 所禀有厚薄淸濁, 然而性善, 可學而盡, 故不謂之命也.)"

206 서산 진씨가 말하였다. "주자께서는 '고자는 생을 성이라 이른다'는 장에서 사람과 물의 다름을 깊게 말씀하셨고, 이 장에서는 바로 사람과 물을 겸하여 말씀하셨으니, '생을 성이라 이른다'는 것은 기로서 말한 것이고, '하늘이 명한 것을 성이라 이른다'는 것은 리로서 말한 것이다. 기로서 말하면 사람과 물이 타고난 바가 같지 않지만, 리로서 말하면 하늘이 명한 바는 하나일 뿐이다."(西山眞氏曰, 朱子於告子生之謂性章, 深言人物之異, 而於此章乃兼人物而言, 生之謂性, 以氣言者也, 天命之謂性, 以理言也, 以氣言之, 則人物所禀之不同, 以理言之, 則天之所命一而已矣.)

生之謂性, 告子之言, 而孟子之所辨也. 若孟子所謂性, 則以理言之也, 故輯註特以性氣二字, 分別孟子告子言性之不同, 其指不啻八字打開矣. 西山乃以生之謂性爲孟子所言朱子所釋之性, 則其謬殆有甚於倒朔南而換冥昭矣. 且孟子之言性善, 實本於子思此章之指, 而謂有不同, 則又誤之甚者. 蓋此章人物所率之性, 非孟子所謂犬之性牛之性人之性, 而果何性哉.

"타고난 것을 성이라 이른다"[207]는 것은 고자의 말로서 맹자께서 논변하신 바이다. 이를테면 맹자께서 '성'이라 이르신 것은 리로서 말한 것이므로 『집주』에서 특별히 성·기 두 글자로 맹자와 고자가 성을 말한 것이 같지 않음을 분별하셨으니,[208] 그 뜻이 매우 분명하다.[209] 서산은 '타고난 것을 성이라 이른다'는 것을 맹자께서 말씀하시고 주자께서 해석하신 바의 성이라 여겼으니, 그 잘못이 대개 북쪽과 남쪽을 뒤집고 어두움과 밝음을 바꾸는 것보다 심하다. 또 맹자께서 성이 선하다고 말씀하신 것은 참으로 자사의 이 장의 뜻에 근본을 두고 있는데 '같지 않은 바가 있다'고 이르니 또한 잘못이 심한 것이다. 대개 이 장의 사람과 물이 따르는 바의 성이 맹자께서 '개의 성, 소의 성, 사람의 성'[210]이라고 이르신 것이 아니고 과연 어떤 성이겠는가?

(3) 雲峯胡氏曰, 一陰一陽之謂道【止】一太極也. 辨疑云云.
운봉 호씨가 말하였다. "한 번 음이 되고 한 번 양이 됨을 도라고 이르니 … 하

---

207 『맹자집주』「고자상」 제3장 제1절.
208 『맹자집주』「고자상」 제3장 장하주. 각주 65번 참고.
209 팔자타개(八字打開): 양팔을 팔(八)자 모양으로 열어젖혔다는 말로서, 어떤 사실을 명료하게 해명하였음을 뜻한다.
210 『맹자집주』「고자상」 제3장 제3절. "그렇다면 개의 성이 소의 성과 같으며, 소의 성이 사람의 성과 같은가.(然則犬之性, 猶牛之性, 牛之性, 猶人之性與.)"

나의 태극이다."[211] 『경서변의』에서 말하였다.[212]

仲尼子思所言道字, 雖是一物事, 而所就而言, 則亦自不同. 一陰一陽之道, 兼陰陽而言, 謂之統體太極, 可也, 率性之道, 是事事物物各具是道也, 謂之各具太極, 可也. 蓋就易而論之, 以一陰一陽之道, 對繼善成性而言, 則一陰一陽之道, 是統體也, 繼善成性之理分屬陰陽者, 是各具也. 又以繼善成性, 自相對言, 則繼善屬天道流行, 而於人於物理未有偏, 則又是各具中之爲統體者也, 成性屬人物稟受, 而爲人爲物理已有定, 則又是各具中之爲各具者也. 就此章而論之, 以天命率性直對說, 則天命之性, 萬理渾具者, 是統體也, 率性之道, 隨事著見者, 是各具也. 又以天命率性橫對說, 則靜而性之體具, 動而道之用行者, 又是各具, 而一理貫通無內外無先後者, 又是統體也. 又以易與此章合而論之, 則天命之性, 卽成之者性也, 率性之道, 卽繼之者善也, 不偏不倚無過不及之中, 卽一陰一陽之道也. 如是推之, 然後統體各具之義方見其盡矣.

공자와 자사께서 말씀하신 도(道)자는 비록 동일한 것이지만, 나아가 말한 바

---

[211] 운봉 호씨가 말하였다. "『주역』에서 '한 번 음이 되고 한 번 양이 됨을 도라고 이르니, 그것을 이어가는 것은 선이고 그것을 갖추어놓은 것은 성이다.'라고 하였으니, 자사의 이론은 대개 여기에 근본을 두고 있다. 다만 『주역』은 먼저 도를 말하고 뒤에 성을 말하였으니, 여기의 도(道)자는 전체를 통괄하는 하나의 태극이고, 자사께서는 먼저 성을 말하고 뒤에 도를 말하였으니, 여기의 도(道)자는 각기 갖추고 있는 하나의 태극이다."(雲峯胡氏曰, 易曰一陰一陽之謂道, 繼之者善也, 成之者性也, 子思之論, 蓋本於此, 但易先言道而後言性, 此道字是統體一太極, 子思先言性而後言道, 此道字是各具一太極也.)

[212] 『경서변의』「중용」제1장. "내가 살펴보건대, '한 번 음이 되고 한 번 양이 됨을 도라고 이른다'는 것은 곧 '성을 따르는 것을 도라고 이른다'는 것이니, 두 개의 도(道)자는 한가지이다. 운봉 호씨가 이를 나누어 두 가지로 본 것은 옳지 않다. … '한 번 음이 되고 한 번 양이 됨을 도라고 이른다'는 말은 '그것을 이어가는 것은 선이고 그것을 갖추어놓은 것은 성이다'라는 말과 상대적으로 쓰였으므로 선후의 구분이 있지만 통체로서의 태극은 각구로서의 태극과 선후로 나눌 수 없다.(愚按, 一陰一陽之謂道, 卽是率性之謂道, 兩道字一也, 胡氏分而二之, 非是, … 蓋一陰一陽之謂道, 對卻繼善成性而有先後之分矣, 統體之太極, 則不可與各具者, 分先後矣.)

는 또한 자연히 같지 않다. 일음일양지도(一陰一陽之道)는 음·양을 겸하여 말한 것이니, '통체태극(統體太極: 전체를 통괄하는 태극)'이라고 이를 수 있고, 솔성지도(率性之道)는 모든 사물이 각기 이 도를 갖추고 있는 것이니, '각구태극(各具太極: 각기 갖추고 있는 태극)'이라고 이를 수 있다. 대개 역(易)에 나아가 논하여 일음일양지도를 계선(繼善)·성성(成性)과 대비하여 말해보면, 일음일양지도는 통체이고, 계선·성성의 리가 음양에 나누어 배속된 것은 각구이다. 또 계선·성성 자체를 서로 대비하여 말해보면, 계선은 천도가 유행함에 속하여 사람과 물에서 리가 치우침이 있지 않은 것이니 또한 각구 가운데 통체가 되며, 성성은 사람과 물이 품부받음에 속하여 사람이 되고 물이 되는 리가 이미 정해짐이 있는 것이니, 또한 각구 가운데 각구가 된다. 이 장에 나아가 논하여 천명과 솔성을 종적(縱的)으로 대비하여 말해보면, 천명지성은 온갖 이치(理)가 온전히 갖추어진 것이니 통체이고, 솔성지도는 일에 따라 드러난 것이니 각구이다. 또 천명과 솔성을 횡적(橫的)으로 대비하여 말해보면, 고요할 때 성의 체가 갖춰지고 움직일 때 도의 용이 행해지는 것은 또한 각구이며, 하나의 리가 관통하여 내외도 없고 선후도 없는 것은 또한 통체이다. 또 역과 이 장을 합쳐서 논해보면, 천명지성은 곧 '성지자성(成之者性: 일음일양지도를 갖추어놓은 것이 성이다)'이고, 솔성지도는 곧 '계지자선(繼之者善: 일음일양지도를 이어가는 것이 선이다)'이며, 치우치지 않고 기울지 않으며 지나치거나 모자람이 없는 중은 곧 일음일양지도이다. 이와 같이 미루어 헤아려본 뒤에야 통체와 각구의 뜻이 비로소 다 드러나게 될 것이다.

　　胡氏又言, 易之先言道後言性, 以其道之爲統體, 此章之先言性後言道, 以其道之爲各具也, 則恐未察乎性道二字之名義. 性道之理一也, 而以其流行而謂之道, 以其定體而謂之性. 一陰一陽, 理之流行, 故謂之道, 成之者性, 理之已立, 故謂之性. 天命率性, 其意亦同. 易先言流行而後言定體, 故先言道後言性, 此章先言定體而後言流行, 故先言性後言道, 非以統體各具之有先後而言也. 辨疑言統體各具不可分先後者, 恐亦推之未盡也. 就天道流行而論統體各具, 則陰陽各一太極, 而統體者又不外於陰陽之中矣, 就萬物化生而論統體各具, 則萬物各一太極, 而統體者又不外於萬物之中矣, 此統體各具之無先後也. 然以天道萬物人心已發未發對言, 則天道流行是統體, 而萬物各正性命是各具也, 人心未發而一性渾具者, 是統體, 而已發而萬事各止其所者, 是各具也, 此則統體各具又有先後也. 大抵義理無窮, 包括極大, 而條理至精, 不可以亂, 故苟不縱橫推見而四方八面都盡, 則何以通其說哉.

　　호씨는 또 역에서 먼저 도를 말하고 뒤에 성을 말한 것은 그 도가 통체가 되기 때문이고 이 장에서 먼저 성을 말하고 뒤에 도를 말한 것은 그 도가 각구가 되기 때문이라고 말하였는데, 아마도 성·도 두 글자의 이름과 뜻을 잘 살피지 못한 것 같다. 성과 도의 리는 동일하나, 그 유행의 측면에서는 '도'라고 이르고, 그 정체(定體: 정립된 체)의 측면에서는 '성'이라고 이른다. 일음일양은 리의 유행이므로 '도'라고 이르고, 성지자성은 리가 이미 성립된 것이므로 '성'이라고 이른다. 천명과 솔성 또한 그 뜻이 같다. 역에서는 먼저 유행을 말하고 뒤에 정체를 말하였으므로 먼저 도를 말하고 뒤에 성을 말한 것이고, 이 장에서는 먼저 정체를 말하고 뒤에 유행을 말하였으므로 먼저 성을 말하고 뒤에 도를 말한 것이지, 통체와 각구에 선후가 있다고 말하는 것은 아니다. 『경서변의』에서 통체와 각구를 선후로 나눌 수 없다고 말한 것은 미루어 헤아려본 바가 충분하지 못한 것 같다. 천도가 유행함에 나아가 통체와 각구를 논해보면, 음양이 각기 하나의 태극이지만 통체가 또한 음양 가운데서 벗어나지 않고, 만물이 변화하여 생성됨에 나아가 통체와 각구를 논해보면, 만물이 각기 하나의 태극이지만 통체가 또한 만물 가운데서 벗어나지 않으니, 이는 통체와 각구에 선후가 없는 것이다. 그러나 천도와 만물, 사람의 마음의 이발과 미발을 상대하여 말해보면, 천도가 유행함은 통체이고, 만물이 각기 성·명을 바르게 함은 각구이며, 사람의 마음이 아직 발하지 않아 하나의 성이 온전하게 갖추어진 것은 통체이고, 이미 발하여 온갖 일이 각기 제자리에 머무는 것은 각구이니, 이는 곧 통체와 각구에 또한 선후가 있는 것이다. 대체로 의리는 다함이 없어 포괄하는 바가 지극히 크고, 조리(條理)는 지극히 정밀하여 어지럽힐 수 없으므로, 참으로 종횡으로 미루어 헤아려보고 사방팔방으로 모두 다하지 않는다면 어떻게 그 설에 통하겠는가?

(4) 雲峯胡氏曰, 因率性之道而品節之, 卽時中之中也.

운봉 호씨가 말하였다. "솔성지도로 말미암아 품절하는 것이 곧 시중(時中)의 중(中)이다."

率性之道, 卽時中之中也. 自情之和者而謂之道, 自君子之情之和者無時不然而謂之時中. 品節者, 卽所以求得夫時中者也. 若以品節爲時中, 則所謂時中者, 乃工夫之目, 而非天理之本然也, 且子思所取名篇中字之義, 乃兼敎字, 而遺却無過不及之中也, 豈其然哉.

솔성지도는 곧 시중(時中)의 중(中)이다. 정(情)이 절도에 맞는 것을 '도'라고 이르고, 군자의 정이 절도에 맞는 것이 어느 때든 그렇지 않음이 없음을 '시중'이라고 이른다. 품절이란 곧 시중을 구하여 얻는 것이다. 만약 품절을 시중이라고 하면, '시중'이라고 이르는 것은 공부의 조목이지 천리의 본연이 아니며, 또 자사께서 취하여 편명으로 삼은 중(中)자의 뜻은 바로 교(敎)자를 겸하여 지나치거나 모자람이 없는 중을 버리게 되니, 어찌 그러하겠는가?

(5) 新安陳氏曰, 元本【止】尤爲明備.

신안 진씨가 말하였다. "원래의 판본에는 … 더욱 분명하게 갖추어진다."²¹³

---

213 신안 진씨가 말하였다. "원래의 판본에는 '곧 외물이 되어 도가 아니다.'라는 두 구절이 더 있으니 마땅히 함께 두어 '만약 떠날 수 있다면 곧 외물이 되어 도가 아니니, 어찌 성을 따른다고

旣曰豈率性之謂云, 則其爲外物而非道之意, 已在其中矣. 何待兩句兼存, 而後爲明備哉. 恐徒見其爲疊牀而冗長耳.

이미 "어찌 성을 따른다고 이르겠는가?"라고 하였으니, 외부의 물이 되어 도가 아니라는 뜻이 이미 그 안에 들어 있다. 어찌 두 구절이 함께 있어야만 분명하게 갖추어졌다고 하겠는가? 중복되어 쓸데없이 길게 보일 뿐이다.

(6) 戒愼恐懼. 辨疑, 戒愼恐懼通動靜說, 愼獨專以動處說.
계신공구에 대해 『경서변의』에서는, 계신공구는 동·정을 통틀어서 말한 것이고 신독은 오로지 동의 측면으로 말한 것이라고 하였다.[214]

戒懼固當通動靜說, 又當專就靜處說. 蓋君子修己之功, 自其有睹有聞之時, 已自戒懼, 以至於無睹無聞之時, 亦不敢忽, 而無時不戒懼也. 不成只於不睹不聞之時戒懼, 而有睹有聞處却不戒懼也. 此戒懼之所以通貫動靜而無時不然也. 若只指其不睹不聞時戒懼, 而與愼獨之加謹於動處者對言, 則戒懼又自分爲靜時工夫, 故章句兼此兩意而釋之. 詳見上.

계구는 참으로 마땅히 동·정을 통틀어서 말해야 하고, 또 마땅히 오로지 정의 측면에만 나아가 말해야 한다. 대개 군자가 자신을 닦는 공부는 그 보이고 들

이르겠는가?'라고 해야 한다. 이와 같이 하면 뜻이 더욱 분명하게 갖추어진다."(新安陳氏曰, 元本作則爲外物而非道矣兩句, 宜兼存之, 云若其可雜則爲外物而非道矣, 豈率性之謂哉, 如此, 尤爲明備.)

214 『경서변의』「중용」 제1장. "'항상 조심하고 늘 두려워함'은 동·정을 통틀어서 말한 것이고 '홀로 있을 때 삼감'은 오로지 동의 측면으로 말한 것이다. 본주의 '항상 공경하고 두려워하는 마음을 가지고서 비록 보고 듣지 못하는 바에도 감히 소홀하지 않는다' 등의 말로 살펴보면 대단히 분명한 것인데도, 이를 읽는 사람들이 살피지 못하고서 '조심하고 두려워함'은 오로지 정의 측면만을 가리켜 말한 것이라고 하니, 옳지 못하다.(戒愼恐懼, 通動靜說, 愼獨, 專就動處說, 以本註常存敬畏, 雖不見聞, 亦不敢忽等語, 觀之則大煞分明, 而讀者不察, 以戒懼爲專指靜處說, 非是.)"

리는 때부터 이미 스스로 조심하고 두려워하고, 보이지 않고 들리지 않는 때에 이르러서도 또한 감히 소홀하지 않아, 어느 때든 조심하고 두려워하지 않음이 없어야 한다. 단지 보이지 않고 들리지 않는 때에는 조심하고 두려워하지만, 보이고 들리는 곳에서는 도리어 조심하고 두려워하지 않는 것은 말이 되지 않는다. 이는 계구가 동·정을 관통하여 어느 때든 그렇지 않음이 없는 것이다. 만약 단지 그 보이지 않고 들리지 않는 때에 조심하고 두려워하는 것만 가리켜서 신독이 동의 측면에서 더욱 삼가는 것과 대비하여 말해보면, 계구는 또한 자연히 고요할 때의 공부로 구분되므로 『장구』에서 이 두 가지 뜻을 겸하여 해석한 것이다. 상세한 것은 위에 나온다.[215]

(7) 朱子曰, 不睹不聞之時, 便是喜怒哀樂未發處.

주자께서 말씀하셨다. "보이지 않고 들리지 않는 때에는 희·노·애·락이 아직 발하지 않은 것이다."

若只以喜怒哀樂言, 則不睹不聞, 固是喜怒哀樂未發處, 若以昏昧散亂者言, 則不睹不聞之時, 亦容有昏昧散亂之失矣. 在聖賢, 則喜怒哀樂未發, 固是爲未發之中, 而在衆人, 則雖無喜怒哀樂之發, 亦不能無昏昧散亂之失, 而不得爲未發矣. 蓋以人心天理本然之正言之, 則不睹不聞, 固爲喜怒哀樂之未發, 而喜怒哀樂之未發, 固爲中, 故子思以喜怒哀樂之未發爲中. 朱子以不睹不聞爲喜怒哀樂之未發, 此姑以本正者而言耳, 在常人, 則未必能然矣. 學者當於不睹不聞時喜怒哀樂未發處, 又須察其有昏昧散亂之失, 而敬以直之, 以求至乎眞箇未發矣, 不可但恃其有不睹不聞之時喜怒哀樂之未發, 便認以爲眞箇未發境界, 而大本之已立也.

---

215 권제2-1-4)-(9).

만약 단지 희·노·애·락으로만 말한다면 보이지 않고 들리지 않음은 참으로 희·노·애·락이 아직 발하지 않은 것이나, 만약 어둡고 어지러운 것으로서 말한다면 보이지 않고 들리지 않는 때에도 어둡고 어지러운 잘못이 있을 수 있다. 성현에게 있어서는 희·노·애·락의 미발이 참으로 미발의 중이 되지만, 뭇사람에게 있어서는 희·노·애·락이 발한 것이 없더라도 어둡고 어지러운 잘못이 없을 수 없으니 미발이 될 수 없다. 대개 사람의 마음과 천리의 본연의 바름으로서 말해보면, 보이지 않고 들리지 않음은 참으로 희·노·애·락의 미발이 되고, 희·노·애·락의 미발은 참으로 중이 되므로 자사께서는 희·노·애·락의 미발을 중으로 삼으신 것이다. 주자께서 보이지 않고 들리지 않음을 희·노·애·락의 미발로 삼으셨는데, 이는 다만 본래 바른 것으로서 말하였을 뿐이며, 뭇사람에게 있어서는 반드시 그럴 수 있는 것이 아니다. 배우는 사람은 마땅히 보이지 않고 들리지 않는 때 희·노·애·락이 아직 발하지 않은 곳에서 또한 그 어둡고 어지러운 잘못이 있는지 반드시 살펴서 경으로서 곧게 하여 진짜 미발에 이르기를 구해야지, 다만 그 보이지 않고 들리지 않는 때 희·노·애·락의 미발이 있음을 믿고서 진짜 미발의 경계라 여기고 큰 근본이 이미 섰다고 인식해서는 안 된다.

或曰, 然則子思所謂喜怒哀樂未發之中, 當專在聖賢分上, 而常人則不能與耶. 曰, 聖賢只道其常, 固不暇語其反常者, 而又有所不可畫而論之者. 常人亦固有喜怒哀樂未發便爲中之時, 而但不能如聖人之必然也. 且子思之論中和, 承上戒懼愼獨而言, 則毋論人之有聖凡, 中之有久速, 而其所以爲中者, 要皆以敬致之, 固未有以不敬而致之者也. 然則戒懼愼獨, 旣敬而後, 喜怒哀樂未發, 又豈或有不中者哉.

누군가 "그렇다면 자사께서 '희·노·애·락이 아직 발하지 않은 때의 중'이라고 이르신 것은 마땅히 오로지 성현의 수준에만 있고 보통 사람은 함께할 수 없는 것인가?"라고 묻기에 "성현은 단지 그 일반적인 것을 말할 뿐이고, 참으로 그 일반적인 것에서 벗어난 것을 말할 겨를이 없으며, 또 구분하여 논할 수 없는 바가 있다. 보통 사람 또한 참으로 희·노·애·락의 미발이 곧 중이 되는 때가 있지만 다만 성인이 반드시 그러한 것과 같을 수 없다. 또 자사께서 중화를 논하신(제1장 제4절) 것은 위의 계구(제1장 제2절)와 신독(제1장 제3절)을 이어받아 말한 것이니, 사람 가운데 성인과 평범한 사람이 있고, 중에 오래 머묾과 빨리 떠남이 있음을 따질 것도 없이 그 중이 되는 것은 요컨대 모두 경(敬)으로서 이르는 것이고, 참으로 경하지 않음으로서 이르는 것은 없다. 그렇다면 항상 조심하고 늘 두려워하며 홀로 있을 때를 삼가서 이미 경(敬)한 뒤에 희·노·애·락의 미발이 어찌 혹시라도 중(中)하지 않은 경우가 있겠는가?"라고 하였다.

(8) 雙峯饒氏曰, 子思云【止】皆是此道. 辨疑云云.

쌍봉 요씨가 말하였다. "자사께서 이르시기를 … 모두 이 도이다."**216** 『경서변의』에서 말하였다.**217**

---

216 쌍봉 요씨가 말하였다. "자사께서 '도라는 것은'이라고 말씀하셔서 도(道)자를 이끌어내셨으니, 아랫면의 '숨은 것보다 더 잘 드러나는 것이 없고, 미세한 것보다 더 잘 나타나는 것이 없다'는 것에서 드러나고 나타나는 것이 모두 이 도임을 알 수 있다."(雙峯饒氏曰, 子思云道也者, 提起道字, 見得下面莫見乎隱莫顯乎微, 見與顯皆是此道.)

217 『경서변의』「중용」제1장. "율곡이 말하기를 "그윽하고 어두운 가운데와 세미한 일에는 사악한 것과 바른 것이 있는데, 어떻게 이를 모두 도라 말할 수 있겠는가." 하니, 퇴계가 "주자 및 여러 사람의 설을 살펴보면 모두가 선·악의 기미로 말하였으니, 쌍봉 요씨의 설은 참으로 타당하지 못하다. 자사와 주자의 뜻은 본래 도란 있지 않은 곳이 없기에 숨은 것과 미세한 것의 드러남과 나타남을 가릴 수 없음을 말한 것이다. 이 때문에 그 홀로 있을 때 삼가는 것이 그 도를 보존하는 방법이지 드러나고 나타난 것이 바로 도라는 말은 아니다." 하였다. ○누군가 "주자가 말하기를 '숨은 것보다 더 잘 드러나는 것이 없고, 미세한 것보다 더 잘 나타나는 것이 없다는 것은 도의 지극히 정밀한 것을 말한 것이다.' 하였으니, 요씨의 설을 다시 헤아려 보아야 할 것이다." 하였다.(栗谷曰, 幽暗之中, 細微之事, 有邪有正, 烏可謂之皆是道耶, 退溪曰, 觀朱子及諸說, 皆以善惡之幾言, 饒說果爲未安, 蓋子思朱子意, 本謂道無不在, 而隱微之見顯, 不可掩也, 故愼其獨, 所以存其道云爾, 非謂見顯是道也. ○或曰, 朱子曰, 莫見乎隱, 莫顯乎微, 是言道之至精至密者, 饒說, 更當商量.)

饒氏說, 退溪分解, 雖似至矣, 終是可疑. 或者又引朱子說以證饒氏, 恐亦未察朱子說, 語雖似同, 意實不然. 朱子以不可須臾離爲道之廣大, 以莫見乎隱莫顯乎微爲道之精密者, 此謂須臾之頃, 隱微之間, 皆道之所存云爾, 非以須臾與隱微爲道也. 若饒氏直以隱微顯見爲道, 則豈可援附於朱子說耶.

요씨의 설에 대하여 퇴계 선생께서 분석하신 것이 비록 지극한 것 같으나 끝내 의심할 만한 것이 있다. 누군가는 또 주자의 설을 인용하여 요씨의 설을 증명하였으나 아마도 또한 주자의 설을 잘 살피지 못한 것 같으니, 말은 비록 같은 듯하나 뜻은 실제로 그렇지가 않다. 주자께서 '잠시도 떠날 수 없음'[218]을 도의 광대함으로 여기고 '숨어 있는 것보다 더 잘 드러나는 것이 없고, 미세한 것보다 더 잘 나타나는 것이 없음'[219]을 도의 정밀함으로 여기신 것은 잠시(須臾)의 순간과 은미한 사이가 모두 도가 있는 바임을 말한 것이지, 잠시와 은미함을 도로 여긴 것이 아니다. 만약 요씨가 곧장 숨어 있고 미세한 것과 드러나고 나타나는 것을 도로 여긴다면, 어찌 주자의 설에 끌어다 붙일 수 있겠는가?

(9) 雙峯饒氏曰, 大學只言愼獨【止】做工夫. 辨疑云云.

쌍봉 요씨가 말하였다. "『대학』은 단지 신독만 말하고 … 공부해야 할 것이다."[220] 『경서변의』에서 말하였다.[221]

---

218 『중용장구』 제1장 제2절. 권제1 대학 편 각주 235번 참고.

219 『중용장구』 제1장 제3절. 각주 35번 참고.

220 쌍봉 요씨가 말하였다. "『대학』은 단지 신독만 말하고 계구는 말하지 않았으니, 처음 배우는 선비들은 우선 움직이는 곳에서 공부하게 해야 할 것이다."(雙峯饒氏曰, 大學只言愼獨, 不言戒懼, 初學之士, 且令於動處做工夫.)

221 『경서변의』 「중용」 제1장. "퇴계가 율곡에게 답하기를 '『대학』에서 계구를 말하지 않았다고 한 데 대해 보내온 편지에서 운운하였는데, …『대학』에서 진실로 계신공구에 대해 말하지 않은 까닭에, 주자는 정심장의 주에서 다만 찰(察)자를 들어서 본문의 바른 뜻을 곧바로 해석하였고, 오직 '시(視)'와 '청(聽)'의 주에서 비로소 존(存)자와 경(敬)자를 들어 말한 것이다. 이 또한 전(傳)을 쓴 자가 무심(無心)의 병폐를 말하였기 때문에 이로써 그 병폐를 구제하였으

饒氏說非是. 大學正心當戒懼之功者, 栗谷說恐不可易, 退溪說恐有所不敢曉. 正心章註察字, 察其不正之病也, 敬字存字, 正之之事也. 敬而存之, 卽所以正其心, 則正其心者, 非戒懼之功而何. 傳文二節, 雖皆言心不正之病, 然反以結之, 曰在正其心, 則何謂戒懼之功在不言中耶. 傳者只言正其心, 而不言所以正之之術, 故章句雖言敬字存字以補之, 而所謂敬所謂存者, 亦只就正字上推出來耳. 豈於正心之外別有所謂敬與存者耶. 以此觀之, 則此章之當屬戒懼, 而大學之未嘗無靜處工夫者, 不啻明矣.

요씨의 설은 옳지 않다. 『대학』의 정심(正心)이 계구의 공부에 해당된다는 율곡의 설은 아마도 바꿀 수 없을 것 같고, 퇴계의 설은 아마도 감히 깨닫지 못한 바가 있는 것 같다. 정심장(전7장) 주의 찰(察)자는 그 바르지 않은 병통을 살피는 것이고, 경(敬)자와 존(存)자는 바르게 하는 일이다. 경(敬)하여 보존하는 것이 곧 그 마음을 바르게 하는 방법이니, 그 마음을 바르게 하는 것이 계구의 공

나 계구의 공부가 말하지 않은 가운데 은연중 담겨 있다. 운봉 호씨의 '먼저 생각하고 뒤에 실천한다'는 말의 뜻 역시 이와 같다. 이 모두가 일찍이 정심장에서 계구를 말하였다고 할 수 없는데, 이제 보내온 편지에서 곧바로 정심장을 계구에 해당시킨 것은 잘못이다. 보내온 편지에 또 말하기를 '계구의 공부가 없다면 어떻게 명덕을 밝힐 수 있겠는가.' 하니, 이는 옳은 말이다. 그러므로 주자께서 '옛사람이 본원을 함양하는 것은『소학』에 이미 지극하여『대학』에서는 곧장 격물·치지를 우선으로 삼았다.' 하였고, 또한 후세 사람들이 그렇게 하지 못하는 것을 염려하여 경(敬)자로서『소학』의 빠뜨린 공부를 보완하였으니, 오늘날도 의당 이에 의해서 공부해야 할 것이다. 또『대학』에서는 비록 계구를 말하지 않았으나 '이를(이 하늘의 밝은 명을) 돌아본다.'라고 하고, '경하여 그친다.'라고 하였으니 그 가운데 저절로 계구를 겸하고 있으며, '정(定)'과 '정(靜)'은 비록 지지(知止)의 공효라 하지만 정(靜)할 때의 공부 역시 여기에서 벗어나지 못함을 알아야 할 것이다. 이와 같이 말하면 될 것이니, 어찌 말하지도 않은 것을 가지고서 억지로 이미 말하였다고 할 수 있겠는가." 하였다.(退溪答栗谷曰, 大學不言戒懼, 來諭云云, … 蓋大學固不言戒懼矣, 故朱子於正心章註, 亦只擧察字, 以直解本文正意, 惟於視聽註, 始拈出存字敬字而言之, 亦因傳者說無心之病, 故以此救其病, 而戒懼之功, 隱然在不言中耳, 雲峯胡氏, 前念後事之說, 意亦如此, 皆未嘗云正心章說戒懼也, 今來諭, 直以正心章, 當戒懼非也, 來諭又云, 無戒懼之功, 何以明明德, 此則然矣, 故朱子說古人涵養本原, 小學已至, 大學直以格致爲先云, 又患後世之不能然, 則以敬字補小學之闕功, 今亦只當依此而用功, 又當知大學雖不言戒懼, 而有曰顧諟曰敬止, 則其中自兼戒懼之意, 有曰定曰靜, 雖是知止之效, 而靜時工, 夫亦不外是, 如是爲言則可矣, 何可以所不言而强以爲己言耶.)"

부가 아니고 무엇이겠는가? 전문 두 절(제1~2절)은 비록 모두 마음이 바르지 않은 병통을 말하였으나, 반대로 끝맺어 "그 마음을 바르게 하는 데 있다."²²²라고 하였으니, 어찌 계구의 공부가 말하지 않은 가운데 있다고 이르겠는가? 전을 쓴 사람이 단지 그 마음을 바르게 하는 것만 말하고 바르게 하는 방법은 말하지 않았으므로 『장구』에서 비록 경(敬)자와 존(存)자를 말하여 보완하였으나, '경'이라고 이르는 것과 '존'이라고 이르는 것은 또한 단지 정(正)자의 측면에 나아가 미루어 나왔을 뿐이다. 어찌 정심의 밖에 별도로 '경과 존'이라고 이르는 것이 있겠는가? 이로써 보면, 이 장이 마땅히 계구에 속하고 『대학』에 고요한 곳에서의 공부가 없었던 적이 없다는 것이 매우 분명하다.

朱子說古人涵養本源, 小學已至, 大學直以格致爲先云者, 此亦大綱說也. 學問之道, 當以收斂爲先, 而大學之功, 實承小學之後, 故直以格致爲第一工夫也, 非謂一入大學之後, 便不復有靜存之事也. 學者若因朱子此言, 而十五以上纔過小學者, 便自謂涵養已至, 只就動處做零碎工夫, 而曰我爲大學之事云爾, 則豈不爲學問之大害, 而朱子之目, 恐不瞑於千古矣. 又謂大學雖不言戒懼, 而有曰顧諟曰敬止, 則其中自兼戒懼云者, 恐亦推之未盡也. 釋綱領略說處, 猶自兼戒懼, 則釋條目細說處, 何反不言戒懼耶. 且綱領條目工夫, 其事一也, 則又豈言於彼而不言於此哉.

주자께서 "옛사람이 본원을 함양하는 것은 『소학』에 이미 지극하여 『대학』에서는 곧장 격물·치지를 우선으로 삼았다고 하였다."라고 하셨는데, 이는 또한 대강을 말씀하신 것이다. 학문의 도는 마땅히 수렴(收斂)을 우선으로 삼아야 하나, 『대학』의 공부는 참으로 『소학』의 뒤를 이었으므로 곧장 격물·치지를 첫

---

222 『대학장구』 전7장 제3절. "이것을 '몸을 닦음이 그 마음을 바르게 하는 데 있다'고 이르는 것이다.(此謂修身在正其心.)"

번째 공부로 삼으신 것이지, 한 번『대학』에 들어간 뒤에 바로 다시는 고요할 때 보존하는(靜存) 일이 없다고 이르신 것이 아니다. 배우는 사람들이 만약 주자의 이 말씀으로 말미암아, 15세 이상의 겨우『소학』과정을 지나간 사람이 스스로 '함양이 이미 지극하다'고 이르고, 이제 막 동(動)의 측면에 나아가 자질구레한 공부만 하면서 '나는『대학』의 일을 한다.'라고 한다면, 어찌 학문의 큰 폐해가 되지 않겠는가. 주자께서는 아마도 오랜 세월 편안히 눈을 감지 못하실 것이다. 또 "『대학』에서는 비록 계구를 말하지 않았으나 '이를(이 하늘의 밝은 명을) 돌아본다.'[223]라고 하고, '공경하여 그친다.'[224]라고 하였으니 그 가운데 저절로 계구를 겸하고 있다."라고 이르신 것은 아마도 미루어 헤아려본 바가 충분하지 못한 것 같다. 강령(3강령)을 해석하면서 대략 말한 곳에서도 오히려 자연히 계구를 겸하고 있는데, 조목(8조목)을 해석하면서 자세하게 말한 곳에서 어찌 도리어 계구를 말하지 않았겠는가? 또 강령과 조목의 공부는 그 일이 하나이니, 또한 어찌 저기에서는 말하고 여기에서는 말하지 않았겠는가?

(10) 雲峯胡氏曰, 天命謂性【止】道之用.
운봉 호씨가 말하였다. "하늘이 명한 것을 성이라 이른다. … 도의 용이다."[225]

　　天命之性, 道之體也, 率性之道, 道之用也, 修道之敎, 所以立其體而行其用者也. 道之體用, 天理之自然者也, 敎之修爲, 人事之求道者也. 道爲所而敎爲能, 若以敎爲道, 則是認能爲所, 而道却因人方有也, 其可乎.

223　『대학장구』전1장 제2절. 권제1 대학 편 각주 48번 참고.
224　『대학장구』전3장 제3절. 권제1 대학 편 각주 90번 참고.
225　운봉 호씨가 말하였다. "하늘이 명한 것을 성이라 이른다는 것은 도의 체이고, 도를 품절한 것을 교라 이른다는 것은 도의 용이다."(雲峯胡氏曰, 天命謂性, 是道之體, 修道謂敎, 是道之用.)

천명지성은 도의 체이고, 솔성지도는 도의 용이며, 수도지교는 그 체를 세워서 그 용을 행하는 것이다. 도의 체·용은 천리가 저절로 그러한 것이고, 교를 닦는 것은 인사에서 도를 구하는 것이다. 도는 대상(所)이 되고 교는 주체(能)가 되는데, 만약 교를 도로 삼는다면 이는 주체를 대상으로 인식한 것이 되어, 도가 도리어 사람으로 말미암아 비로소 있게 되니, 그것이 옳은 것이겠는가?

(11) 問寂然木石感通馳騖【止】朱子曰是.

고요할 때는 나무와 돌 같고 감응하여 통할 때는 내달리는 것인지 물었다. … 주자께서 답하셨다. "옳다."²²⁶

寂然, 則未發而大本立矣, 非木石也, 感通, 則中節而達道行矣, 非馳騖也. 朱子嘗曰, 人固有無所喜怒哀樂之時, 然謂之未發, 則不可言無主也, 又曰, 感而遂通, 唯聖人能之, 衆人却不然. 以此揆之, 則此問非是, 而先生是之, 恐偶未覺耳.

고요할 때는 아직 발하지 아니하여 큰 근본이 서니 나무와 돌이 아니고, 감응하여 통할 때는 절도에 맞아 공통된 도가 행해지니 내달리는 것이 아니다. 주자께서는 일찍이 "사람은 참으로 희·노·애·락 하는 바가 없는 때가 있으나, 그것을 '미발'이라 이른다면 주재함이 없다고 말할 수 없다."²²⁷라고 하시고, 또 "감응하여 마침내 통함은 오직 성인만이 할 수 있고 뭇사람은 도리어 그러지 못한

---

226 물었다. "이 마음이 보존되면 고요할 때는 모두 미발의 중이고, 감응하여 통할 때는 모두 절도에 맞는(中節) 화이며, 마음이 보존되지 못함이 있으면 고요할 때는 나무와 돌 같을 뿐이어서 큰 근본이 서지 못하는 바가 있고, 감응하여 통할 때는 내달릴 뿐이어서 공통된 도가 행해지지 못하는 바가 있을 것입니다." 주자께서 답하셨다. "옳다."(問, 此心存則寂然時, 皆未發之中, 感通時, 皆中節之和, 心有不存, 則寂然木石而已, 大本有所不立也, 感通馳騖而已, 達道有所不行也. 朱子曰, 是.)

227 『주자대전』 권43 「答林擇之」.

다."²²⁸라고 하셨다. 이로써 헤아려보면 이 질문은 옳지 않은데 선생께서 옳다고 하셨으니, 아마도 우연히 깨닫지 못하신 것 같다.

(12) 北溪陳氏曰, 情之中節【止】物欲而動.
북계 진씨가 말하였다. "정이 절도에 맞는 것 … 물욕에 움직인 것이다."²²⁹

情之善惡, 無非性之發, 但因氣質有淸濁, 所感有邪正, 而其發有善惡耳. 若曰, 情之善者, 發於性, 而惡者只由於外感, 則是性外有物矣, 陳說恐未瑩.
정(情)의 선·악은 성에서 발하지 않은 것이 없으나, 다만 기질에 맑음과 흐림이 있고 감응한 바에 그릇됨과 바름이 있으므로 그 발함에 선·악이 있는 것이다. 만약 "정의 선한 것은 성에서 발하고, 악한 것은 외부의 감응에서 말미암는다"고 한다면, 이는 성 밖에 물이 있는 것이니, 진씨의 설은 아마도 분명치 않은 것 같다.

(13) 雙峯饒氏曰, 四者皆中節【止】謂之和矣.
쌍봉 요씨가 말하였다. "네 가지가 모두 절도에 맞아야 … '화'라고 이른다."²³⁰

---

228 『주자어류』 권92 「程子之書」 1. "'고요하여 움직이지 않음'은 보통 사람 누구나 이 마음을 가지고 있고, '감응하여 마침내 통함'은 오직 성인만이 할 수 있고 뭇사람은 도리어 그러지 못한다.(寂然不動, 衆人皆有是心, 至感而遂通, 唯聖人能之, 衆人却不然.)"

229 북계 진씨가 말하였다. "정이 절도에 맞는 것은 본성을 따라 발한 것이고, 절도에 맞지 않는 것은 물욕에 감응하여 움직인 것이다."(北溪陳氏曰, 情之中節, 是從本性發來, 其不中節, 是感物欲而動.)

230 쌍봉 요씨가 말하였다. "네 가지가 모두 절도에 맞아야 비로소 화라고 이를 수 있으니, 네 계절에 비유하자면 세 계절이 마땅함을 얻고 한 계절이 마땅함을 잃었다면 화라고 이를 수 없다." (雙峯饒氏曰, 四者皆中節, 方謂之和, 譬之四時, 三時得宜, 一時失宜, 亦不得謂之和矣.)

饒說蓋本於子思皆之一字, 而實有所未察於子思之指矣. 子思之言, 蓋擧全體而言和之極也, 非謂四者中一有不中, 而他情之正者, 亦不得謂和也. 四者之中一有不中, 而他情之正者, 亦不得謂和, 則除聖人情無不中者外, 賢者以下皆不得與於達道矣, 其可乎.

요씨의 설은 대개 자사의 개(皆)[231] 한 글자에 근본을 두고 있으나, 실제로는 자사의 뜻을 잘 살피지 못한 바가 있다. 자사의 말씀은 대개 전체를 들어 화의 지극함을 말한 것이지, 네 가지 가운데 한 가지는 중(中)하지 않고 다른 정이 바른 것을 또한 '화'라고 이를 수 없다는 말이 아니다. 네 가지 가운데 한 가지는 중(中)하지 않고 다른 정이 바른 것을 또한 '화'라고 이를 수 없다면, 정에 중(中)하지 않음이 없는 성인을 제외한 현자 이하로는 모두 공통된 도에 참여할 수 없으니, 그것이 옳은 것이겠는가?

(14) 陳氏曰, 致中卽天命之性【止】亦在其中矣.

진씨가 말하였다. "중을 지극히 하는 것은 곧 천명지성이고 … 또한 그 가운데에 있다."[232]

栗谷已辨之.

율곡께서 이미 논변하셨다.[233]

---

[231] 『중용장구』 제1장 제4절. 각주 83번 참고.

[232] 진씨가 말하였다. "중을 지극히 하는 것은 곧 천명지성이고, 화를 지극히 하는 것은 곧 솔성지도이니, 하늘과 땅이 제자리에 있고 만물이 잘 길러지는 데에 미치게 되면 수도지교 또한 그 가운데에 있다."(陳氏曰, 致中卽天命之性, 致和卽率性之道, 及天地位萬物育, 則修道之敎, 亦在其中矣.)

[233] 『경서변의』「중용」 제1장. "퇴계가 율곡에게 답하기를 '진씨의 뜻은, '중을 지극히 하다'의 중(中)자는 곧 천명지성이며, '화를 지극히 하다'의 화(和)자는 곧 솔성지도라고 말한 것 같다. 그러나 지금 단지 이렇게만 운운하였으니 말이 분명하지 못하다. 보내온 편지에서 말한 그대

(15) 存養. 辨疑云云.

존양(存養)에 대해 『경서변의』에서 말하였다.[234]

存養單言, 則固兼動靜, 孟子所謂存養, 是也. 與省察對言, 則專屬於靜, 此註所謂存養, 是也.

존양을 단독으로 말하면 참으로 동·정을 겸하니, 맹자께서 '존양'[235]이라고 이르신 것이 이것이다. 성찰과 상대하여 말하면 오로지 정에만 속하니, 여기의 주에서 '존양'[236]이라고 이른 것이 이것이다.

(16) 新安陳氏曰, 中之大本, 原於天命之性. 退溪云云.

신안 진씨가 말하였다. "중이라는 큰 근본(大本)은 천명지성에서 근원한다."

의 말이 옳다." 하였다. (退溪答栗谷曰, 陳意似云致中之中, 即天命之性, 致和之和, 卽率性之道, 然今只云云, 語有未瑩, 來說是也.)

[234] 『경서변의』「중용」제1장. "퇴계가 말하기를 "존양이란 오로지 정(靜)으로 말하고, 함양이란 동·정을 겸하여 말한 것이다." 하였다. ○살펴보건대, 어떤 사람이 묻기를 "존양은 대체로 정(靜)할 때의 공부인가?" 하니, 주자가 말하기를 "그렇지 않다. 공자는 모두 작용하는 곳에 나아가 사람으로 하여금 공부하게 한 것이다." 하였다. 퇴계의 말은 주자와 같지 않으니, 다시 자세히 살펴보아야 한다. ○경임(景任: 鄭經世)이 말하기를 "존양이란 정(靜)할 때의 공부이며, 성찰이란 동(動)할 때의 공부이다. 이는 증조도가 기록한 주자의 말이며, 오늘날 『중용』의 집주에도 수록되어 있다. 그러나 삼가 생각건대, 동·정으로 나누어 본 것은 대강설일 뿐, 자세히 미루어 보면 실제로 동·정을 겸한 것이다. … 이로써 존양을 통체의 공부로 의심하여 만일 오로지 정(靜)할 때의 공부를 말한 것이라고 한다면 타당하지 못할 것 같다." 하였다. (退溪曰, 存養, 專以靜言, 涵養, 兼動靜言. ○按或問存養, 多用靜否, 朱子曰, 不然, 孔子卻都就用處於人做工夫, 退溪之言, 與朱子不同, 更詳之. ○景任曰, 存養, 是靜工夫, 省察, 是動工夫, 此是曾祖道所錄朱子語, 今中庸輯註, 亦收入, 然竊意分動靜, 是大綱說, 若細推之, 則實兼動靜, … 以此疑存養是統體工夫, 若謂專以靜言, 則恐未當.)"

[235] 『맹자집주』「진심상」제1장 제2절. "그 마음을 보존하여 그 성을 기름은 하늘을 섬기는 것이다.(存其心, 養其性, 所以事天也.)"

[236] 『중용장구』제1장 장하주. 각주 80번 참고.

퇴계께서 말씀하셨다.[237]

大本卽性也, 謂大本原於天命則可, 謂原於性則決不可矣.
대본은 곧 성이니, '대본이 천명에서 근원한다'고 이르는 것은 옳으나, '성에서 근원한다'고 이르는 것은 결코 옳지 않다.

(17) 去外誘之私【止】之和也.
"외물의 유혹의 사사로움을 버림 … 화이다."[238]

去外誘, 兼戒懼愼獨而言, 充本善, 兼大本達道而言, 陳氏專以愼獨釋去外誘, 未盡矣.
외물의 유혹을 버리는 것은 계구와 신독을 겸하여 말한 것이고, 본래의 선을 확충한다는 것은 대본과 달도를 겸하여 말한 것인데,[239] 진씨는 오로지 신독만으로 외물의 유혹을 버린다는 것을 해석하였으니 충분하지 못하다.

---

237 『경서변의』「중용」 제1장. "율곡이 말하기를 "중의 큰 근본이란 곧 천명지성이다. 만약 '원(原)'이라고 말한다면 이는 대본의 상면에 또 성이 있는 것이다." 하였는데, 퇴계는 말하기를 "신안 진씨의 설은 동중서가 말한 '도의 큰 본원은 하늘에서 나왔다'는 뜻과 같다. 중의 큰 근본은 사람이 소유한 것으로 말하고, 천명지성이란 하늘이 부여한 것으로 말하였다. 이 때문에 이처럼 말할 수 있다." 하였다.(栗谷謂, 中之大本, 卽天命之性, 若謂之原, 是大本上面, 又有性也. 退溪曰, 陳說, 如董子所謂道之大原出於天之意, 蓋中之大本, 以人所有而言, 天命之性, 自天所賦而言, 故可如此說.)"

238 신안 진씨가 말하였다. "외물의 유혹의 사사로움을 버림은 신독하여 인욕을 막는 것일 뿐이고, 본연의 선을 확충함은 큰 근본인 중과 공통된 도인 화를 지극히 하는 것이다."(新安陳氏曰, 去外誘之私, 愼獨以遏人欲而已, 充本然之善, 致大本之中達道之和也.)

239 『중용장구』 제1장 장하주. 각주 80번 참고.

3) 第二章 제2장

(1) 蔡氏曰, 此章上二句【止】釋孔子之言.
채씨가 말하였다. "이 장의 위의 두 구절은 … 공자의 말씀을 해석하신 것이다."[240]

二節皆孔子之言, 下一節若是子思之言, 章句當辨之, 如二十八章之例矣.
두 절(제1~2절) 모두 공자의 말씀이니, 아래 한 절이 만약 자사의 말씀이라면, 『장구』에서 마땅히 제28장의 예[241]와 같이 분별했을 것이다.

(2) 新安陳氏曰, 無忌憚無忌【止】恐懼反.
신안 진씨가 말하였다. "거리끼고 두려워함이 없는 것이다. 거리낌이 없음은 … 공구(恐懼)와 반대이다."[242]

忌憚二字未見其有不同, 豈無憚甚於無忌, 恐懼重於戒愼, 故云耶.
기(忌)·탄(憚) 두 글자[243]는 그 같지 않은 바가 없으나, 어찌 두려워함이 없

---

[240] 채씨가 말하였다. "이 장의 위의 두 구절은 공자의 말씀이고, 아래의 네 구절은 바로 자사께서 공자의 말씀을 해석하신 것이다.(蔡氏曰, 此章上二句, 孔子之言, 下四句, 乃子思釋孔子之言.)

[241] 『중용장구』 제28장 제1절의 주. "이상은 공자의 말씀이니, 자사께서 인용하신 것이다.(以上孔子之言, 子思引之.)" 『중용장구』 제28장 제2절의 주. "이 이하는 자사의 말씀이다.(此以下子思之言.)" 『중용장구』 제28장 제3절의 주. "금(今)은 자사께서 당시를 스스로 말씀하신 것이다.(今子思自謂當時也.)" 『중용장구』 제28장 제5절의 주. "이는 또다시 공자의 말씀을 인용한 것이다.(此又引孔子之言.)"

[242] 신안 진씨가 말하였다. "소인은 다만 이 리가 있음을 알지 못하기에 인욕이 제멋대로 하는 것을 내버려두면서 거리끼고 두려워함이 없는 것이다. 거리낌이 없음은 계신과 반대이고, 두려워함이 없음은 공구와 반대이다.(新安陳氏曰, 小人惟不知有此理, 所以縱肆人欲而無忌憚, 無忌, 與戒愼反, 無憚, 與恐懼反.)"

[243] 『중용장구』 제2장 제2절. "군자가 중용을 함은 군자이면서 때에 따라 도에 맞게 하기 때문이요, 소인이 중용에 반대로 함은 소인이면서 기탄이 없기 때문이다.(君子之中庸也, 君子而時

음이 거리낌이 없음보다 심하고 공구가 계신보다 중요하기 때문에 그렇게 이른 것이겠는가?

(3) 雙峯饒氏曰, 中庸者道之準的【止】之方也.
쌍봉 요씨가 말하였다. "중용이란 도의 표준이니 … 방도이다."²⁴⁴

栗谷已辨之. 退溪分解之說, 終有所未敢曉.
율곡께서 이미 논변하셨다. 퇴계께서 분석하신 말씀은 끝내 감히 깨닫지 못한 바가 있다.²⁴⁵

中, 小人之中庸也, 小人而無忌憚也.)"

244 쌍봉 요씨가 말하였다. "중용이란 도의 표준이니, 고금의 성현들이 전하신 바가 다만 이 이치일 뿐이며, 자사께서 지으신 『중용』 또한 단지 이 두 글자를 밝히기 위한 것일 뿐이다. 첫 장의 중화는 성·정의 덕이고 중용의 근본이니, 대개 특별히 그것이 나온 바를 미루어 헤아린 것일 뿐이다. 유씨가 '덕'이라고 이른 것은 곧 성정의 덕이니, 중화(中和)가 이것이고, 행은 곧 일을 행하는 데에 나타난 것이니, 시중(時中)이 이것이다. 중용은 이 두 가지를 겸하여 이름을 얻었으므로 '중용의 중은 실제로 중화의 뜻을 겸한 것'이라고 한 것이다. 그러나 중화는 성정으로서 말한 것이니 사람 마음의 본연하고 순수한 덕이고, 중용은 사리로서 말한 것이니 천하의 당연한 법칙이며 지나쳐서도 안 되고 미치지 못해서도 안 되는 것이다. 두 가지는 비록 속에 있는 이치 같지만 지향하는 바가 각각 다르므로 중화를 지극히 하려는 사람은 항상 조심하고 늘 두려워하며 홀로 있을 때 삼가서 성정을 함양하려 하고, 중용을 실천하려는 사람은 선을 가려 굳게 잡아 사리에 합당함을 찾으려고 하니, 두 가지는 안과 밖을 교차해서 서로 기르는 방도이다. 이 아래의 열 장은 성인께서 중용을 세워서, 지나친 사람은 구부려서 중에 나아가게 하고, 모자라는 사람은 바라보고 좇아오게 하시는 것이니, 곧 기질을 변화시키는 방도이다."(雙峯饒氏曰, 中庸者, 道之準的, 古今聖賢所傳, 只是此理, 子思所作中庸, 亦只爲發明此二字, 首章中和, 是性情之德, 而中庸之根本, 蓋特推其所來耳, 游氏所謂德, 即性情之德, 中和, 是也, 行即見諸行事者, 時中, 是也, 以中庸兼此二者而得名, 故曰中庸之中, 實兼中和之義, 然中和以性情言, 人心本然純粹之德也, 中庸以事理言, 天下當然之則, 不可過亦不可不及者也, 二者雖同此中理, 而所指各異, 故致中和者, 則欲其戒懼慎獨, 以涵養乎性情, 踐中庸者, 則欲其擇善固執, 以求合乎事理, 二者內外交相養之道也, 此下十章是聖人立中庸, 使過者俯而就, 不肖者企而及, 乃變化氣質之方也.)

245 『경서변의』「중용」제2장. "율곡이 말하기를 "중화와 중용은 안팎으로 나누어볼 수 없다." 하였는데, 퇴계가 말하기를 "중화와 중용은 이치로 말하면 참으로 두 가지 일이 아니다. 그러나 나아간 바로 말하면 그 입장이 어찌 다르지 않을 수 있겠는가. 오늘날 유초(游酢, 1053~1123)의

4) 第十章 제10장

(1) 三山陳氏曰, 旣曰寬柔【止】是亦强也.

삼산 진씨가 말하였다. "이미 '너그럽고 부드럽다'고 하였는데 … 또한 강함이다."[246]

陳氏未察於章句勝字訓强之義也.

진씨는 『장구』에서 승(勝)자를 강(强)으로 풀이한[247] 뜻을 잘 살피지 못했다.

> 설로 살펴보면, '성·정으로 말하면 중화라 한다.' 하였으니, 이미 성·정이라 말하였는데 어찌 안이 아니겠는가. '덕행으로 말하면 중용이라 한다.' 하였으니, 이미 덕행이라 말하여 성·정의 대칭으로 말하였는데, 어찌 이를 밖이라 말하지 않을 수 있겠는가. 덕이란 도를 행하여 자기에게 얻음이 있는 것이니, 이는 안팎을 겸하여 이름한 것이며, 행이란 오로지 날마다 볼 수 있는 자취로 말한 것이니, 어찌 밖이 아니겠는가. 이 때문에 쌍봉 요씨는 유씨의 설에 근본하여 이를 미루어 부연해서 말한 것이니, 그 옳지 못한 부분을 찾아볼 수 없다. 만일 보내온 편지의 말처럼 본다면, 합하기를 좋아하고 나누기를 싫어하는 병통을 면치 못하여, 결국은 자사의 본뜻을 참으로 보아 상황에 따라 입언을 정미하고 분명하게 하는 것을 할 수 없을 것이다. 첫 장에서는 중용이라는 글자를 쓸 수 없고, 2장 이후에서는 또한 중화라는 글자를 쓸 수 없다." 하였다. ○내가 생각건대, 이미 중용의 중에 실로 중화의 뜻을 겸하고 있다고 하였으니, 어떻게 안팎으로 나누어 볼 수 있겠는가. 또 쌍봉 요씨의 설은 중화를 중용의 근본으로 삼았으니, 더욱 의심스럽다.(栗谷曰, 中和中庸, 不可分內外, 退溪曰, 中和中庸, 以理言之, 固非二事, 然以所就而言之, 地頭安得不異, 今以游氏說觀之, 以性情言之曰中和, 旣曰性情, 非內乎, 以德行言之曰中庸, 旣曰德行, 以對性情, 則寧不可謂之外乎, 德以行道有得言已, 是兼內外而名之, 行則專以日可見之迹言之, 豈非外耶, 故饒氏本游氏而推衍爲說, 未見其有不是處, 若如來說, 則未免有喜合惡離之病, 而卒不得眞見子思之本意, 隨處立言, 精微的確處也, 首章, 用中庸字不得, 二章以後, 用中和亦不得. ○愚謂, 旣曰中庸之中, 實兼中和之意, 則何可分內外乎, 且饒說, 以中和爲中庸之根本者, 尤可疑.)"

246 삼산 진씨가 말하였다. "이미 '너그럽고 부드럽다'고 하였는데 어찌하여 '강하다'고 말한 것인가? 대개 그 기질을 지켜서 변하지 않는 것 또한 강함이기 때문이다."(三山陳氏曰, 旣曰寬柔, 何强之云, 蓋守其氣質而不變, 是亦强也.)

247 『중용장구』 제10장 제3절의 주. 각주 104번 참고.

(2) 雙峯饒氏曰, 四者亦有次第云云.

쌍봉 요씨가 말하였다. "네 가지는 또한 차례가 있어서 …."[248]

栗谷已辨之.

율곡께서 이미 논변하셨다.[249]

5) 第十一章 제11장

(1) 雙峯饒氏曰, 旣曰君子【止】能之.

쌍봉 요씨가 말하였다. "이미 '군자는 …'이라고 하고 … 할 수 있다."[250]

辨疑已辨其非.

---

[248] 쌍봉 요씨가 말하였다. "네 가지는 또한 차례가 있어서 한 가지가 다른 한 가지보다 어려운 것 같으니, '가운데(中)에 서서 기울지 않음'은 '화(和)를 이루지만 시류에 따라가지 않음'보다 어렵고, '나라에 도가 있을 때에는 곤궁할 때 지키던 것을 변치 않음'은 또 앞의 두 가지보다 어려우며, '나라에 도가 없을 때에는 죽을 때까지 뜻을 변치 않음'은 곧 '세상에서 은둔하여 알아주지 않아도 후회하지 않음'으로 오직 성인만이 할 수 있는 것이니, 이것이 가장 어려운 것이다. 남방과 북방의 강함은 모두 기가 치우친 것으로서 남을 이길 것을 요구한다. 그러나 아랫면에 있는 군자의 강함은 그 기질의 치우침을 스스로 이길 수 있는 것이다."(雙峯饒氏曰, 四者亦有次第, 一件難似一件, 中立不倚, 難於和而不流, 國有道不變塞, 又難於上二者, 國無道至死不變, 卽所謂遯世不見知而不悔, 惟聖者能之, 此是最難處, 南北方之强, 皆是氣之偏處, 是要勝人, 下面君子之强, 是能自勝其氣質之偏.)

[249] 『경서변의』「중용」제10장. "퇴계가 율곡에게 답하기를 "10장에서 쌍봉 요씨가 네 가지의 '강하다(强哉)'는 것에 차례가 있다고 말한 것은 견강부회한 병폐가 있다. 보내온 그대의 말이 옳다." 하였다.(退溪答栗谷曰, 十章, 饒氏以四强哉爲有次第, 說得有牽强之病, 來說是也.)

[250] 쌍봉 요씨가 말하였다. "이미 '군자는 중용을 따른다'고 하고, 또 '오직 성자만이 할 수 있다'고 한 것은 어째서인가? 대개 군자가 중용을 따름은 어려워 보이지 않지만, 세상에서 은둔하여 알아주지 않아도 후회하지 않음은 어려운 것이므로 '오직 성자만이 할 수 있다'고 한 것이다."(雙峯饒氏曰, 旣曰君子依乎中庸, 又曰唯聖者能之, 何也, 蓋言君子之依乎中庸, 未見其爲難, 遯世不見知而不悔, 方是難處, 故曰唯聖者能之.)

『경서변의』에서 이미 그 잘못을 논변하였다.[251]

(2) 新安陳氏曰, 依乎中庸【止】裕如也.
신안 진씨가 말하였다. "중용을 따름은 … 여유가 있는 것이다."[252]

知之盡仁之至不賴勇三句, 通釋依乎中庸不見知不悔二句. 蓋曰依乎中庸不見知不悔, 卽聖人仁知之至而不賴勇而裕如也云爾, 陳說可疑. 蓋學者之知仁勇, 勇在仁知之外, 仁知須是得勇而強之, 方能到極處. 聖人之知仁勇, 勇在仁知之中, 不待強之, 而仁知自到極處. 如生知安行, 仁在知中, 學知利行, 仁在知外也.

'지(知)가 극진하다', '인(仁)이 지극하다', '용(勇)에 힘입지 않는다'[253] 세 구절은 '중용을 따른다'와 '알아주지 않아도 후회하지 않는다'[254] 두 구절을 통틀어 해석한 것이다. 대개 "중용을 따라 알아주지 않아도 후회하지 않는 것은 곧 성인이 인과 지가 지극하여 용에 힘입지 않아도 여유가 있는 것이다."라고 말하는 것일

---

251 『경서변의』「중용」제11장. "'중용을 따른다'부터 '후회하지 않는다'까지를 본주에서 모두 성인의 일이라 하였는데, 쌍봉 요씨가 군자와 성인으로 구분한 것은 잘못인 것 같다.(自依乎中庸, 至不悔, 本註皆以爲聖人事, 而饒氏分爲君子聖人, 恐誤.)"

252 신안 진씨가 말하였다. "중용을 따름은 지(知)와 인(仁)을 모두 다하는 것이고, 알아주지 않아도 후회하지 않음은 용(勇)에 의지하지 않아도 스스로 여유가 있는 것이다.(新安陳氏曰, 依乎中庸, 知仁兼盡, 不見知而不悔, 不待勇而自裕如也.)"

253 『중용장구』제11장 제3절의 주. "은벽(隱僻)한 이치를 찾고 괴이한 행실을 하지 않는다면 중용을 따를 뿐이요, 중도에 그만두지 못하기 때문에 세상에 은둔하여 알아주지 않아도 후회하지 않는 것이다. 이는 중용의 성덕이니, 지가 극진하고 인이 지극하여 용에 힘입지 않고도 충분한 자이니, 바로 우리 부자의 일이나 오히려 자처하지 않으셨다. 그러므로 "오직 성자만이 이에 능하다."고 하신 것이다.(不爲索隱行怪, 則依乎中庸而已, 不能半塗而廢, 是以遯世不見知而不悔也, 此中庸之成德, 知之盡, 仁之至, 不賴勇而裕如者, 正吾夫子之事, 而猶不自居也, 故曰唯聖者能之而已.)"

254 『중용장구』제11장 제3절. "군자는 중용을 따라 세상에 은둔하여 알아주지 않아도 후회하지 않으니, 오직 성자만이 이에 능하다.(君子依乎中庸, 遯世不見知而不悔, 唯聖者能之.)"

뿐이니, 진씨의 설은 의심스럽다. 대개 배우는 사람들의 지·인·용은 용이 인과 지의 밖에 있어서 인과 지가 반드시 용을 얻어서 힘써야 비로소 지극한 곳에 이를 수 있고, 성인의 지·인·용은 용이 인과 지 가운데 있어서 힘쓰지 않아도 인과 지가 저절로 지극한 곳에 이르게 된다. 이를테면 태어나면서부터 알고 편안하게 행하는 것은 인이 지 가운데 있고, 배워서 알고 이롭게 여겨 행하는 것은 인이 지 밖에 있는 것과 같다.[255]

6) 第十二章 제12장

(1) 語大語小, 退溪曰, 道無限量, 道無形樣.

'큰 것을 말하다(語大)'와 '작은 것을 말하다(語小)'[256]에 대해 퇴계 선생께서 "도는 정해진 양이 없고, 도는 형체가 없다."라고 하셨다.[257]

無限量解大字, 無間然, 無形樣解小字, 恐未安. 章句其大無外其小無內, 本出莊周語, 二十七章章句道之入於至小而無間, 亦因莊周以無厚入有間之語, 而飜作入無間. 凡物雖小, 猶可破作兩段者, 以其有間隙可著得一物, 故可破作兩段也. 若曰無內無間, 則是至爲眇小, 更無間隙可著得物, 故不容分破耳. 蓋言

---

255 『중용장구』 제20장 제8절. "혹은 태어나면서부터 이것을 알고 혹은 배워서 이것을 알고 혹은 애를 써서 이것을 아는데, 그 앎에 미쳐서는 똑같다. 혹은 편안하게 이것을 행하고 혹은 이롭게 여겨서 이것을 행하고 혹은 억지로 힘써서 이것을 행하는데, 그 공(功)을 이룸에 미쳐서는 하나(誠)이다. (或生而知之, 或學而知之, 或困而知之, 及其知之, 一也, 或安而行之, 或利而行之, 或勉强而行之, 及其成功, 一也.)"

256 『중용장구』 제12장 제2절. 각주 108번 참고.

257 『경서변의』 「중용」 제12장. 퇴계가 말하기를 "그 크기로는 밖이 없으므로 천하의 힘을 다하여도 실을 수 없고, 그 작기로는 안이 없기에 천하의 지혜를 다하여도 깨뜨릴 수 없다." 하였고, 또 퇴계가 말하기를 "도는 정해진 양이 없고, 도는 형체가 없다." 하였다. (退溪曰, 其大無外, 極天下之力, 莫能載焉, 其小無內, 極天下之智, 莫能破焉, 退溪又謂, 道無限量, 道無形樣.)

道之大者, 包羅天地萬物而無有限量, 故雖極天下之力莫能容載, 其小者, 入於絲毫眇忽裏去, 無有間隙, 故雖極天下之巧莫能分破也. 無內無間, 與無形意不同, 無形, 隱而莫之見者也. 若以小爲無形, 則是小者爲道之隱, 而不可謂費也.

'정해진 양이 없다(無限量)'는 것으로 대(大)자를 해석하신 것은 흠잡을 바가 없으나, '형체가 없다(無形樣)'는 것으로 소(小)자를 해석하신 것은 온당치 않은 것 같다. 『장구』의 '그 큼은 밖이 없고, 그 작음은 안이 없다'[258]는 것은 본래 장주(莊周)의 말에서 나왔고,[259] 제27장 『장구』의 "도가 지극히 작음에 들어가 틈이 없다"[260]는 것 또한 장주의 '무후입유간(無厚入有間: 두께가 없는 것으로 틈이 있는 곳에 들어간다)'[261]이라는 말을 '입무간(入無間: 들어가 틈이 없다)'으로 바꿔 쓴 것이다. 무릇 물이 비록 작을지라도 오히려 쪼개서 두 조각으로 만들 수 있는 것은, 하나의 물이라도 넣을 수 있는 틈이 있으므로 쪼개서 두 조각으로 만들 수 있는 것이다. 만약 "안도 없고, 틈도 없다."라고 한다면, 이는 지극히 작아서 도리어 물을 넣을 수 있는 틈이 없으므로 나누어 쪼갤 수 없을 뿐이다. 대개 도의 큰 것은 천지와 만물을 모두 포괄하여 정해진 양이 있지 않으므로 비록 천하의 힘을 다해도 실을 수 없고, 도의 작은 것은 아주 조그마한 곳에 들어가 틈이 있지 않으므로 비록 천하의 재주를 다해도 나누어 쪼갤 수 없음을 말하는 것이다. 안이 없고 틈이 없음은 형체가 없음과 뜻이 같지 않으니, 형체가 없음은 은미하

---

[258] 『중용장구』 제12장 제2절의 주. "군자의 도는 가까이는 부부가 집에 거처하는 때로부터 멀리는 성인과 천지도 다할 수 없음에 이르러서 그 큼이 밖이 없고 그 작음이 안이 없으니, 비(費)하다고 이를 만하다.(君子之道, 近自夫婦居室之間, 遠而至於聖人天地之所不能盡, 其大無外, 其小無內, 可謂費矣.)"

[259] 『莊子』 「天下」 제7장. "지극히 큰 것은 밖이 없으니 대일(大一)이라 이르고 지극히 작은 것은 안이 없으니 소일(小一)이라 이른다.(至大無外, 謂之大一, 至小無內, 謂之小一.)"

[260] 『중용장구』 제27장 제3절의 주. 각주 145번 참고.

[261] 『장자』 「養生主」 제2장. "뼈마디에는 틈이 있고 칼날 끝에는 두께가 없습니다. 두께가 없는 것을 가지고 틈이 있는 사이로 들어가기 때문에 넓고 넓어서 칼날을 놀리는 데 반드시 남는 공간이 있게 마련입니다.(彼節者有間, 而刀刃者無厚. 以無厚入有間, 恢恢乎其於遊刃, 必有餘地矣.)"

여 잘 드러나지 않는 것이다. 만약 작음을 형체가 없음이라고 한다면 이 작은 것은 도의 은미함이 되어 '비(費)'라고 이를 수 없다.

(2) 新安陳氏曰, 天覆而生物【止】不均者.
신안 진씨가 말하였다. "하늘이 덮어주어 물을 낳고 … 고르지 못한 것."[262]

與或問說不同, 辨疑已言之.
『혹문』의 설[263]과 같지 않으니, 『경서변의』에서 이미 말하였다.[264]

(3) 朱子曰, 鳶飛魚躍, 費也.
주자께서 말씀하셨다. "솔개가 날아오르고 물고기가 뛰어놂은 비(費)이다."

此語當活看. 蓋指鳶則必飛, 魚則必躍, 當然之理而言也, 非指鳶魚之物飛躍之氣而謂之費也.
이 말은 마땅히 활간(活看)[265]해야 한다. 대개 솔개는 반드시 날아오르고 물고기는 반드시 뛰어노는 그러한 이치를 가리켜 말한 것이지, 솔개와 물고기라는 물이 날아오르고 뛰어노는 기를 가리켜서 '비'라고 이른 것이 아니다.

---

262 신안 진씨가 말하였다. "하늘이 덮어주어 물을 낳고 땅이 실어주어 물을 이룸은 하늘과 땅이 사사로움이 없기 때문이나, 생기고 이루어진 물은 행여 치우쳐서 고르지 못한 것이 있다."(新安陳氏曰, 天覆而生物, 地載而成物, 以天地之無私, 而生成之物, 或有偏而不均者.)

263 『중용혹문』. "하늘은 만물을 낳아주고 덮어줄 수는 있지만 형체를 이루어주거나 실어줄 수 없으며, 땅은 형체를 이루어주고 실어줄 수 있지만 만물을 낳아주고 덮어줄 수는 없다.(天能生覆而不能形載, 地能形載而不能生覆.)

264 『경서변의』 「중용」 제12장. "『혹문』을 살펴보니 하늘은 낳아주고 덮어줄 수 있으나 형체를 실어줄 수 없고, 땅은 형체를 실어줄 수 있으나 낳아주고 덮어줄 수 없다." 하니, 진씨의 설은 이와 같지 않다.(按或問, 天能生覆而不能形載, 地能形載而不能生覆, 陳說與此不同.)

265 활간(活看): 글자나 글귀에 얽매이지 않고 글 전체의 뜻을 널리 보아 본의를 파악하는 것.

(4) 雲峯胡氏曰, 中庸言道【止】非有二也. 退溪云云.

운봉 호씨가 말하였다. "『중용』에서 도를 말한 것은 … 둘이 있는 것이 아니다."[266] 퇴계께서 말씀하셨다.[267]

胡說終涉破碎支離. 若以天命之性率性之道對言, 則似若可以隱與費分屬, 然道字本自兼費隱, 不必拖帶性字說, 然後可言隱也. 中庸言道字, 固後於性字矣, 若自一陰一陽處言, 則成之前已有道之名矣. 此道字亦可引拽性字來說合, 然後見其爲隱耶. 故朱子曰, 中是隱, 和亦兼費隱, 何嘗牽拽中字以說和字分上隱耶. 且性字就一物上言, 則固專爲隱矣, 若通萬物言, 則萬物之各正性命者, 又是費也, 此處又豈借說道字然後爲費耶. 蓋理無所不在, 而亦不可見聞. 性道之無所不在者, 是其用之費也, 不可見聞者, 是其體之隱也. 性非不足於費, 而必借道字以足其費也, 道非不足於隱, 而必借性字以足其隱也. 而況性者道之立, 道者性之行, 而非二物也. 若言性必借道字以明其費, 言道必借性字以明其隱, 則是殆不免於以性道爲二物而費隱爲兩體也.

[266] 운봉 호씨가 말하였다. "『중용』에서 도(道)자를 말한 것은 모두 솔성지도로부터 말한 것이다. 비(費)는 용이 넓은 것이니 솔성지도를 말한 것이고, 은(隱)은 체가 은미한 것이니 천명지성을 말한 것이다. 비를 말하면 은이 곧 그 가운데에 있고, 솔성지도를 말하면 천명지성이 곧 그 가운데에 있으니, 두 가지가 있는 것이 아니다."(雲峯胡氏曰, 中庸言道字, 皆自率性之道說來, 費用之廣也, 是說率性之道, 隱體之微也, 是說天命之性, 纔說費, 隱卽在其中, 纔說率性之道, 天命之性, 卽在其中, 非有二也.)

[267] 『경서변의』「중용」제12장. "퇴계가 율곡에게 답하기를 "운봉 호씨가, 비는 솔성지도를 말한 것이고, 은은 천명지성을 말한 것이라고 하였으니, 이 두 구절만 말하였다면 연문(衍文) 같지만 운봉 호씨가 말한 이 단락은 『중용』 1편을 총괄하여, 도(道)자가 모두 솔성지도에서 나왔음을 말한 것이니, 이 때문에 그 말이 이와 같지 않을 수 없다. 바로 주자가 『혹문』에서 성(誠)을 통틀어 논한 부분에서 곧바로 천명지성으로 말한 것과 같으니, 해로울 것이 없는 것 같다." 하였다.(退溪答栗谷曰, 雲峯胡氏謂, 費是說率性之道, 隱是說天命之性, 若單說此二句, 亦似衍說, 第雲峯此段, 乃鋪說一篇, 言道字皆自率性之道說來, 故其說不得不如此, 正如朱子或問, 通論誠處, 直自天命之性說起來也, 恐無害也.)"

호씨의 설은 결국 지나치게 분석하여 갈피를 잡을 수 없는 데에 이르렀다. 만약 천명지성과 솔성지도를 대비하여 말하면 은(隱)과 비(費)로 나누어 배속시킬 수 있을 것 같으나, 도(道)자는 본래부터 비·은을 겸하고 있으니, 반드시 성(性)자를 끌어다 붙인 뒤에야 은을 말할 수 있는 것이 아니다. 『중용』에서 도(道)자를 말한 것은 참으로 성(性)자보다 뒤에 있으나, 만약 한 번 음이 되고 한 번 양이 되는 것으로부터 말한다면 성을 이루기 전에 이미 도라는 이름이 있다.²⁶⁸ 이 도(道)자 또한 성(性)자를 끌어와서 함께 말한 뒤에야 그 은이 됨을 볼 수 있는 것이겠는가? 그러므로 주자께서 "중은 은이고 화는 또한 비·은을 겸하고 있다."라고 하신 것이니, 어찌 일찍이 중(中)자를 끌어와 화(和)자를 말하면서 위의 은과 구분한 것이겠는가? 또 성(性)자를 하나의 물에 나아가 말하면 참으로 오로지 은이 되나, 만약 만물을 통틀어 말하면 만물이 각기 성명을 바르게 하는 것이 또한 비이니, 이곳에서 또 어찌 도(道)자를 빌려 말한 뒤에야 비가 되는 것이겠는가? 대개 리는 있지 않은 곳이 없으나 또한 보고 들을 수 없다. 성·도가 있지 않은 곳이 없는 것은 그 용의 비이고, 보고 들을 수 없는 것은 그 체의 은이다. 성이 비에 충분하지 못해서 반드시 도(道)자를 빌려와야 그 비를 충족시킬 수 있는 것이 아니며, 도가 은에 충분하지 못해서 반드시 성(性)자를 빌려와야 그 은을 충족시킬 수 있는 것이 아니다. 하물며 성이란 도가 세워진 것이고 도란 성이 행해진 것으로서 두 개의 물이 아니다. 만약 성을 말할 때 반드시 도(道)자를 빌려와야 그 비가 분명해지고, 도를 말할 때 반드시 성(性)자를 빌려와야 그 은이 분명해진다면, 이는 아마도 성과 도를 두 개의 물로 여기고 비와 은을 두 개의 체로 여기는 것을 면하지 못하게 될 것이다.

(5) 造端乎夫婦. 辨疑云云.

---

268 『주역』「계사상」제5장. 각주 62번 참고.

'부부에게서 단서가 시작된다'에 대해 『경서변의』에서 말하였다.[269]

夫婦之愚所知所能者, 卽不過於夫婦居室之間事耳. 故章句於第二節以夫婦居室之間解夫婦之愚所知所能, 而又以末節造端夫婦爲結上文, 其指明矣. 蓋末節總擧道之所在極其遠近大小而言也, 非言工夫次第也. 讀者多看作工夫, 故有疑於上文之結也.

부부의 어리석음으로도 알 수 있는 바와 할 수 있는 바란 곧 부부가 집에 거처하는 때의 일에 지나지 않는다. 그러므로 『장구』는 제2절에서 '부부가 집에 거처하는 때'[270]로 부부의 어리석음으로도 알 수 있는 바와 할 수 있는 바를 해석하였

---

[269] 『경서변의』「중용」제12장. "내가 살펴보건대, … 군자의 도는 가깝고 작은 데서 시작되니, 부부로 사는 삶은 곧 지극한 이치가 유행하는 곳이고, 그 극처에 이르러 천지의 사이에 밝게 나타나는 것은 모두 이 도가 드러나는 것이다. 여기서 말한 부부는 위 문장의 '어리석은 지아비와 어리석은 지어미로서도 함께 알 수 있고 능히 행할 수 있다'는 부부와는 그 뜻이 같지 않다. 주자가 이 부부거실의 도로서 위 문장의 뜻을 끝맺은 것은 매우 이해할 수 없다. … ○지국(持國)이 말하기를 "나의 생각 또한 일찍이 이를 의심하여 왔다. 어리석은 부부로서도 더불어 알 수 있는 것과 능히 행할 수 있다는 것은, 『서경』 오자지가(五子之歌)에서 인용한 어리석은 지아비, 어리석은 지어미와 같다. 이는 지극히 어리석은 자도 하나의 단서(실마리)를 아는 곳이 있다는 것이지 부부거실의 도만을 말한 것이 아니다. 어리석은 부부로서도 능히 알 수 있는 것은 물·불·추위·더위 따위이며, 능히 행할 수 있는 것은 배고프면 밥 먹고, 목마르면 물 마시고, 물 긷고, 섶 나르는 것 따위가 모두 이런 것이지 반드시 부부의 도에서 단서가 시작된다는 것으로 말한 것이 아니다. … 어리석은 부부로서도 능히 알고 능히 행할 수 있다는 것은 가볍고 또한 미세한 것을 들어 말한 것이며, 부부에게서 단서가 시작된다고 말한 것은 인륜의 시작이니, 지극히 가깝지만 지극히 중요한 곳이다." 하였다. (愚按, … 君子之道, 托始於近小, 夫婦居室之間, 乃至理流行至極處, 昭著於天地之際, 無非此道之呈露, 此夫婦與上文愚夫愚婦與知能行之夫婦不同意, 朱子以此夫婦居室之道, 結上文之意, 殊不可曉. …○持國曰, 維意亦嘗疑此, 蓋夫婦之愚與知與能行云者, 猶五子之歌所引愚夫愚婦, 言至愚者亦有一端知處也, 非獨夫婦居室之道也, 夫婦之愚所能知者, 如水火寒熱之類, 所能行者, 如飢食渴飮運水搬柴之類, 皆是也, 非必以造端夫婦之道而言也, … 夫婦之愚能知能行云者, 擧輕且微者而言也, 造端夫婦云者, 人倫之始, 至近而至重處也.)"

[270] 『중용장구』제12장 제2절의 주. 각주 258번 참고.

고, 또 끝 절 '부부에게서 단서가 시작된다'[271]는 것으로 앞의 글을 맺은 것으로 여겼으니,[272] 그 뜻이 분명하다. 대개 끝 절은 도가 있는 바는 먼 것과 가까운 것, 큰 것과 작은 것에 다함을 모두 들어 말한 것이지, 공부의 차례를 말한 것이 아니다. 독자들은 대부분 공부로 간주하였으므로 앞의 글을 맺는다는 것에 대하여 의심한 것이다.

(6) 雙峯饒氏曰, 始言中和【止】士庶人是也.

쌍봉 요씨가 말하였다. "처음에 중화를 말해서 … 사(士)와 서인이 이것이다."[273]

---

[271] 『중용장구』 제12장 제4절. "군자의 도는 부부에게서 단서가 시작되니, 그 지극함에 이르러서는 천지에 밝게 드러난다.(君子之道, 造端乎夫婦, 及其至也, 察乎天地.)"

[272] 『중용장구』 제12장 제4절의 주.

[273] 쌍봉 요씨가 말하였다. "처음에 중화를 말하여 이 도가 내 마음에 관리되고 감독됨을 보여주었고, 다음으로 중용을 말하여 이 도가 사물에 밝게 드러나고 나타남을 보여주었으며, 여기에서 비·은을 말하여 이 도가 하늘과 땅에 가득 채워지고 메워짐을 보여주었다. 도가 내 마음에 관리되고 감독됨을 알면 마음을 보존하여 기르고 반성하고 살피는 공부를 다하지 않을 수 없으므로 조심하고 두려워하며 홀로 있을 때 삼감으로서 말한 것이다. 도가 사물에 밝게 드러나고 나타남을 알면 앎을 지극하게 하고 힘써 행하는 공부를 더하지 않을 수 없으므로 지혜·어짊·용맹으로서 말한 것이다. 도가 하늘과 땅에 가득 채워지고 메워짐을 알면 앎을 지극하게 하고 힘써 행하는 공부를 두루 하지 않을 수 없으므로 '도와 거리가 멀지 않다'는 것으로부터 '공통된 효'라는 데까지 이르게 된 것이다." 또 말하였다. "비·은은 '도를 떠날 수 없다'는 뜻을 되풀이한 것이다. 그러나 '도를 잠시도 떠날 수 없다'는 것은 어느 때든 그렇지 않음이 없는 것이고, '군자의 도가 넓으면서도 은미하다'는 것은 어느 물이든 있지 않음이 없는 것이다. 그렇지 않은 때가 없으므로 덕을 항구하게 하려는 것이고, 있지 않은 물이 없으므로 업적을 넓게 하려는 것이다. 덕을 항구하게 하려 하므로 경으로 안을 바르게 하는 공부를, 움직이는 곳으로부터 말미암아 고요한 곳에 이르고, 고요한 곳으로부터 말미암아 움직이는 곳에 이르러서, 잠시도 중간에 끊어지게 할 수 없는 것이니, [남이] 보지 못하는 곳을 조심하고 [남이] 듣지 못하는 데를 두려워하며 홀로 있을 때 삼감이 이것이다. 업적을 넓게 하려 하므로 의로서 밖을 바르게 하는 공부를 가까운 곳으로부터 먼 곳에 이르게 해서, 작은 것 큰 것 할 것 없이 터럭만큼도 놓치게 할 수 없는 것이니, 단서가 부부에게서 이루어져서 제후와 대부 및 사(士)와 서인에게까지 이름이 이것이다."(雙峯饒氏曰, 始言中和, 以見此道管攝於吾心, 次言中庸, 以見此道著見於事物, 此言費隱, 以見此道充塞乎天地, 知道之管攝於吾心, 則存養省察之功, 不可以不盡,

中和言道之體段不偏不倚無過不及也, 中庸又添一庸字, 以明不偏不倚無過不及之爲平常也, 費隱言道之用至廣而其體至微也. 始言中和, 道之具於人心也, 此言費隱, 道之察乎天地也. 具於人心, 則道之爲物不外於吾身而不可離也, 察乎天地, 則身之所處不外於道而不可離也. 中和之極功至於天地位萬物育, 則亦察乎天地之意, 而語猶略矣. 故於此章又言費隱, 而其下八章詳說修齊治平之事, 極言道之至廣而不可離. 此章句所以斷然以此章爲申明首章道不可離之意者也. 饒氏說, 語甚支離, 未見其有發明於章句之指, 故略辨之. 又曰以下, 栗谷先生辨之已詳, 玆不復云.

중·화(제1장)는 도의 체단이 치우치지 않고 기울지 않으며 지나치거나 미치지 못함이 없음을 말한 것이고, 중용(제2장)은 또 하나의 용(庸)자를 더하여 치우치지 않고 기울지 않으며 지나치거나 모자람이 없는 것이 평상(平常: 평범하고 일상적임)이 됨을 밝힌 것이며, 비·은(제12장)은 도의 용이 지극히 넓고 그 체가 지극히 은미함을 말한 것이다. 처음에 중·화를 말한 것은 도가 사람의 마음에 갖추어진 것이고, 여기에서 비·은을 말한 것은 도가 천지에 밝게 드러난 것이다. 사람의 마음에 갖추어지면 도라는 것이 내 몸에서 벗어나지 않아 떠날 수 없고, 천지에 밝게 드러나면 몸이 처하는 곳이 도에서 벗어나지 않아 떠날 수 없는 것이다. 중·화의 지극한 결과가 하늘과 땅이 제자리에 있고 만물이 잘 길러지는 데 이른 것[274]은 또한 천지에 밝게 드러난다[275]는 뜻이지만 말은 오히려 간략

故以戒懼謹獨言之, 知道之著見於事物, 則致知力行之功, 不可以不加, 故以知仁勇言之, 知道之充塞乎天地, 則致知力行之功, 不可以不周, 故自違道不遠, 以極於達孝. 又曰, 費隱是申道不可離之意, 然道不可須臾離, 是無時不然, 君子之道費而隱, 是無物不有, 無時不然, 故德欲其久, 無物不有, 故業欲其廣, 德欲其久, 故敬以直內之功, 由動而靜, 由靜而動, 不可有須臾間斷, 戒謹不睹, 恐懼不聞, 而愼獨, 是也, 業欲其廣, 故義以方外之功, 自近而遠, 若小若大, 不可毫髮放過, 造端夫婦, 至達乎諸侯大夫及士庶人, 是也.)

274 『중용장구』제1장 제5절. 권제1 대학 편 각주 143번 참고.
275 『중용장구』제12장 제4절. 각주 271번 참고.

하다. 그러므로 이 장에서 또 비·은을 말하고 그 아래 여덟 장(제13~20장)에서 수(修)·제(齊)·치(治)·평(平)의 일을 상세하게 말하여 도가 지극히 넓어서 떠날 수 없음을 극진히 말한 것이다. 이『장구』에서 단연코 이 장을 첫 장의 도는 떠날 수 없다는 뜻을 거듭 밝힌 것이라고[276] 여긴 까닭이다. 요씨의 설은 말이 매우 지리멸렬하고『장구』의 뜻에 대하여 새롭게 밝힌 바가 없으므로 대략 논변하였다. 우왈(又曰) 이하는 율곡 선생께서 논변하신 것이 이미 상세하니,[277] 여기에서 다시 언급하지는 않겠다.

7) 第十三章 제13장

(1) 東陽許氏曰, 人之爲道【止】謂之道.

동양 허씨가 말하였다. "사람이 도를 하면서 … 도라고 이른다."[278]

人之爲道不可以爲道, 兩爲道意同. 若以下爲道爲字, 作謂字意看, 則與上爲

---

276 『중용장구』제12장 장하주. 각주 11번 참고.

277 『경서변의』「중용」제12장. "퇴계가 율곡에게 답하기를 "보내온 편지에 이르기를, '쌍봉 요씨가 도를 떠날 수 없다는 것은 어느 때든 그렇지 않음이 없는 것이고, 비·은은 어느 물이든 있지 않음이 없는 것이라고 하였는데, 주자의 '도를 떠날 수 없다'는 말에 이미 어느 물이든 있지 않음이 없다는 것을 겸하고 있으니 요씨가 이처럼 분배한 것은 지나치게 자질구레하다. 직내와 방외의 구분을 이와 같이 말할 수 없는 것은 아니지만, 단지 자사가 본래 말한 데에는 이러한 뜻이 반드시 있지는 않으니, 모두 불필요한 말이다.' 하였는데, 보내온 편지의 말이 간단하고 타당하다." 하였다.(退溪答栗谷曰, 來諭, 謂饒氏以道不可離, 爲無時不然, 費隱, 爲無物不有云云, 朱子於道不可離處, 已兼說無物不有, 饒氏乃如此分配, 太涉破碎, 其直內方外之分, 非不可如此說, 但子思本語, 未必有此意, 皆是賸說, 而來說, 說得簡當.)"

278 동양 허씨가 말하였다. "'인지위도이원인(人之爲道而遠人)'에서 이 위(爲)자가 중요하니 '도를 행한다'고 말하는 것과 같고, '불가이위도(不可以爲道)'에서 이 위(爲)자는 가벼우니 '도라고 이른다'고 말하는 것과 같다."(東陽許氏曰, 人之爲道而遠人, 此爲字重, 猶言行道, 不可以爲道, 此爲字輕, 猶言謂之道.)

道之意不同, 上下二句之間不應, 立語之同而命意之遽異也. 章句曰, 若爲道者, 曰非所以爲道, 其指人之爲道而言, 語意尤明. 許說恐非經文之意.

 '인지위도(人之爲道: 사람이 도를 행한다)'와 '불가이위도(不可以爲道: 도를 행할 수 없다)'의 두 '위도'는 뜻이 같다.[279] 만약 아래 위도의 위(爲)자를 위(謂)자의 뜻으로 간주하면 위의 위도의 뜻과 같지 않아 위아래 두 구절이 호응하지 않으며, 말을 세운 것은 같으나 명명하는 뜻은 갑자기 달라진다. 『장구』에서 "약위도자(若爲道者: 만일 도를 행하는 사람이)"라고 하고, "비소이위도(非所以爲道: 도를 행하는 것이 아니다)"라고 한 것은[280] '인지위도'를 가리켜 말한 것이니, 말뜻이 더욱 분명하다. 허씨의 설은 아마도 경문의 뜻이 아닌 것 같다.

(2) 蒙齋袁氏曰, 云云.
몽재 원씨(蒙齋 袁氏)[281]가 말하였다.[282]

---

[279] 『중용장구』 제13장 제1절. 각주 113번 참고.
[280] 『중용장구』 제13장 제1절의 주. "도는 성을 따를 뿐이니, 진실로 일반인들도 능히 알고 능히 행할 수 있다. 그러므로 항상 사람의 몸에서 멀리 있지 않으니, 만일 도를 행하는 사람이 그 비근함을 싫어하여 이는 할 것이 못된다고 하고, 도리어 고원하여 행하기 어려운 일을 힘쓴다면 도를 행하는 것이 아니다.(道者率性而已, 固衆人之所能知能行者也, 故常不遠於人, 若爲道者厭其卑近, 以爲不足爲, 而反務爲高遠難行之事, 則非所以爲道矣.)"
[281] 원보(袁甫, 생몰년 미상).
[282] 몽재 원씨가 말하였다. "내가 사람을 다스린다고 하지 않고 사람의 도리로 사람을 다스린다고 한 것은 나 또한 사람일 뿐이며 도는 내 몸에서 떠나지 않고 또한 각 사람들 몸에서도 떠나지 않기 때문이다. 내가 이 법칙이 있으면 사람들 또한 이 법칙이 있으며, 법칙으로 법칙을 취함은 하늘의 법칙이자 저절로 그러한 것이니, 저 도끼 자루가 이 도끼 자루의 법칙을 빌리는 것에 비할 바가 아니다. 사람이 허물이 있더라도 고칠 수 있으면 그치는 것이니, 만약 사람을 꾸짖는 것이 이미 심했다면 하늘의 법칙을 어긴 것이다. 그러므로 '충서는 도와 거리가 멀지 않다'고 한 것이다."(蒙齋袁氏曰, 不曰我治人, 而曰以人治人, 我亦人耳, 道不離吾身, 亦不離各人之身, 吾有此則, 人亦有此則, 以則取則, 天則自然, 非彼柯假此柯之比也, 人有過焉, 能改則止, 若責人已甚, 違天則矣, 故曰忠恕違道不遠.)

栗谷已辨其失, 而以則取則之語, 尤不可曉.

율곡께서 이미 그 잘못을 논변하셨으나,[283] '법칙으로 법칙을 취한다(以則取則)'는 말은 더욱 이해할 수 없다.

(3) 雙峯饒氏曰, 道是天理【止】其理甚明. 退溪云云.

쌍봉 요씨가 말하였다. "도는 천리이고 … 그 이치가 매우 분명하다."[284] 퇴계 선생께서 말씀하셨다.[285]

二十章章句曰, 誠者天道之自然也, 誠之者人事之當然也, 語類曰, 仁是道, 忠恕是學者下工夫處. 蓋道者是天理自有之則, 忠恕是學者誠之之功, 則以道爲天理, 忠恕爲人事, 恐無不可. 但以道不遠人忠恕違道不遠, 合而論之, 則失之矣. 道不遠人, 天理之本具於人事也, 忠恕違道不遠, 人功之可至於天理也. 彼

---

[283] 『경서변의』「중용」제13장. "퇴계가 율곡에게 답하기를 "몽재 원씨가 '내가 사람을 다스린다고 하지 않고 …'라고 하고, 또다시 '사람을 꾸짖는 것이 이미 심했다면 하늘의 법칙을 어긴 것이다.' 하고서 이 말로 인하여 아울러 '도와 거리가 멀지 않다'고 말하니, 이는 모두 본문 뜻과는 서로 맞지 않는다. 보내온 편지에서 잘못되었다고 한 것은 타당하다." 하였다.(退溪答栗谷曰, 袁氏曰, 不曰我治人云云, 又曰責人已甚, 違天則矣, 因并以違道不遠爲說, 皆與本文義不相應, 來諭非之, 當矣.)"

[284] 쌍봉 요씨가 말하였다. "도는 천리이고 충서는 사람의 일이나, 천리는 인사에서 멀리 있지 않으므로 '도가 사람에게서 멀리 있지 않다'고 한 것이고, 인사를 다하면 천리에 이를 수 있으므로 '충서는 도와 거리가 멀지 않다'고 한 것이니, 그 이치가 매우 분명하다."(雙峯饒氏曰, 道是天理, 忠恕是人事, 天理不遠於人事, 故曰道不遠人, 人事盡則可以至天理, 故曰忠恕違道不遠, 其理甚明.)

[285] 『경서변의』「중용」제13장. "퇴계가 율곡에게 답하기를 "쌍봉 요씨가 '도는 천리이고 충서는 인사이다.'라고 한 설을 옛적부터 항상 의심해왔는데, 지금 보내온 편지에서 잘못되었다고 지적하고, 주자의 '인(仁)'이란 도이고 충서란 배우는 사람이 공부하는 곳이다.'라는 한마디를 인용하여 증거로 삼으니, 이 뜻이 매우 훌륭하다." 하였다.(退溪答栗谷曰, 饒氏, 道是天理忠恕是人事之說, 舊亦每疑之, 今來諭非之, 而引朱子仁是道忠恕是學者下工夫處一語, 以爲證, 此意甚善.)"

【道不遠人】以天理人事無彼此而言也, 此【違道不遠】以天理人事有階級而言也.

『장구』제20장에서는 "성(誠)은 천도의 자연이고,²⁸⁶ 성실하게 함은 인사의 당연(當然)함이다."²⁸⁷라고 하고, 『어류』에서는 "인(仁)은 도이고, 충서는 배우는 사람이 공부를 시작하는 곳이다."²⁸⁸라고 하였다. 대개 도란 천리가 저절로 지닌 법칙이고, 충서는 배우는 사람들이 성실하게 하는 공부이니, 도를 천리로 여기고 충서를 인사로 여기는 것은 아마도 옳지 않음이 없을 것 같다. 다만 '도가 사람에게서 멀리 있지 않다'²⁸⁹는 것과 '충서는 도와 거리가 멀지 않다'²⁹⁰는 것을 합쳐서 논하는 것은 잘못된 것이다. '도가 사람에게서 멀리 있지 않다'는 것은 천리가 본래 인사에 갖추어져 있다는 것이고, '충서는 도와 거리가 멀지 않다'는 것은 사람의 공부가 천리에 이를 수 있다는 것이다. 저것【도가 사람에게서 멀리 있지 않다】은 천리와 인사가 서로 구분되지 않음을 말한 것이고, 이것【도와 거리가 멀지 않다】은 천리와 인사에 단계가 있음을 말한 것이다.

---

286 『장구』에는 '천리지본연(天理之本然)'으로 되어 있다.

287 『중용장구』제20장 제17절의 주. "성은 진실하고 망령됨이 없음을 이르니 천리의 본연이고, 성지(誠之: 성실하게 함)는 능히 진실하고 망령됨이 없지 못하여 진실하고 망령됨이 없고자 함을 이르니 인사의 당연함이다.(誠者, 眞實無妄之謂, 天理之本然也, 誠之者, 未能眞實無妄而欲其眞實無妄之謂, 人事之當然也.)"

288 『주자어류』권27「논어」9. "물었다. "충서에 도달하면 이미 도인데 어찌하여 '도와 멀지 않다'고 하는 것입니까?" 대답하였다. "인은 도이고, 충서는 바로 배우는 사람이 힘써 공부를 시작하는 곳이다. '자기에게 베풀어지기를 원치 않거든 남에게도 베풀지 말라'는 자사의 말은 바로 공부를 하라는 것이다. '공자의 도는 충서일 뿐이다'라는 말은 오히려 이와 같지 않다."(問, 到得忠恕, 已是道, 如何又云違道不遠. 曰, 仁是道, 忠恕正是學者著力下工夫處, 施諸己而不願, 亦勿施於人, 子思之說, 正爲下工夫, 夫子之道, 忠恕而已矣, 卻不是恁地.)"

289 『중용장구』제13장 제1절. 각주 113번 참고.

290 『중용장구』제13장 제3절. 권제1 대학 편 각주 173번 참고.

8) 第十五章 제15장

東陽許氏曰, 引詩, 本是譬諭.
동양 허씨가 말하였다. "인용한 시는 본래 비유한 것이다."[291]

此擧齊家一事以爲進道之凡例, 如十二章擧鳶魚以該萬物也, 本非假借而譬諭之也.
이는 제가라는 하나의 일을 들어 도에 나아가는 범례로 삼은 것이니, 이를테면 제12장에서 솔개와 물고기를 들어 만물을 포괄하는 것과 같으며, 본래 빌려 온 것이 아니라 비유한 것이다.

9) 第十六章 제16장

(1) 百物之精. 辨疑云云.
백물(百物)의 정기(精氣)[292]에 대해『경서변의』에서 말하였다.[293]

291　동양 허씨가 말하였다. "인용한 시는 본래 비유하여 말한 것이다."(東陽許氏曰, 引詩, 本是譬諭說.)
292　『중용장구』제16장 제3절의 주. "능히 사람으로 하여금 두려워하고 공경하여 받들게 하고, 발현하고 밝게 드러남이 이와 같으니, 이것이 바로 물의 체가 되어 빠뜨릴 수 없음의 징험이다. 공자께서 말씀하시기를 "그 기운이 위에 발양하여 소명과 훈호와 처창이 되니, 이는 백물(온갖 사물)의 정기(精氣)이고 신의 드러남이다." 하셨으니, 바로 이를 말씀하신 것이다.(能使人畏敬奉承而發見昭著如此, 乃其體物而不可遺之驗也. 孔子曰, 其氣發揚于上, 爲昭明焄蒿悽愴, 此百物之精也, 神之著也, 正謂此爾.)
293　『경서변의』「중용」제16장. "주자가 말하기를 "소명은 사람이 죽을 때의 하나의 광경이며, 훈호는 기운이 위로 올라간 것이며, 처창은 사람으로 하여금 슬프게 한다는 뜻이다." 하였다. … ○살펴보건대, 금수와 초목이 죽을 때는 소명·훈호·처창의 기운이 있을 수 없다. … ○김여경(金餘慶: 金玄成)이 말하기를 … 사람·짐승·초목의 삶에는 음양의 기운이 갖추어져 있지 않은 것이 없다. 그러나 사람과 짐승은 이미 분별이 있고 짐승과 초목 또한 분별이 있으니, 그들이 죽음에 미쳐서 모두가 발양하는 기운은 있으나 초목은 짐승만 못하고 짐승은 사람만 못

百物, 通人物而言. 禽獸之爛死, 腥穢之氣觸人, 草木之腐朽, 香腐之臭亦聞, 此豈無氣之發揚者耶. 但其氣甚微, 不如人之氣正而著者耳.

백물은 사람과 물을 통틀어 말한 것이다. 금수가 죽어 썩으면서 내는 비리고 더러운 기를 사람이 느끼고, 초목이 썩어 문드러지면서 내는 썩은 냄새 또한 맡게 되니, 이것이 어찌 기가 발양한 것이 아니겠는가? 다만 그 기가 매우 미세하여 사람의 기가 바르게 드러나는 것과 같지 않을 뿐이다.

(2) 朱子曰, 鬼神只是氣之屈伸【止】所謂誠也.

주자께서 말씀하셨다. "귀신은 단지 기의 굴신일 뿐이며 … 성(誠)이라 이르는 것이다."[294]

此與章句以性情功效釋德字不同. 辨疑亦言之矣.

하다는 것을 또한 알 수 있다. … 그렇다면 짐승과 초목 또한 훈호·처창의 기운이 있지만 그것은 사람에 미치지 못함이 분명하다. … ○여윤(汝允: 崔命龍)이 말하기를 "백물이라 말한 것으로 보면 짐승과 초목이 그 가운데 들어 있을 듯한데, 짐승과 초목의 죽음 또한 소명·훈호·처창의 감동이 있다고 한다면 이 또한 허탄스러운 말이 아니겠는가. 그 위 문장을 살펴보면, 오로지 사람의 죽음만을 가리켜 말한 것이 분명하다." 하였다. ○내가 다시 주자가 말한 '소명이란 사람이 죽을 때의 하나의 광경이다.'라는 말을 살펴보건대, 오로지 사람이 죽을 때의 기운만을 가리킨 것이다. 여윤의 말은 근거가 있는 것 같다. … ○지국(持國)이 말하기를 "백물 두 글자에 너무 얽매일 것이 없다. 오로지 사람의 죽음만을 가리켜 말한 것임을 의심할 게 없다." 하였다.(朱子曰, 昭明, 是人死時一段光景, 焄蒿, 是氣升騰, 悽愴, 是使人慘傷之意. … ○按禽獸草木之處, 不應有昭明焄蒿悽愴之氣. … ○金餘慶云, … 人獸草木之生, 無非具陰陽之氣矣, 然人與獸, 旣有分別, 獸與草木又有分別, 則及其死, 雖俱無發揚之氣, 而草木之不如獸, 獸之不如人, 又可知矣. … 然則禽獸草木, 固亦有焄蒿悽愴之氣, 其不逮於人, 審矣. … 汝允曰, 謂之百物, 則禽獸草木似在其中, 而謂禽獸草木之死, 亦有昭明焄蒿悽愴之感, 則不亦誕乎, 觀其上文, 則專指人之死而言之也, 明矣. ○愚更察朱子昭明是人死時一段光景之言, 專指人死之氣, 汝允之言, 似有據. … ○持國曰, 百物二字, 不必太拘, 專指人之死而言, 無疑.)

294 주자께서 말씀하셨다. "귀신은 단지 기의 굴신일 뿐이며, 그 덕은 하늘이 명한 실리이니 '성'이라 이르는 것이다."(朱子曰, 鬼神只是氣之屈伸, 其德則天命之實理, 所謂誠也.)

이는 『장구』에서 성·정과 공효(功效)로 덕(德)자를 해석한 것[295]과 같지 않다. 『경서변의』에서 또한 그에 대하여 말하였다.[296]

10) 第十八章 제18장

(1) 山陰陸氏曰, 不言追王文王者, 追王之意, 文王與焉.

산음 육씨(山陰 陸氏)[297]가 말하였다. "문왕을 왕으로 추존하였다고 말하지 않은 것은 왕으로 추존하였다는 뜻에 문왕이 관여되기 때문이다."[298]

---

295 『중용장구』 제16장 제1절의 주. "위덕(爲德)은 성·정, 공효라는 말과 같다.(爲德, 猶言性情功效.)"

296 『경서변의』 「중용」 혹문. "퇴계가 율곡에게 답하기를 "주자가 말한 '귀신은 단지 기의 굴신이다.'라는 한 조목은 후씨의 말과 다른 점을 찾아볼 수 없는데도 『혹문』에서 후씨의 말을 크게 배척하였으니, 매우 이해할 수 없었다. 그래서 다시 자세히 살펴보니, 주자가 귀신의 덕을 물은 문인에게 답하기를, '이는 귀신의 진실로 그러한 이치를 말한 것이니, 사람의 덕을 말할 때 사람이 따로 하나의 물이고 그 덕은 또 별개의 덕이 된다고 할 수 없는 것과 같다.' 하였고, 후씨가 말하기를 '귀신이란 형이하가 되며 귀신의 덕이란 형이상이 된다. 또한 '중용의 덕 됨은'이라는 것은 말이 되지 않는다. 중용이란 형이하이며 중용의 덕이란 형이상이다.' 하였고, 쌍봉 요씨 또한 말하기를 '이른바 덕이란 귀신을 가리켜 말한 것이다.' 하였다. 이로 살펴보면, 주자는 다만 형이하의 귀신을 가리켰고, 성·정과 공효의 실제 그러한 면으로서 덕을 삼은 것이니, 바로 그것이 리이며 그것이 성이다. 후씨는 귀신을 형이하라는 하나의 물로 보았고, 거기에 갖추고 있는 리를 가리켜 형이상이라는 하나의 물로 생각하였다. 이 때문에 귀신과 덕을 판연히 두 개의 물로 인식한 것이다. 주자가 그의 말을 비난한 것은 바로 여기에 있다. … " 하였다.(退溪答栗谷曰, 朱子, 鬼神只是氣之屈伸一條, 與侯氏說, 不見有異, 而或問深斥候說, 殊不可曉, 更細參詳, 朱子答門人問鬼神之德曰, 此言鬼神實然之理, 猶言人之德, 不可道人自爲一物, 其德自爲德, 侯氏謂鬼神, 爲形而下者, 鬼神之德, 爲形而上者, 且如中庸之爲德, 不成說, 中庸, 形而下者, 中庸之德, 形而上者, 雙峯亦曰, 所謂德, 指鬼神而言, 以此觀之, 朱子只指形而下之鬼神, 性情功效之實然處, 以是爲德, 卽其理也, 其誠也, 侯氏則以鬼神爲形而下之一物, 指其所具之理, 以爲形而上之一物, 是以鬼神與德, 判然認作二物看, 朱子所以非之者, 正在於此也, ….)"

297 육전(陸佃, 1042~1102).

298 산음 육씨가 말하였다. "경에서 문왕을 왕으로 추존하였다고 말하지 않은 것은 위에서 주공이 문왕과 무왕의 덕을 이루어 왕으로 추존하였다'고 말한 뜻에 문왕이 관여되기 때문이다."(山

章句言推文武之意及於王迹之所起, 又推大王王季之意及於無窮者, 蓋據文王旣受追王之典, 度其心必欲追及於王迹之所起, 據大王王季旣享天子之祀禮, 度其心又欲追及於無窮. 故曰推文武之意, 而追王大王王季, 又追大王王季之意, 而上祀先公天子之禮云爾, 非謂文王在時已有追王之意, 大王王季在時已有追祀天子之禮之意也. 經不言追王文王者, 武王在時已追王文王, 而未及於大王王季, 故至周公時始皆追王耳. 成文武之德者, 周之有天下, 雖在於武王之滅殷, 而其基業則已隆於文王之時, 故論其有天下之功德, 必幷文武而稱之也, 非以追王之意歸之於文王而至是方成之云也. 若使文王在時已有滅殷自王之意, 則豈所以爲聖人哉.

『장구』에서 "문왕과 무왕의 뜻을 미루어 헤아려 왕의 자취가 일어난 바에까지 미친 것이고, 또 대왕(大王: 太王)과 왕계의 뜻을 미루어 헤아려 무궁한 선대에까지 미친 것이다."[299]라고 말한 것은, 대개 문왕이 이미 왕으로 추존되는 예를 받은 것에 의거하여 그 마음을 헤아려 반드시 왕의 자취가 일어난 바에까지 추존을 미치게 하고자 한 것이고, 태왕과 왕계가 이미 천자에게 올리는 제사의 예를 받은 것에 의거하여 그 마음을 헤아려 또 무궁한 선대에까지 추존을 미치게 하고자 한 것이다. 그러므로 문왕과 무왕의 뜻을 미루어 헤아려 태왕과 왕계를 왕으로 추존하고, 또 태왕과 왕계의 뜻을 미루어 헤아려 위로 선공(先公)을 천자의 예로 제사지냈다고 한 것일 뿐이지, 문왕이 살아 계실 때 이미 왕으로 추존하려는 뜻이 있었고, 태왕과 왕계가 살아 계실 때 이미 추존하여 천자의 예로 제

陰陸氏曰, 經不言追王文王者, 以上言周公成文武之德追王之意, 文王與焉故也.)

299 『중용장구』 제18장 제3절의 주. "추왕은 문왕과 무왕의 뜻을 미루어 왕의 자취가 일어난 바에까지 미친 것이다. 선공은 조감 이상으로부터 후직까지이다. 위로 선공을 천자의 예로 제사한 것은 또 태왕과 왕계의 뜻을 미루어 헤아려 무궁한 선대에까지 미친 것이다.(追王, 蓋推文武之意, 以及乎王迹之所起也. 先公, 組紺以上至后稷也, 上祀先公以天子之禮, 又推大王王季之意, 以及於無窮也.)"

사지내려는 뜻이 있었다고 이른 것이 아니다. 경전에서 문왕을 왕으로 추존하였다고 말하지 않은 것은, 무왕이 살아 계실 때 이미 문왕을 왕으로 추존하였으나 아직 태왕과 왕계에게까지 미치지는 않았으므로, 주공의 때에 이르러 비로소 모두 왕으로 추존하였을 뿐이기 때문이다. '문왕과 무왕의 덕을 이루었다'[300]는 것은, 주(周)나라가 천하를 차지한 것은 비록 무왕이 은(殷)나라를 멸망시킨 데 있으나 그 기반은 이미 문왕의 때에 융성하였으므로, 그 천하를 차지한 공덕을 논할 때면 반드시 문왕과 무왕을 함께 칭송한 것이지, 왕으로 추존하는 뜻을 문왕에게 돌리고서 여기에 이르러 비로소 이루어졌다고 이른 것이 아니다. 만약 문왕이 살아 계실 때 이미 은나라를 멸망시키고 스스로 왕이 되려는 뜻이 있었다면, 어찌 성인이라고 하겠는가.

(2) 推己及人, 尤菴先生謂指周公, 恐未然. 周之制禮者是周公, 故註曰, 此言周公事. 然制禮本是天子之事, 而其用自天子出, 故所謂推己及人, 以天子而言也. 蓋天子先行喪祭之禮, 而推之以及天下也, 故曰推己及人.

'자기로부터 미루어 헤아려 남에게 미친다'[301]는 것에 대하여 우암 선생께서 주공을 가리킨다[302]고 이르셨는데, 아마도 그렇지 않은 것 같다. 주나라에서 예

---

[300] 『중용장구』 제18장 제3절. "무왕이 말년에 천명을 받으시자, 주공이 문왕과 무왕의 덕을 이루어 태왕과 왕계를 추존하여 왕으로 높이시고 위로 선공을 천자의 예로써 제사하시니, 이 예가 제후와 대부 및 사(士)와 서인에게까지 통하였다.(武王末受命, 周公成文武之德, 追王大王王季, 上祀先公以天子之禮, 斯禮也, 達乎諸侯大夫及士庶人.)"

[301] 『중용장구』 제18장 제3절의 주. "예법을 제정하여 천하에 미쳐서 장례는 죽은 자의 관작을 쓰고 제사는 산 자의 녹을 쓰게 하며 상복은 기년으로부터 이하는 제후는 없애고 대부는 줄였는데 부모의 상은 위아래가 똑같게 하였으니, 자기로부터 미루어 헤아려 남에게 미친 것이다.(制爲禮法, 以及天下, 使葬用死者之爵, 祭用生者之祿, 喪服自期以下, 諸侯絶, 大夫降, 而父母之喪, 上下同之, 推己以及人也.)"

[302] 『宋子大全』 권93 『答金仲和【戊午十二月二十九日】"자기로부터 미루어 남에게 미친다"는 것은 오로지 상하가 동일하게 행하는 부모의 상(喪)을 말한 것이다. 그리고 이른바 자기(己)란 것은 주공을 가리켜 말한 것이고, 남(人)이란 것은 당시의 군신 백성과 후세를 통틀어 말한

를 제정한 사람은 주공이므로 주(註)에서 "이것은 주공의 일을 말한 것이다."[303]라고 하였다. 그러나 예를 제정하는 것은 본래 천자의 일이고, 그것을 시행하는 것은 천자로부터 나오므로, '자기로부터 미루어 헤아려 남에게 미친다'고 이른 것은 천자로서 말한 것이다. 대개 천자가 먼저 상례와 제례를 행하고 그것을 미루어 헤아려 천하에 미치게 하는 것이므로 "자기로부터 미루어 헤아려 남에게 미친다."라고 한 것이다.

11) 第十九章 제19장

雙峯饒氏曰, 達孝是承上章【止】天子之孝是也.

쌍봉 요씨가 말하였다. "달효(達孝)는 앞 장을 이어받아 … 천자의 효가 이것이다."[304]

饒氏說與章句不同, 亦可以備一說也.

것이니, 여기에는 다시 의심할 것이 없다.(推己以及人, 專以父母之喪, 上下同之而言, 所謂己指周公而言, 人並指當時君臣百姓與後世而言也, 此處更無可疑矣.)"

303 『중용장구』제18장 제3절의 주.
304 쌍봉 요씨가 말하였다. "달효(達孝)는 앞 장에 있는 세 개의 달(達)자를 이어받아 말한 것이니, 그 효는 집에서 베풀 뿐만 아니라 천하에 통할 수 있음을 말한 것이다. 이와 같은 예가 제후와 대부 및 사(士)와 서인에게까지 통용됨은 위로부터 아래까지 통함이고, 기년(期年)의 상(喪)이 천자에게까지 통용됨은 아래로부터 위까지 통함이다. 내가 어버이를 사랑하는 마음을 미루어 헤아려 상례와 제례를 만들어서, 위와 아래에 통용하도록 하여 사람마다 그 효를 지극하게 할 수 있게 하였으므로 '공통된 효(達孝)'라고 이른 것이니, 이를테면 '덕의 교화가 백성에게 더해지고 온 세상에 본보기가 되는 이것이 천자의 효이다.'라고 이른 것이 이것이다."(雙峯饒氏曰, 達孝是承上章三達字而言, 言其孝不特施之家, 又能達之天下, 如斯禮達乎諸侯大夫及士庶人, 是自上達下, 期之喪至達乎天子, 是自下達上, 能推吾愛親之心, 而制爲喪祭之禮, 以通乎上下, 使人人得致其孝, 故謂之達孝, 如所謂德教, 加於百姓, 刑于四海, 此天子之孝, 是也.)

요씨의 설은 『장구』와 같지 않으나, 또한 하나의 설로 갖출 수 있다.

12) 第二十章 제20장

(1) 新安倪氏曰, 此仁字【止】可見矣.

신안 예씨[305]가 말하였다. "여기의 인(仁)자는 … 알 수 있다."[306]

倪氏以修道以仁之仁爲專言之仁, 以仁者人也之仁爲偏言之仁者, 大綱說也. 若就仁者人也一段言, 則仁者人也統言仁之理, 是專言也, 親親爲大就人理中指此爲大, 是偏言者也. 故章句曰其此生理, 是解仁者人也, 而謂之生理, 則全矣, 惻怛慈愛, 是解親親, 而謂之慈愛, 則偏矣. 然合而言之曰, 其此生理, 自然便有惻怛慈愛云, 則所謂專言者實不離於偏言之一事矣.

예씨가 '도를 닦되 인(仁)으로서 한다'의 인을 전체로 말한 인으로 여기고, '인(仁)이란 사람이다'의 인을 한쪽으로 말한 인으로 여긴 것은 대략적으로 말한 것

---

305 예사의(倪士毅, 1303~1348).
306 신안 예씨가 말하였다. "여기 인(仁)자는 앞의 글로 살펴보면, '몸을 닦되 도로써 하고, 도를 닦되 인으로써 한다'는 것은 몸으로부터 마음으로 말이 돌아온 것이니, 마음의 덕과 사랑의 이치를 겸하여 말한 것이다. 그러므로 『장구』에서 "인이란 천지가 물을 낳는 마음이고 사람이 얻어서 태어나는 것이니, '원(元)은 선의 으뜸이다'라고 이른 것이다."라고 한 것이고, 진씨 또한 "인이란 한 마음의 온전한 덕이다."라고 한 것이다. 다음 글로 살펴보면, '인(仁)이란 사람(人)이니, 어버이를 친애함이 큰 것이 된다'는 것은 몸을 따라서 말하여 어버이를 친애하는 데에 이른 것이니, 바로 사랑의 이치로써 말한 것이다. 그러므로 『장구』에서 "사람(人)은 사람의 몸을 가리켜 말한 것이니, 낳는 이치를 갖추고 있어서, 자연히 곧 측은하게 여기고 슬퍼하며 자애로운 뜻이 있게 되는 것이다."라고 하였고, 주자께서 또 "이것은 한쪽만 말한 것이다."라고 하셨으니, 자세히 음미해보면 알 수 있다."(新安倪氏曰, 此仁字, 以上文觀之, 曰修身以道, 修道以仁, 是自身上說歸心上, 兼心之德愛之理而言, 故章句曰, 仁者, 天地生物之心而人得以生者, 所謂元者善之長也, 而真氏亦曰, 仁者一心之全德, 以下文觀之, 曰仁者人也, 親親爲大, 是又從身上說, 到親親上, 方以愛之理言, 故章句曰, 人指人身而言, 具此生理, 自然便有惻怛慈愛之意, 而朱子亦曰, 是偏言, 詳玩之, 則可見矣.)

이다. 만약 '인이란 사람이다'라는 한 단락에 나아가 말한다면 '인이란 사람이다'라는 것은 인의 리를 통괄하여 말한 것이니 전체로 말한 것이며, '어버이(친족)를 친애함이 큰 것이 된다'는 것은 사람의 리 가운데 나아가 이를 가리켜 큰 것으로 삼은 것이니 한쪽으로 말한 것이다. 그러므로 『장구』에서 "이 생리(生理: 만물을 낳는 이치)를 갖추고 있다."라고 한 것은 '인이란 사람이다'를 해석하여 '생리'라고 이른 것이니 전체인 것이며, '불쌍히 여겨 슬퍼하며 사랑하고 아낀다'는 것은 '어버이(친족)를 친애함'을 해석하여 '사랑하고 아낀다'고 이른 것이니 한쪽인 것이다. 그러나 합쳐서 말하여 "이 생리를 갖추고 있어 자연히 불쌍히 여겨 슬퍼하며 사랑하고 아낌이 있다."라고 하였으니, '전언(專言: 전체로 말함)'이라고 이른 것은 참으로 편언(偏言: 한쪽으로 말함)이라는 한 가지 일에서 떠나지 않는 것이다.[307]

(2) 節齋蔡氏曰, 三知主知【止】勇之勇也.

절재 채씨가 말하였다. "세 가지 앎(知)은 지혜(知)를 주로 하고 … 용맹의 용이다."[308]

---

[307] 『중용장구』제20장 제4절. "그러므로 정사를 함이 사람에게 달려 있으니, 사람을 취하되 몸(군주)으로써 하고, 몸을 닦되 도로써 하고, 도를 닦되 인으로써 해야 한다.(故爲政在人, 取人以身, 修身以道, 修道以仁.)"『중용장구』제20장 제5절. 각주 133번 참고. 『중용장구』제20장 제5절의 주. "인(人)은 사람의 몸을 가리켜 말하였다. 이 생리를 갖추고 있어 자연히 측달하고 자애로운 뜻이 있으니, 깊이 체득하여 음미하면 볼 수 있다. 의는 사리를 분별하여 각기 마땅한 바가 있게 하는 것이고, 예는 이 두 가지(인·의)를 절문할 뿐이다.(人, 指人身而言, 具此生理, 自然便有惻怛慈愛之意, 深體味之, 可見, 宜者, 分別事理, 各有所宜也, 禮, 則節文斯二者而已.)"

[308] 절재 채씨가 말하였다. "세 가지 앎은 지혜를 주로 하고, 세 가지 실천(行)은 어짊(仁)을 주로 하며, 세 가지 가까움은 용맹(勇)을 주로 한다. 나면서 아는 것은 지(知)의 지이고, 배워서 아는 것은 인(仁)의 지이고, 고심해서 아는 것은 용(勇)의 지이며, 편안하게 행하는 것은 인의 인이고, 이롭게 여겨 행하는 것은 지의 인이고, 힘써 행하는 것은 용의 인이며, 배움을 좋아하는 것은 지의 용이고, 힘써 행하는 것은 인의 용이고, 부끄러움을 아는 것은 용의 용이다."(節齋蔡氏曰, 三知主知, 三行主仁, 三近主勇, 生知者, 知之知也, 學知者, 仁之知也, 困知者, 勇之知也, 安行者, 仁之仁也, 利行者, 知之仁也, 勉行者, 勇之仁也, 好學者, 知之勇也, 力行

安行者仁之仁, 利行者知之仁, 語意差互, 當曰安行者知之仁, 利行者仁之仁也.

"편안하게 행하는 것은 인의 인이고, 이롭게 여겨 행하는 것은 지의 인이다."는 말뜻이 서로 어긋나니, 마땅히 "편안하게 행하는 것은 지의 인이고, 이롭게 여겨 행하는 것은 인의 인이다."라고 해야 한다.[309]

13) 第二十一章 제21장

(1) 朱子曰, 此性字是性之也, 此敎字是學知也, 與首章天命謂性修道謂敎二字, 義不同.

주자께서 말씀하셨다. "여기 성(性)자는 성(性)대로 하는 것이고, 여기 교(敎)자는 배워서 아는 것이니, 첫 장의 '하늘이 명한 것을 성이라 하고, 도를 품절한 것을 교라고 한다'의 두 글자와는 뜻이 같지 않다."

首章性字, 以人所同稟而言, 本然之性也, 此章性字, 以聖人獨全而言, 氣質之性也, 首章敎字, 以聖人立敎而言, 敎之事也, 此章敎字, 以賢人由敎而言, 學之事也, 此其不同者也. 然聖人所全之性, 卽人所同稟之性也, 賢人所由之敎, 卽聖人所立之敎也, 其實亦非有兩事也. 孟子堯舜性之也, 堯舜性者也, 通書性焉安焉之謂聖, 三性字義同, 而朱子註說皆以聖人所獨者而釋之, 則是皆以氣質所稟而言也. 若性之本然, 則豈有聖凡之不同哉.

첫 장의 성(性)자는 사람이 함께 품부받은 바로서 말한 것이니 본연의 성이고, 이 장의 성(性)자는 성인께서 홀로 온전히 한 것으로서 말한 것이니 기질의 성이며, 첫 장의 교(敎)자는 성인께서 가르침을 세우신 것으로서 말한 것이니 가르침

者, 仁之勇也, 知恥者, 勇之勇也.)
[309] 『중용장구』 제20장 제8절. 각주 255번 참고.

의 일이고, 이 장의 교(敎)자는 현인이 가르침으로 말미암는 것으로서 말한 것이니 배움의 일이다.³¹⁰ 이것이 그 같지 않은 것이다. 그러나 성인께서 온전히 한 바의 성은 곧 사람이 함께 품부받은 바의 성이고, 현인이 말미암는 바의 가르침은 곧 성인께서 세우신 바의 가르침이니, 실제로는 두 가지 일이 있는 것이 아니다. 『맹자』의 '요·순은 성(性)대로 하셨다'³¹¹와 '요·순은 성(性)대로 하신 분이다'³¹² 『통서(通書)』의 '성(性)대로 하고 편안하게 행하는 것을 성(聖)이라 이른다'의³¹³ 세 성(性)자는 뜻이 같고, 주자의 주(註)의 설은 모두 성인께서 홀로 가지고 있는 것으로서 해석하였으니, 이는 모두 기질을 품부받은 바로서 말한 것이다. 만약 성의 본연이라면 어찌 성인과 범인이 같지 않음이 있겠는가?

14) 第二十五章 제25장

朱子說三段, 胡氏說一段, 說誠者自成, 與章句或問不同, 讀者當辨之. 自來讀者皆以自成爲稟命時自然生成者, 而不知其爲有生後自力成就者, 蓋不察乎經文兩自成字同一義也.

---

310 『중용장구』 제1장 제1절. 권제1 대학 편 각주 44번 참고. 『중용장구』 제21장. 각주 24번 참고.
311 『맹자집주』 「진심상」 제30장 제1절. "맹자께서 말씀하셨다. "요·순은 성(性)대로 하셨고, 탕·무는 몸으로 실천하셨고, 오패는 빌린 것이다."(孟子曰, 堯舜性之也, 湯武身之也, 五霸假之也.)"
312 『맹자집주』 「진심하」 제33장 제1절. "맹자께서 말씀하셨다. "요·순은 성(性)대로 하신 분이고 탕·무는 성을 회복하셨다."(孟子曰, 堯舜性者也, 湯武反之也.)"
313 『통서』 「誠幾德」. "성(性)대로 하고 편안하게 행하는 것을 '성(聖)'이라 이른다. 성을 회복하고 잡아 지키는 것을 '현(賢)'이라 이른다. 발함이 은미하여 볼 수 없고, 채움이 두루 미쳐서 다 할 수 없는 것을 '신(神)'이라 이른다.(性焉安焉之謂聖, 復焉執焉之謂賢, 發微不可見, 充周不可窮之謂神.)"

주자의 설 세 단락[314]과 호씨의 설 한 단락[315]에서 '성(誠)이란 스스로 이루는 것'

314 주자께서 말씀하셨다. "성(誠)이란 하나의 자연히 이루어지는 도리이니, 사람이 가서 인위적으로 안배한 물사가 아니고, 도란 하나의 아무런 뜻이 없는 도리일 뿐이니, 반드시 사람이 스스로 가서 행해야만 비로소 얻게 될 것이다." ○'성이란 스스로 이루는 것이다'라는 한 구절을 따로 세워 가상으로 설정하여 말한 것이니, 대개 이 성실한 이치가 있으면 이 하늘이 있고, 이 성실한 이치가 있으면 이 땅이 있게 되어서, 모든 물이 다 이와 같은 것이다. 그러므로 '성이란 스스로 이루는 것이다'라고 한 것이니, 대개 본래부터 스스로 이 물을 이루는 것이다. '도는 스스로 행하는 것이다'라는 것에 이르게 되면, 바로 이 도가 이 속에 있으니, 사람이 만약 스스로 가서 행하지 않는다면 곧 비어 있는 것일 뿐이다. … ○'성은 스스로 이루는 것이다'라는 것은, 이를테면 이 하나의 풀과 나무가 많은 뿌리와 그루가 있어서, 가지와 잎새, 줄거리와 줄기를 가지고 있는 것이 모두 스스로가 실제로 가지고 있는 것과 같고, 사람이 스스로 귀·눈·코·입을 가지고 있어서, 손과 발 등의 여러 가지 몸체를 가지고 있는 것이 스스로가 실제로 가지고 있는 것과 같다. 도는 비록 자연스러운 도리일 뿐이나, 반드시 스스로 실행해야만 비로소 얻게 될 것이다.(朱子曰, 誠者是箇自然成就道理, 不是人去做作安排底物事, 道却是箇無情底道理, 却須是人自去行始得. ○誠者自成也, 是孤立懸空說這一句, 蓋有是實理, 則有是天, 有是實理, 則有是地, 凡物都是如此, 故曰誠者自成, 蓋本來自成此物, 到得道自道, 便是有這道在這裏, 人若不自去行, 便也空了, … ○誠者自成, 如這箇草樹所以有許多根株, 枝葉條軡皆是自實有底, 如人便自有耳目鼻, 口手足百骸都是你自實有底, 道雖是自然底道理, 然却須是你自去做始得.)

315 운봉 호씨가 말하였다. "이 성(誠)자는 곧 천명지성이니, 물이 스스로 이루는 것이고, 이 도(道)자는 솔성지도이니, 사람이 마땅히 스스로 행해야 할 바이다. '물이 스스로 이루는 바이다'라는 것은 전혀 인위를 빌리지 않는 것이고, '사람이 마땅히 스스로 행해야 할 바이다'라는 것은 전부 사람에게 있는 것이다. '성은 마음(心)으로서 말한 것이니 근본이고, 도는 이치로서 말한 것이니 작용이다'라는 것은 오로지 사람이 마땅히 스스로 행해야 할 바를 위해 말한 것이다. 그래서 주자께서 "'성이란 스스로 이루는 것이다'라는 것은 또한 이 한 구절을 가상적으로 말한 것이다."라고 하신 것이니, 대개 천하의 모든 물은 이 성실한 이치가 있어야 비로소 이 물이 이루어지게 되는 것이다. 만약 사람이 마땅히 스스로 행해야 할 것에 이 실제의 마음이 없다면, 어떻게 이 이치를 성실하게 할 수 있겠는가? 그러므로 『장구』에서 심(心)자 하나를 끄집어내어 말한 것이다. … 나의 어리석은 생각으로는, 성은 성실한 이치로서 말한 것이 있고 성실한 마음으로서 말한 것이 있으니, 성실한 이치로 말한다면 성은 곧 도이므로 근본과 작용으로 나눌 필요가 없는 듯하고, 성실한 마음으로서 말한다면 반드시 이 마음이 실제로 있고 난 뒤에야 이 이치가 실제로 있을 수 있다는 것이다. … 물에 있는 것을 넓게 가리킨다면 물이 스스로 이루는 것을 근본으로 삼고, 사람이 마땅히 스스로 행해야 할 것을 작용으로 삼으며, 또한 사람에게 있는 것을 오로지 가리키기를 다음 글 『장구』의 "사람의 마음이 성실하지 않음이 없게 할 수 있으면 곧 스스로 이룸이 있게 되고, 나에게 있는 도를 또한 행하지 못함이 없을 것이다."라고 이른 것과 같을 것이다. 이와 같다면 마음의 성을 근본으로 삼고 도를 행함을 작용으로 삼는 것을 또한 무엇을 의심할 게 있겠는가?"(雲峯胡氏曰, 此誠字即是天命之性, 是物之所以自成, 此道字是率性之道, 是人之所當自行, 物之所以自成, 是全不假人為, 人之所當

이다'³¹⁶에 대해 설명한 것이 『장구』・『혹문』과 같지 않으니 독자들이 마땅히 분별해야 한다. 예로부터 지금까지 독자들이 모두 '스스로 이룬다(自成)'는 것을 명을 품부받을 때 저절로 생성되는 것으로 여겨서, 태어난 뒤에 스스로 노력하여 이루어나가는 것이 있음을 알지 못하였으니, 대개 경문의 두 자성(自成)자³¹⁷가 동일한 뜻임을 잘 살피지 못한 것이다.

15) 第二十七章 제27장

(1) 雲峯胡氏曰, 讀此者往往謂存心是力行工夫云云.

운봉 호씨가 말하였다. "이를 읽는 사람이 가끔 '존심이 역행 공부이다.'라고 말하였다. …"³¹⁸

自行, 爲之全在乎人, 誠以心言, 本也, 道以理言, 用也, 專爲人之所當自行者而言, 所以朱子曰, 誠者自成, 且是懸空說此一句, 蓋凡天下之物, 有此實理, 方成此物, 若人之所當自行者, 無此實心, 如何能實此理, 故章句提起心之一字言之, … 愚謂誠有以實理言者, 有以實心言者, 以實理言, 誠即道也, 似不必分本與用, 以實心言, 必實有是心, 然後能實有是理, … 泛指在物者, 則以物之所以自成者爲本, 而以人之所當自行者爲用, 亦可專指在人者, 如下文章句所謂人之心, 能無不實, 乃爲有以自成, 而道之在我者, 亦無不行矣, 若是, 則以心之誠爲本, 而道之行爲用, 又何疑之有.)

316 『중용장구』 제25장 제1절. 각주 140번 참고.
317 『중용장구』 제25장 제1절. 각주 140번 참고. 『중용장구』 제25장 제3절. 각주 141번 참고.
318 운봉 호씨가 말하였다. "이를 읽는 사람이 가끔 진씨가 '존심이 역행 공부이다.'라고 이른 것으로 말미암아 고명(높고 밝음)과 온고지신이 지(知)에 속함을 의심하니, 아마도 『장구』에서 다만 '마음을 보존하여 앎을 지극하게 한다'고 하고 '힘써 행하여 앎을 지극하게 한다'고 하지 않았음을 알지 못한 것이다. 주자께서 '덕성을 높이는 것은 힘써 행하는 것이다.'라고 하지 않으시고, 반드시 '마음을 보존하는 것이다.'라고 하신 것은 어째서인가? … 만약 마음을 보존하는 것을 바로 힘써 행하는 것이라 이른다면, 다음 글에 '마음을 보존하는 것이 아니면 앎을 지극하게 할 수 없다'고 한 것이 있으니, '힘써 행하는 것이 아니면 앎을 지극하게 할 수 없다'고 이르는 것이 옳은 것이겠는가? … 도의 체는 지극히 크고 마음(心)의 체 또한 지극히 크니, 높이면 이 마음의 큼을 보존할 수 있어서, 이 도의 큼을 지극하게 할 수 있는 것이고, 아마도 바로 힘써 행하는 데에까지 말한 것은 아닐 것이다. 생각건대, 마음을 보존하는 것은 그 마음의 체

自來讀者皆以力行屬存心, 固非矣. 胡氏辨之當矣, 而又以力行屬致知, 則又不免於矯枉過直矣. 此章之指, 存心致知相對爲兩端, 而力行之功通屬二者, 觀於敦厚崇禮一句, 尤明矣.

예로부터 지금까지 독자들은 모두 역행(力行: 힘써 행함)을 존심(存心: 마음을 보존함)에 배속시켰는데 참으로 잘못된 것이다. 호씨가 분별한 것이 마땅하나, 또 역행을 치지(致知)에 배속시켰으니 또한 구부러진 것을 바로잡으려다 지나치게 곧게 하는 것을 면하지 못한다. 이 장의 뜻은 존심과 치지를 서로 대비하여 두 가지 단서로 삼은 것이니, 역행의 공부가 두 가지에 공통으로 배속되는 것은

의 본연을 보존하는 것에 지나지 않을 뿐이고, 앎을 지극하게 하는 것은 사리의 당연을 미루어 헤아려 지극하게 하는 것이다. 마음의 체는 본래 스스로 넓고 커서, 사사로운 뜻으로 가리지 않는다면 곧 '지극하게 하였다'고 이를 것이고, 마음의 체는 본래 스스로 높고 밝아서 사사로운 욕심으로 더럽히지 않으면 곧 '지극하게 하였다'고 이를 것이니, 이미 아는 것을 익혀서 잠기고 헤엄치는 맛이 깊어지고, 이미 두터운 것을 돈독히 하여 붙들어 지키는 힘이 굳건해지는 것은 모두 그 마음의 체의 본연을 보존한 것이다. … 대개 도의 체는 지극히 크고 밖이 없어서, 얕고 좁은 가슴으로 포용할 수 있는 것이 아니니, 마음(心)의 체의 본연을 보존하지 않을 수 없는 것이다. 도의 체는 지극히 미세한 데까지 들어가 더 이상 틈이 없어서 거칠고 성근 학문으로 다할 수 있는 것이 아니니, 사리의 당연을 지극하게 하지 않을 수 없는 것이다. 요컨대 마음을 보존하는 것은 크게 힘을 쓰는 것이 아니고, 스스로 가리지 않고 스스로 더럽히지 않으면 충분한 것이며, 여기에 잠기고 헤엄치며 여기에 돈독히 하면 충분한 것이다. 그 속에서 또한 지와 행을 나눌 필요는 없으나, 앎을 지극하게 하는 공부와 같은 것은 그 속에 스스로 행을 겸해서 말한 것이니, 열에 열을 모두 세밀히 하지 않으면 할 수 없는 것이다."(雲峯胡氏曰, 讀此者, 往往因陳氏謂存心是力行工夫, 遂疑高明溫故知新屬知, 殊不知章句但曰存心致知, 未嘗曰力行致知, 朱子不曰尊德性所以力行, 而必曰存心, 何也, … 若謂存心便是力行, 下文有曰非存心, 無以致知, 謂之非力行, 無以致知, 可乎, … 道體至大, 心體本亦至大, 尊之則能存此心之大, 所以能極乎此道之大, 恐未便說到力行處, 竊以爲存心, 不過是存其心體之本然者, 致知是推極夫事理之當然者, 心體本是廣大, 不以私意蔽之, 卽謂之致, 心體本自高明, 不以私欲累之, 卽謂之極, 已知者溫之而涵泳之味深, 已厚者敦之而持守之力固, 此皆存其心之本然者也, … 蓋道體極於至大而無外, 非淺陋之胷襟所能容, 所以不可不存夫心體之本然者, 道體入於至細而無間, 非粗疏之學問所能悉, 所以不可不極夫事理之當然者, 要之, 存心不大段用力, 不自蔽不自累足矣, 涵泳乎此敦篤乎此足矣, 不必於其中又分知與行, 若致知工夫, 其中却自兼行而言, 非十分細密不可也.)

'두터움을 돈독히 하여 예를 숭상한다'[319]는 한 구절을 살펴보면 더욱 분명해진다.

(2) 安陳氏曰, 引詩以證無道默容.

신안 진씨가 말하였다. "시를 인용하여 '도가 없을 때 침묵이 용납됨'을 증명하였다."

已見上.

이미 위에서 나왔다.[320]

16) 第三十章 제30장

(1) 內外本末, 北溪潛室雲峯說.

내외·본말[321]에 대한 북계·잠실·운봉의 설.[322]

---

[319] 『중용장구』 제27장 제6절. 권제1 대학 편 각주 49번 참고.

[320] 권제2-1-30)-(5)

[321] 『중용장구』 제30장 제1절의 주. "조술은 멀리 그 도를 높임이고 헌장은 가까이 그 법을 지킴이며, '천시를 따른다'는 것은 자연의 운행을 법 받음이고 '수토를 인한다'는 것은 일정한 이치를 인함이니, 이는 모두 내와 외를 겸하고 본과 말을 포함하여 말씀하신 것이다.(祖述者, 遠宗其道, 憲章者, 近守其法, 律天時者, 法其自然之運, 襲水土者, 因其一定之理, 皆兼內外該本末而言也.)"

[322] 북계 진씨가 말하였다. "… 하늘의 때(天時)란 봄·여름·가을·겨울의 사시이니, 성인께서 그 자연스러운 운행을 본받음이고, 물과 땅은 동서남북의 사방이니, 성인께서 그 일정한 이치를 따르는 것이다. 주자께서 이를 '안(內)과 밖(外)을 겸하고 근본(本)과 말단(末)을 포함해서 말한 것이다.'라고 이르셨으니, … '하늘의 때를 본받는다'는 것은 벼슬에 나아가고 그만두는 것과 벼슬자리에 오래 있고 빨리 그만두는 것을 모두 합당하게 하신 것과 같은 것이며, '물과 땅의 이치를 따른다'는 것은 등용하고 내침에 따라 도를 행하거나 숨는 것을 만나는 상황에 따라 편안히 하신 것과 같은 것이 바로 그 행이니, 행은 안으로서 말한 것이고 근본이며, 일은 밖으로서 말한 것이고 말단이다. …."(北溪陳氏曰, … 天時者, 春夏秋冬之四時, 聖人法其自然之運, 水土者, 東西南北之四方, 聖人因其一定之理, 朱子謂此兼內外該本末而言, … 其律天

內以存於心者言, 外以見於行者言, 本言其大而精者, 末言其小而粗者, 四字各是一義. 諸儒之說皆以內爲本外爲末, 約四字爲兩箇. 非無此理, 恐非此章句之指也.

내(內)는 마음에 보존된 것으로써 말한 것이고, 외(外)는 행동으로 드러난 것으로써 말한 것이며, 본(本)은 그 크고 정밀한 것을 말한 것이고, 말(末)은 그 작고 거친 것을 말한 것으로, 네 글자가 각각 하나의 뜻이다. 여러 학자들의 설은 모두 내를 본으로 삼고 외를 말로 삼아 네 글자를 묶어서 두 개로 만들었다. 이런 이치가 없는 것은 아니지만 아마도 이 『장구』의 뜻은 아닌 것 같다.

時, 如仕止久速, 皆當其可, 其襲水土, 如用舍行藏, 隨遇而安, 乃其行也, 行以內言, 本也, 事以外言, 末也.) 잠실 진씨가 말하였다. "… '하늘의 때를 본받는다'는 것은 크게는 나아가 벼슬하고 물러나 숨음과 굽히고 폄이며, 작게는 마시고 먹고 잠자고 거처하는 것이고, '물과 땅의 이치를 따른다'는 것은 크게는 험하면 그치고 흐르면 행하는 것이고, 작게는 산에서 나물을 캐고 물에서 낚시질하는 것이니, 세밀한 도리는 근본과 안이 되고, 거친 도리는 말단과 밖이 된다."(潛室陳氏曰, … 律天時者, 大則顯晦屈伸, 小則飮食寢處, 襲水土者, 大則坎止流行, 小則採山釣水, 細底道理爲本爲內, 麤底道理爲末爲外.) 운봉 호씨가 말하였다. "중(中)이라는 한 글자는 요 임금과 순 임금이 처음으로 밝히셨으니, 요 임금과 순 임금으로부터 문왕과 무왕에 이르기까지 서로 전하신 것이 다만 이 중일 뿐이며, 하늘의 때와 물과 땅의 이치 또한 다만 이 중일 뿐이다. 요 임금과 순 임금에 대해서는 '조술한다'고 하고, 문왕과 무왕에 대해서는 '법도를 본받는다'고 하고, 하늘의 때에 대해서는 '위로 본받는다'고 하고, 물과 땅의 이치에는 '아래로 따른다'고 하였으니, 바로 공자께서 때에 맞게 중을 행하심을 알 수 있다. 그 도를 멀리 존숭하나 법이 도의 밖에 있지 않고, 가깝게 그 법을 지키나 도가 모두 법 가운데에 붙어 있으니, 이는 안과 밖을 겸하고 근본과 말단을 포괄해서 말한 것이다. '하늘의 때를 본받는다'는 것은 제철 음식이 아닌 것은 먹지 않으신 것과 같은 것이니 말단이고, 공자는 성인 중에 때를 맞게 하신 분이라는 것은 근본이며, '물과 땅의 이치를 따른다'는 것은 노나라에 계실 때는 봉액을 입으신 것과 같은 것이니 말단이고, 자기가 처한 장소에 편안히 해서 인을 돈독히 하는 것은 근본이니, 이는 안과 밖을 겸하고 근본과 말단을 포괄해서 말한 것이다."(雲峯胡氏曰, 中之一字, 堯舜始發之, 自堯舜至文武相傳, 只是此中, 天時水土, 亦只是此中, 於堯舜曰祖述, 於文武曰憲章, 於天時曰上律, 於水土曰下襲, 便見夫子之時中, 遠宗其道, 法不在乎道之外, 近守其法, 道皆寓乎法之中, 此兼內外該本末而言也, 律天時, 如不時不食, 是末, 夫子聖之時, 是本, 襲水土, 如居魯而逢掖, 是末, 安土敦乎仁, 是本, 此兼內外該本末而言也.)

경의기문록 권제3
太極圖 태극도

1. 圖
도[1]

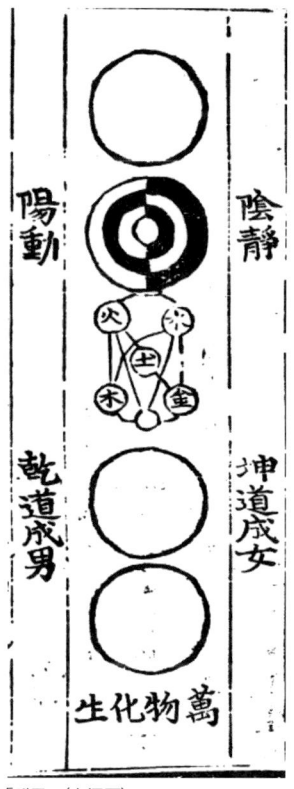

「태극도(太極圖)」

1 주돈이의 『태극도설(太極圖說)』은 「태극도(太極圖)」(그림)와 「태극도설(太極圖說)」(그림에 관한 문자적 설명)의 두 부분으로 구성된다. 이 둘을 합쳐서 『태극도』 혹은 『태극도설』이라고 한다. 주자는 「태극도」와 「도설」을 모두 해석하였고, 이를 『태극도해(太極圖解)』 혹은 『태극도설해(太極圖說解)』라는 명칭으로 부른다. 현재 통용되고 있는 『태극도설』은 주자가 정리하여 전한 것이다. 명대 황실에서 편찬하고 보급한 『성리대전(性理大全)』(1415, 영락 13 간행)의 첫머리에 편집한 『태극도』는 주자의 『태극해의(太極解義)』를 가리킨다. 이는 주돈이의 『태극도설』에 대한 주자의 해석서이며, 중국 및 조선 성리학의 표준적 해석이다. 본래 『경의기문록』에는 「태극도」 그림이 실려 있지 않다. 독자의 이해를 돕기 위해 장서각 소장본 『성리대전(性理大全)』의 「태극도」를 여기에 제시한다.

1) 圖 도

(1) 此圖第二圈以下, 各標其名而獨於第一圈不著其名, 此似可疑. 然細考之, 則盖有所不能者也. 盖第一圈太極之本體也. 第二圈以下, 太極之乘機變化者也. 太極乘機變化而其本體, 无往不在, 故擧一圖, 而謂之太極, 而不得別著太極於一處也. 若別著太極於一處, 而與陰陽五行男女萬物, 并擧對稱, 則豈不似是太極別爲一物, 而在陰陽五行男女萬物之外者哉.

이 그림의 제2권역 이하는 각각에 그 이름을 붙였으나, 유독 제1권역에는 그 이름을 나타내지 않았다.[2] 이는 의심스럽지만 자세히 살펴보면, 어쩔 수 없어 그런 것이다. 대개 제1권역은 태극[3]의 본체이고,[4] 제2권역 이하는 태극이 기틀을 타고 변화하는 것이다.[5] 태극이 기틀을 타고 변화하면 그 본체는 어디든 있지 않은 적이 없으니, 그림 전체를 들어서 태극이라 하고 별도로 태극을 한곳에 나타낼 수 없었다. 만일 별도로 태극을 한곳에 나타내어 음양, 오행, 남녀, 만물과 같이 열거하여 대칭한다면, 어찌 태극이 별도로 일물(一物: 하나로 합쳐진 존재)이 되어, 음양, 오행, 남녀, 만물의 밖에 있는 것처럼 되지 않겠는가?

---

2 「태극도」를 동그라미를 기준으로 5권역으로 나누었을 때, 제1권역은 동그라미만 있고 아무것도 기재되어 있지 않다. 제2권역은 양동(陽動)·음정(陰靜), 제3권역은 수(水)·화(火)·목(木)·금(金)·토(土), 제4권역은 건도성남(乾道成男)·곤도성녀(坤道成女), 제5권역은 만물화생(萬物化生)이다.

3 태극(太極)은 『주역』 「계사전」에 처음 등장한다. 『周易』 「繫辭上傳」 11장. "이런 까닭으로 역(易)에 태극이 있으니, 이것이 양의(兩儀)를 낳고, 양의가 사상(四象)을 낳고, 사상이 팔괘(八卦)를 낳는다.(是故, 易有大極, 是生兩儀, 兩儀生四象, 四象生八卦)."

4 『太極解義』 「太極圖解」. "이 ○은 이른바 '무극이면서 태극이다'이다. 움직여 양이 되고 고요하여 음이 되는 근거인 본체이다(○, 此所謂無極而太極也. 所以動而陽靜而陰之本體也.)"

5 『태극해의』 「太極圖說解」. "태극이란 본연의 오묘함이고, 움직임과 고요함이란 태극이 타는 기틀이다.(蓋太極者, 本然之妙也, 動靜者, 所乘之機也.)"

(2) 第一圈太極之本體, 萬物之一原也. 第二圈以下, 太極之乘機變化, 以生陰陽五行男女萬物, 分殊之所由生也. 太極乘機變化, 而本體无往不在, 分殊還他一原也. 觀此圖者, 當先知一原分殊之辨, 而又當就分殊中, 見其爲一原也.

제1권역은 태극의 본체이니 만물의 한 가지 근원(一原: 하나의 근원 즉 본체)이다. 제2권역 이하는 태극이 기틀을 타고 변화하여 음양오행, 남녀와 만물을 낳는 것이니 분수(分殊: 다양하게 분화된 현상)가 생겨나는 바이다. 태극이 기틀을 타고 변화하면 본체는 가서 있지 않음이 없는 것은 분수가 오히려 저 하나의 근원이다. 이 그림을 보는 사람은 마땅히 먼저 일원과 분수의 분변을 알아야 하며, 또 분수 가운데 나아가 하나의 근원됨을 보아야 한다.

(3) 第二圈, 右陰靜, 坎之象也, 左陽動, 離之象也, 坎離之合, 陰陽之全也. 周子之作圖, 本於易者, 此可見矣.

제2권역에서 오른쪽의 음정(陰靜: 고요하여 음이 됨)은 감괘(坎卦: ☵)의 상(象)이며, 왼쪽의 양동(陽動: 움직여 양이 됨)은 리괘(離卦: ☲)의 상이다.[6] 감리(坎離)의 합은 음양의 온전함이다. 주렴계(周濂溪)가 그림을 그린 것이 역(易)에 근본하고 있음을 이에 알 수 있다.

2) 圖解 도해

(1) 尤菴先生曰. 少時讀太極圖說, 太極動而生陽, 靜而生陰, 每疑太極之動靜已是陰陽, 何待生之然後乃爲陰陽耶, 及見朱子圖解, 去兩生字直曰, 動而陽, 靜而陰, 然後語意卓然無可疑矣. 先生此論可謂深矣. 然就圖說去生字, 則

---

6 그림에서 검은색은 음(陰)을, 흰색은 양(陽)을 나타낸다. 감괘는 안이 양이고 바깥이 음인 상을 가지고 있으며, 리괘는 안이 음이고 바깥이 양인 상을 가지고 있다.

太極陰陽又似乎一物, 而無上下道器之辨矣, 濂翁盖亦不得已, 而下此一字也. 圖解雖去生字, 上加所以字, 下足本體字, 則道器上下之辨, 亦未嘗無也. 但其語意渾全, 比圖說本語, 尤無縫罅之可見矣. 朱子釋經精確度越千古, 此尤可見矣.

우암 송시열(宋時烈) 선생이 말했다. "어려서 『태극도설』[7]의 '태극동이생양(太極動而生陽), 정이생음(靜而生陰)'을 읽을 때면 매번 태극의 동정이라면 이미 음양인데 어째서 생겨난 것을 기다린 뒤에 음양이 된다고 할까 하며 의심했었다. 이에 주자의 『태극도설해』를 보니, 두 생(生)자를 지우고 곧바로 '동이양(動而陽), 정이음(靜而陰)'[8]이라고 했다. 이후로 말의 뜻이 탁월하여 더 이상 의심하지 않았다."[9] 우암 선생의 이 논의는 참으로 깊다고 할 수 있다. 그러나 『태극도설』에서 생(生)자를 지우면, 태극과 음양이 또한 일물(一物)인 것 같아서 상하도기(上下道器: 형이상과 형이하)[10]의 분변이 없어진다. 염계 선생은 생각건대 또한 부득이해서 이 한 글자를 적은 것이 아닌가 한다. 『태극도설해』는 비록 생(生)자를 지웠지만, 위에 소이(所以)자를 더하고, 아래에 본체(本體)자를 보충하니, 형이상(形而上)과 형이하(形而下)의 분변 또한 없는 적이 없다. 그 말의 뜻이 매우 완전하니 『태극도설』의 본래 말에 비해 틈을 꿰맨 자국이 없음을 더욱 볼 수 있다. 주자가 경전을 해석하는 정밀하고 확실한 정도가 시대를 초월해 있다는 것을 이에 더욱 볼 수 있다.

---

7 「태극도」는 이전부터 전해져 내려온 그림으로 도가 계열에서 만든 것이다. 그래서 성리학에서는 「태극도」가 어디서 유래한 것인지, 『태극도설』은 주돈이가 직접 지은 것인지, 현재 전하는 『태극도설』은 원래의 원문과 동일한 것인지 등과 같은 문제가 항상 논의되었다.

8 『태극해의』「태극도해」. "이는 ○이 움직여 양이 되고 고요하여 음이 되는 것이다.(此○之動而陽靜而陰也.)"

9 『宋子大全』권93 「與金仲和」.

10 『주역』「계사상전」12장. "형이상의 것을 도(道)라 이르고, 형이하의 것을 기(器)라 이른다.(形而上者, 謂之道, 形而下者, 謂之器.)"

【周子太極生陰陽之說, 本於夫子太極生兩儀之語, 則生字恐不爲病. 若曰夫子兩儀以卦畫言, 與此陰陽不同云, 則卦畫所以擬造化也, 卦畫陰陽未見其有不同也. 盖此一字存之, 則嫌於二物, 去之, 則又淪於一物, 然理氣決是二物而非一物, 則與其存之, 則嫌於二物, 不可去之, 而淪於一物也.】

【주렴계 선생의 '태극이 움직여 음양을 낳는다'[11]는 설은 공자님의 '태극이 양의를 낳는다'[12]는 말에 근본을 두고 있으니, 생(生: 낳는다)자는 아마도 병통이 되지는 않을 것이다. 만일 공자께서 양의를 괘획(卦畫)으로 말한 것이고 이 음양과 같지 않다고 말한다면, 괘획은 조화에 비유한 것이라서 괘획과 음양은 같지 않음을 알 수 없다. 생각건대 이 한 글자가 있으면 이물(二物: 두 가지로 나누어진 존재)의 혐의가 있게 되고, 없애면 또한 일물(一物)로 혼동된다. 그러나 리와 기는 반드시 두 가지로 나누어진 존재이며 한 가지로 합쳐진 존재가 아니므로, 그대로 두면 두 가지로 나누어진 존재의 혐의가 있어서 제거할 수 없으며 하나로 합쳐진 존재로 섞이게 된다.】

(2) 不離不雜四字, 發明理氣之情, 無復餘蘊. 不離故隨處可以合看, 合看則理爲氣所囿, 而陰陽五行萬物, 各一其性矣. 不離故隨處可以分看, 分看則理不囿於氣, 而陰陽五行萬物, 同一太極也. 各一其性, 一本之所以萬殊也. 同一太極, 萬殊之所以一本也. 然理在氣中者, 有專以不雜言者, 有專以不離言者, 有幷包不雜不離之意而言者, 此又不可不知也. 有言萬物皆同之性者, 是則不犯形氣, 單指其理而言也. 所謂專以不雜言者也. 有言人與物不同, 而人與人同物與物同之性者, 是則就氣中各指其氣之理, 而亦不雜乎其氣之善惡而言

---

11 『태극해의』「태극도설해」. "태극이 움직여 양을 낳고, 움직임이 끝에 이르면 고요하다. 고요하여 음을 낳고, 고요함이 끝에 이르면 다시 움직인다.(太極動而生陽, 動極而靜, 靜而生陰, 靜極復動.)"

12 『주역』「계사상전」 11장. 각주 3번 참고.

也. 各指故人與物不同, 不雜故人與人同, 物與物同, 而同爲可循之性也. 所謂幷包不雜不離之意而言者也. 有言人人不同物物不同之性者, 是則以理與氣雜而言之也. 所謂專以不離言者也. 理一而已矣. 只在人將理氣離合看得出來有此不同耳.

'불리부잡(不離不雜: 리와 기의 관계는 떨어진 것도 섞인 것도 아님)'[13] 이 네 글자는 이기의 실정을 밝게 드러내어 다시 남은 것이 없다. 불리(不離)이므로 곳에 따라 합간(合看: 합해서 볼 수 있음)할 수 있다. '합간'하면 리는 기에 한정되어, 음양, 오행, 만물이 각기 그 성을 하나로 한다. 부잡(不雜)이므로 때에 따라 분간(分看: 나누어 볼 수 있음)할 수 있다. '분간'하면 리는 기에 한정되지 않고, 음양, 오행, 만물은 태극과 하나로 같다. 각기 그 성을 하나로 하는 것은 하나의 근본이 만수(萬殊: 수많은 다양함)가 되는 것이다. 태극과 하나로 같은 것은 만수가 '하나의 근본(一本)'이 되는 것이다. 그러나 리가 기 속에 있는 것은 '부잡'의 측면에서만 말하지 않은 것이며, '불리'의 측면에서만 말하지 않은 것은 '부잡불리'의 뜻을 아울러 포함해서 말한 것이다. 이 또한 알지 않을 수 없다. '만물은 모두 같은 성이다'라고 말하는 것은, 형기를 접촉한 것이 아니고 다만 오직 그 리만을 가리켜 말한 것이니, 이른바 '부잡'의 측면에서만 말한 것이다. 사람과 사물은 같지 않지만, '사람과 사람은 같고 사물과 사물은 같은 성이다'라고 말하는 것은 기 가운데로 나아가 각각 그 기의 리를 가리키는 것이며, 또한 그 기의 선악에 '부잡'하다는 것을 말한 것이

---

13 『朱子語類』 권4「性理一」 62조목. "물었다. "맹자가 성을 말한 것은 이천(伊川) 선생과 비교하면 어떻습니까?" 대답했다. "맹자는 성의 본체를 따로 떼어내어 말하였다. 이천은 기질을 함께 말하였으니, 요컨대 떨어질 수 없다는 것이다. 그 때문에 정자(程頤)는 '성을 논하면서 기를 논하지 않으면 완비되지 않고, 기를 논하면서 성을 논하지 않으면 분명하지 않다.'라고 하였다. 나도 『태극해의』에서 '이른바 태극이란 음양과 떨어져 있지 않음을 말하며, 또한 음양과 섞여 있지도 않음을 말한다.'라고 하였다."(問, 孟子言性, 與伊川如何. 曰, 孟子是剔出而言性之本. 伊川是兼氣質而言, 要之不可離也. 所以程子云, 論性不論氣不備, 論氣不論性不明. 而某於太極圖解亦云, 所謂太極者, 不離乎陰陽而爲言, 亦不雜乎陰陽而爲言.)"

다. 각각 가리키므로 사람과 사물은 같지 않고, '부잡'하므로 사람과 사람은 같고 사물과 사물이 같아서, 모두 함께 각각 따를 수 있는(可循) 성(性)이 된다. 이른바 '불리부잡'의 뜻을 포괄해서 말한 것이다. '사람들마다 다르고 사물들마다 다른' 성을 말한 것은 리와 기가 잡(雜: 섞임)하다는 측면에서 말한 것이니, 이른바 '불리'의 측면에서만 말한 것이다. 리는 하나일 뿐이다. 다만 사람에 있어서 이기의 떨어뜨려서 보는 것(離看)과 합쳐서 보는 것(合看)에 따라서 이처럼 같지 않음이 있을 뿐이다.

(3) 有謂纔說太極便可說健順五常, 是不知太極超形氣而稱之, 故陰陽五行同具太極, 健順五常卽氣質而名之, 故陰陽五行各專其一也. 陰陽五行之前說太極則可, 說健順五常則不可. 無陰陽處說健順, 無五行處說五常, 如此怪語, 所未著於經傳也.

태극을 말하면서 '바로 건순오상(健順五常: 건곤의 두 덕과 인의예지신)으로 설명할 수 있다'고 하는 사람들이 있다.¹⁴ 그러나 이는 태극을 초형기(超形氣: 형기를 초월함)로 칭하기 때문에 음양오행이 동일하게 태극을 갖추고, 건순오상은 곧 기질(氣質)로서 이름 붙인 것이기 때문에 음양과 오행은 각각 그 하나만 갖는다는 것을 모르는 것이다. 음양오행 이전에 태극을 말하는 것은 그럴 수 있으나, 건순오상을 말하는 것은 불가하다. 음양이 없는 곳에서 '건순'을 말하고 오행이 없는 곳에서 '오상'을 말하니 이와 같이 괴이한 말은 경전에 나온 적이 없다.

(4) 有謂人心未發之前無氣質之性, 是不識太極之在陰靜者, 無異於在陽動

---

14 『過齋先生遺稿』 권7 「性說辨」. "태극은 단지 건순오상의 리이다.(太極只是健順五常之理.)" 과재는 김정묵(金正默, 1739~1799)의 호이다. 김정묵은 사계(沙溪) 김장생(金長生)의 후손이다.

也. 無論陰陽動靜, 因其不雜而單指其理, 則莫非太極之全體, 而是謂本然之性, 因其不離而兼指理氣, 則各爲陰靜陽動之性, 而是謂氣質之性也. 若如或者之說, 則太極之在陰靜者, 不得隨氣質爲氣質之性, 而陰靜者, 無陰靜之性也. 然則此圖陰陽圈, 左一邊陽動獨有氣質之性, 右一邊陰靜却無氣質之性, 而陰靜只有本然一性, 陽動却有本然氣質兩性矣. 此亦怪語也. 若曰太極陰陽與人心不同, 則尤不可知也.

'인심이 아직 발하기 전에는 기질지성이 없다'고 말하는 사람들이 있다.[15] 그러나 이는 태극이 음정(陰靜)에 있는 것이 양동(陽動)에 있는 것과 다름이 없다는 것을 알지 못하는 것이다. 음양의 동정을 막론하고, 그 '부잡'에 따라서 리(理)만을 단지(單指)하면, 태극의 전체가 아닌 것이 없으니, 이는 '본연의 성(本然之性)'이라 이르고, '불리'에 근거하여 이기를 겸지(兼指)하면 각기 음정과 양동의 성이 되니, 이는 '기질의 성(氣質之性)'이라 이른다. 만일 혹자의 말과 같다면, 태극이 음정에 있는 것은 기질을 따라서 기질의 성이 될 수 없으니, '음정'이라는 것은 음정의 성이 없게 된다. 그러므로 이 그림의 음양 권역에서 왼쪽의 양동만 기질의 성이 있게 되고, 오른쪽의 음정은 기질의 성이 없게 되어 음정에는 단지 본연의 한 성만 있을 뿐이며, 양동에는 본연과 기질의 두 성이 있게 되니, 이 또한 괴이한 말이다. 만약 태극음양이 인심(人心)과 같지 않다고 말한다면, 더욱 알 수 없게 된다.

(5) 五行一陰陽, 五殊二實, 無餘欠也, 五殊指五行, 二實指陰陽, 無餘欠釋一字, 謂五行之殊不爲餘, 而二氣之實不爲欠也, 言無二也. 陰陽一太極精粗本末

---

15 『南塘集』 권1 「次李公擧(柬) 贈禹執卿(世一) 韻(庚寅)」을 참고. 호락논쟁의 주인공 외암(巍巖) 이간(李柬, 1677~1727, 자 公擧)을 말한다. 이간은 "인심이 아직 발하기 전에는 기질의 성이 없다"고 주장하였으며, 이를 낙론(洛論)이라고 한다. 『남당집』 권11 「擬答李公擧」와 권28 「李公擧上師門書辨」에서도 이에 대하여 논의하고 있다.

無彼此也, 精本指太極, 粗末指陰陽, 無彼此釋一字, 謂太極之精本不在彼, 而陰陽之粗末不在此也, 言無間也. 栗谷先生曰氣之精粗本末, 理無彼此, 如此則不但文字義例不同上文, 須於無彼此上更著一理字, 其義方通. 朱子釋經之法, 明白精確, 恐不應如是也.

'오행은 음양과 하나이며 다섯 가지 나뉨(五殊)과 두 가지 실제(二實)는 남거나 모자람이 없다'[16]고 했는데, '다섯 가지 나뉨'은 오행을 가리키고 '두 가지 실제'는 음양을 가리키며, '남거나 모자람이 없음'은 '하나(一)'라는 글자를 해석한 말로 오행의 나뉨에 남는 것이 없고, 음양 두 기의 실제에 모자람이 없다고 이른 것이니, 둘이 아니라고 말한 것이다. '음양은 태극과 하나이고 정조(精粗: 정밀함과 조야함)나 뿌리와 지엽(本末)에 이것이나 저것이나 차이가 없다'고 했는데, '정밀함'과 '뿌리'는 태극을 가리키고 '조야함'과 '지엽'은 음양을 가리키며 '이것이나 저것이나 차이가 없다'는 '하나'라는 글자를 해석한 말로, 태극의 정밀함과 뿌리는 '저기'에 있는 것이 아니고 음양의 조야함과 지엽은 '여기'에 있는 것이 아님을 이른 것이니, 사이가 없음을 말한 것이다. 율곡 선생은 '기의 정밀함과 조야함 및 뿌리와 지엽의 여기나 저기에 리는 차이가 없다'[17]고 말했는데, 이와 같다면 단지 문자의 의미 사례만 위의 문장과 다르지 않은 것이 아니니, 반드시 '여기나 저기에 차이가 없다'는 글자 위에 다시 리(理)자를 붙여야 그 뜻이 비로소 통하게 될 것이다. 주자가 경전을 해석한 법은 명백하고 정확하니 아마도 이와 같이 해석하지는 않았을 것이다.[18]

---

16 『태극해의』「태극도해」.
17 『栗谷全書』권32 「語錄下」. "'오행은 하나의 음양이다'의 주석에 정(精), 조(粗), 본(本), 말(末)에 여기나 저기나 차이가 없다고 했다.(五行一陰陽註, 精粗本末無彼此.)"
18 『남당집』권30 「太極圖解異同說」에서도 같은 주제로 논의하고 있다.

(6) 此以上引說解剝圖體, 此以下據圖推盡說意, 尤庵先生以爲二句差互, 上當爲據圖推說, 下當爲引說解圖. 竊恐未然. 圖解首一圈, 圖體也, 所謂無極而太極, 圖說也. 引圖說係之圖子之下, 而曰此所謂云云, 卽所謂引說解剝圖體也, 推之以下皆然. 圖解所謂唯人也得其秀云云, 卽圖說也, 所謂人.

'이상은「도설」을 인용해서「태극도」의 본체 즉 도체(圖體)를 해석하고, 이하는「태극도」에 근거하여「도설」의 뜻을 미루어 헤아렸다'고 했는데, 우암 선생은 이 두 구절을 바꿔서 생각했으니, 위는「태극도」에 근거하여「도설」을 미루어 헤아린 것이라 해야 하고, 아래는「도설」을 인용하여「태극도」를 해석했다고 해야 한다고 했다. 하지만 내 생각에는 그렇지 않은 것 같다.『태극도해』의 처음 제1권은「태극도」의 본체이며, 이른바 '무극이면서 태극'은「도설」이다.「도설」을 인용하여 그림 아래에 붙이고 '이것이 이른바 이러이러하다고 운운'하니, 이것이 바로「도설」을 인용하여「태극도」의 본체를 해석했다'는 것이다. 이로써 미루어보면 이하는 모두 그와 같다.『태극도해』에서 말한 '오직 사람만이 그 빼어남을 얻었다'고 운운한 것이 곧「도설」이니 '사람'을 말한 것이다.

(7) 一圈卽圖體也. 以圖子係之圖說之下, 而曰所謂云云, 卽所謂據圖推盡說意也, 推之以下皆然. 蓋釋經之法, 以本文置上, 而以訓註係下. 此圖解上款以圖體爲主, 而引圖說解之, 故以圖說係之圖體之下, 下款以圖說爲主, 而據圖體推之, 故以圖體係之圖說之下, 其義精矣. 且周子先建圖體後, 屬圖說, 則其解之也, 亦當先解圖體, 後推說意, 不可差互. 若以引說云云據圖云云, 易置其文, 而以上爲推說以下爲解圖者, 則於上所云之義, 恐皆有所未當也.

제1권이 바로「태극도」의 본체다. 그림을「도설」의 밑에다 붙여놓고 '이른바 이러이러하다고 운운' 한 것이 바로 이른바 '「태극도」를 근거로 삼아「도설」의 뜻을 미루어 헤아렸다'는 것이다. 이를 미루어서 보면 이 아래가 모두 다 그러하다. 대개 경전을 해석하는 방법은 본문을 위에 놓고 훈고와 주석을 아래에 매단다. 이 『태극도해』의 상단은 「태극도」의 본체를 위주로 삼고서 「도설」을 인용하여 해석하였기 때문에 「도설」을 「태극도」의 본체 아래에 매단 것이고, 하단은 「도설」을 위주로 삼고서 「태극도」의 본체에 근거하여 미루어 헤아리기 때문에 「태극도」의 본체를 「도설」의 아래에 매단 것이니, 그 뜻이 정미롭다. 게다가 염계 선생이 먼저 「태극도」의 본체를 세운 뒤에 「도설」을 붙였으니, 해설할 때도 마땅히 먼저 「태극도」의 본체를 해설한 뒤에 「도설」의 뜻을 미루어 헤아려야 하며, 그 순서를 바꾸어서는 안 된다. 만약 인용한 말이 운운하고 그림을 근거로 삼은 말이 운운하였다는 이유로 글의 위치를 바꾸고서, 그 이상은 미루어 말하는 것으로 삼고 그 이하는 그림을 해석한 것으로 삼는다면, 아마도 위에서 말한 뜻이 모두 다 마땅하지 않을 것 같다.

(8) 善惡爲男女之分, 聖人之心, 無善惡之雜, 則聖人分上却無男女之象耶. 衆人以善惡爲男女之分, 聖人以好善惡惡爲男女之分, 又以心之動靜爲男女之分, 亦得.

선악을 남녀의 분별로 삼았는데,[19] 성인의 마음은 선악이 혼잡한 것이 없으니 성인에게는 남녀의 상(象)이 없단 말인가? 뭇사람은 선악을 남녀의 구분으로 삼고, 성인은 선을 좋아하고 악을 미워하는 것을 남녀의 구분으로 삼으며, 또한 마음의 동정을 남녀의 구분으로 삼으니, 이 역시 뜻을 얻었다.

---

19 『태극해의』「태극도해」. "선악은 남녀의 분별이며, 만사는 만물의 모습이다. 이것이 세상의 움직임이 뒤섞이고 엇갈린 까닭이니 길흉과 회린이 그로부터 생겨난다.(善惡, 男女之分也, 萬事, 萬物之象也. 此天下之動所以紛綸交錯, 而吉凶悔吝所由以生也.)"

3) 圖說第一節 도설 제1절

釋圖體第一圈.
「태극도」의 본체 제1권을 해석함.

(1) 無極而太極上極字, 有形之極, 下極字, 無形之極, 謂無如皇極北極屋極之形, 而有至極之理云爾.

'무극이태극'에서 앞의 극(極)자는 형체가 있는 극자이고, 뒤의 극자는 형체가 없는 극자이다. 이는 황극(皇極: 천하통솔의 중심), 북극(北極: 천체의 중심), 옥극(屋極: 용마루)처럼 형체가 없고 지극한 이치가 있다는 것을 말한 것일 뿐이다.[20]

(2) 無極而太極, 此兩語無輕重無賓主, 而字只是接運過上下語脉耳. 釋之者, 或以而字作者字意看, 如此則上句重下句經, 以上句爲主而下句爲賓矣. 或以而字作然字意看, 如此則上句輕下句重, 以下句爲主而上句爲貧矣. 兩釋皆有所偏非正義也. 而字不須轉借他字之意, 只作接連上下之意看, 而無所左右於彼此, 則上下兩語洽相對値, 無輕重賓主之偏矣. 朱子曰, 無極而太極, 猶曰莫之爲而爲, 莫之致而至, 又如曰無爲而爲, 觀於此言, 尤可見前二釋之爲非矣.

'무극이태극'이라는 이 두 마디 말은 경중(輕重: 중요도의 차이)도 없고 주객(主客: 주안점의 차이)도 없으므로, 이(而)자는 다만 앞뒤 말의 맥락을 연결하고 있을 뿐이다. 그런데 해석하는 사람들은 혹은 이(而)자를 자(者)의 뜻으로 본다. 그렇게 보면 앞 구절은 중요도가 크고 뒷구절은 가볍게(輕) 되며, 앞 구절이 주안점이

---

20 『주자대전』 권36 「答陸子靜」. "태극에 이르면 또 애초에 말할 만한 형상이나 방소가 없으니, 다만 이 리(理)가 지극하므로 극(極)이라고 할 뿐입니다.(至於太極, 則又初無形象方所之可言, 但以此理至極而謂之極耳.)"

되고 뒷구절은 부차적이 된다. 혹은 이(而)자를 연(然)자의 뜻으로 본다. 그렇게 하면 앞 구절은 가볍게 되고 뒷구절은 중요도가 크며 뒷구절이 주안점이 되고 앞 구절이 부차적이 된다. 이 두 가지 해석은 모두 한쪽으로 치우치므로 바른 뜻이 아니다. 그러므로 이(而)자를 다른 글자의 뜻으로 볼 것이 아니라, 앞뒤를 연결시키는 뜻으로 보아 어느 한쪽으로도 기울지 않는다면 앞뒤 두 마디의 말이 서로 대치되어 중요도의 차이와 주안점의 차이로 나뉘는 치우침이 없을 것이다. 주자께서는 '무극이태극'은 '함이 없으면서도 하고' '가지 않고도 이르는' 것과 같다고 하고, 또한 '함이 없는 함' 등으로 말했다.[21] 이 말을 보면 앞의 두 가지 해석이 잘못되었다는 것을 더욱 잘 알 수 있다.

(3) 上天之載, 卽理也, 無聲無臭, 解無極之義, 樞紐根柢, 解太極之義, 造化, 以陰陽五行而言, 品彙, 以男女萬物而言, 造化之機, 闔闢無窮而理爲其主宰, 故曰樞紐, 品彙之生, 一定不易, 而理爲其性情, 故曰根柢.

'상천지재(上天之載: 하늘의 일)'는 바로 리이고, '무성무취(無聲無臭)'는 무극의 뜻을 해석한 것이며,[22] 추뉴(樞紐)와 근저(根柢) 등은 태극의 뜻을 해석한 것이

---

21 『주자대전』 권36 「답육자정」. "무극이태극이라는 것은 '함이 없으면서도 하고, 가지 않고도 이른다'고 말하는 것과 같고, 또 '함이 없는 함'이라고 말하는 것과 같으니, 모두 어조가 마땅히 그러한 것이지 따로 일물이 있다는 것이 아닙니다. 지난번에 흠부(欽夫)가 이런 말을 하는 것을 보고는 쓸데없는 말이라고 의심하였는데, 지금에야 바르게 사용할 수 있게 되었으니, 비로소 흠부의 생각이 깊음을 알겠습니다.(無極而太極, 猶曰莫之爲而爲, 莫之致而至, 又如曰無爲之爲, 皆語勢之当然, 非謂別有一物也. 向見欽夫有此說, 嘗疑其贅, 今乃正使得著, 方知欽夫之慮遠也.)" "함이 없으면서도 하고, 가지 않고도 이른다(莫之爲而爲)"는 『맹자』「만장上」 6장 참고. "일부러 그렇게 하지 않았는데도 저절로 그렇게 되는 것이 하늘의 뜻이고, 일부러 오게 하지 않았는데도 저절로 오는 것이 명(命)이다.(莫之爲而爲者, 天也, 莫之致而至者, 命也.)"

22 『詩經』「大雅文王」. "상천의 일은 소리도 없고 냄새도 없거니와, 문왕을 본받으면 만방이 진작하여 믿으리라.(上天之載, 無聲無臭, 儀刑文王, 萬邦作孚.)" 이는 『중용』(33장)에서도 볼 수 있다.

고,²³ 조화(造化)는 음양오행으로 말한 것이며, 품휘(品彙)는 남녀와 만물로 말한 것이다. '조화의 기틀'은 합벽(闔闢: 닫히고 열림)이 무궁하고 리가 그 주재가 되기 때문에 '추뉴'라고 말한 것이고, '품휘의 생겨남'은 일정하여 변하지 않고 리가 그 성정이 되기 때문에 '근저'라고 말한 것이다.

(4) 朱子之解圖說, 必本上文而言. 第一節註, 造化品彙, 本上圖陰陽五行男女萬物而言, 第三節註, 有太極則兩儀分, 本上文二節而言, 第四節註, 五行具, 則造化發育之具, 無不備, 本上文生水火木金土而言, 第五節註, 天下無性外之物, 性無不在, 本上文五行一陰陽, 陰陽一太極, 五行各一其性而言, 第六節註, 人物之生云云, 第七節註, 人稟陰陽五行云云, 第八節註, 聖人太極之全體云云, 亦莫非本上文而言. 第九節總結上文, 而非只承近上一節而言, 故註說直解本文, 而更無本上文之語. 聖人作易以下, 特明其總結上文之意.

주자가 「태극도설」을 해석할 때 반드시 앞의 글을 근본으로 삼아 말하였다. 제1절의 주석인 '조화와 품휘'라는 말은 앞의 그림의 음양, 오행, 남녀, 만물 등을 근본으로 삼아 말한 것이고, 제3절의 주석인 '태극이 있으면 양의가 나누어진다'²⁴는 말은 앞의 글 두 구절을 근본으로 삼아 말한 것이며, 제4절의 주석인 '오행이 갖추어지면 조화 발육의 도구가 구비되지 않음이 없다'²⁵는 말은 앞의

---

23 『태극해의』「태극도설해」. "하늘의 일은 소리도 없고 냄새도 없지만 실제로는 조화의 중심축이고 만물의 뿌리이다. 그러므로 '무극이면서 태극이다'라고 말했으니, 태극 밖에 다시 무극이 있는 것이 아니다.(上天之載, 無聲無臭, 而實造化之樞紐, 品彙之根柢也. 故曰無極而太極, 非太極之外復有無極也.)"

24 『태극해의』「태극도설해」. "태극이 있으면 한 번 움직이고 한 번 고요하여 양의가 나누어진다. 음양이 있으면 한 번 운동하고 한 번 따라서 오행이 구비된다.(有太極, 則一動一靜而兩儀分. 有陰陽, 則一變一合而五行具.)"

25 『태극해의』「태극도설해」. "오행이 갖추어지면 조화와 발육의 도구가 구비되지 않음이 없다. 그러므로 또 여기에서 근본을 미루어 보아 그 혼연일체가 무극의 오묘함이 아님이 없다는 것을 밝혔다. 그러나 무극의 오묘함은 또한 일물 가운데 각각 갖추어지지 않은 적이 없다. 오행

글 '수화목금토를 낳는다'[26]는 말을 근본으로 삼아 말한 것이고, 제5절의 주석인 '천하에는 성을 벗어난 사물(존재)이 없고 성은 있지 않은 곳이 없다'[27]는 말은 앞의 글 '오행은 하나의 음양에서 나왔고 음양은 하나의 태극에서 나왔으며 오행은 제각기 하나의 성을 가지고 있다'는 말을 근본으로 삼아 말한 것이며, 제6절의 주석인 '사람과 사물이 생겨날 때'라고 운운한 것[28]과 제7절의 주석인 '사람은 음양오행의 빼어난 기를 품수하였다'고 운운한 것[29]과 제8절의 주석인 '성인은 태극의 완전한 전체'라고 운운한 것[30]도 모두 다 앞의 글을 근본으로 삼아

은 질(質)이 다르고 사계절은 기(氣)가 다르지만 모두 음양을 벗어날 수 없으며, 음과 양은 위치가 다르고 움직임과 고요함은 때가 다르지만 모두 태극에서 떨어질 수 없다.(五行具, 則造化發育之具無不備矣. 故又卽此而推本之, 以明其渾然一體, 莫非無極之妙. 而無極之妙, 亦未嘗不各具於一物之中也. 蓋五行異質, 四時異氣, 而皆不能外乎陰陽, 陰陽異位, 動靜異時, 而皆不能離乎太極.)"

26 『태극해의』「태극도해」. "이는 양이 변하고 음이 따라 합해서 수화목금토를 낳는 것이다.(此陽變陰合, 而生水火木金土也.)"

27 『태극해의』「태극도설해」. "이른바 천하에는 성을 벗어난 사물이 없고 성은 있지 않은 곳이 없다는 것은 여기에서 더욱 그 전모를 볼 수 있다. 자사(子思)가 '군자는 큰 것을 말하면 세상 어느 것도 그것을 싣지 못하고, 작은 것을 말하면 세상 어느 것도 그것을 깨뜨리지 못한다'라고 한 것이 이것을 말한다.(所謂天下無性外之物, 而性無不在者, 於此尤可以見其全矣. 子思子曰, 君子語大, 天下莫能載焉, 語小, 天下莫能破焉, 此之謂也.)"

28 『태극해의』「태극도설해」. "사람과 사물이 생겨날 때 태극의 도를 갖지 않음이 없다. 그러나 음양오행의 기(氣)와 질(質)이 교접하여 운행할 때, 사람이 받은 것만이 그 빼어난 것을 얻었으므로 그 마음이 가장 영명하여 성의 완전함을 잃지 않으니, 이른바 천지의 마음이고 사람의 표준이다.(蓋人物之生, 莫不有太極之道焉. 然陰陽五行, 氣質交運, 而人之所稟獨得其秀, 故其心爲最靈, 而有以不失其性之全, 所謂天地之心而人之極也.)"

29 『태극해의』「태극도설해」. "사람은 음양오행의 빼어난 기를 품수하여 태어나지만 성인이 태어날 때에는 그 빼어난 것 중에서도 더욱 빼어난 것을 얻는다. 이 때문에 그의 행동은 중도에 들어맞고, 그의 거처는 바르며, 그의 드러냄은 어질고, 그의 재단함은 의롭다.(蓋人稟陰陽五行之秀氣以生, 而聖人之生, 又得其秀之秀者. 是以其行之也中, 其處之也正, 其發之也仁, 其裁之也義.)"

30 『태극해의』「태극도설해」. "성인은 태극의 완전한 본체로서 한 번 움직이고 한 번 고요할 때마다 어디서든 중정인의의 표준이 아님이 없으니, 수양할 필요도 없이 저절로 그러하다.(聖人太極之全體, 一動一靜, 無適而非中正仁義之極, 蓋不假修爲而自然也.)"

말한 것이다. 제9절은 가까운 앞의 1절만 이어서 말하지 않고 앞의 글을 통틀어 결론지었기 때문에 주석은 바로 본문을 해석하고 다시금 앞의 글을 근본으로 삼은 말이 없다. '성인이 역을 지었다'는 말부터[31] 그 아래는 앞의 글을 통틀어 결론지었다는 뜻을 특별히 밝힌 것이다.

(5) 無極而太極是說一理, 太極動而生陽, 靜而生陰, 是一分爲二矣, 陽變陰合生五行, 是二分爲五矣, 二五之精, 化生萬物, 是五分爲萬矣. 太極爲一原, 陰陽以下爲分殊, 而其理之爲健順五常者, 爲分殊之理矣. 一原上不可更著多一字, 纔著多一字與之爲對, 則便不是一原矣, 故自二以下皆爲分殊矣

'무극이태극'이라는 말은 하나의 리를 말한 것이고, '태극이 동하여 양을 낳고 태극이 정하여 음을 낳는다'는 말은 한 개가 나뉘어 두 개가 된 것이고, '양이 변하고 음이 합하여 오행이 생겨난다'는 말은 두 개가 나뉘어 다섯 개가 된 것이고, '음양과 오행의 정수가 만물을 화생한다'는 말은 다섯 개가 나뉘어 만 개가 된다는 것이다. 태극은 하나의 근원이 되고 음양부터는 분수가 되는데, 건순이 되고 오상이 되는 리는 분수의 리가 된다. 하나의 근원에다 다시금 한 글자로 덧붙일 수 없다. 한 자라도 덧붙여 짝을 삼을 경우에는 하나의 근원이 아니기 때문에, 둘(음양)부터는 모두 분수가 된다.

據圖說推之, 其義甚明, 或者, 以爲太極健順五常皆爲一原. 若果如此, 則圖說內自首一節至第三節, 是皆說一原, 第五一節, 獨言分殊矣, 一原位分, 何其太多, 而分殊位分, 何其反少也. 一原, 無對, 分殊有萬, 故言一原者, 不容多言,

---

[31] 『태극해의』 「태극도설해」. "이것은 천지 사이에 조화의 기틀이 되어 예로부터 지금까지 유행하는, 말로 표현되지 않는 오묘함이니, 성인이 『역』을 지은 큰 뜻도 여기서 벗어나지 않으므로 인용하여 그 주장을 입증하였다.(此天地之間, 綱紀造化流行古今不言之妙, 聖人作易, 其大意蓋不出此, 故引之以證其說.)"

而言分殊者, 亦不容不多言也. 今皆一切反之, 何也. 且二之爲二, 五之爲五, 屈指數之, 可知其爲非一也. 今乃以二與五爲一, 則眞所謂六與七不辨者也.

「도설」을 근거로 미루어 보면 그 뜻이 매우 분명한데도 어떤 사람은 '태극, 건순, 오상이 모두 하나의 근원이다.'라고 한다. 만일 그렇다면 「도설」은 제1절부터 제3절에 이르기까지 모두 일원을 말하고, 제5의 한 절목만 분수를 말한 것이니, 하나의 근원의 자리는 왜 그렇게도 많고 분수의 자리는 왜 반대로 그처럼 적단 말인가? 하나의 근원은 상대가 없고 분수는 만 개이기 때문에 하나의 근원을 말할 적에 많은 말이 필요가 없고 분수를 말할 적에도 많은 말이 필요가 없다. 그런데 지금 일체가 반대로 말한 것은 무엇 때문인가? 그리고 둘은 둘이 되고 다섯은 다섯이 되므로, 손을 꼽아 세어보면 하나가 아니라는 것을 알 수 있다. 그런데 지금 음양과 오행을 하나의 근원이라고 하니, 이는 정말 여섯과 일곱을 가리지 못하는 사람이다.

4) 第二節 제2절

釋圖體第二圈.

「태극도」의 본체 제2권을 해석함.

(1) 一陰一陽之謂道, 繫辭說也, 誠者聖人之本, 通書說也, 誠者物之終始, 中庸說也, 誠者命之道, 胡子·知言說也. 合是四說, 以明太極動靜天命流行之義, 所謂之意, 釋在命之道也之下【一陰一陽, 以造化言, 聖人之本物之終始, 以品彙言, 命之道, 復統二者而言也, 四說去一, 不得. 又以通書先中庸, 則其有次第, 而不可易, 明矣】

'일음일양지위도(한 번 음이 되고 한 번 양이 되게 하는 것이 도이다)'³²는 『주역』 「계사전」의 말이고, '성은 성인의 근본이다'³³는 『통서』의 말이며, '성은 물의 처음과 끝이다'³⁴는 『중용』의 말이고, '성은 명(命)의 도이다'³⁵는 호굉(胡宏)의 『지언』의 말이다. 이 네 가지 설을 합하며, 태극의 움직임과 고요함이 바로 천명이 유행하는 뜻이라는 것을 밝힌 것이니, 소위(所謂)의 뜻은³⁶ '명의 도이다' 아래 해석되어 있다. 【'일음일양'은 조화로 말한 것이고, '성인의 근본'과 '사물의 처음과 끝'은 품휘로 말한 것이며, '명의 도'는 다시 두 가지를 통틀어 말한 것이니, 이 네 가지 설 가운데 한 가지도 뺄 수 없다. 또 『통서』의 말을 『중용』의 말보다 먼저

32　『주역』「계사상전」 5장. "한 번은 음이 되고 한 번은 양이 됨을 도(道)라 하니, 이를 이은 것이 선(善)이고, 이를 이룬 것이 성(性)이다.(一陰一陽之謂道, 繼之者善也, 成之者性也.)"

33　『通書』「誠上」. "誠者, 聖人之本."

34　『中庸』 25장. "성(誠)은 스스로 이루는 것이요, 도(道)는 스스로 가야 할 길이다. 성(誠)은 사물의 처음과 끝이니, 성(誠)하지 않으면 사물이 없게 된다.(誠者, 自成也, 而道自道也. 誠者, 物之終始, 不誠無物.)"

35　『知言』 권1. "성은 명의 도이고, 중은 성의 도이며, 인은 심의 도이니, 오직 인한 자라야 성을 다해 명을 이룰 수 있다.(誠者, 命之道乎, 中者, 性之道乎, 仁者, 心之道乎, 唯仁者, 爲能盡性至命.)"

36　소위(所謂)는 본문 중 예시 앞에 언급된 '소위'를 일컫는다. 『태극해의』「태극도설해」. "태극이 움직임과 고요함을 가지고 있는 것은 천명이 유행하는 것이다. 이른바(所謂) 한 번 음이 되고 한 번 양이 되는 것을 도라고 하는 것이니, 성(誠)이란 성인의 본령이고, 만물을 끝맺고 시작하게 하는 것이며, 천명의 도이다. 그 움직임은 '성(誠)의 형통함'이고, '이어가는 것이 선'이니, 만물이 바탕으로 취하여 시작하는 것이다. 그 고요함은 '성(誠)의 회복됨'이고, '이룬 것이 성(性)'이니, 만물이 '각각 그 성(性)과 명(命)을 바르게 하는 것'이다. '움직임이 극단에 이르면 고요하고, 고요함이 극단에 이르면 다시 움직여, 한 번 움직이고 한 번 고요함이 서로 뿌리가 된다'는 것은 천명이 유행하여 그치지 않는다는 것이다. '움직여 양을 낳고 고요하여 음을 낳아, 음으로 나뉘고 양으로 나뉘어 양의가 정립된다'는 것은 분수가 한 번 정해지면 옮기지 않는다는 것이다.(太極之有動靜, 是天命之流行也. 所謂一陰一陽之謂道, 誠者聖人之本, 物之終始, 而命之道也. 其動也, 誠之通也, 繼之者善, 萬物之所資以始也. 其靜也, 誠之復也, 成之者性, 萬物各正其性命也. 動極而靜, 靜極復動, 一動一靜, 互爲其根, 命之所以流行而不已也. 動而生陽, 靜而生陰, 分陰分陽, 兩儀立焉, 分之所以一定而不移也.)"

하였으니, 순서가 있어서 바꿀 수 없는 것이 분명하다.**37]**

(2) 其動也,【止】不移也, 以動靜陰陽分合說, 其動也其靜也二段, 分釋動靜之義, 動極而靜一段, 合動靜而連環說. 動而生陽一段, 分動靜而對柱說. 後二段雖皆兼言動靜, 然以其命之流行而言, 則靜亦動也, 以其分之一定而言, 則動亦靜也, 而右各專其動靜一事矣.

'그 움직임은 … 옮기지 않는다'**38**고 말한 대목은 '동정음양'이 분리되고 합치된 것으로 말한 것이고, '그 움직임은~' '그 고요함은~' 두 대목은 동정(움직임과 고요함)의 뜻을 분석한 것이고, '움직임이 끝에 이르면 고요해진다'는 한 대목은 동정을 합하여 돌아가며 말한 것이고, '움직여 양이 생긴다'는 한 대목은 동정을 나누어 대비하여 말한 것이다. 뒤 두 대목은 비록 모두 동정을 아울러 말하였으나, 명(命)이 유행한 측면에서 말하면 고요함 역시 움직임이고, 분수의 일정한 측면에서 말하면 움직임 역시 고요함이므로 또 제각기 동정 한 가지 일에 오로지한 것이다.

蓋陰陽動靜交互相錯, 而其分之所在, 則又未嘗亂矣. 蓋字以下, 以太極陰陽分合說, 太極以下, 分太極陰陽而言, 以明理氣之非一物, 而有先後也. 本然形上, 其理至微, 而動靜陰陽, 其象至著者, 此理氣之非一物也, 須先有本然之妙而後, 有動靜之機, 須先有形上之道而後, 有形下之器也, 此理氣之有先後也. 是以以下更申上文之意, 動靜異時, 陰陽異位, 而太極一理, 無所不在, 則理氣之非一物. 沖漠無眹, 其理已具, 而動靜陰陽, 其物未生, 則理氣之有先後也. 雖然以下合太極陰陽而言, 以明理氣之非二物, 而無先後也.

37　'소위' 이후로『주역』「계사상전」,『통서』,『성상』,『중용』,『지언』의 순서로 인용하고 있다.『통서』를『중용』보다 앞서 말했다는 것은 이를 의미한다.

38　각주 36번 참고.

대개 음양동정이 서로 뒤섞이지만 분수의 소재에 있어서는 흐트러진 적이 없다. 개(蓋)자 이하는 태극 음양이 나뉘고 합하는 것을 말한 것이고, '태극' 이하는 태극 음양을 나누어 말하여 이기가 일물이 아니고 선후가 있음을 밝힌 것이다. 본연(本然)일 때나 형이상(形上)일 때는 그 리가 매우 은미하고, 동정의 시점이나 음양의 시점에서는 그 상이 매우 드러나니, 이것은 이기가 일물이 아니라는 것이다. 반드시 먼저 본연의 묘함(妙)이 있고 난 뒤에 동정의 기틀이 있는 것이고, 반드시 먼저 형이상의 도가 있고 난 뒤에 형이하의 기(器)가 있는 것이다. '시이(是以)' 이하[39]는 앞의 글의 뜻을 다시 설명하는 것으로서, 움직임과 고요함의 때가 다르고 음양의 위치가 달라져도 태극의 일리(一理)는 존재하지 않은 곳이 없다는 것은 이기가 하나의 존재가 아니라는 것이고, 충막무짐(沖漠無朕: 지극히 고요하여 아무런 조짐도 없음)[40]할 때 그 리는 이미 갖추어졌고, 동정음양일 때 그 존재(物)가 아직 생기지 않았다는 것은 이기에 선후가 있다는 것이다. '수연(雖然: 그렇지만)' 이하[41]는 태극과 음양을 합쳐서 말하여 이기가 두 가지 존재가 아니고 선후가 없다는 것을 밝힌 것이다.

---

[39] 『태극해의』「태극도설해」. "그러므로 그 현저함의 관점에서 보면, 움직임과 고요함이 때가 같지 않고 음과 양이 위치가 같지 않지만 태극이 있지 않음이 없다. 그 은미함의 관점에서 보면 텅 비고 고요하여 아무런 조짐이 없는 가운데 움직임과 고요함, 음과 양의 리가 이미 모두 그 가운데 구비되어 있다.(是以自其著者而觀之, 則動靜不同時, 陰陽不同位, 而太極無不在焉. 自其微者而觀之, 則沖漠無朕, 而動靜陰陽之理已悉具於其中矣.)"

[40] 정자(程子)의 말로 『근사록(近思錄)』(권1 「도체(道體)」)에 실려 유명해졌다. "지극히 고요하여 아무런 조짐도 없으면서 삼라만상이 이미 그 속에 다 갖추어져 있다.(沖漠無朕, 萬象, 森然已具.)"

[41] 『태극해의』「태극도설해」. "그렇지만 앞으로 미루어 보아도 그 처음에 [태극과 음양이] 합쳐지는 것을 볼 수 없고, 뒤로 당겨보아도 그 끝에서 분리되는 것을 볼 수 없다. 그러므로 정자(程頤)가 말하길, '움직임과 고요함에는 단서가 없고, 음과 양에는 시초가 없으니, 도를 아는 사람이 아니면 누가 그것을 식별할 수 있겠는가?'(雖然, 推之於前而不見其始之合, 引之於後而不見其終之離也. 故程子曰, 動靜無端, 陰陽無始, 非知道者, 孰能識之.)"

理在氣中, 混融無間, 推之於前, 不見其始之合, 引之於後, 不見其終之離, 則理氣之非二物, 而無先後, 又可見矣. 故字以下, 引程子說, 以證上文之意, 動靜無端, 陰陽無始, 則實未有無動靜之時, 無陰陽之地矣. 太極安得以獨立於其先乎. 盖理氣, 本無先後, 無離合, 其言爲二物與有先後者, 只恐人不知大本之所在, 而或有認器爲道, 認欲爲理者也, 言盖不得已也. 故雖言其爲二物與有先後, 而終必以無先後無離合斷之. 其指深哉, 故窮理氣者, 須於無先後處, 見得有先後, 非二物中, 見得非一物, 方可以知理氣也.

리가 기 속에 있을 때는 혼융(混融: 섞여서 융화됨)하고 틈이 없으니[42] 앞으로 밀어보아도 시초에 합한 것을 볼 수 없고 뒤로 당겨보아도 종말에 분리되는 것을 볼 수 없으니, 리기가 '이물'이 아니고 선후가 없다는 것을 또한 알 수 있다. 고(故)자 이하는[43] 정자의 설을 인용하여 앞의 글의 뜻을 증거한 것으로서, 동정(움직임과 고요함)에 단서가 없고 음양에 시초가 없다면 기실 동정의 때가 없지 않고 음양의 자리가 없지 않은 것이니, 태극이 어떻게 먼저 독립할 수 있겠는가? 대개 이기는 본래 선후가 없고 이합(서로 떨어져 있음과 합쳐져 있음)이 없다. 그런데 이물이니 선후가 있다느니 하는 것은 사람들이 대본의 소재를 모르면 기를 도로 오인하고 욕(欲: 인욕, 물욕, 사욕)을 리로 오인할까 염려되었기 때문이다. 이 말은 부득이한 말이기 때문에 비록 이물이니 선후가 있다느니 말하였으나 끝에 가서는 반드시 선후가 없고 이합이 없다고 잘라 말한 것이다. 그 뜻이 매우 심오하기 때문에 이기를 연구하는 사람은 반드시 먼저 선후가 없는 곳에서 선후가 있는 것을

---

42 『태극해의』「태극도설해」. "세상에는 성을 벗어난 사물이 없고 성은 있지 않은 곳이 없으니, 이것이 무극과 음양오행이 혼융하여 틈이 없는 것이니, 이른바 '오묘하게 결합한다'는 것이다.(夫天下無性外之物, 而性無不在, 此無極二五, 所以混融而無間者也.)"

43 『태극해의』「태극도설해」. "그러므로 정자(程頤)는 이렇게 말했다. '움직임과 고요함에는 단서가 없고, 음과 양에는 시초가 없으니, 도를 아는 사람이 아니면 누가 그것을 식별할 수 있겠는가?'(故程子曰, 動靜無端, 陰陽無始, 非知道者, 孰能識之.)" 『二程粹言』(上)에 실린 어록을 인용하였다.

보아야 하고, 이물이 아닌 가운데서 일물이 아닌 것을 보아야만 비로소 이기(理氣)를 알 수 있을 것이다.

(3) 成之者性, 萬物各正其性, 兩性字, 皆以本然言, 而曰成之曰各正, 則萬物之性, 皆有所不同矣. 盖元亨利貞, 本然之理也, 而通書曰利貞誠之復也, 此解又以成之各正爲誠之復, 則成之各正兩性字之爲本然, 明矣.

'성지자성'의 성과 만물각정기성[44]의 성이 두 성(性)자는 모두 본연(本然)으로 말한 것이지만, '이룬다(成)' '각각 바르게 한다(各正)'는 말은 만물의 성이 모두 같지 않다는 것이다. 대개 원형이정(元亨利貞)[45]은 본연의 리(理)인데, 『통서』에는 '이정(利貞)은 성(誠)의 회복(復)'이라 하였고,[46] 여기 해석에는 또 이루는 것과 각각 바르게 하는 것을 성의 회복이라고 했으니, 성지(成之)와 각정(各正)의 성(性)자는 '본연'이라는 것이 분명하다.

(4) 著者, 指陰陽動靜之象也, 言象中有理, 而顯微無間也. 微者, 指本然形上之理也, 言理中有象, 而體用一原也. 盖著以下, 結動而生陽一節, 微以下結無極而太極一節也.

현저함(著)은 음양동정의 상(象)을 가리키며, 상 가운데 리가 있어 현미무간(顯

44　『주역』 건괘 단사. "건도가 변화고 화합에 각각 성명(性命)을 바르게 하니, 큰 조화를 보전하고 합하여, 이에 이롭고 곧다.(乾道變化, 各正性命, 保合太和, 乃利貞.)"

45　『주역』 건괘 단사. "건은 원형이정이다(乾, 元亨利貞)." 이에 대한 「文言傳」의 해석: "원은 선함이 자라는 것이요, 형은 아름다움이 모인 것이요, 이는 의로움이 조화를 이룬 것이요, 정은 사물의 근간이다. 군자는 인(仁)을 체득하여 사람을 자라게 할 수 있고, 아름다움을 모아 예에 합치시킬 수 있고, 사물을 이롭게 하여 의로움과 조화를 이루게 할 수 있고, 곧음을 굳건히 하여 사물의 근간이 되게 할 수 있다. 군자는 이 네 가지 덕을 행하는 고로 건은 원형이정이라고 하는 것이다.(元者, 善之長也. 亨者, 嘉之會也. 利者, 義之和也. 貞者, 事之幹也. 君子體仁足以長人, 嘉會足以合禮, 利物足以和義, 貞固足以幹事. 君子行此四德, 故曰乾元亨利貞.)"

46　『통서』 「성상」. "元亨, 誠之通, 利貞, 誠之復."

微無間: 드러남과 은미함 사이에는 틈이 없음)을 말한 것이다. 은미함(微)은 본연(本然)과 형이상(形而上)의 리를 가리키며, 리 가운데 상이 있어서 체용일원(체와 용이 하나의 근원임)을 말한 것이다. 대개 '저(著)' 이하는 '동이생양(動而生陽)' 한 절을 결론 맺은 것이고, '미(微)' 이하는 '무극이태극' 한 절을 결론 맺은 것이다.

(5) 沖, 潔淨也, 漠, 空濶也, 眹, 兆眹也. 兆眹, 物之微者, 而猶且無之, 則無形之至也. 此直指理之體段, 本然之妙而言也, 非有倚於動靜而言者也. 或謂沖漠無眹靜上則然而動上則不然然則理之無形者將有間於動靜歟若以此段爲靜時事則將以上段爲動時事乎上段言動靜陰陽此段言動靜陰陽則未見其上下段分說動靜也且理一倚於動靜則便只得爲動靜陰陽一偏之理矣安得言動靜陰陽之理皆具乎.

충(沖)은 정결한 것이고, 막(漠)은 텅 비어 넓은 것이며, 짐(眹)은 조짐이라는 뜻이다. 조짐은 존재(物)의 은미한 것인데도 오히려 없다(無)고 말하니 무형(無形)의 지극함이다. 이는 리의 체단(體段)과 본연(本然)의 묘(妙)함을 곧바로 가리킨 것이지, 동정에 의지하여 말한 것이 아니다. 누군가는 '충막무짐'은 고요할 때는 그러하지만, 움직일 때는 그렇지 않다고 한다. 그렇다면 리의 무형(無形)이라는 것은 움직임과 고요함에 틈이 있다는 것인가? 만약 이 단락을 고요할 때의 일로 삼는다면 위의 단락은 움직일 때의 일이라 볼 것인가? 위의 단락에서도 동정음양을 말하고 이 단락에서도 동정음양을 말하였으니, 위아래 단락이 동정을 나누어 말한 것으로 볼 수 없다. 리가 한 번 동정에 의지할 경우에는 다만 동정음양 중 한쪽으로 치우치는 리가 되고 말 것이다. 어떻게 동정음양의 리가 모두 갖추어졌다고 말할 수 있겠는가?

(6) 一動一靜而有動靜者,【以理之乘氣處言】太極之用也, 無動無靜而涵動靜者,【就氣中單指理而言】太極之體也. 此之體用, 固不可分屬動靜, 然以沖漠無眹, 對一動一靜, 則沖漠無眹, 道之本體, 無爲者也, 一動一靜, 道之大用, 流行者也. 以本體無爲者, 屬靜, 以大用流行者, 屬動, 亦一說也. 然與或者之說, 專以沖漠無眹爲動時氣象者, 其意迥然, 不同矣.

'일동일정'에 동정(움직임과 고요함)이 있다는 것은【리가 기를 타는 곳을 말한 것이다】태극의 작용이고, 움직임도 없고 고요함도 없이 동정을 포함한다는 것은【기의 측면에 나아가 리만 가리켜 말한 것이다】태극의 본체이다. 여기 본체와 작용은 물론 동정에다 분속시킬 수 없다. 그러나 충막무짐을 일동일정과 상대한다면, '충막무짐'은 도의 본체로서 무위(無爲)한 것이고, '일동일정'은 도의 대용(大用)으로서 유행(流行)하는 것이다. 본체의 무위를 고요함에 배속하고 대용의 유행을 움직임에 배속하는 것도 하나의 설이 되었다. 그러나 누군가의 설처럼 오로지 충막무짐을 고요할 때의 모습으로 여기는 것은 그 의미가 전혀 같지 않다.

(7) 此註言道之體用, 其義不一, 陰陽動靜【其動也其靜也二段】爲體用一也, 流行不已【動極而靜一段】一定不易【動而生陽一段】爲體用一也, 動靜涵太極【自其著者一段】太極涵動靜【自其微者一段】爲體用一也.

이 주석은 도의 체용(體用)은 그 뜻이 하나가 아님을 말한 것이니, 음양동정【'그 움직임'과와 '그 고요함'의 두 단락】이 체용이 되는 것이 하나이고, 유행이 그치지 않는 것【'움직임이 끝에 이르러 고요해짐'의 한 단락】과 일정하여 바꾸지 않는다【'움직여 양을 낳음'의 한 단락】는 것이 체용이 되는 것이 하나이며, 동정이 태극을 머금고 있는 것【'그 현저함의 관점에서 보면'의 한 단락】과 태극이 동정을 머금고 있는 것【'그 은미함의 관점에서 보면'의 한 단락】도 체용이 되는 것이 하나이다.

(8) 理氣, 有從理而言者, 有從氣而言者, 有從源頭而言者, 有從流行而言者, 從理言者, 明主宰之在理也, 從氣言者, 明作用之在氣也, 從源頭言者, 明此理之爲大本也, 從流行言者, 明理氣之無離合也, 故圖說曰太極動靜者, 從理言也, 主宰之義已明, 而人或執此, 誤認理有作用, 故註說曰動靜者所乘之機也, 是從氣言也, 所以分解濂翁之說也.

　이기는 리의 측면에서 말한 것이 있고 기의 측면에서 말한 것이 있으며, 근원(源頭)의 측면에서 말한 것이 있고 유행의 측면에서 말한 것이 있다. 리의 측면에서 말한 것은 주재가 리에 있음을 밝힌 것이고, 기의 측면에서 말한 것은 작용이 기에 있음을 밝힌 것이며, 근원의 측면에서 말한 것은 이 리가 대본(大本)임을 밝힌 것이고, 유행의 측면에서 말한 것은 이기가 이합(離合: 불상리와 불상잡)할 수 없음을 밝힌 것이다. 그러므로 「도설」에서 말한 '태극동정'은 리의 측면에서 말한 것이니, 주재의 뜻이 이미 분명한데도 사람이 혹 이것에 집착하여 리에 작용이 있는 것으로 오인하였다. 그러므로 『태극도설』의 주석에서 '동정은 타는 바의 기틀이다.'라고 하였으니, 이것은 기의 측면에서 말한 것으로 염계 선생의 뜻을 분석하여 해설한 것이다.

　理乘氣, 譬如人乘馬, 行止在馬, 而非人主宰, 則馬亦無以行止也. 故以人之主宰, 而謂人行止, 亦可也, 濂翁之意, 蓋如此. 直指馬之行止, 而謂馬行止, 亦可也, 朱子之意, 蓋如此. 圖說曰太極動而生陽靜而生陰者, 從源頭言也, 大本之義已明, 而人或執此, 誤認理先氣後, 故註說曰不見始合不見終離, 是從流行言也, 所以分解濂翁之說也. 然所謂源頭者, 亦只就流行中, 截自一陰一陽初生處, 推本其理, 而曰此陰此陽未生之前已先有此理, 亦無不可矣. 理氣只是一箇大流行而已矣, 豈實有有源頭者, 自無而有, 而在流行之外哉.

　'리가 기를 탄다(理乘氣)'는 것은 비유하자면, 사람이 말을 타고 갈 때 가고 멈추는 것은 말에게 달려 있으나 사람이 주재하지 않으면 말도 또한 가고 멈출 수 없다. 그러므로 사람이 주재하는 것으로 말하면 사람이 가고 멈춘다고 말하는 것도 가능하니, 염계 선생의 뜻은 대개 이와 같다. 말이 가고 멈추는 것을 곧바로 가리켜서 말이 가고 멈춘다고 말하는 것도 가능하니, 주자의 뜻이 대개 이와 같다.

「태극도설」에서 말한 '태극이 움직여 양을 낳고 움직임의 끝에 이르면 고요해진다'는 것은 근원의 측면에서 말한 것이니 대본(大本)의 뜻이 이미 분명한데도 사람이 혹 이에 집착하여 리가 먼저이고 기가 뒤라고 오인하였다. 그러므로 주석에서 '처음도 합해짐을 보지 못하고 마침에도 분리됨을 보지 못한다'고 하였으니, 이것은 유행의 측면에서 말한 것으로 염계 선생의 설을 분석하여 해설한 것이다. 그러나 이른바 근원도 역시 유행 속에 나아가 일음일양이 처음 생겨나는 곳을 끊어서 그 리의 근본을 미루어 헤아린 것이니, '음과 양이 생겨나기 전에 이미 먼저 리가 있다'[47]고 말하더라도 옳지 않음이 없다. 이기는 단지 하나의 큰 유행이 있을 뿐이니 어찌 실제로 근원이 되는 것이 있어서 무(無)로부터 생겨나 유행을 벗어난 경우가 있겠는가?

(9) 從理從氣從源頭從流行者, 非各有地頭, 而各從言之也. 只是就渾淪一箇地頭, 分說出來耳, 雖則分說以盡其義, 又須會而通之, 知其爲一然後, 方可以論理氣也.

리의 측면, 기의 측면, 근원의 측면, 유행의 측면 등은 각각의 영역이 있어서 그에 따라서 말한 것은 아니다. 이것은 혼연한 하나의 영역에 나아가 설이 나뉘어 나왔을 뿐이니, 비록 설을 나누어 그 뜻을 다하였으나 또 모름지기 그것을 회통(會通)하여 하나임을 안 연후에라야 바야흐로 이기를 논할 수 있다.

5) 第三節 제3절

釋圖體第三圈.
「태극도」의 본체 제3권을 해석함.

---

47 『朱子言論同異攷』「陰陽」, "此陰此陽未生之前, 謂已有陰陽之理, 亦可矣."

(1) 陽變陰合而生水火木金土者, 天地生五行之序也, 卽釋圖體水火置上金木置下之義也. 五氣順布四時行焉者, 五行自相生之序也, 卽釋圖體五行細畫循環牽運之義也.

'양이 변하고 음이 합하여 수화목금토를 생한다'는 것은 천지가 오행을 낳은 순서이니, 도체에서 수화가 위에 자리하고 금목이 아래에 자리한 뜻을 해석한 것이다. '다섯 가지 기가 순리에 따라 펼쳐져 사계절이 운행된다'는 것은 오행이 저절로 상생하는 순서이니, 「태극도」의 본체에서 오행을 연결시키는 선이 순환하고 끌어당기는 뜻을 해석한 것이다.

(2) 或疑天一生水, 地六成之, 固可謂陽變陰合而生, 地二生火, 天七成之, 亦可謂陽變陰合而生乎. 盖就生者成者而各求陰陽, 則生固有陰, 成固有陽, 若以生與成對言, 則氣之生者, 皆屬陽, 而質之成者, 皆屬陰, 氣動質凝, 而五者乃生, 則謂之陽變陰合而生者, 不亦可乎.

누군가 천(天) 1이 수(水)를 낳고 지(地) 6이 이것을 이룬다는 것을 참으로 양이 변하고 음이 합하여 생겨난다고 의심하였는데, 지 2가 화(火)를 낳고 천 7이 이것을 이룬다는[48] 것을 참으로 양이 변하고 음이 합하여 생겨난다고 할 수 있는가? 이는 대개 낳은 것과 이루는 것에 나아가 음양을 각각 구한 것이니, 낳음(生)은 진실로 음을 가지고 있고 이룸(成)은 참으로 양을 가지고 있다. 만약 낳음과 이룸(生成)을 상대해서 말하면, 기의 낳음은 모두 양에 속하고 질(質: 形質)의 이룸은 모두 음에 속하니, 기가 움직이고 음이 합하여 생겨난다고 하는 것도 또한

---

48 『周易傳義大全』「周易朱子圖說」. "하늘이 1로써 수를 낳으면 땅이 6으로써 이루어주고, 땅이 2로써 화를 낳으면 하늘이 7로써 이루어주고, 하늘이 3으로써 목을 낳으면 땅이 8로써 이루어주고, 땅이 4로써 금을 낳으면 하늘이 9로써 이루어주고, 하늘이 5로써 토를 낳으면 땅이 10으로써 이루어준다.(天以一生水, 而地以六成之, 地以二生火, 而天以七成之, 天以三生木, 而地以八成之, 地以四生金, 而天以九成之, 天以五生土, 而地以十成之.)"

옳지 아니한가?

(3) 或疑五行之生, 生於天地未成形之前, 而今曰以質而語其生之序云, 則天地未成形之前, 五者之質, 何所寓歟. 蓋五行之氣, 生於天地之前, 而其質具於天地之後, 卽邵子所謂體立天地後用起天地先者也. 圖解之說, 蓋卽其見成之質, 原其生出之始而言也, 非謂生出之始其質便具也, 蓋以質與氣對言, 則質爲體而氣爲用, 以生與行對言, 則生爲體而行爲用, 故以質屬生, 以氣屬行, 且言生當言質, 而言行當言氣也.

누군가 '오행이 생겨남은 천지가 아직 형체를 이루기 전에 생겼다'[49]고 의심하고서, 이제 질(質)로서 생(生)의 순서를 말하니, 천지가 아직 생겨나기 전에 오행의 질은 어디에 깃들어 있겠는가? 이것은 대개 오행의 기는 천지 이전에 생겨나고 그 형질은 천지 이후에 갖추어지는 것, 곧 소강절이 말한 '본체는 천지 이후에, 작용은 천지 이전에 일어난다'[50]는 것이다. 「태극도설해」의 설은 '드러나 이루어진 형질에 나아가 그 생출(生出: 생겨남)의 시작의 근원을 밝힌다'고 말한 것이지, 생출의 시작에 그 형질이 곧바로 갖추어져 있음을 말한 것은 아니다. 대개 형질과 기를 상대해서 말하면 형질은 본체가 되고 기는 작용이 되며, 생(生)과 행(行)

---

[49] 『明皐全集』 권20 「洪範直指」. "수화목금토는 하늘과 땅이 형체를 이루기 전의 다섯 기이니, 이렇게 차례 지으면 하늘과 땅의 형체가 이루어진다.(水火木金土, 天地未成形之前五氣, 以此次序, 成天地之形.)" 명고(明皐)는 조선 후기 유학자 서형수(徐瀅修, 1749~1824)의 호이다.

[50] 『태극해의』「태극도설해」. "평암 섭씨(葉采)가 말했다. '"움직여 양을 낳고 움직임이 극단에 이르면 고요하며, 고요하여 음을 낳고 고요함이 극단에 이르면 다시 움직인다.'라는 것은 태극의 유행하는 오묘함이 끝없이 서로 밀고 있음을 말한다. '한 번 움직이고 한 번 고요함이 서로 뿌리가 되며, 음으로 나뉘고 양으로 나뉘어 양의가 정립된다.'라는 것은 음과 양이 대대(對待)하는 본체가 한 번 정해지면 변하지 않음을 말한다. 소자(邵雍)가 '작용은 천지보다 먼저 일어나고, 본체는 천지보다 나중에 정립된다.'라고 한 것이 바로 이것이다."(平巖葉氏曰. 動而生陽, 動極而靜, 靜而生陰, 靜極復動者, 言太極流行之妙相推於無窮也. 一動一靜, 互爲其根, 分陰分陽, 兩儀立焉者, 言二氣對待之體一定而不易也. 邵子云, 用起天地先, 體立天地後, 是也.)"

을 상대해서 말하면 생은 본체가 되고 행은 작용이 된다. 그러므로 형질은 생에 속하고 기는 행에 속하며, 또 생을 말함에 반드시 형질을 말해야 하고 행을 말함에 반드시 기를 말해야 한다.

(4) 或又疑以五行生出之序言, 則水陽而火陰也, 以五行成質之分言, 則水陰而火陽也. 今曰以質而語其生之序, 則水陽火陰何也, 此卽所謂卽其見成之質, 而原其生出之始者也. 且水陽火陰, 亦何不可謂之質耶.

누군가 오행의 생출 순서로 말한다면 수(水)는 양이고 화(火)는 음이며, 오행이 형질을 이룬 것으로 나누어 말한다면 수는 음이고 화는 양이라고 의심하였다.[51] 그런데 지금 형질로서 그 생(生)의 순서를 말한다면 수는 양이고 화는 음이 되는 것은 무엇 때문인가? 이는 이른바 나타나 이루어진 형질에 나아가 그 생출의 시작의 근원을 찾는 것이다. 또 수는 양이고 화는 음인 것 또한 어찌 형질이라고 말할 수 없겠는가?

(5) 或疑天五生土, 地十成之, 土未成, 則却無地矣, 何謂地十成土乎. 盖天地

---

[51] 『立齋集』 권17 「答康思彦太極疑義問目」, "살펴보건대 『태극도설』의 주석에 '수(水)와 목(木)은 양(陽)이고 화(火)와 금(金)은 음(陰)이다.'라고 하였습니다. 그런데 『태극도해』에서는 도리어 '수는 음이고 화는 양이다.'라고 말한 것은 어떻게 된 것입니까. 남당(南塘)이 말하기를 '태극도 자체에 수(水)와 화(火)가 위에 위치하고 금(金)과 목(木)이 아래에 위치하는 것은 오행이 생겨나는 순서이고, 수와 금이 오른쪽에 위치하며 화와 목이 왼쪽에 위치하는 것은 오행이 바탕을 이루는 구분이다.'라고 하였습니다. 오행이 생겨나는 것으로 말하면 수가 양이고 화가 음이며, 바탕으로 말하면 화가 양이고 수가 음입니다. 두 가지 뜻이 본래 절로 태극도 자체에 갖추어져 있는데, 면재(勉齋)가 다만 살피지 못했을 따름입니다.(按圖說註曰, 水木, 陽也, 火金, 陰也. 圖解, 則却云, 水陰火陽者何也. 南塘曰, 圖體水, 火置上, 金木置下, 五行生出之序也. 水金居右, 火木居左, 五行成質之分也. 以生言, 則水陽而火陰也, 以質言, 則火陽而水陰也. 二義本自具於圖體, 勉齋特未之察耳.)" 입재는 정종로(鄭宗魯, 1738~1816)의 호이다. 이상정(李象靖)의 문인으로 영남학파의 학통을 이은 정종로는 한원진의 논의를 수용하여 오행을 보는 관점을 수립하고 있다.

云者, 以陰陽之氣而言也, 非指成形之天地而言也.

누군가 천(天) 5가 토(土)를 생하고 지(地) 10이 그것을 이룬다고 하니, 토가 이루어지지 않으면 도리어 땅이 없을 것이니 어찌 지 10이 토를 생할 수 있겠는가 하고 의심하였다. 이것은 대개 천지라고 말한 것은 음양의 기로서 말한 것이지 형체를 이룬 천지를 가리켜 말한 것이 아니다.

(6) 或疑水火之爲陰陽, 從成數, 金木之爲陰陽, 從生數, 何也. 盖五行之始生者, 其氣甚微, 故受變於成者, 次生者, 其氣漸著, 故不受變於成者.

누군가 수와 화가 음양이 되는 것은 성수(成數)를 따르고 금과 목이 음양이 되는 것은 생수(生數)를 따른 것은 어째서인가 의심하였다. 대개 오행이 막 생길 때에 생은 그 기가 매우 은미하기 때문에 성수에서 변화를 받아들이고, 그다음으로 생겨난 것은 그 기가 점차 드러나기 때문에 성수에서 변화를 받아들이지 않는다.

(7) 錯而言之, 動陽而靜陰, 以氣, 則木火之氣, 動而陽, 金水之氣, 靜而陰, 以質, 則水火之質, 動而陽, 金木之質, 靜而陰也.

번갈아드는 것으로서 말한다면 움직여 양이 되고 고요하여 음이 된다. 기로 말하면 목(木)과 화(火)는 기의 움직임(動)이면서 양이고 금(金)과 수(水)의 기는 고요함(靜)이면서 음이다. 형질로서 말하면 수(水)와 화(火)의 형질은 움직임이면서 양이고, 금(金)과 목(木)의 형질은 고요함이면서 음이다.

(8) 黃勉齋五行說, 全與朱子說相反, 李氏希濂之辨, 盖已得之, 而且詳矣. 然於黃說之不合濂翁圖書處, 略不說, 豈偶未察耶. 圖體, 以水置陰靜之下, 以火置陽動之下, 則其以水屬陰火屬陽者, 其意明矣, 而通書所謂水陰根陽火陽根陰者, 實爲發明此圖象也. 勉齋及以水爲陽穉, 火爲陰穉, 則其於濂翁圖書,果合乎否耶. 若如勉齋說, 則濂翁何不於圖易置水火, 而於書曰水陽火陰耶.

황면재의 오행설[52]은 주자의 설과 전혀 상반되고, 이에 대한 이희렴의 변론[53]은 대체로 잘 되었고 또 상세하다.[54] 그런데 황면재의 설은 주렴계의 『태극도』 및 『통서』와 부합하지 않는 곳에 대해서는 조금도 언급하지 않았으니 어찌 우연히 살피지 않았겠는가? 「태극도」의 본체에서 수(水)를 '음정'의 아래에 두고 화(火)를 '양동'의 아래에 두었으니, 그것은 수는 음에 배속하고 화는 양에 배속한다는 뜻이 분명하다. 『통서』에서 말한 '수음(水陰)은 양에 뿌리를 두고 화양(火陽)은 음에 뿌리를 둔다'[55]는 것은 진실로 이 도상을 펴서 밝힌 것이다. 면재는 수를 양의 어린 것으로 생각하고 화는 음의 어린 것으로 생각하였는데, 그렇다면 그것은 과연 주렴계의 『태극도』 및 『통서』와 부합하는 것인가? 만약 면재의 설과 같다면 주렴계가 어찌 「태극도」에서 수와 화의 자리를 바꿔 두고, 『통서』에서 '수는 양이고 화는 음'이라고 하지 않았겠는가?

蓋以天地生五行之序分陰陽, 則勉齋之說本非不是, 而濂翁圖書却不如此, 則朱子之解, 又安得遽捨本意, 而以他意先之哉. 況濂翁之以五行成質, 分陰

---

52 『易學啓蒙』「本圖書」. "면재 황씨가 말했다. "1부터 10까지는 기우의 다소를 말한 것이지만, 처음에는 순서로 말한 것이 아니다. 천이 기수를 얻어 수(水)가 되므로 1이 수를 낳고, 1이 끝에 이르러 3이 되므로 3이 목(木)을 낳는다. 지는 우수를 얻어 화(火)가 되므로 2가 화를 낳고 2는 끝에 이르러 4가 되므로 4가 금(金)을 낳는다."(勉齋黃氏曰, 自一至十, 特言奇偶之多寡爾, 初非以次序而言. 天得奇而爲水, 故曰一生水. 一之極而爲三, 故曰三生木. 地得偶而爲火, 故曰二生火. 二之極而爲四, 故曰四生金.)"

53 이희렴은 명대의 학자이지만 자세한 것은 전해진 것이 없다. 『성리대전』(권27「理氣」, 2~5행)에 그의 오행론이 실려 있다.

54 한원진의 황면재 오행설 비판은 다음을 참고. 『남당집』권27「黃勉齋五行說辨」.

55 『통서』「動靜」. "수는 음이지만 양에 뿌리를 두고 화는 양이지만 음에 뿌리를 둔다. 오행은 음양이고 음양은 태극이다. 사계절이 운행하고 만물이 시작하고 끝난다. 합해졌다가 열리니 그 끝이 무궁하구나.(水陰根陽, 火陽根陰, 五行陰陽, 陰陽太極. 四時運行, 萬物終始, 混兮闢兮, 其無窮兮.)"

陽, 旣合乎造化可見之迹, 而又以水火交係于陰陽, 以明水生於陽火生於陰. 故朱子固此, 又以水爲陽火爲陰, 則勉齋之說, 又未始不包在其中矣. 二夫子作述之意, 豈可淺之爲議哉【圖體, 水火置上, 木金置下, 五行生出之序也, 水金居右, 火木居左, 五行成質之分也, 以生言, 則水陽而火陰也, 以質言, 則火陽而水陰也, 二義本自具於圖體, 勉齋特未之察耳.】

대개 천지가 오행을 생하는 순서로 음양을 나눈다면 면재의 설은 근본적으로 틀리다고 할 수는 없지만, 주렴계의 『태극도』와 『통서』에는 도리어 이와 같지 않으니, 주자의 주석이 어찌 본의를 버리고 다른 뜻을 우선적인 것으로 삼겠는가? 하물며 주렴계가 오행의 형질을 이룬 것으로 음양을 나눈 것은 이미 조화의 볼 수 있는 자취에 부합하며, 또 수와 화를 음양에 교차 연결하여 수는 양에서 생하고 화는 음에서 생하는 것을 밝혔다. 그러므로 주자는 이것을 근거로 하여 수는 양이고 화는 음이라고 여겼으니,[56] 면재의 설은 처음부터 그 가운데에 포함되지 않음이 없다. 두 선생이 짓고 기술한 뜻을 어찌 가볍게 논할 수 있겠는가?【「태극도」의 본체에서 수화(水火)는 위에 두고 목금(木金)은 아래에 둔 것은 오행이 생출하는 순서요, 수와 금을 오른쪽에 두고 화와 목을 왼쪽에 둔 것은 오행의 형질의 나뉨이다. 생(生)으로 말하면 수는 양이고 화는 음이며, 형질로 말하면 화는 양이고 수는 음이니, 두 뜻이 본래부터 「태극도」의 본체에 저절로 갖추어져 있는데, 다만 면재가 살피지 못했을 뿐이다.】

---

[56] 『태극해의』「태극도설해」. "태극이 있으면 한 번 움직이고 한 번 고요하여 양의가 나누어진다. 음양이 있으면 한 번 운동하고 한 번 따라서 오행이 구비된다. 그러나 오행이란 질(質)은 땅에서 구비되고 기(氣)는 하늘에서 유행하는 것이다. 질로서 그 생성의 순서를 말하면 '수화목금토'라고 하니, 수와 목은 양이고 화와 금은 음이다. 기로서 그 유행의 순서를 말하면 '목화토금수'라고 하니, 목과 화는 양이고 금과 수는 음이다.(有太極, 則一動一靜而兩儀分. 有陰陽, 則一變一合而五行具. 然五行者, 質具於地而氣行於天者也. 以質而語其生之序, 則曰水火木金土, 而水木陽也, 火金陰也. 以氣而語其行之序, 則曰木火土金水, 而木火陽也, 金水陰也.)"

(9) 蓋字以下已先說起下節之意.

개(蓋)자 이하[57]는 이미 아래 절의 뜻을 먼저 일으킨 것이다.

(10) 夫豈有所虧欠極間隔者, 謂自五而二, 自二而一, 無所虧欠, 五之於二, 二之於一, 亦無所間隔云也. 虧欠間隔四字, 皆包五行陰陽太極而言也.

'어찌 부족하거나 틈이 벌어지는 일이 있겠는가'는 오행으로부터 음양이 되고 음양으로부터 하나의 태극이 되는 것이 결여됨이 없다는 것을 말한 것이며, 음양으로부터 오행이 되는 것과 하나의 태극에서 음양이 되는 것은 역시 막힘이 없는 것을 말한다. '휴흠간격(虧欠間隔, 어찌 부족하거나 틈이 벌어지는 일이 있겠는가)' 이 네 글자는 모두 오행, 음양, 태극을 아울러 말한 것이다.

(11) 此以上極本窮源, 而論理氣生出之序.

이 이상은 본원을 끝까지 궁구하여 이기(理氣)의 생출 순서를 논한 것이다.

6) 第四節 제4절

通釋圖體第一第二第三圈盖總結上文.
「태극도」 본체의 제1권, 제2권, 제3권을 통석함. 위의 글을 총결함.

(1) 五行一陰陽, 陰陽一太極, 太極本無極, 自五行推本於無極, 所謂統體一太極也. 五行之生, 各一其性, 所謂各具一太極也.

---

[57] 『태극해의』「태극도설해」. "또 통괄하여 말하면 기는 양이고 질은 음이다. 그리고 번갈아 말하면 움직임은 양이고 고요함은 음이다. 오행의 변화는 다 탐구할 수 없는 데까지 이르지만, 어디에서건 음양의 도가 아닌 것이 없다. 음양이 되는 근거의 경우에는 또 어디에서건 태극의 본래 모습이 아님이 없다. 어찌 부족하거나 틈이 벌어지는 일이 있겠는가?(蓋五行之變至於不可窮, 然無適而非陰陽之道. 至其所以爲陰陽者, 則又無適而非太極之本然也. 夫豈有所虧欠間隔哉.)"

'오행은 음양과 하나이고 음양은 태극과 하나이며, 태극은 본래 무극이다.'라는 것은 오행에서부터 무극으로까지 본원을 미루어 헤아린 것이니 이른바 통체일태극(統體一太極)이다. '오행이 생길 때에 각기 그 성을 하나로 한다'는 것은 이른바 각구일태극(各具一太極)이다.[58]

(2) 五行一陰陽, 陰陽一太極, 一字, 非各一之一, 亦非同一之一, 只是卽一之一, 言五行卽一陰陽, 而五行陰陽, 非有二也, 陰陽卽一太極, 而陰陽太極, 非有二也云爾. 通書直言, 五行陰陽, 陰陽太極, 而皆去一字, 意可見矣.

'오행은 음양과 하나이고 음양은 태극과 하나이다'에서 일(一)자는 각자(各一)의 일(一)이 아니며 또한 동일(同一)의 일(一)도 아니다. 이것은 즉일(卽一)의 일(一)로, '오행이 곧 하나의 음양'이니 오행과 음양이 둘이 있는 것이 아니며, '음양이 곧 하나의 태극'이니 음양과 태극이 둘이 있는 것이 아니라고 말한 것일 뿐이다. 『통서』에서는 바로 '오행음양, 음양태극'[59]이라고만 말하고 모두 일(一)자를 쓰지 않았으니, 그 뜻을 알 수 있다.

(3) 卽此而推本之, 【止】無極之妙, 是釋太極本無極以上三句, 無極之妙, 【止】

---

[58] 『태극해의』「태극도설해」. "남성과 여성의 측면에서 보면 남성과 여성이 각각 그 성을 하나씩 가지고 있으나 남성과 여성은 하나의 태극이다. 만물의 측면에서 보면 만물이 각각 그 성을 하나씩 가지고 있으나 만물은 하나의 태극이다. 종합해서 말하면 만물의 통체는 하나의 태극이며, 나누어서 말하면 하나의 사물마다 각각 하나의 태극을 구비하고 있다.(自男女而觀之, 則男女各一其性, 而男女一太極也. 自萬物而觀之, 則萬物各一其性, 而萬物一太極也. 蓋合而言之, 萬物統體一太極也, 分而言之, 一物各具一太極也.)"

[59] 『통서』「동정」. "움직이면 고요함이 없고 고요하면 움직임이 없는 것은 사물이다. 움직이면 움직임이 없고 고요하면 고요함이 없는 것은 신이다. 사물은 통함이 없지만 신은 만물에 오묘하게 통한다. 수는 음으로 양에 뿌리를 두고 화는 양으로 음에 뿌리를 둔다. 오행은 음양이고 음양은 태극이다. 사계절이 운행하여 만물이 가고 온다.(動而無靜, 靜而無動, 物也, 動而無動, 靜而無靜, 神也, 動而無動, 靜而無靜, 非不動不靜也, 物則不通, 神妙萬物, 水陰根陽, 火陽根陰, 五行陰陽, 陰陽太極, 四時運行, 萬物終始.)"

一物之中, 是釋五行各一其性一句. 蓋字以下, 再申推本一體之意, 詳釋太極本無極以上, 然字以下, 再申各具一物之意, 詳釋各一其性一句, 天下豈有性外之物, 性字以統體太極, 而言性無所不在, 性字以各具太極而言.

'여기에서 근본을 미루어 보아 … 무극의 오묘함'[60]은 '태극은 본래 무극이다' 이상의 세 구절을 해석한 것이고, '무극의 오묘함은 … 한 사물 가운데'[61]는 '오행각일기성(五行各一其性)' 한 구절을 해석한 것이다. 개(盖)자 이하는 '추본일체(推本一體)'의 뜻을 다시 펼쳐서 '태극본무극(太極本無極)' 이상을 자세히 해석한 것이다. 연(然)자 이하[62]는 '각구일태극(各具一物)'의 뜻을 다시 펼쳐서 각일기성(各一其性) 한 구절을 자세히 해석한 것이다. '천하에 어찌 성을 벗어난 존재(사물)가 있겠는가(天下豈有性外之物)'의 성(性)자는 통체일태극(統體太極)으로 말한 것이고, '성이 있지 않은 곳이 없다(性無所不在)'의 성(性)자는 각구일태극(各具太極)으로 말한 것이다.

(4) 各一其性則偏矣, 渾然太極則全矣, 二說相反, 而作一事說者, 何也. 蓋各一者, 因氣言者也, 太極者, 單指理者也. 有此各一之性, 故單指之謂太極也. 若無各一之性, 則太極全體, 從何處求之耶. 此其偏底卽是全底, 全底卽是偏

---

60 『태극해의』「태극도설해」. "오행이 갖추어지면 조화와 발육의 도구가 구비되지 않음이 없다. 그러므로 또 여기에서 근본을 미루어 보아 그 혼연일체가 무극의 오묘함이 아님이 없다는 것을 밝혔다.(五行具, 則造化發育之具無不備矣. 故又卽此而推本之, 以明其渾然一體, 莫非無極之妙.)"

61 『태극해의』「태극도설해」. "그러나 무극의 오묘함은 또한 한 사물 가운데 각각 갖추어지지 않은 적이 없다.(而無極之妙, 亦未嘗不各具於一物之中也.)"

62 『태극해의』「태극도설해」. "그러나 오행의 생성에 그 기와 질에 따라 품수한 것이 같지 않으니 이른바 '각각 그 성(性)을 하나씩 가진다'는 것이다. 각각 그 성을 하나씩 가지면 혼연한 태극의 완전한 본체가 사물 가운데 각각 갖추어지지 않음이 없으니, 성이 있지 않은 곳이 없음을 또 알 수 있다.(然五行之生, 隨其氣質而所稟不同, 所謂各一其性也. 各一其性, 則渾然太極之全體, 無不各具於一物之中, 而性之無所不在又可見矣.)"

底, 非有二物也. 著一則字於各一渾然之間則, 其義, 又明矣.

각일기성은 치우치고 혼연태극(渾然太極)은 온전하다는 두 설은 서로 반대되는데, 한 가지 일로 여겨 말한 것은 어째서인가? 대개 각일(各一)은 기로 인해서 말한 것이고, 태극은 리만을 가리킨 것 즉 단지(單指)한 것이다. 이 각일기성이 있기 때문에 단지하여 태극이라고 한다. 만일 각일기성이 없다면 태극의 전체는 어디에서 구할 수 있겠는가? 이는 치우친 것이 곧 온전한 것이고, 온전한 것이 곧 치우친 것이니 이물(二物)이 있는 것이 아니다. '각일'과 '혼연'의 사이에 즉(則)자를 나타내면 그 뜻이 더욱 분명할 것이다.

(5) 各一其性, 或以爲氣質善惡之性, 甚不然. 此性字與孔子成之者性, 各正性命之性, 同. 孔子所言兩性字, 何嘗以善惡之性言耶. 且濂翁圖說所言性字, 皆以太極言, 則其意豈遽及於善惡哉. 若果善惡之性, 則解中又安得以渾然太極爲言哉.

'각일기성'을 혹 기질선악(氣質善惡)의 성(性)으로 생각하기도 하는데 [그것은] 전혀 그렇지 않다. 이 성(性)자는 공자가 「계사전」에서 말한 성지자성(成之者性)이나 각정성명(各正性命)의 성과 같다. 공자가 말한 두 성(性)자가 어찌 일찍이 선악의 선을 말한 것이었겠는가? 염계 선생의 『태극도설』에서 말한 성자는 모두 태극으로 말한 것인데, 그 뜻이 갑자기 선악에 이르렀겠는가? 만일 진실로 선악의 성이라면, 『태극도설해』 속에서 또 어찌 혼연태극이라고 말할 수 있겠는가?

盖各一其性, 卽五常之性也, 五常者, 卽乎五行氣質之中, 各指其氣之理, 而亦不雜乎其氣而爲言也. 各指其氣之理, 故有五常名目之不同, 亦不雜乎其氣而言, 故爲純善無惡之性, 若復掉脫形器而單指之, 則可見其爲渾然太極之全體也. 至於氣質善惡之性, 則以此性滾雜氣質而言者也. 豈可遽言於各一已矣之地哉. 是故以五常之性對太極而言, 則太極爲本然之性, 而五常爲氣質之性, 雖曰氣質之性, 不害其爲本然也, 比太極之名則如此云爾. 對善惡之性言, 則五常爲本然之性, 而善惡爲氣質之性矣, 如此推說然後, 方見得千古性命之說, 無所窒礙矣. 然此可爲知者道, 難爲不知者道, 不知者, 必以爲性實有此三層也.

대개 '각일기성'은 곧 오상(五常)의 성(性)[63]이며, 오상은 오행의 기질(氣質) 중에 나아가 각각 그 기 속의 리를 가리킨 것으로, 또한 그 기에 섞이지 않는다는 것을 말한 것이다. 각각 그 기의 리를 가리킨 것이기 때문에 오상의 명목이 같지 않고, 또한 그 기에 섞이지 않는 것으로 말했기 때문에 순선(純善)하고 악(惡)이 없는 성이 되지만, 만일 형기를 벗어나 그것을 단지(單指)하면, 혼연태극의 전체가 됨을 볼 수 있다. '기질선악'의 성에 이르면, 이 성이 기질에 섞인 것으로 말한 것이니, 어찌 갑자기 각일기성의 영역에서만 말할 수 있겠는가? 그러므로 오상의 성으로 태극을 상대하여 말하면, 태극은 본연의 성이 되고 오상은 기질의 성이 된다. 비록 기질의 성이라고 해도, 그 본연이 되는 데에 해가 되지 않는다고 하는 것은 태극이라는 이름에 견주어 이같이 말한 것일 뿐이다. 선악의 성으로 상대하여 말하면, 오상은 본연의 성이 되고 선악은 기질의 성이 된다. 이처럼 헤아려서 말한 뒤에야 비로소 먼 옛날부터 내려온 성명(性命)의 설이 막힘이 없음을 알 수 있게 된다. 그러나 이는 아는 사람에게는 말할 수 있지만, 모르는 사람에게는 말할 수 없으니, 모르는 사람은 반드시 성에는 실제로 삼층(三層)이 있을 것이라고 생각하기 때문이다.[64]

---

63 『남당집』 권15 「答沈信夫三淵集箚辨」.
64 한원진의 독창적 이론인 성삼층설(性三層說)은 성에 세 가지 층위가 있다는 설이다. 곧 인간과 사물이 같은 초형기(超形氣)의 성, 인간과 사물이 다른 인기질(因氣質)의 성, 인간과 인간이 서로 다른 잡기질(雜氣質)의 성을 구분하여 파악한 것이다. 이 설에 대해서 마치 세 가지 성이 실체적으로 분리되어 있는 것처럼 오인하는 경우가 있지만, 실제로는 하나의 성을 다른 관점에서 분석적으로 파악한 것이다.

⑹ 陰陽五行, 一氣, 故曰不外, 太極陰陽, 二物, 故曰不離.

음양과 오행은 하나의 기이기 때문에 '벗어나지 않는다'고 말하고, 태극과 음양은 두 가지 물(物)이기 때문에 '떨어지지 않는다'고 말한 것이다.

⑺ 此一節, 卽其已生而論理氣混融之妙

이 한 절은 이미 생겨난 것에 따라서, 리와 기가 혼융해 있는 묘함을 논한 것이다.

7) 第五節 제5절

釋圖體妙合圈以下三圈. 然一圖之體, 亦無不具矣.

「태극도」 본체의 묘합권 이하 3권을 해석함. 그러나 전체 그림의 체 또한 갖추지 않음이 없음.

⑴ 精不二之名, 不二謂木氣專於木, 金氣專於金, 不以他氣雜之也.

정(精)은 둘이 아님을 이르는 말[65]이며, 둘이 아니라는 것은 목(木)의 기는 오직 목의 기일 뿐이며 금(金)의 기는 오로지 금의 기여서 다른 잡스러운 기에 섞이지 않는다는 것을 이른다.

⑵ 經緯, 謂陰陽爲經, 而五行緯之, 五行爲經, 而陰陽緯之也. 陰陽各具五行, 陰陽經, 而五行緯也. 五行各具陰陽, 五行經, 而陰陽緯也.

---

65 『태극해의』 「태극도설해」. "정(精)은 기로써 말한 것이니 둘이 아님을 이름 붙인 것이다.(精以氣言, 不二之名也.)"

경위(經緯: 씨줄과 날줄)**66**는 음양이 경(經: 씨줄)이 되면 오행은 그것에 위(緯: 날줄)가 된다. 오행이 경이 되면 음양이 그것의 위가 된다. 음양이 각각 그 오행을 갖추면 음양은 경이 되고 오행은 위가 된다. 오행이 각각 음양을 갖추면, 오행이 경이 되고 음양은 위가 된다.

(3) 各以類聚, 謂陽與陽求, 陰與陰求, 陽五行聚, 則成男, 陰五行聚, 則成女也.
'각각 부류대로 응취하여 형체를 이룬다'는 양이 양을 구하고 음이 음을 구하는 것을 이른다. 양의 오행이 모이면 남성이 이루어지고, 음의 오행이 모이면 여성이 이루어진다.

(4) 氣化而生者, 專得天地之氣也, 形化而生者, 雖各得父母之氣, 而實亦天地之氣也. 天地之氣, 逼塞虛空, 金石, 亦透, 故人物軀殼之中, 天地之氣, 流通貫徹者, 日新而萬變, 從人物軀殼中過來生出人物, 故瞽瞍生舜, 舜生商均者, 皆其所置, 天地之氣, 有清濁粹駁之不同耳. 原其所從來而言, 則謂之天地之氣, 以其存乎父母軀殼中而言, 則謂之父母之氣, 非二氣也.

기가 변화해서 생겨난 것은 오직 천지의 기를 얻은 것이며, 형체가 변화하여 생겨난 것은 비록 각각 부모의 기를 얻지만 실제로는 천지의 기인 것이다. 천지의 기는 허공에 가득 차서 쇠와 돌도 뚫는다. 그래서 사람과 사물의 몸뚱아리 한 가운데는 천지의 기가 두루 흘러 관통하여 날마다 새롭게 수만 가지로 변화한다.

---

66 『태극해의』「태극도설해」. "성이 그 주체가 되지만 음양오행이 씨줄과 날줄이 얽히듯 하고, 또 각각 부류대로 응취하여 형체를 이룬다.(蓋性爲之主, 而陰陽五行爲之經緯錯綜, 又各以類凝聚而成形焉.)"『주자어류』75권 52조목. "어떤 사람이 '경위착종'의 뜻을 물었다. [주희가 답하길] "착은 왕래하는 것이고, 종은 오르내리는 것이다. 종은 곧 베틀 위의 것이다. 옛사람이 이 글자를 쓴 것은 극히 자세한 뜻이 있었다. 다만 그 단순하게 사용하는 곳을 보더라도 모두 도리가 있다."(或問經緯錯綜之義. 曰. 錯, 是往來底, 綜, 是上下底. 綜, 便是織機上底. 古人下這字極子細, 但看他那單用處, 都有箇道理.)"

사람과 사물의 몸뚱아리에서 나와 사람과 사물이 태어나기 때문에 고수(瞽瞍: 순 임금의 아버지)가 순(舜) 임금을 낳고 순 임금이 상균(商均: 순 임금의 아들)을 낳은 것은 모두 그 나누어 받은 천지의 기가 가진 청탁수박(淸濁粹駁: 맑고 탁함과 순수함과 잡박함)[67]이 같지 않음이 있는 것이다. 생겨난 곳의 근원을 밝혀서 말하면 천지의 기라 이르고, 부모와 형제의 몸뚱아리 속에 보존된 것으로서 말하면 부모의 기라고 하지만, 두 가지 기가 아니다.

譬如魚在江中, 肚裏肚外, 皆江之水也, 水在魚之肚裏者, 以其本而言, 則謂之江水, 可也, 以其在魚中而言, 則謂之魚中之水, 亦可也. 水豈有二水哉. 或以天地父母之氣, 分而二之, 恐未察此也.

비유하자면 물고기가 강물에 있을 때는 물고기의 배 속과 배 밖이 모두 강물이니, 물고기의 배 안에 있는 물은 그 근본으로 말하면 강물이라고 이르는 것이 옳다. 하지만 그 물고기 안에 있는 것으로서 말하면, 물고기 속의 강물이라고 이르는 것도 역시 옳다. 강물이 어찌 두 가지 물이 있겠는가? 혹 천지와 부모의 기로 나누어 두 가지라고 한다면, 아마도 이를 살피지 못한 것이다.[68]

(5) 男女一太極, 萬物一太極, 或以男女各一, 萬物各一之意看, 或以男女同一, 萬物同一之意看, 皆非也. 此因圖體男女萬物兩圈而言, 故以男女萬物相對而言, 則男女萬物各一太極, 盖謂氣化一太極, 形化一太極云也.

---

[67] 『율곡전서』 권21 「聖學輯要 修己」. "이이(李珥)가 말하였다. "물건은 기질이 치우치고 막혔으므로 다시 변화시킬 수 있는 방법이 없지만, 오직 사람은 비록 맑음과 탁함, 순수함과 잡박함의 차이가 있기는 하나 방촌이 허명하여 이를 변화시킬 수 있다."(物之偏塞, 則更無變化之術, 惟人則雖有淸濁粹駁之不同, 而方寸虛明, 可以變化.)"

[68] 『남당집』 권29 「示同志說」.

'남녀일태극'과 '만물일태극'[69]은 혹자는 남녀(男女)가 각각 하나의 태극을 가지고 있고 만물이 각각 하나의 태극을 가지고 있다는 뜻으로 보기도 하고, 혹자는 남녀가 함께 하나의 태극을 가지고 있고 만물이 함께 하나의 태극을 가지고 있다는 뜻으로 보기도 하는데, 모두 잘못되었다. 이는 「태극도」의 본체에 따라서 남녀와 만물의 두 개의 권을 말했기 때문에 남녀와 만물을 서로 상대해서 말하면, 남녀와 만물이 각각 하나의 태극을 갖추고 있어서 대개 기화(氣化: 형체 이전의 변화)도 하나의 태극이고 형화(形化: 구체적인 형체로의 변화)도 하나의 태극이라는 것을 말한 것이다.

盖此二段前段曰, 自男女而觀之云云而結之曰, 一太極, 後段曰, 自萬物而觀之云云而結之曰, 一太極, 其以男女萬物相對爲各一太極, 而分釋氣化形化之太極, 其義甚明矣.

대개 이 두 단락에서 앞의 단락은 '남녀의 측면에서 본다(自男女而觀之)'[70] 운운하며 결론을 지으면서 '일태극'이라 하고, 뒤의 단락은 '만물의 측면에서 본다(自萬物而觀之)' 운운하며 결론을 지으면서 '일태극'이라 했으니, 남녀와 만물을 상대하여 각각 '일태극'이라 여기고서 기화와 형화의 태극으로 나누어 해석한 뜻이 매우 분명하다.

---

[69] 『태극해의』「태극도해」. "건도(乾道) 남성, 곤도(坤道) 여성은 기의 변화로 말하는 것이니, 각각 그 성을 하나씩 가지고 있으나 남성과 여성은 하나의 태극이다. 만물의 변화생성은 형질의 변화로 말하는 것이니, 각각 그 성을 하나씩 가지고 있으나 만물은 하나의 태극이다.(乾男坤女, 以氣化者言也, 各一其性而男女一太極也. 萬物化生, 以形化者言也, 各一其性而萬物一太極也.)"

[70] 『태극해의』「태극도설해」. "남성과 여성의 측면에서 보면 남성과 여성이 각각 그 성을 하나씩 가지고 있으나 남성과 여성은 하나의 태극이다. 만물의 측면에서 보면 만물이 각각 그 성을 하나씩 가지고 있으나 만물은 하나의 태극이다.(自男女而觀之, 則男女各一其性, 而男女一太極也. 自萬物而觀之, 則萬物各一其性, 而萬物一太極也.)"

中間, 皆下各一其性一句, 亦以爲太極字之張本, 盖有此性然後, 方可言太極故也, 如第四節註, 言各一其性, 則渾然太極之全體, 無不各具云云者矣, 圖解中所解氣化形化, 兩圈子之語, 其意亦如此, 當與此參看, 然一段中各一其性與一太極, 自相對, 則亦不害爲就一圈, 而幷說各一同一之義也.

중간에 모두 '각일기성'이라는 한 구절을 둔 것 또한 태극이라는 글자의 근본이 되니, 대개 이 성이 있고 난 뒤에야 태극을 말할 수 있기 때문이다. 이는 제4절의 주석에서 '각일기성'을 말하면 혼연한 태극의 전체가 각각 갖추어지지 않음이 없다고 운운한 것과 같다. 주자의 「태극도설해」에서 해석한 기화(氣化)와 형화(形化)의 두 권역의 말도 그 뜻이 또한 이와 같다. 마땅히 이것과 함께 보아야 할 것이지만, 한 단락에서 '각일기성'과 '일태극'이 자연스럽게 상대하고 있으니, 하나의 권역에서 각일(各一)과 동일(同一)의 뜻을 아울러 말해도 해가 되지 않는다.

(6) 統體各具之義已具於前, 於此始明言之, 以下皆以此兩意對說, 語大語小, 雖以統體各具言, 其意擧萬物而言, 故謂之大, 指一事而言, 故謂之小. 盖以道之隨所在者而言, 非謂道體實有大小也.

통체(統體)와 각구(各具)의 뜻은 이미 앞에서 갖추어졌지만, 여기에서 비로소 분명하게 말했다. 아래부터는 모두 이 두 가지 뜻을 상대해서 말한 것이다. 큰 것을 말하고 작은 것을 말한 것은 비록 '통체'와 '각구'로서 말했지만, 그 뜻은 만물을 들어 말한 것이기 때문에 크다고 한 것이며, 한 가지 일을 가리켜 말했기 때문에 작다고 이른 것이다. 대개 도가 있는 바를 따라서 말한 것이지, 도체가 진실로 크고 작음이 있다고 말한 것은 아니다.

退溪以統體太極爲大, 各具太極爲小, 而太極眞若有大小者, 然非但於道體有小未瑩, 恐於文義亦有所失也. 上所謂無性外之物, 以統體言, 性無不在, 以各具言, 而皆謂之全, 則果眞有大小哉.

퇴계 선생은 '통체태극(統體太極)'을 크다고 여기고 '각구태극(各具太極)'을 작다고 여겨서,[71] 태극이 진실로 크고 작은 것이 있는 것처럼 여겼지만, 도체(道體)에 대해 명확하게 파악하지 못했을 뿐 아니라, 문장의 의미에 대해서도 놓친 것이 있는 것 같다. 위에서 말한 '성을 벗어난 존재(사물)는 없다(無性外之物)'는 '통체'로서 말한 것이며, '성은 있지 않은 데가 없다(性無不在)'는 '각구'로서 말한 것인데, 모두 온전하다고 이르고 있으니, 과연 진실로 크고 작음이 있겠는가?

(7) 萬物統體一太極, 統體體字, 與與道爲體之體, 同. 釋之當曰統體乎一太極, 如曰萬物同本於一太極也. 如是釋之, 方與下句各具一太極之釋義例, 同矣.

'만물통체일태극'에서 통체의 체(體)자는 여도위체(與道爲體: 도와 더불어 체가 됨)[72]의 체(體)자와 같다. 이 글자를 해석할 때는 마땅히 '하나의 태극에 전체를 통괄하고 있다(統體乎一太極)'고 해야 하니, '만물이 하나의 태극에 근본을 함께 하고 있다(萬物同本於一太極)'는 것처럼 말해야 한다. 이렇게 해석해야 아래 구절의 '각구일태극'을 해석한 사례와 같게 될 것이다.

---

[71] 『退溪集』 권35 「答李宏仲」. ("그리하여 널리 만물을 낳고 길러 주어, 그 높이가 하늘 끝에 이르렀다.(洋洋乎發育萬物, 峻極乎天.)": 『中庸』 27장을 해석하면서) "'발육'과 '준극'이 하나의 태극(太極)을 통괄하기 때문에 큰 것이 아니겠는가. 3백 가지와 3천 가지가 어찌 각각 하나의 태극을 가지고 있어서 작은 것이 아니겠는가.(發育峻極, 豈非以其統體一太極爲大耶, 三百三千, 豈非以其各具一太極爲小耶.)"

[72] 『論語』 「子罕」 16장. "공자가 시냇가에서 말하기를 '가는 것이 이와 같구나. 밤이고 낮이고 멈추는 법이 없도다.'라고 하였다.(子在川上曰, 逝者如斯夫, 不舍晝夜.)"에 대한 정자(程子)의 해석이다. "이것은 도(道)의 체(體)를 말한 것이다. 하늘이 운행하여 그치지 않아서, 해가 가면 달이 오고 추위가 가면 더위가 오며, 물은 흘러 쉬지 않고 만물은 생겨나 끝이 없으니, 이 모두가 도(道)와 더불어 체(體)가 되어 낮과 밤을 운행하며 일찍이 그친 적이 없는 것이다.(此道體也. 天運而不已, 日往則月來, 寒往則暑來, 水流而不息, 物生而不窮, 皆與道爲體, 運乎晝夜, 未嘗已也.)"

(8) 此以上, 以造化言

이 이상은 조화로서 말한 것이다.

8) 第六節 제6절

一節之中圖之全體皆具.

한 절 속에 그림 전체가 모두 갖춰져 있음.

(1) 或以神發知一句爲知不可屬智之證, 恐不成爲證. 而反爲知屬智之證也. 知必有所以然之理, 而其理必有所可名之名矣. 其以仁名之耶, 義名之耶, 抑以禮名之耶, 信名之耶. 仁義禮信皆不可名, 則不得不以智名之, 而智之所以包五性者, 又可見矣. 若就知覺發出上分, 別理氣以言, 則氣之打發出來者, 心之用也, 理之乘氣發見者, 智之用也, 又豈有認氣爲理之嫌乎.

누군가 '신발지(神發知: 정신이 지각을 일으킴)[73] 한 구절로 지(知)는 지(智)에 배속할 수 없다는 증거로 삼았는데, 아마도 증거가 될 것 같지 않고, 오히려 지(知)를 지(智)에 배속시키는 증거가 될 것 같다. 지(知)는 반드시 소이연의 이치가 있고, 그 리에는 반드시 이름 지을 수 있는 이름이 있다. 그것을 인으로 이름 지을 수 있을까, 의라고 이름 지을 수 있을까, 아니면 예라고 이름 지을 수 있을까, 신(信)이라고 이름 지을 수 있을까? 인의예신으로는 모두 이름 지을 수 없다면 지(智)라고 이름 지을 수밖에 없으니, 지(智)가 오성을 포괄하고 있는 것을 또한 알 수 있다. 만일 지각(知覺)이 발출하는 측면에서 이기를 분별하여 말한다면, 기가

---

[73] 『태극해의』 「태극도설해」. "사람만이 그 빼어난 것을 얻어 가장 영명하다. 형체가 생겨나서 정신이 지각을 일으키면, 오성이 감응하고 움직여 선과 악이 나뉘고 온갖 일들이 나온다.(惟人也, 得其秀而最靈. 形旣生矣, 神發知矣, 五性感動, 而善惡分, 萬事出矣.)"

표출되어 나오는 것은 심(心)의 작용이며, 리가 기를 타고 발현되는 것은 지(智)의 작용이니, 또 어찌 기를 리로 인식하는 혐의가 있을 수 있겠는가?

(2) 或疑陰陽五行, 氣質交運, 氣則可運, 質亦可運乎. 蓋人物禀天地之氣以生, 而分別言之, 則天之氣, 只謂氣, 而地之氣, 可謂質, 且氣字貼陰陽, 質字貼五行. 陰陽五行, 雖是一氣, 而以陰陽言, 則可謂氣, 以五行言, 則可謂質, 雖謂之質, 實則氣, 故謂之運也.

누군가 '음양오행은 기질이 교접하여 운행하는 것'[74]이라고 한다면 기는 운행할 수 있지만, 형질도 역시 운행할 수 있는 것인지 의심하였다. 대개 사람과 사물이 천지의 기를 품부받아 생겨나니 분별하여 말하면 천의 기는 다만 기라고 할 수 있고 지의 기는 형질이라고 할 수 있으며, 또 기(氣)자는 음양에 붙이고 질(質: 형질)자는 오행에 붙인다. 음양오행은 비록 일기지만 음양으로 말하면 기라고 할 수 있고, 오행으로 말하면 형질이라고 할 수 있으니, 비록 형질이라고 말하지만 실제로는 기이기 때문에 운행이라고 이른다.

(3) 感物而動, 而陽善陰惡, 人之氣禀, 有淸濁粹駁之異, 而淸粹者屬陽, 濁駁者屬陰, 陽者發而爲善, 陰者發而爲惡矣. 謂之陰陽, 則其具於未感之前可知矣. 雖具於未感之前, 不爲用事, 則亦不害於性之善矣. 若曰未感之前, 無陰陽之氣, 則其可成說乎.

---

74 『태극해의』「태극도설해」. "이것은 일반 사람들이 움직임과 고요함의 리를 구비하고 있지만 항상 움직임에서 잘못됨을 말한다. 사람과 사물이 생겨날 때 태극의 도를 갖지 않음이 없다. 그러나 음양오행의 기(氣)와 질(質)이 교접하여 운행할 때, 사람이 받은 것만이 그 빼어난 것을 얻었으므로 그 마음이 가장 영명하여 성의 완전함을 잃지 않으니, 이른바 천지의 마음이고 사람의 표준이다.(此言衆人具動靜之理, 而常失之於動也. 蓋人物之生, 莫不有太極之道焉. 然陰陽五行, 氣質交運, 而人之所禀獨得其秀, 故其心爲最靈, 而有以不失其性之全, 所謂天地之心而人之極也.)"

사물을 느껴 움직일 때 양은 선이고 음은 악이다. 사람의 기품에는 청탁(淸濁: 맑고 탁함)과 수박(粹駁: 순수함과 잡박함)이 있어서[75] 청(淸)하고 수(粹)한 것은 양에 속하고 탁(濁)하고 박(駁)한 것은 음에 속하니, 양은 발현하여 선이 되고, 음은 발현하여 악이 된다. 음양이라고 한다면, 그것은 미감(未感: 마음이 아직 반응하지 않음) 이전에 갖추어져 있음을 알 수 있다. 비록 미감 이전에 갖추어졌더라도, 용사(用事: 기가 일을 만들어 냄)하지 않으면 또한 성의 선함을 해치지 않는다. 만약 미감 이전에는 음양의 기가 없다고 말한다면, 그것이 말이 될 수 있겠는가?

(4) 五性之殊, 以具於未發者言也, 散爲萬事, 以著於已發者言也, 性本一也, 未發之前, 何以見其有殊也, 有一譬諭可見.

오성의 다름은 미발(未發)에서 갖추어진 것으로서 말한 것이고, 흩어져 만 가지 일이 되는 것은 이발(已發)에서 드러난 것으로서 말한 것이다. 성은 본래 하나이니, 미발 이전에 어찌 그것이 다름이 있음을 볼 수 있겠는가? 하나의 비유를 들어 알 수 있다.

性譬則燈火也, 五殊譬, 則燈火之有明者, 熱者, 中黑者, 炎上者也, 四者具於一點火中, 雖未有界分部伍之可尋, 其意思情狀, 則亦自不相混矣, 仁發爲惻隱, 義發爲羞惡, 禮發爲恭敬, 智發爲是非, 猶燈火之明者照, 熱者爇,[76] 中黑者中黑, 炎上者炎上, 各有苗脈而不相淆亂也.

성은 비유하자면 등불이고, 다섯 가지 다른 것(오행)은 비유하자면 등불에 있

---

75 『주자어류』 권4 「性理一」. "천명지성은 기질이 아니면 깃들 곳이 없다. 그러나 사람이 품부받은 기에 맑고 탁함과 치우침과 바름의 차이가 있기 때문에 천명의 바름에도 또한 얕고 깊음, 두껍고 얇음의 차이가 있는 것도 어쩔 수 없이 성이라고 해야 한다.(天命之性, 非氣質則無所寓. 然人之氣稟, 有淸濁偏正之殊, 故天命之正, 亦有淺深厚薄之異, 要亦不可不謂之性.)"
76 爇은 熱의 와자(譌字).

는 밝음, 열기, 가운데 검은 부분, 타오르는 불꽃 등이다.[77] 네 가지가 하나의 불속에 갖추어져서 비록 경계나 범주를 찾아볼 수 없지만, 그 의미나 실제는 저절로 서로 혼동스럽지 않다. 인(仁)은 발현해서 측은(惻隱)한 마음이 되고, 의(義)는 발현해서 수오(羞惡)의 마음이 되며, 예(禮)는 발현해서 공경(恭敬)의 마음이 되고, 지(智)는 발현해서 시비(是非)의 마음이 되는 것[78]은 등불의 밝음은 빛남이고, 열기는 불타는 것이며, 가운데 검은 부분은 가운데 검은 부분이고, 타오르는 불꽃은 타오르는 불꽃이어서, 각기 묘맥(苗脈: 일의 실마리)이 있어 서로 뒤섞여 어지럽지 않은 것과 같다.

仁不外於義, 禮不外於智, 仁發時義不在中間, 禮發時智不在中間, 猶燈火之明者, 不外於熱者, 中黑者, 不外於炎上者, 而明之照也, 熱者不在一邊, 中黑之中黑也, 炎上者不在於一邊也, 須知一性之中五殊, 燦然一而能五五還他一然後, 可以識性也. 此理也, 詳具於朱子答陳器之書中矣, 或謂五殊之辨, 五名之立, 在於已發, 而不在於未發者, 殆於性情之名目有迷矣.

---

77 『남당집』 권12 「答韓永叔(弘祚○己丑正月)」.

78 『주자대전』 권58 「答陳器之(問玉山講義)」. "인의(仁義)가 비록 대립해서 둘이라지만 인(仁)은 실제로 이 넷을 관통하고 있습니다. 부분적으로 말하면 하나의 일이고 전체적으로 말하면 네 가지를 포함하고 있기 때문입니다. [사단 가운데 하나인] 인(仁)은 인의 본체(本體)에 해당하고, 예(禮)는 인의 절문(節文)에 해당하며, 의는 인의 단제(斷制)적인 측면이고, 지(智)는 인의 분별(分別)의 측면입니다. 이것은 봄·여름·가을·겨울이 같지 않지만 다 봄에서 나온 것과 같아서, 봄은 봄의 생겨남이고, 여름은 봄의 자람이고, 가을은 봄의 완성이고, 겨울은 봄의 감추어진 것입니다. 넷에서 둘이 되고 둘에서 하나가 되는데 이것은 계통(統)에는 우두머리(宗)가 있고 한데 모인 것(會)들에는 으뜸(元)이 있는 것과 같습니다. 그래서 '오행은 하나의 음양이고, 음양은 하나의 태극'이라고 한 것이니, 천지의 이치는 본래 그런 것입니다.(仁義雖對立而成兩, 然仁實貫通乎四者之中. 蓋偏言則一事, 專言則包四者. 故仁者, 仁之本體, 禮者, 仁之節文, 義者, 仁之斷制, 智者, 仁之分別. 猶春夏秋冬, 雖不同, 而同出乎春. 春則春之生也, 夏則春之長也, 秋則春之成也, 冬則春之藏也, 自四而兩, 自兩而一, 則統之有宗, 會之有元矣. 故曰五行一陰陽, 陰陽一太極, 是天地之理固然也.)"

인은 의에서 벗어나지 않고, 예는 지에서 벗어나지 않으며, 인이 발현될 때 의가 가운데 있지 않고, 예가 발현될 때 지가 가운데 있지 않은 것은 등불의 밝은 것이 열에서 벗어나지 않은 것이고, 가운데 어두운 부분이 타오르는 불꽃에서 벗어나지 않는 것이며, 밝게 비출 때 열기가 한쪽에 치우치지 않고 가운데 검은 부분의 가운데가 검을 때 타오르는 불꽃이 한쪽에 치우치지 않은 것과 같다. 반드시 하나의 성 안에 다섯 가지 다름(五殊)이 찬연하게 하나이면서 다섯이 될 수 있고 다섯이 다시 하나가 되는 것을 안 뒤에야 성을 인식할 수 있을 것이다. 이 이치는 주자가 진기지(陳器之)에게 답한 서신 안에 상세하게 갖추어져 있다. 누군가 다섯 가지의 다름과 다섯 가지 이름의 수립은 이발에 있으며 미발에 있지 않다고 하는 것은 아마도 성정의 명목에 대해서 미혹됨이 있기 때문일 것이다.

(5) 自非以下, 已先說起下節之意.
자비(自非) 이하[79]는 이미 말하여 다음 절의 뜻을 일으킨 것이다.

(6) 此以下以在人者言, 此節包下文二節.
이하는 사람에게 있는 것으로서 말한 것이며, 이 절은 아래 문장의 두 구절을 포함한다.[80]

---

79 『태극해의』「태극도설해」. "성인이 완전한 본체의 태극을 안정시키지 않았더라면, 욕심이 발동하고 감정이 지나쳐 이로움과 해로움이 서로 공격하게 되었을 것이니 인극이 정립되지 않아 금수와의 거리가 멀지 않을 것이다.(自非聖人全體太極有以定之, 則欲動情勝, 利害相攻, 人極不立, 而違禽獸不遠矣.)"

80 『태극해의』「태극도설해」. "사람만이 그 빼어난 것을 얻어 가장 영명하다. 형체가 생겨나서 정신이 지각을 일으키면, 오성이 감응하고 움직여 선과 악이 나뉘고 온갖 일들이 나온다.(惟人也, 得其秀而最靈. 形旣生矣, 神發知矣, 五性感動, 而善惡分, 萬事出矣.)"

9) 第七節 제7절

此一節中圖之全體亦具, 而但自萬事處, 逆推, 至太極處.
이 한 절 가운데 그림의 전체가 또한 갖추어져 있으나, 만사처(萬事處)로부터 거꾸로 미루어서 태극처(太極處)에 이른 것이다.

(1) 定字以註說推之, 又參以定性諸說, 當以聖人自定看, 然定人之意亦包在其中, 蓋自定者必能定人定人者, 必本於自定, 而其道皆不外於仁義中正故也.
정(定)자를 주석의 설로 미루어 헤아려보고, 또한 정성(定性: 본성을 안정시킴)을 위한 여러 설을 참고해보면, 마땅히 성인이 스스로 안정시킨 것으로 보아야 한다.[81] 그러나 정인(定人: 남을 안정시킴)의 뜻도 그 안에 포함되어 있다. 대개 스스로 안정한(自定) 자는 반드시 남을 안정시킬 수 있으며, 남을 안정시킨 자는 반드시 스스로 안정함에 근본을 두니, 그 도는 모두 인의(仁義)와 중정(中正)을 벗어나지 않기 때문이다.

通書註多以定人言, 當參考【註曰. 聖人全動靜之德, 而常本之於靜. 又曰. 聖人中正仁義, 動靜周流, 而其動也, 必主乎靜. 其曰全動靜, 曰動靜周流, 皆屬聖人分上, 而未嘗一言及於定人之事, 所謂定之者, 以聖人自定言, 甚分曉矣.】
『통서』의 주석에는 대부분 남을 안정시키는 것으로서 말하니, 마땅히 참고해

---

[81] 『주자어류』 권94 「周子之書·太極圖」. "물었다. "성인은 인의중정으로 안정시키되 고요함에 중심을 두었다는 것은 성인이 스스로를 안정시킨다는 것입니까? 세상 사람들을 안정시킨다는 것입니까?" 대답했다. "이것은 앞의 글의 '오직 사람만이 그 빼어남을 얻어 가장 영명하다.'를 이어서 말한 것이다. 형체가 생겨나 정신이 [지각을] 발동하고, 오성이 감동하여 선악이 나누어지므로, 그것을 중정인의로써 안정시키되 고요함에 중심을 두어 인극을 정립한다고 하였다."(問. 聖人定之以仁義中正而主靜, 是聖人自定, 是定天下之人. 曰. 此承上文惟人也得其秀而最靈言之, 形生神發五性感動而善惡分, 故定之以中正仁義而主靜, 以立人極.)

야 할 것이다.【"성인이 움직임과 고요함의 덕을 완전하게 구현하되, 항상 고요함에 근본을 둔다."[82] 또 말했다. "성인의 중정인의(中正仁義)는 움직일 때나 고요할 때나 두루 유행하지만 움직일 때는 반드시 고요함에 중심을 둔다.[83] '움직임과 고요함을 완전하게 한다'고 말한 것이나 '움직일 때나 고요할 때나 두루 유행한다'고 말한 것은 모두 성인의 위치에 속하는 것이지만, 남을 안정시키는 일에 대해서는 한마디도 언급하지 않았으니, 이른바 안정한다는 것은 성인이 스스로 안정한 것으로서 말한 것이 매우 분명하다.】

(2) 四其字, 皆以聖人言, 以註說, 天地日月四時鬼神, 所有不能違之語, 觀之, 則可見矣.

네 가지 기(其)자는 모두 성인으로서 말한 것이다. 주석에서 천지, 일월, 사시, 귀신 등이 어길 수 없다는 말로 본다면 알 수 있다.[84]

---

82 『태극해의』「태극도설해」. "이것은 성인이 움직임과 고요함의 덕을 완전하게 구현하되 항상 고요함에 근본을 두고 있음을 말한다. 사람은 음양오행의 빼어난 기를 품수하여 태어나지만 성인이 태어날 때에는 또 그 빼어난 것 중에도 더욱 빼어난 것을 얻는다. 이 때문에 그의 행동은 중도에 들어맞고, 그의 거처는 바르며, 그의 드러냄은 어질고, 그의 재단함은 의롭다. 한 번 움직이고 한 번 고요할 때마다 저 태극의 도를 완전하게 구현하여 부족한 일이 없으니, 앞에서 이른바 욕심이 발동하고 감정이 지나쳐 이로움과 해로움이 서로 공격하는 일이 여기에서 안정된다.(此言聖人全動靜之德, 而常本之於靜也. 蓋人稟陰陽五行之秀氣以生, 而聖人之生, 又得其秀之秀者. 是以其行之也中, 其處之也正, 其發之也仁, 其裁之也義. 蓋一動一靜, 莫不有以全夫太極之道而無所虧焉, 則向之所謂欲動情勝利害相攻者, 於此乎定矣.)"

83 『태극해의』「태극도설해」. "그러므로 성인의 중정인의는 움직일 때나 고요할 때나 두루 유행하되 움직일 때에는 반드시 고요함에 중심을 두니, 이것이 그가 천지 가운데 제자리를 잡아 천지, 일월, 사시, 귀신도 어기지 못하는 까닭이다. 반드시 본체가 정립된 뒤에 작용이 유행한다. 정자(程顥)가 건곤의 움직임과 고요함을 논하면서, '전일하지 않으면 곧게 수행하지 못하고, 모아들이지 않으면 발산하지 못한다.'라고 한 것도 또한 이러한 뜻일 뿐이다.(故聖人中正仁義, 動靜周流, 而其動也必主乎靜, 此其所以成位乎中, 而天地日月四時鬼神有所不能違也, 蓋必體立而後用有以行. 若程子論乾坤動靜, 而曰不專一則不能直遂, 不翕聚則不能發散, 亦此意爾.)"

84 『태극해의』「태극도설해」. "그러므로 성인은 천지와 더불어 그 덕을 합하고, 일월과 더불어 그

(3) 正義亦就行事上言而謂之靜者, 蓋一事之中四者, 皆具而發之行之, 是敷施發揮底, 截之處之, 是收斂凝定底, 敷施發揮底, 是事之始而著乎動者也. 收斂凝定底, 是事之終而發乎靜者也, 旣反乎靜, 則亦寂然而已, 未發而已, 然則正義爲靜, 無可疑矣.

정(正)과 의(義) 또한 일을 하는(行事) 측면에 나아가 말한 것으로 고요함이라고 이른 것은 대개 한 가지 일 가운데 네 가지가 모두 갖추어져, 발현하고 행하는 것은 펼쳐서 발휘하는 것이며, 분별하고 처하는 것은 수렴하고 응정(凝定: 응축하여 안정시킴)하는 것이다. 펼쳐서 발휘하는 것은 일의 시작으로 움직임에서 드러나는 것이고, 수렴하고 응정하는 것은 일의 끝으로 고요함에서 드러나는 것이다. 이미 고요함으로 돌아갔으면 또한 적연(寂然)뿐이며, 미발일 뿐이다. 그러므로 정과 의가 고요함이 되는 것에 의심이 있을 수 없다.

(4) 欲動情勝, 利害相攻, 於此乎定者, 似難以聖人自定言, 然此與上文之語, 相爲唱和, 上文言衆人之事, 故言自非聖人能有以自定者外, 衆人, 則不免乎欲動靜勝云云者矣. 此節言聖人之事, 故承上文言向之所謂在衆人則欲動靜勝云云者, 在聖人則無此之患而能有以自定云也, 語意亦自分曉矣.

'욕심이 발동하고 감정이 지나쳐 이로움과 해로움이 서로 공격하는 것이 여기에서 안정된다'는 것은 성인이 스스로 자정(自定)한 것으로서 말하기는 어려울 듯하다. 그러나 이는 위 문장의 말과 서로 상응하고 있다. 위 문장의 말은 뭇사람들의 일을 말한 것이기 때문에, 본래 성인은 스스로 자정할 수 있지만 (성인) 이외의 뭇사람들은 '욕심이 발동하고 감정이 지나침'을 면하지 못한다고 운운한 것이 아님을 말한 것이다. 위 절은 성인의 일을 말했기 때문에 위 문장을 이어서 앞

밝음을 합하며, 사시와 더불어 그 차례를 합하고, 귀신과 더불어 그 길흉을 합한다.(故聖人與天地合其德, 日月合其明, 四時合其序, 鬼神合其吉凶.)"

서 이른바 뭇사람들은 '욕심이 발동하고 감정이 지나치다'고 운운하였으나, 성인에 있어서는 이러한 우환이 없이 스스로 자정할 수 있다고 운운하였으니, 말의 뜻이 또한 절로 분명하다.

(5) 合其吉凶論語或問子路請禱章曰, 所謂合吉凶者, 言聖人之好善惡惡賞善刑淫, 如鬼神之禍福無不合於理也, 栗谷所謂合其先知吉凶者, 恐失照勘矣.

'합기길흉'에 대해 『논어혹문(論語或問)』 「자로청도(子路請禱)」 장에 "이른바 길흉이라는 것은 성인이 선을 좋아하고 악을 싫어하며, 선에 상을 내리고 음란한 것을 벌주는 것이 마치 귀신의 화복과 같아서 이치에 부합되지 않음이 없다"[85]고 했다. 율곡 선생은 '먼저 길흉을 아는 것에 합한다'고 했는데, 아마도 잘 살피지 못한 것 같다.

10) 第八節 제8절

承上文聖人之事, 言聖人以下, 又有君子小人之分.

위 문장의 '성인지사'를 이어서, 성인 이하에도 군자와 소인의 구분이 있음을 말함.

無欲以無極言, 靜虛以陰言, 動直以陽言詳見通書, 蓋圖說所以發明圖體, 故解中亦必據圖體爲言.

무욕(無欲)은 무극(無極)으로서 말한 것이고, 정허(靜虛)는 음으로서 말한 것이며, 동직(動直)은 양으로서 말한 것이니, 『통서』에 상세히 보인다. 대개 도설은 「태극도」의 본체를 밝게 드러낸 것이기 때문에 「태극도설해」 속에서도 반드시

---

85 『四書或問』 권12.

「太極圖」의 본체를 근거로 말하였다.

11) 第九節 제9절

總結上文, 以故曰起頭, 則可見矣. 圖之全體亦槪具道所謂太極也, 陰陽剛柔仁義卽陰陽五行也, 原始反終知死生卽成男成女萬物化生之事也.

위 문장을 총결하여 고왈(故曰)로 문장을 시작하였음을 알 수 있음. 그림의 전체 또한 대개 도를 갖추었으니 이른바 태극, 음양, 강유, 인의 등은 음양과 오행이며, 원시반종(原始反終),[86] 지사생(知死生)은 곧 성남성녀(成男成女), 만물화생(萬物化生)의 일임.

陰陽剛柔, 以二氣待對之體言, 而道爲之本, 始終死生, 以二氣流行之用言, 而道爲之主. 註言綱紀造化以陰陽剛柔道之全體以言, 流行古今以始終死生道之妙用而言.

음양, 강유는 두 기가 대대하는 본체로서 말한 것이니 도는 본(本)이 되고, 시종과 사생은 두 기가 유행하는 작용으로서 말한 것이니 도는 주(主)가 된다. 주석에서 "강기조화(綱紀造化)는 음양강유의 도의 전체로서 말한 것이고, 유행고금(流行古今)은 시종사생(始終死生)의 도의 묘용으로 말한 것이다."라고 했다.

---

[86] 『주역』「계사상」 4장. "우러러 천문을 관찰하고 구부려 지리를 살핀다. 그러므로 유명(幽明)의 원인을 알며, 처음을 궁구하여 마침을 돌이킨다. 그러므로 사생(死生)의 설을 알며, 정기(精氣)가 물건이 되고, 혼이 돌아다녀 변하게 된다. 이 때문에 귀신의 정상(情狀)을 안다.(仰以觀於天文, 俯以察於地理, 是故, 知幽明之故, 原始反終, 故, 知死生之說, 精氣爲物, 游魂爲變, 是故, 知鬼神之情狀.)"

12) 第十節 제10절

此圖所蘊, 卽易中之綱領, 故曰斯其至矣.
이 그림에 온축된 것은 역의 강령이기 때문에 '이 지극함이여'[87]라고 했음.

(1) 此圖出於易, 易本於河圖, 故此圖與先天河圖無不脗合, 太極卽先天圖之中間白處, 河圖之虛五與十也, 陽動卽先天圖之左邊陽, 河圖之右上九七之象也, 陰靜卽先天圖之右邊陰河圖之左下八六之象也, 黑中白卽先天圖之陰中陽河圖之一三居於八六之內者也. 白中黑卽先天圖之陽中陰, 河圖之二四居於九七之內者也, 五行卽先天圖之四象, 河圖之一六[水]二七[火]三八[木]四九[金]五十[土]之象也. 萬物化生卽先天圖之六十四卦三百八十四爻, 河圖之五十有五相乘之數也. 天人相發性命一貫之妙, 嗚呼至矣.

이 그림(「태극도」)은 역(易)에서 나왔으며 역은 「하도(河圖)」에 근본을 두고 있다. 그러므로 이 그림과 「선천도(先天圖)」, 「하도」는 서로 딱 들어맞는다. 태극은 「선천도」 속의 흰 곳이며, 「하도」의 허(虛)인 5와 10이다.[88] 양동(陽動)은 「선천도」 왼쪽 부분의 양(부위)이며, 「하도」의 오른쪽과 윗부분에 있는 9와 7의 상(象)이다. 음정(陰靜)은 「선천도」 오른쪽 부분의 음(부위)이며, 「하도」의 왼쪽과 아랫부분에 있는 8과 6의 상(象)이다. 검은색 속의 흰색은 「선천도」의 음중양(陰中陽)이며, 「하도」에서 1과 3이 8과 6 속에 자리하고 있는 것(1과 6, 3과 8)이다. 흰색 속의 검은색은 「선천도」의 양중음(陽中陰)이며, 「하도」에서 2와 4가 9와 7 속에 자리하고 있는 것(2와 7, 4와 9)이다. 오행은 「선천도」의 사상(四象)이

---

87 『태극해의』「태극도해」. "위대하다 역이여! 이에 지극하다.(大哉易也, 斯其至矣.)"
88 『周易傳義大全』「易本義圖」. "河圖者, 虛其中, 則洛書者, 總其實也, 河圖之虛五與十者, 太極也."

며, 「하도」의 1과 6(水), 2와 7(火), 3과 8(木), 4와 9(金), 5와 10(土) 등의 상이다. 만물화생(萬物化生)은 「선천도」의 64괘와 384효이며, 「하도」의 55로 상승(相乘: 서로 곱한)의 수이다. [이를 보면] 천(天)과 인(人)이 서로 발현하고, 성(性)과 명(明)의 일관된 오묘함이란, 아아 지극하도다.

(2) 此圖逆置, 則大易橫圖之自下而上生自也, 易圖逆置, 則此圖之自上而下生者也. 表裏之妙尤可見矣.

이 그림을 거꾸로 두면 역의 「횡도」가 아래로부터 위로 생겨나는 것이며,[89] 역도(易圖)를 거꾸로 두면 이 그림이 위로부터 아래로 생겨나는 것이니, 표리의 오묘함을 더욱 잘 알 수 있다.

(3) 理氣之論, 非初學所可幾及, 又於日用修治之功, 似無所關, 則雖不言亦若可矣, 而聖賢於此深致辨焉, 不容其有毫髮之差者何哉.

이기의 논변은 초학자가 미칠 수 있는 바가 아니며, 일상생활의 수기치인(修己治人)의 공부에는 관련되는 것이 없는 것 같아서, 그런 논변은 하지 않아도 괜찮을 것처럼 생각된다. 하지만 성현이 이에 대해서 그것을 매우 깊게 분별하여 한 터럭의 조그마한 어긋남도 용납하지 않은 것은 무슨 이유인가?

蓋聖學之功, 莫急於知性善, 莫大於變化氣質, 知性善而變化氣質然後, 學可言矣. 苟有昧於理氣之辨, 則性善無以知而氣質不可變矣. 此理氣之論所以發也.

---

89 태극(太極)에서 양의(兩儀), 양의에서 사상(四象), 사상에서 팔괘(八卦)가 이진법적으로 분화되어 생겨나는 그림을 횡도(橫道)라 하며, 원도(圓圖)는 팔괘의 방위도를 64괘로 세분해서 나타낸 것이다. 원도는 주로 선천(先天)역학에 바탕을 둔 원도가 되며, 이를 복희선천팔괘도(伏羲先天八卦圖) 혹은 복희육십사괘도(伏羲六十四卦圖)라고 부른다.

대개 성학(聖學)의 공부는 성선(性善)을 아는 것[90]보다 더 급한 것이 없고 기질을 변화시키는 것[91]보다 더 큰 것이 없으니, 성선을 알고 기질을 변화시킨 뒤에야 배움을 말할 수 있다. 진실로 이기의 분별에 어두움이 있으면 성선을 알 수 있는 방도가 없으며 기질을 변화시킬 수가 없다. 이것이 이기의 논변이 꽃피어야 하는 이유이다.

蓋不知理氣之有先後而爲二物, 則人將昧乎大本之所在, 而認器爲道, 認欲爲理者, 有之矣. 不知理氣之無先後而爲一物, 則人將昧乎天命之不離乎有生之後, 而認性善爲形氣之外者, 有之矣. 認器爲道, 認欲爲理者, 賊天理徇人慾, 而無以變其氣質之不美矣. 認性善爲形氣之外者, 求是性於杳茫空蕩之地, 而不知所以循天則於日用動靜之間矣. 二者所蔽雖不同, 其不能知性善變化氣質, 則同矣, 而皆由乎理氣之不明也. 夫謂理氣之說, 無關於日用修治之功, 而不必講焉者, 豈非世儒之陋見, 而反與爲異端之助者耶.

대개 리와 기에 선후(先後)가 있어 이물(二物)이 되는 것을 모른다면, 사람들은 대본(大本)이 있는 곳에 어둡게 되어 형이하의 기(器)를 형이상의 도(道)로 인식하고, 욕(欲)을 리(理)로 인식하는 경우가 있게 될 것이다. 리와 기에 선후가 없어 일물(一物)이 되는 것을 모른다면, 사람들은 천명이 태어난 뒤에도 떨어지지 않는다는 것에 어둡게 되어 성선을 형기(形氣)의 밖에 있는 것으로 인식하는 경

---

[90] 『近思錄』권2「爲學」. "성선(性善)을 알고 충신(忠信)을 근본으로 삼으면 이것이 먼저 그 큰 것을 확립하는 것이다.(知性善, 以忠信爲本, 此先立其大者.)"

[91] 『中庸章句』20장. "과연 이 도(道)에 능하면 비록 어리석으나 반드시 밝아지며, 비록 유약하나 반드시 강해진다.(果能此道矣, 雖愚必明, 雖柔必强.)"의 주석. "여대림(呂大臨)이 말했다. "군자가 배우는 까닭은 기질을 변화하기 위할 뿐이다. 덕(德)이 기질을 이기면 어리석은 자가 밝음에 나아가고, 유약한 자가 강함에 나아갈 수 있거니와, 능히 이기지 못하면 비록 배움에 뜻을 두더라도 어리석은 자가 밝아지지 못하고, 유약한 자가 서지 못할 것이다."(君子所以學者, 爲能變化氣質而已. 德勝氣質, 則愚者可進於明, 柔者可進於强, 不能勝之, 則雖有志於學, 亦愚不能明, 柔不能立而已矣.)"

우가 있게 될 것이다. 형이하의 기(器)를 형이상의 도(道)로 인식하고, 욕(欲)을 리(理)로 인식하는 경우는 천리(天理)의 적(賊)이 되고 인욕(人慾)을 [맹목적으로] 좇게 되어, 기질의 아름답지 못한 것을 변화시키지 못하게 된다. 성선을 형기 밖에 있는 것으로 인식하는 경우는 이 성을 아득하고 텅 빈 곳에서 구하여, 일용(日用)의 동정(動靜) 사이에서 천칙(天則)을 따르는 방도를 모른다. 두 가지는 가리워진 바가 비록 다르지만 성선과 기질의 변화를 알 수 없는 것은 같으니, 모두 리와 기에 밝지 못한 데서 연유한 것이다. 무릇 리와 기의 설이 일용에서 행하는 '수기치인'의 공부와 무관해서 강론할 필요가 없다고 말하는 자들이 어찌 세유(世儒: 세속의 식자들)의 천박한 견문으로 오히려 이단을 돕는 자가 아니겠는가?

(4) 理氣一物二物之見, 俱於道未有所見, 而其爲吾道之害, 則莫酷於一物之見. 故老佛以來異端之說, 其見之蔽, 皆坐於認氣爲理也. 老莊以虛無爲道, 是有見乎氣之太初也, 釋氏以靈覺爲性, 是有見乎氣之妙用也, 荀揚以惡與混爲性, 是有見乎氣之末流也, 雖其所見有深淺高下之不同而其認氣爲性道, 一也.

이기를 일물(一物)로 보는 견해와 이물(二物)로 보는 견해는 모두 도를 [제대로] 본 바가 없는 것이지만, 우리 도에 해가 되는 것은 '일물'로 보는 견해보다 더 혹독한 것은 없다. 그러므로 노불(老佛: 노장사상과 불교사상) 이래로 이단의 설은 그 견해의 폐단이 모두 기를 리로 인식하는 데 놓여 있다. 노자와 장자는 허무를 도(道)라고 여기니, 이는 기(氣)의 태초를 본 것이 있고, 석씨(釋氏)는 영각(靈覺: 이치를 깨닫는 선천적 능력)을 성(性)으로 여기니 이는 기의 묘용(妙用)을 본 것이 있으며, 순자(荀子)[92]와 양웅(揚雄)[93]은 악과 섞여 있는 것

---

92 『荀子』 23편 「性惡」. "사람의 본성은 악하니, 그것이 선해지는 것은 작위(作爲: 의식적 노력) 때문이다.(人之性惡, 其善者, 僞也.)"

93 『揚子法言』 「修身」. "사람의 본성에는 선과 악이 섞여 있어서 선을 닦으면 선한 사람이 되고 악을 닦으면 악한 사람이 된다. 기(氣)라는 것은 선이나 악으로 갈 때 타는 말과 같을 것이

으로 성을 여겼으니, 이는 기의 말류를 본 것이 있는 것이다. 비록 본 것들에 깊고 얕음과 높고 낮음의 차이가 있지만, 기를 성과 도로 인식한 것은 똑같다.

老莊最高, 然其所見極處, 乃在於氣之太初一味虛靜, 而萬物未生者, 故便以此爲道. 殊不知動靜無端陰陽無始, 則此氣之虛靜者, 卽不過爲前天地旣滅之餘, 而周子所謂靜而生陰者, 安得爲極本窮源之始哉. 且旣有是氣, 則不得言虛無, 特其所見者虛無耳. 釋氏最精, 比老莊緊得些子, 然以運水搬柴爲妙道, 而不知運水搬柴, 煞有是處不是處【龐居士云, 運水搬柴, 神通妙用, 胡文定公曰, 以此爲用, 用而不妙】所見極處, 乃在於心之靈明妙用處, 而不知心又自具性以爲準則也. 故其弊至於猖狂自恣, 七顚八倒, 而不自知其爲非, 所見愈精, 爲害愈甚者, 固其勢然也.

이들 중에 노장이 가장 높은 듯하지만 그 본 것의 지극한 곳은 기의 태초가 한 가지로 허정(虛靜: 텅 비어 고요함)하여 만물이 아직 생겨나지 않은 데에 있었으니 곧 이것을 도로 여겼다. 하지만 동정무단(動靜無端)과 음양무시(陰陽無始)[94]를 알지 못한다면, 이는 기의 허정한 것이 곧 이전의 천지가 없어진 나머지에 지나지 않는다는 것이고, 주자(周子)가 이른바 '고요하여 음을 낳음(靜而生陰)'이라 한 것이 어찌 극본궁원(極本窮源: 근본을 철저히 추구함)의 시작일 수 있겠는가? 또 이미 기가 있다면 허무(虛無)라고 말할 수 없으니, 다만 그 본 것이 허무일 뿐이다. 석씨는 가장 정미하고 노장에 비해서 조금 더 얻었다. 그러나 '물 긷고 땔나무를 나르는 일'을 오묘한 도라고 여겼지만, '물 긷고 땔나무를 나르는 일'은 매우 옳은 곳도 그렇지 않은 곳도 있음을 알지 못했다.【방거사는 '물 긷고 땔나무를 나르

다.(人之性也, 善惡混, 修其善則爲善人, 修其惡則爲惡人, 氣也者, 所以適善惡之馬也歟.)"

[94] 『二程全書』「經說」. "움직임과 고요함은 단서가 없고 음과 양은 시작이 없으니, 도를 아는 자가 아니면 그 누가 이것을 알겠는가.(動靜無端, 陰陽無始, 非知道者, 孰能識之.)"

는 일이 신통하고 묘용하다'[95]고 했는데, 호문정공(胡安國)은 '이것을 작용으로 삼는 것은 작용이기는 하지만 묘(妙)하지는 않다'고 했다.[96]】 본 것의 지극한 곳은 바로 마음의 영명(靈明)한 묘용처(妙用處)에 있으나, 마음은 또한 스스로 성을 갖추어 준칙을 삼는다는 것을 알지 못했다. 그래서 그 폐해는 창광자자(猖狂自恣: 미쳐 날뛰며 제멋대로 함)[97]하여 칠전팔도(七顚八倒: 열에 일고여덟 번은 넘어지고 거꾸러짐)하여도[98] 스스로 그것이 잘못임을 알지 못하니, 본 것이 정미하면 할수록 해가 됨이 더욱 심한 것은 진실로 그 상황이 그러한 것이다.

荀揚生衰末之世, 見人之惡者多而善者少, 遂以性爲惡與混, 不知此由於氣之末流紛紜雜糅, 少醇多漓, 而性之本善者, 不以此而加損也, 此其所見, 最下

95 불법(佛法)의 수행은 "물 긷고 땔나무하는 것과 같은 일상생활 속에 있다"는 말로, 당나라 때 선종의 유명한 거사(居士) 방온(龐蘊, 방거사)의 게송(偈頌)이다.
96 『四書或問』 권37.
97 『論語集註』 「里仁」 10장. "공자가 말씀하였다. "군자는 천하의 일에 있어 오로지 주장하는 것도 없고 그렇게 하지 않는다는 것도 없어서 오직 의(義)를 따를 뿐이다."(子曰. 君子之於天下也, 無適也, 無莫也, 義之與比.)"에 대한 주석. "사씨가 말하였다. "적(適)은 가(可)함이요, 막(莫)은 불가함이니, 가함도 없고 불가함도 없어서 만일 도(道)로써 주장함이 없다면, 창광하여 스스로 방사(放肆)함에 가깝지 않겠는가? 이는 불로(佛老)의 학문이 스스로 마음에 머무르는 바가 없어서 변화에 응할 수 있다고 말하나 마침내 성인에게 죄를 얻게 된 이유이다. 성인의 학문은 그렇지 않아서 가함도 없고 불가함도 없는 사이에 의(義)가 존재해 있으니, 그렇다면 군자의 마음이 과연 치우치는 바가 있겠는가?"(謝氏曰. 適, 可也. 莫, 不可也. 無可, 無不可, 苟無道以主之 不幾於猖狂自恣乎. 此佛老之學, 所以自謂心無所住而能應變, 而卒得罪於聖人也. 聖人之學, 不然, 於無可無不可之間, 有義存焉, 然則君子之心, 果有所倚乎.)"
98 난외주에 "열에 일고여덟 번은 거꾸러짐을 강상윤리를 멸절시키는 것이라고도 한다.(七顚八倒, 一作滅絶倫常.)"라고 되어 있다. 『주자어류』 「大學一 經上」 "사람이라면 이러한 도리를 본래 갖고 있으나, 다만 기품과 물욕에 의해 가림을 당한 것이다. 만약 격물과 치지를 하지 않은 상태에서 사물이 도래한다면, 열에 일고여덟 번은 거꾸러질 것이다. [그러나] 만약 그칠 곳을 안다면 정함이 있게 되고, 정함이 있으면 사려할 수 있게 되어 그 그칠 곳을 얻게 될 것이다.(人本有此理, 但爲氣稟物欲所蔽. 若不格物致知, 事至物來, 七顚八倒. 若知止, 則有定, 能慮, 得其所止.)"

而淺陋, 不足以惑人也. 陸氏用心精微處却是禪, 而陽明之學又宗陸氏, 其學盛行皇朝至今不絶, 而與朱學相抗, 則此又可見佛氏之爲害最甚也. 學者深知異端之所弊與其爲害之深, 然後益信吾道之大中至正, 傳萬世而無弊也. 故歷擧而辨之.

순자와 양웅은 쇠퇴하는 말세에 태어나서 사람들에게 악한 것이 많고 선한 것은 적음을 보고서, 마침내 성을 악이 섞여 있는 것으로 여겼으니, 이는 기의 말류가 어지럽게 뒤섞여 순박함이 적고 경박함이 많은 데서 말미암지만, 성이 본래 선한 것은 이것으로 더하거나 덜어낼 수 있는 것이 아님을 알지 못한 것이니, 이는 그 본 것이 가장 낮고 천박하고 비루하여 사람을 미혹시킬 수 없다. 육씨(陸氏: 육상산)가 마음 씀의 정미한 곳은 도리어 선(禪)이요, 양명(陽明)의 학은 또한 육씨를 종주로 삼아 그 학문이 명대(明代)에서부터 성행하고 지금까지도 끊어지지 않아 주자학과 더불어 서로 필적하니 이는 또한 불씨의 해로움이 가장 심함을 알 수 있다. 학자는 이단의 폐단과 해로움이 심각하다는 것을 깊게 안 뒤에야 오도(吾道: 우리 유가의 도)의 대중지정(大中至正: 지극히 바르고 적합한 표준)이 만세에 전해져도 폐해가 없음을 더욱 믿게 될 것이다. 그래서 하나하나 사례를 들어서 변론하였다.

(5) 吾儒之言性道, 理也. 理一而已, 故歷千聖而無二論. 諸子之言性道, 氣也. 氣則有殊, 而諸子之所見者不同, 故隨其所見而言性道不同, 然其認氣爲性道, 一也.

우리 유학이 말하는 성(性)과 도(道)는 리(理)이다. 리는 하나일 뿐이어서 많은 성인들을 거쳤으나 두 가지 논의가 없었다. 여러 학파의 선생들이 말하는 성과 도는 기(氣)이다. 기는 다름이 있어서 여러 학파의 선생들이 본 것이 같지 않았다. 그래서 그 본 것을 따라서 성과 도를 말한 것이 같지 않다. 그러나 그들이 기를 성과 도로 인식한 것은 똑같았다.

(6) 心性二岐之論, 雖爲知見之累, 猶以理爲本, 而爲氣之準則, 故亦不至於流蕩而滅性也. 今之以未發前心之氣質爲純善, 而反以性之善者爲氣之使然者, 其所見極處不過乎氣字, 而分明是認氣質爲大本也. 其與老佛荀揚之見相去無幾矣, 可懼哉!

심(心)과 성(性)을 두 갈래로 생각한 논의들은 비록 지식과 견해에 해가 되기는 하지만 리(理)를 근본으로 여기고 기(氣)의 준칙으로 생각했기 때문에 또한 방탕한 데로 흘러서 성을 멸절시키는 데에 이르지는 않았다. 이제 미발(未發)하기 전 심(心)의 기질을 순선(純善)으로 여기고서, 도리어 성(性)의 선(善)한 것을 기(氣)가 그렇게 시킨 것으로 생각하는 것은 그 본 것의 궁극처가 기(氣)자에 지나지 않은 것이며, 분명히 기질을 대본(大本)으로 삼은 것이다. [그래서] 그런 것들은 노불이나 순자와 양웅의 견해와 거의 차이가 없으니, 두렵다고 할 것이다.

(7) 性理之說, 其源出於河洛之圖書, 伏羲之卦畫. 圖書卦畫之中, 性理之綱領條理, 無不該矣. 而說未具, 自堯舜說心成湯說性, 綱領之說漸具, 而至孔子備焉, 自孟子言四端, 條理之說漸具, 而至朱子備焉, 性理之說於斯盡矣.

성리(性理)의 설은 그 근원이 「하도」와 「낙서」, 복희의 괘획(卦畫)에서 나온 것이다. 「하도」와 「낙서」, 복희의 괘획 가운데 성리의 강령과 조리가 포함되지 않은 것이 없다. 그러나 그 설이 아직 갖추어지지 않아서 요(堯)와 순(舜)이 심(心)을 말하고 성탕(成湯)이 성(性)을 말하면서부터 강령의 설이 점차 갖춰지다가 공자에 이르자 완비되었으며, 맹자가 사단(四端)을 말하면서부터 조리(條理)의 설이 점차 갖추어지다가 주자(朱子)에 이르러 완비되었으니, 성리의 설은 이에 완전해지게 되었다.[99]

---

99 주자의 「중용장구서」에 제시된 도통론(道統論), 요(堯), 순(舜), 우(禹), 탕(湯), 문(文), 무(武), 주공(周公), 공자(孔子), 정자(程子)로 이어져 온 심법(心法)과 이것을 집대성한 주자

後人又因朱子之言, 而益求其精, 分析已甚, 故其說愈繁, 而愈自傷於道體之一者矣. 至栗谷先生出始一掃諸家之說而曰, 發之者, 氣也, 所以發者, 理也, 非氣不能發, 非理無所發, 無先後, 無離合. 於是分析之論息, 而道體之一者可復見矣. 微先生, 則孔朱之指, 幾乎晦矣. 此尤翁所以斷然以栗谷爲朱子後一人者也.

뒷사람들도 주자의 말에 따라서 더욱 그 정미한 것을 탐구하였는데 나누고 갈라보는 것이 지나치게 심해지자, 그 설이 번잡해질수록 절로 '도체(道體)의 하나 됨'에 해가 되었다. 율곡 선생에 이르자 비로소 여러 학파들을 일소하는 설이 나오게 되었으니, 선생은 '발(發)하는 것이 기(氣)이고 발하게 하는 것이 리(理)이다. 기가 아니면 발할 수 없고, 리가 아니면 발하는 것이 없으니, 선후(先後)도 없고 이합(離合)도 없다.'[100]고 했다. 이에 나누고 가르는 논의들이 종식되고 '도체의 하나됨'이 다시 회복될 수 있었다. 선생이 아니었으면 공자와 주자의 요지는 거의 어두워졌을 것이다. 이것이 우옹(尤翁: 송시열)께서 단호하게 율곡 선생을 주자 뒤에 오는 첫 번째 인물로 여긴 이유인 것이다.

(朱子)와 이를 이어받은 해동의 율곡(栗谷), 우암(尤庵), 수암(遂菴) 등을 말하고 있다.

[100] 『율곡전서』 권10 「答成浩原(壬申)」. "발하는 것은 기(氣)이고 발하게 하는 소이(所以)는 리(理)이니, 기가 아니면 발할 수 없고 리가 아니면 발하게 할 것이 없습니다. 이 주장에 대해 성인이 다시 나와도 이 말을 바꾸지 못할 것입니다. 그리하여 선후도 없고 이합도 없으니, 호발(互發)이라고 말할 수 없습니다. 다만 인심과 도심은 혹은 형기(形氣)에서 나오고 혹은 도의(道義)에서 나와 그 근원은 비록 하나이나 그 류는 이미 갈라졌으니, 이것을 양변(兩邊)으로 나누어 설명하지 않을 수 없습니다. 그러나 사단과 칠정은 그렇지 않은 점이 있습니다. 사단은 칠정의 선한 일변(一邊)이고 칠정은 사단의 총회(總會)이니, 일변을 어찌 총회와 함께 양변으로 나누어 상대적으로 말할 수 있겠습니까.(大抵發之者, 氣也, 所以發者, 理也, 非氣則不能發, 非理則無所發, 發之以下二十三字, 聖人復起, 不易斯言, 無先後, 無離合, 不可謂互發也, 但人心道心, 則或爲形氣, 或爲道義, 其原雖一, 而其流旣歧, 固不可不分兩邊說下矣. 若四端七情, 則有不然者, 四端是七情之善一邊也, 七情是四端之摠會者也, 一邊安可與摠會者, 分兩邊相對乎.)"

(8) 朱子後論理者, 惟退栗兩先生之說爲最詳. 而退溪之說, 深明此理主宰之妙, 故理發氣隨之論或反以理爲有作用者. 栗谷見其弊而救之, 故其說多在於理氣無先後無離合, 氣有動靜, 理無作用者, 而於理之主宰處, 則鮮及焉. 此栗谷之所以又俟於後人者也. 於是尤庵先生繼栗谷而起, 則曰理氣有從源頭而言者, 有從流行而言者. 有從理而言者, 有從氣而言者. 斯言也一出而千聖所論或異或同者, 方見其爲各有所指, 而實相貫通也. 窮理之士, 於是而始得其門路矣. 嗚呼至哉.

주자 이후에 리를 논의한 사람은 오직 퇴계와 율곡 두 선생의 설이 가장 상세하다. 그러나 퇴계의 설은 이 리의 주재(主宰)의 묘를 깊이 밝혔기 때문에, 이발기수(理發氣隨: 리가 발하고 기가 따른다)의 논의[101]에 있어서 간혹 도리어 리를 작용이 있는 것으로 생각하기도 했다. 율곡 선생이 그 논의의 병폐를 보고서 그것을 구제하였기 때문에, 그 설은 '이기는 선후가 없으며 이합이 없다.[102] 기에는 동정(움직임과 고요함)이 있으나 리에는 작용이 없다.[103]' 등을 많이 다루었으나, 리의 주재처(主宰處)에 대해서는 드물게 언급했다. 이는 율곡 선생이 또한 뒷사람을

---

[101] 『퇴계집』 권29 「답김이정」. "'리가 발하여 기가 따르고 기가 발하여 리가 탄다(理發氣隨, 氣發理乘)'는 설은 심(心) 속에서 리와 기를 나누어 말한 것이니, 심 한 자를 들면 리와 기 두 가지가 함께 그 속에 있는 것으로서, 보내온 글에서 심을 성에 상대하여 말한 것과는 자연 같지 않습니다.(至如理發氣隨, 氣發理乘之說, 是就心中而分理氣言, 擧一心字, 而理氣二者兼包在這裏, 與來喩心對性爲言者, 自不同也.)"

[102] 『율곡전서』 권10 「答成浩原(壬申)」. "비록 리는 따로 리이고 기는 따로 기라 하더라도 한데 붙어 간격이 없어서 선후가 없고 이합이 없어 두 물건이 됨을 볼 수 없기 때문에 두 물건이 아니라고 한 것입니다. 그러므로 동(動)과 정(靜)이 끝이 없고 음과 양이 처음이 없는 것이니, 리가 처음이 없기 때문에 기 또한 처음이 없는 것입니다.(理氣雖相離不得, 而妙合之中, 理自理氣自氣, 不相挾雜, 故非一物也. 非二物者, 何謂也. 雖曰理自理氣自氣, 而渾淪無閒, 無先後無離合, 不見其爲二物, 故非二物也. 是故, 動靜無端, 陰陽無始, 理無始, 故氣亦無始也.)"

[103] 『율곡전서』 권10 「답성호원」. "만약 상도에 위배되는 것을 보고서 마침내 기만 홀로 작용하고 리가 거기에 있지 않다고 말한다면 이것 역시 옳지 않습니다.(若見其反常, 而遂以爲氣獨作用, 而非理所在, 亦不可也.)"

기다리는 이유가 된다. 이에 우암 선생이 율곡 선생을 계승하여 일어나, '이기(理氣)는 원두(源頭: 근원)로부터 말한 것이 있으며, 유행(流行)으로부터 말한 것이 있고, 리로부터 말한 것이 있으며, 기로부터 말한 것이 있다'[104]고 했으니, 이 말이 한번 나오자 많은 성인들의 논의들이 혹 다르거나 같은 것들이 비로소 각각 가리키는 바가 있으나 실제로는 서로 관통하고 있다는 것을 알게 되었다. 리를 궁구하는 선비들은 여기에서 비로소 올바른 길을 찾을 수 있었으니, 아아 지극하여라!

13) 後論 후론

(1) 精粗, 本末, 內外, 賓主

정조(정교와 조잡), 본말(근본과 말단), 내외(안팎), 빈주(손님과 주인).[105]

精粗本末, 指太極陰陽道器等說也, 內外賓主, 指仁義中正體用等說也.

정조와 본말은 태극, 음양, 도기(道器) 등을 가리켜 말한 것이며, 내외와 빈주

---

[104] 『송자대전』 권105 「답심명중」. "주(註)의 '변화하여 움직여 양을 생한다.'에 대하여. 『석의(釋疑)』의 '소승지기(所乘之機)' 주에는 '태극은 본디 변화하여 움직이지 않는다'고 하여 그와 다르니 의심스럽습니다." "변화하여 움직여 양을 생성한다'는 말은 근원의 입장에서 논한 것이니, 이 이치가 있은 다음에 이 기운이 있다는 뜻이고, 그 밑의 '소승지기'는 유행하는 입장에서 논한 것이니, 이 이치가 형상이나 조작이 없고 다만 이 기운을 타고 운행한다는 뜻으로서 두 말이 각기 해당되는 바가 있네. 대개 이기는 하나이면서 둘이고 둘이면서 하나인 것이니, 리를 가지고 말한 경우도 있고 기를 가지고 말한 경우도 있으며, 근본적인 입장에서 말한 경우도 있고 유행하는 입장에서 말한 경우도 있네. 만일 넓은 안목으로 보지 않으면 마디마디가 걸릴 것이네."(註便會動而生陽, 釋疑所乘之機註云, 太極却不自會動,與 此不同, 可疑. 便會動而生陽, 從源頭處, 論其有是理, 然後有是氣, 其下所乘之機, 則却就流行處. 論此理無形狀無造作, 只乘此氣而運用也. 言各有所當也. 蓋理氣只是一而二. 二而一者也. 有從理而言者, 有從氣而言者, 有從源頭言者, 有從流行言者, 如不能活看則節節泥滯也.)"

[105] 『태극해의』「後記」. "도체의 전체는 혼연히 하나이다. 그러나 그 가운데에는 정교함과 조잡함, 근본과 말단, 안과 밖, 손님과 주인의 구분이 찬연하여 조금도 어긋날 수 없다.(夫道體之全, 渾然一致. 而精粗本末內外賓主之分, 粲然於其中, 有不可以毫釐差者.)"

는 인의(仁義), 중정(中正), 체용(體用) 등을 가리켜 말한 것이다.

(2) 或離或合, 或異或同

혹은 떨어지거나 혹은 합하거나, 혹은 다르거나 혹은 같다.[106]

離與異, 以燦然者言. 合與同, 以渾然者言也.

리(離)와 이(異)는 찬연(燦然)으로서 말한 것이고, 합(合)과 동(同)은 혼연(渾然)으로서 말한 것이다.[107]

(3) 然器亦道也, 道亦器也, 得此意而推之, 庶乎不偏矣.

그러나 기는 또한 도이고, 도는 또한 기이니, 이 뜻을 얻어 미루어 헤아리면 거의 치우치지 않을 것이다.[108]

圖說第二節註, 推之於前以下, 卽所謂此意者也.

「태극도설」의 제2절 주석에, 추지어전(推之於前)[109] 이하가 곧 이른바 이 뜻이다.

---

106 『태극해의』「후기」. "이것이 성현의 말씀이 어떤 경우에는 떨어져 있고 어떤 경우에는 합쳐 있으며 어떤 경우에는 다르고 어떤 경우에는 같은 까닭이며, 그러나 마침내 도체의 완전함이 되는 까닭이다.(此聖賢之言, 所以或離或合或異或同, 而乃所以爲道體之全也.)"

107 찬연은 묘용(妙用)의 측면을 형용한 것이고 혼연은 천체의 측면을 형용한 것이다.

108 『태극해의』「후기」. "음양과 태극이 두 가지 이치라고 말할 수 없는 것은 틀림없다. 그러나 태극은 형상이 없고 음양은 기를 지니고 있으니, 또한 어찌 상하의 다름이 없을 수 있겠는가? 이것이 도(道)와 기(器)가 구별되는 까닭이다. 그러므로 정자(程顥)는 '형이상은 도가 되고 형이하는 기가 되니 반드시 이렇게 말해야 한다. 그러나 기 또한 도이고, 도 또한 기이다.'라고 말했다. 이 뜻을 터득하여 추론하면 거의 치우치지 않을 것이다.(陰陽太極, 不可謂有二理必矣. 然太極無象而陰陽有氣, 則亦安得而無上下之殊哉. 此其所以爲道器之別也. 故程子曰, 形而上爲道, 形而下爲器, 須著如此說. 然器亦道也, 道亦器也. 得此意而推之, 則庶乎其不偏矣.)"

109 『태극해의』「후기」. "그렇지만 앞으로 미루어 보아도 그 처음에 [태극과 음양이] 합쳐지는 것

(4) 統之有宗, 會之有元.

통(統: 계통)에는 종(宗: 근본)이 있고, 회(會: 모임)에는 원(元: 으뜸)이 있다.[110]

統會以萬言, 宗元以一言. 無萬, 則無所統會者矣. 統會, 以各具太極而言, 宗元, 以同一太極而言. 有此各具太極, 然後方可以統會, 而言同一太極矣. 然各具統體, 只一太極, 非分割統體而爲各具, 亦非集合各具而成統體. 故曰, 一物之中, 天理完具, 不相假借凌奪. 此統之所以有宗, 會之所以有元也.

통(統)과 회(會)는 다양함으로서 말한 것이며, 종(宗)과 원(元)은 통일성(一)으로서 말한 것이다. 다양함이 없다면 통회(統會)할 것이 없다. 통회는 각구태극으로서 말한 것이며, 종원(宗元)은 동일태극(同一太極)으로서 말한 것이다. 이 '각구태극'이 있은 뒤에야 비로소 통회하여 '동일태극'을 말할 수 있다. 그러나 '각구'와 '통체'는 단지 하나의 태극일 뿐이니, '통체'를 나누면 '각구'가 되는 것이 아니며, 또한 '각구'를 모아서 '통체'를 이루는 것도 아니다. 그러므로 일물(一物) 가운데 천리가 완전하게 갖추어져 있으니 서로 빌리거나 빼앗지 못한다고 하였다. 이것이 통에 종이 있는 이유이며, 회에 원이 있는 이유이다.

(5) 是 豈漫無精粗先後之可言.

을 볼 수 없고, 뒤로 당겨보아도 그 끝에서 분리되는 것을 볼 수 없다. 그러므로 정자(程頤)는 이렇게 말했다. '움직임과 고요함에는 단서가 없고, 음과 양에는 시초가 없으니, 도를 아는 사람이 아니면 누가 그것을 식별할 수 있겠는가?'(雖然, 推之於前而不見其始之合, 引之於後而不見其終之離也. 故程子曰. 動靜無端, 陰陽無始, 非知道者, 孰能識之.)

110 『태극해의』「후기」. "그러나 만물이 태극을 각각 구비한다고 말하면 또한 의심스러운 점이 있다. 그러나 하나의 사물 가운데에는 천리가 완전히 구비되어 서로 빌리지도 않고 서로 빼앗지도 않으니, 이것이 계통에 근본이 있는 까닭이며, 모임에 으뜸이 있는 까닭이다. 이렇다면 어찌 각각 하나의 리를 갖춘다고 말하지 않을 수 있겠는가?(萬物之生, 同一太極者也. 而謂其各具, 則亦有可疑矣. 然一物之中, 天理完具, 不相假借, 不相陵奪, 此統之所以有宗, 會之所以有元也. 是則安得不曰各具一理哉.)"

이것이 어찌 정교함과 조잡함(精粗), 먼저와 나중(先後) 등을 자유롭게 말할 수 없는 것이겠는가?

精以沖漠言, 粗以萬象言. 有此沖漠, 方可言萬象之具, 則是謂先後也.
정(精)은 충막(沖漠: 근원)으로서 말한 것이고, 조(粗)는 만상(萬象: 현상)으로서 말한 것이다. 이 충막이 있어야 비로소 만상의 갖춤을 말할 수 있으니, 이를 선후라 이른다.

(6) 旣曰, 體立而後用行, 則亦不嫌於先有此而後有彼.
이미 '본체가 수립된 뒤에야 작용이 유행한다'고 했으니, 또한 먼저 이것이 있고 뒤에 저것이 있는 것을 꺼리지 않는다.

曰體立而後用行, 則用由體出, 而其爲一物, 明矣. 旣明其爲一物, 則雖言先後, 亦無嫌於二物之見矣.
'본체가 수립된 뒤에야 작용이 유행한다'고 하였으니, 작용은 본체로부터 나오며, 그것들이 일물이 됨은 명백하다. 이미 일물이 됨을 밝혔으니 비록 선후를 말해도 또한 이물(二物)이라고 보는 견해를 꺼리지 않는다.

(7) 中之爲用則, 仁不爲體則
중(中)이 작용이 되는 경우는 … 인(仁)이 본체가 되지 않는 경우는 ….[111]

---

111 『태극해의』「후기」. "중(中)이 작용이 되는 경우는 지나침과 모자람이 없다는 것으로 말하는 것이지, 이른바 아직 발동하지 않을 때의 중을 가리키는 것이 아니다. 인이 본체가 되지 않는다는 것 또한 한쪽을 들어서 말하는 한 가지로 말한 것이지, 이른바 전체를 통틀어 말하는 인을 가리키는 것이 아니다.(至於中之爲用, 則以無過不及者言之, 而非指所謂未發之中也. 仁不爲體, 則亦以偏言一事者言之, 而非指所謂專言之仁也.)"

兩則字, 當作卽字意看, 當屬下文讀.

두 즉(則)자는 마땅히 즉(卽)자의 뜻으로 보아야 하며, 아래 문장에 속하는 것으로 읽어야 한다.

(8) 中之幹, 仁之質

중(中)의 근간이 되는 까닭과 의(義)가 인(仁)의 바탕 ….[112]

幹, 文言貞固幹事之幹, 質, 論語義以爲質之質.

간(幹)은 『주역』「문언전」의 정고간사(貞固幹事)의 간(幹)이며,[113] 질(質)은 『논어』의 의이위질(義以爲質)의 질(質)이다.[114]

---

[112] 『태극해의』「후기」. "이 점에 대비하여 말하면 정(正)이 중의 근간이 되는 까닭과 의가 인의 바탕이 되는 까닭을 또 알 수 있다. [의와 정, 인과 중이 각각] 본체와 작용이 되는 것 또한 어찌 근거 없는 주장이 되겠는가?(對此而言, 則正者所以爲中之幹而義者所以爲仁之質, 又可知矣. 其爲體用亦豈爲無說哉.)"

[113] 『周易』乾卦「文言傳」. "바르고 굳셈이 일의 근간이 되기에 충분하다.(貞固, 足以幹事.)"

[114] 『論語』「衛靈公」 17장. "공자가 말씀하였다. 군자(君子)는 의(義)로서 바탕을 삼고, 예(禮)로서 행하며 겸손함으로서 나타내며 신(信)으로서 이루나니, 군자답다.(子曰, 君子, 義以爲質, 禮以行之, 孫以出之, 信以成之, 君子哉.)"

2. 小註
소주

1) 圖解 도해

(1) 朱子曰, 以理言之則, 【止】謂之無.
주자가 말했다. "리로 말하면 … 없다고 할 수 없다."[115]

太極只有理而已. 未有物事, 反謂之無理而有物, 則不成說矣. 當是有無字差互, 當正之.
태극은 단지 리일 뿐이다. 아직 사물과 사건이 없는데 도리어 '리는 없으나 사물은 있다'고 한다면 말이 되지 않는다. 틀림없이 여기 유(有)자와 무(無)자는 서로 바뀐 것이니 바로잡아야 한다.

(2) 不是太極兼動靜, 太極有動靜也.
태극이 동정(動靜)을 겸한 것이 아니라 태극에 동정이 있는 것이다.[116]

謂之兼, 則太極與動靜爲二物, 而以此兼彼也. 故曰, 不是. 然此與有字對言, 故如此耳. 若單言兼, 則一物之有動有靜, 雖謂之兼, 亦可也.

---

[115] 『태극해의』「태극도해」. "리로 말하면 있다고 할 수 없고, 사물로 말하면 없다고 할 수 없다.(以理言之, 則不可謂之有, 以物言之, 則不可謂之無.)"

[116] 『태극해의』「태극도해」. "물었다. "태극은 움직임과 고요함을 겸하여 말하는 것입니까." 대답했다. "태극이 움직임과 고요함을 겸하는 것이 아니라, 태극이 움직임과 고요함을 가지고 있다."(問. 太極兼動靜而言. 曰. 不是太極兼動靜, 太極有動靜.)"

겸(兼)이라고 한다면 태극과 동정은 이물(二物)이 되어, 이것으로 저것을 겸하는 것이 된다. 그러므로 '아니다'라고 했다. 그러나 이는 유(有)자를 상대하여 말했기 때문에 이와 같을 뿐이며, 만일 겸을 단언(單言)하면 일물(一物)에 동(動)이 있고 정(靜)이 있는 것이니, 비록 겸이라고 말해도 또한 가능할 것이다.

(3) 動而後生, 【止】有漸次也.
동(動)한 뒤에 생겨나고 … 점차적인 순서가 있다.[117]

理氣之生, 不得不先言太極, 次言動靜, 次言陰陽, 此便是有漸次也. 非眞有漸次, 先有太極後, 少間方有動靜, 先有動靜後, 少間方生陰陽, 眞有時節等級也.

리와 기의 생겨남은 먼저 태극을 말하고, 그다음으로 움직임과 고요함(동정)을 말하고, 그다음으로 음양을 말하지 않을 수 없으니, 이것이 곧 점차 차례가 있다는 것이다. 그러나 참으로 점차 차례가 있어서 먼저 태극이 있고 나서 약간의 틈을 두고 동정이 있게 되고, 먼저 동정이 있고 나서 약간의 틈을 두고 음양이 생겨나는 것처럼, 진실로 시기와 등급이 있는 것은 아니다.

(4) 太極自是涵動靜之理, 不可以動靜分體用.
태극은 스스로 동정의 리(理)를 머금으니, 동정을 체용으로 나눌 수 없다.[118]

---

117 『태극해의』「태극도해」. "'움직여 양을 낳고 고요하여 음을 낳는다'에서 움직임은 태극의 움직임이고, 고요함은 태극의 고요함이다. 움직인 뒤에 양을 낳고 고요한 뒤에 음을 낳아 이 음양의 기를 낳는다. '움직여 낳는다, 고요하여 낳는다'라고 말하니, 점차적인 순서가 있다.(動而生陽, 靜而生陰, 動卽太極之動, 靜卽太極之靜. 動而後生陽, 靜而後生陰, 生此陰陽之氣, 謂之動而生, 靜而生, 則有漸次也.)"

118 『태극해의』「태극도해」. "태극은 본래 움직임과 고요함의 리를 머금고 있으나 움직임과 고요함 그 자체를 본체와 작용으로 나눌 수 없다. 고요함은 태극의 본체이며 움직임은 태극의 작용

此謂太極與動靜不可相對分體用也, 非謂動靜二者不可分體用也.

이것은 태극과 동정을 상대해서 체용으로 나눌 수 없음을 말하는 것이지, 동(움직임)과 정(고요함)의 두 가지를 체용으로 나눌 수 없다고 말하는 것이 아니다.

(5) 陽變陰合, 初生水火, 【止】旋生出來.

양이 변하고 음이 합하여 처음에 수(水)와 화(火)를 낳는다. … 돌아가면서 생겨난다.[119]

此以五行之質, 具於地者而言. 故五行之屬, 皆從土中生出來, 若五行之氣, 生於天地之先者, 則又何資於土哉?

이것은 오행의 형질이 땅에 갖추어져 있는 것으로서 말한 것이다. 그러므로 오행에 속하는 것은 모두 토(土) 가운데에서 생겨 나온 것이니, 만일 오행의 기가 천지에 앞선 것에서 생겨난다면 또 어떻게 토에 바탕을 두겠는가?

(6) 陰陽五行七者, 滾合

음양오행의 일곱 가지가 혼합되어 있다.[120]

이다.(太極自是涵動靜之理, 却不可以動靜分體用. 蓋靜卽太極之體也, 動卽太極之用也.)"

[119] 『태극해의』「태극도해」. "양이 변하고 음이 합하면서 처음에 수와 화를 낳는다. 수와 화는 기로서 유동적이고 번쩍이니, 그 형체는 아직 비어 있고 그 형태도 여전히 정해져 있지 않다. 다음에 목과 금을 낳으면 확연히 일정한 형태를 갖는다. 수와 화는 처음에 저절로 생겨나지만, 목과 금은 토에 의존한다. 오행에 속하는 것들은 모두 토에서 돌아가면서 생겨난다.(陽變陰合, 初生水火, 水火氣也, 流動閃爍, 其體尙虛, 其成形猶未定. 次生木金, 則確然有定形矣. 水火初是自生, 木金則資於土. 五行之屬, 皆從土中旋生出來.)"

[120] 『태극해의』「태극도설해」. "음양은 기이니 [이것이] 오행의 질을 낳는다. 천지가 만물을 낳을 때에는 오행이 가장 앞선다. 땅이 바로 토이니, 토는 수많은 금과 목에 속하는 것들을 포함하고 있다. 천지 사이에 어떤 것인들 오행이 아니겠는가? 오행과 음양, 이 일곱 가지가 뒤섞인

七者, 幷擧陰陽五行故謂之七, 非謂陰陽五行各是一物, 而眞有七者. 此等處當活看.

일곱 가지는 음양과 오행을 함께 열거했기 때문에 일곱이라고 이른 것이지, 음양과 오행이 각각 일물이어서 진실로 일곱 가지가 있는 것은 아니다. 이와 같은 곳은 마땅히 잘 살펴 이해해야 한다.

(7) 仁剛陽是一樣.【止】曰然.

인(仁), 강(剛), 양(陽) 등은 한가지이다. … 그렇다.[121]

此註言仁本是柔, 而發出却剛, 義本是剛, 而發出却柔. 又曰, 仁體柔而用剛, 義體剛而用柔. 第七節小註言, 仁便有箇流動發越之意, 然其用則慈柔. 義便有箇商量從宜之意, 然其用則決裂. 第七節小註, 言仁體剛而用柔, 義體柔而用剛. 前後二說正相反, 而其義皆通, 非有初晩之異也.

이 주석은 "인은 본래 부드러운 것이지만 드러나면 도리어 굳세고, 의는 본래

것이 바로 만물을 낳는 재료이다.(陰陽氣也, 生此五行之質. 天地生物, 五行獨先. 地卽是土, 土便包容許多金木之類. 天地之間, 何事而非五行. 五行陰陽, 七者滾合, 便是生物底材料.)"

[121] 『태극해의』「태극도설해」. 물었다. "인은 부드러움인데 어떻게 굳셈에 속하고, 의는 굳셈인데 어떻게 부드러움에 속합니까?" 대답했다. "인, 굳셈, 양이 같은 의미이고, 의, 부드러움, 음이 같은 의미이다. 인은 본래 부드러운 것이지만 드러나면 도리어 굳세다. 만물이 발생할 때만을 보더라도 이렇게 빠르게 나오고 있으니 굳센 의미가 있다. 의는 본래 굳센 것이지만 드러나면 도리어 부드럽다. 만물이 싸늘한 기운에 말라 죽을 때만을 보더라도 이렇게 움츠려들고 초췌하니 부드러운 의미가 있다." 또 물었다. "양자(揚雄)가 인을 행할 때는 굳세고, 의를 행할 때는 부드럽다고 말한 것은 어떻습니까?" 대답했다. "인은 본체가 부드럽지만 작용은 굳세며, 의는 본체가 굳세지만 작용은 부드럽다." 물었다. "이것이 어찌 이른바 양은 음에 뿌리를 두고, 음은 양에 뿌리를 둔다는 것이 아니겠습니까?" 대답했다. "그렇다."(問. 仁是柔, 如何屬剛. 義是剛, 如何却屬柔. 曰. 仁剛陽是一樣意思. 義柔陰是一樣意思. 蓋仁本是柔物事, 發出却剛. 但看萬物發生時, 便恁地奮迅出來, 有剛底意思. 義本是剛底物事, 發出來却柔. 但看萬物肅殺時, 便恁他收斂憔悴, 有柔底意思. 又問. 揚子云, 於仁也剛, 於義也柔, 如何. 曰. 仁體柔而用剛, 義體剛而用柔. 曰. 此豈所謂陽根陰, 陰根陽耶. 曰. 然.)

굳센 것이지만 드러나면 도리어 부드럽다"고 말한 것이다. 또 말했다. "인은 본체가 부드럽지만 작용은 굳세며, 의는 본체가 굳세지만 작용은 부드럽다." 제7절의 소주에서는 "인은 유동하고 넘쳐난다는 뜻이 있지만 그 작용은 자애롭고 부드럽다. 의는 헤아리고 마땅함을 따른다는 뜻이 있지만 그 작용은 가르고 찢는다"[122]고 말하고 있다. 제7절 소주에서는 "인의 본체는 굳세지만 그 작용은 부드럽고, 의의 본체는 부드럽지만 작용은 굳세다"[123]고 말하고 있다. 앞뒤의 두 설이 상반되지만 그 의미는 모두 통하니, 초년의 설과 만년의 설에 다름이 있는 것은 아니다.

(8) 北溪陳氏曰, 太極渾淪之妙用, 自無而入於有,【止】無極也.

북계 진씨가 말했다. "혼륜한 태극의 오묘한 작용, 무로부터 유로 들어간다. … 무극이다."[124]

此與老子有生於無之意同. 又與史傳所增自爲二字者, 同誤矣.

이는 노자(老子)의 '유는 무에서 생긴다'[125]의 뜻과 같다. 또한 [주렴계의 본전을 지은 사관이] 자(自)와 위(爲) 두 글자를 더해 늘린 것과 같은 오류이다.[126]

---

122 『태극해의』「태극도설해」.
123 『태극해의』「태극도설해」.
124 『태극해의』「태극도설해」. "혼륜한 태극의 오묘한 작용을 말하면, 무로부터 유에 들어가고 유로부터 무에 복귀하니, 또 혼륜한 하나의 무극일 뿐이다.(言太極渾淪之妙用, 自無而入於有, 自有而復於無, 又只是渾淪一無極也.)"
125 『道德經』 40장. "되돌아가는 것은 도의 운동이요, 도의 부드러움과 약함은 도의 쓰임이다. 천하의 만물은 유에서 생겨나고 유는 무에서 생겨난다.(反者, 道之動, 弱者, 道之用, 天下萬物生於有, 有生於無.)"
126 '無極而太極'에 대해서 주자(朱子)는 당시 주렴계 본전(本傳)을 지은 사관(史官)이 실수로 자·위 두 글자를 삽입해서 '自無極而爲太極'으로 지었다고 하였다. 이렇게 되면 태극은 무극에서 유출되는 것으로 노자의 말과 같다는 뜻이다. 성리학의 입장에서 이런 식의 독법은 매우

(9) 節齋蔡氏曰. 所謂無極而太極者, 蓋亦言其無體之易云云.
절재 채씨가 말했다. "이른바 '무극이태극'이라는 것은 대개 또한 무체(無體)의 역(易)¹²⁷을 말한 것이다. …"¹²⁸

無極, 以理言, 無體, 以氣言. 不可合論.
무극(無極)은 리(理)로서 말한 것이고 무체(無體)는 기(氣)로서 말한 것이니 합해서 논의할 수 없다.

(10) 西山眞氏曰. 卽吾一心而觀之, 【止】太極乎.
서산 진씨가 말했다. "나의 한마음에 따라 보면 … 태극 아닌가."¹²⁹

그릇된 것이며, 이에 대해 계속 논의하고 있다.

127 『주역』「계사상」 4장. "천지의 조화를 범위(範圍)하여 지나치지 않으며, 만물을 곡진히 이루어 빠뜨리지 않으며, 주야의 도를 겸하여 안다. 그러므로 신(神)은 일정한 방소가 없고 역(易)은 일정한 몸체가 없다.(範圍天地之化而不過, 曲成萬物而不遺, 通乎晝夜之道而知, 故神无方而易无體.)"

128 『태극해의』「태극도설해」. "절재 채씨가 말했다. ''역에 태극이 있다'에서 역은 변역이니, 공자가 말한 '일정한 형체가 없다'는 의미의 역이다. 태극은 지극함이니, 변역하여 일정한 형체가 없지만 지극한 리가 있음을 말한다. 선대의 유학자들은 모두 태극 두 글자를 바로 온갖 변화의 근원으로 여겼으며, 역이라는 한 글자에 대해서는 다만 『역』이라는 책을 지목하였다. 그러므로 주자(주돈이)의 『태극도설』은 특별히 '무극이면서 태극이다.'로 역에 태극이 있다는 뜻을 밝혔다. 이른바 '무극이면서 태극이다.'라는 것도 그 일정한 형체가 없는 역에 지극한 리가 있음을 말한다. 이 무극의 진실함은 참으로 공자의 한마디 말에서 터득한 것인데 혹 주자(周子)가 함부로 덧붙인 것이라고 여긴다면 잘못이다."(節齋蔡氏曰. 易有太極 易, 變易也, 夫子所謂無體之易也. 太極, 至極也, 言變易無體而有至極之理也. 先儒皆以太極二字便爲萬化之原, 而於'易'之一字, 但目爲易書. 故周子太極圖說, 特以無極而太極發明易有太極之旨. 其所謂無極而太極者, 蓋亦言其無體之易而有至極之理也. 是無極之眞, 實有得於夫子之一言, 而或以爲周子妄加者, 繆也.)

129 『태극해의』「태극도설해」. "서산 진씨가 말했다. ''무극이면서 태극이다'에서 어찌 태극 위에 별도로 이른바 무극이 있겠는가? 형상이 없지만 지극한 리가 있음을 말하는 데 불과할 뿐이다. 극이란 지극한 리이다. 세상의 사물을 끝까지 탐구해보아도 높이고 귀하게 여길 만한 것으로 여기에 더할 것이 무엇이 있겠는가? 그러므로 태극이라고 말했다. 세상 사람들이 북극성을

理之至無而至有, 至虛而至實者, 貫未發已發而無不然也, 必於未發而言之, 則似以未發爲無極太極之境界, 而以未發爲無極, 以性爲太極, 誤矣.

리는 지극히 무(無)하면서 지극히 유(有)하며 지극히 비어 있으면서 지극히 가득 찬 것은 미발과 이발을 관통하여 그렇지 않은 것이 없으나, 반드시 미발에서 말한다면, 미발을 무극과 태극의 경계로 여겨서 미발을 무극으로 여기고 성(性)을 태극으로 여기는 것처럼 되니, 오류이다.

2) 第一節 제1절

(1) 問曰. 至無之中, 乃萬理之至有也. 朱子曰. 亦得.

누군가 물었다. "지극한 무(無) 가운데가 바로 온갖 이치의 지극한 유(有)인가요?" 주자가 답했다. "그렇게 말해도 된다."[130]

問者之言, 與前無異, 而前則辨之, 此則曰亦得. 前所謂至無是釋無極爲無之極, 故非之, 而若泛言理之至無而至有, 則亦無不可, 故曰亦得. 恐是問者前

천극이라고 하고 집의 용마루를 옥극이라고 하지만 이것들은 모두 형상이 있어서 볼 수 있다. 주자(周子)는 사람들이 또한 태극을 하나의 사물로 여길까 염려했기 때문에 무극 두 글자를 그 위에 덧붙였으니, 이는 본래 어떠한 사물도 없고 리만 있을 뿐임을 말하는 것과 같다. 음양으로부터 그 이하는 형기에 걸려 있다. 음양이 아직 움직이기 이전은 바로 이 리이니, 어찌 이름 붙일 수 있는 것이 있겠는가? 나의 한 마음에서 살펴보면 희로애락이 아직 발동하지 않은 때에는 혼연한 하나의 성일 뿐이다. 아무런 형상도 없는 가운데 온갖 리가 다 구비된 것이 이른바 '무극이면서 태극이다.'라는 것이 아니겠는가?(西山眞氏曰. 無極而太極, 豈太極之上別有所謂無極哉. 不過謂無形無象而至理存焉耳. 蓋極者, 至極之理也, 窮天下之物, 可尊可貴孰有加於此者. 故曰太極也. 世之人以北辰爲天極, 以屋脊爲屋極, 此皆有形而可見者. 周子恐人亦以太極爲一物, 故以無極二字加於其上, 猶言本無一物, 只有此理也. 自陰陽以下, 則麗乎形氣矣. 陰陽未動之前, 則是此理, 豈有物之可名耶. 卽吾一心而觀之, 方喜怒哀樂之未發也, 渾然一性而已. 無形無象之中, 萬理畢具, 非所謂無極而太極乎.)

[130] 『태극해의』 「태극도설해」.

後之意不同, 故朱子一是一非, 亦不同, 而記者語脈之間少曲折, 不見其有前後之異耳.

묻는 사람의 말은 앞에서 말한 것과 다름이 없는데, 앞에서는 분변하고 여기서는 "또한 그렇다."라고 말했다. 앞에서 말한 지무(至無)는 무극을 무(無)의 극(極)으로 해석했기 때문에 틀린 것이라 했고, 만일 범범하게 '리는 지극히 무(無)하고 지극히 유(有)하다'고 말한다면 또한 안 될 것도 없기 때문에, "그렇게 말해도 된다"고 한 것이다. 아마도 이는 묻는 사람의 앞뒤의 뜻이 같지 않기 때문에, 주자가 한 번은 옳고 한 번은 틀리다고 한 것이 또한 같지 않고, 기록한 사람이 말의 맥락 사이에 있는 자세한 연유를 덜 밝혀서 앞뒤의 다름이 있음을 보지 못했기 때문일 것이다.

(2) 坤復之間, 乃無極.

곤(坤)과 복(復)의 사이가 곧 무극이다.[131]

此言無極, 與邵子之言無極不同. 邵子之意, 啓蒙說中詳辨之.

여기서 말한 무극은 소자(邵子)가 말한 무극과 같지 않다. 소자의 뜻은 『역학계몽』을 설명하면서 상세하게 분명히 밝혔다.[132]

---

[131] 『태극해의』「태극도설해」. "물었다. "소 선생은 무극 이전을 말했는데 무극에 어떻게 이전이라고 말할 수 있습니까?" 대답했다. "소자는 그의 「선천도」에서 순환의 뜻을 설명했다. 구괘에서 곤괘까지는 음이 양을 포함하고, 복괘에서 건괘까지는 양이 음을 나누고 있으니, 복괘와 곤괘 사이가 바로 무극이고, 곤괘로부터 반대로 구괘까지가 무극 이전이다. 대개 독서는 여기저기 옮겨 다니면서 섭렵해서는 안 된다. 예전에 배운 것을 익히는 것은 무방하겠지만, 새로운 것을 가지고 뒤섞어서는 안 된다." (問, 邵先生說無極之前, 無極如何說前. 曰. 邵子就圖上說循環之意. 自姤至坤, 是陰含陽, 自復至乾, 是陽分陰, 復坤之間乃無極, 自坤反姤是無極之前. 大凡讀書 不要般涉. 但溫尋舊底不妨, 不可將新底來攪.)"

[132] 『易學啓蒙』「原卦畫」. "[소자는] 또 말했다. "무극 이전에는 음이 양을 머금고 있지만, 상이 있은 뒤에는 양이 음을 분포(分布)한다. 음은 양의 어머니가 되고 양은 음의 아버지가 되므로,

(3) 勉齋黃氏曰. 子思所謂天命之性, 孟子所謂生之謂性.

면재 황씨가 말했다. "자사가 말한 천명의 성(性),[133] 맹자가 말한 생(生)을 일러 성(性)[134]이라 한다."[135]

生之謂性, 告子之言而孟子之所辨也. 西山眞氏嘗以此爲孟子之言, 曾論其誤矣. 勉齋之說又如此, 殊未可曉也. 蓋生者, 氣也, 非性也, 生之理乃性也. 以理爲性, 乃吾儒之正宗, 而以氣爲性, 卽異端之所以賊道也. 二者豈可混而無別哉. 明道雖嘗釋生之謂性, 亦以氣質之性言之, 未嘗以爲本性矣.

"생(生)을 일러 성(性)이라 한다."는 고자의 말인데 맹자가 분별했다. 서산 진씨는 일찍이 이를 맹자의 말로 여겼는데, [내가] 일찍이 그 오류를 논변했다. 면재의 설도 또한 이와 같아서 이해할 수가 없다. 대개 생(生)은 기(氣)이지 성(性)이 아니니, 생의 리(理)가 곧 성이다. 리를 성으로 여기는 것이 곧 우리 유가의 바른 핵심(正宗)이며, 기를 성으로 여기는 것은 곧 이단이 도를 해치는 이유가 된다. 어찌 두 가지를 섞어놓고 구별하지 않겠는가! 명도가 비록 생지위성(生之謂性)을

어머니가 장남을 잉태하여 복괘(復卦)가 되고 아버지가 장녀를 낳아 구괘(姤卦)가 되었다. 이 때문에 양은 복괘에서 일어나고 음은 구괘에서 일어난다."(又曰. 無極之前, 陰含陽也, 有象之後, 陽分陰也, 陰爲陽之母, 陽爲陰之父, 故母孕長男而爲復, 父生長女而爲姤. 是以陽起於復, 而陰起於姤也.)"

[133] 『중용』 1장. "하늘이 명하신 것을 성이라 이르고, 성을 따르는 것을 도라 이르고, 도를 닦는 것을 가르침이라 이른다.(天命之謂性, 率性之謂道, 修道之謂敎.)"

[134] 『맹자』 「고자상」 3장. "고자가 말하였다. "생리적인 본능을 성(性)이라고 합니다." 맹자께서 말씀하셨다. "생리적인 본능을 성이라고 하는 것은, 흰 것을 희다고 하는 것과 같은 것입니까?" "그렇습니다." "그렇다면 흰 깃털의 흰 것이 흰 눈의 흰 것과 같고, 흰 눈의 흰 것이 흰 옥(玉)의 흰 것과 같다는 말입니까?" "그렇습니다." "그렇다면 개의 성이 소의 성과 같으며, 소의 성이 사람의 성과 같단 말입니까?"(「告子曰. 生之謂性. 孟子曰. 生之謂性也, 猶白之謂白與. 曰. 然. 白羽之白也, 猶白雪之白, 白雪之白, 猶白玉之白與. 曰. 然. 然則犬之性, 猶牛之性, 牛之性, 猶人之性與.)"

[135] 『태극해의』 「태극도설해」.

주석한 적이 있었지만,¹³⁶ 또한 기질의 성으로 말한 것이고 본성으로 여긴 적은 없었다.

(4) 北溪陳氏曰. 無極之說, 始於誰乎云云.

북계 진씨가 말했다. "무극의 설은 누구로부터 시작된 것인가? …"¹³⁷

謂柳子康節以氣言, 周子以理言者, 得之矣. 雙峯饒氏所釋無極太極之說. 精詳可觀.

유종원(柳宗元)과 소강절은 기로 말하고 주렴계는 리로 말한 것이라 한 것은 옳다. 쌍봉 요씨가 해석한 '무극태극의 설'¹³⁸은 정밀하고 상세하여 볼 만하다.

---

136 『二程遺書』 권1. "낳는 것을 성(性)이라고 이르니, 성은 바로 기(氣)이고 기는 바로 성(性)이라는 것은 생(生)을 이른다. 사람이 태어날 때에 받은 기품(氣稟)은 이치상 선악이 있기 마련이나 성 가운데에 원래 이 두 물건이 상대하여 나온 것은 아니다. 어릴 때부터 선한 사람이 있고 어릴 때부터 악한 사람이 있으니, 이는 기품에 그러함이 있어서이다. 선은 진실로 성이지만, 악도 성이라고 하지 않을 수 없다.(生之謂性, 性卽氣, 氣卽性, 生之謂也. 人生氣稟, 理有善惡, 然不是性中元有此兩物相對而生也. 有自幼而善, 有自幼而惡, 是氣稟有然也. 善固性也, 然惡亦不可不謂之性也.)"

137 『태극해의』「태극도설해」. "북계 진씨가 말했다. '무극이라는 말은 누구에게서 시작되었는가? 유자(柳宗元)는 '무극의 극'이라고 하였고, 소강절도 '선천도'의 설명에서 '무극 이전에는 음이 양을 포함하고, 유극 이후에는 양이 음을 나눈다'고 하였다. 이것은 주자(周子) 이전에 이미 무극에 관한 이론이 있었다는 것이다. 다만 그 주된 뜻이 각각 같지 아니하니, 유자와 소강절은 기로 말했고, 주자는 오로지 리로 말했을 뿐이다.'"(北溪陳氏曰. 無極之說 始於誰乎. 柳子曰, 無極之極, 康節先天圖說亦曰, 無極之前, 陰含陽也, 有極之後, 陽分陰也. 是周子以前已有無極之說矣. 但其主意各不同, 柳子康節是以氣言, 周子則專以理言之耳.)"

138 『태극해의』「태극도설해」. "[쌍봉 요씨가 말했다.] '태(太)'란 커서 더 보탤 수 없음을 지칭하니, 태극이 세상의 큰 중심축과 커다란 뿌리가 됨을 말한다. 그러나 일반적으로 극(極)이라고 하는 것은 예컨대 남극, 북극, 옥극(屋極), '상읍(商邑)'이 사방의 극(極)이다'와 같은 따위이니, 모두 볼 수 있는 형상과 가리킬 수 있는 장소가 있다. 하지만 이 극만은 형상도 없고 장소도 없으므로 주자(周子)는 다시 '무극' 두 자를 덧붙여서 밝혔다. 그것이 중심축과 뿌리의 형체가 없지만 실제로는 세상의 큰 중심축이자 커다란 뿌리가 되기 때문에 '무극이면서 태극이다.'라고 말했다. 그것이 세상의 큰 중심축이고 큰 뿌리가 되지만 애초에 중심축과 뿌리의 형체가

3) 第二節 제2절

(1) 延平李氏曰. 云云. 蓋就天地之本原與人物上推來, 不得不異.

연평 이씨가 말했다. " … 대개 천지의 본원(本原)과 인물(人物)에 나아가 미루어 헤아려보면 다르지 않을 수 없다."[139]

動而生陽, 靜而生陰, 太極之生陰陽也, 所謂天地之本原也, 二氣交感, 化生萬物, 天地之生萬物也, 所謂人物上推來也. 二者, 固有不同矣. 然靜而陰, 卽一元之混沌, 天地之秋冬, 而萬物未生之時也, 動而陽, 卽一元之開闢, 天地之春夏, 而萬物方生之時也. 然則靜而陰, 屬喜怒哀樂未發之時, 動而陽, 屬喜怒哀樂已發之時, 亦無不可矣.

있는 것이 아니기 때문에 '태극은 본래 무극이다.'라고 말했다."(太者, 大無以加之稱, 言其爲天下之大樞紐, 大根柢也. 然凡謂之極者, 如南極北極屋極, 商邑四方之極之類, 皆有形狀之可見, 方所之可指. 而此極獨無形狀無方所, 故周子復加無極二字以明之, 以其無樞紐根柢之形, 而實爲天下之大樞紐大根柢也, 故曰無極而太極. 以其爲天下之大樞紐大根柢, 而初非有樞紐根柢之形也, 故曰太極本無極也.)

139 『태극해의』「태극도설해」. "대답했다. "태극이 움직여 양을 낳는다는 것은 지극한 리의 근원이 움직임과 고요함, 닫힘과 열림뿐이라는 것이다. 만물을 끝맺거나 만물을 시작하게 하는 경우에도 이 리가 하나로 관통할 뿐이다. 음과 양 두 기가 교감하여 만물을 변화생성할 때, 또 사람과 사물에서 미루어 보아도 또한 이 리일 뿐이다. 『중용』에서 희로애락이 아직 발동하지 않을 때와 이미 발동했을 때로 말하고 있는 것은 또 사람의 몸에서 추구한 것이다. 큰 근본과 두루 통하는 도를 터득하는 경우에도 모두 리일 뿐이다. 이 리를 사람의 몸에서 추구할 때 만일 아직 발동하지 않을 때와 이미 발동했을 때에 보지 않는다면 어떻게 그것을 알겠는가? 천지의 본원과 사람·사물에서 미루어 보는 것은 다르지 않을 수 없을 것이다. 이것이 움직여 양을 낳는다는 것을 희로애락이 이미 발동한 것으로 말하기 어려운 까닭이다. 천지에서는 리일 뿐이다. 이제 두 항목으로 간주한다면 반드시 잘못될 것이다."(曰. 太極動而生陽, 至理之源, 只是動靜闔闢. 至於終萬物始萬物, 亦只是此理一貫也. 到得二氣交感, 化生萬物時, 又就人物上推, 亦只是此理. 中庸以喜怒哀樂未發已發言之, 又就人身上推尋. 至於見得大本達道處, 又衮同只是此理. 此理就人身上推尋, 若不於未發已發處看, 卽何緣知之. 蓋就天地之本源與人物上推來, 不得不異. 此所以於動而生陽, 難以爲喜怒哀樂已發言之. 在天地只是理也, 今欲作兩節看, 切恐差了.)

'태극이 움직여 양을 낳고 고요하여 음을 낳는다'는 것은 태극이 음양을 낳는 것이니, 이른바 '천지의 본원'이다. '두 기가 교감하여 만물을 화생(化生)한다'는 것은 천지가 만물을 낳은 것이니, 이른바 '인물(人物)에서 미루어 헤아림'이다. 두 경우는 진실로 같지 않다. 그러나 고요하여 음한 것은 곧 일원(一元)의 혼돈으로 천지의 가을과 겨울이고 만물이 아직 생겨나지 않은 때이며, 움직여 양한 것은 곧 일원의 개벽(開闢)으로 천지의 봄과 여름이며 만물이 바야흐로 생겨나는 때이다. 그러므로 고요하여 음한 것은 희로애락의 미발의 때에 속하며, 움직여 양한 것은 희로애락의 이발의 때에 속하니 또한 그렇지 않을 수 없다.

(2) 問. 妙合之始, 便是繼.
물었다. "오묘한 결합의 시초가 바로 계(繼: 이어감)인가요?"

理氣本自妙合, 豈有其始乎?
리와 기는 본시 절로 오묘하게 결합하니 어찌 시작이 있겠는가?

(3) 問. 繼之者善之始, 【止】方說得善惡.
물었다. "계지자선의 시초에서 … 비로소 선악을 말할 수 있나요?"[140]

繼善之時, 說性不得. 成性之性, 說惡不得.
계선(繼之者, 善)할 때는 성을 말할 수 없고, 성성(成之者, 性)의 성일 때는 악을 말할 수 없다.

---

140 『태극해의』「태극도설해」. "물었다. "'이어가는 것이 선이다'에 해당하는 때가 이른바 성이 선하다는 것입니다. '이룬 것이 성이다'에 이르고 나서 기질이 각각 달라져야 비로소 선악을 말할 수 있습니다." 대답했다. "이미 성이라고 말하면 끝내 선악을 나눌 수 없다."(問. 繼之者善之時, 此所謂性善. 至成之者性, 然後氣質各異, 方說得善惡. 曰. 旣謂之性, 則終是未可分善惡.)"

(4) 朱子曰. 兩儀是天地, 與畫卦兩儀意思又別.

주자가 말했다. "양의는 천지이며, 획괘의 양의와는 뜻과 의미가 구별된다."[141]

兩儀只是陰陽, 一動一靜, 分陰分陽, 皆自混沌開闢說來, 則兩儀亦兼混闢而言, 混是陰之儀, 闢是陽之儀, 恐不可專以開闢後天地爲言.

양의는 단지 음양일 뿐이니, '한 번 움직이고 한 번 고요함'과 '음으로 나뉘고 양으로 나뉨'은 모두 혼돈과 개벽으로부터 말해 온 것이니, 양의 또한 혼돈과 개벽을 겸해서 말한 것이다. 혼(混)은 음(陰)의 의(儀)이고, 벽(闢)은 양(陽)의 의(儀)이니, 아마도 개벽한 뒤의 천지로만 말할 수는 없을 것 같다.

(5) 嘗見高山有螺蚌殼或生石中.

"일찍이 높은 산에 조개껍데기가 돌 속에서 나는 것을 본 적이 있다."[142]

---

[141] 『태극해의』「태극도설해」. "'한 번 움직이고 한 번 고요함이 서로 뿌리가 된다'는 것은 움직이면 고요하고 고요하면 움직여 열림과 닫힘, 가고 옴이 더 이상 쉼이 없다는 것이다. '음으로 나뉘고 양으로 나뉘어 양의가 정립된다.'라는 것에서 양의는 하늘과 땅이니, 괘를 그을 때의 양의의 뜻과는 또 구별된다. 움직임과 고요함은 이를테면 낮과 밤 같고, 음양은 이를테면 동서남북이 나뉘어 사방으로 가는 것과 같다. '한 번 움직이고 한 번 고요하다'는 것은 때로 말한 것이고, '음으로 나뉘고 양으로 나뉜다'는 것은 위치로 말한 것이다. 혼륜하여 아직 갈라지지 않았을 때에는 음양의 기가 혼합되고 어둠 속에 있다가, 나누어지고 나서는 그 사이가 넓고 환하게 펼쳐져 양의가 비로소 정립된다. 소강절(邵雍)은 12만 9,600년을 1원으로 삼고 있는데 이 12만 9,600년 전에는 또 한 차례의 커다란 닫힘과 열림이 있었고, 그 이전도 다시 이와 같다. 바로 이것이 '움직임과 고요함에는 단서가 없고 음양에는 시초가 없다.'라는 것이다.(一動一靜, 互爲其根, 動而靜, 靜而動, 闔闢往來, 更無休息. 分陰分陽, 兩儀立焉, 兩儀是天地, 與畫卦兩儀意思又別. 動靜如晝夜, 陰陽如東西南北分從四方去. 一動一靜, 以時言, 分陰分陽, 以位言. 方渾淪未判, 陰陽之氣混合幽暗, 及其旣分, 中間放得寬闊光朗, 而兩儀始立. 邵康節以十二萬九千六百年爲一元, 則是十二萬九千六百年之前, 又是一箇大闔闢, 更以上亦復如此. 直是動靜無端, 陰陽無始.)"

[142] 『태극해의』「태극도설해」.

此謂螺蚌殼包在石罅中. 蓋舊日海中之土凝結爲石之時, 水中之物或著在中間未消化也. 每見海邊巖破之露出者, 皆是沙石之凝合者, 小小石塊著在其間, 或歲久剝落, 則其形團圓滑澤, 分明是前日水磨之石也. 天地之有闔闢, 此尤可驗矣.

이것은 조개껍데기가 돌 틈에 들어 있다는 것을 말한 것이다. 대개 옛날에 바닷속의 흙이 응결되어 돌이 될 때, 바닷속의 물질이 혹 그 사이에 붙어서 채 소멸되지 못한 것이다. 항상 보는 해변가의 암석 무더기 중에 툭 튀어나온 것들은 모두 모래돌이 응결되어 모인 것이며, 작은 돌덩이들이 그 사이에 붙어 있다가 세월이 오래되어 깎여나가 떨어지게 되는 경우에 그 형체가 둥글고 반질반질하게 되니, 분명히 이것은 옛날에 바닷물에 마모된 돌이다. 천지에 합벽이 있었다는 것을 여기에서 더욱 증험할 수 있다.

(6) 人身是器, 語言動作便是人之理.
"사람의 몸은 기(器)이며, 언어와 동작은 곧 사람의 이치이다."[143]

語言動作猶是氣也, 其當然之則是理也, 今日語言動作便是理者, 蓋指理之發見在語言動作上者, 非直以語言動作爲理也. 此等處皆當活看.
언어와 동작은 기(氣)일 것이나, 그것의 마땅히 그러한 준칙은 리(理)이다. 이제 '언어·동작이 곧 리이다.'라고 말하는 것은 대개 리가 발현해서 언어와 동작에서 드러나는 것을 가리킨 것이지, 바로 언어와 동작이 리라고 한 것은 아니다. 이와 같은 곳들은 마땅히 잘 살펴서 이해해야 할 것이다.

(7) 事物雖大, 是形而下者, 理雖小, 是形而上者.

---

143 『태극해의』「태극도설해」.

"사물이 비록 크다지만 이는 형이하자이며, 리가 비록 작다하나 이는 형이상자이다."[144]

理不可以大小言, 此言理小者, 蓋以理之在一物之小者, 對事物之至大如天地者而言也, 如曰天地雖大而是形而下者, 一物之理雖小而是形而上者云爾, 此亦當活看.

리는 크고 작은 것(大小)으로 말할 수 없지만, 여기서 '리가 작다'고 말한 것은 대개 리가 '일물'의 작은 것에 있는 것으로 천지처럼 사물의 지극히 큰 것과 상대해서 말한 것이다. '천지가 비록 크지만 이는 형이하자이고 일물의 리가 비록 작지만 이는 형이상자이다.'라고 말하는 것 같은 경우에, 이 또한 마땅히 잘 살펴서 이해해야 할 것이다.

(8) 勉齋黃氏曰太極不自會動靜, 旣是陰陽, 如何又說生陰生陽, 曰生陰生陽亦猶陽生陰生云云.

면재 황씨가 말했다. "태극은 스스로 동정(動靜)할 수 없으니, 이미 음양이라면 어찌하여 또 음을 낳고 양을 낳는다고 말합니까?" 또 말했다. "음을 낳고 양을 낳는다는 것은 양이 생겨나고 음이 생겨나는 것과 같다. …"[145]

---

144 『태극해의』「태극도설해」. ""형이상자는 리이지만, 작용이 있자마자 바로 형이하자이다." 물었다. "음양이 어떻게 형이하자입니까?" 대답했다. "어떠한 사물이건 음양이 있으니, 추위와 따뜻함, 살림과 죽임 등에서 모두 볼 수 있다. 일과 사물은 비록 크더라도 형이하자이고, 리는 비록 작더라도 형이상자이다."(形而上者是理, 纔有作用, 便是形而下者, 問, 陰陽, 如何是形而下者, 曰, 一物便有陰陽, 寒暖生殺皆見得, 事物雖大, 是形而下者, 理雖小, 是形而上者.)"

145 『태극해의』「태극도설해」. "대체로 태극이 어떤 틀을 타고 있는지를 볼 뿐이니, 움직임의 틀을 타고 있으면 움직이고 고요함의 틀을 타고 있으면 고요할 뿐, 태극은 스스로 움직이거나 고요할 수 없다. "[태극의 움직임과 고요함이] 이미 음양인데, 어떻게 또 음을 낳고 양을 낳는다고 말하는가?" 대답했다. "음을 낳고 양을 낳는다는 것은 또한 음이 생겨나고 양이 생겨난다는 것과 같다. 태극은 음양을 따라 움직이거나 고요하게 되고, 음양은 움직임과 고요함에서 그 생겨

孔子旣說太極生兩儀, 周子又說太極生陰陽, 在聖賢不嫌言理之生氣矣, 今反惡其說而諱言之, 必曰陰陽自生而不原於太極者, 其指何哉.

공자가 이미 '태극생양의'를 말했고, 주자(周子)도 또한 '태극생음양'을 말했으니, 성현들께서 리가 기를 낳는다고 말한 것은 의심의 여지가 없다. 이제 도리어 그 말씀들을 싫어하고 피하면서, 기필코 '음양은 스스로 생겨나고 태극에 근원을 두지 않는다.'라고 말하니, 그는 무엇을 가리키고 있는 것일까?

其曰因蟻之動靜, 見磨之動靜者, 亦是倒說. 蓋因陰陽之動靜, 見太極之動靜, 則可矣, 而謂因太極之動靜, 見陰陽之動靜, 則不可矣, 或恐是磨蟻二字差互, 且考其上下文勢, 不自會動靜下當更有動靜字而脫漏矣.

그가 '개미의 움직임과 멈춤에 따라 맷돌의 움직임과 멈춤을 본다'고 말한 것도 또한 뒤집어진 말이다. 대개 음양의 동정에 따라 태극의 동정을 본다는 것은 그럴 수 있지만, 태극의 동정에 따라 음양의 동정을 본다는 것은 그럴 수가 없다. 혹 아마도 맷돌과 개미 두 글자를 서로 바꾼 것이 아닌가 하며, 그 위아래의 문장 흐름을 살펴보면 '동정을 모른 것이다'의 아래에 마땅히 동정이라는 글자가 있어야 하는데 빠져버린 것이다.

(9) 須看觀字, 是我去他裏面折看, 却非他有兩箇頭面.

"모름지기 관(觀)자를 보아야 하니, 이것은 내가 그것 속으로 들어가서 나누어

남을 보인다. 태극이 이쪽에서 움직여 양이 저쪽에서 생겨나는 것이 아니다. 비유컨대 개미가 맷돌 위에 있는 것과 같으니, 맷돌이 움직이면 개미는 그것을 따라 움직이고 맷돌이 멈추면 개미가 그것을 따라 멈춰, 개미가 맷돌을 따라 맴돌지만 개미의 움직임과 고요함으로 인해 맷돌의 움직임과 고요함을 알 수 있다."(大抵只看太極乘著什麽機, 乘著動機便動, 乘著靜機便靜, 那太極却不自會動靜. 旣是陰陽, 如何又說生陰生陽. 曰. 生陰生陽, 亦猶陽生陰生. 太極隨陰陽而爲動靜, 陰陽則於動靜而見其生. 不是太極在這邊動, 陽在那邊生. 譬如蟻在磨盤上一般, 磨動則蟻隨他動, 磨止則蟻隨他止. 蟻隨磨轉, 而因蟻之動靜, 可以見磨之動靜.)"

보는 것이지, 그것이 두 가지 모습을 가지고 있는 것이 아니다."[146]

理氣決是二物, 但不可分開, 朱子說也. 一著一微, 分明是兩箇頭面, 他本不有兩箇頭面, 我又如何得折看.

리와 기는 틀림없이 이물이지만, 나눌 수 없다는 것이 주자의 말씀이다. 한편으로는 드러나고 한편으로는 은미하니 분명히 두 가지 면이다. 그것이 본래 두 가지 면을 가지고 있지 않다면, 내가 또 어떻게 나누어 볼 수 있겠는가!

(10) 利貞者, 性情也, 動極而靜, 靜極復動也.

"이(利)와 정(貞)은 성(性)과 정(情)이다. 움직임이 극에 이르러 고요하고, 고요함이 극에 이르러 다시 움직인다."[147]

性情也下, 當有太極之靜也一句, 不然, 則不成文義對値矣.

'성정이다.' 아래에 마땅히 '태극의 고요함(太極之靜也)' 한 구절이 있어야 한다. 그렇지 않으면 문장의 뜻이 걸맞지 않게 된다.

(11) 節齋蔡氏曰, 形謂動而可見, 自此以上無體, 自此以下有體.

절재 채씨가 말했다. "형(形)이란 움직여 볼 수 있는 것을 이르니, 이 이상은 형체가 없는 것이고 이 이하는 형체가 있는 것이다."[148]

南軒曰, 太極動而二氣形, 節齋之說蓋本於此, 然形字自兼動靜陰陽, 以動

---

146 『태극해의』 「태극도설해」.
147 『태극해의』 「태극도설해」.
148 『태극해의』 「태극도설해」.

訓形, 畢竟是未穩, 易言無體, 謂陰陽變易無定體也, 非謂無形體也, 節齋每作無形說, 誤矣.

장남헌이 '태극이 움직여 두 기가 형체를 짓는다'[149]고 했는데, 절재 채씨의 설은 대개 여기에 근본을 둔 것이다. 그러나 형(形)자는 저절로 동정(動靜)과 음양을 겸하고 있으니, 움직임으로 형자를 풀이하면 끝내 온당하지 않게 된다. 『역』에서 말한 형체가 없음(無體)은 음양의 변역(變易)에는 정해진 형체가 없다는 것이지, 형체가 없는 형체를 말하는 것은 아니다. 절재는 매번 무형에 대한 견해를 내니 잘못된 것이다.

(12) 平巖葉氏曰, 邵子云, 用起天地先, 體立天地後.

평암 섭씨가 말했다. "소자(邵子)는 '작용은 천지보다 먼저 일어나고, 본체는 천지보다 나중에 정립된다'고 했다."[150]

流行對待本不可分先後, 邵子所謂用先體後, 又非指此, 則引而爲說, 亦不襯矣.

유행과 대대는 본래 선후로 나눌 수 없다. 소자가 말한 '작용이 먼저고 본체는 나중이다.' 또한 이를 가리킨 것이 아니니, 이를 인용하여 말한 것도 온당하지 못하다.

(13) 臨川吳氏曰, 動靜者所乘之機機猶弩牙.

임천 오씨가 말했다. "'움직임과 고요함은 [태극이] 타는 틀이다.'에서 틀은 쇠뇌에 시위를 거는 장치와 같다."[151]

---

149 『南軒集』 권11 「存齋記」.
150 『태극해의』「태극도설해」.
151 『태극해의』「태극도설해」. "태극은 본연의 오묘함이고, 움직임과 고요함은 [태극이] 타는 틀

朱子曰, 機是關捩子; 關捩子冶爐鼓風板之類, 故朱子又曰, 踏著動底機, 便挑撥得那靜底, 踏著靜底機, 便挑撥得那動底, 其用機字, 不是弩牙之機, 可見矣.

주자가 말했다. "기(機)는 관렬자(關捩子)이다."[152] 관렬자는 화로에 불을 지필 때 바람을 일으키는 판자와 같은 종류이다. 그래서 주자는 또 "움직임의 틀을 밟으면 곧 저 고요함을 일으키고, 고요함의 틀을 밟으면 곧 저 움직임을 일으킨다."라고 말했으니, 그 기(機)자의 쓰임이 쇠뇌의 틀이 아님을 알 수 있다.

4) 第三節 제3절

(1) 勉齋黃氏五行說, 與朱子說不同, 前已辨之矣. 後考勉齋本集, 亦自覺其誤, 改從朱子舊說, 今無可論矣.

면재 황씨의 오행설이 주자의 설과 같지 않은 것은 앞에서 이미 분별했다. 뒤에 『면재본집(勉齋本集)』을 살펴보니 스스로가 오류라는 것을 깨닫고서 주자의 옛 설을 따라 고쳤으니, 이제 논의할 필요가 없다.

(2) 平巖葉氏, 陰陽生五行, 五行自相生之說甚精, 當可破勉齋之疑矣.

이라고 했는데, 틀은 마치 쇠뇌에 시위를 거는 장치와 같으니, 쇠뇌의 시위가 이 틀을 타고 있는 것은 예컨대 '말을 타다'의 '타다'와 같이 틀이 움직이면 쇠뇌의 시위가 튕겨나가고 틀이 고요하면 시위는 튕겨나가지 않는다는 것이다. 기가 움직이면 태극 또한 움직이고 기가 고요하면 태극 또한 고요하다. 태극이 이 기를 타는 것은 마치 쇠뇌의 줄이 틀을 타는 것과 같다. 그러므로 '움직임과 고요함이란 [태극이] 타는 틀이다.'라고 하였으니, 이는 [태극이] 타고 있는 기의 틀에 움직임과 고요함이 있으나 태극의 본연의 오묘함은 움직임과 고요함이 없음을 말한다.(太極者本然之妙也, 動靜者所乘之機也, 機猶弩牙, 弩弦乘此機, 如乘馬之乘, 機動則弦發, 機靜則弦不發, 氣動則太極亦動, 氣靜則太極亦靜. 太極之乘此氣, 猶弩弦之乘機也. 故曰, 動靜者所乘之機, 謂其所乘之氣機有動靜, 而太極本然之妙無動靜也.)

152 『태극해의』 「태극도설해」.

평암 섭씨의 '음양이 오행을 낳고, 오행이 저절로 상생한다'는 설[153]은 매우 정미로우니, 마땅히 면재의 의혹을 깰 수 있을 것이다.

5) 第五節 제5절

(1) 朱子曰, 周子所謂二五之精.
주자가 말했다. "주렴계의 이른바 음양오행의 순수함."[154]

所謂下脫無極之眞一句, 刪此一句, 則與所引上文, 得是理得是氣之語, 不相對値矣.
이른바 아래에 무극지진(無極之眞) 한 구절이 빠져 있는데, 이 한 구절을 삭제

---

[153] 『태극해의』「태극도설해」. "평암 섭씨(葉采)가 말했다. "수화목금토란 음양이 오행을 생성하는 순서이고, 목화토금수는 오행이 스스로 상생하는 순서이다." 물었다. "오행의 생성과 오행의 상생이 그 순서가 같지 않으니 왜 그렇습니까?" 대답했다. "오행의 생성은 음과 양의 두 기가 만나 [양이] 운동하고 [음이] 따라서 각각 이루어지므로, 하늘의 수 1은 수를 낳고, 땅의 수 2는 화를 낳으며, 하늘의 수 3은 목을 낳고, 땅의 수 4는 금을 낳으며, 하늘의 수 5는 토를 낳는 것이니, 이른바 양이 운동하고 음이 따라서 수화목금토를 낳는다는 것이 이것이다. 오행의 상생은 하나의 기가 전개될 때 순환하고 서로 이어져 목은 화를 낳고, 화는 토를 낳고, 토는 금을 낳고, 금은 수를 낳고, 수는 다시 목을 낳는 것이니, 이른바 다섯 가지 기가 순리대로 펼쳐져 사계절이 운행된다는 것이 이것이다."(平嚴葉氏曰. 水火木金土者, 陰陽生五行之序也, 木火土金水者, 五行自相生之序也. 問. 五行之生, 與五行之相生, 其序不同, 何也. 曰. 五行之生也, 蓋二氣之交, 變合而各成, 天一生水, 地二生火, 天三生木, 地四生金, 天五生土, 所謂陽變陰合而生水火木金土, 是也. 五行之相生也, 蓋一氣之推, 循環相因, 木生火, 火生土, 土生金, 金生水, 水復生木, 所謂五氣順布, 四時行焉, 是也.)

[154] 『태극해의』「태극도설해」. "천도가 유행하여 만물을 발육할 때 조화를 이루는 것은 음양오행일 뿐이다. 그러나 이른바 음양오행이라는 것도 또 반드시 리가 있고 난 다음에 기가 있다. 그것이 만물을 생성할 때에는 또 기가 응취함에 따라 나중에 형체가 있게 된다. 그러므로 사람과 사물이 생겨날 때에는 반드시 리를 얻고 난 다음에 강건함·유순함과 인의예지의 성이 될 수 있으며, 반드시 기를 얻고 난 다음에 혼백, 오장과 온갖 뼈를 지닌 몸이 된다. 주자(周子)가 말한 음양오행의 순수함이 오묘하게 결합하여 응취한다는 것은 바로 이것을 말한다.(天道流行, 發育萬物, 其所以爲造化者, 陰陽五行而已. 而其所謂陰陽五行者, 又必有是理而後有是氣, 及其生物, 則又因是氣之聚, 而後有是形. 故人物之生, 必得是理, 然後可以爲健順仁義禮智之性, 必得是氣, 然後有以爲魂魄五臟百骸之身. 周子所謂二五之精, 妙合而凝, 正謂是也.)"

하면 인용한 위의 문장의 '이 리를 얻고 이 기를 얻음(得是理, 得是氣)' 등의 말과 서로 대응하지 않는다.

(2) 先有理, 後有氣, 先有氣, 後有理云云, 【止】理便在其中.
"먼저 리가 있고 난 다음에 기가 있는지, 먼저 기가 있고 난 다음에 리가 있는지 … 바로 그 가운데 리가 있다."[155]

以本原言, 則理先而氣後, 以稟賦言, 則氣先而理後, 下文所載中庸註天以陰陽五行化生萬物, 此以本原言, 故先言天而後言陰陽五行, 氣以成形理亦賦焉, 此以稟賦言, 故先言氣而後言理也, 理先而氣後, 則理同而氣異, 氣先而理後, 則氣有不同而理亦有異, 此意朱子答趙師夏書備矣.

본원으로 말하면 리가 먼저이고 기는 나중이며, 품부로 말하면 기가 먼저이고 리가 나중이다. 아래 문장에 실려 있는 『중용』의 주석인 '하늘이 음양오행으로 만물을 화생(化生)함'[156]은 본원으로 말한 것이기 때문에 먼저 하늘을 말하고 뒤에 음양오행을 말한 것이며, '기로써 형체를 이루고 리 또한 부여함'은 품부로 말한 것이기 때문에 먼저 기를 말하고 뒤에 리를 말한 것이다. 리가 먼저이고 기가 나

---

155 『태극해의』「태극도설해」. "먼저 리가 있고 난 다음에 기가 있는지, 먼저 기가 있고 난 다음에 리가 있는지, 모두 추구할 수 없다. 짐작컨대 기는 리에 의지하여 움직이는 듯하다. 기가 응취하게 되면 리 또한 거기에 있다. 기는 응취하고 만들어낼 수 있으나, 리는 감정이나 의지도 없고 계산하거나 헤아리는 일도 없으며 만들어내는 일도 없다. 기가 응취한 곳, 바로 그 가운데 리가 있다.(先有理後有氣, 先有氣後有理, 皆不可得而推究. 以意度之, 則疑此氣是依傍這理行. 及此氣之聚, 則理亦在焉. 蓋氣則能凝聚造作, 理却無情意, 無計度, 無造作, 卽此氣凝聚處, 理便在其中.)"

156 『중용장구』1장. "명(命)은 명령과 같으며, 성(性)은 바로 리이다. 하늘이 음양오행으로 만물을 화생(化生)함에 기로 형체를 이루고 리 또한 부여(賦與)하니 명령(命令)함과 같다. 이에 사람과 물건이 태어남에 각기 부여받은 바의 리를 얻음으로 인하여 건순오상의 덕을 삼으니, 이른바 성이라는 것이다.(命, 猶令也. 性, 卽理也. 天以陰陽五行化生萬物, 氣以成形, 而理亦賦焉, 猶命令也. 於是人物之生, 因各得其所賦之理, 以爲健順五常之德, 所謂性也.)"

중이라면 리는 같고 기는 다르며, 기가 먼저이고 리가 나중이라면 리 또한 다름이 있다. 이러한 뜻은 주자의 「답조사하서(答趙師夏書)」에 갖추어져 있다.[157]

然以流行言, 則理氣本無先後, 而所謂本原所謂稟賦, 皆在其中, 非別有一段事爲本原爲稟賦, 而在流行之外也. 特其推原理氣之生, 則理爲本而氣爲末, 故不得不先言理而後言氣. 若論天地之化, 則氣有聚而理方具, 故不得不先言氣而後言理. 其實, 生則俱生, 化則俱化, 而非眞有先後耳.

그러나 유행으로 말하면 리와 기는 본래 먼저와 나중(先後)이 없어서 이른바 본원이나 품부는 모두 그 가운데 있는 것이니, 별도의 한 단계의 일이 있어서 본원이 되고 품부가 되어 유행을 벗어나 있는 것은 아니다. 다만 이기가 생겨난 근원을 미루어 살펴보면, 리는 본(本)이 되고 기는 말(末)이 되기 때문에, 먼저 리를 말하고 나중에 기를 말하지 않을 수 없는 것이다. 만약 천지의 변화를 논한다면, 기가 모여야 리가 비로소 갖춰지기 때문에 먼저 기를 말하고 나중에 리를 말하지 않을 수 없다. [그러나] 실제로는 생겨나면 함께 생겨나고 변화하면 함께 변화하는 것이니, 진실로 먼저와 나중이 있는 것은 아니다.

(3) 問. 易言有萬物, 【止】曰云云, 二五之精, 妙合而凝.

물었다. "역에는 만물이 있고 … 음양오행의 순수함이 오묘하게 결합하여 응

---

[157] 『주자대전』 권59 「答趙致道(師夏)」. "그 본원을 논한다면 바로 리가 있어야 기가 있는 것이기 때문에 리의 치우침과 온전함에 관해 논할 수는 없지만, 만약 부여받은 것을 논한다면 기가 있고 나서 리가 뒤따라 갖추어지기 때문에 기가 있으면 리도 있고, 기가 없으면 리도 없으며, 기가 많으면 리도 많고, 기가 적으면 리도 적으니, 또 어찌 치우쳤느냐 온전하냐를 논할 수 없겠습니까.(若論本原, 則有理然後有氣, 故理不可以偏全論, 若論稟賦, 則有是氣而後理隨以具, 故有是氣則有是理, 無是氣則無是理, 是氣多則是理多, 是氣少卽是理少, 又豈不可以偏全論耶.)"

취한다. …"158

上只言氣化形化, 而不言理字, 則於此只言二五之精, 亦無不可. 但妙合二字, 本言眞精之合, 非言二與五之合, 則此處恐亦脫無極之眞一句. 且易言萬物, 以氣化言, 故先言之, 太極圖言萬物, 以形化言, 故後言之, 其言萬物男女, 雖有先後之不同, 其先氣化而後形化, 則同矣. 又易之萬物, 卽男女之萬物也, 太極之男女, 卽萬物之男女也, 其實亦一而已矣.

위에서는 다만 기화(氣化)와 형화(形化)만을 말하고 리(理)자는 말하지 않았으니, 여기에서는 다만 음양오행의 순수함을 말했더라도 또한 안 될 것은 없다. 다만 '오묘하게 결합함'이란 글자는 본래 진(眞)과 정(精)을 합한 말이지 이(二)와 오(五)의 결합을 말한 것은 아니니, 이곳에서는 아마도 또 무극지진(無極之眞)이라는 한 구절이 빠진 것 같다. 게다가 『역』에서 말한 만물은 기화로 말한 것이기 때문에 먼저 말한 것이며, 「태극도」에서 말한 만물은 형화로 말한 것이기 때문에 나중에 말한 것이니, 만물과 남녀를 말한 것에는 비록 선후가 같지 않은 것이 있지만, 먼저 기화를 말하고 나중에 형화를 말한 것은 같다. 또한 『역』의 만물은 곧 남녀의 만물이며, 「태극도」의 남녀는 곧 만물의 남녀이니, 실제로는

158 『태극해의』「태극도설해」. "물었다. "역에서는 '만물이 있고 난 다음에 남성과 여성이 있다.'라고 말했는데, 「태극도설」에서는 도리어 먼저 '건도가 남성을 이루고 곤도가 여성을 이룬다'고 말하고 나서 비로소 만물이 변화생성한다고 하니, 왜 그렇습니까?" 답했다. "「태극도설」에서 말하고 있는 것은 바로 만물을 낳는 시초에 음양의 순수함이 저절로 응결하여 둘을 이루었다는 것이니, 기화하여 생겨난 것으로서 예컨대 이(蝨)가 저절로 갑자기 나타나는 것과 같다. 이미 두 마리가 있게 되면, 하나는 암컷이 되고 하나는 수컷이 되어 나중에 종자를 따라 점점 생겨나니, 이것은 형화로 그렇게 하는 것이다. 만물이 모두 그러하므로 '음양오행의 순수함이 오묘하게 결합하여 응취한다.'라고 말했다."(問. 易言有萬物然後有男女, 此圖却先言乾成男, 坤成女, 方始萬物化生, 如何. 曰. 太極所說, 乃生物之初, 陰陽之精自凝結成兩箇, 蓋是氣化而生, 如蝨子自然爆出來. 旣有此兩箇, 一牝一牡, 後來却從種子漸漸生去, 便是以形化, 萬物皆然, 故曰二五之精, 妙合而凝.)"

또한 하나일 뿐이다.

(4) 勉齋黃氏曰, 生生不窮之理, 沖漠於太極之先.

면재 황씨가 말했다. "끊임없이 낳고 낳는 이치는 태극에 앞서서 텅 비어 고요하다."

沖漠於太極之先, 語生有病.

'태극에 앞서서 텅 비어 고요하다'는 말에서는 병폐가 생긴다.

(5) 北溪陳氏曰, 譬如一大塊水銀,【止】又恁地圓.

북계 진씨가 말했다. "비유하자면 큰 수은 덩어리이며 … 이와 같이 땅은 둥글다."[159]

太極無大小, 亦無分合, 大塊小塊之論, 大散爲小小合爲大之說, 皆有病. 太

---

159 『태극해의』「태극도설해」. "만물에서 총괄하여 말하면, 실제로는 여전히 하나의 리일 뿐이니 혼륜한 하나의 태극이다. 비유하면 하나의 큰 수은 덩어리가 이렇게 둥글지만 흩어져 수많은 작은 덩어리가 되더라도 하나하나가 모두 둥글며, 그 수많은 작은 덩어리들을 합쳐 다시 하나의 큰 덩어리가 되면 예전처럼 다시 이렇게 둥글게 되는 것과 같다. 진기수(陳幾叟)가 '달이 온갖 하천에 비추니 곳곳마다 모두 둥글다.'라고 한 비유 또한 바로 이와 같다. 이것이 태극이 천지만물의 외부에 정립되어 있으면서도 천지만물 가운데 유행하며, 끝없이 머나먼 옛날에 있었으면서도 끝없이 머나먼 미래까지 꿰뚫고 있는 까닭이다. 한없이 과거로 올라가고 한없이 미래로 내려가더라도, 생각해보면 또 혼륜한 하나의 리이니, 결국 하나의 태극이 될 뿐이다. 이 리의 유행은 곳곳마다 모두 원만하여 한곳도 모자라거나 빠짐이 없다. 한곳이라도 모자라거나 빠짐이 있으면, 곧 치우쳐버려 태극이라고 할 수 없다. 태극의 본체는 본래 스스로 원만하다.(就萬物總言, 其實依舊只是一理, 是渾淪一太極也. 譬如一大塊水銀恁地圓, 散而爲萬萬小塊箇箇皆圓, 合萬萬小塊復爲一大塊, 依舊又恁地圓. 陳幾叟月落萬川處處皆圓之譬, 亦正如此. 此太極所以立乎天地萬物之表, 而行乎天地萬物之中, 在萬古無極之前, 而貫於萬古無極之後. 自萬古而上, 極萬古而下, 看來又只是渾淪一箇理, 總爲一太極耳. 此理流行, 處處皆圓, 無一處欠缺. 纔有一處欠缺便偏了, 不得謂之太極. 太極本體本自圓也.)"

極註合言分言者, 謂以萬物分合而言之也, 非謂將太極分合之也.

　태극은 크고 작음이 없으며 또한 나누어짐과 합함도 없으니 큰 덩어리나 작은 덩어리의 비유와 큰 것이 흩어져 작은 것이 되고 작은 것이 합해져 큰 것이 된다는 설은 모두 병폐가 있다. 태극에 대한 주석에서 합함과 나눔의 말을 한 것은 만물의 나눔과 합함의 측면에서 말한 것이지, 태극의 나눔과 합함을 말하려는 것은 아니다.

6) 第六節 제6절

(1) 朱子曰, 仁義禮智之稟, 豈物之所得而與哉.
　주자가 말했다. "인의예지를 품수하는데 어찌 사물이 끼어들 수 있겠는가?"

謂之不與, 則物性似在五常之外矣, 集註改作全字, 方是恰好.
　'더불어 할 수 없다(不與)'고 한다면, 사물의 본성은 오상의 밖에 있는 것처럼 되니, 『맹자집주』에서 고친 전(全: 온전함)자로 하면 좋을 것이다.[160]

(2) 問. 幾. 曰. 五性感動, 善惡未分便是.
　물었다. "조짐(幾)이 무엇인가요?" 답했다. "오성이 감응하고 움직이지만 선악이 아직 나누어지지 않은 곳이 바로 이것이다."

---

[160] 『孟子集註』「告子上」 3장. "그러나 기로 말한다면 지각과 운동은 사람과 동물이 다르지 않은 듯하나, 리로 말한다면 인의예지의 본성을 받음이 어찌 동물이 얻어 온전히 할 수 있는 것이겠는가? 이는 사람의 성(性)이 불선함이 없어서 만물의 영장이 되는 이유이다.(以氣言之, 則知覺運動, 人與物若不異也. 以理言之, 則仁義禮智之稟豈物之所得而全哉, 此人之性所以無不善, 而爲萬物之靈也.)"

纔動便已分善惡, 故通書曰幾善惡. 此答與幾善惡註不同, 恐是誤錄.

막 움직일 때는 곧 이미 선과 악이 나뉜 것이므로, 『통서』에서 '선악이 나누어진 기미(幾善惡)'[161]라고 했다. 이 답변은 '기선악(幾善惡)'에 대한 주석과 같지 않으니, 아마도 잘못 기록된 것일 듯하다.

(3) 北溪陳氏曰, 發於血氣.

북계 진씨가 말했다. "혈기에서 발동한다."[162]

朱子始答蔡季通書有曰, 形氣之發, 旋自謂答季通書語, 却未瑩不足據而爲說, 其後中庸序禹謨註皆曰, 生於形氣, 改下生字意, 非偶然. 門人多未曉其指, 其言形氣, 每下發字, 遂墮於理氣互發之見, 而仍爲後來學者之病, 可惜.

주자는 처음 「답채계통서(答蔡季通書)」에서 "형기의 발동"[163]이라고 했지만, [그 언급에서] 돌아서서 스스로 "답채계통서」에서 한 말은 오히려 분명하지 못하

---

161 『통서』「誠幾德」.

162 『태극해의』「태극도해」. "물었다. "외부 사물에 감응하여 움직이되 어떤 경우에는 의리의 공정함에서 발동하고 어떤 경우에는 혈기의 사사로움에서 발동하니, 여기에서 선악이 나누어집니다." 대답했다. "혈기의 사사로움에서 발동하는 것이 바로 악이 되는 것이 아니라 바로 발동한 뒤에 흘러가서 악이 될 뿐이다."(問. 感物而動, 或發於理義之公, 或發於血氣之私, 這裏便分善惡. 曰. 非發於血氣之私便爲惡, 乃發後流而爲惡耳.)"

163 『주자대전』권44 「答蔡季通」. "이는 순 임금이 우 임금을 경계한 본래의 뜻으로, 제가 『중용장구』의 서문에서 기술했는데, 진실로 곧장 형기가 발동한 것은 모두 불선이라 하여, 보내온 편지에서 의심한 것처럼 청명하고 순수한 때를 받아들이지 않은 것은 아닙니다. 다만 여기서 이른바 청명하고 순수한 것이 이미 형기의 뜻하지 않게 그러한 것에 속하는 것이라면, 또한 리에서 떨어지지 않아야만 기의 발휘를 도울 수 있을 것이니, 이것을 곧 도심으로 여겨서 거기에 의거하여 정일한 것의 바탕으로 삼아서는 안 됩니다.(此舜戒禹之本意, 而序文述之, 固未嘗直以形氣之發盡爲不善, 而不容其有淸明純粹之時, 如來諭之所疑也. 但此所謂淸明純粹者, 旣屬乎形氣之偶然, 則亦但能不隔乎理, 而助其發揮耳, 不可便認以爲道心, 而欲據之以爲精一之地也.)"

고 [그것을] 근거로 하여 설을 삼기에는 부족하다"[164]고 하였고, 그 위에 『중용』의 「서문」과 [『서경』의] 「대우모」의 주석에서는 모두 "형기에서 생겨난다"고 했으니, 생(生)자의 뜻으로 고쳐놓은 것은 우연한 것이 아니었다. 그러나 문인들 대다수는 그 뜻을 깨닫지 못하고서, 형기를 말할 때는 매번 발(發, 발동)자를 적어놓아 마침내 이기호발의 견해로 떨어져서 뒷날 후학들의 병폐가 되었으니, 애석하도다!

7) 第七節 제7절

朱子曰, 周子之言主靜, 以正對中, 則中爲重云云.

주자가 말했다. "주렴계가 말한 고요함에 중심을 둔다는 정(正)을 중(中)과 대비하면 중이 중요하고 …"[165]

此是初年說.

이는 초년설이다.

---

[164] 『주자대전』 권56 「答鄭子上」. "이 마음의 영명(靈明)함이 곧 도심(道心)입니다. 도심이 보존되어 이 마음이 허령(虛靈)하다면, 알지 못하는 바가 없을 것이니, 어찌 다만 이 몇 가지 것을 아는 데에 그치겠습니까? 이 마음의 영명함이 이치에서 지각되는 것이 도심이요, 욕심에서 지각되는 것은 인심(人心)입니다. 지난번 채계통(蔡季通)에게 보낸 답장 가운데 말들이 도리어 명확하지 못한 곳이 있으니, 근거하여 하나의 이론으로 삼기에는 부족합니다.(此心之靈卽道心也. 道心苟存而此心虛, 則無所不知, 而豈特知此數者而止耶. 此心之靈, 其覺於理者, 道心也, 其覺於欲者, 人心也. 昨答季通書語却未瑩, 不足據以爲說.)"

[165] 『태극해의』 「태극도설해」. "주렴계가 고요함에 중심을 둔다고 말한 것은 바로 중정인의에서 말한 것이다. 정을 중과 대비하면 중이 중요하고, 의를 인에 짝지으면 인이 근본이 된다. 그러나 네 가지 밖에 따로 고요함에 중심을 둔다는 일이 있는 것이 아니다.(周子之言主靜, 乃就中正仁義而言. 以正對中, 則中爲重, 以義配仁, 則仁爲本. 非四者之外別有主靜一段事也.)"

8) 第八節 제8절

西山眞氏引朱子說, 要須靜云云, 察夫動云云.

서산 진씨는 주자의 설을 인용하여 '모름지기 고요해야 한다'고 하고, '저 움직임을 살펴야 한다'고 했다.[166]

要須察夫四字本只是一句, 包動靜而言. 今析爲二句, 分屬動靜, 誤矣. 朱子之意, 本只謂動靜二句, 當易置, 非謂連此句, 分割移動也. 西山看文字老草, 多此類.

'모름지기 고요해야 한다'는 말은 본래 한 구절이 움직임과 고요함을 포함하여 말한 것이다. 이제 갈라서 두 구절로 만들고 움직임과 고요함에 나누어 배속시키는 것은 오류이다. 주자의 뜻은 본래 움직임과 고요함 두 구절을 바꾸어야 함을 이른 것일 뿐이지, 이 구절을 연결시켜 나누어 옮기는 것을 말한 것은 아니다. 서산 진씨가 문장과 글자를 살피는 것이 노련하면서도 미숙한 이런 유들이 제법 많다.

9) 第九節 제9절

(1) 朱子曰, 未著形質, 便是形而上,【止】便是形而下.

주자가 말했다. "아직 형질을 띠고 있지 않으면 곧 형이상이다. … 곧 형이하이다."[167]

---

166 『태극해의』「태극도설해」. "보내온 편지에서 '반드시 고요할 때 움직임의 근본이 되는 것을 함양하고 움직임을 살펴서 고요할 때 보존된 것을 보아야 하니, 움직임과 고요함이 서로 의존하고 본체와 작용이 떨어지지 않게 된 다음에야 새어나감이 없게 된다.'라고 하였습니다. 이 몇 마디 말씀은 탁월하게 의미와 표현이 모두 갖추어졌으니, 삼가 좌우명으로 삼아 출입할 때마다 보고 반성하겠습니다.(至於來敎所謂"要須靜以涵動之所本, 察夫動以見靜之所存, 動靜相須, 體用不離, 而後爲無滲漏也. 此數言卓然意語俱到, 謹以書之左席, 出入觀省.)"

167 『태극해의』「태극도설해」. "[천지의] 조화가 두루 유행할 때 아직 형질을 띠고 있지 않으면,

此以氣屬形上, 質屬形下, 却是別一般義, 與孔子語意不同.

이는 기를 형이상에 배속하고 형질을 형이하에 배속시킨 것으로, 한결같은 의미와는 구별되며, 공자의 말뜻과도 같지 않다.

(2) 勉齋黃氏曰, 主靜云者,【止】是亦無極太極之意, 又曰, 原始要終,【止】生死本非二事.

면재 황씨가 말했다. "고요함에 중심을 둠 … 이 또한 무극태극의 뜻이다."[168] 또 말했다. "시초를 추구하고 끝을 탐구함 … 삶과 죽음은 본래 두 가지 일이 아니다."[169]

이것은 형이상으로서 양에 속한다. 그러나 형질에 걸려 사람과 사물이 되고 금목수화토가 되자마자 옮겨갈 수 없으니, 이것은 형이하로서 음에 속한다. 양일 때에는 본래 어느 정도 유행과 변동이 있다. 사물을 이룰 경우에는 한번 이루어지면 돌이키지 못한다. 예컨대 사람이 처음 태어날 때는 양에 속하니 오로지 자라남이 있을 뿐이지만, 장성하게 되면 쇠퇴함만 있으니 이 기가 점차 쇠퇴하고 줄어들어 소진하게 되면 죽는 것과 같음을 말한다. 주자(주돈이)의 이른바 '시초를 추구하고 끝을 되돌아본다'는 것은 다만 소진한 곳에서 끝을 되돌아보는 이치를 알 수 있다는 것이다.(且如造化周流未著形質, 便是形而上者屬陽, 才麗於形質爲人物, 爲金木水火土, 便轉動不得, 便是形而下者屬陰. 若是陽時, 自有多少流行變動在. 及至成物, 一成而不返. 謂如人之初生屬陽, 只管有長, 及至長成便只有衰, 此氣逐漸衰減, 至於衰盡則死矣. 周子所謂原始反終, 只於衰盡處, 可見反終之理.)"

168 『태극해의』「태극도설해」. "고요함에 중심을 둔다는 것은 움직이지 않는 것이 아니니, 이것은 마치 『역』「문언」에서 이른바 군자는 경을 실행하여 안을 곧게 하고 의를 실행하여 밖을 바르게 하니, 경과 의가 확립되면 덕이 외롭지 않다고 한 것과 같다. 경과 의는 본래 서로 거스른 적이 없지만 경이 그 본체가 된다. 『중용』에서 "희로애락이 아직 발동하지 않은 것을 중이라고 하고 발동하여 절도에 맞는 것을 화라고 하니, 중이란 세상의 큰 근본이고 화란 세상에 두루 통하는 도라고 하였다. 중과 화는 본래 서로 어긋난 적이 없지만 중이 그 본체가 된다. 이 또한 '무극이면서 태극이다'의 의미이니, 애초에 선후와 차례가 있는 것이 아니다.(主靜云者, 非不動也, 猶易所謂君子敬以直內, 義以方外, 敬義立而德不孤. 敬義固未嘗相逆也, 而敬爲之體也. 中庸曰, 喜怒哀樂之未發謂之中, 發而皆中節謂之和, 中也者天下之大本, 和也者天下之達道. 中和固未嘗相違也, 中爲之體也. 是亦無極而太極之義, 初非有先後次序也.)"

169 『태극해의』「태극도설해」. "시초를 추구하고 끝을 탐구하므로 태어남과 죽음의 이치를 안다는 구절은 무극이면서 태극이고, 태극은 본래 무극이라는 이치를 거듭하여, 사람들이 태어남과 죽음이 본래 두 가지 일이 아님을 알도록 한 것이다. 노자가 말한 오래 살고 멀리 본다는 것과

前說似以未發爲無極而已發爲太極, 後說似以人生爲太極而人死爲無極. 實見之差, 雖不至此之甚, 命辭之差, 固亦坐於所見之未瑩耳.

앞의 설은 미발을 무극으로 여기고 이발을 태극으로 여기는 것 같고, 뒤의 설은 사람의 삶을 태극이라 여기고 사람의 죽음을 무극으로 여기는 것과 같다. 그러나 실제 견해의 차이는 비록 이처럼 심한 데까지 이르지는 않았으나, 글자에 부여된 의미의 차이는 진실로 본 것이 분명하지 않은 데 있을 뿐이다.

10) 後論 후론

(1) 朱子曰, 理中有象.
주자가 말했다. "이치 가운데 상(象, 모습)이 있다."

象亦以用之理言, 非眞有象之象也.
상 또한 작용의 이치로 말한 것이지, 역에서 말하는 음양 안에 있는 상을 가리키는 것은 아니다.

(2) 體用是兩物, 而不相離, 故言一源.
본체와 작용은 두 가지 물(物)이나 서로 떨어지지 않기 때문에 하나의 근원이

불교에서 말한 윤회는 그치지 않으니 이것을 벗어날 수 있으면 태어남도 죽음도 없다는 것은 다 거짓이다. 장횡거가 만물이 처음 생길 때에는 기가 날마다 이르러 불어나다가, 만물이 성장하고 나면 기가 날마다 되돌아가 흩어진다. '이름을 신(神)이라고 하니 펼쳐지기 때문이며, 되돌아감을 귀(鬼)라고 하니 돌아가기 때문이다.'라고 한 것은 이것을 말하는 것이다.(原始要終, 故知生死之說, 此中無極而太極, 太極本無極之理, 使人知生死本非二事, 而老氏謂長生久視, 佛氏謂輪廻不息, 能脫是則無生滅者, 皆誕也. 橫渠曰, 物之初生, 氣日至而滋息, 物之旣盈, 氣日反而游散. 至之謂神, 以其伸也, 反之謂鬼, 以其歸也, 此之謂夫.)"

라고 말한다.[170]

體用一事而有首尾, 顯微兩物而分道器. 首尾相涵, 故曰一源, 道器不離, 故曰無間, 以體用爲兩物, 似未安.
본체와 작용은 하나의 일이어서 머리와 꼬리가 있고, 현저함과 은미함은 두 가지라서 도와 기로 나누어진다. 머리와 꼬리가 서로 머금고 있으므로 일원이라 하고, 도와 기는 떨어지지 않기 때문에 틈이 없다고 하니, 본체와 작용을 두 가지로 여기는 것은 온당하지 않은 듯하다.

(3) 西山眞氏曰, 大率此理云云.
서산 진씨가 말했다. "대체로 이 이치는 …"[171]

此是眞至之論, 學者宜警省而深體味之.
이는 진실하고 지극한 논의이니, 배우는 자들은 마땅히 경계하고 성찰하며 깊이 체득하고 음미해야 할 것이다.

※ 권제4 이하는 하권에 계속

---

170 『태극해의』「후기」. "본체와 작용은 두 가지이나 서로 떨어져 있지 않으므로 근원이 하나라고 말할 수 있다.(體用是兩物而不相離, 故可以言一源.)"

171 『태극해의』「후기」. "서산 진씨(眞德秀)가 말했다. "대체로 이 이치는 주문공(주자)이 그 비의를 다 드러낸 뒤로는 이미 환하게 트여 아무런 의심이 없게 되었다. 염려스러운 점은 배우는 사람들이 스스로 하나의 신기하고 기발한 이론을 세우려고 하여 문공의 말에 대해 오히려 의심을 품는 것이다. 이 노선생(주자)이 과연 얼마나 오랫동안 공을 들여 침잠 반복하고 참조하여 꿰뚫고 녹여낸 다음에 사람들에게 드러내 보인 것인지 모르겠다. 이제 그의 책을 읽으면서 궁극적인 의미를 알지 못한 채 미리 그의 이론을 미진하다고 여기니, 그 때문에 더욱 더 미혹되고 혼란될 뿐 분명하게 아는 것이 없게 된다."(西山眞氏曰, 大率此理, 自文公盡發其秘, 已洞然無疑. 所慮學者欲自立一等新奇之論, 而於文公之言反致疑焉, 不知此老先生是用幾年之功, 沉潛反覆, 參貫融液, 然後發出以示人, 今讀其書, 未能究竟底蘊, 已先疑其說之未盡, 所以愈惑亂而無所明也.)"

AKS 역주총서 043

경의기문록 역주
상권

지 음 | 한원진
역 주 | 이창일 · 성광동 · 송상형

제1판 1쇄 발행일 | 2024년 12월 20일

발행인 | 김낙년
발행처 | 한국학중앙연구원 출판부

출판등록 | 제1979-000002호(1979년 3월 31일)
주소 | 경기도 성남시 분당구 하오개로 323
전화 | 031-730-8773
팩스 | 031-730-8775
전자우편 | akspress@aks.ac.kr
홈페이지 | www.aks.ac.kr

ⓒ 한국학중앙연구원 2024

ISBN 979-11-5866-779-5 94140
　　　978-89-7105-761-2 (세트)

- 이 책의 출판권 및 저작권은 한국학중앙연구원에 있습니다.
  이 책 내용의 전부 또는 일부를 재사용하려면 반드시 서면 동의를 받아야 합니다.
- 값은 뒤표지에 있습니다. 잘못된 책은 바꿔드립니다.
- 이 책은 2024년도 한국학중앙연구원 장서각 연구사업의 지원을 받아 수행된 연구입니다.